常熟年鉴

常熟市地方志编纂委员会办公室　编

2021

方志出版社
Publishing House of Local Records

图书在版编目（CIP）数据

常熟年鉴. 2021 / 常熟市地方志编纂委员会办公室编. -- 北京 : 方志出版社, 2021.11
ISBN 978-7-5144-5042-2

Ⅰ. ①常… Ⅱ. ①常… Ⅲ. ①常熟－2021－年鉴
Ⅳ. ①Z525.33

中国版本图书馆CIP数据核字（2021）第252305号

常熟年鉴（2021）

编　　者：常熟市地方志编纂委员会办公室
责任编辑：丛　珺

出 版 者：方志出版社
地址　北京市朝阳区潘家园东里9号（国家方志馆4层）
邮编　100021
网址　http://www.zgfzcb.cn
发　　行：方志出版社图书经销中心
电话（010）67110500
经　　销：各地新华书店
印　　刷：南京凯德印刷有限公司

开　　本：889×1194　1/16
印　　张：25.5
字　　数：837千字
版　　次：2021年11月第1版　2021年11月第1次印刷
印　　数：0001~1250册

ISBN　978-7-5144-5042-2　定价：258.00元

常熟市地方志编纂委员会

主　　任　秦　猛

常务副主任　杨晓峰

副 主 任　吴晓红　陶　理　金健峰

成　　员　（按姓氏笔画排列）

丁　雷　马建峰　马维刚　王　钢　王海燕

支立新　乔小力　翟文明　刘恩原　许晓东

李志刚　吴文进　沈　军　沈靖波　陈邵东

范立军　施　晨　费卫东　姚卫东　顾　麟

顾玉芬　顾晓丹　钱　强　钱向前　钱建平

陈　义　俞　翔　徐惠东　奚　坚　唐剑锋

陶俊明　黄晓东　温献民　潘　伟　潘志英

薛建伟　戴亚芳

《常熟年鉴》编辑部

主　　编　潘志英

副 主 编　金国锋　归岳嵚　张　军

执行主编　归岳嵚

编　　辑　汤　涵　李　妍　陈炯明　祝慧江　浦君芝　彭尚炯

编　　务　王金龙　刘品玉　李明芳　杨沁怡　狄惠华

陆乾元　陈建东

1月17日，“氢”车“熟”路——常熟市氢能源公交车投运仪式在常福街道苏州路公交枢纽站举行
（市融媒体中心 提供）

6月，常熟第一座商用加氢站——常嘉氢加氢站项目在常熟高新区竣工试运营
（市融媒体中心 提供）

3月19日，“海洋胜利号”极地探险邮轮下潜分离 （常熟海事局 提供）

4月2日，南沿江城际铁路常熟段首榀箱梁架设完成　（市融媒体中心 提供）

4月27日，“虞歌畅晚”常熟方塔夜巷亮灯启幕暨“水韵江苏 · 又见美好”主题游苏州分会场启动仪式在常熟古城方塔商圈举办　（市融媒体中心 提供）

6月17日，首批总价值近4亿元的进口零部件搭乘中欧班列从欧洲抵达合肥，随后经陆路转运至奇瑞捷豹路虎常熟生产基地，这是奇瑞捷豹路虎公司首次采用中欧班列运输进口零部件的方式来保障生产有序开展

（市融媒体中心 提供）

7月1日，沪苏通铁路通车，常熟站启用

（市融媒体中心 提供）

8月20日，2020长三角产业数字化创新峰会在常熟举行　　（莫城街道 提供）

9月15日，“强 国 有我”主题巡讲展示活动全省启动仪式在常熟举行

（海虞镇 提供）

9月17日，2020常熟虞山文化暨沙家浜旅游节“音画霓裳秀江南”大型国乐·华服秀在常熟大剧院上演

（市融媒体中心 提供）

9月17日，长三角自驾游产业发展专题论坛在常熟举行　　（市融媒体中心　提供）

9月21日，2020年苏州市中国农民丰收节在海虞镇七峰村开幕　　（海虞镇　提供）

9月24日，2020人工智能峰会暨机器人产业高峰论坛在常熟举行 （高新区 提供）

9月28日，2020常熟精英创业联盟大会召开 （市委统战部 提供）

10月23日，常熟港开放再出发暨国家一类对外开放口岸25周年大会在常熟经济技术开发区举行 （经开区 提供）

10月23日，常熟市“政银惠民工程”签约暨启动仪式在常熟农商银行举行 （市人社局 提供）

10月25日，常熟银行2020常熟尚湖半程马拉松赛在尚湖风景区举行　　（市文旅公司　提供）

11月9日，常熟市“廉音汇”廉政时评决赛在服装城时尚广场时尚中心举行　　（市纪委　提供）

11月9日，常熟市举行消防救援训练基地投用暨119消防宣传月启动仪式　　（市消防救援大队提供）

11月9日，苏州奥林匹克青少年文化中心（城市艺体中心）开工奠基仪式在经开区举行　　（经开区　提供）

11月15日，第四届黄公望两岸文创设计大赛在常熟举行
（市文联　提供）

11月20日，广播电视发射塔通过国家广电总局广播电视检测中心天馈及发射系统测试正式投用

（市融媒体中心 提供）

11月25日，在2020年世界工业设计大会上，“波司登登峰系列羽绒服”获2020年度中国优秀工业设计奖金奖，波司登股份有限公司成为江苏省唯一一家获得金奖的企业

（市融媒体中心 提供）

11月30日，“苏州 · 中国声学创新谷” 全球推介会在常熟经开区声谷核心区举行　　（经开区 提供）

12月31日，第二人民医院北区启用　　（市文旅公司 提供）

2020年，常熟市积极应对新型冠状病毒感染的肺炎疫情，全市上下齐心协力扎紧防控笼子，全面落实"六保"任务，有效遏制了疫情的扩散蔓延，经济社会发展保持稳定。

交警在高速公路出入口对车辆、人员进行检查
（市融媒体中心 提供）

S228辛庄卡口防疫人员在进行查验　（市融媒体中心 提供）

常熟市在高速路口设置查控点，实行24小时执勤，登记人员信息检查体温　　（市融媒体中心 提供）

防控人员在沙家浜城市疫情查控点雪夜执勤　　（市融媒体中心 提供）

常熟防疫应急物资支援武汉
（市融媒体中心 提供）

常熟蔬菜支援武汉

（市融媒体中心 提供）

社区志愿者向市民推广使用苏城码　　（市融媒体中心 提供）

由机关干部、社区工作人员等组成的志愿者在社区开展防控宣传　　（市融媒体中心 提供）

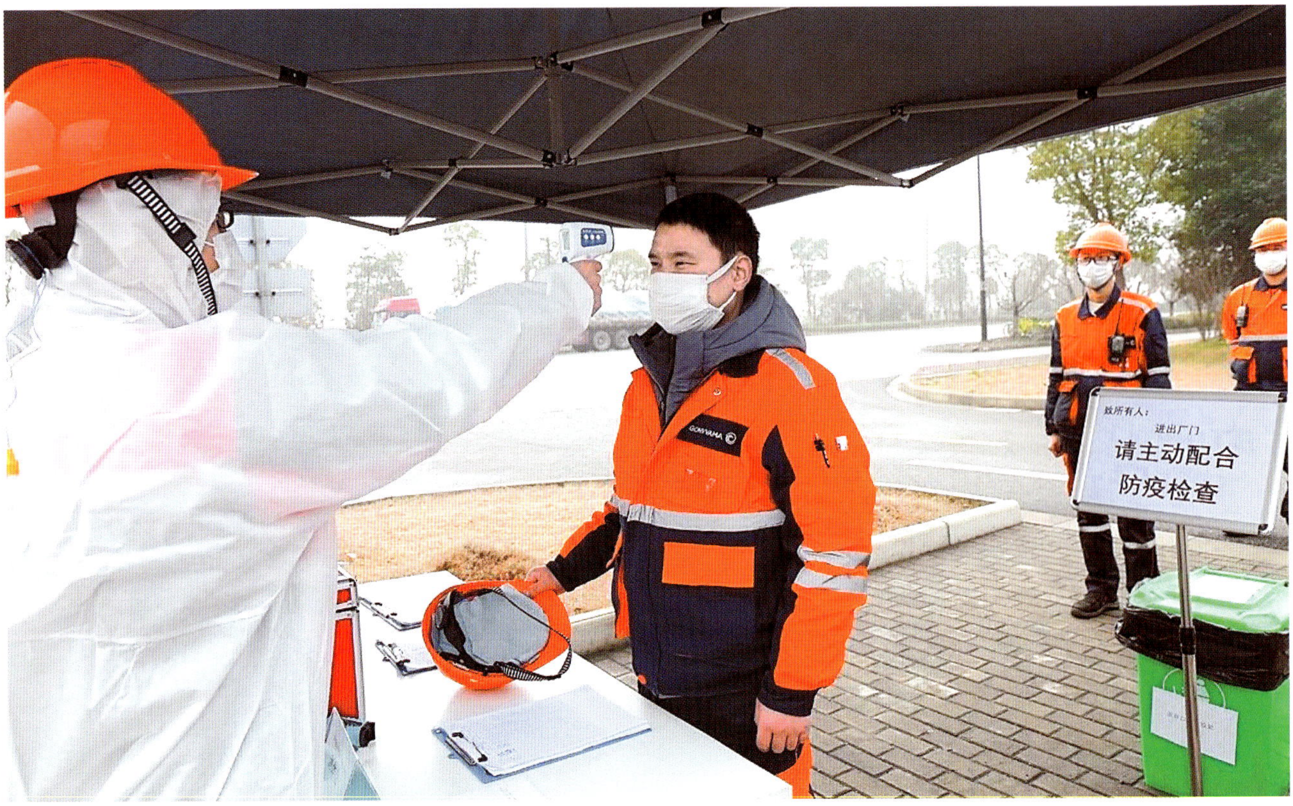

企业对复工人员进行体温测量（市融媒体中心 提供）

防护服生产企业全力投入生产（市融媒体中心 提供）

2月22日，首列返苏复工专列停靠苏州北站，来自安徽六安的100多名务工人员返回常熟　（市融媒体中心 提供）

复工后的企业生产走上正轨　（市融媒体中心 提供）

1月27日，常熟市首批6名支援武汉医护人员出征仪式　　（市卫健委　提供）

2月9日，常熟市第二批37名支援武汉医护人员出征仪式　　（市卫健委　提供）

3月31日，市公安局交警铁骑为常熟首批支援武汉医疗队返常护航

（市融媒体中心 提供）

4月15日，常熟第二批支援武汉医疗队返常欢迎仪式在市国际饭店举行 （市卫健委 提供）

2020年，常熟市实施“千村美居”工程，实行全域美丽宜居村庄优化提升工程，工程实施以来，涉及村组2498个点及农户8.63万户，村人居质量大幅提升。

海虞镇河口村唐家巷　（市农业农村局 提供）

尚湖镇新巷村东、西袁巷　（市农业农村局 提供）

辛庄镇洞港泾村潘家塘

梅李镇珍南村薛家桥　　（市农业农村局 提供）

（市农业农村局 提供）

沙家浜镇横泾村胡家浜　　（市融媒体中心 提供）

董浜镇观智村　　（市农业农村局 提供）

碧溪街道浒东村　　（碧溪街道 提供）

碧溪街道溪南村
（市农业农村局 提供）

古里陈塘村陈家段宅基
（市农业农村局 提供）

"十三五"时期，常熟市坚持"五位一体、综合发展"总基调，以深化改革、扩大开放、创新创业为动力，保持稳定势头，经济发展稳中有进，社会事业均衡发展，顺利实现全面建成小康社会的目标，为开启全面现代化建设打下坚实基础。地区生产总值由2016年的1870.24亿元增长为2020年的2365.43亿元。常住人口城镇化率由2016年的68.71%上升到2020年的73.37%。人均可支配收入从2016年的45061元增加到2020年的60439元。固定资产投资企稳回升，增速由2016年的-13.7%提高到2020年的20.8%。服务业增加值占全市GDP的比重从2016年的47%提高到2020年的49.84%，常熟服装城、常熟国家大学科技园、常熟科创园先后获评省级生产性服务业集聚示范区。产业链创新链日趋完整，前瞻布局氢燃料电池产业、人工智能、数字经济、金融科技等新动能产业，华为云、江苏重塑科技、臻迪无人机等标杆性企业集聚落户。长江大保护成效显著，铁黄沙及螺蛳湾湿地生态修复工程列入省沿江岸线综合整治与生态修复特色示范工程。对外协作取得突破，对口支援的贵州省思南县正式退出国家贫困县序列。

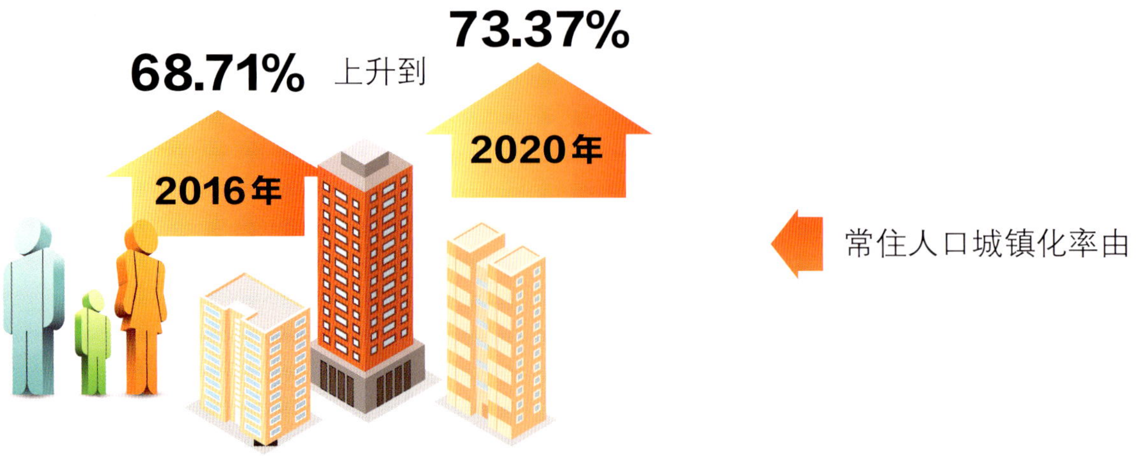

人均可支配收入

45061元

2016年

增加到

60439元

2020年

增速由

-13.7%

2016年

20.8%

2020年

固定资产投资企稳回升

服务业增加值占全市GDP的比重

47%

2016年

提高到

49.84%

2020年

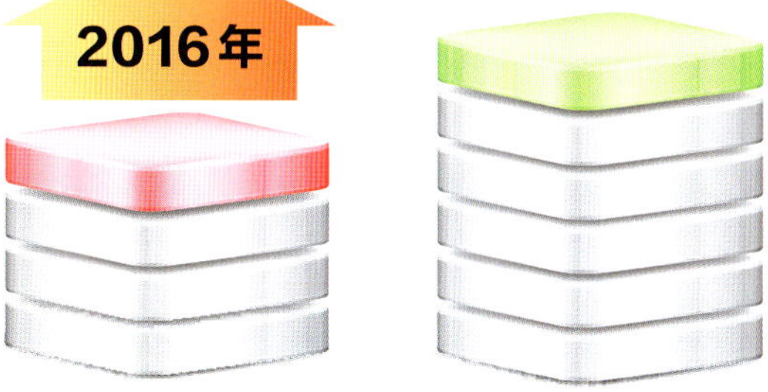

2016年5月20日，江南国际时装周暨第十七届常熟服装服饰博览会开幕 （市融媒体中心 提供）

2016年8月29日，奇瑞捷豹路虎汽车有限公司捷豹品牌首款车型XFL正式上市，标志着常熟汽车整车生产已经进入国内主流豪华汽车板块 （市融媒体中心 提供）

2017年1月25日，常熟企业“瑞特股份”在深交所上市 （虞山高新区 提供）

2017年3月20日，奇瑞捷豹路虎汽车有限公司举行第10万台整车批售及发运仪式　（市融媒体中心 提供）

2017年5月18日，北京大学校长林建华（左）和江苏省委常委、苏州市委书记周乃翔（右）共同为北京大学分子工程苏南研究院揭牌　（高新区 提供）

2017年7月28日，苏州（常熟）——中亚市场采购贸易专列开通　　（市商务局 提供）

2018年9月29日，国内首台出口海外高铁用超大直径盾构机下线　　（常福街道 提供）

2019年6月19日，常熟氢能源汽车产业园、人工智能科技产业园启动　　（市发改委 提供）

2019年12月21日，首届常熟精英创业联盟大会在经开区举行，150多位常熟籍精英和海内外嘉宾齐聚常熟
（经开区 提供）

2017年，常熟市第二自来水厂升级改造全部完成。此次升级提升了供水水质，实现了厂区自动化全覆盖，并改善了厂区的生产环境
（市融媒体中心 提供）

2018年5月5日，常熟市第23个全民健身月启动
（市融媒体中心 提供）

2018年10月1日，南门坛上历史街区开街
（市融媒体中心 提供）

2018年10月17日，常熟市首批公建养老机构社会化运行开业仪式在古里护理院举行

（市融媒体中心 提供）

2019年6月28日，永旺梦乐城常熟新区店开业

（高新区 提供）

2020年国庆节期间，200架无人机在尚湖上空变幻出“我爱常熟”“我爱你中国”等文字和图案　　（市文旅公司 提供）

2020年，京东无人配送车在常熟投入运

2020年，全市既有多层住宅增设电梯首个试点项目——华丰园小区两部电梯正式启用　　（市融媒体中心 提供）

（高新区 提供）

2020年，常熟浦发第二热电能源有限公司启动扩建项目，项目建成后可年处理生活垃圾99.65万吨。图为值班人员实时监控现场画面 （市融媒体中心 提供）

2020年9月16—18日，“自驾江南·相约常熟”自驾房车嘉年华活动举行，115辆房车齐聚沙家浜风景区 （市融媒体中心 提供）

2018年10月，常熟获得全球第一批国际湿地城市认证　　（市农业农村局 提供）

环城河樱花景观带建设日臻完善，每年三四月间游人如织。图为2020年游客雨中赏花
（市融媒体中心 提供）

“十三五”期间，常熟城市建设注重内涵发展和功能布局合理调整，城乡交通更为便捷，环境更为优美。图为城市一隅
（市融媒体中心 提供）

“十三五”期间，常熟市建设虞山生态步道全长21.23千米。图为部分步道 （虞山街道 提供）

虞山夜景 （虞山街道 提供）

常熟新材料产业园生态湿地　　（市融媒体中心 提供）　　尚湖水上森林

“十三五”期间，常熟大力改善农村人居环境，推进“千村美居”建设，建成一批特色宜居乡村。图为“江苏省特色田园精品乡村”古里镇坞坵村陈家湾　　（古里镇 提供）

（市融媒体中心 提供）

“十三五”期间，常熟推进长江大保护，加强生态建设。图为铁黄沙生态岛

（市融媒体中心 提供）

沙家浜风景区

（沙家浜旅游度假区 提供）

2017年11月21日，常熟市道德模范与身边好人现场交流活动暨第三届“感动董浜·三好人物”颁奖典礼在董浜镇举行

（市融媒体中心 提供）

2019年7月27日，“学好常熟话，争当守法文明新市民”第三届“一站到底”挑战赛举行 （汤若冰 摄）

2019年12月2日，司法部、全国普法办公室在常熟市举行“法治 让生活更美好”2019年全国宪法宣传周主题活动

（市司法局 提供）

2017年11月4日，中央文明办公布了第五届全国文明城市名单，常熟成功入选。2020年常熟通过复查，再获全国“文明城市”称号。图为智林村村干部为村民讲解人居环境长效管理考核办法　（市融媒体中心 提供）

2019年，常熟市被列为新时代文明实践中心建设全国试点，全市建起覆盖城乡的文明实践所站点。图为海虞文明驿站
（市融媒体中心 提供）

数字常熟 2020

◎	行政区域面积	平方千米	1276
◎	土地总面积	平方千米	1094
◎	年末户籍人口	万人	106.41
◎	地区生产总值	亿元	2365.43
◎	第一产业增加值	亿元	40.34
◎	第二产业增加值	亿元	1146.07
◎	第三产业增加值	亿元	1179.03
◎	三次产业比例	—	1.71:48.45:49.84
◎	一般公共预算收入	亿元	213.66
◎	一般公共预算支出	亿元	229.77
◎	农林牧渔业总产值	亿元	71.25
◎	粮食总产量	万吨	23.15
◎	规模以上工业总产值	亿元	3695.35
◎	全社会固定资产投资	亿元	630.95
◎	社会消费品零售总额	亿元	1031.62
◎	新增注册外资及港澳台资	亿美元	31.38
◎	进出口总额	亿美元	191.35
◎	旅客运输量	万人	2321
◎	货物运输量	万吨	2062
◎	常熟港货物吞吐量	万吨	8732

◎ 民用汽车保有量	万辆	51.35
◎ 邮电业务总收入	亿元	59.43
◎ 接待境内游客	万人次	1403.30
◎ 旅游收入	亿元	289.87
◎ 金融机构人民币存款余额	亿元	3660.45
◎ 保险机构保费收入	亿元	67.55
◎ 专利申请量	件	13594
◎ 专利授权量	件	8978
◎ 各类学校	所	116
◎ 在校学生数	万人	16.70
◎ 专任教师	万人	1.16
◎ 各类医疗卫生机构	家	539
◎ 医疗卫生机构床位	张	10102
◎ 卫生技术人员	人	11466
◎ 全市城乡居民人均可支配收入	元	60439
◎ 城镇职工基本养老保险参保人数（含参保离退休人员）	万人	89.40
◎ 已建成老年人日间照料中心	家	366
◎ 各类养老床位数	万张	1.36

编辑说明

BIANJISHUOMING

一、《常熟年鉴》是由常熟市地方志编纂委员会办公室承编的年度资料性文献，创刊于1996年，每年公开出版1卷，本卷为第26卷。

二、本卷年鉴以马克思列宁主义、毛泽东思想、邓小平理论、“三个代表”重要思想、科学发展观、习近平新时代中国特色社会主义思想为指导，坚持辩证唯物主义和历史唯物主义的立场、观点和方法，系统记述2020年常熟市自然、政治、经济、文化、社会和生态建设基本情况和发展情况，旨在为社会各界和海内外人士了解常熟提供基本信息、为宣传常熟提供基本资料、为研究常熟提供基本素材。

三、本卷年鉴记述起讫时间原则上为2020年1月1日至2020年12月31日。

四、本卷年鉴依据本行政区域经济社会发展特点，参照有关分类标准，采用分类编排法，设类目、分目、条目三个层次，条目为记述的基本层次，条目标题加【 】标识。与2020卷年鉴相比，2021卷年鉴在类目上有部分调整，如新增常熟服装城、历史文化名城保护类目，进一步突出地方特色；新增区域合作、建筑业·房地产业、信息服务业、乡村振兴类目，进一步细化门类结构。在相关类目设长三角一体化、现代农业园区建设、城市更新、农村人居环境整治、苏州·中国声学创新谷等分目，进一步突出时代特色。全卷设专记、大事记、虞城概览、中国共产党常熟市委员会、常熟市人民代表大会、常熟市人民政府、中国人民政治协商会议常熟市委员会、中共常熟市纪律检查委员会常熟市监察委员会、民主党派·工商联、群众团体、法治、军事、应急管理、经济管理、口岸、开放型经济、区域合作、工业、建筑业·房地产业、商贸服务业、常熟服装城、信息服务业、旅游业、金融业、农业、城市建设与管理、乡村振兴、交通、水务、生态环境、科学技术、教育、文化、历史文化名城保护、卫生健康、体育、人力资源、社会保障、人民生活、街道·镇、人物·荣誉、附录、索引43个类目。设分目264个，收入条目1206条、随文图照132幅、表格56张。

五、本卷年鉴交叉和相关内容采用参见法。个别地方设“相关链接”，收录相关资料，以扩展条目内容的信息含量。

六、本卷年鉴中的全市综合性统计资料，由市统计局提供。统计资料使用现行法定计量单位。一次文献中数字、计量单位等保持原貌。“组织机构及负责人名录”分目，市级机构收录科级以上单位及其负责人；镇、街道级机构收录党委、人大、政府、政协四套班子负责人。

七、本卷年鉴稿件资料按照常熟市地方志编纂委员会审定的纲目，由全市各有关部门、单位和镇、街道专人撰写，并经各单位负责人审阅。为全面反映相关领域的发展情况，《常熟年鉴》编辑部采编和补充了部分内容，并以“年鉴编辑部”署名。

八、本卷年鉴的检索方法有目录和索引两种。目录在卷首，编排至条目；索引在卷末，编制二级主题索引。

常熟市地图

审图号：图苏E审（2021）047号

苏州吴文化地名研究所 江苏图博地理信息科技有限公司 编制

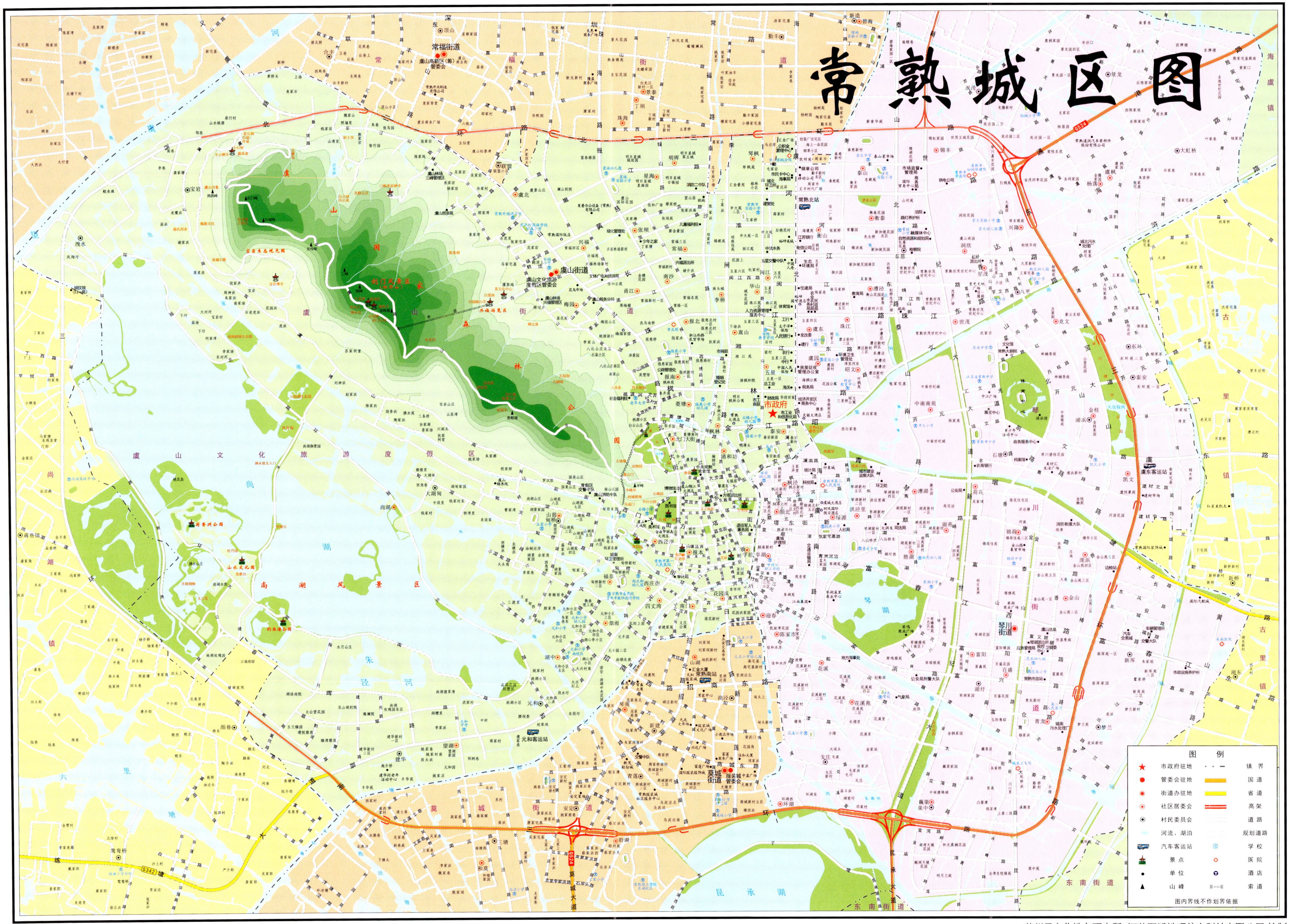

审图号：图苏E审（2021）047号

苏州吴文化地名研究所 江苏图博地理信息科技有限公司 编制

总　目

目 录

专 记

大 事 记

虞城概览

中国共产党常熟市委员会

常熟市人民代表大会

常熟市人民政府

中国人民政治协商会议常熟市委员会

中共常熟市纪律检查委员会
常熟市监察委员会

民主党派·工商联

群众团体

法 治

军 事

经济管理

口　岸

开放型经济

区域合作

工 业

建筑业・房地产业

服务业

常熟服装城

信息服务业

旅 游 业

金 融 业

农 业

城市建设与管理

乡村振兴

交　通

水利水务

生态环境

科学技术

教　育

文　化

历史文化名城保护

卫生健康

体　　育

人力资源

社会保障

应急管理

人民生活

街道·镇

人物·荣誉

附 录

索 引

Main Contents

Contents

Democratic Parties · Federation of Industry & Commerce

Mass Organizations

Rule of Law

Military Affairs

Economic Governance

Port

Open Economy

Regional Cooperation

Industry

Construction Industry & Real Estate

Service Industry

Changshu Garments Town

Information Service Industry

Tourism

Finance

Agriculture

Urban Construction and Administration

Rural Revitalization

Transportation

Water Conservancy & Water-related Affairs

Ecological Environment

Science and Technology

Education

Culture

Protection of the Famous Historical Cultural City

Hygiene and Health

Sports

Human Resources

Social Security

Emergency Management

Social Life

Sub-districts & Towns

Figures & Honors

Appendix

常熟市“十三五”时期经济社会发展主要成就

【概况】“十三五”时期，面对错综复杂的国际形势、艰巨繁重的发展任务，特别是新冠肺炎疫情的严重冲击，常熟市坚持以习近平新时代中国特色社会主义思想为指导，深入贯彻省、苏州市重要指示精神，全力打好“三大攻坚战”，奋力推动常熟高质量发展走在前列。

【经济发展】“十三五”期间，常熟市地区生产总值从2015年年末的1743.2亿元增长到2020年年末的2365.43亿元，一般公共预算收入从157.7亿元增长到213.66亿元，年均分别增长6.25%和6.26%；“十三五”期间，累计实现固定资产投资2697.9亿元，其中工业投资1177.7亿元，2019—2020年工业投资总量位居苏州第一；累计利用外资及港澳台资36.9亿美元。服务业增加值占地区生产总值比重达49.84%，较2015年年末提高3.44个百分点。金融本外币各项存、贷款余额较2015年年末分别增长51%和54%，全社会研发经费支出占地区生产总值比重提高1.3个百分点，高新技术企业增加427家、累计达718家，入围全国首批创新型县（市）建设名单。

【城乡建设】“十三五”期间，常熟市加快推进“两个一小时、四个半小时”通道建设，沪苏通铁路常熟段开通运行，南沿江城际铁路开工建设，通苏嘉甬铁路站位基本确定，建成城市快速路网55千米。开展既有建筑更新、老旧工业区更新、城中村自主更新等老旧更新，实施“千村美居”工程和农村人居环境整治，城乡环境面貌得到历史性改善。希尔顿、凯悦、日航等一批高端酒店开工建设。

【生态环保】“十三五”期间，常熟市空气质量优良率提高19.5个百分点，$PM_{2.5}$平均浓度下降46个百分点，断面水质优Ⅲ率提高40个百分点。环保基础设施建设累计投入123亿元，自来水深度处理率达100%，建成10座污水处理厂，生活污水日处理能力达32.7万吨，生活垃圾日处理能力达3300吨，非电行业耗煤量削减76万吨、下降20.5%，获评全国农村生活污水治理示范县、全国首批节水型社会建设达标县以及全球首批国际湿地城市。

【社会事业】“十三五”期间，常熟市两获“全国文明城市”称号。民生支出占一般公共预算支出比重保持在75%以上，居民人均可支配收入从2015年年末的4.15万元增加到6.04万元。新建各类学校88所，成功创建省社区教育示范区，通过全国责任督学挂牌督导创新县省级考核评估，普通高考主要指标实现苏州大市“十连冠”，职业教育实现省示范校、特色校全覆盖。深入推进综合医改，新（改扩）建各类医院8家，新设护理院6家，新（改扩）建社区服务站58家，获评紧密型县域医共体建设试点县、首批全国健康城市建设示范市和国家慢性病综合防控示范区。每万人全科医生数5.43人，居苏州首位。新增养老床位3561张，人均预期寿命83.13岁。城镇职工基本医疗保险参保人数逐年上涨，常熟户籍养老保险参保覆盖率始终保持在99%以上。

【常熟全面小康指数列全国第五】12月4日，竞争力智库、中国经济导报社、中国信息协会信息化发展研究院和北京中新城市规划设计研究院在北京联合发布《中国城市全面建成小康社会监测报告2020》，公布“2020中国地级市全面小康指数前100名（含副省级城市）”“2020中国县级市全面小康指数前100名”“2020中国城市高水平全面建成小康社会和高质量发展典型案例”。其中常熟位列2020中国县级市第五，全面小康指数148.83，小康经济指数A+级，小康生活指数A+级，小康文化指数A+级，小康生态指数A+级，小康治理指数A级。

链接：

中国城市全面建成小康社会监测体系包括客观数据监测和主观满意度监测两部分，从经济发展、人民生活、文化建设、生态环境、城市治理五个领域对城市进行系统监测，依次形成“小康经济指数”“小康生活指数”“小康文化指数”“小康生态指数”“小康治理指数”五个小康分项指数，分别衡量各领域建成水平，五个小康分项指数集成“全面建成小康社会指数”（简称“全面小康指数”），衡量城市全面建成小康社会整体水平。全面小康指数和小康分项指数均以100为预期点。2020中国县级市全面小康指数前100名全面小康指数平均达122.39，比上年提高3.78。

（年鉴编辑部）

常熟市2020年防控新冠肺炎疫情纪实

【概况】 2020年初，湖北省武汉市等多个地区发生新型冠状病毒感染的肺炎疫情。常熟市委、市政府把人民群众生命安全和身体健康放在第一位，扎实做好“六稳”工作，全面落实“六保”任务，夺取疫情防控和经济社会发展双胜利。1月22日，市政府召开会议，部署全市新型冠状病毒感染的肺炎疫情防控工作。1月24日，常熟调整建立市委市政府应对疫情工作领导小组，市政府建立疫情防控指挥部，全面启动联防联控工作。1月24日，常熟市报告首例确诊病例，2月7日至12月31日本土新增病例保持“零增长”，全年累计报告确诊病例4例，所有确诊病例零重症、零死亡、零院感。

【防控响应】 2020年，常熟市将疫情防控作为头等政治任务，制定落实联防联控、交通管控、停止公共场所聚集活动等应急预案，多种途径加强防疫宣传，精准把握防疫战机，有效遏制疫情扩散蔓延。

决策部署　疫情发生后，市委市政府迅速应对、靠前指挥，全力响应江苏省重大突发公共事件一级响应，第一时间成立新冠肺炎疫情防控工作领导小组和防控指挥部。指挥部下设“一办九组”，并随疫情发展动态调整为“一办十五组”。建立疫情防控指挥部工作例会制度，贯彻中央、省和苏州各项决策部署，每日监测重要疫情指标和经济指标，加强分析研判，捕捉疫情防控关键节点，适时调整工作重心。累计召开指挥部工作例会51次，研究制定136个重要通告及一系列通知文件，统筹协调预防控制、医疗救治、交通管控、社会和社区防控、复工复产等各项工作。

紧急监管　自1月23日起全市70家批发零售市场全面禁售活禽，并开展每日全覆盖巡查，累计检查市场10150场次。停运客运班线，关停客运南、北站，暂停城乡公交、镇村公交运营，减少人员流动。按照“非必须，不举办”的原则减少和取消大型公众聚集性活动，劝阻农村聚餐场次1395场，涉及23145桌。非生活必需的经营场所一律暂停营业，暂停茶室、酒吧、咖啡馆、美容理发等非生活必须经营场所6635家；全市社会餐饮单位除337家提供外卖服务外全部停业。加大巡查力度，要求全市42家专业市场延迟开业、商务办公楼暂缓复业，累计检查24880户次，对擅自复业的84户企业责令停业。自2月21日起，加强对负面清单延期复业对象巡查检查，累计检查40609户次。

防疫宣传　常熟市紧急发布《众志成城 打赢疫情防控阻击战》公开信和《致全市人民的倡议书》，明确防控疫情“十严”举措，提出防控疫情九条倡议。构建以“i常熟”微信公众号为核心的传播矩阵，通过融媒体及时准确发布疫情相关信息，累计推送1524条，其中14条阅读量突破10万。《疫情“大考”下，城市有温度、发展见热度》在新华社客户端等媒体阅读量突破140万，“衣白褂，破楼兰，赤子切记平安还”一图被央视新闻作为封面图进行推送，阅读量超10万，各大媒体和网络广泛转载宣传成为网络热点。开展多渠道防控宣传，通过电子屏、宣传材料、横幅海报、短信、新媒体等方式宣传防控信息累计887.53万条。

【预防救治】 2020年，常熟市统筹全市医疗卫生资源，强化预防救治措施，提升疫情应急处置能力，切实做到“应收尽收、应检尽检、应隔尽隔”，全力守护群众生命健康安全。

预防控制　常熟市强化可疑监测，对发热门诊和定点收治医院上报的可疑病例跟踪监测，累计监测发热患者1674人、采集样本1674人次。排查零售药店购买退热、止咳药品人员，累计排查56672人次。增强流调溯源能力，不断充实流调队伍，累计抽调94名流调队员和40名公安民警，组建成40个流调小组，并储备74名后备流调队员。强化接触追踪，结合技侦手段第一时间全方位排查各类密切接触者，累计管理密切接触者276人。强化疫点消杀防控措施，对各类人员密集场所工作人员开展消杀培训，普及消毒预防知识，消杀面积累计达4万平方米。做好常态化疫情监测预警，开展病例监测、口岸监测、重点场所监测、社区监测、体温监测、病原学监测、药品使用监测、农贸市场环境监测、医疗机构环境监测、冷链食品监测等10项监测工作。依托“疾控中心重点人员管理系统”全面对接全市发热门诊、预约挂号系统、药店系统、公安数字门牌、学校缺课系统等，进一步拓展监测预警点位。做好“应检尽检”工作，对密切接触者、中高风险地区到常人员、发热门诊患者、新住院患者及陪护人员等19类重点人群共检测137357人次；组织开展疫情防控应急处置演练2次。

医疗救治　常熟市确定定点收治医院1家、发热门诊点7个，制定市二院传染病分院收治方案和发热门诊流程图，协调落实全市负压车转运方案。集中力量开展新冠疫情救治，迅速制定方案，成立由重症、呼吸、影像、儿科等专家组成的市级救治专家组，第一时间成立救治后备队伍56人。全市发热门诊就诊14009人，4例确诊病例均在第一时间得到有效处置，并全部治愈出院。切实做好确诊患者出院后随访，及时发现复阳情况，实现闭环救治。持续加强硬件建设，打造常熟版“小汤山”——尚湖集中医学观察点，有序建设启用各板块集中观察点，累计开设14个集中观察点，床位1174张，收住集中观察对象4853人。开展线上义诊，通过“常熟智慧健康”微信公众号等开设线上免费义诊咨询服务，上线“新冠肺炎智能筛查”小程序，共组织134名医生在线服务，开展义诊服务3950人次。成立心理救援医疗队和心理援助热线队伍，开通24小时免费心理援助热线，累计接受电话咨询103次，线上咨询1722人次。疫情防控转入常态化后，进一步提升医疗救治能力，加快发热门诊建设和改造，二级以上综合医院规范设置发热门诊，市二院传染病分院为新冠肺炎定点救治医院，市一院滨江院区为新冠肺炎后备定点救治医院。

核酸检测　疫情初期，常熟市在苏州各县区率先建立新型冠状病毒核酸检测初筛实验室。自2月14日起承担常熟市及张家港市、太仓市、昆山市医疗机构发热门诊新冠病毒肺炎疑似病例、手术病人和其他需要进行新冠肺炎病毒感染诊断或鉴别诊断者的病原学初筛检测工作，年内累计核酸检测283533人次、抗体检测9261人次。提升核酸检测能力，全市建成3个核酸检测实验室，配备9台PCR检测仪，日最大核酸检测能力达6360人份。以村（社区）为单位设置336个新冠病毒核酸检测采样点，市卫健委组建336支应急采样队伍、12支机动采样队伍。储备备用采样点和备用集中隔离点，全市村（社区）应急核酸采样点全覆盖，大型小区设置临时采样点，按照20间/万人储备隔离场所3311间。研究制定应急状态配套保障方案，强化后勤保障人员、样本转运车辆、采样人员通勤用车等快速响应能力，确保应急状态下响应时间不超过4小时。开展新冠病毒疫苗接种，选定成人预防接种门诊7个，12月23日起开展首针接种。

【社会防控】 2020年，常熟市落实落细“外防输入、内防扩散”各项措施，扎紧扎实外防输入防线，严守社区防控关口，组织发动党员干部、志愿者下沉基层，充实一线防控力量，充分发挥党组织战斗堡垒作用和党员干部先锋模范作用。

外围管控　疫情暴发初期，常熟市着力筑牢交通管控“大包围”，严防外部输入病例。在全市高速路口、省道、疫情查控点实行24小时执勤，累计检查车辆37.3万辆、船舶753艘，体温检测67.7万余人，苏州火车站、苏州高铁北站转运点累计分流1146人。严密组织入境人员转运，建立涉外接驳专班，制定“7+7”接转工作机制，动态调整为“3+11”工作机制，确保全程受控转运、人员闭环管理，累计接驳1036人，常熟港入境船员累计1015人。

内部管控　通过公安核查、社区巡查、群众帮查以及前期卡口排查、机关干部上门核查等手段，常熟市全面摸排在常重点人员，累计排查住户71万余户，人员229.4万余人。把大数据运用作为精准管控的有效手段，开发投用“常熟市疾控中心重点人员管理系统”，每日对重点人员进行管理状态统计、健康状况监测，累计监测居家观察40993人、集中观察4574人。把网格化管理作为联防联控的有力抓手，深入推动“警格+网格”融合互通，全面固化社区干部、派出所民警、网格员和卫健人员“四位一体”联动模式，推动防控工作进网入格，确保人员管控有序。全面推进封闭式管理，严把村（社区）人员管控防线，推动全市612个有物管小区、233个开放式小区实行封闭式管理。加强摸排，对高中风险地区师生数、身体状况进行统计，实行日汇报制度。做到“停课不停学”，组织优秀骨干教师录播课程，并下发各校。做好开学保障工作，2月下旬至3月中旬，组织开展防疫应急演练、疫情防控和开学准备工作检查。

联防联控　全市开展“新时代文明实践在常熟·同心战‘疫’志愿行动”，紧急招募高速、国省道卡口防疫志愿者，协助交警、医务工作者开展防疫排查志愿工作。开展防疫志愿服务活动5.5万个，参与志愿者50余万人次，志愿服务时长超280万小时。成立疫情防控行动支部大联盟，组织近3000名党员干部下沉，抽调44名机关军转干部和年轻干部投身设卡检查岗位，派出210名机关党员干部驻守苏州火车站、苏州高铁北站。落实一线补助政策、宣传一线先进事迹，共划拨市级党费750万元，收集汇总“三项机制”典型案例44个，其中鼓励激励41个、容错纠错3个。及时表彰先进，鼓舞斗志、凝聚力量，疫情防控期间通报表扬先进8批，其中，基层党组织189个、行动支部152个、党员254名。

【复工达产】 2020年，常熟市在做好疫情防控的同时，科学谋划、全力推进复工达产，为开工复工创造有利条件，奋力夺取疫情防控和经济社会发展双胜利。

服务企业　协调解决产业链供应难，深入推进机关干部“服务进千企”专项行动，开展“服务民企360”圆桌论坛，累计走访对接企业1422家，协调解决各类问题113个。出台《重点企业产业链上下游配套企业复工复产协调机制》，以“复工协调函”形式累计协调500余家配套企业提前复工。协调解决企业用工难，搭建完善“返常复工人员信息登记平台”，累计审核通过6000余家企业超10万人返常申报。设立企业员工入常“接洽点”，包机接驳80名外企高管返常复工，为企业安排“点对点”员工运输包车乘载4498名员工返岗，并对1745家企业3万余名员工发放返岗补贴，共计681.38万元。着力缓解企业员工住宿困难，部署企业员工临时安置点，统筹规划临时安置床位1.5万张，累计安置企业职工3063人。搭建供需对接交流平台，创新线上招聘服务模式，共举办各类招聘专场124场，其中线上43场、线下81场，共有4996家次企业提供10万多个招聘岗位。协调解决企业运营难，排摸1300余家复工企业进出口物流需求，落实企业物流运输通行证，协调“箱讯网”国际物流平台，协助企业出货超1000国际标准箱。搭建用工、运输、融资和材料采购四个“红娘”平台，为复工企业提供税收大数据服务。截至2020年年底，全市1522家规上工业企业全部复工，员工到岗率96%，3479家规下工业企业（用地3亩以上）复工，员工到岗率91.5%，其他4994家中小微企业已复工。建立疫情防控和安全生产“双到位”的建设工地复工核查备案机制，确保全市564个待复开工建筑工地、25个一季度重点项目建筑工地、32个民生类建筑工地、124个国企在建建筑工地、16个绿化在建工地快速全面复工。协调解决工地复工后建筑企业用工难，出台《建设工地人员返常交通费补贴》惠企政策，鼓励施工企业采用包车形式统一接送外地务工人员，提高外地建筑工人返常务工积极性，累计发放交通费补贴69.13万元，惠及外地建筑工人3692人。

政策帮扶　及时落地“苏惠十条”，制订实施办法，出台常熟市十二条惠企政策，公布24小时企业咨询热线，累计通过企业延期缴纳税款申请合计2512万元，各直属国资公司落实减免1854家中小企业房租2800余万元。全力保障外贸稳定，推出常熟“惠外”16条，对外贸企业各类信用保险进行减免、给予补贴。协助企业应对疫情导致的违约风险，为30家外贸企业开具不可抗力证明68份，涉及合同金额超1.1亿美元。举办“常熟外贸直播间”线上直播培训，为全市近300名外贸企业代表面对面解读复工复产、市采通等各项政策。落实医保社保双减征，阶段性减免医保保费惠及参保单位2.48万户，总计减免3.62亿元，阶段性减免社保费惠及参保单位2.93万户，总计减免27.99亿元。实施稳岗返还政策，向2.5万家企业发放稳岗返还资金1.8亿元。推动落实金融支持，向各银行机构及时发布更新“因疫情资金困难中小企业名单”，对25家因疫情导致资金困难的中小微企业按支持政策办理续贷5.4亿元，对超2万户企业转贷超50亿元。

项目建设　一着不让抓项目建设，紧咬“三增三进”目标（“三增”即工业增投资、产业增载体、财政增收入；“三进”即全市高质量发展考核“进等次”、开发区“进位次”、乡镇（街道）“进级次”），加强重点企业帮扶，分析重点企业用电、用工情况，关注好外贸企业订单、资金、物流等问题，重点做好50强工业企业的运行监测。截至12月31日，常熟市规上工业产值3656亿元，比上年增长4.3%。加紧重点项目开工，258个市级重点产业项目当年累计完成投资337.25亿元，为年度计划的96.2%。创新推进云上签约，经开区、高新区、虞山高新区等板块，以视频连线、“不见面”签约等形式创新开展重点项目云签约。加快优质项目招引，搭建境内外招商平台，推动境内外区域性招商平台建设，定期做好招商平台运营情况上报。总投资10.8亿美元的每日优鲜、4亿美元的常熙供应链等新设大项目及路虎、丰田研发等老企业较大规模增资相继到账，全年实际利用外资及港澳台资完成6.9亿美元，较上年提高62个百分点。

【物质保障】　疫情发生后，常熟市不断完善应急物资和生活必需品储备供应机制，抓好保供措施落实，满足群众日常需求，保障防控时期物资储备稳定、生活必需品供应可靠。截至12月底，全市在疫情防控中共计投入2.94亿元，其中，市级投入2.18亿元，各乡镇板块投入0.76亿元；一般公共预算资金1亿元，政府性基金1.94亿元（抗疫特别国债）。此外，社会各界踊跃捐款捐物，市慈善总会接受捐赠资金2020笔，共计3753.91万元；接收捐赠物资33批次，价值609.25万元。波司登公益基金会捐赠15万件总价值3亿元的羽绒服；江苏常熟农村商业银行股份有限公司捐赠资金480万元，捐赠医学设备价值108.5万元；江苏中利集团股份有限公司捐赠资金300万元；常熟市龙腾特种钢有限公司捐赠资金150万元。市红十字会共接受捐赠资金1719笔，共计385.95万元；接收捐赠物资93批次，价值535.52万元。

防疫物资保障　对内挖掘产能，抓好一诺、欣瑞、美特斯等防护物资生产企业的复工生产和原材料供应。通过走访调查、专人服务、政策支持等系列举措鼓励企业转产投产。同时对外积极沟通，拓展物资采购渠道，截至12月31日，采购（含捐赠）入库各类防护口罩764.23万只、各类防护服（隔离衣）8.46万套、额温仪8037支。科学调配管理，以市级库存量达1周以上为前提，有序向社会面投放防疫物资，共组织60.95万只口罩货源供市民网上预约购买，向全市120多家防控单位、教育机构及市民等免费发放721.12万只各类防护口罩、7.98万套防护服（隔离衣）、7000多支额温仪等物资。做好常态化疫情防控物资准备，建发医药有限公司储备39个品种物资，总金额480万元；康诺医疗器械股份有限公司储备防护物资5种，总金额329万元。储备1:1采样管1万支，1:5采样管6万支，协议储备采样管142万支。

农副产品供应　针对疫情发生初期342户外地农户无法返常的情况，组织开展大户间互助和社会化服务，确保不误农时。做好与各生鲜平台和本地经营户对接，保证疫情防控期间新鲜蔬菜可靠供应，累计向常熟、苏州地区供应各类蔬菜农副产品70.4万吨。保障春季田间管理，共落实水稻种源1483吨、化肥备货6.07万吨、农药备货库存1109吨。启动生活必需品应急监测日报制度，对全市11家保供企业和4家成品油零售企业分品种销售量和暂存量进行监测，及时动员全市保供单位增加补货补柜频次，确保生活必需品正常供应。

交通物流保障　交通管控时期，为运输生活必需品和防控应急物资的企业办理货运临时通行证3500余张，涉及车辆超500辆，确保物资有效通行。复工复产后，逐步恢复县际和市际客运班车，至3月中旬，客运南站日均发车超265班，客运北站日均发车超180班。落实公交车、出租车、网约车出示健康码和扫码登记实名制乘坐规定，至4月下旬，公交班线恢复常态化运营，城市公交日均发班2987班次，客运量约10万人次，城乡公交（含镇村公交）日均发班3967班次，客运量约3.6万人次。

【驰援湖北】　疫情发生后，常熟市坚决服从省、苏州统一指挥、统一协调、统一调度，坚决服从大局，同湖北人民站在一起，白衣执甲、逆行出征，坚决打赢疫情防控的人民战争、总体战、阻击战。

前方医疗队员　分两批向湖北派出医务人员43名。1月27日，第一批6名援鄂医务人员支援武汉市江夏区第一人民医院，连续奋战48天，圆满完成医疗护理任务。2月9日，第二批37名援鄂医务人员支援华中科技大学附属同济医院光谷院区，连续奋战50天，收治重症患者107名。46人次先后受到国家、省、苏州市级嘉奖。

后方志愿团队　保障防疫物资，分两批将89箱防疫物资和生活用品送至驰援湖北医护人员手中。组建志愿团队，开展"暖心关爱行动"等活动，每日上门供应蔬菜、做好援鄂人员子女教育帮助。市委组织部拨发12.9万元慰问金，以每人3000元的标准及时发放到家属手中；市总工会举行慰问仪式，向家属代表进行慰问，并向每名医务人员发放6000元慰问金；市文体旅局向医护人员及其家庭送上"爱心大礼包"。

社会爱心人士　社会各界爱心企业、爱心人士积极用行动向驰援湖北的医务工作者致敬。常熟市龙腾特种钢有限公司与市慈善总会签约设立"龙腾公共卫生关爱基金"，注资100万元慰问常熟市驰援湖北一线医护人员，发放慰问金8000元/人、3000元/户；中国人民财产保险股份有限公司常熟中心支公司向驰援湖北的医护人员赠送综合保险，每人最高保障额度达64.8万元；常熟市交通广播爱心车队义工社为驰援湖北的医护人员及其家属提供免费接送服务等。此外，常熟市爱心企业、爱心人士积极筹措资金物资，踊跃支援湖北抗击疫情。2020年，市慈善总会（基金会）接收定向湖北捐款1241.11万元、物资3批价值230.99万元，市红十字会接收定向湖北捐款115.35万元、物资1批价值4.5万元；定向常熟市援鄂医疗队捐款55.20万元（其中常熟开关制造有限公司捐赠50万元）、物资9批次价值47.77万元。

【进口监管】　2020年，常熟市根据进口冷链食品及进口货物引发的新冠肺炎疫情形势变化，坚持"人、物、环境"共防，落实落细进口冷链食品及进口货物监管。

日常监管　第一时间组织对全市超市、餐饮单位、食品小作坊等各类经营户进行全覆盖排查，共排查各类冷链食品经营户1855户、各类冷库经营户527家、冷库总面积3.4万平方米，贮存能力约3.3万吨。其中，进口食品冷库219家，进口冷链食品存量约546.7吨，接触进口冷链食品的从业人员633人。启动进口货物新冠病毒核酸检测工作。落实"人物同防"，严格从业人员"健康管理记录、每周全覆盖核酸检测、加强全程防护"三项举措，全面落实各环节管控，严防由物到人的疫情传播和扩散风险。截至年底，对全市冷链食品经营场所开展新冠核酸检测，累计采集630个点次，总共采集各类标本9331份。

集中监管　11月18日，发布《关于加强常熟市进口冷链食品疫情防控工作通告》，设仓集中监管进入常熟市储存、加工、销售的进口冷链食品，严格落实抽样核酸检测全覆盖、包装预防性全消毒、来源全程追溯、人员全防护的"四全"防控措施。要求相关经营者对进入常熟市储存、销售、加工的进口冷链食品均须查验《苏州市进口冷链食品集中监管仓出仓证明》、海关口岸核酸检测合格及业经消毒凭证。第一时间成立进口冷链集中监管工作专班并实体运作，狠抓进口冷链食品"入库关、检测关、消毒关、防护关、追溯关"五大重点，有序推进集中监管工作，实现入仓冻品全过程监管。截至年底，累计接受预约申请12单，受理并完成2单3批次1200箱共计20.5万吨巴西冻鸡翅根的入仓抽检、消毒工作，签发2份"苏州市进口冷链食品集中监管仓出仓证明"。采取"进口管理+环节把控+市场抽检"三结合方式开展人员、货物和环境检测工作。对大型进口企业存放仓库、邮政快递企业国际件处理场所等存放进口货物（含进境物品，冷链食品除外）场所设立检测采样点，对相关环境进行采样监测。

进口检疫　以"冷链三证"（入境货物检验检疫证明、出仓证明和追溯证明）为重点，部署开展进口冷链食品市场排查，落实"大数据+网格化+铁脚板"工作机制，开展每日巡查排摸，倒逼进口冷链食品经营户落实主体责任。对经营进口货物的大型商超每周开展一次抽样检测，对直接接触进口货物的从业人员每周开展一次核酸检测。截至年底，累计采集冷链食品监测点518点次，共采集各类标本5555份；接触进口冷链食品从业人员摸排524人，累计检测636人次。重点检查进口冷藏冷冻肉、水产品，重点监管冷藏冷冻食品贮存服务提供者、集中交易市场、食品生产单位、大型商超、学校食堂，督促相关食品生产经营者严格索票索证、进货查验，仔细核查供货商经营资质、产品入境货物检验检疫证明、核酸检测合格证明和消毒证明，对来源不明的进口冷链食品一律依法查处。封存涉嫌无进口检验检疫证明、核酸检测合格证明、消毒证明的各类进口冷链食品共约23.6吨。做好异地阳性同批次排查，对进入常熟市的1批次异地检测阳性的同批次冻品进行排查和追回。（赵丹阳）

常熟首通铁路

【三条铁路交汇常熟】　2020年常熟铁路建设实现质的飞跃，三条铁路在常熟交汇：沪苏通铁路正式通车，常熟站同步投用，常熟结束不通铁路的历史；南沿江城际铁路开始架梁施工；通苏嘉甬铁路常熟段线位、站位基本确定，完成工可批复前置各项专题研究。

【沪苏通铁路通车】　7月1日，沪苏通铁路正式通车，常熟站同步投用，常熟站首列到站动车为C3839南通—上海。该条铁路的通车便于提升常熟的城市能级，拉近与上海等周边城市的时间距离，使常熟加快融入长三角交通一体化"核心圈"，常熟直接迈入高铁时代。沪苏通铁路是中国沿海地区南北向铁路主动脉沿海通道的重要组成部分，主要承担上海、苏南与苏北

7月1日，沪苏通铁路通车，常熟站同步投用　（市融媒体中心　提供）

地区城际旅客交流，兼顾货物运输和中长途旅客交流，对于完善区域路网格局，构筑综合交通运输体系，加强苏南地区与上海之间的经济联系具有重要的意义和作用。2004年1月，沪苏通铁路项目纳入国家《中长期铁路网规划》。2006年12月，中华人民共和国铁道部（简称原铁道部）、江苏省和上海市联合上报新建上海至南通铁路项目建议书。2008年2月，新建上海至南通铁路获国家发改委批复立项，跨江方案推荐苏通长江公路大桥下游8千米桥梁方案。2010年2月，原铁道部与交通运输部达成共识，将沪通长江大桥的方位，由原来的苏通大桥下游3千米处调整为上游40千米处。2012年12月19日，国家发改委批复《新建上海至南通铁路南通至安亭段可行性研究报告》，线路等级采用国铁Ⅰ级，双线铁路，设计时速200千米/时。2014年5月20日，中国铁路总公司、上海市人民政府、江苏省人民政府批复新建上海至南通铁路初步设计，正线全长137.473千米，设计行车速度200千米/时，全线设9个车站，预留常熟东站。2014年3月，沪通长江大桥正式开工，标志着新建上海至南通铁路开工建设。2014年8月施工单位进场，2015年10月开始架梁施工，2018年1月完成架梁施工，2018年9月开始铺设工具轨，2019年6月开始更换正式轨，2019年10月完成换轨，2020年4月8日南通至安亭段接触网全线送电，2020年4月20日开始联调联试，2020年5月30日开始试运行，2020年7月1日开通运营。沪苏通铁路常熟站2019年4月施工单位进场，2019年7月开始主体结构施工，2020年3月开始内部装饰，2020年7月1日正式投用。沪苏通铁路开通运营初期，按照日常线、周末线、高峰线安排列车开行，每日开行旅客列车最高44.5对，开行货物列车6对。沪苏通铁路起于宁启铁路赵甸站，止于京沪铁路安亭站，沿途设站南通、张家港、常熟、太仓、上海，全长137.5千米，设计时速200千米/小时，总投资320.69亿元，为客货混行铁路。沪苏通铁路常熟段先后穿越常福、琴川2个街道和海虞、古里、梅李、董浜、支塘5个镇，境内全长约38千米，在主城区东北部设客运常熟站，并在支塘与董浜交界处预留常熟东站。

【南沿江城际铁路建设】 南沿江城际铁路是国家沪汉蓉铁路通道和江苏省“三纵四横”高铁网的重要组成部分，是一条以江苏省为主进行投资建设的铁路项目，对完善全省现代综合交通运输体系，缓解沪宁通道压力，促进区域经济融合发展均具有重要意义。南沿江城际铁路在常熟市境内基本与沪苏通铁路并线敷设，穿越常福、琴川2个街道和海虞、古里、梅李、董浜、支塘5个镇，全长约38千米，与沪苏通铁路并站于常熟站。项目自南京南站引出，经镇江、常州、无锡、苏州，止于沪苏通铁路太仓站，正线全长278.53千米，设计时速350千米/时，概算总投资503.01亿元，为高速铁路。2019年4月施工单位进场，2019年12月底完成民宅企业搬迁，2020年4月开始架梁施工，计划2023年年初建成通车。截至2020年年底，南沿江城际铁路常熟段全面完成征拆清障工作，桥梁下部结构基本完成，连续梁浇筑完成超过71%，箱梁架设完成超过37%。

【通苏嘉甬铁路建设】 通苏嘉甬铁路是国家高铁网中重要的区域连接线，是苏州市“丰”字形铁路网连网成片的骨干线路，建成后将为常熟市提供重要的南北快速通道。线路规划起于沪苏通铁路南通西站，经苏州（张家港、常熟、主城区）、嘉兴，跨越杭州湾后止于宁波，设计时速350千米/时，为高速铁路。通苏嘉甬铁路经西部区域穿越，经常福、虞山2个街道和尚湖、辛庄2个镇，全长约25.2千米，在虞山尚湖风景区西侧设常熟西站。2020年7月14—17日召开工可审查会议，9月11—12日召开工可鉴修审查会议，9月29日获中共江苏省委政法委员会《社会稳定风险评估报告》的意见。截至2020年年底，通苏嘉甬铁路工可批复前置各项专题研究全部完成，工可鉴修报告完成审查，正配合推进航评、环评、洪评等初步设计前置专项工作，开展常熟西站综合交通枢纽规划研究。

（黄心珏）

责任编辑：归岳嵚

大 事 记

1月

2日　常熟市东西部结对扶贫劳务协作先进表彰暨关爱基金、务工人员之家成立仪式举行。

5日　常熟市自媒体联盟成立大会在市图书馆举行。

9日　“2019苏州十大民心工程”名单发布，由常熟市人民政府实施的村庄人居环境“两创建三优化三提升”名列其中。

15—17日　政协常熟市第十四届委员会第四次会议在市会议中心举行。会议选举王建国为政协常熟市第十四届委员会主席，审议并通过《政协常熟市第十四届委员会第四次会议决议》。

16—18日　常熟市第十五届人民代表大会第四次会议在市会议中心举行。大会确定15项2020年民生实事项目，通过《关于常熟市人民政府工作报告的决议》《关于常熟市2019年国民经济和社会发展计划执行情况与2020年国民经济和社会发展计划的决议》等决议。

17日　“氢”车“熟”路——常熟市氢能源公交车投运仪式在常福街道苏州路公交枢纽站举行。

18日　2020年常熟市重点企业人才招聘暨高校毕业生就业洽谈会在常熟国际展览中心举行。

△　“藏珍于民——常熟市第十二届民间收藏精品联展”在常熟博物馆开幕。

20日　全市“不忘初心、牢记使命”主题教育总结大会召开。

22日　市政府召开会议，部署全市新型冠状病毒感染的肺炎疫情防控工作。

23日　零时起，常熟市行政区域范围内暂停所有活禽交易。

24日　全省启动突发公共卫生事件一级响应，常熟调整建立市委市政府应对疫情工作领导小组，市政府建立疫情防控指挥部，全面启动联防联控工作。

27日　常熟市6名第一批援鄂医务人员支援武汉市江夏区第一人民医院。

2月

4日　省委常委、苏州市委书记蓝绍敏到常熟市部分集中医学观察点、社区和企业，调研检查新型冠状病毒感染的肺炎疫情防控工作。

9日　常熟市37名第二批援鄂医护人员支援华中科技大学附属同济医院光谷院区。

18日　常熟高新区2020年2月份重点项目线上签约仪式举行，13个计划总投资近50亿元人民币的重点项目落户。

21日　2020年常熟市重点产业项目一季度集中开工（竣工）活动举行，全市新开工项目99个，占全年新开工项目的54.7%，总投资505.8亿元，当年计划投资153亿元。

△　国家重点水利项目——常熟望虞河西岸控制羊尖塘枢纽工程复工，成为全省首批复工的重点水利项目之一。

3月

7日　全市2019年度综合考核工

3月25日，首批2000辆公共助力车在城区投入使用　（市城管局　提供）

作总结暨作风建设大会召开。

13日　省委统战部副部长、省工商联党组书记顾万峰一行到常熟，调研行业、企业复工复产情况。

17日　苏州市政协主席周伟强到常熟调研部分重点项目及氢能产业发展。

19日　全国政协常委、经济委员会副主任于广洲率中办国办复工复产调研工作组到常熟调研指导。

25日　首批2000辆公共助力车在城区投入使用。

30日　琴湖小镇商业项目开工仪式举行。

31日　苏州市委副书记、市长、望虞河苏州市级河长李亚平到常熟巡河，调研常熟市望虞河河长制工作。

△　2020中国文旅大消费线上峰会暨常熟文旅发展研讨会在古里初见书房举行。

4月

1日　全市农村警保联动交通安全劝导服务站启动仪式在辛庄镇潭荡村举行。

2日　南沿江城际铁路常熟段开始线上架梁工作，首榀箱梁架设完成。

7日　江苏省委常委、苏州市委书记蓝绍敏调研常熟市农业农村现代化工作。

8日　常熟市人民政府与四川德康农牧食品集团股份有限公司举行生猪养殖项目签约仪式。

15日　常熟支援湖北医疗队返常欢迎仪式举行，社会各界致敬抗疫英雄。

23日　江苏省特色田园乡村建设工作联席会议公布江苏省第二批次特色田园乡村名单，支塘镇蒋巷村入选，成为常熟第一个省级特色田园乡村。

26日—5月22日　全市分7轮发放共计2000万元的电子消费券，各大商圈商户推出配套促销活动。

27日　“虞歌畅晚”常熟方塔夜巷亮灯启幕暨“水韵江苏·又见美好”主题游苏州分会场启动仪式在方塔商圈举办，古里铁琴铜剑楼知旅文化街区同步举办分会场活动。

28日　2020常熟特色产业园招商云推介活动在常熟会议中心举行。

30日　苏州市委副书记、市长李亚平带领有关部门负责人及相关专家到常熟，检查督导安全生产工作。

5月

6日　世界旅游组织新冠疫情全球观测点网络信息会议召开，常熟观测点“疫后”文旅振兴措施和经验被作为中国案例向全球展示。

11日　常熟首批既有建筑更新改造试点项目之一——江南·绣衣厂文化创意园改造工程项目开工建设。

13日　在2020年苏州（常熟）食用农产品合格证启用仪式暨尚湖镇王庄西瓜上市信息发布会上，苏州市首张食用农产品电子合格证启用。

18日　以“选择常熟，共赢未来”为主题的2020中挪北欧常熟经济合作云推介会在常熟UWC举办。总投资约136亿元的23个项目签约，其中现场签约项目8个、在线签约项目9个、场外签约项目6个。芬兰驻华特命全权大使肃海岚以视频方式致辞。

△　“盛世珍藏——常熟博物馆一级文物特展”在常熟博物馆开幕。良渚玉龙、玉琮，明代官窑瓷器，王石谷《芳洲图》等22件馆藏一级文物首次亮相。

19日　2020年“中国旅游日”常熟市主题活动暨“AKB48 Team SH”尚湖青春嘉年华启动仪式在尚湖风景区举办。

21日　省委组织部副部长、省委“两新”工委书记周为号到常熟调研“千村美居”工程、企业复工复产、学校党组织建设等情况。

23日　常熟市融媒体中心（传媒集团）揭牌仪式暨改革动员大会举行。常熟日报社和市广播电视总台合并组建常熟市融媒体中心、常熟市传媒集团。

27日　长江航务管理局党委书记、局长唐冠军到常熟调研长江水域船舶与港口污染防治工作。

△　“小菜篮大民生，文明新市场”2020年度常熟市集贸市场升级改造工作推进会暨金仓市场改造启动仪式举行。

31日　2020年常熟市重点产业项目二季度集中开工（竣工）活动举行。开工项目66个，总投资170.16亿元；竣工项目17个，总投资40.36亿元。

6月

2日　苏州市政协主席周伟强到常熟调研挂钩联系项目及常熟市政协“委员之家”等建设情况。

4日　全市镇级年鉴启动暨《碧溪街道年鉴（2020）》编纂动员会召开。

5日　市委书记周勤第、市人大常委会主任杨崇华、市政协主席王建国率常熟市党政考察团到杭州市萧山区、嘉兴市桐乡市考察数字经济发展情况。

10日　省委宣传部常务副部长焦建俊到常熟，考察市融媒体中心、新时代文明实践中心建设工作。

11日　全国人大常委会委员、全国人大外事委员会副主任委员、北京大学未来教育管理研究中心主任林建华，江苏省产业技术研究院院长刘庆等到常熟高新区参观调研。

△　苏州市第七次全国人口普查综合试点普查登记启动仪式在常熟市举行。

12日　省应急管理厅厅长陈忠伟到常熟开展安全生产专题宣讲。

△　智慧常熟“十四五”规划项目启动会暨电子地图服务平台上线仪式举行。

13日　常熟市“文化和自然遗产日”系列活动在文庙大成殿前广场启动。

15日　常熟海关首次以市场采购贸易方式出口跨境电商B2B海外仓

货物。

16日　第46届世界技能大赛（时装技术项目）江苏选拔赛开赛仪式在常熟服装城举行。

17日　省检察院检察长刘华到常熟视察调研检察工作。

18日　常熟市“社银通”项目正式启动。

21日　“奔跑江苏”2020年四分马常熟站暨常熟阳光跑步俱乐部第十一届越野赛在海明农业长江基地举行。

24日　常熟市劳动模范命名大会举行，101名劳模受到表彰，劳模精神“五进”活动同时启动。

25日　省文旅厅公布第二批省级全域旅游示范区名单，常熟名列其中。

28日　苏州外国语学校常熟校区开工仪式在海虞镇举行。

29日　省内首个面向多种障碍类型的学前融合教育研究中心——常熟市学前融合教育研究中心揭牌。

30日　状元故里夏研常熟——“乘高铁，游常熟”2020常熟夏季文化旅游推介会在上海虹桥机场2号航站楼启动。

7月

1日　沪苏通铁路开通运营，配套常熟站和新世纪大道北延项目同步投用。

5—6日　常熟市出现暴雨天气，局部大暴雨。市防指于5日19时启动防汛Ⅳ级应急响应，并于6日9时将防汛应急响应升级为Ⅲ级。

9日　沙家浜景区红十字救护站启用暨常熟市红十字救援队成立仪式举行。

△　全市首个垃圾四分类智能投放点在东南街道湖畔社区启用。

10日　2020年（第十二届）苏州（常熟）国际精英创新创业合作洽谈会举行。

13日　苏州市人大常委会主任陈振一带领调研组到常熟，调研“千村美居”工作推进情况以及长江沿线环境保护整治工作。

14日　第六届江苏“互联网+”大学生创新创业大赛“青年红色筑梦之旅”活动启动仪式在沙家浜举行。

△　2020长三角地区科普工作新探索交流会暨长三角地区科普课件大赛启动仪式在沙家浜举行。

20日　省委常委、苏州市委书记蓝绍敏到常熟调研，了解发展实情，督促推进三季度工作和全年目标任务完成。

△　观致汽车SUV观致7在观致汽车常熟基地下线。

21日　民革江苏省委调研组到常熟，专题调研乡村振兴工作。

22日　南京大学党政考察团到常熟调研座谈会召开。南京大学党委书记胡金波，中国科学院院士、南京大学校长吕建，常熟市委书记周勤第出席活动。

23日　省政协副主席、党组副书记阎立到常熟，对长江大保护突出问题整改情况开展专题民主监督并实地考察。

25日　“全民健身，健康虞城”常熟市第二十五次全民健身月启动仪式暨2020常熟市第三届时尚·荧光跑举行。

29日　常熟出入境边防检查站举行现役转改士兵录用人民警察授衔仪式，首批28名转改招录民警正式成为移民管理警察。

31日　“姑苏新力量、助燃八点半”常熟站暨“新火助燃、虞歌畅晚”常熟市新阶层助力夜经济活动周在古里知旅文化街区启动。

8月

1日　市委十三届十一次全体（扩大）会议召开。市委书记周勤第代表市委常委会向大会作题为《保持定力聚合力，接续奋斗再攻坚，以决战决胜姿态奋力夺取全年“双胜利”》的报告。会议审议通过《中国共产党常熟市第十三届委员会第十一次全体（扩大）会议决议》。

4日　全省食用农产品合格证现场推进培训会在常熟市举行，会上发布全省食用农产品合格证图标。

4—7日　常熟市党政代表团到贵州省思南县、宁夏回族自治区青铜峡市考察。

7日　“虞歌畅晚·欢乐虞城夜”运动嘉年华在市体育中心启动。

8日　因疫情管控无法返常复工的80名日企高管，搭乘由常熟组织的公务包机抵达苏南硕放国际机场。经过14天的集中医学观察，符合条件的

8月7日，“虞歌畅晚·欢乐虞城夜”运动嘉年华在市体育中心启动

（市融媒体中心　提供）

日企高管重返岗位。这是疫情发生以来国内首次由政府申请组织外企人员入境复工的包机。

△　全国第十二个“全民健身日”常熟市分会场活动暨“推动全民健康，助力全面小康”2020常熟市广播操比赛举行。

11日　长三角文创产业发展与城市更新论坛在常熟会议中心举行。

14日　招商局重工（江苏）有限公司建造的极地探险邮轮“海洋探险号”在常熟海轮锚地附近水域完成下潜分离，成功下水。

17日　苏州市政协主席周伟强到常，开展十四届三十九次主席会议视察长江沿岸生态保护情况。

18日　苏州市人大常委会主任陈振一到常熟，实地检查土壤污染防治法贯彻实施情况。

21日　2020虞山文化论坛在常熟会议中心开幕。

△　常熟市与生态环境部环境规划院就大气环境质量优化提升战略合作签约。

25日　苏州市委副书记、市长李亚平率队到常熟开展长江经济带生态环境问题整改工作专题督查。

30日　第二届中国国际化营商环境高峰论坛暨《2020中国城市营商环境投资评估报告》发布会在北京举行。常熟获评国际化营商环境建设示范县（市、区）。市委副书记、市长焦亚飞代表常熟作典型发言。

31日　省委第五巡视组对常熟市开展危化品安全生产专项巡视工作动员会召开。

△　2020年苏州市长江禁渔执法暨渔业安全应急演练活动在常熟市举办。

9月

1日　位于常熟高新区的CWA世华学校迎来首期100多名学生。

2日　全市慈善事业发展大会暨“常熟慈善奖”表彰大会召开，“同在阳光下——慈善一日捐”活动同时举行。

7日　2020年常熟市重点产业项目三季度集中开工（竣工）活动举行，全市重点项目建设和储备调度会召开。

△　常熟医保移动支付项目启动仪式在市第一人民医院举行。

△　常熟市残疾人职业技能大赛在市残疾人创业就业孵化基地举行，全市241名残疾人参加比赛。

8日　2020“农行杯”苏州美丽乡村健康行暨夜看乡村常熟站活动在石梅广场举行。

10日　“苏银惠高企·常创赢未来”——常熟市“高企融资服务直通车”成效发布会举行。

17日　“自驾江南、常来常熟”首届长三角自驾游产业发展大会、2020常熟虞山文化暨沙家浜旅游节开幕式在常熟会议中心举行。

△　常熟市智能制造产业联盟2020年度理事会议暨产业数字化转型峰会召开。

18日　常熟·思南东西部扶贫协作推进会暨消费扶贫月活动启动大会召开。

21日　中国（常熟）服装贸易高质量发展圆桌论坛在常熟市举行。商务部外贸司、埃塞俄比亚和白俄罗斯驻华使馆以及日本、匈牙利等国的海内外70余家企业、商协会和机构的代表参加论坛。

△　2020年苏州市中国农民丰收节开幕式在海虞镇七峰村铜官山举行。

24日　2020人工智能峰会暨机器人产业高峰论坛在常熟会议中心召开。

△　2020年常熟市中小学生田径运动会开幕。

25日　道启东南——庚子年常熟文庙公祭孔子大典举行。

△　常熟市召开“关爱长者、益耆同行”——多元助推居家养老服务项目发布会。

27日　常熟市侨商会成立大会举行。会上，市侨商会与意大利（中国）侨商会、美国亚特兰大中国商会、泰国江浙沪总商会等5家海外侨商组织签订战略合作框架协议。

28日　常熟精英创业联盟大会举行，总金额242.5亿元的一批项目集中签约。亚洲基础设施投资银行行长金立群，中国工程院院士范滇元、黄崇祺，中国科学院院士薛永祺、吕达仁、田禾、王建宇出席活动。

△　中国·常熟第三届跨境电子商务峰会暨全球速卖通常熟服装城产业带跨境直播专区上线仪式在云裳小镇举行。

△　常熟史志协同创新研究中心揭牌签约仪式举行。

29日　完全自主研发设计制造的中国最大直径泥水平衡盾构机——“长城号”在中交天和机械设备制造有限公司下线。

10月

1—6日　“双循环·助企业·惠民生”常熟市融媒体中心“国庆中秋双节”品质生活直播季举办12场直播带货活动，总计发放福利价值3200万元，累计观看人数超53万人次。

10日　2020年华侨城沙家浜时光小镇品牌发布会暨时光生活节开幕仪式举行。

△　“华侨城·沙家浜时光小镇杯”第十二届长三角城市龙舟邀请赛在沙家浜风景区开赛。

△　特斯拉常熟体验中心在常熟高新区正式开业，这是全国第一家开设在县级城市的特斯拉体验中心。

12日　省委常委、苏州市委书记许昆林率队走访常熟市部分企业，上门服务，听取意见建议，共谋企业发展。

15日　江苏省产业技术研究院智能液晶技术研究所在常熟举行2020年产品技术发布会，公开发布双稳态智能调光玻璃、柔性OLED用PI浆料、智能后视镜、光纱、智能温变涂料、热敏计时标签等6款（项）自主研发的产品和技术。

17日　2020年农业机器人产业技术发展高峰论坛在常熟市举行，国家农业信息化工程技术研究中心、中国农业大学、苏州市机器人产业协会的专家出席论坛。

18日 2020 STC第五届常熟尚湖国际铁人三项比赛在尚湖风景区举行。

20日 在全国双拥模范城（县）命名暨双拥模范单位和个人表彰大会上，常熟市被授予全国双拥模范城荣誉称号，实现创建全国双拥模范城“五连冠”。

23日 常熟港开放再出发暨国家一类对外开放口岸25周年大会在常熟经济技术开发区举行。会上，总投资161.5亿元的16个项目签约，4个港口赋能提升项目启动，“新时代常熟港发展蓝图”发布。

△ 苏州市市场采购贸易工作现场推进会在常熟召开。

△ 常熟市“政银惠民工程”签约暨启动仪式举行。

23—24日 2020年第二届江苏省“东方红木杯”家具制作职业技能竞赛暨第四届全国家具职业技能竞赛江苏常熟赛区选拔赛举行。

25日 2020常熟尚湖半程马拉松赛在尚湖风景区举行。

29日 苏州市产业技术研究院同位素技术研究所签约暨启动仪式举行。中科院院士费维扬、柴之芳、林其谁出席仪式。

30日 “苏州银行杯”中国苏州（常熟）工业互联网创新创业大赛暨工业互联网峰会在常熟会议中心举行，全球319家服务商参赛。

30日 第六届（2020）常熟市青年创业大赛决赛暨颁奖典礼举行，“低速无人清扫车的研发与产业化”项目赢得大赛一等奖。

△ 南沿江城际铁路在常熟境内第一个合龙的现浇连续梁——望虞河特大桥连续梁合龙。

11月

1日 常熟“融入长三角UWC+”新经济招商对接会在上海举行。

4日 市委副书记、市长焦亚飞与日本萨摩川内市市长岩切秀雄进行视频会晤。

6日 以“常来常熟，共创未来”为主题的2020常熟金秋经贸洽谈会在会议中心举行。洽谈会集中签约项目92个、总投资976亿元，其中总投资575亿元的25个项目现场签约。

7日 华东师范大学·中国常熟世界联合学院IB课程联合研究中心暨华东师范大学实习基地揭牌成立。

△ 2020“水韵江苏”赛艇嘉年华常熟站比赛在昆承湖举行，江苏、浙江等地区8个赛艇俱乐部的200多名选手参赛。

9日 苏州奥林匹克青少年文化中心（城市艺体中心）在经济技术开发区举行开工奠基仪式。国际奥委会副主席、北京冬奥组委会副主席、萨马兰奇体育发展基金会理事长于再清，中国奥运首金获得者、“改革先锋”和“最美奋斗者”称号获得者许海峰出席奠基仪式。

10日 中央文明办公布第六届全国文明城市入选城市名单和复查确认保留荣誉称号的前五届全国文明城市名单。常熟市作为第五届全国文明城市，经复查确认继续保留荣誉称号，并获中央文明办通报表扬。

13日 全国“七五”普法检查组到常熟开展“七五”普法总结验收专项抽查。江苏省“七五”普法检查组同步对常熟“七五”普法进行评估验收。

14—15日 2020年第五届全国商学院EMBA乒乓球联赛在市体育中心举行。北京大学、清华大学、中国人民大学等14所院校的21支代表队130多名选手参赛。

15日 “匠心演绎·创意东方”第四届黄公望两岸文创设计大赛正式启幕，启动仪式分别在常熟、台湾设立会场，以直播的方式同时举行。

16日 中国民主同盟传统教育基地、民盟中央美术院常熟分院揭牌仪式暨“翰墨同心，和衷共济”书画作品展开幕式在市图书馆举行。全国人大常委会委员、民盟中央副主席、中国文联副主席张平出席活动。

18日 常熟数字产业生态招商对接会在杭州举行。

20—22日 阿里全球速卖通常熟服装城产业带跨境直播活动举行。

21日 第十二届中国智能车未来挑战赛在常熟高新区举行，17支院校团队、无人驾驶智能车研发团队、车企团队参赛。

22日 南京医科大学康达学院常熟临床医学院签约揭牌。中国工程院院士、南京医科大学校长沈洪兵出席揭牌仪式。

24日 731路无锡东—练塘办事处毗邻公交班车开通运行。

27日 省商务厅厅长赵建军到常熟调研外贸新业态新模式。

△ 2020年度“常熟工匠”命名大会举行。常熟古建园林股份有限公司的王振江等10名职工首批获得“常熟工匠”称号。

△ 常熟市电子证照共享服务平台正式上线。

△《戴逸文集》发布会暨戴逸先生清史学术思想座谈会在常熟举行。

30日 “苏州·中国声学创新谷”全球推介会在常熟经济技术开发区声谷核心区举行。

12月

2日 苏州市委副书记、市长李亚平率队到常熟开展外资企业大走访。

△ 常熟市新时代文明实践中心新阵地启用暨“12·5”国际志愿者日活动举行。

△ 虞山街道华丰园小区2幢一单元和二单元增设的2部电梯正式启用，该项目为全市既有多层住宅增设电梯首个试点项目。

△ “方寸乾坤”——虞山派篆刻艺术馆开馆仪式在西门大街西城楼阁举行。

6日 常熟市无人机协会成立。

8日 苏州市2020年长江水生生物增殖放流活动暨长江常熟段生态修复和水生野生动物保护系列活动在常熟市滨江生态公园举行。5尾中华鲟及100多万尾鱼苗放流长江。

△ “道启东南、文开吴会”2020常熟言子文化奉贤走亲活动在上海市奉贤区启动。活动现场举行2020常熟——奉贤言子文化走亲暨旅游年卡发行的启动仪式。

10日 全国市场监管系统执法协调工作座谈会在常熟市召开，北京、河北、山西、辽宁、吉林、江苏、浙江等21个省市的市场监管局代表参加会议并作典型经验交流发言。

△ “常熟大米”区域公用品牌发布会暨2020年第三届“稻味·常熟”优质大米评选活动举行。

△ 康迪泰克氢能与燃料电池技术中心在常熟高新区成立。

11日 江苏省副省长马秋林到常熟调研工业经济发展情况。

△ “双12苏州购物节——购享常熟”启动仪式在国际展览中心举行。

16日 省委常委、苏州市委书记许昆林在常熟会见上海银行党委书记、董事长金煜一行。

△ 江苏省直单位和驻苏解放军全国人大代表到常熟视察，省人大常委会副主任陈震宁，省高级人民法院院长夏道虎，省人民检察院检察长刘华，省人大常委会秘书长陈蒙蒙等参加视察。

△ 全市“四史”学习教育动员部署会召开。

△ 常熟市5G+智能化改造数字化转型推进大会暨数字经济生态洽谈会举行，100多家智能化改造优秀服务商、示范应用企业代表、产业联盟、在常院校、金融机构出席洽谈会。

18日 苏州·中国声学创新谷上海推介会在上海举行。喜马拉雅在苏州地区首个签约项目——喜马拉雅大学常熟分院、声学应用产学研平台项目等7个项目现场签约。

△ 全省国省道货车靠右通行管控暨交通安全文明示范路创建工作现场推进会在常熟市召开。

19日 第十六届国际呼吸病学会年会暨国际智能健康联盟成立大会在常熟市召开。

△ 常熟港砂石临时过驳区正式关停、撤销。

△ “美丽常熟，安馨辛庄”著名评书表演艺术家刘兰芳携手评弹名家走基层迎新春专场演出在辛庄镇举行。

21日 常熟博物馆晋升为国家一级博物馆。

△ 常熟龙腾希尔顿酒店项目签约暨开工仪式在琴湖畔举行。

22日 全省住房城乡建设系统行政执法形势分析会在常熟市召开。

30日 市委十三届十二次全体（扩大）会议召开。全会听取和讨论周勤第代表市委常委会所作的题为《奋进“十四五”、扬帆再出发，全力实现美丽常熟建设精彩开局》的报告，审议通过《中共常熟市委关于制定常熟市国民经济和社会发展第十四个五年规划的建议》。

31日 市第二人民医院北部院区举行落成典礼投入使用。

12月8日，“道启东南、文开吴会”2020常熟言子文化奉贤走亲活动在上海市奉贤区正式启动（市文体旅局 提供）

虞城概览

自然地理

【位置面积】 常熟市境域地处北纬31°31′—31°50′、东经120°33′—121°03′之间，南北最大距离为37千米，东西最大宽度为49千米，位于江苏省东南部，北濒长江，与南通市隔江相望，东邻太仓市，南接苏州市相城区和昆山市，西连无锡市锡山区和江阴市，西北与张家港市接壤。总面积1276.32平方千米（含所属长江水域面积）。

【地质地貌】 常熟境域地层归属江南地层区，属地壳相对较稳定的扬子准地台。地势大致由西北向东南微倾，海拔多在3—7米，少数低洼区域为2.5米左右，局部高亢地段可达8米，地面几乎全部为第四系沉积物所覆盖。南部偏低，属太湖水网平原，为阳澄湖、昆承湖等浅水湖群的分布区域；西北部与东北部略高，属长江冲积平原。境内以平原为主，河流纵横，偶有山丘。有沿江平原、昆承平原和虞西平原3片。境域内有虞山、顾山、殿山、铜官山和西山等，其中虞山山形略呈长条状，大致由西北向东南延伸，山脊线长约6400米，主峰为锦峰，峰顶高程261.10米。（徐　勉）

【气候水文】 2020年常熟市气温略偏高，日照偏少，主汛期降水异常偏多。

气温　2020年平均气温17.7摄氏度，比历史平均偏高1.5摄氏度。8月为全年最热月份，月平均气温为30.6摄氏度；年极端最高气温37.6摄氏度，出现在8月20日；12月为全年最冷月份，月平均气温为6.3摄氏度，属偏高；年极端最低气温零下6.9摄氏度，出现在12月31日。

降水　全年降水量1600.9毫米，比历史平均偏多465.3毫米，降水异常偏多。最多月降水量出现在7月，月降水量为467.4毫米，最少月降水量出现在12月，月降水量为14.8毫米。6月9日入梅，7月21日出梅，入梅正常略偏早、出梅偏迟，梅长42天，梅雨期较常年偏长18天，梅雨总量693.7毫米，是常年平均梅雨量的2.76倍，列1951年以来历史第二位，仅次于1991年。7月6日，小东门测得最大日降雨量124毫米，同日三环路外白茆塘最高水位4.17米。

日照　全年日照时数为1771.3小时，比历史平均偏少70.6小时（历年平均值为1841.9小时），年日照百分率40%。

水文　2020年年末，常熟市地产水资源总量为8.78亿立方米，其中地表水8.02亿立方米、地下水2.23亿立方米、重复计算量1.47亿立方米。全市面平均降水量为1498毫米。全市供水量为10.76亿立方米。

【气象灾害】 2020年常熟市灾害性气象天气主要有台风、寒潮、降雪过程、高温、大雾、霾、冰雹、连阴雨和强对流天气，其中部分灾害性气象天气对常熟市造成一定影响。

台风　受台风“黑格比”影响，8月4—5日常熟市出现7—9级偏东大风，最大风速22.8米/秒（9级、常熟苏通大桥）；出现明显降雨，雨量分布不均，常熟市普降大到暴雨、局部大暴雨，最大雨量110.2毫米（苏通大桥南），其次为106.1毫米（吴市中小）。

强对流　2020年常熟市强对流天气（雷雨大风、短时强降水等）频发，其中6月15日上午出现短时强降水天气，短时雨量大，常熟市多个区域站小时降雨量超过20毫米，其中山鑫村站8时至9时小时雨量达42.8毫米。

高温　常熟市汛期高温日数21天，8月11—21日常熟出现持续高温天气，持续时间长，37摄氏度以上高温日数5天。

冰雹　9月8日常熟市北部地区

虞城夜色　　（市融媒体中心　提供）

出现冰雹天气，其中虞山镇谢桥大棚受灾，受损金额2.9万元。

冬季低温霜冻　12月30—31日常熟市最低气温连续达到零下3摄氏度以下。

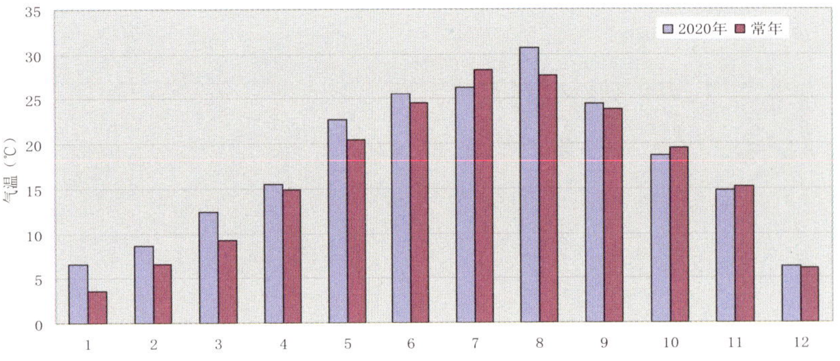

2020年常熟市月平均气温与常年值对比示意图

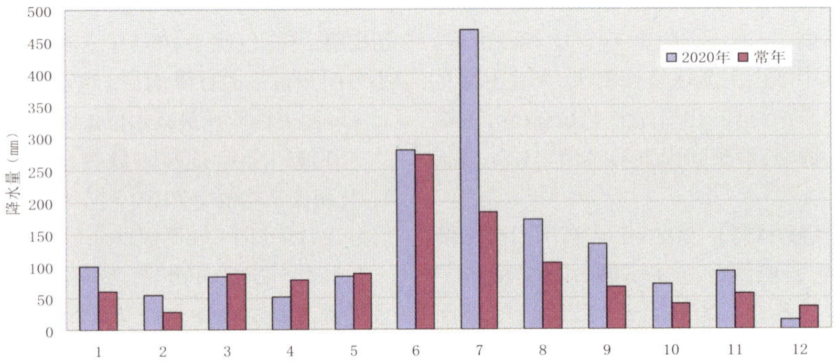

2020年常熟市月降水量与常年值对比示意图

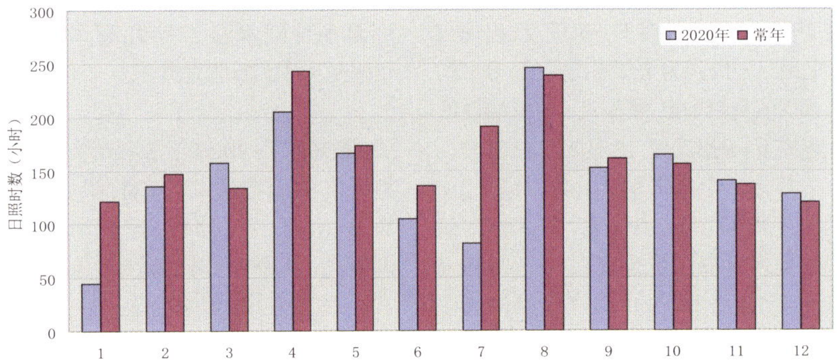

2020年常熟市月日照时数与常年值对比示意图

（刘熠熠）

【自然资源】　土地资源　全市土地总面积12.76万公顷，其中农用地5.99万公顷，占46.94%；建设用地3.99万公顷，占31.27%；未利用地2.78万公顷，占21.79%。

水资源　常熟市地处太湖流域下游，属长江、太湖水系。境内水网密布、湖荡较多，是典型的江南水乡。全市有六级大小河道5341条（含湖荡），总长4639.5千米，河网密度为3.98千米/平方千米（不含长江界属长度和面积），水域总面积253.86平方千米，陆域部分水面率12.8%。其中有流域性河道2条（长江、望虞河）、区域性河道8条、市级河道18条、镇级河道92条、村庄河塘（生产河）4423条（含5个村庄小湖荡）、较大湖荡（水域面积5.33公顷以上）21个。（钱烨宁）

生物资源　常熟市典型地带性植被为亚热带常绿落叶阔叶混交林，是由中亚热带常绿阔叶林向温带落叶阔叶林过渡的类型。野生植物资源有乔木、灌木、药材、草、蕈菌等5大类200多种；野生乔木主要有紫檀、柘树；野生灌木主要有山楂、金樱子；野生药材有何首乌、蒲公英等765种；草类繁多，有芦苇、野燕麦等20多种；蕈菌类有松树蕈等。野生动物主要有哺乳类、鸟类等800余种。（徐　勉）

人文历史

【建置沿革】　常熟古称琴川、海虞、南沙等，简称虞、虞城。现有的考古资料显示，早在5500年前，常熟境内就有人类居住。商末为勾吴北境。西周时，常熟地方属吴国。秦代常熟属会稽郡吴县。西汉时期，常熟仍属会稽郡吴县，设虞乡。东汉时属吴郡吴县，境内有虞乡、南沙乡，在南沙乡设司盐都尉，为地方设吏治的开始。西晋太康四年（283），以虞乡设置海虞县，隶于吴郡，为常熟境域有县治之始。南朝梁大同六年（540），于南沙之地置常熟县，隶于信义郡，是为常熟县名之始。隋朝建立后变州、郡、县三级制为州、县两级，废信义郡，以海阳、前京、信义、兴国、海虞、南沙6个县并入常熟县，县治设南沙城，隶属于吴州（今苏州）。开皇九年（589），以常熟县置常州，设常州理。不久，又移常州理于晋陵县，常熟复为县，隶于苏州。元元贞元年（1295）常熟县升常熟州，明洪武二年（1369）常熟州复为县。弘治十年（1497），设立太仓州，将常熟双凤的5个都划给太仓。清雍正四年（1726），析常熟县东境置昭文县，两县同城分治。1911年辛亥革命后，两县重新合并为常熟县。1949年4月27日，常熟解放。5月，以常熟县城区及近郊设市，市、县合署办公。1958年4月，撤销常熟市，常熟市境归常熟县管辖。1961年11月18日，根据国务院文件，常熟县划出大义公社以北的14个公社和常阴沙农场近50万亩耕地、34万人口归属新设置的沙洲县（现张家港市）。1983年，撤销常熟县建置，以常熟全境设立常熟市（县级），归苏州市管理。现市人民政府所在地为虞山街道金沙江路8号。

【行政区划】　截至2020年年底，全市有8个镇（海虞、梅李、辛庄、古里、支塘、沙家浜、董浜、尚湖）、6个街道（虞山、常福、莫城、琴川、碧溪、东南）、1个林场（虞山林场）。下辖214个村、126个社区，年内新增2个社区（竞文社区、静海社区),撤销1个社区(琴湖社区)。

【人口】 截至2020年年末,全市总户数为32.04万户,户籍人口为106.41万人,其中男性为51.55万人,占48.44%;女性为54.86万人,占51.56%。全市外来人口实有数为86.57万人。全年出生6266人,人口出生率5.88‰;死亡10169人,人口死亡率9.54‰;人口自然增长率为-3.66‰。

【方言】 常熟方言为吴语方言的一种,属吴语太湖片苏沪嘉小片,和北吴其他方言如苏州话、上海话等基本能互通。常熟方言是吴方言中保留古音最完整的方言,有33个声母、50个韵母,清浊、尖团音、平翘判然有别,有整齐的八声调,接近中古发音,和唐朝语言较为接近,是一种较为独特而又颇具代表性的吴语次方言。 (年鉴编辑部)

【民族】 截至2020年年底,全市共有常住少数民族人口2476人,族别36个,其中人口数量居前十的有壮族、土家族、回族、满族、苗族、朝鲜族、蒙古族、侗族、布依族、拉祜族;外来流动少数民族人口20816人,族别50个。

【宗教】 常熟市是江苏省宗教工作重点县(市)之一,境内有佛教、道教、天主教、基督教等。截至2020年年底,全市依法登记的宗教活动场所有50处,其中佛教场所32处、道教场所2处、天主教场所9处,基督教场所7处。(黄 婷)

【人文】 常熟是吴文化的发祥地之一,1986年被国务院公布为国家历史文化名城。常熟境内尚存约5500年前的崧泽文化时期的钱底巷遗址、距今约5000年的良渚文化时期的罗墩遗址,拥有宋代方塔、翁同龢故居綵衣堂、清代中国四大藏书楼之一的"铁琴铜剑楼"和曾赵园、燕园等一批文物古迹。常熟被誉为"人文昌盛之邦,文物著于江南",涌现出孔子南方弟子、兴东吴文教的先驱言偃,清代"两朝帝师"、史称"状元宰相"的翁同龢等一大批名贤,"虞山派"诗、琴、画、印享誉华夏,历史上涌现过8名状元、10名宰相及486名进士,现代有25名"两院"院士。

【习俗】 常熟岁时习俗有打春牛迎立春(又名逢春)、二月二吃"撑腰糕"、过花朝赏花、观音生日吃素、上巳日上虞山烧香、轧神仙、过立夏、看杨梅,过夏至、七夕、立秋、中元节,以及过十月朝和冬至等。有婚嫁、丧葬、孩子取名、庆寿、建房、待客、忌讳等方面的风俗。饮食方面有做春饼、煎年糕(撑腰糕)、包粽子、氽巧果、烧糖芋艿、买月饼、吃重阳糕、烧腊八粥、喝冬酿酒、裹团子等;祈年成方面有打春牛、祭土地、做青苗、祭田神、加田财、看参星、照田蚕等;生育方面有催生、吃满肚饭、吊宿母、坐月子、开奶、做三朝、剃胎发、去娘舅家、做期哥、寄命等。有遵守伦理与公德、尊老爱幼、贺开业、析产、承嗣、祭祖、谢灶、祀神等习俗。

【特产】 常熟阳澄湖大闸蟹 常熟阳澄湖大闸蟹以"青壳、白肚、黄毛、金爪"为其特征,将其置于平滑玻璃上也能悬空撑立、爬行自如。这种蟹不仅健壮有力,而且肉质鲜嫩、脂厚膏盈,蟹黄凝结成块,尤以"九月团脐十月尖"为珍,即农历九月要食雌蟹,农历十月要食雄蟹。螃蟹的食用方法很多,有清蒸、水煮、酒醉、油炸、面拖、红烧等,各具风味。

常熟叫化鸡 又称叫花鸡。民国初期,常熟城区山景园饭店推出名肴"叫化鸡"。其主材选常熟"三黄"(黄羽、黄嘴、黄脚)母鸡,配以鸡肫、鲜肉、干贝、火腿、香菇等作为填料,然后用猪网油紧包鸡身,外加荷叶包扎,再用细草绳扎紧呈枕形,整鸡外面涂上揉黏黄泥,最后在火上烘烤4—6小时即成。打开泥壳,满屋飘香,入口酥烂肥嫩,风味独特。此菜是常熟地区传统名菜,也是苏州三鸡(叫化鸡、西瓜童鸡和早红橘酪鸡)之一。此菜1957年被省商业厅编入《江苏菜谱》,1960年被商业部编入《中国名菜谱》。2008年,其制作工艺被列入苏州市第三批非物质文化遗产名录。

常熟鸭血糯 常熟鸭血糯又名红莲糯,为名贵水稻品种。因米粒外表殷红如鸭血,故名。该品种由清康熙年间栽培的稻种变异而来,曾作为朝廷贡米。经常熟农业科研单位多年培育改良,于1983年正式定型,称矮鸭血糯,并开始推广种植。鸭血糯富含蛋白质,有强身补血之功效,营养价值很高。民间视鸭血糯为补食,饭店常用其制作点心,鸭血糯八宝饭、炒鸭血糯因色泽美观、香甜可口而成为筵席上的高档食品。

常熟桂花酒 常熟桂花酒又称王四桂花酒,为常熟著名特产。其酿制工艺独特、制法科学、用料精细、工序复杂,原材料全部取自本土。所酿之酒,一般要陈伏3年以上才可上堂供饮。酿成的桂花酒,色呈琥珀晶莹,酒质味甜香醇,品质优,酒度低,上口带桂花香,微甜,故与其他酒大相径庭。100多年来,王四桂花酒已成为常熟市民送礼和到常客人餐饮的佳品。

虞山绿茶 虞山(古称乌目山)种植茶树始于明清之际。民国时期,虞山祖师庙后、兴福寺两侧山地均有种植。1958年建立虞山茶场,从闽、浙、皖引进茶苗,初植于山麓平地,继向山坡、山脊扩展。每年清明至谷雨期间采摘嫩芽,加工成品质上乘的绿茶,尤以"剑毫""茗毫""计毫"为珍品,被誉为"乌目三毫"。还有用白叶茶树新生叶片制作的珍品——"剑门太白""虞山白茶"。虞山绿茶香气浓、汤色绿、滋味醇。1996年,剑门绿茶获评苏州市第一批绿色食品。

桂花栗子 历史上,常熟虞山兴福一带的村民习惯将栗子树与桂花树混栽。每到中秋时节,桂花盛开,浓香扑鼻,这时大批的栗子也渐成熟采收,一树桂花香,一树栗子黄。其出产的桂花栗子以色白、肉厚而闻名。据1918年出版的《常熟指南》记载:"顶山之栗,质而香囊,自古著名,其嫩时剥而食之,犹带有桂花香也。"

常熟花边 常熟花边又称常熟雕绣,已有100多年历史,它以精巧的手工技艺在布料上绣制各式图案,然后在一定部位剪去底布,使之镂空,使图案形成明暗对比,具有立体感。中华人民共和国成立后，常熟花边增加棉麻交织、化纤等原料，有被套、床罩、窗帘、围裙、钢琴罩、沙发套等260多个品种、2300多个花色。20世纪70年代常熟县花边厂先后绣制首都人民大会堂窗帘、沙发套，为毛主席纪念堂绣制16×18米巨幅窗帘和室内陈设品花边台布，还有国家领导人专机门帘、首都国际机场窗帘等。常熟花边曾获国家金质奖，在国际市场上享有很高声誉。

常熟红木家具　明清时期，常熟已有红木制作，常熟红木家具属中国古典家具三大流派的苏式家具，风格清秀文雅。中华人民共和国成立特别是改革开放后，常熟红木家具制作如雨后春笋，快速发展。被上海、南京、西安等地大型宾馆采用，远销中国香港、澳门、台湾，并出口美国、日本、新加坡、澳大利亚、英国、法国等国。其代表作有江苏省赠香港、澳门回归的礼品“归程”“花好月圆”；为扎伊尔总统府、日本皇宫制作的收藏品“百狮台”、圆桌椅“清明上河图”及海峡两岸雕刻大师联手用整块缅甸花梨木雕刻成的黄公望《富春山居图》等。

（年鉴编辑部）

区域发展

【经济建设】　2020年，常熟市实现地区生产总值2365.43亿元、比上年增长3.6%；其中第一产业增加值40.34亿元，第二产业增加值1146.07亿元，第三产业增加值1179.03亿元，三次产业比例调整为1.71∶48.45∶49.84，一般公共预算收入213.7亿元、比上年增长5.2%；全社会固定资产投资630.95亿元、比上年增长20.6%；实际利用外资及港澳台资6.31亿美元；银行不良贷款率降至0.55%，创历史最低。全年城乡居民人均可支配收入60439元，比上年增长4.5%。

转型升级　举办中国苏州（常熟）工业互联网创新创业大赛，新增工业互联网应用企业140家，智能化改造项目320个，苏州市级及以上智能车间38个，工业机器人超2500台（套）、累计超1.3万台（套）。培育“专精特新”产品（企业）31个（家），新增“小微进规”企业超200家。波司登“登峰”系列羽绒服获第四届“中国优秀工业设计奖”金奖。2家企业IPO实现报会。首批21个老旧工业区改造项目启动建设。

发展成果　246个市级重点产业项目开工建设，工业投资总量突破300亿元大关、居苏州首位。高技术产业投资增长130%。新兴产业产值突破2000亿元。获评苏州市生产性服务业发展综合评价优秀地区。举办中挪北欧云推介会、常熟精英创业联盟大会、金秋经贸洽谈会等活动，引进投资达百亿元的防务科技产业园，15个超亿美元外资项目顺利落地。新增省级跨国公司地区总部2家。完成进出口总额192亿美元，一般贸易占比61%、提高6.4个百分点，“市采通”平台在全国37个口岸实现常态化通关。累计建设5G基站近1500个，基本实现中心城区、重点乡镇和重要产业载体连片覆盖。获批建设省级现代农业产业示范园。“常熟大米”获国家地理标志证明商标，“董浜筒管玉丝瓜”“王庄西瓜”获国家农产品地理标志认证。

动能集聚　全社会研发经费支出占地区生产总值比重达3.6%，企业研发经费投入占主营业务收入比重达2.2%、居苏州领先位次。“苏州·中国声学创新谷”启动建设。苏州市产业技术研究院同位素技术研究所顺利落户。常熟高新区获批国家高新技术产业化基地、新型工业化产业示范基地。新认定高新技术企业280家、科技型中小企业625家、“瞪羚”企业27家、苏州市“独角兽”培育企业2家。立项国家级人才计划1项、省“双创计划”9项、姑苏领军人才计划22项，新增苏州杰出人才奖2个。

城乡面貌　沪苏通铁路常熟站开通运营，南沿江城际铁路建设快速推进，通苏嘉甬铁路常熟段线位、站位基本确定。新世纪大道北延三环至常昭段建成通车，完成珠江路等19条城区既有道路改造，升级改造农村公路39千米，道路综合健康指数位居苏州第一。获评省农村物流示范县。实施“常熟港振兴战略”，吞吐量增长23%。日航国际社区和希尔顿、凯悦酒店等高端配套设施开工建设；城铁片区主要道路竣工投用。泰引线、碧溪转盘等34个征收搬迁项目实现攻坚清零。既有建筑更新改造入选全省“美丽宜居城市建设专项试点项目”。19个单元城中村自主更新稳步推进。报本、西泾岸区域试点启动历史街区整理。北门大街等5个区域17万平方米老旧住宅小区改造完成。既有多层住宅试点增设电梯成功。推进“千村美居”工程，投入14.5亿元，优化提升861个村（组），新增省特色田园乡村5个，铜官山等成“网红打卡地”。

【政治建设】　2020年，常熟市统筹疫情防控和经济社会发展，推进民主政治建设，坚持和完善人民代表大会制度、中国共产党领导的多党合作和政治协商制度、基层群众自治制度等，推进政府治理现代化、民主法治建设，加强党的建设和新时期统一战线工作，提升依法治市水平。

市委持续巩固深化“不忘初心、牢记使命”主题教育成果，市委常委会专题学习习近平新时代中国特色社会主义思想，推动全市层面开展各类主题学习活动。高标准推进“一人一委一网”基层监督体系建设，开展民生领域侵害群众利益问题“6+N”集中整治。保持惩治腐败高压态势，常规巡察实现市级机关部门全覆盖。制订全市意识形态工作重点任务清单。明确市委领导班子主要职责任务、责任清单，出台阵地管理实施细则、函询约谈实施规程，用制度常态化实施意识形态管理。出台激励干部担当“1+N”系列文件，开展“海棠”系列党建品牌建设。建立市委统战工作领导小组网络人士专项协调组。

市人大常委会以习近平新时代中国特色社会主义思想为指导，紧扣市委工作主线，坚持党的领导、人民当家作主、依法治国有机统一，坚持正确监督、精准监督、有效监督。组织开展“代表评营商，助力最舒心”专项行动，作出《关于持续优化营商环境，深度激发市场活力的决定》;开展专题询问并首推网络直播。

市政协始终在思想上政治上行动上同以习近平同志为核心的党中央保持高度一致,主动把政协工作置于市委领导之下。与市委、市政府共同主办“有事好商量”——“十四五”规划编制圆桌协商会,制定常熟市《“千村美居”工程市镇两级政协联动民主监督工作方案》,加强同各民主党派、工商联、无党派人士和各人民团体的联系与合作,健全政协领导分工联系民主党派制度,坚持秘书长联席会议制度。

【文化建设】 2020年,常熟市推进“两中心一平台”(即新时代文明实践中心、融媒体中心、“学习强国”学习平台)建设,高质量建成1个实践中心、14个实践所、331个实践站;挂牌成立常熟市融媒体中心,深化拓展“i常熟”全网传播矩阵,升级“常熟‘政’能量”小程序,策划生产一批新型媒介产品;发挥“学习强国”学习平台“快、专、精”优势,构建“线上+线下”“自学+比拼”“互动+转化”的全流程学习模式,举办“强国有我”主题巡讲展示、“新”学员学用挑战赛等系列展示活动,推动落实学情通报与督导、供稿情况每周通报等工作机制,全市覆盖率和参与度均已达标,超过1500篇稿件被学习强国平台录用,位列苏州大市第一方阵。

年内,常熟市实现全国文明城市“两连冠”,并获中央通报表扬,市税务局、梅李镇瞿巷村、江苏省常熟中学分别入选全国文明单位、村镇和校园。

年内,常熟市发布26个宣传文化发展专项资金扶持项目,重点围绕全面小康、疫情防控等组织文艺精品创作,锡剧《@所有人》、中篇弹词《瞧这一家子》、纪录片《大儒言子》、广播剧《任天石》列入2020年度苏州艺术基金项目扶持,锡剧小戏《还债》入围省“五星工程奖”苏南片区复赛,中篇弹词《瞧这一家子》获得第十一届中国曲艺牡丹奖入围资格,“吴声清婉”虞山古琴音乐会走进苏州怡园,成为第二届中国苏州江南文化艺术节·国际旅游节展演项目,完成第二届文学艺术奖评奖。常熟博物馆晋升为国家一级博物馆。苏州奥林匹克青少年文化中心开工建设。文化事业村级综合性文化服务中心标准化建设实现全覆盖。推出公共文化服务创新项目征评及配送工程,12个村(社区)公共文化服务中心列入省基层公共文化服务效能提升“十百千”示范工程。“书香城市”建设持续深化。

【社会建设】 2020年,常熟市15项民生实事全部完成。民生支出占一般公共预算支出比重超80%。琴湖小学等13所学校竣工,苏外常熟校区等15所学校开工,学位供需基本平衡。11所新市民子弟学校“补短板工程”实现全覆盖。普通高考主要指标实现苏州“十连冠”。职业教育6个市级现代化实训基地建成投用,创建省现代化专业群1个、实训基地2个。市第一人民医院与南京医科大学康达学院共建常熟临床医学院。市第二人民医院北部院区建成投用,与苏州大学附属第一医院开展“院院合作”。家庭医生服务重点人群签约率超80%。“常熟智慧健康”微信服务平台实现公立医疗机构全覆盖。建成智慧中医专科联盟。获评国家慢性病综合防控示范区。新增就业3万人,城镇登记失业率1.77%,高校毕业生就业率达98.5%。农民工工资支付保障工作获评苏州考核A级。新增高技能人才8200人。社会保障新增社会保险参保人员3.8万人。长三角异地就医直接结算率超90%,大病保险报销比例提高10个百分点,长期护理保险待遇享受人数超过6000人。累计建成日间照料中心359家,实现社区养老服务全覆盖。住房保障实现应保尽保。支出困难群众保障资金2.4亿元。中华慈善总会药品援助项目累计发药近4000万元。评选表彰首届“百佳新市民”。退役军人三级服务保障体系全面建成,实现全国双拥模范城“五连冠”。31个集体经济相对薄弱村全部完成脱贫转化任务。助力贵州省思南县顺利脱贫摘帽,对口帮扶思南案例被国家扶贫办列为典型。打造“虞歌畅晚”特色夜经济品牌,举办2020年虞山文化暨沙家浜旅游节,获评长三角自驾游示范目的地城市、省级全域旅游示范区。

【生态文明建设】 2020年,常熟深入贯彻落实习近平生态文明思想,成立市委市政府主要领导任双组长的生态环境保护委员会,印发《常熟市打好污染防治攻坚战2020年工作计划》《2020年常熟市生态环境保护工作意见》,编制完成“十四五”生态环境保护规划和生态文明建设规划(2020—2030),统筹协调、高位推进污染防治攻坚战年度目标任务,30项年度重点指标、20个专项行动、35项挂牌重点任务全面完成,市级25项重大环境基础设施补短项目完成投资20.3亿元。全力推进突出环境问题整改,上级交办环境问题已全部完成整改销号。超额完成“国省考”断面水质达标率、优Ⅲ率和空气优良率、$PM_{2.5}$平均浓度等约束性指标,高分通过省级生态文明建设示范市创建现场核查。污染防治扎实推进。中央环保督察等反馈的各类突出环境问题整改,以及486项大气和74项水环境年度重点项目全部完成。智能化管控建筑工地扬尘。淘汰高污染排放机动车超1万辆。做好长江流域禁捕退捕工作,深化长江沿线环境整治,消除沿河污水直排口569个,长江干流、入江支流稳定达到Ⅲ类水质。建设生态美丽河湖73条。创新开展重点村(社区)污染防治专项帮扶,获省政府主要领导批示肯定。印染行业高质量发展规划环评通过省级批准。第二生活垃圾焚烧发电厂扩建项目、金陵海虞热电替代扩建项目建成投用。城东净水厂具备调试条件,3家城镇污水厂扩建完工,5家工业污水厂提标改造完成,新增生活污水日处理能力10.5万吨、污水管网超150千米,完成419个村庄、1.2万余农户生活污水收治,获评省城镇污水处理提质增效示范城市。新增造林绿化面积近200公顷。生活垃圾“四分类”扩面提质,建成“定时定点定人督导”小区579个,获评全国农村生活垃圾分类和资源化利用示范县。（年鉴编辑部）

责任编辑:归岳嵚

中国共产党常熟市委员会

重要会议与活动

【全市“不忘初心、牢记使命”主题教育总结大会】 1月20日，全市“不忘初心、牢记使命”主题教育总结大会召开。市委书记周勤第、苏州市委第四巡回指导组副组长郭根林出席会议并讲话。会议提出要深入学习贯彻习近平总书记重要讲话精神，总结提炼好全市开展主题教育取得的显著成效；转化运用好主题教育形成的经验启示，把“不忘初心、牢记使命”作为加强党的建设的永恒课题和党员干部的终身课题常抓不懈；巩固拓展好主题教育取得的成效收获，用初心使命汇聚起推动常熟高质量发展的强大合力。

【2019年度综合考核工作总结暨作风建设大会】 3月7日，常熟市2019年度综合考核工作总结暨作风建设大会召开。市委书记周勤第出席会议并讲话。会议就优化作风效能、实现“三增三进”目标提出必须确保“三个一”（三年目标一次定、三年工作一年干、三年投入一年投）的要求落实到位；确保“抓落实”的导向一贯到底；确保“三件事”（创立改革创新“特别奖”，设立转变作风“曝光台”，建立营商环境“通报制”）的力度更加突出。会议通报2019年度综合考核结果，表彰纳税百强企业、亩均税收50强企业。

【市委深改委第四次会议】 3月11日，市委深改委第四次会议召开，强调要以改革为主引擎、突破口，切实解决好发展中的实际问题，确保各项改革任务落到实处、取得实效。会议听取市委改革办2019年改革工作总结和2020年工作要点起草情况，以及相关文件起草、修订情况的说明。

【市委深改委第五次会议】 7月16日，市委全面深化改革委员会第五次会议召开，传达学习中央以及省委、苏州市委深改委相关会议精神；听取常熟经济开发区关于“推进低效闲置资产处置机制改革”，市大数据局关于“以大数据赋能政府治理能力提升”，市资规局关于“长江沿线国土空间生态修复试点”工作情况汇报。

【市委十三届十一次全体（扩大）会议】 8月1日，市委十三届十一次全体（扩大）会议召开，会议的主要任务是高举习近平新时代中国特色社会主义思想伟大旗帜，贯彻党的十九大和十九届二中、三中、四中全会及全国两会精神，落实省委十三届八次全会和苏州市委十二届十次全会要求，总结上半年工作，部署下阶段任务，动员全市上下坚定信心、狠抓落实，奋力夺取疫情防控和经济社会发展双胜利。市委常委会主持会议。市委书记周勤第代表市委常委会向大会作题为《保持定力聚合力，接续奋斗再攻坚，以决战决胜姿态奋力夺取全年“双胜利”》的报告。会议审议通过《中国共产党常熟市第十三届委员会第十一次全体（扩大）会议决议》。

【市委务虚会暨“十四五”规划征求意见座谈会】 11月7日，市委务虚会暨“十四五”规划征求意见座谈会召开。市委书记周勤第出席会议并要求各级干部重点提升抓经济工作、社会治理和交各方朋友的“三种能力”，助力美丽常熟建设在“十四五”打开新局面。会议从城市发展定位、规划对上衔接、规划文本结构、部分指标设置等方面对常熟市“十四五”规划编制提出完善意见和建议。

【市委深改委第六次会议】 12月12日，市委全面深化改革委员会第六次会议召开，传达学习中央及省委、苏州市委深改委相关会议精神；听取市委组织部关于“双招双引”（即招商引资、招才引智）工作，市委宣传部关于深化融媒体中心建设，市监局《关于深化改革加强食品安全工作的实施细则》有关起草等工作情况汇报。

【全市“四史”学习教育动员部署会】 12月16日，全市“四史”学习教育动员部署会召开，市委书记周勤第出席会议并讲话。会议强调全市各级党组织和广大党员干部要突出以学促行，推动“四史”学习教育走深走实。会上，市委“四史”学习教育领导小组办公室就学习教育安排作具体部署，随会下发全市首批“四史”学习教育红色线路暨“四史”教育课程体系和学习资料，市委组织部、党史工办、教育局、融媒体中心、海虞镇等5家单位作交流发言。

【市委十三届十二次全体（扩大）会议】 12月30日，市委十三届十二次

12月30日，市委十三届十二次全体（扩大）会议召开

（融媒体中心　提供）

全体（扩大）会议召开，会议以习近平新时代中国特色社会主义思想为指导，全面贯彻党的十九大和十九届二中、三中、四中、五中全会及中央经济工作会议精神，落实省委、苏州市委决策部署，回顾总结全年工作，研究部署“十四五”开局任务，动员全市上下勠力同心、锐意进取，以更大的格局、更宽的视野、更强的担当，全力实现美丽常熟建设精彩开局。市委常委会主持会议。市委书记周勤第代表市委常委会向大会作题为《奋进“十四五”、扬帆再出发，全力实现美丽常熟建设精彩开局》的工作报告。会议审议通过《中共常熟市委关于制定常熟市国民经济和社会发展第十四个五年规划的建议》《中共常熟市委十三届十二次全体（扩大）会议决议》。（李　宵）

调查督查

【调研工作】　2020年，市委研究室紧扣市委中心工作，以“三增三进”为切入点，坚持问题导向，切实履行调查研究、服务市委决策的职能，坚持以文辅政。着眼“十四五”规划，开展推进美丽常熟建设调研活动，起草《关于推进美丽常熟建设的实施意见》，全年完成各类文稿300余篇，起草完成市委十三届十一次、十二次全体（扩大）会议报告，市委务虚会讲话，上级领导考察汇报，落实省委、苏州市委会议精神等文稿提纲，产业项目开竣工、招商推介活动等重要活动致辞，《江苏通讯》《群众》等约稿。聚焦常熟高质量发展痛点堵点和基层群众关心的热点难点，协调解决基层和群众实际困难。主动深入基层一线调研，提升决策参谋服务的主动性。开展各类调研82次，其中陪同市委主要领导调研67次，自主调研15次。（李　宵）

【督查工作】　2020年，市委督查室紧紧围绕市委中心工作，狠抓督查工作重点，切实提高督办成效。对市委重大会议精神在部门、板块贯彻落实情况进行督查，刊发《常办简报（督查）》4期。印发《关于建立完善“抓落实”保障机制的意见》，全年累计交办“抓大事、议难事、查要事”20件。抓好市委主要领导批示督办，2020年累计办理市委主要领导批示176件，其中专项督办66件。定期通报领导批示办理情况，刊发《常办简报（督查）》6期、《领导批示办理动态》7期。受理苏州市委办各类交办单10件，督办跟踪，按时办结。落实苏州市营商环境通报制，2020年会商研判并调查案例26个。（刘尊祎）

巡察工作

【概况】　2020年，常熟市分2轮对16家市级机关单位、国有企业以及10个村（社区）开展政治巡察，提前实现市级机关部门巡察全覆盖，查找发现各类问题335个，移送问题线索36条。

【村（社区）巡察】　2020年，常熟市优化村（社区）巡察方式方法，深入开展村情民意调查，全方位问实情、访民意，巡察10个村（社区），走访村民245人次，形成《村情民意调查表》5套，发现各类问题207个，对11个具体问题督促立行立改，挖掘问题线索10条，群众获得感满意度得到提升。相关经验做法被省委巡视办录用，并在中央巡视办对村巡察工作调研座谈会上交流汇报。

【巡察整改联动监督】　2020年，常熟市配合省委、苏州市委专项巡视巡察，对江苏高科技氟化学工业园（江苏常熟新材料产业园）开展联动巡察，深入查找发现危化品安全生产领域存在问题11个。市委巡察机构落实巡察情况向书记专题会汇报、向分管联系市领导通报机制，全年共向分管联系市领导汇报巡察情况12次。市委、市政府主要领导多次听取村（社区）巡察、市属国企巡察等情况汇报，专题下发48项巡察突出问题清单，推动各项整改任务见底清零，及时有效纠正基层在贯彻落实“千村美居”建设等重大决策部署中存在的问题与不足。探索建立巡察后评估机制，运用反向测评强化纪律约束。

【巡察整改“回头看”】　2020年，常熟市对42个单位、村（社区）开展巡察整改“回头看”，发现整改落实中存在问题221个，下发督查情况反馈单42份，对2名整改不力责任人进行问责。组织镇（街道）开展村（社区）巡察整改落实情况自查，发现各类问题400多个，推动再整改、再落实。梳理汇总2018年以来巡察发现的农村集体“三资”管理等方面存在的突出共性问题，推动开展长期租赁合同规范和宕欠租金清缴专项行动以及涉农保险、畅流活水等“小切口”专项治理，查处农村基层干部违纪违法

案件，推动建章立制，防范廉政风险。

（张文静）

组织工作

【概况】 截至2020年年末，全市共有基层党组织5666个，其中党委241个、党总支部305个、党支部5120个；全年新发展党员799人，转入党员3324人，转出党员2784人，有党员75863人。全市有市管干部658人，其中女干部139人，占21.12%；非中共党员干部28人，占4.26%。

【“不忘初心、牢记使命”主题教育成果巩固】 2020年，市委组织部把“不忘初心、牢记使命”作为党的建设的永恒课题和党员干部的终身课题，建立“对标找差、再攀新高”常态化机制，排定全市“三年赶超任务书”，明确85项对标指标，开展58项一线流程体验，梳理问题106个，提出优化措施58项。出台18项举措推动市级机关党组织“三转三服务”，高质量举办“牢记初心使命 再创火红年代”常熟市级机关党建暨公务员主题实践活动成果展演。建立党员个人有关事项“三检视三报告”制度，推动党员经常性开展政治体检，不断增强践行初心使命的思想自觉和行动自觉。

【党员干部政治学习教育】 2020年，市委组织部把学习贯彻习近平新时代中国特色社会主义思想作为全市各级各类党员干部教育培训的首要内容，举办中共十九届四中全会精神网上专题学习，实现市管领导干部培训全覆盖。组织开展“学党章、忆党史，悟初心、担使命”主题党日、“学‘四史’、守初心”微党课、“学史爱党，知史爱国”党史知识竞赛等系列活动，抓好党史、新中国史、改革开放史、社会主义发展史专题学习教育。全年累计开展各类主题党日活动34000多次，全市开放40多个党支部作为观摩点，纳入苏州市级9个。

【党员干部抗击疫情】 2020年，市委组织部组织动员全市基层党组织和党员迅速投入疫情防控，成立临时党组织512个，全市2487个抗疫“行动支部”、4.5万余名党员干部奋战抗疫一线。划拨市管党费618万元，集中采购防疫物资发放到基层。凝聚党员干部群众抗击疫情强大合力，出台鼓励激励“15+9”政策措施，表彰优秀共产党员100名，通报表扬基层党组织189个、行动支部152个、党员254名。

【激励干部担当“1+N”系列文件出台】 2020年，市委组织部将用人导向、考察考核、培养锻炼、关心关爱、资源使用等环节贯通起来，在苏州市率先出台激励干部担当“1+N”系列文件，推出“推进干部交流、加强正职队伍建设、培养选拔优秀年轻干部、发挥退出领导岗位干部作用、为担当作为干部撑腰鼓劲、统筹各类干部资源要素”六大项81条激励措施，全年提拔或进一步使用在疫情防控一线、重大项目一线表现突出的干部95人，经济发展、社会民生等重要岗位干部72人，“担当作为好干部”14人，推动干部跨部门、跨领域交流，集中抽调79名退出领导岗位干部参与全市重点工作。

【综合考核实施办法出台】 2020年，市委组织部确立推动高质量发展的考核导向，对照新发展理念，完善考核评价指标体系，在苏州市率先出台综合考核实施办法、推进（服务）高质量发展、党的建设考核指标体系及专项考核办法等“1+5”文件体系。将部门“10件事”等高质量发展考核与领导班子年度考核有效衔接，在板块实施财政贡献、有效投入、优化发展空间等5项专项考核，在市级机关单位进行改革创新特别奖评选，将工业投资完成情况、上级考核指标排名情况与责任部门奖励基数挂钩。

【公务员队伍管理】 2020年，市委组织部出台建设高素质专业化开放型公务员队伍三年行动计划，组织开展“三学三比三争当、再燃激情当尖兵”主题实践活动。健全公务员职级晋升常态化管理机制，合理使用职数资源，全年晋升职级178人次。开展公务员队伍结构综合分析研判，完成2020年全市公务员招录任务，编制2021年招录计划，招录人数、报名人数均创历史新高。出台公务员平时考核和绩效运用实施办法，制定薪酬待遇一揽子调整方案，举行公务员荣誉退休仪式。

【人才队伍建设】 2020年，市委组织部制定出台《围绕“三增三进”强化人才引领高质量发展实施办法》，推出以“昆承英才”计划为统揽的“1+N”人才新政体系和16项配套实施细则，强化对产业人才、民生人才、乡土人才、

4月25日，常熟市2020年村党组织书记后备人才“海棠蓓蕾”培育工程·辛庄专场在辛庄镇举行

（市委组织部 提供）

青年人才的政策支持。支持各板块设立一体化机构，将招商引资和招才引智纳入招商和服务竞赛考核。出台高层次人才举荐办法，细化人才分类评价标准；建立人才工作评估检测体系，定期发布“龙虎榜”动态监测考核指标。2020年，市委组织部开通市级领军人才资金拨付绿色通道，提前拨付968万元，协调解决人才企业防疫物资、员工返常等问题。打造“常易融”金融服务品牌，推动“常创基金”与苏州科创投建立1:1投资联动机制，完成3个人才项目投资。创新推出“苏银人才贷”，对99家人才企业发放超15亿元贷款。推出“沪虞畅行双创加速”常熟人才专属高铁礼遇，惠及人才1377人次。重点推进人才乐居工程、升级子女入学和医疗健康服务等，提供各类购房、租房补贴及超千套人才公寓，统筹安排410名人才子女入学、转学，开通就医、转诊绿色通道。

【基层组织建设】2020年，市委组织部把基层带头人队伍建设作为基层党建工作的“一号工程”“龙头工程”来抓，制定出台村书记“四优四化”专职管理“1+5+2”系列文件，构建全链条管理制度体系，选树优秀带头人典型，5名村书记被评为乡村振兴带头人。推动村（社区）“两委”换届，分层分类开展班子综合分析研判，成立联合考察组开展调研，严格落实市级政治联审机制。举办村党组织书记、村级后备干部、社区党组织书记、“两新”党务工作者、党支部书记、市级机关新任党组织书记和党务干部培训班等，用好用活红色教育资源，创新建立“芦荡烽火营”——新时代优秀党支部书记孵化中心。

【“海棠”系列党建品牌建设】2020年，市委组织部以打造“海棠”系列党建品牌为牵引，推动组织工作全面提质增效。

“海棠蓓蕾”培育工程　建立培养选拔年轻干部“三池六制”，集中选派128名年轻干部“上下内外”联动挂职，与苏州工业园区、昆山等地联合举办第二十期中青年干部培训班，点名调训62名优秀干部，举办“海棠尖兵”实训营，全年培训公务员5000多人次。全年招录公务员121名、选聘专业化青年人才17名、接收选调生8名，动态掌握230多名“好苗子”。优化优秀年轻干部任职资格条件，提拔重用“80后”年轻干部101人，其中正科职18人、副科职83人。开展“海棠蓓蕾”村级后备队伍培育，选拔任命53名优秀年轻村干部担任兴村特岗副书记，储备“85、90”年轻干部。

“海棠讲坛”培训机制　建立以“干部说、青年说、书记说、人才说”和“新思想、新技术、新知识”专题学习会“四说一会”为主体的“海棠讲坛”品牌，形成党员、干部、人才学思用、比赶超全方位、立体化联动格局，提升推动高质量发展能力素养，全年共举办26期，培训4000多人次。举办优化营商环境、对接长三角一体化、加快转型升级等主体班14期。

“海棠铺子”红色平台　开展“党建惠企·虞路同行”专项行动，建立党建惠企长效机制，搭建“线上+线下”“海棠铺子”惠农惠企惠民平台，按照“组织把关+部门审核”模式，从“挖掘常熟特色、严选优质产品、助力宣传推广”三环节发挥党建优势资源，开发微信小程序，邀请镇长和优秀年轻村干部直播推荐家乡特色产品，组织商户走遍机关部门、商圈夜市，联动“苏州锦鲤”走进苏州大市，拉动消费超2300万元，被《新华日报》头版报道。

“海棠有约”治理体系　运用“党建+大数据”思维，建立基层治理“海棠有约·共商共办”体系，跨部门整合优化46类164项政务服务资源，搭建微信、网格化社会治理联动指挥平台、12345热线联动平台，打破部门数据壁垒，精准抓取治理难题，收集梳理问题及诉求460个。以线上激活线下，推动诉求落地服务见效，各板块党委牵头职能部门召开现场协调会，一批老大难问题得到妥善化解。聘任机关部门百名红色代办员，对企业线上热点诉求及时回应，每月组织红色代办员组团上门提供“一站式”服务，解决各类咨询、问题384个。

“海棠之声”宣传矩阵　以“常熟党建”微信公众号为主体打造全媒体矩阵，推出常熟党建视频号、融媒体中心党建专栏，开通苏州市首个党建抖音号——“望虞登峰”。“常熟党建”全年发送推文超1000篇，阅读量近200万；“望虞登峯”发布短视频192条，播放量超700万，全方位展示党建服务发展成效。推出“海棠之声·云上读书台”、云上直播《海棠之声》电视电台节目，宣传党员先锋群体整体形象。在基层村巷通过“有线广播+无线音箱+无人机”等形式，运用常熟乡音进行党的政策宣传。（郑　桦）

宣传工作

【概况】2020年，市委宣传部以打造“常学·常熟”学习品牌为引领，制订中心组专题学习计划、巡学旁听实施细则。发挥“学习强国”学习平台“快、专、精”优势，构建“线上+线下”“自学+比拼”“互动+转化”的全流程学习模式，举办“强国有我”主题巡讲展示、“新”学员学用挑战赛等系列展示活动，推动落实学情通报与督导、供稿情况每周通报等工作机制，全市覆盖率和参与度均达标，超过1500篇稿件被“学习强国”平台录用，截至12月底，常熟市“学习强国”学习平台学员总数超过6万名。深化“虞燕送理”宣讲品牌内涵，推出“虞燕送理”多维党课“新·心·行”，借助“互动云党课”“文艺+党课”等形式传递“大道理”，结合“十九届四中全会精神”“疫情防控”“高质量发展”等主题开展分类宣讲，组织“点赞中国之治”主题演讲近200场次、“弘扬‘三大法宝’再创‘火红年代’”主题大讨论活动近600场次，超6万人次在线参与直播活动，形成近千篇心得体会和讨论成果。开展“虞燕送理：政奋人心”宣讲活动、“我身边的小康”百姓名嘴风采大赛等特色活动，“虞燕送理”和“海润万家”多维理论宣讲课堂入选2020年度苏州市“众说学习”理论宣讲重点项目，辛庄镇、常福街道获2019年度全省基层党员冬训工作示范乡（镇、街道）称号，1人入选苏州市首批新时代基层理论宣讲名师。（陈雪莲）

【理论武装】2020年，市委宣传部做好市委中心组专题学习报告会的组织和服务工作，聘请专家作专题学习辅导，提供学习参考用书，举办专题辅导报告6次。在全市科级领导干部中部署开展“对标对表新思想，开拓‘强富美高’新江苏实践新境界”专题读书调研活动，收集调研成果105篇。各地党委理论学习中心组开展《习近平谈治国理政（第三卷）》专题学习，组织宣讲活动100多场次。举办2020年常熟市意识形态专题培训暨宣传文化干部能力提升班，加强基层党校理论建设。（徐洁莹）

【基层党员冬训】1月13日，常熟市党员冬训工作动员会在碧溪街道滨江实验小学召开。冬训期间，党员参训率达到100%，打造“虞燕送理”冬训互动云课，运用“学习强国”视频会议功能为抗疫一线党员上云党课。针对冬训“6+1”学习专题，在“文明常熟”微信公众号推出7期专题党课，“文明常熟”公众号单期阅读量超过1万。组织开展“弘扬‘三大法宝’、再创‘火红年代’，聚力‘三增三进’拼出常熟高质量发展新天地”主题大讨论直播活动，超6万人次参与在线学习。开展“弘扬‘三大法宝’再创‘火红年代’”主题大讨论586场次，形成近千篇心得体会和讨论成果。

【意识形态管理】2020年，市委宣传部制订全市意识形态工作重点任务清单、市委领导班子主要职责任务、责任清单，出台阵地管理实施细则、函询约谈实施规程，制度化常态化实施意识形态管理。下发网信工作要点、网络安全事件应急预案，实行意识形态领域风险情况分析月报制度。对市财政局、市侨联等12家单位开展专项巡察，持续健全完善工作机制。开展全市网络安全轮训，将网络社会组织纳入日常管理，成立常熟市自媒体联盟，推进“清朗”“净网”等专项行动，开展打击政治谣言、违法犯罪、暴力色情等有害信息以及网络侵权盗版等专项行动，推进落实“正道”“新风”集中行动。

【舆论引导】2020年，常熟市成立融媒体中心（传媒集团），推动县级融媒改革步伐。加快推动报、台、网、微、端等资源整合及流程再造，实施推进媒体融合发展创新创优激励机制，深化拓展“i常熟”全网传播矩阵，升级“常熟‘政’能量”小程序，策划生产一批新型媒介产品。围绕夺取疫情防控和经济社会发展“双胜利”，推出相关报道5000余条，新媒体文章总阅读量超过4000万次。做好8月8日“公务包机接日籍员工回常复工”的新闻策划，相关新闻稿在全球864家主流媒体落地，覆盖全球27亿受众；围绕全面建成小康社会开设专题专栏，对接中宣部全面建成小康社会“百城千县万村调研行”活动，“蒋巷经验”被中央电视台、人民网、新华网等中央和省级主流媒体报道；围绕市委、市政府中心工作开展主题宣传，结合“千村美居”“虞歌畅晚”“垃圾分类”“高铁开通”等推出专题宣传700多篇，围绕“五大更新”专题，在中央、省级重点媒体推出系列报道，相关经验被《群众》《苏州圆桌》等刊发推广。加强与今日头条、抖音等新媒体平台的深度合作，开展“千村千面 美在常熟”网络宣传活动、“‘抖in’美丽常熟”美好生活嘉年华等网络主题宣传活动，累计形成超5000万阅读量。配合中挪北欧云招商推介会、中国声谷签约、金秋经贸洽谈会等重大事件开展集中宣传，策划推出《风雅物语：来常熟一定要做这些事》《常来常熟》等外宣文创产品，制作完成全新多语种版《2020常熟概览》，延伸城市CIVI应用场景，主动服务市级重大推介活动。推出2期转变作风“曝光台”节目，通过媒体曝光倒逼政府部门工作作风提升。

【新时代文明实践】2020年，市委宣传部持续深化新时代文明实践中心建设，常态实行市委领导挂点联系新时代文明实践中心建设试点、工作月报、联席会议等制度，制订《常熟市深化拓展新时代文明实践中心建设试点工作实施方案》，明确新时代文明实践中心建设工作责任分工，新时代文明实践中心市级新阵地正式投用，全市建成14个实践所、339个实践站、60个市级实践点，“文明驿站”实现所有被撤并镇全覆盖。强化资源整合和功能融合，组织开展“微宣贯”活动，围绕“331”、千村美居、安全生产、垃圾分类等8个主题，推出微党课、微表演、微视频等5大类60个素材，将党的理论政策和市委、市政府的决策部署送到群众身

6月24日，“火红年代一起学”“学习强国”苏州学习平台线下活动在辛庄镇举办
（市融媒体中心　提供）

边，实践所、站开展活动近千次。表彰2019年度新时代文明实践示范所站点，组织申报第二批市级实践点，编印第四季16个新时代文明实践创新案例、《深耕——2019年常熟市新时代文明实践中心建设成果汇报》，制作2019年度新时代文明实践示范所、站、点实景VR。组织环卫保洁、文明交通、文明旅游、春运关爱农民工、学雷锋日等志愿服务，举办“爱邮梦想 全面小康”志愿扶贫活动，向思南县捐赠5000个爱心包裹，发布550个2020年常态化志愿项目，9个项目入选2020年度苏州市百个重点志愿服务项目，深化拓展新时代文明实践建设工作。完善志愿服务奖励激励机制，对2019年服务时长超600小时的近200名志愿者进行公示激励。数名志愿者、团队获评2019年度江苏省优秀志愿者，2019年度苏州市最美志愿者、最佳志愿服务团队、最佳志愿服务项目、最佳“金乡邻”志愿服务社区等称号。

【全国文明城市“两连冠”】 2020年，常熟市打造“全城同创、全员参与、全民共享”的工作机制，出台文明城市创建工作问责实施办法，实施全国文明城市创建“路长制”工作机制，设立文明创建“红黑榜”，推出文明城市创建十大重点实事项目和督办项目，组织“文明啄木鸟”百日行动，让部门、板块、群众围绕创建工作“全部动起来”，经过测评复查，实现全国文明城市“两连冠”，并获中央通报表扬。市税务局、梅李镇瞿巷村、江苏省常熟中学分别入选全国文明单位、村镇和校园。在创建工作中，通过动员大会讲导向、专题座谈讲方法、点评交办讲问题，确保创建任务节点清晰、推进顺畅。紧盯薄弱环节、关键区域，成立专项整治提升行动工作组、创建专班，实行全域测评和专项测评相结合，通过“测、改、督、评”流程集中力量推动小区、集贸市场等补短提升。紧扣知晓率满意度实行精准宣传，发布《常熟文明十二条》，发放《常熟市市民文明手册》超100万份，推出“文明交通”“文明校园”“文明餐桌”“文明祭祀”等系列倡议活动，开展“与文明同行——我为文明常熟云代言”融媒体作品大赛，让文明理念与高质量发展同行。注重核心价值观引领，评审、命名2017—2019年度市级文明创建集体，组织“扣好人生第一粒扣子”“清明祭英烈”等系列主题教育实践活动，开展第三届常熟市师德模范、医德之星评选活动，每月常态发布常熟“最美人物”，陆振华获评2020年8月“中国好人”。

【“阻击疫情 志愿同行”专项志愿行动】 1月31日，市文明办、市卫健委联合发布倡议书，发动全市志愿服务组织开展“阻击疫情 志愿同行”专项行动，紧急招募高速、国省道卡口防疫志愿者，协助交警、医务工作者开展防疫排查志愿工作。疫情防控期间，开展防疫志愿服务活动超5万次，参与志愿者50多万人次，志愿服务时长280多万小时。组织评选常熟市最美战“疫”志愿者、最美战“疫”志愿服务组织，发布“最美医护人员”常熟援湖北医疗队。

【2020年常熟市网络文化节】 7月24日，“e起来 筑梦新时代”2020年常熟市网络文化节在虞山公园举行，市委常委、宣传部部长吴晓红，苏州市网信办副主任宋翼出席活动，市委宣传部相关领导、虞山街道主要领导、各相关单位分管及板块宣传工作负责人等50多人参加。活动集中展示2020年度网络文化节入围活动项目，发布“e连虞城 畅享生活”自媒体联盟品牌。

【2020“抖in美丽常熟·城市美好生活”启动仪式】 10月30日，2020“抖in美丽常熟·城市美好生活”启动仪式在方塔东门广场举行，市委常委、宣传部部长吴晓红，副市长赵红出席活动，字节跳动公司相关领导、市各有关部门领导、板块宣传委员及宣传工作负责人等近50人参加活动。活动发布常熟美食、电商直播人气产品、非遗关键词榜单，颁发“2020年美丽常熟星推官奖”和“2020年常熟优秀网络作品奖”，并在线上发起“抖in美丽常熟 抖音城市挑战赛”。抖音平台“i常熟”账号端同步视频直播，累计吸引超过32万人在线观看。

统战工作

【概况】 2020年，市委统战部制定

表1　2020年国家级主流媒体对常熟市的重要报道一览表

媒体	时间	标　题
人民日报	5月12日	美丽乡村 宜业宜居（统筹抓好改革发展稳定各项工作）
人民日报	9月23日	蒋巷村的变迁（全面建成小康社会·“百城千县万村调研行”）
光明日报	9月23日	“给村民的承诺要一个个兑现”——江苏常熟蒋巷村描摹现代化新农村的现实模样
经济日报	9月27日	江苏常熟市蒋巷村：绿色发展拓宽小康路
人民日报客户端	1月4日	一年一度常熟南湖冬捕今天开始啦！
人民日报客户端	1月8日	常熟中医院成功开展常熟首例子宫肌瘤微波消融手术
人民日报客户端	1月14日	常熟姑娘成为江苏第800例捐献者
人民日报客户端	2月7日	常熟首例！故意隐瞒疫区行程、居家隔离随意外出，拘留！
人民日报客户端	2月19日	劣质防尘口罩贴上N95 常熟警方破获制售假口罩案件

续表1

媒体	时间	标　　题
人民日报客户端	2月25日	“一句话，举起了14亿人的心声”常熟抗疫动人事迹
人民日报客户端	3月6日	江苏常熟—车窗抛出废弃口罩交警火速开出罚单
人民日报客户端	3月27日	疫情后的“新目的地”竞争 常熟如何打赢目的地复苏“翻身仗”
人民日报客户端	4月2日	苏州（常熟）智车城开工，助推长三角产业升级
人民日报客户端	5月9日	居民楼起火 江苏常熟八名快递小哥冲进火场
人民日报客户端	6月19日	推荐丨远见加速推进文旅目的地赋能开发 江苏常熟支塘“风物生活小镇”正式启动
人民日报客户端	6月20日	今日城市——常熟：又是一片浪漫的紫色花海
人民日报客户端	6月21日	小公筷 大文明 享健康——常熟市尚湖镇全面推行“公筷公勺”行动
人民网	2月11日	常熟市印染商会两天捐180万元支援疫情防控
人民网	11月9日	2020“水韵江苏”赛艇嘉年华圆满举行
人民网	11月14日	江苏：“法润民生”探索解纷 护航乡村经济发展
央视网	1月5日	交通事故引发汽车坠河 众人援助落水司机
央视网	1月22日	远方的家·长江行·常来常熟
央视网	2月7日	重拳出击！苏州常熟市荣寿堂药房口罩价格涨幅达100%—900%被罚100万元
央视网	2月19日	苏州常熟警方破获制售假口罩案件：150多万只劣质防尘口罩冒充KN95
央视网	4月26日	江苏常熟45岁“白衣天使”去世 临终捐献遗体为医学做贡献
央视网	6月8日	远方的家·长江行·临江倚湖 风雅常熟
央视网	6月19日	《海峡两岸》两岸合作 江苏康桥学校常熟校区开工
央视网	9月6日	暖心一幕！江苏常熟路口汽车静待25秒 等候老人过马路
央视网	9月30日	“基建狂魔”又上新，国产最大盾构机亮相！解锁它的独家技能→
央视网	10月8日	遇见你·像个英雄一样活着——瘫痪作家用手指敲击文字著百万字文学作品
央广网	2月25日	常熟有序推进复工复产　国家重点水利项目敲响复工“第一锤”
央广网	2月25日	“一句话，举起了14亿人的心声”常熟抗疫动人事迹
央广网	9月24日	江苏常熟蒋巷村：生活巨变 初心不改
央广网	11月16日	“匠心演绎·创意东方”第四届黄公望两岸文创设计大赛启幕
新华社客户端	3月15日	江苏常熟：“全链式”工业项目审批助企业加速投产
新华社客户端	4月10日	沪通铁路常熟电力牵引站受电
新华社客户端	5月15日	江苏常熟：设产业链协调专班 稳保企业生产
新华社客户端	6月3日	江苏常熟警方摧毁跨省产销伪劣每日坚果团伙
新华社客户端	6月6日	常熟理工学院：为苏滇“希望班”过不一样的“六一”
新华社客户端	6月9日	常熟绣球花开了 与园林景观相映成趣
新华社客户端	9月22日	常熟蒋巷村：“老典型”探索“乡愁经济学”
新华社客户端	9月23日	全面建成小康社会“百城千县万村调研行”——常熟蒋巷村：田园乡村里的“绿色致富经
新华丝路	8月10日	Changshu intensifies efforts to further optimize business environment
新华丝路	11月18日	Small town makes big waves in e-commerce livestreaming
新华网	6月17日	常熟常福街道做靓千村美居新画卷
新华网	7月9日	常熟市：创新“4+1”模式助力垃圾分类“难点”变“亮点”
央视新闻	6月19日	常态化疫情防控下 今年高考怎么考 毕业生宣言 全力以赴 不惧挑战
央视新闻	9月18日	铭师恩 折翼天使的守护人
央视新闻	9月24日	全面建成小康社会 百城千县万村调研行 农旅融合发展 蒋巷村秀出田园之美
央视新闻	11月3日	高新区卡赫公司登上央视新闻

（陈雪莲）

年度市委双月座谈会计划，召开双月座谈会6次，组织开展专题调研20余场次，编报双月座谈会简报6期。市委统战工作领导小组设立侨务工作、对台统战工作、网络人士统战工作3个协调组。全年召开市委统战工作领导小组会议1次，市委民宗工作领导小组会议1次，各协调组专项工作会议3次。指导协助各民主党派、知联会组成联合调研组开展专题调研，形成联合调研报告2篇，相关调研成果获市委主要领导签批落实。组织党外人士开展各类调研70余场，编印《同心献智——2020常熟市统一战线调查研究成果选编》，择优收录35篇优秀“同心献智”调研成果。召开各级各类民主协商会20余次。协助市委印发《关于调整市委常委与党外代表人士联系交友安排的通知》，建立健全工作反馈沟通机制，开展联系交友活动70余人次。协助民盟市委、民进市委完成主委补选工作，指导民革基层委和九三学社支社完成换届。指导协助市各民主党派、知联会与对口联系单位加强联系和合作，进一步提升对口联系工作成效，会同市政府有关部门全年开展对口联系活动80余场次。年内，举办2020常熟精英创业联盟大会，开展“服务民企360”主题活动等。

【民族宗教事务管理】 2020年，市委统战部制定宗教活动场所安全专项整治行动方案，组织各层级安全检查104批次，发现隐患问题359个，全部完成整改。加强私设聚会点治理引导工作，全市45个私设点全部完成治理。开展民间信仰点编号建档工作，对5个民间信仰点进行编号建档。创建2家星级宗教活动场所。法界学院作为江苏佛学院唯一一家设立在县级市的分院取得行政许可。为60余名少数民族考生办理中考加分证明。筹措资金慰问40名少数民族贫困对象，持续做好与思南民族乡的结对扶贫工作，落实10万元帮扶资金。指导市民族团结进步促进会完成换届。

【港澳台联络联谊工作】 2020年，市委统战部组织开展“吴侬软语话评弹——中华优秀传统文化澳门社区行”、“匠心演绎·创意东方”——第四届黄公望主题两岸文创设计大赛等联络联谊和文化交流活动。以“融合发展”为导向，举办台商沙龙（座谈会）2期，持续优化台商发展环境。发挥涉台法律服务律师团作用，举办2期“台商讲堂”开展法律辅导。推进“缘来常熟”对台工作品牌建设，深化省级对台交流基地建设，编印“缘来常熟”对台交流基地宣传图册。

11月15日，“匠心演绎·创意东方”第四届黄公望主题两岸文创设计大赛启动

（市委统战部　提供）

【侨务工作】 2020年，市委统战部举办海外人才项目“云路演”、“沪虞畅行、常创常新”海外高层次人才上海对接交流会等多场人才活动。指导建立“常熟市侨商会”，在泰国江浙沪总商会设立第六处“常熟市海外华侨华人联谊联络处”。承办江苏侨界青年双创发展分享苏南片区交流实践活动，通过海外华侨恳谈交流会、“一带一路”常熟籍侨领座谈会、侨界人士迎新春联谊会、“侨界文化月”“侨法宣传月”等活动，进一步涵养侨务资源。接待海外华文媒体到常采风，在意大利侨网、美国《新世界时报》等多家海外媒体推介常熟。建成8家“双五有”基层侨联组织，指导翁同龢纪念馆创建国家级“华侨文化交流基地”。

【新阶层人士统战工作】 2020年，市委统战部落实新的社会阶层人士联谊会（简称新联会）总分会模式，审批成立新联会分会11家，实现基层分会全覆盖。健全分会议事制度和日常运行工作机构，召开市新联会会长会议3次，基层分会会议9次。评选7家新阶层统战实践创新示范基地，初步形成各镇（街道）“一分会、一基地、一品牌”的新阶层工作模式。举办常熟“新力量”管理大讲堂6场次。组织联络联谊5场次。搭建“UWC+”项目建设平台，组织开展“融入长三角UWC+”新经济招商对接会、2020中挪北欧常熟经济合作云推介会等活动，引入项目33个，实现签约超160亿元。依托古里知旅文化街区举办“新火助燃、虞歌畅晚”助力夜经济活动周。年内，知旅文化街区夜间吸引游客20余万人次，带动消费超百万。印发《关于加强网络人士统战工作的实施意见》。召开网络人士统战工作协调组会议，明确协调组成员单位职责。分级分类建立网络代表人士数据库。举办2020年常熟市网络代表人士培训班。

（黄　婷）

【常熟市无党派知识分子联谊会】 2020年，常熟市无党派知识分子联谊会有会员74名，平均年龄45岁。年内新增会员5名。会员中有苏州市人大代表1名、苏州市政协委员2名、常熟市政协委员25名（其中11名常委）。围绕推进常熟市经济高质量发展，成立重点课题调研组，赴服装城、古里镇等地开展调研。知联会集体提案《彰显特色，科学谋划，促进我市夜间经济健康快速发展》被列为市领导领办提案；社情民意《关于在新形势下重视应对产业转移的建议》被苏州市政协转报省政协。会员多次参加政协协商调研和会议协商发言，就推动常熟市“十四五”期间开放型经济高质量发展、运用5G技术助推常熟市金融发展、推动开发区争先进位等议题建言献策。参与“王淦昌爱国奋斗精神巡回宣讲”活动，向青海省海晏县民族小学捐资设立王淦昌中队。开展“同心公益”送医义诊、垃圾分类知识宣传、义务法律咨询等公益活动服务社会。

（芦美月）

机构编制工作

【党政机构编制改革】 2020年，市委编办出台市纪委监委、市公安局“三定”规定，制定完成37家党政机构“三定”方案。通过自评估和第三方评估相结合的方式开展机构改革成效评估。3月，设立市大数据中心，理顺大数据管理职责。搭建社会治理现代化指挥平台，理顺联动指挥机构及便民服务机构隶属关系。6月，调整市自然资源和规划局分支机构设置，在不增加编制总量的前提下，优化系统内部编制资源配置。建立市政务服务中心，增配15名编制满足相对集中行政许可权改革需求。12月，新建市医疗保障基金管理中心，做好编制和人员划分，理顺医保和社保经办体制机制。

【事业单位改革】 2020年，市委编办先行启动住建、融媒体等重点领域事业单位改革，理顺市政公用事业、建筑管理等职责，推行住建系统财务统筹管理。整合广电总台和常熟日报社，组建市融媒体中心，制定印发“三定”规定，明确职能配置、机构设置和人员编制，推动报社和广电融合发展。

【综合执法体制改革】 2020年，市委编办制定出台市文化市场综合执法大队“三定”规定，整合文化市场领域的各项执法职能，优化资源配置，解决多头执法问题，构建起机构精简、权责统一、制度规范、权威高效的综合行政执法监管体制。推进交通领域综合执法改革，整合路政、运政、港政、航政等执法职责和队伍，强化公路管理、航道管理、应急指挥、工程质量监督等公益职能，搭建“一大队四中心”的框架体系，进一步凝聚执法力量，提升交通领域管理服务效能。

【基层审批服务执法力量整合】 7月，常熟市出台《常熟市推进基层整合审批服务执法力量的改革方案》，在古里镇、尚湖镇、辛庄镇、支塘镇、董浜镇、沙家浜镇和碧溪街道分别综合设置1办7局共8个职能机构，事业单位数量压缩到每个板块4个以下，共精简事业单位52家。将水利、动物防疫相关基层站所调整为乡镇（街道）领导，跨层级调剂市级编制充实基层工作力量。通过“三整合”改革，累计为涉改乡镇（街道）增加行政编制41名、事业编制286名，下划编内人员183人、编外26人。推动涉改镇（街道）审批服务综合执法一体化指挥平台建设全部建成并投入使用。形成《常熟市赋予镇（街道）经济社会管理权限清单》，下放审批事项35项。动态调整行政处罚权清单，对执行效果不佳的事项予以上收，对基层迫切需要的事项进行下放。出台《常熟市“属地管理”主体责任和配合责任清单（第一批）》，首批明确6家市级部门与镇（街道）关于88项事项的主体责任或配合责任，推动各类资源下沉、治理重心下移。

【机构编制资源配置】 2020年，市委编办优化机构编制资源配置，推动编制资源向关键领域和重点环节倾斜。跨系统调剂58人，充实市大数据中心、铁路与航空事业发展中心、政务服务中心建设以及常熟经济开发区审批服务执法力量。关注民生重点领域发展，向上争取跨经费渠道，调剂797名事业编制用于全市公办中小学，保障教师招录需求。将健康教育所和社区健康管理服务中心并入市疾病预防控制中心，按照规定标准增加相应编制。明确市医疗急救中心公益性岗位控制数32名，提高卫生突发事件防控能力。根据城区街道区划调整情况，统筹调整自然资源和规划管理体制机制，从自然资源和规划局系统内调剂37名事业编制用于保障城区街道分局建设。结合动物防疫、水利派驻机构改革，将农业农村局、水务局系统内45名事业编制用于保障畜禽屠宰、河长制、生态河湖等工作。按照“控制总量、保障重点、动态管理、周转使用”的原则，用待分配行政编制建立临时行政编制周转池，首批拿出14名行政编制，用以满足阶段性重点工作任务重、人员结构性矛盾突出且满编的6个部门编制需求。修订优化异地调入办法，招录抗疫一线的编外医护人员进入事业编制，建立优秀村、社区书记编制化管理制度，调配机构编制资源为全市招才引智工作提供保障。12月，研究制定《关于规范乡镇（街道）编外用工管理的意见》，推进基层机关编外用工规范化管理。创新市级机关单位公益性岗位管理方式，支持推动市场监管局开展市级机关单位公益性岗位绩效管理试点，着力提升机构编制资源使用效益。

【机构编制督查管理】 2020年，市委编办贯彻落实《中国共产党机构编制工作条例》，强化机构编制管理红线底线意识。开展机构编制问题自查自纠工作，完成全市机关事业单位“拉网式”自查、互查与复查。针对超审批设置机构、超规格超职数配备领导干部、自行设置领导职务名称等方面的问题，分类制定整改清理方案，按计划开展整改。建立健全职数管理机制，组织开展市级机关事业单位股级职数核查工作。参照科级领导职数入库管理的形式，建立全市机关事业单位股级职数目录库，与科级职数目录有机配合，实现对科级、股级职数的全方位管理。从严从紧审批行政机关、事业单位日常用编计划，全年共批准公务员（含参公）调动计划60名、事业人员调动计划244名。对2021年度行政机关、事业单位公开招录计划严格把关，其中，公务员招录计划181名，事业人员（含备案制）招录计划1051名。做好机构编制统计，严格落实机构编制数据月报、年报核查制度，结合日常抽查与专项督查，确保机构编制统计数据的真实性、准确性、完整性、及时性和规范性。

【事业单位登记管理】 2020年，市委编办在政务公开网站对全市602家事业单位2019年年度报告进行公示，完成事业单位法人新设立登记15家、法人变更登记180家、法人注销登记96家、法人证书补领2家，完成机关、编办直接管理机构编制的群众团体的统一社会信用代码赋新、设立及变更登记共计42家。

【市级机关绩效管理】 2020年，市委编办制定《常熟市2020年度市级机关单位服务高质量发展绩效考核指标体系与实施办法》和《常熟市2020年度市级机关单位服务高质量发展绩效考核评价标准》，突出“抓大事、议难事、查要事”全程督查和“服务民企360”直报制落实情况督查，落实营商环境案例通报制度和“否决事项”领导审签制度，设立“服务效能”指标和“改革创新特别奖”。制订《上级高质量发展绩效评价考核结果运用方案》《部门“10件事”考核实施方案》等配套文件，完善操作细节，优化考核流程。8月，会同相关牵头部门分解落实上级高质量发展考核指标任务，监督检查责任部门推进落实动态。12月，按计划开展年度考核工作，配合考核办组建集中考评组，完成“10件事”、加减分项等重点指标的考核评分。组织各责任考核部门完成责任指标评分。收集汇总考核结果，提出等次评定建议。（翟晨亚）

老干部工作

【概况】 2020年，市委老干部局推动离退休干部“三项”建设（政治建设、思想建设、党组织建设），引导老干部发挥正能量，全面落实政治生活待遇，丰富精神文化生活，提高老干部工作队伍能力素质。举办第六届“彩虹韵”老干部文化体育节。全年刊印《彩虹桥》简报4期，制作《凝心聚力服务大局 用心用情做好老干部工作——2020年常熟老干部工作成果丰硕展翼前行》电视片，编印《用心用情奏响彩虹韵 尊老爱老闪耀金秋情——2020年常熟市老干部工作掠影》。至2020年年底，全市共有离休干部149人，平均年龄92.3岁。“推行社区集中报到推动离退休干部党员融入社区服务群众”项目获评全省离退休干部党建创新典型案例。

【离退休干部党建】 年内，组织老干部集中阅读文件10余次，继续为离退休干部发放政治理论读本、征订报纸杂志。举办全市离退休干部党员骨干轮训、《新冠疫情下的中美关系》形势报告会、离退休干部党员主题党日活动，制作学习十九届五中全会精神、《习近平谈治国理政（第三卷）》专题“云党课”课件，组织老干部“云学习”“云观摩”“云热议”，全年累计3000多人次参与学习。组织老干部参加重要会议和重大活动，年初召开全市离退休干部大会，年中召开上半年工作情况老干部通报会，组织离退休干部到常熟及周边县市参观考察经济社会发展成果。老干部大学全年开设7个兴趣班，参与老干部141人次。常熟市完成91家建制性离退休干部党支部“六有一提升”达标全覆盖，命名表彰10个“五好”示范离退休干部党支部。探索非建制性离退休干部党支部建设，在梅李护理院挂牌“常熟银发先锋党群驿站”，成立虞尚松韵艺术团彩虹桥党支部。在碧溪街道李袁村举办“喜看千村美居、助力火红年代”主题党日观摩活动，全市各离退休干部党支部以“助力火红年代”为主题开展党日活动。常福街道离退休干部大义党支部获评全省离退休干部“六有一提升”示范党支部，市公安局退休党总支一支部、市农业农村局离退休干部党支部、沙家浜镇沙家浜老干部党支部获评苏州市离退休干部“六有一提升”示范党支部。

【离退休干部作用发挥】 2020年，市委老干部局制定下发《关于成立常熟市离退休干部“银发生辉”志愿者队伍的通知》，鼓励离退休干部围绕“助力新时代党的建设、助力文化服务、助力乡村振兴、助力社会治理、助力

5月18日，“虞城彩虹韵”涉老活动联盟签约启动仪式举行

（市委老干部局 提供）

培育时代新人”贡献余热。15支志愿者分队、370多名老同志组成离退休干部“银发生辉”志愿者总队，志愿服务内容涵盖党建、教育、法律、中医、艺术等多个领域，结合市委、市政府重点工作开展疫情防控、公勺公筷、垃圾分类等主题活动，全年开展志愿活动200多次。老干部艺术团创作垃圾分类小品、三句半等作品，开展巡回宣传10多场次；26名老兵参与社区疫情防控工作；虞尚松韵艺术团参与“虞歌畅晚”夜经济品牌发布演出；报本社区“老娘舅”调解工作室常驻社区开展法律咨询、矛盾调解，获评全省最佳老干部志愿服务项目；“银发先锋”红色宣讲团等队伍深入机关、社区、企业、学校开展宣讲36场，受众3000多人次。开展“薪火相传、初心永恒”老干部红色宣讲进校园。发动全市离退休干部和老干部工作者为贵州省思南县竹园小学、沙沟小学捐赠图书4000册，建立“思虞启蒙书屋”2个，捐款12.8万元。

【离退休干部管理服务】 2020年，市第二人民医院设立“特约门诊”，为老干部提供预约服务。市中医院、市第三人民医院分别在市老干部活动中心建立“共建诊所”“心身健康工作室”，定期委派医务专家为离退休干部提供“一对一”健康咨询、保健指导服务。全市15家基层医疗机构45名医生签约122名离休干部，全年累计开展上门诊疗服务2600多次。与市民政局联合推出离休干部每月2次、每次3小时居家养老服务。为13个离休干部家庭进行适老化改造。市老干部活动中心与相关单位成立“虞城彩虹韵”涉老活动联盟，举办全市老同志棋牌赛，举办金银婚仪式。

【第六届老干部文体节】 6月18日，市委老干部局举办第六届老干部文体节开幕式。该活动为期5个月，围绕“点赞伟大祖国，助力火红年代”的主题，举办“支持抗疫”“我看正能量”“乐重阳”“晚霞生辉”“品味经典”等5个主题20多项活动，活动期间共征集抗疫诗词50多篇、“点赞中国之治”主题征文56篇；举办老干部书画邀请展，60名老领导创作展出76幅作品；开展重阳节孝亲敬老活动，为离休干部送上重阳糕、重阳面，组织退休干部公益徒步；刊登“墨香晚晴”书法绘画专栏4期，举办“云荟讲坛”2期。

【常熟银发先锋驿站启用】 9月11日，市委老干部局、离退休干部工委举办常熟银发先锋驿站启用仪式。驿站位于市老干部活动中心景枫楼底楼，作为常熟市新时代文明实践点面向全市基层党组织接受预约，开展主题党日、文明实践等活动。驿站设有银发先锋风采馆、银发先锋工作室、银发先锋讲堂3个功能区。 （吴静君）

党校工作

【概况】 2020年，中共常熟市委党校（以下简称市委党校）举办市内培训班49期，培训4931人次。其中，主体班19期，培训1828人次；联办班30期，培训3103人次。全年承接市外培训班27期，培训学员1361人。党校教师全年到基层理论宣讲567场，培训49701人次。新增奇瑞捷豹路虎有限公司、龙腾特种钢有限公司、海虞镇七峰村铜官山3个现场教学基地。编辑4期《市情研究》；报送4期《信息专报》，获市委主要领导批示1次。完成省社科联市县专项课题1项、江苏省委党校专项课题2项、环太湖发展研究中心课题1项、苏州市党校系统协作课题3项、常熟市社科联课题10项、校级课题12项。科研资政工作在2020年苏州市党校系统科研评比中获得多项好成绩。1人入选苏州市首批新时代基层理论宣讲名师。党校“熔炉”工作法获评市级机关“十佳”党建品牌。

【党的理论网络宣讲】 2020年，党校2名教师参与“点赞中国之治”演讲，演讲视频被“学习强国”平台录用，1人获得苏州市“从抗疫大考看制度优势”演讲比赛第一名。联合市委宣传部推出“虞燕送理”互动云党课和7个线上教学专题，助力全市党员冬训工作；在建党99周年之际，推出“学‘四史’、守‘初心’”系列微党课线上课程。

【青年教师“135”培养工程实施办法出台】 2020年，市委党校出台《中共常熟市委党校青年教师“135”培养工程实施办法》，对青年教师实施目标管

10月16日，市委党校党总支开展“党建惠企·虞路同行”专项行动，前往奇瑞捷豹路虎汽车有限公司等企业座谈交流、参观调研 （市委党校 提供）

理，呈现梯度培养模式，并采取阶段目标考核和综合考核相结合的方法。以教师的自主发展、自我研修为主，注重实效，加强过程管理，实施发展性教师评价制度，促进教师的专业发展。

【新时代先锋实训馆】 2020年，市委党校依靠“新时代先锋”实训馆，展示常熟市党建围绕“党的力量来自组织”所蕴含的具体内容；发挥实训馆展示、教育、交流3种服务功能；成立一支讲解员团队；建立分类精准培训制度、实训课程开发制度、内部管理制度、党员干部评价配套制度。实训馆自6月投用后，年内接待百余个单位和培训班，受众3000多人次。8月，“新时代先锋”实训馆被命名为第二批苏州市级“海棠花红”先锋阵地（党性教育实境课堂）。 （胡敏玉）

党史工作

【概况】 2020年，全市党史工作依托常熟党史资源，一手抓编撰研究，一手抓宣传教育，完成《中国共产党常熟历史》第三卷资料征编和初稿编写，撰写5篇沙家浜课题研究成果，出版《岁月峥嵘——常熟百位革命人物事迹选编》，指导《中国共产党海虞历史（第一卷）》编写。举办“传承红色基因、奋进火红年代”——常熟市红色故事宣讲大赛、“学史爱党，知史爱国”迎七一党史国史知识线上竞赛等庆祝建党99周年系列活动。参与指导沙家浜革命历史纪念馆改陈布展，指导常福街道蜂蚁村村史馆、莫城街道燕巷村村史文化长廊等建设。组建红色宣讲队伍，全年开展红色主题讲座28期，听众1500多人。指导制作3集红色广播剧《雨花英烈任天石》，先后在央广网、喜马拉雅等平台播出。举办“润红色书香 育爱国情怀”品读红色历史活动，获全市年度阅读节优秀活动奖。《常熟革命故事》《常熟时代样本》获评省委党史工办2017—2019年度全省党史部门党史优秀成果“资政”类读物三等奖，《难忘的岁月——追忆常熟革命故事》获得影音作品三等奖。

【中共常熟党史馆暨李强革命历程展示馆】 2020年，中共常熟党史馆暨李强革命历程展示馆接待团队531个，参观者16330余人。年内对馆内陈设进行优化、更换和增补，新建亦爱庐新时代文明实践点、党群服务站，打造海棠书苑、亦爱庐讲堂等活动场所。年内到北京征集李强生前读过的书籍、用过的生活用品31箱（件）。组织开展小记者红色寻访教育实践、“缅怀先烈 砥砺前行”烈士日诵读、“红色思政课堂”“悠扬琴声献给党”等红色教育活动。该馆先后挂牌苏州国家安全教育基地、中国电信苏州分公司党性基地、常熟理工学院大学生实践基地、常熟青少年教育实践基地。亦爱庐新时代文明实践点获评2020年度常熟市新时代文明实践示范点。

【常熟市红色故事宣讲大赛】 7月3日，常熟市红色故事宣讲大赛决赛在常熟保利大剧院举行。大赛于6月初启动。22位选手参加复赛，11名选手进入决赛，市法院选送的赵渝获特等奖，沙家浜镇人民政府选送的洪力、市文旅公司选送的林安分获一等奖。比赛通过选手现场宣讲红色故事，展示党的光辉历程，传承红色经典，重温革命精神，进一步弘扬常熟的红色文化。 （狄惠华）

7月3日，常熟市红色故事宣讲大赛决赛举行。图为参赛选手

（党史办 提供）

责任编辑：祝慧江

常熟市人民代表大会

综 述

【概况】 至2020年年底，常熟市共有各级人大代表459名，其中常熟市级372名、苏州市级80名、江苏省级6名、全国人大代表1名。常熟市第十五届人民代表大会设法制、财政经济、监察和司法、社会建设4个专门委员会，常务委员会设有办公室（研究室）和人事代表联络、监察和司法、财政经济、农业农村、城建环保、科教文卫（外事民宗侨台）6个工作委员会。年内共召开代表大会1次、常委会会议7次、主任会议11次，开展执法检查5次、专题视察7次、集体调研16次，听取和审议"一府一委两院"专项工作报告73项，依法任免国家机关工作人员66人次，作出决议决定15项，完成市十五届人大四次会议确定的各项目标任务。

【重大决定事项】 7月28日，市十五届人大常委会第二十八次会议通过关于批准常熟市2019年财政决算的决议和关于"持续优化营商环境 深度激发市场活力"的决议。7月28日市十五届人大常委会第二十八次会议、11月27日常熟市十五届人大常委会第三十次会议，分别通过2020年常熟市级财政预算第一次和第二次调整方案，并做出相关决议。9月27日，市十五届人大常委会第二十九次会议作出关于推进失信主体行政处罚信息信用修复工作的决定。11月27日，市十五届人大常委会举行第三十次会议作出批准《我市历史街区整理更新试点工作方案》的决议。12月31日，市十五届人大常委会第三十一次会议通过关于批准2021年市级政府投资（5000万元及以上）新开工项目计划的决议。

【民生实事项目测评】 12月31日，市十五届人大常委会第三十一次会议听取2020年度民生实事项目实施情况的汇报并进行满意度测评，听取2021年度民生实事项目安排的汇报。会议要求，继续坚持为民、便民、惠民、利民导向，加强民生实事项目的后续管理工作，开展经常性监督管理，确保项目建成后能切实发挥效益，把民生实事项目建设成经得起时间检验、让群众持续受益的精品工程。

1月16—18日，常熟市第十五届人民代表大会第四次会议在常熟会议中心举行
（市人大办 提供）

重要会议

【常熟市第十五届人民代表大会第四次会议】 1月16—18日，常熟市第十五届人民代表大会第四次会议在常熟会议中心举行。会议听取审议市人民政府市长焦亚飞所作的《常熟市人民政府工作报告》，审议《常熟市2019年国民经济和社会发展计划执行情况与2020年国民经济和社会发展计划的报告》和《常熟市2019年财政预算执行情况和2020年财政预算的报告》；听取审议市人大常委会主任杨崇华所作的《常熟市人大常委会工作报告》、市人民法院院长顾海斌所作的《常熟市人民法院工作报告》、市人民检察院检察长夏军所作的《常熟市人民检察院工作报告》，并通过推进"加快实施老旧工业区（点）更新改造，推

进经济高质量发展”代表议案等相关决议。大会选举吴军、朱兴元为市第十五届人民代表大会常务委员会副主任，选举薛啸为市监察委员会主任，选举丁琪、须建国、周一凡等为市第十五届人民代表大会常务委员会委员。大会表决通过市第十五届人民代表大会法制委员会主任委员、委员，财政经济委员会主任委员、副主任委员，监察和司法委员会、社会建设委员会组成人员名单。大会还投票确定15项2020年民生实事项目。

【市人大常委会会议】 年内，市十五届人大常委会召开常委会会议7次。

第二十五次会议 1月13日，市十五届人大常委会举行第二十五次会议。会议审议通过关于代表变动情况和补选代表资格的审查报告（草案），讨论提请市十五届人大四次会议审议通过的各项文件草案和建议名单，审议决定市十五届人大四次会议列席人员名单，并以无记名投票方式表决通过有关人事任免事项。

第二十六次会议 3月30日，市十五届人大常委会举行第二十六次会议。会议听取审议关于常熟市防疫工作情况、复工复产工作情况、2019年全市高质量发展监测指标体系完成情况和2019年环境质量和环境保护目标完成情况的汇报，审议通过市人大常委会2020年工作要点和工作安排以及代表资格审查委员会主任委员、副主任委员名单，并以无记名投票方式表决通过有关人事任免事项。

第二十七次会议 5月30日，市十五届人大常委会举行第二十七次会议。会议听取审议关于常熟市落实基本医疗保险和生育保险苏州市级统筹工作情况、“七五”普法工作情况，市政府直属国资公司资产管理情况，加快全市高新技术企业建设、推动产业高质量发展情况和城区排水达标区创建工作情况的汇报，听取苏州市人大代表履职情况的报告，审议通过《常熟市人大常委会执法检查工作办法》《常熟市人大常委会预算绩效管理监督办法》和《中华人民共和国安全生产法》《江苏省安全生产条例》贯彻实施情况的执法检查报告，并以无记名投票方式表决通过有关人事任免事项。

第二十八次会议 7月28日，市十五届人大常委会举行第二十八次会议。会议听取审议关于2020年上半年全市经济社会发展情况和下半年重点工作安排、“持续优化营商环境，深度激发市场活力”工作情况、2020年上半年国民经济和社会发展计划执行情况、2020年1—6月财政预算执行情况、常熟市2019年财政决算（草案）、2019年度市级财政预算执行和其他财政收支审计工作、2020年市级第一次预算调整方案以及推进义务教育优质均衡发展工作情况的汇报，审议通过关于《中华人民共和国土壤污染防治法》贯彻实施情况的执法检查报告，并作出有关决定。

第二十九次会议 9月27日，市十五届人大常委会举行第二十九次会议。会议听取审议关于贯彻落实《保障农民工工资支付条例》情况、代表书面建议（含重点督办建议）办理情况、“代表评营商、助力最舒心”专项工作代表意见建议办理情况和既有建筑更新改造推进情况的汇报，听取被评议部门工作情况汇报并开展评议，审议通过关于《中华人民共和国药品管理法》贯彻实施情况的执法检查报告，作出关于授予2020年常熟市荣誉市民、常熟市名誉市民称号的决定，并以无记名投票方式表决通过有关人事任免事项。

第三十次会议 11月27日，市十五届人大常委会举行第三十次会议。会议听取审议关于2019年度常熟市级财政预算执行和其他财政收支审计查出问题整改情况、2020年市级第二次预算调整方案、农业机械化发展情况、“十四五”规划编制情况以及历史街区整理更新试点工作方案的汇报，听取苏州市人大代表履职情况的报告，审议通过《苏州市河道管理条例》贯彻实施情况的执法检查报告，并以无记名投票方式表决通过有关人事任免事项。

第三十一次会议 12月31日，市十五届人大常委会举行第三十一次会议。会议听取审议关于2021年市级政府投资（5000万元及以上）新开工项目计划草案的报告并进行表决，听取关于2020年度民生实事项目实施情况的汇报并进行满意度测评，听取关于2021年度民生实事候选项目安排的汇报以及2020年预算执行情况和2021年预算草案的报告并进行初审，听取街道人大工委工作情况汇报，审议通过关于代表变动情况和补选代表资格的审查报告（草案），补选苏州市第十六届人民代表大会代表，作出关于召开市十五届人大五次会议的决定，作出有关人事、代表等方面的决定，讨论提请市十五届人大五次会议审议通过的各项文件草案和建议名单，决定市十五届人大五次会议列席人员名单，讨论市人大常委会工作报告，并以无记名投票方式表决通过有关人事任免事项。

【市人大常委会主任会议】 年内，市十五届人大常委会召开主任会议11次。

第三十一次主任会议 1月13日，市十五届人大常委会召开第三十一次主任会议。会议讨论关于代表变动情况和补选代表资格的审查报告（草案）、市第十五届人民代表大会相关委员会人选通过办法（草案）、市第十五届人民代表大会第四次会议民生实事项目票决办法（草案）以及提请市十五届人大四次会议审议通过的各项建议名单和选举办法草案。

第三十二次主任会议 2月20日，市十五届人大常委会举行第三十二次主任会议。会议讨论市人大常委会2020年工作要点和工作安排（草案）、关于组织苏州市人大代表报告履职情况的方案、市十五届人大四次会议重点督办建议名单及三次会议提出优秀建议先进个人和议案、建议办理先进单位名单以及市人大常委会工作机构对口联系部门。

第三十三次主任会议 4月23日，市十五届人大常委会举行第三十三次主任会议。会议听取关于“加快实施老旧工业区（点）更新改造，推进经济高质量发展”代表议案实施方案和审议意见办理情况的汇报、讨论《市人大常委会执法检查工作规定（草案）》《预算绩效管理审查监督工作的意见（草案）》《中华人民共和国安全生产法》《江苏省安全生产条例》贯彻实施情况的执法检查报告、市工业重点项目推进情况的视察工作方案以及《中华人民共和国土壤污染防治法》贯彻实施情况的执法检查方案。

第三十四次主任会议　6月18日，市十五届人大常委会举行第三十四次主任会议。会议听取市人民法院、市人民检察院关于防范化解企业风险，护航经济高质量发展工作情况的汇报，讨论关于《中华人民共和国土壤污染防治法》贯彻实施情况的执法检查报告（草案）、开展部门工作评议的实施意见、《中华人民共和国药品管理法》贯彻实施情况的执法检查方案以及沪苏通铁路常熟站建设情况的视察工作方案。

第三十五次主任会议　8月28日，市十五届人大常委会举行第三十五次主任会议。会议听取关于部门工作评议调研情况的汇报，讨论关于《中华人民共和国药品管理法》贯彻实施情况的执法检查报告（草案）、《苏州市河道管理条例》贯彻实施情况的执法检查方案以及常熟市文体旅融合发展情况的视察工作方案。

第三十六次主任会议　9月8日，市十五届人大常委会举行第三十六次主任会议。会议讨论关于开展“代表评营商，助力最舒心”专题询问工作的实施方案。

第三十七次主任会议　10月19日，市十五届人大常委会举行第三十七次主任会议。会议听取关于落实苏州市基本医疗保险和生育保险市级统筹工作、加快全市高新技术企业建设推动产业高质量发展工作、城区排水达标区创建工作的审议意见办理情况的汇报，讨论关于《苏州市河道管理条例》贯彻实施情况的执法检查报告、“千村美居”工程进展情况和市突出环境问题清单年度整改情况的视察工作方案。

第三十八次主任会议　11月17日，市十五届人大常委会举行第三十八次主任会议。会议听取受评议部门关于评议整改落实情况的汇报，讨论关于开展“加快实施老旧工业区（点）更新改造，推进经济高质量发展”代表议案实施情况视察活动的方案、2020年度民生实事项目闭环监督相关事宜以及2021年市级政府投资（5000万元及以上）新开工项目计划草案。

第三十九次主任会议　12月14日，市十五届人大常委会举行第三十九次主任会议。会议讨论2021年市级政府投资（5000万元及以上）新开工项目计划草案、2021年常熟市政府民生实事候选项目、补选市十五届人民代表大会代表相关事宜以及市人大常委会工作报告（讨论稿）。

第四十次主任会议　12月17日，市十五届人大常委会举行第四十次主任会议。会议讨论补选市十五届人民代表大会代表相关事宜。

第四十一次主任会议　12月31日，市十五届人大常委会举行第四十一次主任会议。会议讨论《常熟市第十五届人民代表大会第五次会议选举办法（草案）》和《常熟市第十五届人民代表大会财政经济委员会、社会建设委员会主任委员人选通过办法（草案）》《常熟市第十五届人民代表大会第五次会议民生实事项目票决办法（草案）》以及提请市十五届人大五次会议审议通过的议程、日程草案和建议名单。

人大监督

【概况】　2020年，市人大常委会积极履行监督职责，推动各项法律法规在全市范围内正确实施，通过开展执法检查和专项督查、审议法律贯彻实施情况等形式持续加强监督。年内，组织开展《中华人民共和国土壤污染防治法》《中华人民共和国药品管理法》《苏州市河道管理条例》贯彻实施情况的执法检查，与上级人大联动监督《中华人民共和国安全生产法》《江苏省安全生产条例》，以及涉野生动物“一决定一法”和《江苏省野生动物保护条例》贯彻实施情况，对执行《苏州市生活垃圾分类管理条例》情况开展专项督查，推动相关职能部门提升法治意识、规范执法行为、严格公正执法；听取审议国务院《保障农民工工资支付条例》贯彻实施情况报告，强调要加快建立健全工作协调和应急处置机制，形成齐抓共管、综合治理的工作格局。配合做好上级到常熟立法调研活动，年内共配合开展《中华人民共和国长江保护法》《中华人民共和国全国人民代表大会组织法》《中华人民共和国全国人民代表大会议事规则》《江苏省土地管理条例》《江苏省公安机关警务辅助人员管理条例》《江苏省关于加强小餐饮管理的决定》《苏州市道路交通安全条例》《苏州市供水条例》等8部法律法规的立法调研活动，提出立法建议，及时反映百姓立法期望。市人大常委会还做好规范性文件备案审查工作，对市政府提交的2件规范性文件进行备案审查。

【执法检查】　4月3日，市人大常委会对《中华人民共和国安全生产法》《江苏省安全生产条例》贯彻实施情况开展执法检查。检查组分别对常福街道、海虞镇、梅李镇、辛庄镇、古里镇及沙家浜镇的13家工矿商贸企业及建筑工地的复工复产、安全生产工作进行实地查看，并召开座谈会，听取贯彻落实安全生产法律法规的情况汇报。

5月11日，市人大常委会对《中华人民共和国土壤污染防治法》贯彻实施情况进行执法检查。执法检查组实地察看部分土壤修复治理项目、土壤污染管控工程项目、土壤污染重点监管单位以及化工企业遗留地块采样点，听取相关情况汇报。

6月18日，市人大常委会开展涉野生动物“一决定一法”及《江苏省野生动物保护条例》执法检查。检查组先后到董浜镇琴华饭店、梅李综合农贸市场、海虞镇伟祥水产养殖场，检查打击非法野生动物交易、革除滥食野生动物陋习、健全完善执法管理体制

9月11日，市人大常委会对全市文体旅融合发展情况开展专项视察
（市人大办　提供）

等方面工作开展情况。在座谈会上，市公安局、市市场监管局、市资规局、市农业农村局等部门就有关实施情况作汇报。

6月23日，市人大常委会对《中华人民共和国药品管理法》的贯彻实施情况开展执法检查。检查组先后到常熟东南医院、常熟市中医院、常熟市建发医药有限公司仓库、常熟雷允上制药有限公司等，对药品生产、经营、使用情况开展实地检查，并召开座谈会，听取贯彻落实药品管理法实施情况的汇报。就更好地贯彻实施药品管理法，检查组提出要求和建议。

9月15日，市人大常委会对《苏州市河道管理条例》贯彻实施情况开展执法检查。检查组就进一步贯彻实施好《苏州市河道管理条例》，要求各部门强化宣传教育，营造依法治水氛围；强化责任意识，推动河长制落实；强化长效管理，建立健全体制机制；强化铁腕治水，加大违法行为查处力度。

【工作视察】 10月20日，市人大常委会对突出环境问题清单整改情况开展视察。视察组对环境问题清单中的部分问题整改提升情况进行实地视察，听取整改工作情况汇报。要求紧盯目标任务、加强宣传引导、巩固整改成果，在“十四五”期间，要以解决突出环境问题为抓手，确定生态环境保护目标任务，依法聚焦突出环境问题，助推打好污染防治攻坚战。

11月10日，市人大常委会对“千村美居”工程进展情况开展视察。视察组分3组对全市实施“千村美居”工程的11个板块相关工作进展情况进行实地视察，并听取关于全市“千村美居”工程暨农村人居环境整治工作的汇报。视察组就工程建设中存在的相关问题提出建议和要求。

人事任免

【概况】 2020年，常熟市人大常委会坚持党管干部原则，加强与市委组织部及监委、法检两院干部管理部门沟通联系，了解掌握干部任免动态，并贯彻执行好常委会有关人事任免工作规定，做好“一府一委两院”提请任免材料的初审、新任干部任前法律考试和宪法宣誓等工作。全年共依法任免国家机关工作人员66人次。

【人员任免】 常熟市第十五届人民代表大会第四次会议通过，吴军、朱兴元任市第十五届人民代表大会常务委员会副主任，薛啸任市监察委员会主任，选举丁琪、须建国、周一凡任市第十五届人民代表大会常务委员会委员。

常熟市十五届人大常委会第二十六次会议通过，阚国良任市发展和改革委员会主任，免去市市场监督管理局局长职务；免去丁琪市发展和改革委员会主任职务。免去吴伯初市人民检察院副检察长、检察委员会委员职务；免去宋健市人民检察院检察员职务。

常熟市十五届人大常委会第二十七次会议通过，秦猛任市人民政府副市长（挂职），陈国栋任市人民政府副市长。沈军任市人力资源和社会保障局局长，顾晓丹任市科学技术局局长，马建峰任市工业和信息化局局长，王钢任市民政局局长，钱敏磊任市交通运输局局长，钱强任市市场监督管理局局长；免去徐惠东市人力资源和社会保障局局长职务，免去潘伟市科学技术局局长职务，免去朱晓峰市工业和信息化局局长职务，免去戴炳元市民政局局长职务，免去唐志军市交通运输局局长职务。陈玲任市人大常委会办公室副主任。高小刚任市人民法院审判员、审判委员会委员、副院长；蒋东英任市人民法院古里人民法庭副庭长，免去市人民法院审判监督庭副庭长职务。免去钱颖市人民检察院检察员职务。

常熟市十五届人大常委会第二十九次会议通过，范立军任市财政局局长，刘恩原任市信访局局长；免去浦梅萍市财政局局长职务，免去凌志勇市信访局局长职务。李燕任市监察委员会副主任，戴丹任市监察委员会委员；免去袁建军市监察委员会委员职务，免去沈建环市监察委员会委员职务。霍惠明任市人大常委会城建环保工委副主任，免去蔡伟民市人大常委会城建环保工委副主任职务。邓刚任市人民法院辛庄人民法庭庭长；王宇任市人民法院梅李人民法庭副庭长；吴向阳任市人民法院支塘人民法庭副庭长（副股职），免去市人民法院刑事审判庭副庭长职务；邱振华任市人民法院审判员；陆大川任市人民法院审判员；温晓凯任市人民法院审判员；孙成艺任市人民法院审判员；陶敬渊任市人民法院审判员；陈鸿梅任市人民法院审判员；免去李根发市人民法院副院长、审判委员会委员职务；免去徐振华市人民法院审判监督庭副庭长职务；免去周建良市人民法院审判员职务。闵艳任市人民检察院检察员；免去范平市人民检察院检察员职务。

常熟市十五届人大常委会第三十次会议通过，万晓军任市人民政府副市长。免去陆建中市人民检察院检察员职务。

常熟市十五届人大常委会第三十一次会议通过，陈志军任东南街道人大工委副主任；免去陈建良东南街道人大工委副主任职务。免去方宇市人民检察院副检察长、检委会委员、检察员职务。

代表工作

【概况】 2020年，市人大常委会推进促进代表高效履职“六个一”工程，开发网上履职管理平台，完善代表小组活动、代表视察调研、优秀代表建议评选等制度，全年邀请代表列席常委会会议、参加视察、执法检查和“一府一委两院”各类座谈182人次。组织160余名市人大代表开展政治教育和业务培训，同步指导镇、街道做好属地两级代表培训工作。常熟市组建以人大代表、议政代表为主体的社会公益慈善组织——代表之光公益会。充分发挥“人民法庭代表联络站”作用，超400人次代表进站监督和支持司法工作，助力化解矛盾纠纷250余起。在市人大机关建成首个市级“人大代表之家”，在全市范围建成镇级“人大代表之家”31个、村（社区）级“人大代表工作站”130个。

【议案办理】 2020年，市人大常委会督办“老旧工业区（点）更新改造”代表议案实施，开展专题调研14次，形成专题简报3期，提出9条建议交市政府研究处理，对议案实施情况进行专题视察，推动市政府盘活低效产业用地，开工启动首批21个点位。市十五届人大四次会议145件代表建议全部

8月31日，常熟市举办人大代表统一接待日活动 （市人大办 提供）

办结，代表满意率99.3%。开展“我为‘十四五’规划献良策”工作，筛选合理化建议92条交市政府研究。

【政府部门工作评议】 3月至11月，市人大常委会组织代表对市财政局、人社局、资源规划局、退役军人事务局、行政审批局、市场监管局、审计局7个部门开展工作评议。常委会组成评议调研组，通过广泛动员、个别谈话、召开各类座谈会、开展问卷调查等形式，就被评议部门在依法行政、政务公开、建议办理、行政效能、队伍建设、问题整改等方面情况，听取代表、基层群众和服务对象的意见，在此基础上形成客观公正的评议意见，由市十五届人大常委会第二十九次会议审议通过，送交市政府及被评议部门进行整改，并对各被评议部门整改落实情况进行跟踪督查。

【代表之光公益会】 5月8日，“常熟市代表之光公益会”成立大会暨第一届全体会员大会举行，这是全国首个由人大代表组成的公益会。10月19日，常熟市代表之光公益基金签约仪式在市慈善总会举行。首批61名会员捐献善款40多万元，用于慈善事业。10月25日，“常熟市代表之光公益会”在常福街道怡馨社区举行爱心义诊活动，组织以各级人大代表为主的医学专家及护理专家，送医到社区。

【王嘉鹏出席全国人民代表大会】 5月22—28日，在常熟的全国人大代表王嘉鹏到北京出席第十三届全国人民代表大会第三次会议。会议期间，王嘉鹏代表审议《政府工作报告》等重要报告，提出多条意见和建议，内容涉及教育、经济发展、“三农”（农业、农村、农民）和残疾人工作。

【代表主题接待日活动】 8月31日，人大代表统一接待日活动举行，181名各级人大代表在19个接待点与选民代表面对面沟通交流。市人大常委会主任杨崇华等以人大代表身份参加。接待日后，各级人大和相关单位对群众的意见、建议进行汇总、整理，群众反映问题和意见关系全市并具有较强针对性和可操作性的，由市人大常委会办公室撰写社情民意转交市政府处理；涉及当地政府及有关部门的，转交给所在地人大，为下一步交办处理以及形成代表议案、建议做准备。

【“代表评营商、助力最舒心”专题询问】 10月18日，市人大常委会开展“代表评营商、助力最舒心”专题询问。听取市政府关于持续优化营商环境工作的专题汇报。专题询问中，8名市人大常委会组成人员、4名市人大代表围绕优化营商环境工作中的热点、焦点、难点问题进行询问，相关部门主要负责人现场应询。市委副书记、市长焦亚飞代表市政府作表态发言。

（朱　铭）

责任编辑：祝慧江

常熟市人民政府

重要会议

【市政府全体(扩大)会议】 3月20日,市政府全体(扩大)会议召开。会议围绕市十五届人大四次会议确定的目标任务,对2020年统筹疫情防控和经济社会发展重点工作进行安排部署。会议强调,面对紧张激烈的区域竞争态势和日益趋紧的资源要素限制,各地各部门要提振“干到极致、走在前列”的信心决心,保持“时不我待、只争朝夕”的精神状态,坚守“绵绵用力、久久为功”的发展定力,锤炼“忠诚干净、务实担当”的过硬作风,奋力夺取疫情防控和经济社会发展“双胜利”。

【市政府常务会议】 2020年,市政府组织召开常务会议14次。

第四十四次常务会议 1月20日,市委副书记、市长焦亚飞主持召开市政府第四十四次常务会议,专题听取2020年《政府工作报告》任务分工情况、市政协十四届四次会议第二次全体会议委员代表发言相关工作分工情况的汇报。

第四十五次常务会议 2月13日,市委副书记、市长焦亚飞主持召开市政府第四十五次常务会议,学习传达习近平总书记在2月12日中央政治局常委会上的重要讲话精神,听取全市新冠肺炎疫情防控工作情况、政府系统承办市十五届人大四次会议代表建议和市政协十四届四次会议提案工作情况、全市第一批安全生产巡查情况、2020年常熟市住宅房屋征收搬迁计划情况、市级搬迁项目使用各镇(街道)安置房结算标准调整情况的汇报,审议《常熟市安全生产领域信用管理办法(试行)》《常熟市支出型贫困家庭精准帮扶实施办法》《常熟市政府产业引导基金管理办法》。

第四十六次常务会议 3月20日,市委副书记、市长焦亚飞主持召开市政府第四十六次常务会议,学习《关于全面加强危险化学品安全生产工作的意见》,审议《常熟市乡村振兴战略实施规划(2018—2022年)》《常熟市党政领导干部防范和惩治统计造假、弄虚作假责任制实施细则》《常熟市加快生猪复产保障市场供应实施方案》《常熟市人民政府常务会议议事规则》《常熟市人民政府市长办公会会议议事规则》。

第四十七次常务会议 4月18日,市委副书记、市长焦亚飞主持召开市政府第四十七次常务会议,学习《中华人民共和国外商投资法》及《实施条例》,听取关于全市统筹推进疫情防控和经济社会发展工作总体情况及一季度经济工作、2020年一季度安全生产工作、第二批取消证明事项清单、洪洞水质净化厂PPP项目招标情况的汇报,审议《2020年常熟市生活垃圾分类处置工作行动方案》《常熟市关于推进基层整合审批服务执法力量的改革方案》《2020年度常熟市东西部扶贫协作工作要点》《常熟市级财政应急保障预案》《关于加快发展常熟夜间经济的实施意见》《关于加快发展常熟夜间经济的实施方案》《打造常熟“虞歌畅晚”夜间经济消费品牌基本思路》《常熟市电子消费券发放工作方案》《常熟市家庭经济困难学生助学实施办法》《常熟市关于氢燃料电池产业发展的若干政策措施》《常熟市新动能产业发展投资基金直投项目操作细则》《常熟市新动能母基金操作细则》《常熟市新动能产业发展专项资金支持实施办法》。

第四十八次常务会议 4月30日,市委副书记、市长焦亚飞主持召开市政府第四十八次常务会议,学习传达苏州市政府常务会议安全生产议题精神,听取关于老旧工业区(点)更新改造相关政策补充建议情况、取消实施2019年冬季非居民用管道天然气销售价格疏导方案的汇报,审议《常熟市探索率先基本实现农业农村现代化三年行动计划(2020—2022年)》。

第四十九次常务会议 5月17日,市委副书记、市长焦亚飞主持召开市政府第四十九次常务会议,会议传达全省推进长江经济带发展领导小组会议暨视频调度推进会议、苏州市月度经济运行分析会暨经济运行协调保障领导小组会议、苏州市法治政府建设暨强化营商环境法治保障工作电视电话会议、苏州市政府第98次常务会议关于听取和研究部署统筹推进疫情防控和经济社会发展工作议题的精神,听取政府系统两会建议提案办理工作进展情况、安全发展示范城市创建工作进展情况、1月以来全市大气污染防治工作进展情况、常熟市开展省级生态文明建设示范县创建工作、2020年度市级重大行政决策建议项目、全市开展“优化营商环境”系列活动、推荐评选2020年常熟市劳动模范的汇报，审议《加强小型工程和零星作业安全生产管理的意见（试行）》《常熟市既有建筑更新改造试点补充意见》。

第五十次常务会议　6月19日，市委副书记、市长焦亚飞主持召开市政府第五十次常务会议，听取关于全面落实中央决策部署抓“六保”促“六稳”工作举措、深入排查解决突出民生问题、当前全市疫情防控工作、1—5月全市经济运行情况、2020年秋季高中、初中、小学、幼儿园招生计划及办法、全市违法违规“小化工”百日专项整治工作、2020年全市第一批科技创新创业领军人才计划项目评审情况、公布全市2020结算年度社会保险缴费基数情况、全市城乡居民基本养老保险待遇调整情况的汇报，审议《优化营商环境补充意见》《常熟市推进工程建设项目审批制度改革方案》《常熟市文明礼仪教育实践基地优化提升方案》，学习《江苏省生态环境保护督察工作规定》《地下文物保护相关法律法规学习资料》。

第五十一次常务会议　7月11日，市委副书记、市长焦亚飞主持召开市政府第五十一次常务会议，听取关于2020年上半年安全生产应急管理工作总结及下阶段工作打算、打好污染防治攻坚战半年度工作情况、上半年度全市经济运行情况和下一步重点工作、老旧工业区更新改造半年度工作情况、农村人居环境整治和“千村美居”工作情况、提高全市政府专职消防队员待遇、全市既有建筑更新和老旧小区改造和城中村自主更新改造工作情况、创建国家级旅游度假区工作情况、常熟市镇（街道）经济社会管理权限赋权和经济发达镇管理权限增补情况、全市科技工作情况的汇报，审议《市安委会成员单位等部门和有关单位安全生产工作职责任务清单》等文件、《常熟市消防队站及车辆装备建设方案（2020—2022）》《关于实施第四轮生态补偿政策的意见》《常熟市残疾人代步机动轮椅车管理办法》《常熟市代步机动（电动）轮椅车购置补助实施意见》《常熟火车站区域综合管理办法（试行）》《常熟市关于落实“苏州市自主品牌大企业与领军企业先进技术研究院”考核评估工作的办法》，开展市政府主要领导安全生产专题宣讲，学习《中华人民共和国民法典》。

第五十二次常务会议　8月20日，市委副书记、市长焦亚飞主持召开市政府第五十二次常务会议，听取开展常熟市第七次全国人口普查工作、2020年市级投资（含国企）年度计划调整的汇报，审议《常熟市人民政府重大行政决策程序规定》《常熟市委市政府党政领导干部食品安全工作责任清单》《关于推进常熟市生活垃圾分类再生资源回收体系建设的工作方案》《常熟市开展镇域（街道）相对集中行政处罚权调整工作方案》《关于在全市村（社区）开展消防安全进小区“卫城”行动的方案》《关于促进常熟商务高质量发展的若干政策意见》《全面推进全市长江流域禁捕退捕工作的实施方案》《常熟市长江流域退捕推进专项行动方案》《常熟市长江流域禁捕退捕社会保障专项行动方案》《常熟市长江流域禁捕退捕执法整治专项行动方案》《常熟市长江流域禁捕退捕市场监管专项行动方案》《2020常熟虞山文化暨沙家浜旅游节总体方案》《大数据赋能政府治理能力提升改革方案》《常熟市率先基本实现农业农村现代化评价指标目标分解（2020—2022年）》《常熟市率先基本实现农业农村现代化目标任务工作清单》《常熟市市直属国资公司机构设置和人员编制管理暂行办法》《关于落实就业优先政策进一步做好稳就业工作的实施意见》，学习《关于进一步规范各级河长湖长巡河（湖）治河（湖）工作的通知》。

第五十三次常务会议　9月16日，市委副书记、市长焦亚飞主持召开市政府第五十三次常务会议，传达学习全省审计整改工作推进电视电话会议精神，听取1—8月全市经济运行情况和下一步重点工作、进一步开展证明事项清理工作、拟授予2020年常熟市荣誉市民和名誉市民称号有关情况的汇报，审议《常熟市房屋使用安全管理实施办法》《关于产业项目用地全程管理的若干意见》《常熟市城区老旧街区整理更新试点工作方案》《常熟市信用修复管理办法（试行）》《常熟市高层次人才举荐办法（试行）》，学习《苏州市生活垃圾分类管理条例》《江苏省重大行政决策程序实施办法》。

第五十四次常务会议　10月22日，市委副书记、市长焦亚飞主持召开市政府第五十四次常务会议，传达江苏省推动长江经济带发展领导小组会议精神，听取关于7个领域安全生产专项整治工作情况、调整2021年城乡居民医保有关政策、常熟经济技术开发区申请运行相关市级权限事项的汇报，审议《产业项目用地全程管理的若干意见（试行）》《关于支持工业互联网高质量发展的若干措施》《常熟市社会医疗救助实施细则》，学习《中华人民共和国基本医疗卫生与健康促进法》。

第五十五次常务会议　11月20日，市委副书记、市长焦亚飞主持召开市政府第五十五次常务会议，听取关于油气输送管道等6个领域安全生产专项整治工作情况、秋冬季疫情防控工作、2020年和2021年重点项目情况、2020年市级第二次预算调整方案、青墩塘路快速化改造工程PPP入库准备工作、2020年第二批常熟市“昆承英才”科技创新创业领军人才评审情况的汇报，审议《常熟市秋冬季新冠肺炎疫情防控应急预案（试行）》《常熟市生命健康产业发展规划（2020—2030年）》《常熟市人工智能产业发展行动计划（2021—2025年）》《常熟市知识产权奖补实施细则（暂行）》《关于促进现代农业高质量发展的扶持政策的实施意见（2021—2022年）》《关于深入推进高标准农田（池塘）建设的实施意见》《常熟市扶持养老服务发展的实施意见》《常熟市印染行业发展专项规划》《常熟市法治政府建设状况报告》《进一步规范市级财政支出预算追加的通知》《关于支持“苏州·中国声学创新谷”建设的若干人才政策

（试行）》《关于支持"苏州·中国声学创新谷"建设的若干产业政策（试行）》，学习《苏州市禁毒工作三年规划（2020—2022年）》、新《中华人民共和国森林法》。

第五十六次常务会议　12月16日，市委副书记、市长焦亚飞主持召开市政府第五十六次常务会议，传达全国安全生产视频会议、全国煤矿安全生产工作紧急视频会议精神，听取关于《政府工作报告（征求意见稿）》起草工作、2020年度民生实事项目进展情况及2021年度民生实事建议项目情况、全市2020年财政预算执行情况和2021年财政预算草案、全市2020年国民经济和社会发展计划执行情况与2021年国民经济和社会发展计划草案、《"十四五"规划纲要编制说明》的汇报，审议《常熟市农村集体经营性建设用地入市试点实施方案（试行）》《关于加快推进全市社会组织高质量发展的实施意见》《常熟市新市民积分管理办法》《常熟市新市民积分管理计分标准》。

第五十七次常务会议　12月28日，市委副书记、市长焦亚飞主持召开市政府第五十七次常务会议，研究危险化学品、冶金等工贸、建筑施工、城市地下管网、渔业、农业机械六个领域安全生产专项整治工作，听取关于常熟市贯彻省委省政府落实中央纪委国家监委纪检监察建议整改工作方案、农村分散式生活污水治理四期PPP项目实施方案的汇报，审议《关于促进常熟市旅游民宿业发展的指导意见》《关于加强工业企业自建自用液化天然气设施安全管理工作的指导意见（暂行）》《常熟市农村集体聚餐食品安全监督管理办法（试行）》《常熟市关于支持新市民子弟学校高质量发展的实施意见》《常熟市支持新市民子弟学校高质量发展经费使用管理办法（暂行）》《常熟市支持民办幼儿园发展经费使用管理办法》《关于进一步做好涉农资金统筹整合聚力推进农业农村现代化的实施意见》《常熟市财政投资评审管理办法》《常熟市政府投资项目资金拨付办法》。　（许　昊）

重要施政

【概况】 2020年，市政府坚持稳中求进工作总基调，紧盯"三增三进"工作目标，扎实做好"六稳"工作，全面落实"六保"任务，统筹推进疫情防控和经济社会发展。全市实现地区生产总值2365.43亿元，比上年增长3.6%。一般公共预算收入213.66亿元，比上年增长5.2%，税收占比86.2%。全社会固定资产投资630.95亿元，比上年增长20.8%。社会消费品零售总额1031.62亿元，比上年增长0.1%。进出口总额191.35亿美元，比上年下降15.2%。实际利用外资6.31亿美元。

疫情防控　建立依法防控、群防群控、精密智控工作机制，1800余名机关干部下沉一线，公安干警、社区工作者和志愿者日夜坚守，加强重点场所、重点人群管理，开展进口冷链食品管控，累计确诊病例4例，实现患者"全治愈"、医院"零感染"，"疾控中心重点人员管理系统"获评中华预防医学会疫情防控优秀应用案例，在苏州市率先实现规上工业企业全部复产。

城建交通　沪苏通铁路常熟站开通运营，新世纪大道北延三环至常昭段建成通车，日航国际社区和希尔顿、凯悦酒店等高端配套设施开工建设，以优异成绩通过全国文明城市复查。

生态保护　超额完成"国省考"断面水质达标率、优Ⅲ率和空气优良率、$PM_{2.5}$平均浓度等约束性指标，第二生活垃圾焚烧发电厂扩建项目、金陵海虞热电替代扩建项目建成投用。

民生事业　琴湖小学等13所学校竣工，苏外常熟校区等15所学校开工，市第二人民医院北部院区建成投用。新增就业3万人，城镇登记失业率1.77%，高校毕业生就业率达98.5%。组建市融媒体中心，常熟博物馆晋升为国家一级博物馆。

社会治理　全市安全生产事故起数、死亡人数分别下降81%和76%，火灾事故实现"三连降"，刑事发案数实现"十三连降"，获评全国信访工作"三无"县。

自身建设　厉行勤俭节约，"三公"经费下降20%，办复人大议案建议139件、政协提案168件，出台优化营商环境补充意见，创新"否决事项"领导负责、企业信用修复等机制，深化"全链审批""一件事一次办"及工程建设项目审批等改革，兑现各类税收优惠202亿元，减免社保费31.2亿元、租金1.9亿元，获评国际化营商环境建设示范县。

【民生实事项目】 2020年，常熟市确定实施民生实事项目15项，均完成或超过年度目标进度。

沪苏通铁路常熟站综合交通枢纽工程　沪苏通铁路常熟站于7月1日通车，综合交通枢纽工程建成投用。

老住宅小区改造及天然气管网接入项目　虞山街道北门大街区域、甬江路区域等5个老住宅小区约15万平方米工程完成，涉及居民1613户。居民天然气管网接入完成24535户。

"千村美居"工程项目　全年优化提升村庄累计开工1153个，完成验收861个，并命名为"常熟市美丽宜居村庄"。共完成道路铺设508.9千米，河道清淤疏浚160.9千米，河塘驳岸建设248.4千米，新（改）建公厕851座。

供水条件改善工程项目　城乡供水主管道6千米、5000户农村供水管网改造已全面完成；滨江水厂深度处理升级改造工程已具备试运行条件。

污水处理能力提升工程　10000户农村居民和1000家人员密集场所的生活污水收集处理工程提前完成；城东水质净化厂一期工程竣工投用；周行、城西污水厂提标改造和辛庄、虞山、八字桥污水厂扩建工程土建基本完成，开展设备运行调试。

城区防洪能力和水环境质量提升工程　2019年启动的报慈浜、张家浜河等14条河道清淤整治工程全面完成；2020年长泾河、大坝头河等15条河道清淤整治工程已全面开展施工，进度超过年度目标；闽江东路雨水管网及青石皮弄泄洪沟、山湖大圩排涝站、西角基闸门改造和张家港河防洪能力提升等工程全面完成。

提升环境设施工程项目　常熟市建筑材料再生资源利用中心生产线建成投运；垃圾分类工作快速推进，全市配置四分类收运车辆2000多辆，垃圾分类收集覆盖面达95%以上，目前城区较大规模的247个小区实现全覆盖，21个零散居住小区已运行，已建成10个高标准示范小区。

学校建设项目　16所学校建设有序推进，迁建石梅幼儿园、琴湖小学等9个项目竣工投用，新建王淦昌高级中学、常欣小学（世茂第二小学）等7个项目按计划推进建设。

稳就业及提升劳动者再就业技能项目　目前实现新增就业3万人，城镇登记失业率控制在1.77%，常熟籍大中专毕业生就业率达97.93%。开展各类培训18850人，新增高技能人才8225人。各项指标全面超过年度目标。

提升养老服务设施建设项目　琴川街道区域养老康复护理中心、常熟市中医院分院康复治疗中心开工建设；辛庄镇区域性养老服务中心主体建筑土建完工；新增日间照料中心57家，累计建有日间照料中心359家，已实现村（社区）日间照料中心服务全覆盖。

完善医疗机构布局项目　常熟市第二人民医院北部院区工程建设完成，12月31日举行落成典礼投入使用；琴川街道藕渠卫生服务中心、消供中心综合体项目全面开工建设。

实施健康城市“531”行动计划项目　新生儿疾病免费筛查于4月1日起实现全覆盖；8万名65岁以上老年人及扩大对象的健康检查和健康管理工作提前完成。

通讯信号升级工程项目　按照年度目标，基本形成工业、居民、商业等热点区域5G信号全面覆盖。

消防教育馆建设及公益应急培训项目　完成普及性培训及初级救护员培训20467人，超额完成1.8万人培训目标；常熟市青少年消防教育馆完成竣工验收，开始投用。

老旧电梯安全评估项目　完成高层建筑及人员密集场所150台老旧电梯安全评估目标任务，并指导相关单位进行大修、改造或更新。（许　昊）

政务服务

【政务公开】 2020年，市政府以全面推进基层政务公开标准化规范化为抓手，完善政务公开制度，推动集约化平台建设，做好政策解读回应，不断提升政府信息公开的质量和实效。出台《常熟市全面推进政务公开标准化规范化工作的实施方案》，编制完成26个试点领域市级政务公开事项标准目录。出台《常熟市政务公开工作考核办法（试行）》，促进监测考核系统化、科学化、精准化。“常熟市人民政府”网站发布信息24693条，举行网上新闻发布会13场。政务微博“常熟发布”发布信息633条，政务微信“i常熟”发布信息1180条。各行政机关处理政府信息依申请公开269件。

（邹辰平）

【外资项目备案实现“不见面”申报】 4月11日起，除《外资准入负面清单》上的项目和按《政府核准的投资项目目录》规定实行核准管理的项目外，常熟市对外资项目备案一律实行属地化备案管理，实现内外资项目备案管理并轨。企业通过省投资项目在线监管平台上传材料、打印备案文件，全程不见面、自助式办理，备案时间由2个工作日压缩至1个工作日。进一步简化技改项目备案材料，不再要求提交国产设备清单、进口设备清单、（淘汰）设备清单等材料。

【企业开办一日办结】 3月26日起，市政务服务中心推行企业开办套餐服务，涉及5个部门的多项业务依托“全链通”平台实现“一环节”网上办。政务服务大厅设置“开办企业综合窗口”，并联办理、一次办结，实现企业开办常态化1个工作日办结，最快0.5个工作日办结。全年企业开办1日办结（含0.5日办结）2451户，办结率86.76%。

【司法部调研优化营商环境承诺制试点工作】 3月20日，司法部行政执法协调监督局局长赵振华到市政务服务中心，调研优化营商环境承诺制试点工作，对市政务服务中心工作给予充分肯定，并要求：进一步拓展告知承诺审批范围；厘清审批核查边界，落实后续监管；加强数据互联互通，服务提质增效。

（赵瑜梦）

【行政审批】 2020年，市政务服务中心全年累计办理477.9万件，日均接待办事人员3000余人。为助力小微企业和个体工商户早日复工复产，3月7日起，在线上、线下分别开设“小微企业和个体工商户服务”专栏、专窗，为小微企业和个体工商户提供政策咨询、办理审批服务。年内，全市建成14个镇（街道）为民服务中心、337个村（社区）便民服务中心，建立健全横向到边、纵向到底的15分钟政务服务圈，实现基层实体服务中心100%全覆盖。自3月26日起，新开办企业免收银行基本账户开户费和公章刻章费用。截至12月底，为1979家企业减免刻章费用96.68万元。11月2日起，内资企业注销实现全城通办，可将申请材料提交至市内任何一个有企业登记权的政务服务中心和便民（为民）服务中心，就近办理。11月27日，常熟市电子证照共享服务平台正式上线，至年底对接生成电子证照3230张。

开设网上中介超市　市行政审批局借鉴“淘宝”模式，开设网上中介超市，吸引近330家中介机构入驻，提供环境影响评价、城乡规划编制等40种中介服务，覆盖项目建设全过程。引进质量体系认证、职业介绍等涉企中介服务，进一步提升服务企业能力。截至12月底，成交项目1524个，成交金额3718万元，平均缩短服务时间、降低服务费用30%以上。

实现24小时自助服务　10月26日，市政务服务中心24小时自助服务区正式投用，首批进驻事项涉及市行政审批局、资规局、公安局、税务局、人社局、医保局、人民银行、天然气公司、中法水务公司9个部门，提供企业、个体工商户开业设立登记、不动产登记查询、机动车6年免检自助办理、企业个人打印完税证明等62个政务服务和公共服务事项。梅李、海虞、古里等9个镇（街道）均同步设置24小时自助服务区，进一步便利企业、群众办事。

拓宽政务服务线上渠道　1144项事项全部可在江苏政务服务网申办，常熟市政务服务网旗舰店月访问量超2万次。“常熟智慧政务”微信小程序提供25个部门共291个事项的业务申办、进度查询、在线预约等服务，提供公积金、生活服务、驾照积分等10余项便民服务。（赵瑜梦）

【电子政务】 2020年，市政府按照“一体化、一盘棋、一张网”建设思路，围绕“赋能政府治理能力提升改革”主线，出台《大数据赋能政府治理能力提升改革方案》，为“十四五”时期贯彻数字化发展和转型夯实基础。推进大数据基础平台建设，加快政务信息资源汇聚共享，依托人口库、法人库、信用库等基础库建设，推进数字门牌、电子证照库、电子地图等主题库及各部门业务数据应用和推广；集约建设政务云资源中心基础设施，累计已有53家单位的159个项目入驻，分配778台虚机云主机；完成镇、村（社区）电子政务外网100Mbps延伸扩容，提升基层政务网络带宽水平。以大数据赋能政府治理能力向基层延伸，在莫城街道开展“啄木鸟基层社会治理平台”项目建设；在应急管理、扬尘管控、市容秩序、网格化治理等业务领域开展信息化应用建设，打造城市服务总入口，实施12345智能化语音改造项目、住房保障综合管理平台、智慧社区二期、智慧三农二期建设；围绕大数据赋能疫情防控，研发“常熟市疾控中心重点人员管理系统”，有效助力疫情防控和复工复产。（顾仁忠）

【“12345”热线服务】 2020年，市网格化社会治理联动指挥平台累计受理各类服务需求308.43万件，比上年增长32.62%。其中“12345”平台受理134.28万件，直接答复117.87万件，通过系统派发任务单22.09万件，及时签收率99.82%，及时办理率99.55%，群众满意率99.50%。“12345”热线电话受理129.96万件，“寒山闻钟”论坛主帖9858件，省政风群众诉求平台受理12件，省“12345”热线平台交办2525件，苏州市“12345”平台交办1.86万件，微信、App等1.22万件。数字城管平台共上报23.30万件。其中市中心上报案件14.19万件，处置率98.75%，分中心上报案件9.11万件，处置率99.98%。乡镇网格化平台共上报150.85万件。其中服务走访81.52万件，综合上报51.37万件，单位巡查10.34万件，企业监管3.88万件，三合一、群租房3.34万件，党建工作4019件。年内编发专报21件，其中舆情分析专报14件，数据分析专报4件，督查专报2件，网格化联动专报1件，获市委、市政府主要领导批示7件。（潘　辰）

【信访工作】 2020年，全市信访工作持续抓好信访矛盾排查化解，全年共受理信访事项2702件次，群众对信访部门满意率达96.71%，网络信访占76.08%，全市信访领域“访降网升”趋势明显，信访结构持续优化，群众诉求表达渠道更加高效畅通。研究制定《常熟市关于新时代加强和改进人民信访工作的实施意见》《常熟市信访工作责任制实施细则》草案，经市委第109次常委会和市政府第43次常务会议讨论通过，由市委办公室、市政府办公室联合下发。年内，常熟市被评为2019年度全国信访工作“三无”（无重复上访、无集体上访、无信访积案）县（市、区）和2019年度全省信访工作“三无”县（市、区）创建先进单位。（汪瑶瑶）

外事工作

【概况】 2020年，常熟市人民政府外事办公室（以下简称市外事办）共妥善处置涉外事件1起；申办因公出国（境）团组护照、签证3批5人次；为10家单位申请12张APEC商务旅行卡；办理外国人来华邀请函2批5人次。授予8人“常熟市荣誉市民”、4人“常熟市名誉市民”。累计收到友城捐赠防疫物资47780只口罩，向友城捐赠11万只口罩和1万副手套。

【友城交往】 2月2日，收到日本友城萨摩川内市捐赠的第一批防疫物资3万只口罩。2月14日，收到日本友城

11月4日，常熟市与日本萨摩川内市举行市长视频会晤

（市外事办　提供）

萨摩川内市捐赠的第二批防疫物资13780只口罩。2月21日，收到日本友城绫部市捐赠的防疫物资2000只口罩。3月31日，向意大利友好交流城市塔兰托省捐赠防疫物资4万只口罩和1万只手套。4月2日，向日本友城萨摩川内市捐赠防疫物资5万只口罩。4月3日，向日本友城绫部市捐赠防疫物资2万只口罩。11月4日，市长焦亚飞与日本友城萨摩川内市市长岩切秀雄举行视频会晤。11月26日，常熟市与日本友城萨摩川内市以视频直播的方式举行第34次青少年体育文化交流。年内，收到澳大利亚汤斯维尔市、韩国务安郡、美国劳顿郡等友城和友好交流城市发来的慰问信。

【涉外接待】 11月24日，市委副书记、市长焦亚飞会见芬兰驻沪总领事何朗明及芬兰经贸代表团一行，举办常熟—芬兰交流合作对接会，加强双方经贸交流，推进友好合作。

【出国（境）管理】 2020年，外事办共申办因公出国（境）团组护照、签证3批5人次，其中自组团1批3人次，上组团2批2人次。全年为10家单位申请12张APEC商务旅行卡，已取卡11张。办理外国人来华邀请函2批5人次。

机关事务

【概况】 2020年，市级机关事务管理中心开展“三转三提”（转思想、转作风、转职责，提效能、提服务、提质量），推进“五零建设”（会议服务活动保障零失误、资产管理财务结算零差错、设施维护设备运行零故障、安全秩序车辆行驶零事故、房屋维修工程改造零投诉），促进管理、服务和保障工作的全面提升，理顺派车保障、物业监管等工作机制，全年完成车辆保障1060车次、会务服务保障5929场次。在机关食堂设制止餐饮浪费督导员，每半年开展一次“厉行节约、反对浪费”宣传周活动。蔬菜取餐改用自助形式，提高选餐自由度，从源头上减少剩饭剩菜，厨余垃圾比年初减少约三分之二。

【办公用房管理】 1月，机关事务中心协助市委、市政府出台《关于进一步加强常熟市市级党政机关办公用房集中统一管理的实施意见》。5月，出台《常熟市市级党政机关办公用房“七个统一”配套管理办法》，进一步细化市级党政机关办公用房集中统一管理规定。全年完成142处共计82.32万平方米市级机关办公用房的测绘调查工作，建立“常熟市市级党政机关办公用房管理信息系统”，在苏州市范围内率先实现办公用房“全市一张网”管理。同时按照“七个统一”（统一权属登记、统一配置、统一规划建设、统一使用、统一维修、统一物业服务、统一处置利用）要求，与相关单位统一签订“常熟市市级党政机关办公用房使用协议”，完成市城市综合治理联动指挥中心等9个办公用房维修改造项目，制定《2021年度市级党政机关办公用房大中修计划》，逐步推动集中统一管理要求的落细落实。

【公务车管理】 2020年，机关事务中心在五一节、端午节、中秋节、国庆节等抽取全市58家单位开展公务用车专项督查，重点检查公务用车“三定点”（定点保险、定点维修、定点加油）管理规定的落实情况，联合市纪委监委下发督查情况反馈函16份，督促问题整改到位。根据保险新政与定点保险公司签订《常熟市市级行政事业单位公务用车定点保险的补充协议》，并走访调研定点加油、定点维修等7家企业，进一步宣传公车管理规定。全年印发《常熟市公务车辆定点维修通知单》4000份和《公车管理文件汇编》200本，细化落实“三定点”管理要求。

【公共机构垃圾分类及节能工作】 2020年，机关事务中心向全市公共机构印发《2020年常熟市推进党政机关等公共机构生活垃圾分类工作实施方案》，明确垃圾分类工作总体任务。举办全市公共机构“垃圾分类，从我做起”知识竞赛，召开垃圾分类工作推进暨《条例》专题培训会，推行垃圾分类“红灰榜”制度，要求各单位开展内部督导和自评。运用“四不两直”方式每半年对全市83家公共机构开展专项督查，重点针对二级公共机构召开现场推进会，开展“一月一督查”，抓责任落实，公共机构垃圾分类工作考评成绩居苏州市前列。将垃圾分类工作与节能管理相结合，开展“绿水青山，节能增效”宣传周活动。对重点用能单位加强节能技改指导，指导市人民检察院和常熟税务局2家单位获评“江苏省公共机构节能示范单位”。

【机关财务集中核算】 2020年，机关事务中心与市纪委监委等4家新加入财务集中核算的预算单位分别签订《委托财务服务协议书》，在不改变核算单位经费所有权、使用权、审批权的前提下，明确财务服务委托事项、业务流程、双方职责等。建立报账员费用支出预审制度，举办专题培训，加强政策宣传和业务指导，促进各预算单位费用支出合规、手续完备、程序规范。截至12月底，共执行预算指标40318.73万元，其中“三公”经费支出561.87万元，比上年降低33.79%。

（唐凯雯）

责任编辑：祝慧江

中国人民政治协商会议常熟市委员会

综　　述

【概况】 截至2020年年底，常熟市有各级政协委员386人，其中江苏省政协委员2人、苏州市政协委员21人、常熟市政协委员371人。中国人民政治协商会议常熟市委员会（简称市政协）设常务委员会，由主席、副主席、秘书长和常委组成。内设办公室、研究室、委员服务联络工作办公室、提案委员会、经济科技和农业农村委员会、城乡建设委员会、社会事业委员会、港澳台侨（民族宗教）委员会、文化文史委员会。第十四届市政协设主席1人、副主席3人、秘书长1人，常务委员会组成人员67人。年内召开全体委员会1次、常委会议6次、政协主席（扩大）会议4次、政情通报会4次，开展主席专题视察6次，组织在常熟的江苏省、苏州市政协委员开展视察调研活动3次。建立政协机关党组，探索成立6个专委会履职党支部，实施政协党组成员联系党员委员、党员委员联系党外委员制度，实现两个“有效覆盖”。创新政协机关“同心”行动支部的活动形式，开展中共十九届五中全会精神专题研讨，结合“海棠花红”先锋阵地打造“政治信仰空间”，开展文明城市创建等各类党员志愿服务活动。

【团结合作】 2020年，市政协加强同各民主党派、工商联、无党派人士和各人民团体的联系与合作，健全市政协领导分工联系各民主党派制度，坚持秘书长联席会议制度，为民主党派、工商联和无党派人士在政协更好发挥作用创造条件。各党派团体参加各类协商会议发言116人次，占发言总人数的75%；提交集体提案60件，提交社情民意信息76则。各民主党派的《注重“城市双修”，切实提升古城区人居环境》《从“产业链”“生态链”“监管链”着手规范直播电商发展》《推动常熟经济高质量发展》《提升突发卫生事件早期预警和应急处置能力》《促进夜经济繁荣》等大会发言、集体提案、调研报告、社情民意信息，引起市委、市政府重视，在制定政策、编制规划和具体工作中得到体现。

【政协委员履职工作】 2020年，市政协围绕建设“懂政协、会协商、善议政、守纪律、讲规矩、重品行”的政协委员队伍，组织界别组长、乡镇（街道）工委主任、骨干政协委员集中培训，到西柏坡、延安开展现场教学和专题教学，为政协委员自我学习提供服务，定期向政协委员寄送报纸杂志和学习资料。强化政协委员履职管理，按照《政协委员履职工作办法（试行）》完善政协委员履职档案，重点突出参会率和参提率考核，年终向政协委员本人和所在工作单位反馈履职情况，落实奖惩措施，表彰34名“双岗尽责”主题活动先进委员，对履职不积极的委员进行谈话提醒。落实“服务委员、推动履职”制度，政协领导走访常委、常委走访委员，了解基层一线政协委员情况，鼓励政协委员在工作岗位上发挥骨干带动作用，推动政协委员在政协舞台上积极参政议政。加快“智慧政协”建设，充分利用网络信息技术打造履职平台。

【对外宣传和文史工作】 2020年，《人民政协报》《中国政协》杂志等中央媒体先后16次报道常熟市政协创新亮点和履职成效。在《新华日报》《江苏政协》杂志、“江苏政协”公众号上刊登信息30篇，在苏州市级媒体、常熟市级媒体刊发文章近200篇。年内，市政协以虞山藏书派代表人物毛晋生平事迹为素材，编印出版文史专著《汲古流芳》。探索实施文史资料活化工程，同新媒体合作，在多个市级主流公众号上开辟“常熟文史”微信专栏。与景德镇市珠山区政协共同举办“琴川风·瓷都韵”——常熟·珠山政协书画陶瓷艺术展，促进两地文化交流。

【“书香政协”读书品牌建设】 2020年，市政协在苏州市率先启动“悦读虞城·书香政协”活动，专门制定活动方案，建立1个市级委员读书室、4个专题读书会、14个乡镇（街道）委员读书吧，组织读书沙龙活动，实现政协委员参与读书活动的全覆盖。全国政协副主席刘新成到江苏调研座谈政协委员读书活动时，对常熟市“书香政协”读书活动的做法予以肯定。

重要会议

【政协常熟市第十四届委员会第四次会议】 1月15—17日，政协常熟市第十四届委员会第四次会议在常熟会议中心举行。会议应出席委员368名，实到356名。政协委员听取和学习讨论市委书记周勤第在开幕式上的讲话；审议并同意市政协副主席桑五官所作的《政协常委会工作报告》和市政协副主席吴国华所作的《政协常委会关于三次会议以来提案工作情况的报告》；列席市人代会，听取并赞同市委副书记、市长焦亚飞所作的《政府工作报告》及其他有关报告。会议选举王建国为政协常熟市第十四届委员会主席，增补姚丽英、陆建中为副主席，增补王剑江等10名常务委员。会议期间，委员们围绕常熟市营商环境优化、夜经济发展、老城区人居环境提升、妇幼健康事业发展、残疾人公共服务体系建设等课题，以及进一步做好新时代人民政协工作，通过分组讨论、大会发言、撰写提案等形式，深入协商议政，提出意见建议。

【政协常委会议】 1月6日，市政协召开十四届十一次常委会议。会议决定，市政协十四届委员会第四次会议于1月15日至17日召开。会议通过韩卫兵因工作调动提出的辞去市十四届政协主席职务的请求，报市政协全会备案。会议协商决定有关人事事项。

5月14日，市政协召开十四届十二次常委会议，通报协商“发展城市经济，提高城市活力”议题。与会者听取市工信局代表市政府所作的专题情况通报，4名政协委员代表分别从抓准城市经济功能定位、善用金融活水、激发古城内生活力、完善功能配套等角度进行建言，提出意见和建议。副市长赵红到会听取委员发言并作表态讲话。

7月30日，市政协召开十四届十三次常委会议，通报协商“老旧工业区改造提升”议题。与会者听取相关专题情况通报，4名政协委员分别从完善机制、优化规划布局、推进工业邻里中心建设、招商工作等角度进行建言。

11月3日，市政协召开十四次常委会议，会议审议通过有关人事事项。

12月28日，市政协召开十四届十五次常委会议。与会者协商讨论《政府工作报告（征求意见稿）》；协商通过《政协常委会工作报告（讨论稿）》和《提案工作情况报告（讨论稿）》；听取市政协十四届五次会议筹备情况汇报，协商决定市十四届政协委员调整名单，协商决定召开市政协十四届五次会议有关事宜，听取市政府关于政府系统办理政协提案的情况通报（书面），审议市政协各专门委员会工作报告（书面）。

【政协主席（扩大）会议】 4月3日，市政协召开十四届十四次主席（扩大）会议，通报协商“5G发展与产业应用”议题。与会者听取市工信局的专题情况通报，3名政协委员分别从5G基础设施建设、企业转型升级、助推金融服务等方面进行建言。

7月17日，市政协召开十四届十五次主席（扩大）会议，通报协商“企业安全生产标准化建设”议题。与会者听取市应急管理局的专题情况通报。政协委员分别从政府监管责任、企业主体责任、安全服务市场管理3个方面进行建言。

10月28日，市政协召开十四届十六次主席（扩大）会议，通报协商“进一步做大做强汽车产业”议题。与会者听取市发改委的专题情况通报。政协委员分别从把握未来趋向、强化政策激励、打响文化品牌、强化招商选资4个方面进行建言。

12月18日，市政协召开十四届十七次主席（扩大）会议，协商筹备市政协十四届五次会议相关工作。与会者听取市政协十四届五次会议筹备工作情况的汇报，协商讨论市政协《政协常委会工作报告（讨论稿）》和《提案工作情况报告（讨论稿）》，协商决定2020年市政协优秀提案和提案先进承办单位表彰名单。

政治协商

【概况】 2020年，市政协关注“十四五”规划编制，与市委、市政府共同主办“有事好商量”——“十四五”规划编制圆桌协商会，市委主要领导利用政协平台在全市首次提出“美丽常熟”愿景。关注存量资源更新提升，常委会议将“老旧工业小区改造提升”列为重点协商内容，从完善体制机制、优化规划布局、推进工业邻里中心建设等角度进行建言。关注安全生产标准化建设，主席会议专题协商后认为，要规范服务市场、加强第三方机构监管。关注城乡生活垃圾分类，主席专题视察选取末端处理厂和前端农村社区进行实地调研，达成宣传引导、刚性约束、源头减量、规范处理、分类收集、回收利用等共识。关注“千村美居”长效管理，综合运用视察调研、政情通报、现场会等形式，对长效管理有主题、分层次、有针对性地开展协商活动，助力政府创新社会治理方式，扩大公民有序政治参与渠道。全年安排各层次协商课题20个，较上年增长25%，其中侧重经济建设高质量的课题占50%。报送各类建议案、调研报告10篇，主要领导和分管领导共作出批示14次。市政府分课题研究政协建议案《发展城市经济，提升城市活力》，并形成实操建议方案，对“持续优化营商环境”进行视察性监督。组织委员积极参与全市“千村美居”长效管理工作实践。上报信息《组合式协商 参与式监督——常熟市政协“有事好商量”“千村美居”长效管理创新实践》，获中共中央政治局常委、全国政协主席汪洋批示，全国政协办公厅编发简报予以推介。

【政情通报会】 3月31日，市政协举行政情通报会，通报“加快推进数字经济协同发展”情况。与会者听取全市加快推进数字经济协同发展情况的通报。政协委员代表分别从新零售业态合规化、中小型企业转型措施、车联网产业规划、专业人才政策等方面开展咨询，有关部门现场进行解答。

7月3日，市政协举行政情通报会，通报“推进先进制造业与现代服务

9月17日，“有事好商量”——“十四五”规划编制协商议事会召开
（市政协办　提供）

业深度融合”情况。与会者听取全市推进先进制造业与现代服务业深度融合情况的通报。政协委员代表分别从企业开展高新技术开发应用的政策、工业互联网建设、实用型人才引进等方面进行提问咨询，有关部门现场进行解答。

7月22日，市政协召开政情通报会，通报“长三角一体化合作”情况。与会者听取全市长三角一体化合作情况的通报，政协委员围绕长三角一体化合作下的对外交通、文体旅融合、产业链招商等方面问题与市交运局、文体旅局和商务局作咨询交流。

11月3日，市政协举行政情通报会，通报全市重点项目推进情况。市委副书记、市长焦亚飞出席会议并作情况通报。

【基层政协协商活动】 2020年，全市14个乡镇（街道）政协工委整体谋划“全是好乡邻·有事好商量”“共协商·乐百姓”等工作品牌；开展“一日堂主”等微协商、微议事特色活动；密切与界别、部门联系，搭建“双向双月”协商渠道；延伸履职平台，深化政协委员工作站、联络站、联系点建设。在“民生专题协商议事月”活动中，各工委围绕民生诉求开展各类协商活动52次，收集反映群众意见建议580余条。

【“千村美居”议政会】 9月22日，市政协召开“有事好商量”—“千村美居”长效管理网络议政远程协商会。市政协主席王建国出席会议。会上，市农业农村局通报“千村美居”长效管理工作情况，辛庄镇、古里镇、虞山街道、沙家浜镇芦荡村在分会场进行协商议事活动。虞山街道和市城管局、市住建局进行提问互动。市政协还就委员们网络议政提出的意见建议向有关部门进行现场提问。会议在市政协机关设主会场，14个分会场分别设在各乡镇、街道以及村“有事好商量”协商议事室。主会场和分会场通过远程协商形式实现互联、通过网络议政形式实现互通。

民主监督

【概况】 2020年，市政协根据省、苏州市政协安排，参与区域联动监督，就安全生产问题、长江大保护突出问题整改情况进行多轮次民主监督，做到联动监督一体推进。制定常熟市《“千村美居”工程市镇两级政协联动民主监督工作方案》，通过上下协同形成监督合力。组织全体政协委员开展全员视察，为全会的整体协商做好准备。选取经开区、高新区载体项目建设、印染产业提升改造、公共卫生应急体系建设等开展专题视察，深入项目、企业、基层掌握实情、查找问题，推动政府部门工作，做到评议监督形成闭环。选取市交运局、城管局2个部门作为评议对象，开展民主监督专项评议，形成评议报告，列出改进清单。对2019年的被评议部门开展“回头看”，在“无陪同视察”中跟踪问效、在“逐项政情咨询”中跟踪进展、在“各方意见反馈”中跟踪评价，切实巩固民主评议实效。

【主席专题视察】 4月26日，市政协就提升农村人居环境，推动“千村美居”工程共建共治、长效管理工作开展专题视察。视察组全体人员对莫城街道湖鹤村北高泾组团、常福街道东联村友谊组团进行实地视察，听取市农业农村局的专题情况通报、村委会负责人介绍相关情况；3名政协委员从不同角度围绕主题开展协商建言，协商审议通过《关于发挥政协民主监督职能，助推“千村美居”工程实施的工作意见》。

5月29日，市政协就“持续优化营商环境”议题开展主席专题视察。视察组全体人员在实地视察后，听取市发改委的专题情况介绍，政协委员代表分别从精准服务企业、创新政务服务、优化法治保障等角度开展协商建言。

6月23日，市政协就“开发区、高新区载体、项目建设情况”开展主席专题视察。在听取经开区、高新区专题情况通报后，进行实地视察。

7月29日，市政协就“推进城乡生活垃圾分类”开展主席专题视察。视察组全体人员实地视察市第二生活垃圾焚烧发电厂（扩建项目）和天和佳苑二期，听取市城管局关于全市垃圾分类情况的通报，3名政协委员分别围绕城市社区垃圾分类、农村垃圾分类、垃圾分类的先进经验做法进行协商建言。

9月8日，市政协就“加快公共卫生应急体系建设”开展主席专题视察。视察组全体人员听取市卫健委关于加快公共卫生应急体系建设的情况通报，并进行实地视察。视察前，市政协专门成立"加快公共卫生应急体系建设"专题调研组，并开展深入调研。3名政协委员就公共卫生应急体系的早期预警和应急处置、队伍建设、资源要素配置等内容进行协商建言。

10月23日，市政协就"推进印染企业高质量发展"议题，组织开展主席专题视察。视察组全体人员先后到古里镇华懋纺织有限公司、新泰印染有限责任公司，了解企业在高质量发展方面的做法和成果。在主席专题视察会议上，市印染行（企）业高质量发展专委办作情况通报，板块和企业家委员代表就目前进展、措施方案、工作打算等方面进行深入交流和探讨。

【省、苏州市政协委员视察调研】 4月28日，市政协组织在常熟的江苏省、苏州市政协委员开展视察调研活动，并举行苏州市政协常熟委员小组"委员之家"揭牌仪式。苏州市政协党组成员浦荣皋，苏州市政协副秘书长周雨晨、联络办主任张晟伟参加活动。视察组一行先后走访江苏特别特服装有限公司、江苏联领智能科技股份有限公司2家苏州市政协委员企业，了解委员企业复工复产情况。视察组一行还到常熟市报慈小学旧山楼，参观设立于此的苏州市政协常熟委员小组"委员之家"。浦荣皋和市政协主席王建国共同为"委员之家"揭牌。

6月18日，市政协组织在常熟的江苏省、苏州市政协委员到张家港市开展异地视察调研活动。市政协主席王建国，市人大常委会副主任陶理，市政协副主席吴国华、殷丽萍参加活动。张家港市政协主席黄雪元、副主席景惠新陪同视察。视察组一行到张家港湾和香山生态修复区、张家港文化中心城市展示馆实地参观调研。

11月25日，市政协组织在常熟的江苏省、苏州市政协委员视察调研活动。市政协主席王建国，市人大常委会副主任陶理，市政协副主席吴国华、殷丽萍参加活动。视察组到常福街道小义村归城区域（归家城、王家），实地察看小义村新时代文明实践站建设，了解村庄建设规划、基础设施提升、人文历史景观打造等情况。到明晶村韩家桥"农耕文化园"、万福先锋站，实地感受"千村美居"工程带来的新变化。在常福街道益家书房实地考察新时代文明实践展厅、图书借阅、共享空间、志愿者服务站等功能空间。

【政协委员全员视察】 12月23日，市政协组织全体委员分两组，开展对市政府民生实事项目推进情况全员视察活动。全体政协委员对常熟二院北部院区、常欣小学（世茂第二小学）、城东水质净化厂、董浜镇观智村、常熟市第二生活垃圾焚烧发电厂进行实地视察，了解2020年市政府民生实事项目的建设推进情况。

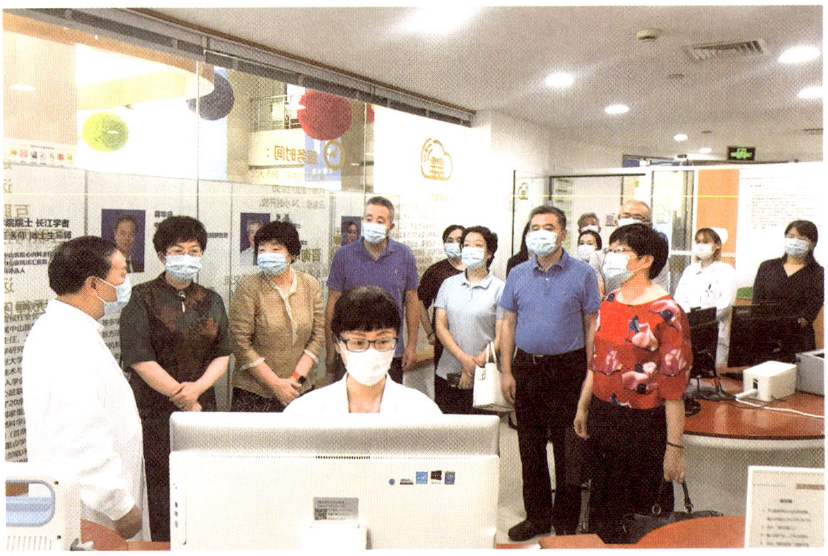

9月8日，市政协就"加快公共卫生应急体系建设"开展主席专题视察

（市政协办　提供）

【民主监督专项评议】 2020年，市政协成立领导小组，4月至5月对市交通运输局，9月至10月对市城市管理局，进行民主监督专项评议。围绕对市委、市政府重大方针政策、重大改革举措、重要决策部署的贯彻落实、职能履行、行风建设等情况，市政协制定出台《政协常熟市委员会民主评议工作实施方案》，推动民主评议活动制度化、规范化。评议组通过情况介绍、查阅资料、现场考察、座谈讨论、问卷调查等多种形式，深入基层、深入实际、深入群众，听取社会各界的呼声，掌握第一手资料。通过专场座谈会和约谈走访，收集与评议单位相关工作部门、服务对象的看法和建议。通过评议，对2个部门分别提出10多条改进工作的意见建议。

【社情民意信息工作】 2020年，市政协收集社情民意信息256条，向上级政协报送66条，其中《关于重视江苏长江流域纺织品微塑料污染的建议》等4篇被转送全国政协，《清醒认识、理性对待纺织订单回流》等2篇被省政协以专报形式上报省领导，《外贸企业利用自贸协定优惠关税的问题与建议》获苏州市委、市政府、市政协主要领导批示。全年整理转送市级办理139条，办理满意率99%，编印《促进"地摊经济"合理有序发展》《探索驻镇规划师制度，提升乡村规划水平》专报2期。提出部分主干道通行质量不高、老旧无物业小区停车难等问题，反映放宽货车办证限额、增加青少年体育设施等诉求。围绕疫情防控，提出重视收集口罩流通管理、卫生防护措施等方面的建议；围绕复工复产，提出外贸发展、劳务用工等方面的建议。减少杨树飘絮、公立学校教室安装空调等建议得到相关部门、单位妥善解决。

参政议政

【提案办理】 2020年，市政协共收到以提案形式反映的书面意见和建议265件，其中集体提案69件、联名提案95件、个人提案101件。经提案委审查，立案183件，并案30件，转为社情民意20件，转为意见建议32件。遴选重点提案16件。183件提案，交由47个承办单位办理，规定时间内全部办复。其中，所提问题已经解决或基本解决的116件，占63.4%；列入计划拟解决的61件，占33.3%；因条件限制，暂时难以解决，留作参考的6件，占3.3%。根据委员反馈意见，总体满意率100%。市政协定期开展提案办理"回头看"工作，对重点部门的提案进行督办，选取部分政协委员关注度较高、群众普遍关心的热点提案开展办理质量评价，把提案办理重视程度、沟通协商程度、解决问题程度作为评价基本内容。全年表彰优秀提案15件、提案先进承办单位15个。

【"有事好商量"协商载体建设】 2020年，全市实现乡镇（街道）工委"有事好商量"协商载体全覆盖，并积极向村（社区）、界别、企业延伸。结合建好用好"有事好商量"协商载体，积极推动基层协商活动常态长效。在"民生专题协商议事月"活动中，各工委围绕民生诉求开展各类协商活动52次，收集反映群众意见建议580余条，切实做到为民真协商。《远程协商、网络议政"千村美居"市镇村三级联动协商议事案例》被省政协评为"有事好商量"优秀案例，虞山、常福、辛庄、古里等政协工委和6个协商案例，分别被苏州市政协评为先进工委和典型案例。

表2　　市政协十四届四次会议以来优秀提案一览表

序号	主提案人	案　由
1	民建市委	加大部门数据资源共享，构建智慧审批服务体系
2	民革基层委	对于推动常熟经济高质量发展的建议
3	顾建江 柯利军	关于推动农村环境"233"专项行动的建议
4	秦卫东	关于推进"城中村"更新改造的建议
5	市工商联	关于进一步优化我市营商环境的若干建议
6	民进市委	关于我市菜市场提档升级的几点建议
7	无党派知识分子联谊会	彰显特色，科学谋划，促进我市夜间经济健康快速发展
8	民盟市委	注重"城市双修"，切实提升古城区人居环境
9	尚湖镇工委	关于扎实开展老旧工业区（点）更新改造的建议
10	顾利东	推动网格化治理提质增效，构建基层社会治理新格局
11	钱伟新	针对常熟市学前教育优质普惠发展现状存在问题的思考
12	孙国强 王新刚	关于聚集数字经济赋能常熟产业高质量发展的建议
13	孙　伟	加快推进企业上云，助力智能制造发展的建议
14	农工党市委	关于我市城区危旧房屋解急解危的建议
15	妇联界别	关于加快实施出生"一件事"五项联办的建议

（解　嘉）

责任编辑：祝慧江

中共常熟市纪律检查委员会
常熟市监察委员会

综 述

【概况】 2020年，中共常熟市纪律检查委员会、常熟市监察委员会（以下简称市纪委、监委）履行协助职责，更新4张“责任清单”，协助市委开展全面从严治党工作情况检查考核，召开履行主体责任述职会、警示教育大会，常态化开展政治生态监测评估。坚持“三不”一体推进，立案查处违纪违法案件413件，采取留置措施11人，移送检察机关15人。运用“四种形态”处理1175人次，发挥惩治震慑、惩戒挽救、教育警醒功效。聚焦违规收受涉农保险回扣、涉农补贴资金腐败、环卫领域腐败等群众反映强烈的突出问题，开展民生领域“6+N”集中整治，查处群众身边不正之风和腐败问题52起、66人。加强以案促改、以案促建、以案促教，构建“案例剖析—专项治理—完善制度”监督闭环，制发纪检监察建议48份。推进巡察工作，提前实现市级机关部门巡察全覆盖，村级巡察工作得到中央巡视办、省委巡视办高度肯定。构建派驻机构“1+16+4”监督机制，开展立项监督、驻点监督。开展“5·10”训廉日主题教育活动，举办廉政时评、廉政漫画、廉政诗词大赛系列活动，制作警示教育片《不该失守的底线》。开展“打铁必须自身硬”专项行动，统筹推进“学恩来精神、守初心使命”专题教育、“四史”学习教育活动，建立“1+1+N”年轻干部联系帮带培养机制，选聘首届市监委特约监察员，加强队伍建设。

【市第十三届纪律检查委员会第五次全会】 4月26日，中共常熟市第十三届纪律检查委员会第五次全体会议召开。出席会议的市纪委委员18人，列席会议169人。全会学习贯彻中央纪委四次全会、省纪委五次全会、苏州市纪委五次全会精神，审议通过薛啸代表市纪委常委会作的《完善监督体系，强化制度执行，为拼出常熟高质量发展新天地提供坚强保障》工作报告。

2020年，市纪委、监委开展碧水琴川“微讲堂”活动　　（市纪委　提供）

【“碧水琴川”廉政品牌建设】 2020年，市纪委、监委依托碧水琴川网站、公众号等平台载体，围绕纪检监察工作、建党99周年、恩来精神等方面内容，集中做好宣传展示工作。全年开展各类宣讲活动88场次，覆盖党员干部7490人。围绕“明责任、勇担当、葆本色”主题，开展第十二个“5·10”训廉日主题教育活动，强化警示教育。协助市委召开全市领导干部警示教育大会，拍摄警示教育片《不该失守的底线》，编印《纪委提醒你》口袋书。举办“碧水琴川”廉政诗词大赛、“廉音汇”廉政时评、“清风常熟·漫笔绘廉”廉政漫画大赛、“童语家风”家庭文化展演等活动。

【纪检监察队伍建设】 2020年，市纪委、监委深化纪检监察体制改革，加强队伍建设。组建市融媒体中心纪委，健全市直属企事业单位纪检机构，出台机关派驻机构、国企派驻机构和企事业单位纪委3个工作规定，规范工作运行。结合村（社区）“两委”换届选举工作，推动选优配强纪检人员。建立内务监督委员会，选聘首届特约监察员，主动接受监督。构建年轻干部“1+N”培养机制，开展纪检监察业务大学习专项行动，分层分类组织业务测试3次，举办微讲堂7期。采取“实战化+小切口”模式，通过导师帮带、跟班挂职、岗位练兵、以案代训等方式，轮训市镇两级纪检监察业务骨干102人次，全年累计开展各类培训19批1380人次。

【重点工作监督履职】 2020年，市纪委、监委主动融入高质量发展大局，推进政治监督具体化常态化。疫情期间，督促落实防控措施，组织开展“四不两直”督导检查，向市委呈报督查专报18期，处理不担当、慢作为干部3人。服务复工复产，对全市新开工重点项目落地情况开展专项监督，推动解决项目进度、审批许可、配套设施建设等方面堵点问题12个，全市重点项目开工率达137%。加强对“苏惠十条”落实情况的监督检查，率先推动相关部门出台涉企免罚轻罚清单，减免金额3500万元。在安全生产领域问责25人、约谈5人。开展党员干部“宅前屋后三包”示范制度落实情况专项监督，组织纪检干部带头“拍一拍”，推动农村人居环境再提升。

11月6日，市纪委、监委举办“清风常熟·漫笔绘廉”廉政漫画线下巡回展
（市纪委　提供）

审查调查

【概况】 2020年，市纪委、监委坚持“三不”一体推进，实践拓展“系统查、查系统”工作经验，精细研判、以案拓案、深挖细查，持续保持惩腐高压态势。全年立案413件、比上年增长2%；办理自办案件298件、比上年增长181%；办理科级干部案件16件，“一把手”案件24件，行贿案件8件；采取留置措施11人、移送检察机关15人；挽回直接经济损失396万元。

【线索集中管控】 2020年，市纪委、监委依托纪检监察业务平台，改进问题线索接收、报批、转办等流程，实现线上签批流转。落实问题线索研判会商机制，疑难复杂线索经集体研判会商后呈交领导审批。全程督办问题线索，建立问题线索报备、自办案件会商、拟立自办案件报备等“三项机制”，提高审查调查水平。

【扫黑除恶“打伞破网”】 2020年，市纪委、监委推进扫黑除恶专项斗争，加大“打伞破网”力度，全年党纪政务立案29人、组织处理60人，其中查处公职人员涉黑涉恶“保护伞”13人（移送检察机关3人），公职人员涉黑涉恶腐败问题64人，推动专项斗争工作不力12人。针对涉黑涉恶腐败和“保护伞”案件中暴露出的制度缺失、监管不力等问题，制发监察建议书5份，通报曝光典型案例28件，推动以案促改、长效常治。获评苏州市扫黑除恶专项斗争优秀办案团队、常熟市扫黑除恶专项斗争先进集体。

【信访举报工作】 2020年，市纪委、监委完成省纪委监委信访举报三年大考任务，并获2017—2019年全省纪检监察信访举报工作县（市、区）纪委监委组别三等奖。实现纪检监察综合业务应用系统基层版运行，全市36个基层纪检监察组织完成测试46件，上报问题建议3条。开展“私车公养”信访举报专题分析，获苏州市纪检监察优秀信访分析现场评审二等奖。

监督检查

【概况】 2020年，市纪委、监委发挥四项监督整体效能，整治群众身边腐败和作风问题，构建“监督检查—发现问题—落实整改—完善制度”监督链条，提升监督治理效能。

【基层廉勤监督体系建设】 2020年，市纪委、监委制订《全面推行“一人一委一网”基层监督体系的实施方案》《进一步提升基层小微权力监督质效的实施意见》等文件，在村（社区）党委设纪委并配备纪委书记，选聘廉勤监督员1352人。梳理公布村级小微权力和流程图26项，紧扣“一单一图一环”，将监督嵌入农村“三资”管理、小微工程建设等村级重点事项的薄弱环节。结合镇域实际开展“一镇一专项”个性化监督项目，推动梅李镇、琴川街道试点建立农村集体“云财务”核算监管平台、社区为民服务经费监管平台。运用基层廉勤监督平台，组织基层监督力量参与疫情防控、人居环境整治、安全生产监管等监督工作。

【侵害群众利益问题“小切口”专项治理】 2020年，市纪委、监委开展民生领域“6+N”集中整治，查处群众身边的不正之风和腐败问题52起，处理66人。针对惠民政策落实情况，重点对低保金、尊老金、残疾人补贴等“三项资金”发放情况进行监督检查，立案查处党员干部优亲厚友、履职履责不力等问题18人。针对农村涉农保险领域苗头性、倾向性问题，开展违规收受涉农保险回扣问题专项整治，查处党员干部21人，清退违规收受钱款14.21万元。

【新社会组织党的纪律监督工作】 2020年，市纪委、监委制订《关于新形势下加强新社会组织党的纪律监督工作的意见（试行）》，选取10个新社会组织作为试点，选配纪委书记、纪委委员、纪检委员和纪律监督指导员，指导纪律监督组织围绕新社会组织经营管理，加强对人、财、物等关键岗位的监督，促进新社会组织有序参与社会治理、提供公共服务、承担社会责任。

【“嵌入式”派驻监督】 2020年，全市派驻纪检监察机构开展立项监督、驻点监督，全年共处置问题线索194条，下发意见建议书56份、纪律检查建议8份、监察建议6份，运用“第一种形态”170次，党纪立案41起，党纪政务处分41人。实施“私车公养”“涉案财物管理”“残联辅助器具适配服务”等立项监督共计19项。对被监督单位下属事业单位党组织政治生态等情况进行全面检查，推动“靶向治疗”，纠风纠偏。

【派出监察员办公室协同监督】 2020年，市纪委、监委发挥派出监察员办公室统筹作用，依托驻点办公、交叉检查、片区联动等机制，提升监察监督质效。出台《关于在疫情防控工作中进一步强化政治监督的实施方案》，对全市181个重点产业项目落地情况开展专项监督，推动疫情防控和复工复产“两手抓”“两不误”。加大安全生产、消防安全领域问题处置力度，全年问责25人、约谈5人。依托“巡察+监察”联动机制，全程参与巡察整改“回头看”，对其中发现的巡察整改情况落实不力等问题问责7人。

党风廉政建设

【全面从严治党主体责任落实】 2020年，市纪委、监委更新全面从严治党4张“责任清单”，压实管党治党责任链条，推动“四责协同”整体联动。做好各级履责记实平台工作，全市共录入履责信息4.2万条，作为党风廉政建设责任制考核依据。协助市委召开履行全面从严治党主体责任述职会，督促各板块党（工）委采取有效措施、对照落实整改。推进政治生态预警监测，向市委呈报专题报告5份，对20个地区部门开展政治生态评估，推动整改30项，全市政治生态持续向好。全年实施问责41起，其中党委和党的工作机关实施问责24起。

【作风建设长效监督】 2020年，市纪委、监委落实中央八项规定及其实施细则精神，开展餐饮浪费行为专项监督以及违规吃请、违规收送“红包”礼金专项整治，立案查处党员干部48人。严查“四风”隐形变异问题，督促完善加油、保险、维修“三定点”制度，开展“私车公养”专项治理，党纪政务立案32件，移送检察机关2人。查处形式主义、官僚主义问题36起，处理44人。协助市委建立营商环境“通报制”、转变作风“曝光台”，对9起被曝光问题开展接续监督，立案查处3起，推动建章立制3项。

【干部激励保障机制运用】 2020年，市纪委、监委坚持严管、厚爱并重，放大“五位一体”干部激励保障机制效应，鼓励干部担当作为。全年实施容错备案32例、容错纠错21例、改革创新风险备案3例，为受到不实举报的22名党员干部澄清正名，其中推动住建部门实施“施工图模拟审查”的案例入选省“三项机制”典型案例汇编。对191名受处分党员干部开展回访教育，调动和激发干事创业积极性。

【党员干部“宅前屋后三包”示范制度落实情况专项监督】 2020年，市纪委、监委制定《关于开展党员干部“宅前屋后三包”示范制度落实情况专项监督的实施方案》，将人居环境整治、“千村美居”工程建设、“宅前屋后三包”示范制度落实等情况列为监督重点，全年开展6轮次督查，走访214个村，超1000余户农宅。开展宅前屋后环境“拍一拍”“晒一晒”活动，带动各镇板块、企事业单位参与活动164期1884户。对落实人居环境整治、生活垃圾分类、宅前屋后“三包”等制度不力的，约谈304人，对3人实施问责并给予党纪政务处分。 （张文静）

责任编辑：祝慧江

中国国民党革命委员会常熟市基层委员会

【概况】 2020年，中国国民党革命委员会常熟市基层委员会（以下简称民革常熟基层委）5个支部完成换届，新成立2个支部，新发展党员8人，至年末有支部7个，党员99人，成员以政府机关、文教、经济和社会组织等单位为主。党员平均年龄47.4岁，退休人员16人，在职党员均为大专以上学历，其中博士10人、硕士12人，副高级以上职称27人；女党员37人，占37.4%。1人当选苏州市人大代表，1人任苏州市政协委员，15人任市政协委员。

【参政议政】 2020年，民革常熟基层委参加双月座谈会、专题协商会、通报会等共10次，围绕常熟“十四五”规划编制、老旧工业区更新改造、文体旅融合发展、新产业新经济发展等专题建言献策。向市政协十四届四次会议提交集体提案6件，个人、联名提案27件。集体提案《关于推动常熟经济高质量发展的建议》被列为市长领办提案，集体提案《关于深入推进综合执法工作的建议》和查银华、唐伟、樊海彬提交的联名提案《关于推动常熟民营企业发展的建议》被列为常熟市领导领办、督办提案。

【基层建设】 9月，民革常熟基层委一到五支部完成换届。9月19日第六支部成立，10月19日常熟理工支部成立，支部发展到7个。11月18日，民革常熟基层委召开第二次党员大会，会议选举产生以查银华为主委的新一届基层委员会领导班子；修订《民革常熟市基层委员会工作规范》《民革常熟市基层委员会党员发展规范》，新制定《民革常熟基层委员会内部监督制度（试行）》，进一步健全基层委各项工作制度。

【社会服务】 新冠疫情发生后，民革常熟基层委捐款捐物价值38万元，参与抗疫志愿活动350人次。利用社会服务品牌“绿色公益团”和百姓城管志愿服务总队民革志愿服务大队，组织党员全年开展各类社会服务和公益活动10次，参与党员累计158人次。9月26日，组织党员开展“讲述抗疫故事，推行垃圾分类，共话民革发展”庆祝中秋国庆主题活动。

（王　韵）

中国民主同盟常熟市委员会

【概况】 2020年，中国民主同盟常熟市委员会（以下简称民盟常熟市委）机关内设秘书处、组织处2个职能处，设有参政议政、社会服务、青年工作、老年工作、妇女工作5个工作委员会。新增医联支部，全年发展盟员19人，转入1人，去世1人，至年末共有基层支部15个，盟员324人，来自132个单位，分布在教育、科技、文化、医卫、法律、经济等界别。平均年龄55岁，在职盟员223人，占69%；本科以上学历254人，占78%，博士8人、硕士28人；女盟员137人，占42%；中高级职称321人，占99%；有苏州市人大代表2人，常熟市人大代表3人（其中常委1人）；江苏省政协委员1人，常熟市政协委员23人（其中副主席1人，常委3人）。召开民盟常熟市委七届二十三次全体委员会议，选举俞翔为民盟常熟市委主任委员。年内获民盟中央思想政治建设和宣传工作先进集体、民盟江苏省委宣传工作先进集体二等奖、民盟苏州市委思想宣传工作先进集体、社情民意信息优秀组织奖、抗击新冠肺炎疫情先进集体、“一盟新思”苏盟云议政活动先进集体。在《挚友》等省级以上刊物发表文章16篇，民盟中央网、中国网刊载67篇次。2项课题被列为苏州民盟立项课题。1名盟员获省民盟信息工作先进个人，6名盟员获苏州民盟论坛研讨先进个人，2名盟员获苏州民盟社情民意信息一等奖和二等奖。张震和王枫获苏州市五一劳动奖章。

【参政议政】 民盟常熟市委向市政协十四届四次会议提交集体提案15件、个人提案28件。《注意“城市双修”，切实提升古城区人居环境》被列为主席督办提案，《关于综合保护我市传统村落的建议》的集体提案、《关于弘扬工匠精神，持续提升职工技能素质的建议》联名提案获评优秀提案。向市人大十五届四次会议提交建议4件。参加统战部举行的“同心献智”

活动，上报10篇调研报告。开展"一支部一调研"活动，撰写15篇调研报告。参加民盟省委举办的研讨会和论坛，报送12篇论文。《循序整治老旧街区改造 深度推进古城文旅融合》获江苏文化发展研讨会优秀奖，《长江流域纺织品微塑料污染的现状与建议》等获得民盟省委生态文明建设优秀论文。全年上报各类社情民意63条。开展对口联系调研活动，民盟主委吴国华带领调研组到市第二人民医院北部院区，听取民盟对口联系部门、医院承建单位市文旅公司有关医院建设情况的通报，并就相关课题进行交流。

【阵地建设】 6月30日，民盟常熟市委在南门坛上举行"民盟学习实践基地""文旅公司党委和民盟常熟市委结对共建基地""盟员之家""常熟民盟新联会驿站"揭牌仪式。8月27日民盟江苏省国风书画院常熟分院在文化支部举行"盟员之家"揭牌仪式。11月16日，"中国民主同盟传统教育基地""民盟中央美术院常熟分院"在常熟市图书馆揭牌，同时举办"翰墨同心 和衷共济"书画作品展开幕式。11月30日，"有事好商量"协商议事室揭牌仪式在南门坛上"盟员之家"举行。

【社会服务】 新冠肺炎严控期间，300多名盟员捐款捐物约64万元，用于捐赠湖北黄冈、常熟援鄂医疗队等。全年累计参与各类社会服务活动228人次，捐款153.7万元。4月28日，市委统战部举办纪念"五一口号"发布72周年社会服务活动，到古里镇开展社会服务，民盟常熟市委选派5名医生为市民提供医疗卫生咨询。5月28日民盟3名书画家参加纪念王淦昌院士诞辰113周年书画笔会。6月21日，与市政协港澳台侨委员会、虞山高新区（常福街道党工委）联合举办建党99周年"新时代文明实践·同心义诊"活动。 （殷依群）

中国民主建国会常熟市委员会

【概况】 2020年，中国民主建国会常熟市委员会（以下简称民建常熟市委）设有参政议政、社会服务、青年、老年、妇女5个工作委员会以及组织处、宣传处、秘书处3个处室，机关行政编制5个、在职3人。全年发展会员18人、转出2人、去世2人，会员以经济界为主，延伸至机关、水农、建设、交通、文教、医卫界等。至年末，共有17个支部，425名会员，平均年龄52.4岁。其中，在职会员306人，占77.1%；本科以上学历274人，占64.5%，其中博士9人、硕士42人；女会员112人，占总数26.4%；中高级职称241人，占56.7%；有苏州市人大代表4人、政协委员3人，常熟市人大代表3人（其中常委1人）、政协委员33人（其中秘书长1人、常委6人）。年内，民建常熟市委获江苏民建抗击新冠肺炎疫情先进集体、苏州民建"在新冠肺炎疫情防控中作出积极贡献的集体"、苏州民建2020年度新闻宣传工作先进组织一等奖等称号。吴忠庆被评为全国优秀会员。全年出版《常熟民建》期刊4期，"常熟民建"微信公众号发布172期，被各类各级媒体刊载采用稿件303篇次，其中被《人民政协报》《团结报》《民讯》等中央级媒体刊载54篇次；制作《我是一支笔》助力小康短视频，在方塔园内建设统战文化墙，在金辰农业科技有限公司设立乡村振兴实践基地，在东华评估公司设立企业资产管理调研基地。

【参政议政】 在政协常熟市十四届四次会议上，民建常熟市委提交大会发言《破解农宅移位瓶颈 提升农村人居环境》和书面发言《数字化转型升级赋能常熟产业高质量发展》，提交12篇集体提案和42件个人（联名）提案。《文体旅融合，打造常熟优秀城市名片》《关于加强我市5G网络基础建设的建议》被列为市政协十四届三次会议优秀提案。《加大部门数据资源共享，构建智慧审批服务体系》被列为一号提案，由市委书记领办，还有3件提案分别由市政府、市政协领导领办或督办。在常熟市人大十五届四次会议上提交的《关于进一步完善垃圾分类的建议》被列为人大一号建议。全年共报送社情民意85篇，《外贸企业利用自贸协定优惠关税的现状分析及对策》获省委常委、苏州市委书记和苏州市市长批示，同时被省政协采用；《促进"地摊经济"合理有序发展》获市委书记批示；《探索驻镇规划师制度提升乡村规划水平》获市委副书记批示。《制定出台渔用"非药品"安

11月6日，"中国民主同盟传统教育基地""民盟中央美术院常熟分院"在常熟揭牌 （民盟 提供）

1月17日，"关爱未来，成就梦想"——常熟民建爱心助学走进碧溪街道
（民建　提供）

全使用管理制度，严格加强对生产、销售、流通和使用环节的监管》被全国政协、民建中央、省政协采用。有5篇信息被民建省委采用，9篇分别被中共苏州市委、中共苏州市委统战部、苏州政协采用。继续开展"一支部一调研"，完成调研报告12篇；接待民建中央企业委旅游组到常调研旅游产业，分别与广西玉林、湖北仙桃民建开展联合调研。

【社会服务】 2020年，民建常熟市委开展两次"关爱未来 成就梦想"爱心助学活动，常熟民建爱心慈善基金向碧溪新区和尚湖镇20名贫困学生送上助学金、爱心书籍；开展"生育关怀"慰问帮扶失独困难家庭活动，全年结对帮扶50多次。携手市残联举行"爱心助残 暖心关怀"轮椅捐赠活动，向3个社区捐赠9辆轮椅。"百姓城管"民建志愿大队开展垃圾分类公益宣传活动，获"十佳百姓城管服务团队"称号。与古里镇共同举办"'同心拥军'促发展 携手奋进新时代"联谊活动；开展"关爱老兵，祝福新年"活动，慰问海虞镇、虞山街道12名退伍老兵；结对帮扶宿迁市宿城区王官集镇花园村困难家庭。向河北省丰宁县支援17箱204条毛毯并捐赠1万元。新冠疫情严控期间，常熟民建会员捐款捐物累计超过122万元，其中，陆晖通过常熟民建爱心慈善基金向湖北捐赠30万元。民建会员们参与抗击疫情志愿服务103人次，民建爱心慈善基金向43名驰援湖北医护人员每人捐献5000元，并携手市妇联对医护人员家属走访慰问。

【民建江苏省委组织工作座谈会】 11月，民建江苏省委在常熟召开组织工作座谈会暨"民建会员之家"建设研讨会，民建省委副主委常本春、秘书长洪继东、各市委驻会领导、各设区市委组织部门负责人、部分基层组织负责人共40余人出席会议。与会人员实地参观考察东南综合支部"会员之家"，围绕《"民建会员之家"建设参考手册（征求意见稿）》进行讨论，提出修改意见和建议。　　（盛　晔）

中国民主促进会常熟市委员会

【概况】 至年末，中国民主促进会常熟市委员会（以下简称民进常熟市委）有基层支部13个，其中，新成立理工学院支部，整合原市中支部市一中小组与八中支部为市一中联合支部，省熟中支部完成换届。年内发展会员25人；新发展会员平均年龄37岁，博士生学历1人，研究生学历6人，其中任单位中层以上领导14人；会员总人数368人。召开民进常熟市委第七届十九次全体（扩大）会议，选举金健峰为民进常熟市委主任委员。在经济支部、文化支部等新挂牌4家"会员之家"。常熟开明画院创作基地揭牌。新冠疫情严控期间，民进会员累计捐款捐物65万元。年内获江苏民进县级市（区）委组机关目标考核一等奖；省熟中支部、联二支部、文化支部获苏州民进基层组织活力奖，经济支部获苏州民进脱贫攻坚奉献奖。会员文章被国家级期刊录用2篇，江苏民进微信公众号采用10篇，江苏统一战线网站录用1篇，苏州统一战线网站录用8篇。申报民进中央理论研究课题1个，《新时代民进基层组织宣传思想工作研究——以苏州四县市为例》入围江苏民进理论研究课题并结题，理工学院支部会员万惠琴在民进中央举办的"2020年度学习习近平总书记关于扶贫工作的重要论述征文"活动中获二等奖。

【参政议政】 2020年，民进常熟市委开展专题调研5批次，组织开展信息工作培训会，邀请民进常州市委钱开宁作辅导讲座。《关于大力发展民办教育的几点建议》获江苏民进2019年参政议政成果二等奖。《关于完善残疾人公共服务体系的建议》成为省民进2020年重点关注课题，并被选为江苏民进递交省政协会议的提案。在市政协十四届四次全会上，提交10件集体提案，《关于我市菜场提档升级的几点建议》《关于促进我市夜经济发展的建议》被列为市长督办提案，《让更多百姓享受优质健康体检服务》被列为主席督办提案。

【"同心·彩虹行动"】 "同心·彩虹行动"是民进中央为加强对贵州省教育薄弱地区的教育支援，促进当地教育事业发展而发起组织的援助交流活动。2020年，机关副主委兼秘书长缪晓东参与江苏民进"同心·彩虹行动"工作经验交流活动，汇报常熟民进定点帮扶贵州省金沙县沙土镇常熟希

5月21日，民进常熟市委"民进会员之家"在江苏金龙科技股份有限公司揭牌
（民进　提供）

望小学十年所取得的成果。9月24—26日，民进常熟市委到贵州省毕节市金沙县沙土镇常熟希望小学开展"同心·彩虹行动"。会员邓益向"常熟希望小学"捐赠2万元现金用于添置教学设备，经济联合支部向常熟希望小学捐赠1万元现金，作为成绩优秀而家庭困难的10名学生的助学金，并向学校赠送书画作品。会员还为常熟希望小学师生送上3节示范课及1场专题讲座。

【民进省委调研常熟工作】 5月28—29日，民进省委宣传处到常熟开展"大走访、大调研"活动。民进市委主委殷丽萍介绍常熟民进围绕"强主力、抓主线、打主牌、做主人"4个方面开展的工作，支部主委交流履行职责情况。调研组走访江苏金龙科技股份有限公司和联领智能科技股份有限公司2家会员企业，听取企业发展现状和经营情况介绍，了解企业在产能恢复、融资支持等方面存在的问题。

（俞丹洁）

中国农工民主党常熟市委员会

【概况】 2020年，中国农工民主党常熟市委员会（以下简称农工党常熟市委）下设秘书处、组织处、宣传处3个工作部门和参政议政、青年工作、社会服务、老龄妇女4个工作委员会以及农工党常熟书画院等5个内设工作机构，1个总支、16个支部。全年共发展党员14人，平均年龄37岁，硕士研究生3人，其中主界别8人。至年末，党员数为400人，为全国农工党党员人数最多的县级基层组织。其中医药卫生界占57.85%，教育界占22.75%，城市建设与规划界占5.75%，平均年龄57岁。有苏州市人大代表2人（常委会委员1人），苏州市政协委员2人（常委会委员1人）；常熟市人大代表3人（常委会委员2人），常熟市政协委员30人（常委会委员6人）。至年末，实现"农工之家"基层支部全覆盖，各支部利用16个"农工之家"开展活动20余次，参加人数300多人次。

【参政议政】 2020年，农工党常熟市委在市政协十四届四次会议提交集体提案8篇，形成大会发言2篇，其中《关于加快我市妇幼健康事业发展的建议》作为大会上台发言。《关于重视网络订餐外卖食品安全的建议》被评为市政协十四届三次会议优秀提案。集体提案《关于我市旧城区危旧房屋解急解危的建议》被列为市政协常委会协商议题。何琴等4名委员的《推进城乡生活垃圾分类》的提案被列为政协主席专题视察议题；秦建清等参与的联名提案《进一步推进常熟职业学校为地方经济发展服务的建议》被列为市长领办提案。通过市政协反映社情民意33条，其中陈敏新建议学校（公立学校）教室安装空调或者是新风系统这一建言被采用，全市初中学校空调在6月底安装到位。江燕华等关于当年汛期对兴福寺带来影响的建言，引起虞山街道的重视，寺前雨水明沟工程于9月底完工。13篇信息得到省农工的录用，5篇信息得到上级统战平台录用，9篇信息被苏州、省政协录用。

【社会服务】 2020年，农工党常熟市委组织党内医疗专家到古里镇、沙家浜镇、兴福寺、老干部活动中心等地开展医疗、心理辅导等服务。举办各类义诊、讲座、识百草等活动20多场次，参与党员200多人次，服务群众5000多人次。举办"以爱之名·共襄善举"爱心拍卖会，继续开展"党费一月捐"活动，共募得善款4.2万多元，纳入"苏州市前进慈善基金"统一管理。向常熟理工学院10名优秀大学生颁发2万元爱心助学奖学金，向梅李镇9名贫困学生颁发1.8万元助学金。抗击新冠肺炎疫情期间，全市农工党党员自发向中国初级卫生保健基金会、红十字会等捐献各类医用防疫物资总价值27.96万元。

【农工党成立90周年系列活动】 2020年，农工党常熟市委组织农工党党员到南京拜谒邓演达烈士墓，参观农工党江苏省委机关并聆听主题讲座。组织班子、市委委员以及部分新党员到浙江诸暨、江苏南通、盐城等地红色革命教育基地参观学习。主办第四期长江两岸四地（南通、泰州、张家港、常熟）农工党"履职尽责善读书"主题读书沙龙，举办庆祝农工民主党成立90周年座谈会，砥砺初心和使命。基层支部通过参观李强、毛啸岑旧居，重走"碧溪之路"等活动，坚定与中国共产党携手奋进的初心和使命。在微信公众号开设专栏，共话农工党优良传统；组织举办党史知识竞赛，重温农工党

90年历程。陶毅烈的《讲好新时代推动高质量发展的民主党派故事》获得农工党中央理论征文一等奖。向农工党省委"燃情三行诗"活动投稿20多篇，5人获奖；参与农工党中央举办的"美丽中国""携手90年90人"美术作品展。（陈敏新）

九三学社常熟市支社

【概况】2020年，九三学社常熟市支社有社员40名，其中，平均年龄48岁；其中博士研究生15人，硕士研究生8人，高级职称社员30人。全年发展社员3人。社员中有江苏省人大代表1人，常熟市政协委员4人（其中常委2人）、苏州市政府研究室特约研究员2人，九三学社苏州市青工委委员1人，常熟市特约监察员1人。召开九三学社常熟市支社第三届社员大会，选举产生常熟九三第三届支社委员会，会议选举施杨为主任委员。年内，常熟九三支部被九三学社江苏省委评为思想宣传先进集体，被九三苏州市委评为社会服务先进集体。

【参政议政】2020年，九三学社常熟市支社根据中共常熟市委"双月座谈会"要求，围绕党风廉政建设和反腐败、城乡生活垃圾分类、老旧工业区（点）更新改造、"十四五"发展规划编制、新产业新经济发展、医养融合、公共卫生应急管理体系等专题，确定相关专业人员参与集体调研活动，组织发言材料，提交调研报告。九三学社常熟市支社政协委员提交集体提案1件、委员个人提案5件，有1件被评为优秀提案。常熟九三获批苏州市委参政议政课题1项、常熟市软科学项目1项，常熟市社科项目2项。

【阵地建设】2020年，九三学社常熟市支社以全国传统教育基地王淦昌故居为载体，加强与支塘镇等部门的协同配合，共同打造对外合作交流平台，弘扬王淦昌爱国奋斗精神，传播核心价值观。在九三学社苏州市委、常熟市委统战部支持下，在王淦昌诞辰113周年之际，杨秀云在线上宣讲王淦昌爱国奋斗精神。7月走进王淦昌工作过的青海社区进行宣讲，8月到报本社区向青少年宣讲，10月30日在九三学社苏州市委新社员培训班上宣讲。

【社会服务】2020年，九三学社常熟市支社社员立足本职工作，服务地方经济社会发展，参与科技、教育、医卫等领域的社会服务。徐菁参加纪念中共中央发布"五一口号"72周年社会服务活动，开展医疗卫生咨询服务。抗击新冠疫情期间，全体社员捐款2万余元。针对各医院防控物资紧缺的状况，社员购买KN95口罩、护目镜等物资，捐赠给二院、一院、中医院的发热门诊及留观区的医护人员，医院颁发证书表示感谢。支社还向常熟市慈善基金会捐款1万元，定向帮助常熟援鄂医务人员及家庭。

（杨秀云）

常熟市工商业联合会（总商会）

【概况】2020年，常熟市工商业联合会（以下简称市工商联）开展"服务民企360"主题活动，引导、助推民营经济发展。完善基层组织网络，新成立常熟市常福街道新一代企业家商会、家庭室内装饰商会、连云港商会，指导常熟市无纺业商会、中小企业促进会、东阳商会、酒业商会、浦江商会、青田商会进行换届。到年末，新发展企业会员288家，会员总数达5562家。推进商会法人治理，新建商会全部实施法人登记，配合市民政局做好6家商会抽查工作。开展以"班子建设好、团结教育好、服务发展好、自律规范好"为主要内容的"四好"商会建设，出台创建"四好"商会建设方案和细则。常熟市无纺业商会和市浙江商会获评全国"四好"商会，6家商会获得江苏省"四好"商会，28家商会为苏州市"四好"商会，27家商会获常熟市"四好"商会。新成立常熟市品牌运营商会调解委员会，健全商会法律顾问指导制度，提供法律服务支撑。与江西省吉安市委党校井冈山培训学院联合举办年轻一代企业家理想信念教育活动。联合市工信局等举办企业高级职业经理人培训班，推荐、组织企业家参加苏州市级研修班。为党建结对企业中利集团、阿仕顿服饰开展税法培训，帮助企业熟练掌握税法业务知识。开设"虞商讲堂"，全年举办4期。"联心、联业、联盟"三联党建品牌入选常熟市级机关"十佳"党建品牌。

【参政议政】在年初两会上，市工商联提交4件团体提案、3件联名提案、7件个人提案。围绕推动全市四大特色产业转型升级、数字经济2个课题，分别撰写《关于加快我市四大特色产业转型升级的几点思考》《做强数字经济主引擎 全面赋能高质量发展》2篇调研报告，提交市政协十四届五次全会交流。做好市委双月座谈会课题调研，撰写4份调研报告。对承办的市政协175号、176号提案进行答复。

【社会服务】2月6日，市工商联成立疫情防控"行动支部"，行动支部志愿者下沉至常福街道，对小义村三区、四区进行入户排查，共计排查584户，3327人。向湖北武汉等地捐款捐物，据不完全统计，常熟民营企业、商会捐款近2000万元，捐赠物资价值超3亿元。支持扶贫协作，为思南县贫困学生献爱心送温暖，组织常熟市闽南商会、常熟市印染商会和江苏迎阳无纺机械有限公司捐赠爱心包裹900只，折合人民币9万元。市工商联与杭州市上城区工商联共建"企推推"民企云上之家，助力企业文化传播和产品推广；与浙江省青田县工商联、杭州市上城区工商联、上海市黄浦区外滩街道商会结成友好商会。响应江苏省工商联"万企联万村 共走振兴路"活动，组织商会企业参加与泗洪、宿迁的对接会。举办苏州企业与古里、沙家浜2个镇6个村对接活动，组织市13家

8月25日，常熟市服务民企360第十期圆桌会议举行　（市工商联　提供）

商会与村同心联建，并参加苏州村企合作推进会。开展百企大走访及“民营企业服务月”活动，深入250多家企业，收集企业建议和诉求上百条，协调解决发展难题。

【“服务民企360”】 2020年，常熟市成立“服务民企360”主题活动领导小组，市领导任组长，由14个部门形成工作推进合力。在工商联设立“360”办公室，负责日常工作。3月，市工商联起草《倾听民企声音，同心赶拼超越“服务民企360”工作方案》，由市委、市政府出台，形成“实施三项制度、架设六座桥梁，实现对民企零距离服务”的新格局。不定期召开企业家圆桌会议，邀请市主要领导出席，组织政府相关部门负责人参与，倾听企业家意见诉求，协调解决民企发展难题。围绕“新经济、新业态、新一代”、产业链打造、助力“独角兽”企业成长、工业互联网、党建惠企等主题举办民营企业家圆桌会议（沙龙），全年举办12期，参加企业家130多人。建立“‘服务民企360’圆桌新经济群”等6个微信群，加强政策宣传，掌握企业诉求，并以一事一报原则，将民营企业有关信息直报市主要领导。全年信息直报共27期，通过苏州市工商联上报1期，并获得苏州市主要领导批示。启动涉企金融问题直报工作，同市地方金融监管局联合开展民营企业金融需求调查；轮流邀请骨干金融单位、投资机构参加“服务民企360”圆桌会议，助力金融服务与企业对接；与农行常熟分行党委开展党建惠企结对，集聚银行与商会资源，为商会企业服务。

【11家企业上榜“2020苏州民营企业100强”】 2020年苏州市工商联以2019年度营业收入总额在5亿元人民币（含）以上的私营企业、非公有制经济成分控股的有限责任公司和股份有限公司为对象，首次发布民营企业100强榜单。常熟市11家企业上榜2020苏州民营企业100强，分别为江苏中利控股集团有限公司、波司登股份有限公司、常熟市龙腾特种钢有限公司、江苏隆力奇集团有限公司、常熟市交电家电有限责任公司、江苏伟杰投资实业集团有限公司、江苏常铝股铝业集团股份有限公司、苏州中来光伏新材料股份有限公司、常熟风范电力设备股份有限公司、常熟开关制造有限公司（原常熟开关厂）、常熟市汽车饰件股份有限公司。　（吴学明）

责任编辑：陈炯明

群众团体

常熟市总工会

【概况】 2020年，常熟市新建独立工会100家，涵盖建会企业317家，其中规模以上企业67家，新增会员15000人。成立苏州地区首个项目工会——中建八局常熟卓越项目工会。制定下发“职工之家”阵地建设标准，建成沙家浜红石区域性“职工之家”、市家庭服务行业、风范电力、福斯特光伏材料、天银机电等一批“职工之家”；新建职工服务中心、站点13家。推进行业工会建设，出台《常熟市行业工会管理办法（试行）》，新建美发美容、装饰装潢、水产养殖等行业工会3家、商圈工会2家，承办苏州市区域性行业性工会建设现场推进会。结合星级企业工会评定工作，正式实施非公企业工会主席工作补贴制度。举办全市工会干部能力提升培训班3期、工会系统中青年骨干培训班2期。按上级要求向2150多家小微企业全额返还工会经费3380万元。推进市工人文化宫建设。建设“常熟工会”微信公众号，关注人数28.6万，列省总工会微信传播影响力第一名。年内组织开展“中国梦·劳动美”主题教育、职工阅读节、“网聚正能量、争做中国好网民”“我的臻文日记”征文等活动。

【劳动竞赛】 2020年，市总工会提请市委、市政府正式出台《新时代常熟产业工人队伍建设改革实施方案》，深化产业工人队伍建设。协调建立产改联席会议制度，构建党委统一领导、党政共同负责、工会主动推进、各方积极配合的产改工作格局，7月组织召开产改联席会议暨试点工作推进会，全面推进工作。开展主题立功竞赛，动员广大职工参加各类岗位练兵、技能比武活动。开展“安康杯”竞赛，参赛企业1669家，评选竞赛优胜企业20家，优胜班组22个，其中阿特斯公司被评为全国“安康杯”竞赛优胜企业。组织开展“安全隐患随手拍”、安全生产合理化建议征集、安全生产知识网上答题等活动，推进安全文化建设。与市人社局、市人才办等部门联合举办市职业技能竞赛，涵盖数控机床、电气装置、焊接等14个工种；会同供电公司、卫健委、交通局、教育局等单位开展行业技能竞赛13项。开展职工十佳科技创新成果、十佳先进操作法评比，命名常熟市职工科技创新成果40个、职工“五小”微创新成果50个、合理化建议“金点子”37个。

7月31日，2020年常熟市职业技能竞赛开幕　　（市总工会　提供）

【劳模管理】 2020年，市总工会命名常熟市“五一文明岗（班组）”50个、文明职工100名，评选命名2020年常熟市劳动模范101名、“常熟工匠”10名，新建常熟市劳模创新工作室17家、苏州市劳模创新工作室2家。组织劳模开展助力春耕、劳模护学等志愿服务100多次，参与服务500多人次。组织劳模先进、一线职工开展疗养休养1100多人次。

【职工维权】 2020年，市总工会推动

建会企业普遍开展工资集体协商，集体合同续签建制面、新签建制面分别保持在98%、95%以上。建立完善集体协商质效评估体系，推动集体协商提质增效。开展劳动关系和谐企业（园区）创建活动，培育市级达标企业720家。发挥“工会维权律师团”“工会法律志愿者服务队”作用，线上线下同步开展法律咨询、法律援助等服务，深入企业开展“以案说法”15场次，对13家建会民营企业开展“法治体检”，开展“七五”普法活动30多场次。做好职工群众信访工作，全年接待来信来访230人次。法人登记入库1600多家。开展夏季高温“三送”活动，慰问公交、建筑、环卫、邮政等一线职工4700多人。推动“安康驿站”建设向乡镇一线延伸，新建站点49家。推进劳动保护片区服务站建设，新建站点3家。结合疫情常态化防控开展企业劳动保护监督检查50多次，及时发现一批安全隐患。加强女职工权益保护，新建“妈妈驿站”18家，举办女职工微课堂3期。

【职工培训】 2020年，市总工会深化“培训送企业”活动，根据企业实际需求扩展优化培训内容，共设置7大类60多门课程，开展线下培训157场次、线上“云课堂”培训65场次。采用线上报名，线下培训的方式，开展中西式面点、花艺生活、抖音制作等才艺、技能培训177场次。

【职工帮扶】 2020年春节期间，市总工会走访慰问困难职工家庭71户，发放慰问金、慰问物资共计23.15万元；开展“金秋助学”活动，向54名困难职工家庭子女发放助学金、奖学金14.5万元；做好互助互济保障工作，向59名参保职工发放救助款95.2万元；发挥就业对解困脱困的关键作用，举办育婴师培训班和困难职工（子女）招聘专场。

【工会经费管理】 2020年，市总工会加大工会经费审计监督力度，对海虞镇、梅李镇等6个镇、街道总工会、47家基层工会开展经费审计，提出审计意见285条。落实作风建设“1+X”协调协同督查工作机制，在元旦、春节等重大节日期间，对21家基层工会经费管理、使用情况开展专项督查，上报问题线索3条。根据市纪委监委的监察建议，对职工学校工作人员职务犯罪案件暴露出的问题深入剖析原因，认真落实整改，全面开展廉政风险点排查，围绕规范财务管理和加强审计监督，修订出台各类规章制度14项。

【防疫专项服务】 2020年新冠疫情暴发后，市总工会制定出台《关于在打赢疫情防控阻击战中发挥工会组织重要作用的意见》《受疫情影响企业申请实行“综合计算工时工作制”履行民主程序的操作指南》等相关文件12个。依托“常熟工会”微信公众号，做好职工群众舆论引导和心理疏导工作，推送疫情防控信息50余条。举办线上招聘会43期，推出工作岗位851个。对复工企业开展疫情防控专项督查38次，检查企业200多家。开通“工会创业贷”线上申请、核准通道，向93家企业合计发放贷款3542万元。走访慰问防控人员、医护人员、一线职工2800多人次，发放慰问物资、慰问金共计90多万元。成立职工志愿服务队，结对43户援鄂医务人员家庭，开展“娘家人暖心关爱行动”。组织开展“五个一”困难职工防疫关爱行动，对困难职工发放疫情专项帮扶资金1.35万元。（顾　卓）

中国共产主义青年团常熟市委员会

【概　况】 2020年，常熟市发展团员2300名，至年末，全市共有团员43927名、基层团干部6652名。推进中学、中职、民办学校、非公企业团建工作，全年新增非公企业团组织560个；至年末全市基层团委数133个，基层团工委数11个，基层团总支数187个，基层团支部数2906个。团结文创企业和自媒体从业者、青年手工艺人，组建市新兴青年群体联盟。开展团员身份认定工作，建立团员发展与教育管理逐级督查机制。构建微信、微博、“苏青U+”等多位一体新媒体工作格局。年内，中国共产主义青年团常熟市委员会（以下简称团市委）获2019年度江苏省青年志愿服务行动组织奖、江苏希望工程“圆梦行动”15周年优秀组织奖、江苏省省级“青年学习社”。

【青少年思想引领】 2020年，团市委将“青年大学习”网上主题团课延伸到团支部，学习人数超38万人次。举办“绽放战疫青春 坚定制度自信”“虞城无诈”等主题团日活动，线下1200余人参与，线上超7万人次收看。从高校、机关等选聘讲师37人，成立虞青思政讲师团，全年组织宣讲40场次。开展“青春恳谈会”，全年举办5期。建设各级“青年学习社”48家，依托沙家浜红色文化资源，建设集授课、微话剧展示、农事体验等为一体的省级“青年学习社”体验式线路。紧扣五四运动101周年、少先队建队71周年等节点，开展“火红青春建功火红年代”“争做新时代好队员”等主题活动。开展“三新四创好青年”“最美中学生”“最美中职生”“两红两优”评选活动。联合市委办、市委组织部开展“三增三进”大调研、项目政策大解读、载体招商大推介、产业发展大研讨、营商服务大分享、大抓落实大宣讲等系列比赛。深化校地共青团合作，与常理工团委结对共建，14个乡镇、街道团组织与常理工二级学院团委结对共建，探索“一结对一项目”合作机制。

【青年人才培养】 2020年，团市委设立市高校青年人才驻校联谊会，实施市高校青年人才“虞城展翅”助力行动，深化高校毕业生就业创业帮扶行动。开展“岗位大练兵 目标大落实”市青年岗位创效大赛。推出青年人才“展翅十条”，为人才提供“虞见青春”攻略、优质岗位推荐、创业辅导培训、审批代办业务、金融授信服务、交

8月21日，青少年诵读学传活动暨"红色思政课堂"启动仪式在市党史馆举行（团市委　提供）

友联谊活动、产城融合体验、公益活动参与、心理及法律咨询、常态化联络机制搭建等10项服务。与其他部门联合开展"百企千岗·青春启航"高校毕业生就业帮扶、"青聚英才·圆梦常熟"青年创业帮扶及"校园苏州日"兰州大学、东北大学专场招聘活动等。

【青年干部培养】 2020年，团市委实施《2020年常熟市团干部教育培训实施方案》，分级分类举办团支部书记培训班、中学中职学校团委书记培训班等各类培训12次，参加培训1213人次。落实3名银行干部到团市委挂职工作。实施村党组织书记后备人才"海棠蓓蕾"培育工程，向党组织推荐优秀团干部，打造村党组织书记后备人才队伍。

【青年志愿服务】 2020年，团市委引导青年践行新时代文明实践，为2020年苏州（常熟）国际精英创业周、常熟尚湖半程马拉松、第五届常熟尚湖铁人三项赛等提供志愿服务1126人次，服务时长6700余小时。实施彩虹公益月项目，开展"蓝色四月"关爱自闭症儿童公益月、"青色七月"文化传承与发展公益月、"金色八月"精准扶贫公益月活动，累计开展20场公益活动，惠及2000余人。引领青年参与脱贫攻坚，发动社会力量参与对贵州思南东西协作，开展"常相思守"爱心支教活动，累计捐赠文具、生活用品、学费等20万元。围绕弱势群体关爱，建立青少年立体化关护格局，开展"暖冬行动"、重点青少年群体"成长护航工程"、"童享阳光"公益计划、"青暖童心"青少年关爱、"爱立方"公益大学等活动，累计帮扶各类青少年群体200人次。（叶　舟）

常熟市妇女联合会

【概况】 2020年，常熟市妇女联合会（以下简称市妇联）坚持以习近平新时代中国特色社会主义思想为指导，紧扣市委市政府中心工作，"服务助力、云端聚力、家风着力、保障给力、破难发力"，团结引领全市女性助推常熟高质量发展。年末，全市有镇、街道妇联14个，板块妇工委2个，市妇联直属系统妇联、妇委会（妇工委）21个。

【妇女思想引领】 2020年，市妇联举办中共十九届四中全会精神专题讲座，利用市妇女微信公众号、"Women+在你身边"等载体，依托沙家浜、支塘镇蒋巷村苏州市巾帼党性教育基地等女性新思想传播基地，打造"线上+线下"宣传、教育、服务妇女儿童大平台，开展"爱在心间　尺素传情"常熟市妇女干部"云"诵家书、"'学习强国'进家庭"等活动。开展"立足岗位，争做最美巾帼奋斗者"纪念"三八"国际妇女节110周年网络宣传系列活动，举办"火红年代巾帼心，争做最美奋斗者"巾帼风采展示、"同心抗疫　巾帼有为"系列活动。命名市"三八"红旗手（集体），发布"最美巾帼人物"，树立"在你身边"巾帼典型。王珍妮、苏洁获评江苏省三八红旗手。

【基层组织建设】 2020年，市妇联启动实施《常熟市妇联改革活力提升计划》，推进妇联改革。强化对镇妇联区域化建设的指导和督查，巩固村（社区）妇联组织建设。在新领域、新业态、新阶层、新群体中推进新兴领域妇联组织建设，全市共计完成245家。推动"妇女（儿童）之家"向各领域拓展，建立各具特色的妇女微家，开展"无'微'不至，虞'家'同行"新时代文明实践结对展示、市级示范"妇女微家"评选活动。年内全市新增"妇女微家"28家，累计建成106家。全面完成各乡镇、街道基层妇联执委培训工作，共计培训1533人次。举办市妇联干部增能训练营，提升妇联干部履职能力。拓宽优秀女性人才培养选拔渠道，加强女性村（社区）"两委"人才培养和储备。推进女性参选村（社区）"两委"工作，推动村（社区）党组织和村民（居民）委员会领导成员中至少各有1名女性委员等规划目标的实现。

【妇女儿童权益维护】 2020年，市妇联编印《常熟市妇儿维权案例口袋书》，以电子书和纸质书相结合的形式，提高妇女儿童的法律意识和自我维权能力。市妇联走进"政风行风热线"直播室，宣传相关法律法规。规范化管理市、镇（街道）、村（社区）三级婚姻家庭纠纷调解机构，开展婚姻家庭纠纷排查化解专项行动，以家庭平安促进社会和谐。全年接待各类来访、来信、来电29件，巾帼律师志愿服务团免费为19名妇女提供法律帮助。

【巾帼关爱奉献行动】 2020年，市妇联开展驰援武汉医务人员家庭“暖心关爱行动”，“一对一”结对关爱43户援助武汉医护人员家庭。开展“垃圾分类 巾帼先行”志愿服务活动，组建村（社区）垃圾分类巾帼先行队，按照“妇联干部+执委+巾帼志愿者+主妇”的网格化模式推进垃圾分类工作。举办“九十九载栉风沐雨 火红年代情系边海防”常熟妈妈双拥国防拓展行动，284对结对“母子”续写双拥共建新篇章。联合举办“相约星期六”尚湖交友嘉年华、“遇见未来 爱在滨江”第四届大型青年联欢节，为未婚青年搭建交流互动平台。张林宝、梅冬获评江苏省巾帼公益之星。

【妇儿民生实事】 2020年，市妇联做好妇女儿童“十三五”规划终期评估和妇女儿童“十四五”规划编制调研工作，督促推进妇女儿童8件实事项目，开展“六一”儿童节专题调研座谈、关爱贫困妇女“康乃馨”行动和“8·26”虞城妈妈爱心行动。全市累计新（改）建公共场所母婴室71家，制作发放《母婴室宣传册》，发布“母爱地图”，将母婴室建设成哺乳期妈妈“找得着、用得到、有保障”的私密空间。开展“关爱服务月”活动，常态化走访村妇代会老主任398人，送上价值97536元的慰问金和慰问品。

【巾帼建功】 2020年，市妇联鼓励女能手创建巾帼农业示范基地，推动特色产业、优势产业发展。年内新增江苏省巾帼示范精品民宿苏州蒋巷书苑酒店，新增常熟市级基地8个。举办女性人力资源线上招聘会，举办“打卡古城新地标 虞城巾帼嘉年华”活动，激发方塔商圈活力。评选市级优秀“巾帼文明岗”25个、市级“巾帼文明岗”51个，常熟文庙管理办公室获评江苏省巾帼文明岗。组织参加长三角三城女性创新创业大赛，“智小蜂”——智能无人清扫设备供应商项目获评“十佳”创新创业项目，常熟市妇联获评优秀组织奖。

【常熟女性论坛】 2020年，市妇联举办“赋能常熟高质量发展”2020常熟女性论坛。女企业家全力以“复”促发展专场，搭建政企对话直通车，助力复工复产；“巾帼显担当·岗位建新功”专场，聚焦“巾帼文明岗”集体巾帼建功新时代风采；“共绘巾帼同心圆·共谋国企新发展”市属国企专场，成立国有企业妇建共同体，激发国企女性积极性和创造力；“乡村振兴巾帼助力”专场，引领女性投身乡村振兴战略部署，谱写新时代常熟乡村振兴新篇章；常熟优秀女性进校园活动——“我的青春故事”梦想公开课，用优秀女性的奋斗精神和成功经验为大学生励志引航。

【家庭文明建设】 2020年，市妇联制订《常熟市深化家庭文明建设行动计划》，开展科学家教普及、家庭文化倡扬、文明家庭创建推进等行动。举办“童‘语’家风”家庭文化展演，通过诵读、舞蹈、戏剧等形式传播良好家风。组织“图说家风家训”学生漫画征集活动，获奖作品在微信公众号等平台展播，提升家风家训家教的知晓率和参与率。评选2020年常熟市“健康家庭”示范户及“健康家庭”。高耀兴家庭获评全国五好家庭，林雄家庭获评省书香家庭，徐晓佳家庭获评省抗疫最美家庭。 （谢 燕）

11月4日，“赋能常熟高质量发展”常熟优秀女性进校园活动在常熟理工学院举行 （市妇联 提供）

常熟市科学技术协会

【概况】 2020年，常熟市科学技术协会（以下简称市科协）举办常熟籍院士家乡行、欧美海智人才常熟行活动，促成中国原子能科学研究院与常熟荣瑞灭菌有限公司电子加速器合作引进项目、中科院上海光机所与江苏亨通海洋光网系统有限公司水下光通信合作项目落地。实施科普“123”助企行动计划，举办第28届科普宣传周、全国科技工作者日、全国科普日系列活动，推进新时代文明实践科技与科普服务平台建设等。市科协被江苏省人力资源和社会保障厅、江苏省科学技术协会表彰为“全省科协系统先进集体”，获2020年中国创新方法大赛江苏赛区决赛优秀组织奖、2020年长三角地区科普课件大赛优秀组织奖、2018—2019年度苏州市自然科学优秀学术论文评选工作优秀组织单位。江苏金龙科技股份有限公司科学技术协会获“2020年江苏省示范企业科协”，苏州英华特涡旋技术有限公司董事长陈毅敏获“苏州魅力科技人物”荣誉称号；有10个优秀科技人才分别在江苏省企业“创新达人”、苏州市科协青年人才托举工程中获得资助和表彰奖励。

【常熟籍院士家乡行】 于9月28日在常熟会议中心举行启动仪式，同时举办第六届常熟学术年会。范滇元、黄

7月31日，市科协2020年学会工作会议召开　　（市科协　提供）

崇祺、薛永祺、吕达仁、田禾、王建宇院士及其团队参加活动，常熟市委书记周勤第，苏州市科协党组书记、主席程波出席。会上向第四届常熟魅力科技人物及魅力科技团队、“十佳科技创新团队”“十佳科技创新标兵”颁发奖牌和证书，中科院上海技物所研究员张亮博士作《空间量子通信技术现状与发展趋势》主题报告。活动期间，还举行田禾院士与科技创新型企业圆桌会议，范滇元、黄崇祺院士企业行，薛永祺院士科普报告进校园，吕达仁院士励志科普报告会，王建宇院士考察沙家浜国家湿地公园，常熟精英联盟大会以及享通国际海洋产业发展战略研讨会等系列活动，当场促成签约项目1个。

【“建家群创”行动】 2020年，市科协实施助力产业转型提档升级，持续推进“建家群创”行动，新建企业科协16家、企业科技人员之家10家。表彰2019年度科技人员创新行动“十佳”科技创新团队、“十佳”科技创新标兵、10个“双十佳”提名项目、5个“优秀组织奖”。兑付2019年度常熟市企业科协科技创新券C券，共计90万元，惠及企业23家。组织企业申报2020年度科技人员创新行动项目435个，开展2020年度常熟市企业科协科技创新券C券申领，向17家企业共计发放100万元，其中协同创新类87万元。组织5家企业代表队参加中国创新方法大赛，获一等奖2个、二等奖2个、三等奖1个，常熟市科协获优秀组织奖。组织9家企业参加第五届江苏省科协青年会员创新创业大赛，获二等奖2个、三等奖2个、优秀奖1个。

【欧美海智人才常熟行】 7月28日，由江苏省国际科技交流与合作中心、常熟经开区、市科协、市科创园管理服务中心联合举办的“智惠常熟·共享未来”欧美海智人才常熟行国际视频专场对接会分别在中国常熟、南京，以及加拿大3个线上会场同时举行。加拿大朗博孵化器组织的FVS智能视觉增强系统、基于云端运营的带微网操控的双重均衡先进储能系统等5个项目分别进行路演，并与常熟会场的招才引智负责人进行提问交流。9月18日，市科协会同江苏省国际科技交流与合作中心、江苏省学会服务中心、市人才办在常熟国际饭店举办以“智惠常熟·共创未来”为主题的2020年欧美海智人才常熟行暨信息技术项目专场对接会，邀请海外嘉宾5名，路演项目4个，洽谈项目21个，签约落地项目3个。

【学会建设】 2020年，市科协继续实施学会科技创新服务能力提升计划项目，全年共申报项目26个，资助学会提升能力项目11个，学会软课题研究项目11个。制定出台《常熟市自然科学优秀学术论文评选办法》，组织开展2018—2019年度常熟市自然科学优秀学术论文评选，有286篇论文参评，有90篇论文获奖，其中特等奖4篇、一等奖9篇、二等奖22篇、三等奖55篇，以及8篇抗击新冠疫情科研成果文章获得常熟市政府表彰。有118篇论文推荐参加苏州市自然科学优秀学术论文评选，13篇获表彰。　（吴圣华）

常熟市文学艺术界联合会

【概况】 2020年，常熟市文学艺术界联合会（以下简称市文联）履行“举旗帜、聚民心、育新人、兴文化、展形象”使命，强化履职尽责，服务全市大局，推出优秀作品与优秀人才，推动文艺事业发展。召开九届四次全委会，选举梁盾任市九届文联主席，并增补5名文联委员。至年底，共有市级会员2160名，其中国家级会员134名、省级会员319名、苏州市级会员288名。出刊发行《常熟田》6期，为广大文艺爱好者搭建创作平台。正式上线“常熟市文学艺术界联合会”微信公众号，全年推送信息108条。通过微信公众号、《常熟日报》“常熟文联”专版报道重要文艺活动、获奖成果、优秀会员专访等，展示基层工作特色。举办2020年常熟市文艺家读书班，加强文艺人才队伍建设。联合碧溪街道文联打造创作实践基地。

【“小康路上”四地美书摄作品联展】 6月23日，由江苏常熟、江苏泗洪、贵州思南、宁夏青铜峡四地文联共同举办的2020“小康路上”——常熟、泗洪、思南、青铜峡美术书法摄影作品联展在常熟美术馆开幕。苏州市文联领导和四地领导及美术、书法、摄影协会与参展作者出席开幕式。展览汇集四地文联选送的120件文艺精品，全方位、多视角展现四地“小康路上”的灿烂与辉煌。7月29日、9月2日、9月28日，展览分别在思南、青铜峡、泗洪举办巡展。

【“千村美居”主题摄影展】 9月18日，由常熟市委宣传部、江苏省摄影家协会主办，常熟市文联、苏州市摄影家协会、常熟市农业农村局、中共常熟市海虞镇委员会承办，常熟市摄影家协会协办的2020常熟市“千村美居”主题摄影展赛开幕式在海虞镇新峰美术馆开幕。中国摄协理事、江苏省摄影家协会主席许益民等领导，获奖作者及摄影爱好者参加。此次活动展出的作品题材广泛，风格迥异，生动反映“千村美居”工程推进下农村人居环境建设带来的新面貌、新变化，展现农村美好人居环境和农民幸福生活的真实图景。

【中国评弹名家演唱会】 10月24日，由中共常熟市委宣传部、常熟市文联共同举办的“中国评弹名家演唱会”在常熟保利大剧院举行。盛小云、金丽生、陆建华等20多名国家一级演员、中国曲艺牡丹奖获得者登台演出。活动吸引常熟和上海、南京、苏州、无锡、浙江等地的评弹迷。此次演唱会首次尝试付费直播的模式，由市融媒体中心进行网络同步直播，点击量超过7万人次。

【第二届常熟市文学艺术奖】 2020年，根据《常熟市文学艺术奖评选奖励办法》（常政办发〔2016〕228号）和《常熟市第二届文学艺术奖评奖实施细则》精神，第二届文艺奖评奖于7月启动，共收到参评作品76件，涵盖文学类、美术类、书法类、摄影类、音乐类、舞蹈类、戏剧类、曲艺类、民间文艺类、影视剧类、文艺理论类等文艺门类。经申报推荐、专家评审、评审委员成员评审和社会公示等程序，最终评出二等奖10件、三等奖16件、入围作品11件。

【文艺志愿服务】 年初，市文联组织书画家到古里、辛庄、支塘、东南街道、等地及政法系统单位开展10余场“春联送万家”主题服务活动。3月13日，与市委宣传部、市文联与市委宣传部联合主办举办“致敬白衣勇士”书画捐赠活动，将征集到的13件美术作品、12件书法作品捐赠给市第一人民医院、市第二人民医院和市中医院。5月30日，联合江苏省书法家协会、苏州市书法家协会、市新时代文明实践中心办公室共同举办“文艺进万家 健康你我他”文艺志愿服务主题活动，推进文艺事业繁荣发展和文联工作改革创新。

表3　　2020年常熟市文联参与的书画展览一览表

开幕时间	地　点	展览名称	主办单位
6月25日	常熟市文化馆	“咱们工人有力量”——庆祝建党99周年美术精品展	常熟市文联、常熟市总工会
7月17日	常熟美术馆	心归吴越——长三角地区三地书法联展	常熟市文联、平湖市文联、金山区文联
8月16日	杭州市余杭区文化艺术交流中心	“樵下问道”——“元四家”故里中国画作品邀请展	杭州市余杭区文联、杭州市富阳区文联、常熟市文联、嘉善县文联、平阳县文联、无锡市锡山区文体旅游局
9月12日	市文化馆	首届“张旭杯”常熟市青少年书法大赛颁奖会暨作品展	中共常熟市委宣传部、常熟市文联、常熟市教育局、常熟市虞山文化旅游度假区
10月30日	苏州美术馆	“守望虞山”——新时代常熟绘画作品展	常熟市委宣传部、常熟市文广旅局、常熟市文联
12月8日	曾赵园	2020年度常熟市青少年书画等级考试优秀作品展	常熟市文联

（张妍红）

常熟市归国华侨联合会

【概况】 2020年，常熟市归国华侨联合会（以下简称市侨联）履行服务经济发展、依法维护侨益、拓展海外联谊、积极参政议政、弘扬中华文化、参与社会建设工作职能，打造区域侨胞之家，推广“侨爱四季工作法”，形成“乐和琴川”“芦韵暖侨”等为侨服务特色品牌。全年走访慰问归侨侨眷、重点侨界人士200多人次、侨资侨属企业50多家，接待海内外华侨华人100多人次。参与和举办引资引智活动4场次。指导3家基层侨联完成换届工作，建成8家双“五有”基层侨联组织。组织政协侨界委员在市政协十四届四次会议上提交提案14件。组织开展全市“侨界文化月”“侨法宣传月”活动计29场。推进2家华侨文化交流基地提档升级，翁同龢纪念馆被确认为“中国华侨国际文化交流基地”，王淦昌故居被确认为“江苏省华侨文化交流基地”。新增常熟纺织服装产业展示馆和碧溪之路展览馆2家“苏州市华侨文化交流基地”。全市海内外侨界累计捐赠物资价值近400万元，其中口罩、手套、防护服等医用物资48万余件。常熟市侨联被命名为苏州市五星侨联组织。

【思想引领】 2020年，市侨联举办学习中共十九届五中全会精神宣讲侨界专场报告会、习近平总书记关于侨务工作重要论述和全面推进依法治国专题学习讲座。组织全市侨界群众学习习近平总书记考察汕头市重要讲话精神，并在“常熟侨”微信平台推送。开展“逐梦新时代 侨界在行动”常熟侨界人物故事宣讲会，讲述10名侨界先进典型的生动事迹。向海内外常熟籍侨胞征集抗疫图片资料近200幅，在市图书馆举办“守护——常熟海内外侨界抗疫纪实图片展”，出版《常熟海内外侨界抗疫纪实图片集》，弘扬常熟侨界抗疫精神。引导基层侨联开展“谈家乡变化 话最美乡愁”“重温中国女排精神 凝聚侨界爱国力量”“共话桑梓情·同圆小康梦”等活动。推出侨文化基地开放月活动，组织开展侨界人士“走进基地 感知家乡 凝聚力量”主题活动，参与人数近千人次。

【服务发展】 2020年，市侨联举办“智惠常熟 云聚昆承”海外人才项目“云路演”活动，通过视频会议形式与海外优质项目对接交流。承办“创青春——江苏侨界青年双创发展分享”交流实践活动，苏南地区50名侨界青年精英集聚常熟，分享“大众创业、万众创新”的体会和经验。接轨上海，在吴淞口创业园举办“沪虞畅行 常创常新”海外高层次人才对接交流会暨硬科技加速项目路演活动，邀请50多名海外人才、10多家投资机构参加活动，促成意向落户签约项目4个。联系常熟精英创业联盟美国、欧洲、澳大利亚、日韩和“一带一路”5大海外分区，对接京、沪、宁等地常熟籍精英，邀请省、苏州市侨商会重点侨商参加第二届常熟精英创业联盟大会，助力全市招商引资。做好常熟投资环境推介和项目跟踪服务，促成雅博尼西医疗、恒瑞碳纤维航空部件、啸峰环保科技、海智研实业等在常熟投资和增资项目。

【侨商会成立】 9月27日，常熟侨商会成立大会在常熟会议中心举行，省侨联、苏州市侨联、苏州市侨商会、市委统战部、市政协相关领导，友好侨商会领导和70多名侨商代表出席会议。会议审议通过侨商会章程，选举产生侨商会理事会、监事会领导班子，市海虞橡胶有限公司董事长孟学军当选会长。侨商会与美国、西班牙、意大利、泰国等5家侨商组织签署合作框架协议，与中国工商银行常熟支行签订战略合作协议，聘请8名律师专家担任法律顾问。 （季玉萍）

常熟市残疾人联合会

【概况】 2020年，常熟市残疾人联合会（以下简称市残联）推进残疾人社区康复服务示范点建设，完成海虞镇海福新城、尚湖镇湖庄村残疾人社区康复示范点改造提升任务。新建“残疾人之家”3家；建成23个辅具免费借用点，配发辅具1200多件，开展社区基本辅助器具免费租借服务，为广大残疾人和社区老年人提供便捷服务；完成对41户贫困残疾人家庭厨房、卫生间幸福亮居工程及无障碍改造项目。出台《关于印发常熟市残疾评定工作规范的通知》《常熟市残疾人证换证管理细则》，截至12月31日，常熟市共有持证残疾人19337人，其中肢体残疾8603人、视力残疾1978人、听力残疾677人、言语残疾62人、精神残疾3634人、智力残疾3226人、多重残疾1157人。参与苏州市第十五届运动会残疾人组暨苏州市第七届残疾人运动会，常熟市获得奖牌总数列苏州各市区第一名。

【残疾人生活救助】 2020年，市残联为5747名困难残疾人发放各类生活救助金3570.08万元，为7357名重残人员发放重残护理补贴888.28万元。357名低保、低保边缘及低收入家庭中的无业重残人员享受108万元社保补贴，残疾人免费乘坐市内公交和镇村公交达100万人次，为330名聋人发放手机短信补贴12万元，为170名残疾人发放机动轮椅燃油补贴4.42万元，为56名残疾学生发放教育补贴10.1万元，为19名自主创业残疾人发放创业补贴5.7万元，为7427名就业年龄段的残疾人办理团体意外伤害保险，共计26.2万元。

【残疾人就业】 2020年，根据省残联克服疫情影响促进残疾人就业工作会议要求，市残联组织10家企业参加由苏州市残联主办的“北翼空间联盟”残疾人线上招聘会。全年共举办6场残疾人就业招聘会，累计提供160个残疾人就业岗位，120名残疾人与用人单位达成就业意向，全年新增残疾人就业45人。在9个乡镇及2个开发区设立13个审核点，对全市安排有残疾人就业的企业进行集中年审，共年审用人单位1501家，年审就业残疾人3330人。

【残疾人创业就业培训】 2020年，董浜镇徐建明蔬菜基地被授予“董浜残疾人创业就业孵化基地”称号，以创业带动就业。常熟（中国）服装城党群服务中心成立残疾人创业就业孵化基地，为残疾人提供心理疏导、电商培训、创业孵化、党群服务等一站式服务。组织8名残疾人参加省残联组织的线上电商培训班、全省互联网+非遗传承线上培训班。全年培训232人，其中新增培训136人，完成苏州和省实名制就业培训目标任务。全市“残疾人之家”有267名残疾人参加辅助性就业，就业项目包括制作医用识别条、制作首饰包装盒、服装标牌加工等。举办常熟市残疾人自主创业和电商培训班，29名有创业愿望的残疾人参加培训，培训内容主要包括创业步骤、创业经验、电商直播技巧等。

【残疾人职业技能竞赛】 8月27日，常熟市8名选手参加苏州市残疾人职业技能大赛，获得团体总分第三名。9月7日，常熟市举办常熟市残疾人职业技能大赛，设绘画、电子商务、钩针编织、手工编织、化妆、盲人保健按摩、插花、摄影、西式面点9个竞赛项目，各镇（街道）13个代表队109名残疾人选手参赛。

【康复服务】 2020年，市残联完善残疾儿童康复救助制度，对残疾儿童康复补助政策“提标扩面”，提高7到14周岁残疾儿童、14周岁以上18周岁以下残疾未成年人康复补助标准。全市有187名孤独症、智力等类别残疾儿童在机构康复训练；假肢矫形器适配服务33人，助听器适配12人，人工耳蜗适配安装服务4人，辅助器具适配服务1489人。为镇（街道）残疾人照料中心（社区康复服务室）提供社区康复器材17套；为700多名贫困精神病人提供免费服药服务；为200多名重性精神病人发放住院补贴70万元。

【助残日主题活动】 5月16日，常熟市第三十次“全国助残日”主题活动在常熟企业服务产业园举行，“常熟市辅助性就业资源中心”“常熟融合教育协会”“常熟市第三人民医院爱心工坊”“常熟市残疾人综合展能示范点”等项目揭牌。同时举行“幸福亮居”工程、“爱心大联盟”阳光助残行动定向认捐暨市残联与上海银行党建结对共建，市残联与常熟理工学院合作框架协议以及“爱洒无声 情暖琴川”手语助残志愿服务3个项目的签约仪式。

（高继军）

常熟市红十字会

【概况】 2020年常熟市红十字会（以下简称市红十字会）统筹推进疫情防控工作，1月29日通过“常熟市红十字会”微信公众号、官方网站向社会发布接收捐赠公告，共接受社会各界疫情防控捐赠款物921.47万元，其中，捐款1719笔计385.95万元，物资93批次价值535.52万元。制定下发《常熟市红十字会改革实施方案》，提出7个方面24条改革措施。市红十字会举办第28届造血干细胞志愿捐献者集中血液采样活动，全市新增268人加入中华骨髓库。志愿者何洁于1月13日成功捐献造血干细胞，是江苏省第800例非血缘造血干细胞捐献者。拍摄江苏省“最美红十字人”——献血状元刘渝事迹宣传视频，在常熟电视台、“学习强国”苏州学习平台等媒体播放宣传。组织开展“红十字博爱周”系列活动和“世界急救日”系列活动，向全市各镇（街道）新时代文明实践点赠送急救箱。

【人道救助】 2020年，市红十字会共接受社会捐赠款物1006.03万元，发放救助款物1016.97万元。实施红十字“博爱送万家”活动，发放各类扶贫帮困资金、慰问物资53.7万元，受益群众3200多户。发放“小天使关爱基金”“徐婷博爱助医项目”6.8万元，救助4人。扩大爱心助学覆盖面，新设“玉蕙博爱助学金”，每年发放5万元，资助苏州卫生职业技术学院口腔专业品学兼优学生。发放“常熟开关博爱助学基金”“蓓蕾博爱助学基金”专项助学基金22.8万元，惠及城乡243名学子。助力东西部扶贫帮困工作，继续做好与四川内江东兴区、绵竹市土门镇、贵州省思南县贫困家庭学生结对助学，全年发放助学金14.8万元，资助98名学生。市红十字会获第四届“常熟慈善奖”最具影响力公益慈善组织称号、东西部扶贫协作助学项目获最具影响力公益慈善项目称号。

【应急救护培训】 2020年，市红十字会实施的“开展公益性应急救护培训18000人”项目纳入市政府民生实事项目。依托微信小程序开发线上培训功能，构建线上、线下立体培训体系，提升救护培训效率和便利性。全年开展救护培训169期，完成初级救护员和普及性救护培训2.16万人。依托市红十字会应急救护培训基地，深入各镇（街道）新时代文明实践活动所（站），开展“关爱生命，救在身边”——市民应急救护公益讲堂，全年开展公益讲座27期，培训972人次。选派15人参加省红十字会救护师资初训并取得省级救护师资证书，选派3名参加复训。3名培训师被苏州市红十字会评定为三星级应急救护培训师。组织开展救护培训师资教学微视频评比活动。

【青少年红十字活动】 2020年，市红十字会联合市教育局举行红十字手抄报比赛，收到作品409份，评出124份获奖作品，编印成册。组织开展暑期“生存·拓展”青少年红十字主题夏令营活动。利用暑期军训，组织全市高一新生参加应急救护培训，并开展全市高一新生应急救护知识与技能演练比赛，常熟市中学获一等奖。指导常熟理工学院红十字会开展“博爱青春”志愿服务活动，在大学生群体中弘扬“人道、博爱、奉献”的红十字精神，开展应急救护知识宣传普及、博爱家园服务，走进居家养老服务中心、敬老院等开展为老志愿服务。

【红十字基层组织建设】 2020年，市红十字会在沙家浜风景区建设红十字救护站，6月通过省红十字会验收，7月初启用。成立景区红十字救护队，对景区工作人员开展游客救护、突发事件应急处置、水上应急救援演练、安全保障等培训活动。组建红十字救援队，与市应急管理局签订防灾减灾救灾联动合作协议，建立联动机制，融入全市应急救援和防灾减灾救灾体系。新建常福街道景泰社区博爱家园、支塘镇何市社区荷桂博爱家园、尚湖镇博爱家园、沙家浜镇唐市社区语溪博爱家园4家博爱家园，全市累计建成博爱家园10家。琴川街道颜北社区被中国红十字会总会评为全国红十字模范单位。虞山街道甬江社区博爱家园被江苏省红十字会评为优秀博爱家园。

【遗体捐献】 2020年，常熟市报名遗体（器官、角膜）捐献49人，实现遗体捐献8例、器官捐献3例、角膜捐献3例。市红十字会实施“熠熠耆辉，携爱远行”高龄捐遗志愿者关爱服务项目。支塘镇何市社区“志愿捐遗第一村”被评选为2020年度常熟市优秀移风易俗案例。在虞山思亲苑启动遗体器官捐献纪念园建设。 （张承欢）

责任编辑：陈炯明

法 治

政法委及综治

【概况】 2020年，市委政法委创新举措狠抓责任落实，出台《关于建立风险防控四项机制的实施办法》，制定《风险研判成员单位工作职责清单》《风险防控协调机制工作内容和责任分工清单》，建立完善风险防控研判、评估、协同、责任四项机制。开展“排风险、建清单、除隐患、保稳定”和社会矛盾大排查大化解“9455”专项行动，推进“雪亮工程”、护路护线、心理服务平台建设、扫黑除恶等工作，启动市域社会治理现代化建设，做好重要节点安保维稳工作，取得疫情防控和服务保障“双胜利”，为实现“三增三进”目标提供坚强法治保障。制定出台《常熟市推进市域社会治理现代化实施方案》和三年行动计划，确定常熟市域社会治理现代化“四条展示线路”（红色沙家浜展示线路、海虞先锋展示线路、虞山尚法展示线路、美丽乡村展示线路）、“数字门牌”“安居超市”“普法先进县市”、社区治理“1+9”、“虞城无诈”“五个特色指引”等个性化特色项目，探索具有常熟特色的市域社会治理新模式。加强重点地区和突出问题整治，2020年苏州市社会治安挂牌整治地区——尚湖中央花园通过苏州市委政法委验收。实现全市刑事案件发案数“十三连降”，公正司法满意率位列苏州第一。

【网格化社会治理】 2020年，常熟市坚持和完善“大数据+网格化+铁脚板”治理机制，紧扣平安稳定主责和服务群众主业，不断深化和完善社会治理网格化联动机制建设。坚持党建引领社会治理，实现网格党建覆盖率100%；科学划分网格，三级网格由1561个调整到1231个；加强网格力量配备，实现网格员配备“一格一员”；坚持信息化支撑社会治理，紧扣市委市政府以及网格化工作重点，上线美居村庄、入户走访、关爱关注人员走访等新功能；加强数据融合共享，对接市公安局电子门牌、人口库数据，建立基础数据动态更新机制，提升共享数据活力。制定《常熟市专职网格员工作职责（试行）》《常熟市网格化移动终端使用管理规定（试行）》等文件，修订《常熟市综合网格巡查问题清单（试行）》，梳理164个小类社会治理问题，明确20项即巡即办问题。制定《常熟市网格规范达标率检测评价办法（试行）》，加强考核监督。聚焦重点工作，拓展网格要素，逐步将美居村庄、人民调解、失信人员、烟草巡查、关爱关注人员服务管理、非法金融、扫黑除恶、“安居超市”、民生服务、文明城市创建、“233”专项行动等社会治理要素融入网格，提升社会综合治理精细化水平。

【社会心理服务体系建设】 2月27日，常熟市成立市社会心理服务体系建设试点工作领导小组、工作小组及信息联络员小组，出台《常熟市社会心理服务三级平台建设实施方案》，组织沙家浜镇、辛庄镇、尚湖镇、东南街道等板块先行先试，截至2020年年底，全市共建成镇（街道）心理服务站14个，村（社区）心理咨询室246个。其中，东南街道、虞山街道先行探索与第三方组织签订协议购买服务，在辖区内开展心理沙龙、心理讲座、一对一心理咨询等系列活动。

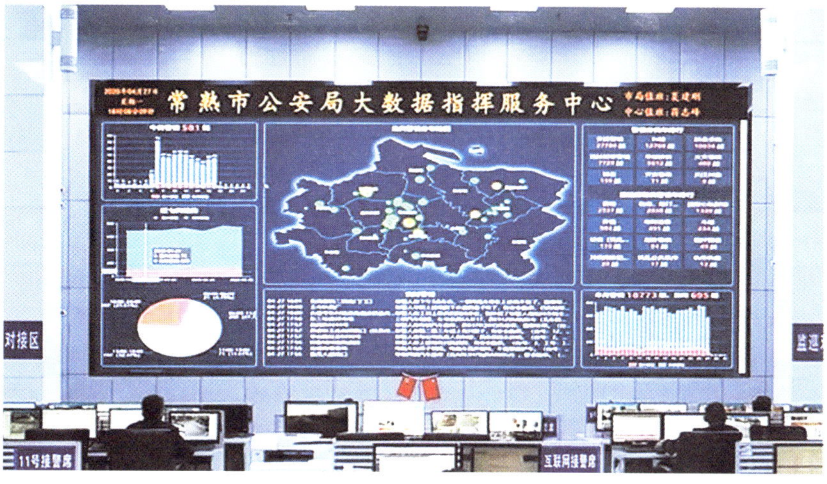

市公安局大数据指挥服务中心 （市融媒体中心 提供）

【智慧社区（小区）建设试点】 2020年，根据省“雪亮技防工程”建设要求，常熟市大力推动智慧小区项目先行试点。确定沙家浜镇万丰家园、琴川街道阜湖苑、海虞镇工业园区、辛庄镇阳光丽苑、古里镇铁琴花园5处外来人员多、人口登记率低、技防设施陈旧的小区（工业区）作为试点。市委政法委会同市公安局以省“雪亮技防工程”建设标准为蓝本，根据常熟特点制定建设标准，实行建设方案论证备案和项目验收制度，通过安装高清抓拍、人脸识别、车辆道闸、数据采集、身份认证等系统设备，达到数字化处理、智能化应用等功能目的。

（马芯怡）

【“扫黑除恶”专项斗争】 年内，常熟市紧扣“六清”目标，共摧毁黑社会性质组织2个、恶势力犯罪集团3个、恶势力犯罪团伙4个，破获九类涉恶案件1205起，抓获犯罪嫌疑人1257人。7月31日，全市“扫黑除恶”专项斗争重点工作推进会暨“无黑”城市创建试点工作会议召开，会议明确要将“无黑”城市创建试点工作和市域社会治理现代化结合起来，全区域，全方位推进扫黑除恶专项斗争。常熟市成为苏州市唯一一家公安、法院、检察、纪检监察全部获评苏州市扫黑除恶“优秀办案团队”的县（市、区）。

（马芯怡　蒋国栋）

【沪苏通铁路防控体系建设】 围绕技防、人防、物防三个维度，常熟市全力打造沪苏通铁路常熟段立体化防控体系。新建支塘、古里护路联防工作站，打造沪苏通铁路常熟段沿线智能化管控系统对常熟境内铁路区段进行全覆盖，并建立常熟站、古里、支塘3个控制中心。专门成立常熟市铁路护路联防大队，加强队伍规范化管理，制定《常熟铁路护路巡防队员管理制度》，多次组织开展护路联防队员业务培训和铁路沿线基础信息采集、安全隐患排查等专项工作，开展“爱路护路”宣传。2020年，完成国庆、进博会等大型铁路护路安保活动。

【社会稳定风险评估】 2020年，常熟市完成240个社会稳定风险评估项目（简称稳评项目），发放问卷19000余份，走访3700余人，召开群众座谈会212场次、专家评审会71场（140次），排查化解矛盾160起，帮助群众解决实际困难156个。240个稳评项目中第三方稳评机构完成197个，占总数的82%。7月初，常熟市对原有的稳评专家库重新进行梳理、调整、完善，并于7月20日下发了《关于调整常熟市社会稳定风险评估专家库名单的通知》。

【市法学会】 10月26日，市法学会召开第五次会员代表大会，会议审议通过市法学会第四届理事会工作报告，并选举产生第五届理事会及领导班子，市委副书记、政法委书记沈晓东当选为新一届理事会会长。年内，市法学会发展个人会员128名，团体会员4家。截至2020年年底，共有在册个人会员347名，团体会员4家。会员队伍中本科以上学历283人，占比超过81%，研究生以上学历85人，占比24%；45周岁以下会员占比超过80%。会员队伍日趋高学历化、年轻化。

（马芯怡）

【“虞城无诈”专项行动】 2020年，市公安局牵头开展全市“虞城无诈”专项行动。全年破获电信网络诈骗案件524起，比上年上升91.24%，冻结银行账户9449个，冻结第三方账户21个，冻结金额22014.8万元；操作资金返还共计37个账户，返还金额共计132.1万元，追赃金额281.5万元，合计挽损413.6万元。制作防诈骗短视频34部，组织防范电信网络诈骗专题培训6次，线下宣讲、表演52次，开展防诈骗快闪活动1次，共惠及7500余人；借助抖音平台，举办“虞城无诈”短视频大赛；在“常熟零距离”设立“虞城无诈”板块，发起有奖问答活动，推送反诈文章及视频51次；依托前沿技术反制手段对全市潜在电信网络诈骗受害人进行精准预警并及时劝阻，拨打预警劝阻电话1794个，发现并成功劝阻正在被骗的受害人33人，为群众挽回经济损失33万元。市人民检察院批准逮捕电信网络诈骗犯罪48件69人，起诉100件199人。市人民法院审结电信网络诈骗和妨害信用卡管理犯罪案件96件，1案例入选“江苏法院电信网络诈骗犯罪典型案例”。

（范烜奇　蒋国栋　韩　丹）

法治政府建设

【概况】 2020年，常熟市规范政府重大行政决策运行，4件重大决策项目经常务会议审议通过列入年度目录管理并对外公布。全年共受理行政复议案件58件，办理市政府行政诉讼案件39件，审结的行政诉讼案件无一件败诉。深化涉企免罚清单运用，全市各行政执法机关依据免罚轻罚工作要求，共办理不予行政处罚案件481件，涉及金额1754万余元；办理减轻处罚案件95件，涉及金额1071万余元；办理从轻处罚案件180件，涉及金额679万余元。在司法局设置综合执法指导科，负责全市执法工作的指导、协调、监督和考核工作。创新探索综合执法与司法行政共融共享机制，各镇（街道）综合执法局全年办结各类行政处罚案件18730件，收缴罚没款3342万元。

【法治建设】 2020年，常熟市召开全面依法治市委员会第三次会议，明确年度法治建设工作目标。成立“补短板、强弱项”专项活动领导小组，围绕7个方面重点内容确定18项问题清单。制作法治建设“互联网+”、党政主要负责人履行推进法治建设第一责任人职责和江苏法治环境指数“三张清单”，厘清各镇（街道）、市机关各部门法治建设责任。对法治江苏、法治苏州“互联网+”监测评价和党政主要负责人履行法治建设第一责任人职责清单考核内容进行任务分解，明确上报内容和上报时间。同时，建立完善法治建设工作督察制度，提升法治政府满意度。开展党政主要负责人履行推进法治建设第一责任人职责专项督察。规范政府重大行政决策运行，4件重大决策项目经市政府常务会议审议通过，列入年度目录管理并对外公布。打造阳光复议品牌，有效监督和保障行政机关依法行政。探索实践“准复议式执法监督”，提升乡镇法制审核能力和执法规范化建设。

【规范性文件清理】 2020年，市司法局对全市现行有效行政规范性文件开展全面清理，牵头开展营商环境、野生动物保护、工程建设项目审批制度改革、民法典涉及行政规范性文件、配合市场监管局开展妨碍统一市场和公平竞争政策措施共5轮专项清理工作。清理汇总结果向全市各部门广泛征求意见后提交市政府进行审议，共废止市政府规范性文件14件。

【法治政府建设暨争创“七五”普法全国先进部署会】 4月26日，常熟市召开全市法治政府建设暨争创“七五”普法全国先进部署会，部署2020年度法治政府建设和“七五”普法全国先进争创工作，为服务高质量发展营造良好的法治环境，实现全国普法先进“七连冠”的目标。市委副书记、市长焦亚飞出席会议并讲话，市委副书记、政法委书记沈晓东主持会议，副市长、公安局局长吴建伟等出席会议。

【《常熟市法治政府建设状况报告(2015—2019年)》】 12月1日，常熟市举办《常熟市法治政府建设状况报告(2015—2019年)》(以下简称《报告》)新闻发布会，副市长吴建伟出席。发布会通报《报告》编纂情况及主要内容。《报告》从法治政府建设的组织保障机制、依法全面履行政府职能、依法行政制度建设、行政决策、行政执法、行政权力监督、社会矛盾化解等7方面，对法治政府建设工作情况进行全面总结，用大量的数据和实例，全面呈现常熟市法治政府建设状况和特色亮点。 (陈 励)

公 安

【概况】 2020年，常熟市不断提升公安机关维护安全稳定、应对突发事件的能力水平，群众安全感和满意度分别达到97.65%和99.48%。全市刑事案件发案数实现“十三”连降，从最高峰时的2.21万起下降到2020年的7292起，总体降幅达67%。刑事破案率实现“十连升”，现行命案保持全破，重大刑事案件破案率达97.25%。外来人员信息采集登记率保持在97%以上，准确率达到97.32%。推进“数字门牌”系统建设，绑定实有房屋50.7万户、实有单位12.4万家、实有人员191.1万人。持续推动“三合一”和群租房消防隐患专项整治各项工作，2020年全市火灾事故实现比上年下降56.63%，其中“331”(指“三合一”场所、出租房或群租房和电动自行车等3类突出火灾隐患；对照执行任务清单、履职清单和追责清单3张清单；专项行动100天)范围火灾事故14起，比上年下降66.67%，全年实现火灾事故零亡人。“安居超市”平台内14.7万余户出租房屋合规备案率稳定在99%左右，合规改造率位居苏州大市前列。全市高清监控达到4.5万路，高清车辆抓拍点3000余个，治安监控覆盖率达到城区每平方千米90套、农村每平方千米55套。成立城铁机动中队、优化卡口防线，不断提高路面见警率、管事率。按照“三道防线”总体布局，在进出县境的14个交通“卡喉”部位、进出主城区19个必经路口设立固定治安堵截卡点，部署警力24小时定点值守，同时在环乡镇各重要路段设立39个非常设流动治安堵截卡点。不断建强巡特警专业队伍，围绕主城区40个网格单位，开展24小时不间断路面巡逻，并严格执行路面检查盘查。全局社区民警、警辅人手一部警务通深入社区开展信息化作业，全局警务通多项工作数据保持大市领先。以疫情防控工作为主线，严控各类大型活动，加强活动现场周边秩序疏导，完成全国两会、上海进博会、中共十九届五中全会、2020常熟尚湖国际铁人三项比赛、2020常熟国际半程马拉松等多项大型活动赛事和大型会议安保工作。

【刑事案件侦破】 2020年，全市立刑侦类刑事案件7292起，破案3076起，破案率为42.18%，立案比上年7426起下降1.8%，破案率比上年上升1.19%；刑侦类刑事拘留918人、直接取保602人，刑事强制措施比上年上升52.49%，其中检察院提起公诉

7月1日，常熟站正式投用，市公安局警力在车站地区常态化开展武装巡逻，维护社会治安 (市公安局 提供)

1187人，比上年1475人下降19.53%，侵财公诉700人，比上年779人下降10.14%。抓获网上在逃人员731人，比上年上升92.88%。严厉打击暴力犯罪活动，重大刑事案件立182起，破177起，破案率近98%，“两抢”案件立14起，破14起，破案率为100%。

【社会治安管理】2020年，市公安局搜集各类不安定因素信息130余条，涉及不安定因素20余项，调查落地300余人，处置发布网上谣言、传播淫秽视频等违法行为人94名。查处网络水军案件1起，查获对象6人，采取刑事强制措施2人，批评教育4人。全年侦破治安类刑事案件116起，刑拘297人，查处行政案件497起，治安处罚2713人，侦破环食药刑事案件35起，公诉81人。借助信息化手段对生产性废旧金属回收、金银首饰加工置换、二手机交易、汽车租赁等特种行业进行常态化管理；对全市1400余家物流寄递网点进行检查；全力落实“蛟龙”行动，组织开展多轮专项检查，查获“三无”船舶33（艘）条、成品油走私船7艘，查处走私柴油2900余吨。牵头推进打击成品油非法经营专项行动，治安拘留12人，查获非法改装加油车29辆、缴获汽油近80升、柴油1.7万吨，受到国家打私办肯定。开展“昆仑2020”专项行动，共破获环食药类刑事案件32起，采取刑事强制措施90人，涉案价值2000余万元。全市办理犬证9934张，办理违法养犬案件4828起。春节期间，推进烟花爆竹禁放工作，实现重点管控区域烟花爆竹“零燃放”，未发生因违法燃放烟花爆竹引发火灾事故、造成人身伤害和财产损失的情况。全年破获赌娼刑事案件72起、采取刑事强制措施188人、公诉116人。

【经济犯罪案件侦破】2020年，全市接报经济犯罪警情184起，比上年上升26.9%；受理经济犯罪案件246起，比上年上升17.7%；立案206起，比上年上升8.99%；破案136起，比上年下降7.48%；抓获犯罪嫌疑人195人，比上年上升7.14%。完成公诉数164人，比上年上升6.5%；涉案总价值18.32亿元，挽回经济损失3426.9万余元。非法集资案件立案3起、破案5起，非法集资案件实现三年连续下降。抓住“1·10”“3·15”“5·15”等节点，加强预防经济犯罪宣传，开展群众维权宣传活动，并帮助企业提高防范经济违法犯罪意识。坚持打防并举，以打促防，全力压降假币违法犯罪警情，实现2020年全市假币违法警情量下降72.9%、假币警情录入合格率100%的目标任务。

10月17日，市公安局在国际展览中心组织首届警营开放日活动

（市融媒体中心　提供）

【网络安全管理】2020年，市公安局实地检查网吧413家次，处罚网吧31家次；开展等保定级备案单位9家，开展联网单位备案审核99家。依托苏州态势感知平台，检测发现高风险网站和系统62个、高危漏洞226个、被入侵篡改页面网站6个，处置各类违法有害信息200余条，全部完成整改。开展网络安全执法检查和疫情防控重点单位专项检查工作，处罚不履行网络安全保护义务的网站101家，处罚非法利用信息网络的个人11人。

【道路交通管理】2020年，全市机动车保有量达到527264辆，比上年增长3.5%。其中，汽车513458辆，比上年增长4.7%（私家车451284辆，比上年增长4.2%）。全市机动车驾驶人数量达到665760人，比上年增长5.5%。全市非机动车保有量达到1567153辆，其中，电动车1523402辆（其中上牌894807辆、备案628595辆）。市公安局持续开展“安全骑行，从头开始”系列活动，道路交通死亡事故数和死亡人数比上年同期分别下降44.76%和43.75%，涉及电动车的死亡事故数和死亡人数比上年下降60.5%和59.1%。2020年查处交通违法行为189.13万起，其中现场查处66.7万起。对市区道路及道板停车资源开展全面梳理，改善停车供给，新增路内停车泊位316个；完善违法停车管控网络，全年共查处违法停车53.7万余起。规范设置人行横道线标志、标线，逐步推广安装机动车不礼让行人抓拍设备。市公安局推进全市道路交通安全专项整治行动及“飓风行动”，深化“五大攻坚行动”的基础上，重点推进实施“六大工程”。创新运用“一定四分”机制，整改道路隐患3000余处，新增道路交通安全标志1348套、标线2.1万平方米，23个重点道路路口施划右转弯危险警示区；率先实施普通国省道中重型车靠右通行管控措施，经验做法在全省推广。整治非机动车交通违法，处罚各类违法29万多起，电动自行车戴盔率达96.8%。举办“八进”宣传讲座1223场，利用5.6万个大小喇叭联网宣教。建成24小时智慧交管大厅、推行4S店购车上牌一站式服务，推广交管业务掌上办、网上办；考核+督导提优窗口服务，年度处理交通事故11.9万起，办理车驾管业务达百万笔，群众满意度保持在优秀水平。

【"两客一危"监管】 市公安局强化对公路客车、旅游客车、危险品运输车、重型货车等重点车辆及驾驶人的安全监管，督促企业落实安全管理主体责任。全年共现场检查"两客一危"重点企业408家次，排查专业驾驶人2778人次、车辆1430辆，下发整改通知书10份、抄告单92份，约谈企业负责人21家。截至2020年年底，全市"两客一危"车辆检验率始终保持100%；重点驾驶人驾驶证审验率保持在99%以上、换证率保持在99.5%以上。

【禁毒工作】 2020年，常熟市依法严厉打击各类毒品违法犯罪活动，共破获毒品刑事案件29起，公诉涉毒嫌疑人75人，查处吸毒人员111人次，强制隔离戒毒32人次、社区戒毒44人次，缴获各类毒品约30.3千克。强化易制毒化学品行业监管，全市有易制毒化学品单位666家，其中生产单位21家、经营单位59家、使用单位572家、运输单位14家，全年组织易制毒化学品单位培训4场，220多家单位接受培训，在205家企业安装公安部"全国易制毒化学品信息管理系统"开通网上办证服务。全年未发生制毒案件、未发生易制毒化学品流入非法渠道、未发生被上级部门及外县市公安机关查获违反易制毒化学品管理案件。组织各类禁毒宣传活动200多场次，市禁毒教育基地接待各类参观人员20万余人次。充分发挥全市32家禁毒委成员单位、50余名禁毒义警、200余名禁毒志愿者的作用，借助社会力量破解帮教管控难题，在册吸毒人员管控率达到100%，社区戒毒（康复）执行率达到100%。

【城市巡逻防控】 2020年，巡特警大队共盘查97.7万人次，盘查采集车辆数据26.9万条、物品数据31.1万条，抓获处理的违法犯罪嫌疑人1632人，其中刑事拘留处理以上的478人，网上在逃人员96人，行政（治安）拘留1058人。瞄准"发现预警在早、稳控化解在小"的目标，专门成立稳控中队，对可能引发群体性事件的不安定因素，提前主动介入，协调政府板块、部门做好职责范围内的稳控钝化工作，同时强化与属地派出所、专业警种的协作联动，全力争取将不安定因素钝化在萌芽状态。

【公安行政服务】 2020年，常熟便民服务中心公安窗口办理各类事项10万余件，其中内保业务73件、治安业务34780件、出入境业务7983件、人管业务13891件、禁毒业务11938件、交警业务55294件。缩短事项办理时间5项，优化办事流程6项，精简材料12项。集成整合警种业务，加快推进"一窗受理、一窗通办"，将原先按警种业务"摆摊设窗"的格局，统一整合为"公安综合一窗受理"。

【单位内部保卫管理】 2020年，全市在册登记内部单位16715家，其中省级重点单位1家、市级重点单位49家、县（区）级重点单位418家、社区关注单位1705家、一般单位7478家、个体工商户7064家，比上年减少21025家。全年检查企事业单位4102家次，其中常规检查2106家次、主动检查577家次、专项检查1391家次、整改复查28家次，等级以上实有单位检查率达到100%，检查出隐患单位10家、隐患数14个，当场整改6家，限期整改并处警告4家。对校园开展专项安全检查1215次，发现并督促整改校园安全隐患12处。组织银行大堂经理、柜员、保安开展电信网络诈骗案件防范专题培训17次，培训人数达1500余人次，发放宣传资料10000余份，通过银行汇款成功阻止41起电信诈骗案件，成功避免群众经济损失150余万元。加强管辖刑事案件侦办工作，配合市安监局参与重大安全生产事故调查28起，立案侦查36起，移送起诉案件69起；健全完善单位案件倒查问责机制，全年单位内部发案440起，其中下发可防性刑事倒查指令单6份，倒查案件8起。

【平安志愿服务】 2020年，市公安局深入扎实推进创建"枫桥式公安派出所"活动，将常熟市蓝盾志愿者与常熟义警进行整合，蓝盾志愿者队伍作为建设"平安常熟"中的一支重要力量。2020年，全市平安志愿者人数累计达到8.9万人，参与防范宣传、矛盾调解、便民服务、警民联系等活动人员6万人次，年度组织开展各类活动7500余次，累计服务时长12.97万小时。

（范烜奇　思　锐）

检　察

【概况】 2020年，市人民检察院（以下简称市检察院）推行公开听证新模式，对21件拟不起诉案件、刑事申诉案件、民事诉讼监督案件举办听证会。探索建立"听证员库"机制，获最高人民检察院主要领导批示肯定。构建案件质效评价新体系，"案—件比"降至1∶1.09。推进认罪认罚从宽制度工作，侦查阶段认罪认罚从宽制度适用比例达91.32%，比上年上升16个百分点。获评全省先进基层检察院，先后有5件案件被最高检评为典型案例、3件案件被省检察院评为典型案例，国家司法救助智慧平台被评为全省法治惠民实事优秀项目，非公企业法律风险防范教育基地被评为全省法治文化建设示范点。

【刑事案件检察】 2020年，市检察院审查逮捕各类刑事案件594件769人，批准或决定逮捕519件638人；受理审查起诉2558件2932人，提起公诉2070件2487人。严厉打击危害社会稳定的重大犯罪，依法惩治故意杀人、故意伤害、抢劫等严重暴力犯罪，起诉105件122人，妥善办理"1996.3.5"常熟服装城抢劫杀人案、"癫痫病患者驾车危害公共安全案"等。强化诉前主导和审前过滤作用，对无社会危险性的依法决定不批捕81人，对犯罪情节轻微的依法决定不起诉419人。监督侦查机关立案18人、撤案15件，追诉漏犯8人、漏罪12件，纠正侦查活动违法44件，其中妥善办理公安部督办的伪造国家机关证件案，追加认定伪造的涉案证件30件、监督立案6人。加强审判活动监督，发出再审检察建议2件。及时变更羁押强制措施43人。深入开展专项监督，对服刑人员养老金发放、社区矫正中涉企人员请假审批等开展相关专项检查活动16场次，提出纠正违法通知书2份，制发检察建议46件。

【民事和行政案件检察】 2020年，市检察院强化虚假诉讼查办，依法移送犯罪线索，办理虚假诉讼民事监督案件5件，涉案金额121万元。加强对民事审判程序和执行活动监督，提出民事执行监督检察建议11件。深化民事检察支持起诉工作，以"刑事+民事"双轮驱动方式保护知识产权，1件民事支持起诉案件获评全省检察机关典型案例。发挥行政检察"一手托两家"的双重监督作用，开展行政非诉执行专项监督，提出检察建议3件，促进规范行政非诉执行行为。

【公益诉讼案件检察】 2020年，市检察院牢固树立"双赢多赢共赢"理念，完善联络协作机制，形成多方支持体系。办理民事公益诉讼案件4件，索赔生态环境损害修复费用322万元，加强与市污防攻坚办、便民服务中心联动协作，在"公益诉讼守护美好生活"等专项整治中互通协作，发出检察建议27件。摸排安全生产领域危险公共安全隐患，向属地街道、乡镇发出检察建议12件。

【特殊群体权益保护】 2020年，市检察院严厉打击侵害未成年人合法权益犯罪，起诉50件82人。打造"新起点护航"工程推进未成年人综合保护，出台检察机关内部涉未成年人案件一体化办案方案，联合公安机关建立未成年人一站式办案中心，与常熟理工学院共同成立"爱心护航"青年普法志愿者团队，相关经验做法被最高检转发。为59户种粮大户挽回经济损失52.7万元的销售伪劣化肥案件，被江苏法制报头版报道。疫情严控期，办理司法救助案件81件85人，发放救助金53万元，得到江苏省人民检察院主要领导批示肯定，"国家司法救助智慧平台"平台入选2019年度江苏省法治惠民实事优秀项目，并在全省三级检察机关全面推广应用。着力保护务工人员权益，办理拒不支付劳动报酬案件10件12人，聚焦"保居民就业"背后风险隐患，对恶意欠薪案件进行风险研判，报送《关于今年以来常熟市拒不支付劳动报酬类刑事案件的分析报告》，得到常熟市委、市政府主要领导批示，1件案件获评全国检察机关依法惩治恶意欠薪典型案例。

（蒋国栋）

11月6日，常熟市人民检察院获全省"先进基层检察院"称号

（市检察院　提供）

法　　院

【概况】 2020年，市人民法院（以下简称市法院）新收各类案件32864件，审执结各类案件32867件。推行和扩大小额诉讼程序适用，小额诉讼程序适用率28.78%、加大"分离式裁判"机制的适用，推进庭审实质化，推行"门诊化"审判方式，在物业、交通事故等纠纷中推进案件要素式、令状式裁判文书，不断提升审判质效。12篇调研成果获省级以上荣誉，一案例入选"长三角地区人民法院首批典型案例"。

【刑事案件审判】 2020年，市法院审结一审刑事案件1762件。疫情严控期依法从严从快审结各类涉疫犯罪12件，判处13人。审结各类暴力犯罪案件33件33人；审结生产、销售有毒有害食品、销售假药等案件3件6人；审结毒品犯罪案件13件。审结贪污、贿赂、渎职等职务犯罪案件13件13人。坚持宽严相济刑事政策，依法判处五年以上有期徒刑123人，对665名具有从轻、减轻情节的被告人依法从宽处罚并适用非监禁刑。审结吴某东等14人组织、领导、参加黑社会性质组织犯罪案。移送涉黑恶线索70条，"保护伞""关系网"线索19条。在苏州地区法院内唯一获评"全省扫黑除恶专项斗争成绩突出集体"。

【民商事案件审判】 2020年，市法院全年审结一审民商事案件15493件，涉案标的额72.53亿元。开展"套路贷"虚假诉讼专项治理，对286件民间借贷案件依法启动再审，向4名涉案当事人开出罚单。审结涉及民营企业的金融、公司类案件667件，涉案标的额13.71亿元。延伸审判职能，向相关企业发出司法建议书，并与工信局联合发布《告民营企业书》。法治护航企业发展的2件案例，入围“苏州政法系统创新优化法治化营商环境十大精品案例”。推进青少年维权工作，审结涉少刑事案件56件，其中未成年犯罪案件27件43人。制定“一院一品牌”创建方案，加强未成年人司法保护。“‘彩虹桥’在押服刑人员未成年子女关爱行动”，入选常熟市“关爱民生法治行”实事项目。1起探望权案例入选省高院、省妇联联合发布的“婚姻家庭十大典型案例”。市法院受理破产案件66件，审结56件，有效释放土地面积45.90万平方米，房产面积34.71万平方米，安置职工1334人，运用破产清算方式出清僵尸企业，56家僵尸企业有序退市。探索“预”重整制度，22天审结常熟市某针纺织有限公司破产重整案，助力危困企业重返市场。获评“全省法院破产审判工作先进集体”。

【知识产权案件审判】 2020年，市法院加强知识产权保护，激发企业创新活力，审结案件613件，注重激励创新，对208件案件采取证据保全措施。严厉打击侵害知识产权、恶意诉讼等违反商业道德和诚信原则的行为，结案577件。参加知识产权保护研讨会，加快社会诚信体系建设，1起企业设计总监与经销商合谋共同犯假冒注册商标罪案，入选“江苏法院知识产权司法保护十大典型案例”。

【行政案件审判】 根据2020年6月12日，江苏省苏州市中级人民法院下发《关于调整全市行政案件集中管辖法院的方案》，常熟市人民法院管辖昆山市、太仓市、张家港市以及姑苏区（市级机关除外）行政区域内所涉行政机关为被告的一审行政诉讼案件。2020年，市法院加强行政审判，坚持监督权力与保护权利并重，审结一审行政案件74件。注重行政争议实质性化解，经协调和解撤诉13件。行政案件连续2年二审无发回。深化“府院联动”机制，组织行政机关工作人员旁听庭审2次，参与19人次，规范行政执法行为。在苏州全市行政复议应诉与行政审判府院联席会上作交流发言。

【案件执行】 2020年，市法院新收执行案件13871件，执结14156件，执行到位金额27.63亿元。常态化开展涉金融债权、根治欠薪、反规避执行等专项行动。罚款3人次、拘留22人次。全景式聚焦执行指挥中心“854”模式实体化运作迭代升级，提速财产处置，强制腾退房屋196套。通过淘宝直播等新形式进行财产拍卖，拍卖成交率87.3%，溢价率6.9%。新冠疫情严控期间执行视频约谈625件，VR或直播看样60次。

9月4日，市人民法院开展“金秋雷霆”执行行动　　（市法院　提供）

【法院信息化建设】 2020年，市法院全面推广网上办案工作机制，依托江苏法院诉讼服务网，将立案、诉讼等工作搬到网上，网上（电话）立案1888件。全面推进立案登记制，升级线上、线下诉讼服务。向当事人提供案件查询5280件次、诉讼指导3960件次、法律咨询2640件次、接转材料3061件次，办理公告案件1952件。深化电子卷宗深度应用，实现信息数据的同步采集、存储、计算和加工。完善集中送达综合管理，实现送达工作一站式办理。依托信息化与执法办案的深度融合、相互促进，执行集中送达操作规范、考核办法及集中送达中心保密规定，与15家金融机构签订电子送达合作机制备忘录。创新监所网上庭审手段，将远程庭审网络连线从原先的看守所延伸至监区谈话室，实现被告人不提出监区即可实现网络庭审。

（韩　丹）

司法行政

【概况】 2020年，市司法局统筹推进疫情防控和经济社会发展，全年走访各类企业2704家，收集排查企业法律风险、服务需求1487项，帮助企业化解风险、解决问题5230件，为企业挽回经济损失6.98亿元。全市各类人民调解委员组织纠纷排查7298次，预防纠纷1038件，化解各类纠纷17304件。市法律援助中心共办理各类法律援助案件1773件，受理刑事法律帮助2652件，接待来电咨询7122批次，来访咨询4109批次。市公证处全年共办理各类公证15864件。至2020年年底，全市有19家律师事务所，受理诉讼案件10113件，办结4312件，受聘担任法律顾问单位1448家，通过诉讼和非诉讼方式为当事人追回欠款12.74亿元，避免经济损失10.88亿元。出台《关于强化法律服务保障企业平稳健康发展的实施意见》，发挥律师、公证服务在保障企业复工复产过程中的作用，通过定制8项服务，帮助受疫情影响较

10月16日，2020年常熟人民调解技能大赛决赛开赛　（市司法局　提供）

重行业企业纾困解难。

【社区矫正】 至2020年年末，全市有在册社区矫正对象495人，在册刑满释放人员2150人，在册后续照管对象188人。10月中旬，常熟市社区矫正中心常福分中心完成建设。该分中心总建筑面积700平方米，设有接待大厅、信息采集室、集中宣告室、训诫谈话室、教育培训室、远程视频会见室、公共法律服务室、监控指挥室、心理咨询室、就业培训指导室、损害修复室、刑满释放人员过渡安置室等12个功能室。分中心按1∶15标准配备9名社区矫正专职社工、2辆执法汽车、6辆执法电动车，承担常福街道、虞山街道、海虞镇3个镇（街道）对社区矫正对象、刑满释放人员等的监督管理、教育帮扶、心理矫治、就业指导、远程会见、临时安置等职责。

（陈　励）

【全省首个县域综合执法普法教育基地】 1月6日，琴川街道综合执法局联合市司法局，建成全省首个县级综合执法普法教育基地。常熟市综合执法普法教育基地位于琴川街道综合执法局（香山北路88号），基地建筑面积达200平方米。展厅分为常熟市镇域（街道）综合执法改革历程、常熟市镇域（街道）综合执法改革实践、街道综合执法实践探索、普法图书角等6大主题展示区，每个展区内容相互关联，方便参观者学习。（全　宏　朱宇沨）

【小微企业法治护航专项行动】 6月9日，常熟市司法局在莫城街道在云裳小镇举行全市小微企业（商户）法治护航专项行动暨常熟市法治大讲堂活动启动仪式。专项行动从5月持续到10月，通过组建小微企业（商户）法治护航专项行动法律服务团，开设小微企业（商户）法治护航专项行动专题讲座，组织小微企业（商户）法治护航专项行动法治体检，开展小微企业（商户）法治护航专项行动法治体验等形式，帮助小微企业（商户）解决发展难题，保护市场主体权益。

【“七五”普法专项抽查】 11月13日，中宣部、司法部、全国普法办对常熟市开展“七五”普法总结验收专项抽查，司法部普法与依法治理局法治文化处处长胡振毅等国家检查组成员，司法厅普法与依法治理处处长许建彤等省检查组成员，以及苏州市法宣组办副主任、苏州市司法局二级调研员王思超等参加专项检查。常熟市委副书记、市长焦亚飞出席汇报会，副市长、公安局局长吴建伟作全市“七五”普法工作情况汇报。其间，检查组查阅台账材料，实地考察常熟市非公企业法律风险防范教育基地，召开服务企业优化营商环境座谈会，法院、检察院、行政审批局、常熟市龙腾特种钢有限公司相关人员参加。

（陈　励）

责任编辑：李　妍

人民武装

【概况】2020年，常熟市人民武装部（以下简称市人武部）深入贯彻新时代军事战略方针，围绕提升能打胜仗的国防动员能力，努力推进全市国防动员和后备力量建设高质量发展。在全市民兵中组织开展“做时代民兵、当强军先锋”活动，激发全体民兵干事创业的内在动力。推进基层武装部规范化建设，对民兵组织重新编组，突出应急处突能力，加强民兵实战演练，提升战时任务执行能力。全市民兵参与全年疫情防控、战备执勤、应急维稳、抢险救灾等重大事件，民兵抗疫事迹8次在“中国民兵”网络客户端发布，2次在央视军事频道播出。引导官兵全面加强实战化军事训练，通过创新作战实验方法、创新网络训练方法、创新模拟训练方法、创新对抗性训练方法全面提高训练水平和打赢能力。年内完成新兵征集任务，在苏州征兵“五率”考核中名列第一。

【规范化建设】2020年，市人武部组织14个乡镇（街道）人武部党委第一书记进行工作述职，严格落实乡镇（街道）人武部党委主体责任、纪委监督责任和业务科室廉政主管责任。市人武部承担苏州军分区指定的规范化建设试点任务，指导琴川街道人武部开展试点工作，对照标准要求，围绕推进基础设施建设、完善台账资料、健全装备器材、提高信息化工作水平等4个方面，推进规范化建设，完成试点任务，得到省军区、苏州军分区充分肯定。

【民兵训练】2020年，市人武部组织基干民兵入队和基础训练、民兵营连排长集训以及民兵“四会”教练员集训比武，带领森林灭火、抗洪抢险骨干参加苏州市集训演练。组织民兵应急轮训并参加军分区考核，完成集训任务。组织以重要军事目标安全警戒、重要民生目标防护、保护交通道路安全等为标的的集中训练，提升民兵执行任务的能力。加强首长机关训练和专职武装干部集训，内容包括基础训练和能力提升等。

【民兵整组】4月1日，市人武部召开市民兵整组任务部署会，按照区分应急、专业、特殊三类力量，对全市民兵组织进行重新编组。坚持“以战领建、建用一致”原则，严格落实标准要求，编实应急力量、编强专业力量、编好特殊力量，专业技术岗位对口率、人员装备结合匹配率等都达到标准要求。5月中旬，全市各单位完成民兵编组任务。6月，市人武部召开民兵组织整顿检查验收大会，对基层武装部民兵整组情况进行拉动点验，检验民兵编组质量。10月，常熟市民兵整组任务通过省军区检查考核，位居全省县（区）第一。

【征兵工作】2020年，根据国家疫情防控工作总体部署，原定两季征兵改为下半年一并组织实施。市人武部针对进一步提高大学生和大学毕业生征集比例，加大大学生入伍政策激励力度的新情况，利用传统媒介和新兴媒体，向在校大学生宣传征兵政策，发放《征兵宣传手册》，答疑解惑。组织基层专武干部走村入户，做好“一对一”“面对面”的发动工作。市人武部部长在常熟融媒体中心《午间风》节目向全市人民进行征兵政策解读。7月起，开展征兵体检、政审、役前训练、军地协调，建立征兵工作问责约谈制度，运用量化考评办法，严格规定要求。9月上旬，欢送新兵入伍，完成新兵征集任务。在苏州征兵“五率”考核中名列第一。

【拥政爱民】2020年，市人武部继续开展常规性的双拥工作，配合市双拥办，在春节、八一等重要节日走访慰问军烈属家庭，参与“五一大走访”、文明城市创建等多项活动。军政合力，精准对接中央军委政治工作部、全国双拥办指定帮扶对象，与市退役军人事务局等部门联合，按指定的岭村对口扶贫3年规划，落实扶贫专项资金258万元，明确养殖扶贫、种植扶贫、劳务扶贫、科技扶贫、商贸扶贫、文化扶贫等6种扶贫方式，推动岭村实现脱贫致富。

【学生军训】2020年，市人武部按照年度学生军训工作安排，筛选出合格军训教练员186名，对全市10所学校进行国防教育授课。完成全市10所学校9000余名学生的军训任务。驻常部队官兵先后对1000余名中小学生进行国防教育。（郑行健　张崇岭）

武　警

【概况】2020年，中国人民武装警察部队常熟中队（简称武警常熟中队）

加强思想政治建设，充分发挥党支部战斗堡垒作用和党员先锋模范作用，重点抓好2个群众组织（团支部、军人委员会）和3支队伍（干部队伍、党员队伍、警士队伍）建设，搞好骨干培训，确保部队建设正确方向。部队按照《军队基层建设纲要》和《基层正规化管理规定》，注重建队育人，强化练兵备战，完成上级赋予的各项任务。

【思想政治建设】 2020年，武警常熟中队牢固树立政治首位意识，培育“四有”革命军人。开展“传承红色基因，担当强军重任”主题教育，组织课后讨论，教唱革命歌曲，组织观看《将改革进行到底》《强军》《不忘初心继续前进》等央视政论片，开展“每周强军故事会”活动，培塑身边典型，引导官兵坚定理想信念，争当强军先锋。开展“深知兵、真爱兵”“懂得战士、尊重战士、成就战士”等活动，做到“三个关心”（关心战士生活、关心战士困难、关心战士成长），努力为官兵成长成才打下坚实思想基础。

【军事训练】 2020年，武警常熟中队按照《军事训练大纲》，坚持每月支部议训，每周分析训练形势和安全工作。结合上级各类培训、集训等措施，加强中队军事人才队伍建设，发挥教练员“酵母”作用，抓好警官警士训练，提高其组织指挥和教学能力，以带动中队整体训练水平。严格奖惩制度，坚持从难、从严训练，利用“五小练兵”“军事竞赛”等活动，强化官兵基础体能，营造“比学赶帮超”的训练氛围。 （张雨飞）

人民防空

【概况】 2020年，市人民防空办公室（简称市人防办）围绕“战时防空、平时服务、应急支援”的使命任务，强化人防工程维护管理，开展“5·12”“9·18”“春风行动”等国防教育系列活动，推进人民防空事业高质量发展。

【公共人防工程建设】 2020年，常熟市完成人防工程质量监督事项划转至住建局质监站、施工图审图划转至住建局审图中心；配合市卫健委完成尚湖疏散基地内防疫隔离区建设，并做好后续后勤保障工作。

【人防工程维护管理】 2020年，常熟市人防办结合掌上人防等信息化手段，完成全省人防综合信息平台接入测试工作，以“网格化管理”为切入点，拓展“掌上人防”覆盖面，协管员每月对全市人防工程进行安全检查，确保全市人防工程安全使用；按时完成全市老旧人防工程标识标注更新，实现年内新竣工人防工程标识标注全覆盖。

【通信指挥系统建设】 2020年，常熟市人防办举办人防警报器协管员集中培训会。对全市固定防空警报器和多媒体防空警报器进行两次全面维护和安全检查。完成新购置固定防空警报器采购、安装及验收工作。做好机动指挥车、战备信息平台、应急通信网的维护管理工作。落实人防通信战备值勤和省—市—县（区）三级通信联调，网络、语音、视频参测率、测通率达到98%以上。根据苏州市人防办统一部署，完成视频指挥系统优化升级；重新整组人防专业队，配套完善相关制度；强化队伍日常训练，坚持“周发动、月出动、季拉动”的训练制度，先后组织开展人防专业队、人防志愿者队伍日常训练60人次，完成沙家浜疏散地域指挥所机动指挥平台季拉动训练以及其他年度训练工作及机动指挥平台训练任务。按照苏州市人防办统一部署，完成《常熟市防空袭方案》预案修编工作。

【民防知识宣传教育】 2020年，常熟市人防办依托镇级人民政府及社区，定期组织演习演练和开展宣传教育。4月4日，鸣响防空警报，表达对抗击新冠肺炎疫情斗争牺牲烈士和逝世同胞的深切哀悼。5月联合琴枫社区、中远物业在汇金豪苑开展消防演练宣传活动。6月联合碧溪街道、市人武部开展防汛救灾应急演练；联合蓝天救援队在世茂一期开展人防应急逃生演练以及在新区医院开展高楼逃生救援演练。8月联合市教育局为全市中小学生发放人防教育读本。9月联合虞山街道闽江社区在明珠佳苑小区开展“9·18”防空警报试鸣暨人民防空应急救援演练。

【“9·18”防空警报试鸣】 9月18日上午10时至10时19分，市人防办在全市范围内鸣放防空警报，全市固定警报器和多媒体警报器同时播放警报。40名蓝天救援队队员同步在全市范围内进行车载移动警报的试鸣，消除警报音响盲点，警报鸣响率100%。市人防办还联合虞山街道闽江社区、蓝天救援队在明珠佳苑小区开展代号为“天堂之盾—2020A（CS01）”的“9·18”防空警报试鸣暨人民防空应急救援演练。 （杨倩雯）

3月27日，市人防办举行高楼救援装备移交仪式 （市人防办 提供）

责任编辑：祝慧江

经济管理

宏观经济管理

【概况】 2020年，常熟经济呈现“先降后升、加速回赶、持续向好、稳中有进”的特点，全年实现地区生产总值2365.43亿元，增长3.6%；一般公共预算收入213.66亿元，增长5.2%；全社会固定资产投资630.95亿元，增长20.8%，其中工业投资超300.57亿元，增长43.5%，工业投资总量及增速均居苏州各市区第一；社会消费品零售总额基本与上年持平，启动常熟市“双12苏州购物节”系列活动，医养健康、教育培训、网络零售等逐渐成为新的消费热点；受国际形势及龙头企业退坡影响，全年实现进出口总额191.35亿美元，市场采购贸易出口、服务贸易出口分别增长16.6%、40.2%；实际利用外资及港澳台资9.3亿美元，增长45.3%，引进每日优鲜、美菜网、常熙供应链等投资总额超亿美元项目15个；全体居民人均可支配收入增长4.5%；居民消费价格总水平上涨2.5%；单位地区生产总值能耗下降率完成上级下达任务。

【“十四五”规划编制】 该规划于2019年9月启动编制，2020年，市发改委结合前期调研成果，3月形成“基本思路”框架，8月形成“基本思路”。通过“i常熟”公众号、政府网站等发布问卷，收到回复1万余份。在规划纲要编写过程中，市委多次召开专题会议，对“十四五”规划及12个重点专项规划提出新要求，市政府多次听取规划编制进展情况并提出指导意见。同时，对上争取，汇总10项重大工程项目、3项近年来国家或省级层面已经批准实施的重大改革试点、3项“十四五”期间拟进一步争取国家或省级层面支持的重大改革试点上报。结合省、苏州市指标，征求部门意见并召开专题会议商讨，围绕“高质量经济、高品质生活、高颜值城市、高效能治理、特色指标”等方面科学设置39个指标。市发改委牵头指导督促相关部门开展12个重点专项规划编制工作，推进各级各类规划同步部署、同步研究、同步编制、相互衔接，形成以《常熟市国民经济和社会发展第十四个五年规划纲要》为统领，重点专项规划为支撑，定位准确、边界清晰、功能互补、统一衔接的规划体系。10月起，通过书面征集、召开座谈会等形式，征求市四套班子领导、各板块、各部门、人大代表、政协委员、老干部代表等对初稿的意见建议，增强规划编制的科学性、民主性。12月，分别召开专家论证会和社会稳评会，根据专家意见作进一步修改完善，形成审议稿。

【重大项目建设】 2020年，全市3个省重大和42个苏州市重点项目全面开工，分别完成年度计划投资的121.28%和116.17%。市级重点产业项目累计开工248个，开工率137.02%，累计竣工147个，完成年度计划投资的106.89%，开、竣工率和投资完成率均超历史最好水平。加快开展省重大、苏州重点2021年项目征集上报工作，拟上报省重大项目4个、总投资140亿元，当年计划投资29亿元；苏州重点项目50个、总投资918.21亿元，当年计划投资211.88亿元。下达2021年市级重点产业项目358个，计划总投资1388.69亿元，当年计划投资492.72亿元，较2020年分别增长38.8%、35.9%、40.6%。结合“十四五”规划编制工作，储备“十四五”重大项目178个，总投资2421亿元。 （曹　昊）

营商环境

【概况】 2020年，面对突如其来的新冠疫情，市委市政府高度重视，把优化营商环境作为对冲疫情影响的着力点，成立优化营商环境工作领导小组，召开优化营商环境工作推进会，发布优化营商环境工作要点，创新开展优化营商环境系列活动，围绕打造“最舒心”营商服务品牌，以企业和群众反映突出的问题为导向，以制度创新为核心，加大简政放权力度，着力构筑“效率、信用、服务、标准、作风”五位一体营商环境体系，全力打造发展“头等舱”。常熟市作为五县区唯一代表在苏州营商大会上发言，获评全省唯一的“国际化营商环境建设示范县（市、区）”。

【简化服务】 年内，常熟市推行“一件事一次办”，印发《关于推行套餐式“一件事”集成服务的通知》，梳理并对外公布66个套餐式“一件事”，内容涵盖市场准入、投资建设、民生事务等领域，月均办理7600余件，提交材料平均减少34.9%，办理时间平均缩短69%。出台《进一步优化企业开办实施方案》，再造企业开办全流程，实现开办企业1个工作日内完成。推进精准赋权。按照“能放则放、应放尽放、全链下放”的原则，结合实际以委托、委托收件、派驻、下放等方式进驻镇（街道）139项经济社会管理权限，并按照“一门受理、一网运行、全科服务”要求，建成市、镇（街道）、村（社区）三级100%覆盖的347个综合服务站点，形成横向到边、纵向到底、上下联动的“10分钟”政务服务圈。

【市场环境】 年内，常熟市出台省内首份《涉企轻微违法行为免责清单》。严格依据法律法规明确的主动检查事权，按照“企业没有事，政府不插手”的工作原则，不断优化“双随机、一公开”抽查机制，制定相应指导意见。完善信用体系。在重点领域、重点行业建立信用信息平台，完善申请人信用记录，设立红黑榜，制定失信责任主体实施联合惩戒的合作备忘录。加强信用信息共享，实现常熟市信用信息平台与全国信用信息平台互联互通。加强“司法+营商”服务。深化“法企同行”活动，组织律师、公证员等专业法治力量，对企业开展法治体检，帮助企业排查化解涉法问题。组织律师行业党支部对接企业，开展“党建惠企”活动，免费为企业出具法律意见书、审查合同等。

【亲商安商】 年内，开展“服务民企360”主题活动，创新制定优化营商环境“否决事项”领导负责制。全力打破审批“中梗阻”，凡是遇到“通不过、批不了”的问题，全部要由单位主要领导签字确认，窗口工作人员一律不得擅自否决。制订《关于建立营商环境“通报制”的实施方案》《关于建立转变作风“曝光台”的实施方案》，对各板块各部门在优化营商环境方面的形式主义、官僚主义等作风问题，切实做到“一有反映、马上就查，一经查实、即予通报，一经通报、启动问责”。为更好满足企业及人才住宿、子女入学、就医等需求，优化综合配套服务，制定实施《优化营商环境补充意见（试行）》。

（管　焱）

国有资产管理

【概况】 2020年年末，全市公有一级企业62家，公有企业资产总额1924.51亿元，比上年增长6.53%，负债总额1351.38亿元，所有者权益总额573.13亿元，全年利润总额14.21亿元，其中归属于公有的净利润为8.66亿元。所有者权益中属于公有的资本及其权益总额为531.11亿元，其中国有资产总量530.16亿元。

【国有资本布局优化】 2020年，常熟市持续优化国资布局，继续推进政企（事企）分离，市住建局下属路灯公司划转至城投公司，教育局下属教育产业、物业公司划转文旅公司，推进市文体旅局下属企业分离工作。国有资产证券化工作有序推进，3月26日中法水务取得中国证监会就中法水务首次发行股票并上市申请受理单，完成IPO申报工作。划转江南商贸集团部分股权充实社保基金。3月，由市城投公司、发投公司、江南商贸集团共同组建设立常熟市乡村振兴产业园开发有限公司，成为市级国企支持产业载体建设的首次实践。年内，该公司参与开发的第一批5个产业园开工建设，占地面积21.33公顷，建筑面积38.4万平方米，总投资13.7亿元。

【国资重点项目实施】 2020年，全市国资系统打造载体建设、产业招引、金融投资、城市运营、民生保障五位一体发展服务体系。城铁片区沪苏通铁路常熟站综合交通枢纽工程完成建设，常熟站投运。琴湖片区新建广播电视发射塔竣工交付，成为城市新地标。文化片区邻里中心商场主力业态基本确定。金融和大数据产业园共入驻111家金融及大数据应用服务相关企业，入驻率97%。其中2020年新增入驻企业50家，新增注册资本额约7.3亿元。小型示范数据中心、航天海鹰卫星应用协同创新中心、有书华东运营中心3个重点项目落地。发投公司获得内资融资租赁牌照，类金融布局更加完善；国发创投受托管理新动能产业基金和常创股权投资基金，尽调基金项目40个，投资项目13个，投资金额3.67亿元，每日优鲜、正力新能源等重点项目落户常熟。农村生活污水治理项目已改建污水管网157千米，完成13931户农户生活污水收治。建筑材料再生资源利用中心项目建筑垃圾生产线试运行。苏新公司形成建筑装修垃圾处理国企投资、专业化公司运行的“常熟模式”。“江南爱停车”平台接入183个停车场，涉及泊位约4.7万个，基本覆盖城区停车位资源。第二人民医院（北区）建成投用，湖山幼儿园、琴川城市公园幼儿园建设完成。投资15亿元建设高新区“UWC+创新岛”项目，打造经济产业集聚区。

【国资国企监督管理】 2020年，市国资委出台《直属国资公司机构设置和人员编制管理暂行办法》，核定6家直属国资公司内设机构总数39个，核定员工编制数177人，提高员工编制的使用效益。联合审计部门对相关直属国资公司对外股权投资与投资管理开展审计调查，对国资公司2015—2019年度股权投资进行审计，督促企业规范投后管理，形成管理闭环。出台《资金存放管理工作指导意见》，明确企业资金存放原则、范围和相关要求，并纳入企业廉洁风险防控机制建设范畴，切实降低资金存放相关风险。

（顾正堂）

【市发展投资有限公司】 2020年，常熟市发展投资有限公司（以下简称发投公司）上缴税收0.63亿元，实现利润总额3.69亿元，比上年增长38.2%。其中，市场化业务板块利润总额6648.41万元；自主财务性投资收益1.3亿元。对外投资新增8.74亿元，收回投资8.5亿元。融资总额116.88亿元，对外担保余额123.8亿元。年内累计还本52.18亿元，支付利息及其他费用5.46亿元；新增融资约66.8亿元，压降隐性债务2.45亿元。发投公司通过收购波司登旗下持牌内资试点融资租赁公司的方式获得融资租赁牌照，并转型为持有私募基金管理、保理、融资租赁（内资）、资产管理等类金融业务资质的全牌照金服平台。通过管理基金的模式开展具体股权投资业务，在管基金4支，管理规模19亿元。其中，2支政府引导基金投资运作取得成效，撬动社会资本9.92亿元，全力支持数字经济、人工智能、高端装备等新兴产业发展；创富启峰基金投资珠海冠宇，获项目分红67万元，项目申请科创板上市并获受理，初定发行市值240亿元；虞诚尚和基金投资汽车智能化项目领科汇智，并落地虞山高新区（筹），投资金额1200万元。

（蔡月宇）

财　政

【概况】 2020年，全市完成一般公共预算收入213.66亿元，完成年初预算的100.22%，比上年增收10.64亿元，增长5.24%。其中，税收收入完成184.18亿元，比上年增收12.16亿元，增长7.07%；税收占一般公共预算比重86.20%，比上年增加1.47个百分点。一般公共预算收入占GDP的比重由2019年的8.94%提升到9.03%。全市14个经济板块完成一般公共预算收入189.04亿元，比上年增长6.77%。其中，经开区一般公共预算收入37.36亿元，比上年增长10.40%，增量位列全市第一；高新区一般公共预算收入32.18亿元，比上年增长5.98%；经开区和高新区一般公共预算收入完成69.54亿元，占全市收入比重由上年的31.62%增加到32.55%。全市一般公共预算支出229.77亿元，完成调整预算的97.56%，比上年增支10.27亿元，增长4.68%。其中，将政府性基金调入一般公共预算统筹使用形成支出26.13亿元；国有资本经营预算收入调入一般公共预算统筹使用5038万元；全市民生支出完成185.13亿元，占一般公共预算支出比重80.57%，较上年提高0.56个百分点；收回统筹使用预计当年难以支出的项目资金0.77亿元，全年压减一般性支出8067万元，压减幅度10.45%，其中“三公经费”支出较2019年执行数压降20.85%。全市政府性基金支出224.84亿元，比上年增长6.89%；国有资本经营预算支出3331万元，比上年下降47.12%；社会保险基金支出129.61亿元，比上年减支11.81亿元，当年赤字40.82亿元，用以前年度结余弥补。全市政府性基金收入235.88亿元，比上年增收15.8亿元；国有资本经营预算收入8362万元，比上年增加301万元；全市社会保险基金收入88.79亿元，比上年减少38.57亿元。启动企业职工基本养老保险省级统筹，实施医疗保险基金苏州统筹。

【预算管理】 2020年，常熟市完善以“四本预算”为主的全口径预算编制框架。政府预算和部门预算严格按照法定要求对社会公开，公布2020年部门专项资金管理清单4大类31项。调整公用经费定员定额分档，使公用经费定额与单位履行职责与改革发展相适应。深化集中支付制度改革，实现乡镇金库设立全覆盖。推动涉农资金整合，试点农机化发展资金“大专项+任务清单”管理模式。财政非税收入票据全部实现无纸化，公立医院医疗系统电子票据改革全面推进。首创建立政府采购小额建设工程竞价系统，全年成交总额1900万元，资金节约率16.4%。200个项目列入绩效评价范围，比上年增加56个，涵盖全部板块，涉及财政资金86.96亿元，比上年增加12.04亿元。镇级开展预算绩效目标管理项目81个，比上年度增加23个，绩效资金4.27亿元，比上年度增加1.82亿元。发布预算绩效管理三年行动计划，计划到2022年年底全面建成“全方位、全过程、全覆盖”预算绩效管理体系。以民政局和农科园2家作为试点单位，首次开展部门整体预算绩效目标管理和评价试点。

【支持经济发展】 2020年，全市运作新动能基金和产业发展资金，财政完成投入5.83亿元，撬动社会资本超过16亿元，助力每日优先华东总部、正力新能源、羚控科技、埃眸科技等一批数字经济、新能源、人工智产业能落户常熟市。常创基金投资6个项目，完成投资2800万元。财政全年累计兑付各类扶持资金31.6亿元，其中落实科技创新发展资金8.7亿元，人才发展资金1.1亿元。推广“苏微贷”业务，向88家中小微企业发放贷款4.8亿元，比年初增加61户3.6亿元。分阶段推动多个PPP项目，洪洞水质净化厂PPP项目完成政府采购，农村分散式生活污水治理三期PPP项目进入建设期，推动农村分散式生活污水治理四期、古里智能制造产业园及相关配套设施PPP项目入库工作。

【民生领域投入】 2020年，全市累计投入25亿元用于沪苏通铁路及常熟站建设；完成资本金筹集与上缴工作，加快推进南沿江城际铁路建设；支持做好通苏嘉甬铁路前期工作。支持开展既有建筑和历史街区更新改造，提升城乡形态和承载力。出台多项稳就业政策，累计发放稳岗补贴和应急稳岗返还补贴1.8亿元，审核并发放各类困难群众补助资金2.4亿元。教育投入5.05亿元用于新建续建学校项目36个。总投资15亿元的二院北部医院顺利投用。调整提高困难对象救助标准，累计发放各类困难群众补助金2.4亿元。落实5亿元奖补“千村美居”工程建设。完善对生态环境保护的支持政策和补偿机制，节能环保支出10.2亿元。

【中央直达资金】 2020年，全市共获中央直达资金指标5.61亿元。其中：特殊转移支付0.70亿元，用于教育事业、交通补贴、应急物资保障体系建设、困难群众救助补助等支出；抗疫特别国债4.87亿元，用于基础设施建设和抗疫相关支出；正常转移支付0.04亿元，用于城乡居民基本医疗、养老保险补助等方面。市财政局牵头成立直达资金工作领导小组和工作专班，拟订直达资金管理办法，及时完成直达资金分配下达，建立常态化监督预计机制，确保直达资金支出及时到位。

【减税降费】 2020年，全市落实各项减税降费政策，贯彻“苏惠十条”和“常惠十二条”政策，减免社会保险费及医疗保险费共31.2亿元，为全市各类市场主体减轻负担。疫情期间全市行政事业单位和国资企业累计减免小企业及个体工商户租金1.2亿元。下达和拨付防疫资金3.2亿元，用于保障全市防控物资、补助发放、公共卫生建设发展等经费支出。投入1000万元用于消费券发放，助力打造“虞歌畅晚”夜经济品牌。

【财政监督】 2020年，常熟市综合运用财务会审、财政稽查、人大审议、预决算信息公开等手段，进一步健全财政大监督体系。完善人大预算联网监督系统，细化人大对年度预算编制、预算执行动态监管。完成对50个政府投资项目的评审，核减金额超过7亿元。出台涉及人才、就业、养老、生态、金融、疫情防控等领域资金管理办法12个，规范财政专项资金使用行为。“智慧财政”增加行政办公模块，财政行政管理信息化覆盖至各板块财政部门。

【债务管控】 2020年，常熟市坚持做好隐性债务化解工作，完成年度化债任务的122.7%，实现全口径政府性债务余额逐季下降。开展乡镇政府性债务管理情况专项督查，实施板块债务风险评估，压实化债责任。把好乡镇项目资金审核关口，审核投资项目133个，压减暂缓投资项目52个，压减资金23.7亿元。实施国资公司经营性融资计划管理，严格执行担保审批制度，融资担保风险控制在安全区域。

（顾正堂）

税　　务

【概况】 2020年，常熟市税务系统统筹抓好减税降费和组织收入工作，全市共组织税费收入432.17亿元，其中税收收入345.94亿元；完成地方一般公共预算收入184.18亿元。2020年，常熟市税务局（以下简称市税务局）获评“全国文明单位”。

【税收征管】 2020年，市税务局全面推行“1+5”新税收征管体系，细化工作统筹和责任落实，编发6类征管高频事项操作指引及工作规范，制定148项权责事项清单，落实依法行政“三项制度”。出台《常熟市税务局税收风险监管联动机制》，筑牢税收监管防线。针对建筑、针纺、熔喷设备生产等行业开展专项风险分析识别，推进国际税收风险管理，重点关注对外支付、境外投资、关联交易等三类风险事项，全年风险应对总成效达8.64亿元。拓展新业态审慎包容监管举措，尝试建立网店销售数据第三方信息交换机制，探索平台经济、网红经济等新业态的税收管理举措。加强外来建筑工程项目监控管理，升级“建筑工程项目管理平台”，新登记建筑工程项目712个，总金额274.88亿元。深化税收协同共治，联合多部门成立阶段性减免社保费专项工作组，持续健全社保费和非税收入网格化管理工作体系，规范委托代征日常管理，在发票管理、现金税费征缴、人员管理、保密管理、作风效能建设等方面建立相关代征制度。加强部门间涉税数据信息交换，与新市民中心交换、匹配89690条数字门牌信息，提升征管数据质量。

链接：

“1+5”新税收征管体系：1是指构建“优化高效统一的现代化税收征管体系”这一中心。5是指规范征管业务流程、深化纳税服务体系、深化税收风险管理、深化大数据应用、加强信息化建设五个方面。

【法治税务】 2020年，市税务局推进依法行政，持续优化税务执法方式，建立内控监督机制，制定《国家税务总局常熟市税务局内部控制监督机制（试行）》，明确21个内控风险事项清单，制定10项相关工作指引及操作办法，将税收执法风险防控措施最大限度内嵌于日常管理和业务系统。对风险事项清单实行动态管理，推进税收遵从风险和执法廉政风险一体防控。建立事前事中事后紧密衔接、相关部门协调配合，严格执法、快速反应的监督管理制度。开展“增值税专用发票最高开票限额审批”等10个内控风险事项的自我评估，落实法制监督和廉政监督责任，全年开展针对风险应对“一案双查”10件。组织开展执法案卷评查2次263户行政处罚案卷进行评查，组织开展风险应对案卷评查2次36家，

2020年，常熟市税务局成立复工复产指导服务小组，主动对接全市重点企业，上门提供税收政策解读、业务辅导等服务，帮助企业及时享受相关税收优惠政策。图为税务工作人员向企业宣传税收政策　（孙益新　摄）

编制以案释法案例，定期通报各类执法风险、败诉案件分析等，加强警示预警教育。对全市111家企业进行立案检查，查补税款12003万元。

【税务服务】 2020年，市税务局落实"放管服"改革各项决策部署，优化税收营商环境，统筹推进线上线下服务方式，出台《国家税务总局常熟市税务局纳税服务联动机制（试行）》，明晰纳税服务工作职责。合理布局办税服务点，落实"非接触式"网上办税清单，"非接触式"办税率始终保持90%以上。完善重点税源企业联系工作机制，持续延伸纳税服务触角，实现涉税咨询一键通答，成立税收违法案件投诉举报中心。对接"走出去"企业需求，举办"一带一路"建设政策宣讲，推广税收服务"一带一路"专题产品。与市人民银行建立以纳税信用为基础的银税互动合作机制，推动13家金融机构推出17款银税产品，累计为全市1458家守信小微企业纳税人发放贷款5.84亿元。"一对一"帮扶指导受疫情影响的纳税人办理延期申报和延期缴纳税款相关手续，为3.3万户次纳税人延长申报期限，为107户次纳税人办理延期缴纳税款合计5629万元。配合全市发展战略积极向上争取政策，实现综合保税区一般纳税人资格试点工作在常熟落地。联合工商联和纺织服装商会，打造智能改造企业、纺织服装传统企业和电商新业态三方对接的税企"智联通"平台，赋能传统产业提档升级，首批5家智能改造企业、13家传统企业入驻平台开展供需对接。

【税收优惠政策】 2020年，市税务局强化"非接触式"宣传辅导，线上推送优惠政策及相关解读128万条次，举办政策"云发布"直播活动3期，收看人次120万人。全年兑现各类税收优惠168.27亿元，其中兑现防疫相关优惠政策减免税款2.93亿元、减免或扣除所得3.23亿元，减免社保费和非税收入33.81亿元。落实境外投资者以境内利润再投资递延纳税等优惠政策，8户企业的境外投资者用分配利润再投资1.69亿元，减免税收1689.15万元，2家企业接受异地公司利润再投资3478.16万元。配合做好市场采购贸易方式试点，全年市场采购贸易出口免税申报额8.95亿美元，相关做法获上级肯定批示。

【税收普法教育基地获评全国示范基地】 7月，市税收普法教育基地入选第二批全国税收普法教育示范基地。市税收普法教育基地2011年建成开放，总建筑面积2000平方米，拥有税法教育厅、税赋文化阁、古今税史廊、税思童趣园、税务读书吧5个主题展示区，利用现代化的声、光、电、人工智能及网络技术对税收知识和税收历史进行全方位演绎、展示。被苏州市委宣传部列入2020年"走基地、看成就、聚力量"主题活动参观点之一。

（孙益新）

【经开区税务】 2020年，常熟经济技术开发区税务局（以下简称经开区税务局）全年组织税收收入76亿元，增收8.44亿元，增长12.48%；实现一般预算收入37.36亿元，增收3.52亿元，增长10.39%。经开区税务局落实支持疫情防控和复工复产税费优惠政策，建立健全优惠政策直达快享落实机制。梳理疫情防控税费优惠和减税降费相关税收新政，实现对纳税人宣传辅导全覆盖。结合税收宣传月活动、"便民办税春风行动"、"点对点"开展"非接触式"和"指引式"政策宣传、讲解。召开税企座谈会，送政策、问需求、解难题，助力企业复工复产。全年兑现税费优惠政策5700万元。受理延期缴纳税款申请5户，核准延期缴纳税款130.43万元。办理出口退税5.89亿元、增值税留底退税2.99亿元，新增减税降费规模6.84亿元。

征管体系　经开区税务局探索构建现代化税收征管体系，深化"1+5"新税收征管体系建设。开展增值税专票电子化试点，推行增值税发票网上申领。强化金三运维管理，落实实名办税信息核实、采集工作。推动个人所得税首次综合所得年度汇算工作。用好税收大数据，推进税收经济分析，定期收集重点企业税源预测数据，对数据变动情况进行同比和环比分析。提升大数据分析能力，强化信息情报的采集和情报运用，依靠数据情报实现疑点的深度分析，提升风险应对规范，增强企业税法遵从度。

税务服务　经开区税务局重点围绕各项税费优惠政策落地、办税提速增效等，强化"非接触式"纳税服务，加强"线上"服务力量。落实"最多跑一次"清单、便民办税缴费20条新举措，为纳税人缴费人办实事、解难题。推进综保区一般纳税人资格试点，提供政策服务。发挥纳税信用增值效用，深化"银税互动"效应，构建纳税服务与金融服务的快车道。实施税收信息化管理，加速推进"非接触式"服务。完成电子税务局线上审批业务1787笔，线上申报比率稳定在97%以上。发挥发票"网上申领、邮寄配送"功能，完成发票配送7495笔。自然人电子税务局征纳互动解答各类问题524人次。加强税收宣传，线上新办纳税人学堂培训367户，线上征纳互动平台辅导327户次，短信推送宣传数量33303次。

（刘　义）

审　计

【概况】 2020年，常熟市审计局完成审计项目37项，实施工程跟踪审计项目4项，共查出违规金额939.8万元，管理不规范金额466308.84万元、损失浪费金额1052.52万元，向市纪委、监委和相关主管部门移送线索3条。继续深化审计整改"回头看"工作，开展半年度、年末2次审计整改"回头看"。2020年度审计项目共发现问题163个，完成整改155个，占比95.09%。通过整改上缴财政资金637.61万元，出台修订制度9项。出台《审计发现问题容错纠错操作办法（试行）》，对适用容错纠错的9个方面22种情形进行明确。市审计局实施应对新冠肺炎疫情防控资金和捐赠款物专项审计，开展公立医院综合改革政策落实情况、就业优先政策落实情况、企业职工基本养老保险、省东西部扶贫协作情况等重大政策措施贯彻落实情况跟踪审计项目。审计报告、专报、信息等被领导批示15篇次。获评苏州市优秀审计项目1个、苏州市优秀“两统筹”审计项目1个。

【同级财政审计】 2020年，市审计局实施2019年度常熟市级财政预算执行情况及其他财政收支审计（简称同级审），同级审工作报告于7月经市十五届人大常委会第二十八次会议审议通过。报告主要涵盖市级预算执行情况、部门预算执行情况、“一区一街道”预算执行审计情况、专项审计等四方面内容，共反映问题39个，查处违规金额4457.05万元，管理不规范金额45286.97万元。出具审计决定3份、审计专报1份，相关报告得到市领导批示8篇次，推动4457.05万元财政资金入库。同级审整改情况报告于11月27日经市十五届人大常委会第三十次会议审议通过，通过整改，收缴和盘活财政资金3.68亿元。市审计局2019年实施的同级审项目获评2020年苏州市优秀“两统筹”审计项目。

【经济责任审计】 2020年，市审计局对服装城管委会、莫城街道、碧溪街道、辛庄镇、民政局、教育局、党校、文联、发投公司9家单位11名党政领导干部实施经济责任审计，共查处违规金额154.62万元，管理不规范金额2027.28万元，移送案件线索2条，移送相关部门处理事项1条，督促相关单位退还财政资金154.62万元。制定出台《常熟市审计局经济责任审计操作规程（试行）》，统一规范经责审计5个阶段不同环节和15种文书格式。修订完善《常熟市经济责任审计工作联席会议议事规则》《常熟市经济责任审计工作联席会议办公室工作规则》，调整联席会议成员单位及办公室人员，出台《审计发现问题容错纠错操作办法》。市审计局2019年实施的沙家浜镇经济责任审计获评苏州市优秀审计项目。

【自然资源资产审计】 2020年，市审计局单独立项实施辛庄镇领导干部自然资源资产任期审计项目，在碧溪新区、莫城街道等乡镇（板块）的审计中也结合开展自然资源资产审计。

【政府投资工程审计】 2020年，市审计局实施农村人居环境整治暨“233”专项行动审计调查、常沙线快速化改造工程等审计项目。开展全市新增工业用地项目投入产出情况汇总调查，完成全市2017—2020年269个项目调查统计，出台《关于产业项目用地全程管理的若干意见》。完成七浦塘拓浚整治常熟段工程竣工决算审计，开展全市重点基础设施工程项目的投资审计工作。实施沪通铁路常熟站综合交通枢纽配套预留地下通道工程跟踪审计、三环路东北环快速化改造工程跟踪审计、三环路生态绿化和慢行系统跟踪审计、第二垃圾焚烧厂跟踪审计等4个项目。2020年是竣工决算三年清理计划任务的最后一年，截至12月末，三年中已完成212个项目的复核，出具正式复核意见192份，再次核减投资1128.49万元。

【企业审计】 2020年，市审计局实施市直属国企对外投资及投后管理专项审计调查项目，对发投公司、城投公司、江南集团、水投公司、文旅公司、保障房公司6家市直属企业2015—2019年股权投资和投后管理情况进行审计，开展路灯安装工程公司资产清查审计、发投公司领导干部经济责任审计等2个项目。与派驻财政局纪检监察组、国资办联合进行整改督查，相关单位问题整改基本到位，被审计单位研究出台制度文件5份、处置账外投资公司1家、评估入账固定资产20585.27万元，确认国有公司收入727.9万元，收回出借民营企业款项11250万元，收回纾困地方上市企业资金1000万元。

【内部审计】 2020年，市审计局下发《2020年常熟市内部审计工作指导意见》，加强内审工作监督，分类开展内审工作指导。深化“以审代训”模式，在“千村美居”专项审计调查中，调用3名乡镇内部审计人员参与审计。

【科技强审】 2020年，市审计局在对高新区、公立医院等信息化程度较高的单位审计中，加大大数据审计运用；在部门预算审计中，运用“统一数据分析+现场重点核查+被审计单位自核自证”的审计方式，对市级预算单位开展大数据分析；在自然资源资产审计中采用GIS、Google Earth等信息化手段开展分析，构建可供同类型项目使用的数据模型，审计成果论文《巧用地理信息系统软件助力土地整治项目审计》刊登于《中国审计》。与市市场监管局、市国资委签订数据采集协议。

（尤　蕾）

统　计

【概况】 2020年，常熟市统计局贯彻落实地区生产总值统一核算改革，做好高质量发展统计监测，开展统计调查工作，组织全市人口普查，重大国情国力调查取得新进展，推进统计信息化建设，打造统计大数据平台。统筹推进疫情防控和经济社会发展监测统计，履行统计职能，强化疫情对经济发展的影响分析研判。做好高质量发展统计监测、共性指标体系的梳理分类工作，配合市考核办将指标内容分解落实各责任部门，并收集汇总部门高质量发展考核共性指标年度目标。编印高质量发展监测专报，撰写材料向市委、市政府专题汇报，其中《关于省对我市高质量发展监测的情况汇报》《关于江苏省2019年度县（市、区）高质量发展监测指标完成情况的汇报》等多篇专题报告获市主要领导批示。起草并完善全市对板块经济发展和社会进步高质量发展考核监测指标体系，指导各板块做好板块高质量发展考核监测工作。5月起每月发布对板块经济发展高质量月度情况监测结果，每季度制作板块高质量发展龙虎榜，持续推动各板块争先进位。

【统计调查】 2020年，市统计局开展综合、统计监测、核算、城乡划分、工业、规下工业、投资、建筑业、房地产、

第七次全国人口普查标准时为2020年11月1日零时，图为普查员入户开展普查 （市融媒体中心 提供）

贸易、限下贸易、劳动工资、科技、人口、文化产业、服务业、规下服务业、互联网经济、能源、农村综合、基本单位等常规统计调查，在2020年度苏州市（县）区统计调查工作综合评价中获优秀等次第一名。对全市主要经济指标及GDP34项基础指标进行月度监测分析，每月制作主要经济指标月度台账、分月趋势图，并根据最新情况对全市经济运行情况进行分析，针对苗头性、倾向性问题及时进行预警。开展调查研究和专题分析，加强统计数据解读，推进统计公开透明。市统计局撰写的《对标晋江，找差距、扩优势，转型创新，推进常熟高质量发展》获年度苏州市（区）优秀统计分析报告一等奖。

【统计管理】 2020年，常熟市出台《常熟市党政领导干部防范和惩治统计造假、弄虚作假责任制实施细则》和《常熟市贯彻落实国家统计局第六统计督察组督察反馈意见整改方案》。市统计局健全防范和惩治统计造假弄虚作假责任体系，推动“依法治统”向各级党委政府、部门、各领域和基层延伸。对全市乡镇（板块）、行政村（社区）和年度新增联网直报企业开展统计规范化建设指导和验收工作，组织全市统计系统人员开展各类培训380余人次。开展人口普查宣传月“大国点名，没你不行”第十一届中国统计开放日活动。制作法治宣传动漫《依法统计 诚信统计》《常熟统计——我们这五年》，获苏州市“我们这五年”H5评比展示活动三等奖。贯彻落实地区生产总值统一核算改革。在市政府第46次常务会议和市委第119次常委会议上，统计局作地区生产总值统一核算改革专题汇报，介绍统一核算改革的背景、主要内容、工作进展。

【统计服务】 2020年，市统计局继续丰富统计服务产品，及时整理和公布全市性基本统计数据，做好《常熟市国民经济和社会发展统计公报》《常熟统计年鉴》《常熟市情市力》《常熟经济运行报告》《统计月报》等统计资料产品的编印工作，定期更新数据常熟App、“常熟统计”微信公众号，准确反映常熟经济发展状况。关注宏观经济运行、全市经济主要指标完成情况、国民经济和社会主要指标以及周边县市主要指标数据比较，形成一批专题分析和调查报告。加强统计数据解读，推进统计公开透明，及时向市委、市政府报送统计信息，多篇数据观点被市级录用。

【第七次全国人口普查】 2020年，市统计局做好第七次全国人口普查的组织推进工作。2月下发《市政府关于做好常熟市第七次全国人口普查工作的通知》，成立人口普查领导小组。镇、村两级也相继成立普查机构，普查经费、人员落实到位。6月，在常熟市琴川街道浦浜村（金桂社区）开展第七次全国人口普查苏州市级综合试点。市人普办联合市委宣传部制定《常熟市第七次全国人口普查宣传工作方案》。通过电台等传统媒体，标语横幅、户外广告牌、公交车车身广告等宣传媒介，微信公众号、手机视频彩铃等新媒体进行立体式宣传。在全市范围内选聘普查指导员和普查员7000名，逐级逐层开展培训，短表阶段培训全市“两员”共36场7000人次，长表阶段培训普查指导员共10场1600人次。10月31日完成全市入户摸底工作，11月1日至12月10日完成正式登记和比对复查工作，登记清查率100%，并接受国务院人口普查办公室事后质量抽查。 （殷 颖）

市场监督管理

【概况】 2020年，常熟市市场监督管理局（以下简称市市场监管局）紧扣“争先争优”年度主题，聚焦主责主业，助力“三增三进”，服务“两强两优”，特种设备安全、依法行政、事中事后监管专项工作受到苏州市市场监督管理局表彰，专利质量、消费品质量合格率、食品药品安全水平3项高质量考核指标均位列苏州第一。被省药品监管局评为“2020年上半年全省药品稽查执法工作先进集体”。全年对特种设备作业人员考核发证2652人次，复审发证6382人次。3月，组织开展假冒伪劣产品集中销毁活动，共销毁各类假冒伪劣产品25万件，计20多吨，涉及种类有食品、医疗器械、药品、服装、手机配件、学生用品等。4月，助力江苏康诺医疗用品股份有限公司取得省药监局第一张应急审批的医用口罩注册证。10月，行政执法案卷评查位列苏州第一名，在江苏省市场监督管理局依法治理知识竞赛中获优胜奖。

【食品安全监管】 2020年，全市有食品生产经营单位13379家，其中获证食品（食品添加剂）生产企业158

表 4　　2020 年常熟市食品安全监督抽检和风险监测情况统计表

类　型	抽检部门	抽检批次	合格批次	不合格批次	合格率
食品监督抽检	农业农村局	940	940	0	100.00%
	市场监管局	6453	6272	181	97.20%
	海关	221	221	0	100.00%
	小计：	7614	7433	181	97.62%
食品评价性抽检	市场监管局	804	791	13	98.38%
食品相关产品监督抽检	市场监管局	103	103	0	100.00%
风险监测	卫健委	609	496	113	81.44%
合　计:		9130	8823	307	96.64%

家，食品小作坊219家，食品销售主体12818家，餐饮服务主体12410家，食堂1987家。年内完成食品安全监督抽检和风险监测共9130批次，涉及30类食品及食品相关产品，达到6.02批次/千人。其中食用农产品完成抽检3851批次（农业农村局940批次，市场监管局2735批次，海关176批次），达到2.54批次/千人。食用农产品批发零售市场开展各类快检402082批次，检出阳性食用农产品754批次，占比0.19%。强化校园食品监管，出动执法人员1780人次，检查学校食堂253家、校内超市及小卖部14家、校内社会餐饮单位5家、校外食品销售经营者86家、校外餐饮服务经营者50家、学校食材配送单位11家，学校食堂“五常法”等先进管理方式实施率92.1%，量化分级评定优秀率82.2%，明厨亮灶实现全覆盖。完成20个农贸市场快检室改造、食用农产品监管体系、食用农产品质量安全公示系统建设，快检结果全部在批发零售市场显示屏公开。12月30日，《常熟市农村集体聚餐食品安全监督管理办法（试行）》印发，将集体聚餐活动纳入食品安全监管范畴。

链接：

五常法：即餐饮业五常管理，是运用5S（整理、整顿、清扫、清洁、素养）管理的原理，根据餐饮业的特点和实际操作过程，为便于在餐饮业推行和实施，将五常归纳为常分类、常整理、常清洁、常检查、常自律，简称“五常管理”。

【药品医疗器械安全监管】 2020年，全市有药品生产企业18家；药品零售企业669家，其中连锁门店319家，单体药店350家；二类以上医疗器械生产企业29家，一类医疗器械生产备案企业32家，持证医疗器械经营企业205家（批发72家、零售126家、批零兼营7家），医疗器械备案企业950家；医疗机构489家，其中三级医院3家，二级医院4家。年内共查处违法案件428件，其中简易程序326件；一般程序102件，开具责令改正通知书290份，罚没款300多万元。

【特种设备安全监察】 2020年，全市共有特种设备使用单位9460家，在用特种设备数量为58729台，其中锅炉523台、压力容器20626台、压力管道2221.4千米、电梯16905台、起重机械9410台、厂（场）内专用机动车辆11263台、客运索道1条、大型游乐设施1台，在用设备使用登记率100%。检查特种设备使用单位2782家，出动检查人员6648人次，抽查各类设备4289台（其中锅炉123台，压力容器607台，压力管道114家，电梯1366台，起重机械785台，场内机动车辆1270台，气瓶/移动式压力容器19个，索道和游乐设施5台/次），发现整改隐患3226条，下达指令书1543份，对133家特种设备相关单位进行立案调查，罚款455.97万元。2020年全市特种设备安全生产零事故，特种设备相关和有关事故压降81.8%。组织开展特种设备教育培训、集中宣讲69次，参训企业负责人和相关人员6900人次，印制发放特种设备安全宣传手册、警示标志20万份。对调整出特种设备目录的相关设备开展排查并进行评估，

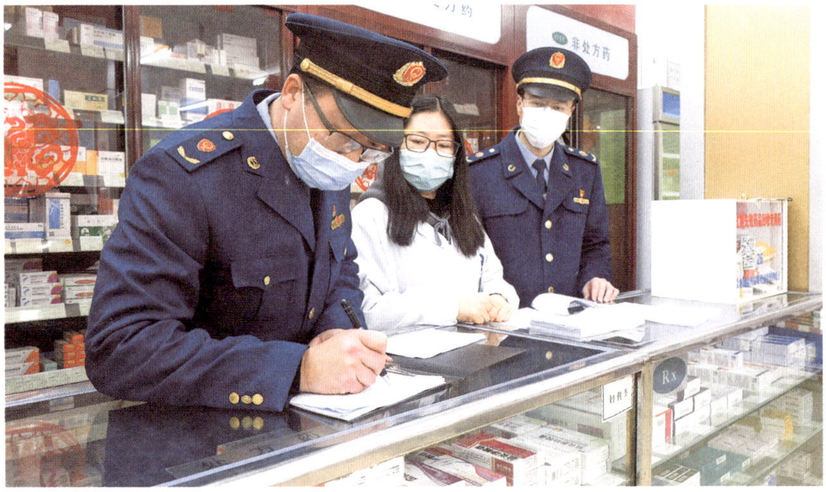

2月12日，市场监督管理局对全市部分公共场所开展执法检查

（市融媒体中心　提供）

共排查出3吨以下起重机械4174台，非货叉叉车533台，升降平台1450台，已评估通过起重机械1413台，非货叉叉车195台，升降平台545台。全年对130家特种设备相关单位适用安全生产法实施事前处罚，罚款451.87万元。

【信用监督管理】 2020年，全市完成综合监管任务600家，发现严重问题32个、较重问题227个、一般问题776条、轻微问题115个，完成闭环256家；同时，围绕“双随机、一公开”任务，就三类抽查进行事项整合，合并两类以上检查任务企业76家。通过上级下派、自设途径，抽取并完成各类“双随机、一公开”任务5199家；会同市人社局开展清理整顿人力资源市场秩序专项执法跨部门抽查（省抽），实施跨部门双随机检查1家，抽取并检查房地产市场秩序专项跨部门“双随机、一公开”检查对象57家，发现一般问题41条，严重问题3条，立案3件。在国家企业信用信息公示系统将2019年至2020年的行政处罚信息2555条、行政许可信息3713条予以公示。开展商品房买卖合同预售前行政指导19件，指导房地产企业调整有关条款580余条。会同市房管处制作商品房买卖格式合同、预约合同示范文本，向全市房地产企业推广。办理动产抵押登记294件，助企融资40.3922亿元，变更8件，注销66件。探索实施行政处罚信息信用修复，受理并完成信用修复1件。完成互联网广告监测9639条次，审核微信公众号664个共计1296次，通过并认领入库663个，淘汰1个。全市企业年报率92.4%。

链接：

双随机一公开：随机抽取检查对象，随机选派执法检查人员，抽查情况及查处结果及时向社会公开。

【消费维权服务】 2020年，市市场监管局共处办投诉举报28185件，其中“12345”转件11396件（苏州级以上802件），全国“12315”转件14310件、省“12315”转件2057件。自接登记投诉举报422件，跟踪督办、收集和回复上级平台各类办件26718件。接待、答复各类相关咨询24798件。全年投诉举报及时签收率、及时处置率、及时回复率均达100%，消费者满意率超过99%。培育申报省、苏州市两级放心消费创建先进示范单位26家。市市场监管局成为2020年苏州市唯一“零差错”县区局，被苏州市场监管局通报表扬为2020年度苏州市场监管投诉举报（便民服务）工作成绩优异集体。

【市场执法稽查】 2020年，市市场监管局一般程序立案1844件，结案1962件，其中“三重一大”案件（重大处罚、重大影响、重大突破的案件和上级交办督办的大案）603件，移送公安56件72人次，罚没款合计9641余万元，入库8952万元。开展反走私成品油、疫情防控、打击侵害消费者个人信息、商标侵权、电子商务乱象、虚假登记注册、食品非法添加、建筑材料、羽绒服等专项整治行动，查获非法收集使用的消费者个人信息73万余条次；查获非法成品油运输船舶11艘次，查扣不合格柴油3387.05吨。11月10日，市市场监管局查办的假冒机油案被《人民日报》报道。常熟市某公司侵犯注册商标专用权案经中国外商投资企业协会优质品牌保护委员会投票评选，入选2019—2020年度品保委知识产权保护“两法”衔接典型案例。

【全国市场监管系统执法协调工作座谈会在常熟召开】 12月10日，全国市场监管系统执法协调工作座谈会在常熟召开，会议交流各地开展扫黑除恶专项斗争、查处无合法来源证明进口商品、扫黄打非等执法稽查专项工作开展情况，研讨扫黑除恶考评工作、完善长效机制以及如何做好新形势下查处无合法来源证明进口商品、扫黄打非等工作。国家市场监督管理总局市场稽查专员（正司级）李玉家出席会议并讲话。全国21个省市市场监管局代表在现场作典型经验交流发言，常熟市场监管局为唯一的县级局交流发言单位。常熟市市长焦亚飞出席会议并致辞。

价格管理

【价格调控】 2020年，常熟市继续组织实施价格调控目标责任制，上半年制定下发《建立和实施2020年价格调控目标责任制实施意见》，细化分解落实发展生产、疫情防控、保障供给、储

表5 2020年常熟市市场监管专项整治情况统计表

名 称	案件数（件）	罚没款（万元）	备 注
反走私成品油	11	872	—
疫情防控	253	1300	—
打击侵害消费者个人信息	100	431.6	—
商标侵权	350	1512	—
电子商务乱象	190	501.3	—
虚假登记注册	19	51.8	—
食品非法添加	59	217.78	—
建筑材料	55	158	—
羽绒服	–	–	抽检150批次，36批次不合格，处置中

（浦曾斐）

备调节、监测预警等15项重点工作措施，确保全市重要居民生活必需品及疫情防控用品市场供应充足、价格稳定。定期召开保供稳价联席会议，及时分析市场价格动态，部署稳价工作措施，逐步完善与供给侧结构性改革相适应的财政、金融、价格等政策体系，保持价格总水平处于合理区间。强化价格监测预警，发挥59个监测点作用，做好农副产品、日用品、药品、化工、农资等重要商品和服务价格的跟踪监测。全年发布《重要民生商品价格信息》180期、《信息简报》24期，为市场宏观调控提供依据。探索开展夏季保淡绿叶菜价格指数保险，6月15日—9月15日组织对全市15家农贸市场的蔬菜价格每日监测，为保障农民收益、促进农业发展、稳定市场价格提供依据。在疫情防控期间迅速启动价格监测预警机制，强化市场调查巡视、密切关注市场价格动态，对粮油肉蛋菜及口罩、医用酒精、消毒液等防疫用品价格实行一日一报，紧急情况随时上报制度，为非常时期保供稳价提供有力支持。完善社会救助和保障标准与物价上涨挂钩联动机制，共启动发放困难群众物价上涨补贴612.3万元，惠及各类困难群众。根据省发展改革委、省市场监管局《关于做好降低企业用电成本支持企业复工复产的通知》要求，降低除高耗能行业用户外的，现执行一般工商业及其他电价、大工业电价（含已参与市场交易用户）的电力用户用电成本，统一按原到户电价水平的95%结算。惠及企业电力客户超过11.17万户，减少客户电费支出3.53亿元。取消对2019年冬季非居民用管道天然气销售价格的疏导，减少非居民用气成本约1.38亿元。从4月1日起，全市非居民用管道天然气销售价格由3.085元/立方米下调至2.99元/立方米，有1397家工商业用户直接受益，降低用气成本约3360多万元。年内，全市连续降低企业用气成本，通过政策性手段为企业用户降低用气成本1.72亿元。新建普通住宅民用燃气工程安装费收费标准下调至2200元/户。

【资源价格改革】 2020年，常熟市按照煤热价格联动机制，适时调整蒸汽销售价格，至年底蒸汽中准销售价格为200元/吨。贯彻落实国家关于天然气价格改革的相关要求，出台常熟民用燃气工程安装费标准政策、非居民用管道天然气配气价格政策、淡季非居民用管道天然气价格政策、今冬明春非居民用天然气价格疏导政策，同时做好天然气延伸服务收费的监管，逐步推进供给侧结构性改革，降低实体经济企业用气成本1.72亿元，支持企业复工复产。

【环境价格改革】 2020年，常熟市在出台《工业企业资源集约利用差别化价格政策实施方案（试行）》的基础上，推进资源要素差别化配置，强化分类指导和精准服务，制定《关于开展常熟市工业企业资源要素差别化配置的实施意见（试行）》，构建包括差别化价格政策、差别化税收政策、差别化供地机制、差别化用能机制、差别化排污机制、差别化信贷政策、差别化财政奖励政策、分类指导精准服务政策8个方面，综合系统的差别化政策体系；对企业实施正向激励和反向倒逼完善根据环保信用评价结果实行差别化价格政策，对环保信用评价结果为较重失信（红色等级）和严重失信（黑色等级）的企业，执行“差别化水价”政策。对较重失信（红色等级）、严重失信（黑色等级）企业，在现行污水处理费基础上，每立方米分别加价0.6元和1元。年内对评价为D类企业惩罚加征天然气费365.74万元、污水处理费25.87万元。

【清费减负】 2020年，常熟市落实国家、省取消、停征和降低6项政府定价的收费项目，涉及减免金额18.6万元，动态公布行政事业性收费目录和政府定价、指导价的经营服务性收费目录，确保优惠政策落实执行到位。创新收费监管方式，完善江苏省收费动态监管服务系统，完成全市执收单位2019年度收费信息统计和录入。开展收费巡访及年度报表上报，对相关单位进行抽查，未发现违规收费现象。按照收费动态监管服务系统统计要求2019年度全市收费总额428127.5万元。为继续推动景区门票降价、不断完善门票价格形成机制、规范景区价格行为，对AAA级及以下景区开展成本调查。

【民生价格管理】 10月，常熟市调整2个AAA级景区收费标准，铁琴铜剑楼门票实行免费、龙殿景区门票取消收费，进一步完善景区门票价格形成机制。完成2所民办非营利性幼儿园保教费、2所民办中小学学费的核定工作。通过差别化停车收费政策的实施更好地优化配置全市停车资源，逐步缓解拥堵路段、拥堵时间段的车辆停放，通过实施差别化停车收费等价格杠杆措施，建立科学合理的车辆停放收费机制。2020年，备案收费停车场26批次，新增收费停车位5307个。

【成本调查与监审】 2020年，市发改委开展常熟市老年公寓床位费、护理费定价成本调查、公办幼儿园保教费定价成本调查、民办幼儿园保教费定价成本调查、常熟国际学校教育收费定价成本调查、常熟金陵海虞热电供热定价成本监审、3家燃气企业配气价格成本监审、2家景点门票价格成本监审等工作。

【价格认定】 2020年，市发改委完成各类价格认定案件1627起，其中涉刑事案件财物价格认定796起，涉税房屋价格认定532起，保障房、经适房价格认定298起，纪检监察案件财物价格认定1起，对全市存量房纳税价格交易数据库进行全面维护。按照《江苏省价格条例》《价格认定规定》等系列新规要求，优化工作领域和业务范围，确立涉税财产价格认定，违纪案件涉案财物价格认定，刑事案件涉案财物价格认定，行政征收、征用及执法案件涉案财物价格认定、价格纠纷调解为价格认定工作新定位。依据《江苏省涉税财产价格鉴证管理办法》《常熟市住房保障实施办法（试行）》有关规定，配合市税务局做好税收征管活动中涉及的计税价格认定；配合市房屋管理处做好全市住房保障合格家庭购买共有产权房政府所占份额的价格认定工作。

【价格监督检查】 2020年，市市场监督局开展电力价格、转供电价格、港口收费、非居民用管道天然气销售价格、涉企收费、民办医疗机构服务价格等专项检查，保障降费减负政策传导到位，为企业减负2.47亿元。规范处理各类价格举报投诉，处理各类举报投诉837件，立案查处41家，罚没款合计223.7万元，退还多收费用166万元。10月22日，约谈申通、中通、圆通和韵达4家公司负责人，并对18家快递企业开展快递价格调查。发布《生猪市场价格政策提醒函》《防疫用品价格政策提醒函》《电动自行车头盔价格政策提醒函》《殡葬服务价格政策提醒函》《转供电价格政策提醒函》等，稳定市场价格异动。 （浦曾斐）

知识产权保护

【概况】 2020年，全市拥有有效发明专利6715件，较2019年12月净增1967件，超过前五年增量总和，增幅位列苏州县区第一。全市万人有效发明专利拥有量达到44.21件/万人，较2019年12月净增12.95件/万人，增幅41.43%。PCT专利申请量247件，注册商标申请量32040件、注册量18420件、有效数116294件，有效注册商标数位列江苏省县区首位。商标侵权案件立案422件，罚没款1425万元，移送公安部门48件61人次。5月7日，"常熟大米"地理标志证明商标注册成功。常熟市专利质量指标在苏州市高质量发展考核中位列第一。

【知识产权管理与服务】 2020年，市市场监督管理局完成86家企业知识产权管理规范创建工作，组织江苏亨通海洋光网系统有限公司等9家企业申报江苏省知识产权战略推进计划，组织常熟市天银机电股份有限公司申报苏州登峰行动计划，组织江苏白雪电器股份有限公司等6家企业申报苏州市企业专利导航计划项目，组织中利腾晖光伏科技有限公司申报省杰出发明人奖，江苏中利集团股份有限公司获批2020年江苏省高价值专利培育示范中心。推荐全市75家重点企业加入苏州知识产权保护中心快审库，进一步缩短发明专利申请授权时限。申报姑苏知识产权人才计划项目1家，3件专利获苏州专利奖二等奖。市场监管局联合地方金融监管局、主要银行，借鉴苏科贷、信保贷的成功经验，开展知识产权质押融资银企对接活动，服务45家企业，实现知识产权质押融资约2.2亿元。

【知识产权国资运营平台】 4月26日，市市场监管局联合市文旅公司配套设立知识产权国资运营平台——常熟市知识产权运营中心有限公司，推进全市发明专利的收储、运营和转化，与省内外高校和代理机构合作，形成"海虞模式"和"尚湖模式"，在全市11个板块推广。年内合作发明专利820件，其中159件高价值专利已落地转化企业。运营中心账面资金由启动时的500万元增至680万元，实现国有资产增值保值。

表6 2020年常熟市各镇（街道）、单位发明专利工作情况统计表 单位：件

板　块	发明专利年初数	发明专利完成数	净增数	增幅（%）
海虞镇	221	325	104	47.06
尚湖镇	202	278	76	37.62
沙家浜镇	394	476	82	20.81
古里镇	313	425	112	35.78
支塘镇	249	333	84	33.73
辛庄镇	338	440	102	30.18
梅李镇	162	254	92	56.79
董浜镇	128	178	50	39.06
虞山街道	82	100	18	21.95
琴川街道	73	93	20	27.40
经开区	550	826	276	50.18
高新区	792	1017	225	28.41
莫城街道	40	62	22	55.00
常福街道	722	893	171	23.68
碧溪街道	127	132	5	3.94
理工学院	333	545	212	63.66
运营中心	0	263	263	—
合　计	4726	6640	1914	40.50

说明：发明专利年初数为2019年12月数据，发明专利完成数为2020年11月数据

（浦曾斐）

检验检测

【概况】 截至2020年年底，市检验检测中心、市质检所累计有1150个产品、1355个参数通过省级计量认证和资质认定，其中521个产品、601个参数通过食品检验机构资质认定；132个参数通过农产品质量检测机构考核；60个产品、185个参数通过中国实验室国家认可委员会（CNAS）认可。市计量所累计取得计量标准考核证书172项，授权开展计量检定215项、计量校准257项，定量商品包装计量检验7项，获CNAS认可开展校准416项和检测24项。针对疫情防控要求，添置熔喷布、热风棉等原材料专业检测设备，涉及的25项产品、11项参数通过资质认定，委托送检口罩及原材料314批次。出台助力企业复工复产3项政策、党建惠企4项政策，通过计量绿色通道为550余家企业优先安排现场检定，对用于疫情防控急需的计量器具实行专人检定3000多台件，免费上门取送7500多台件。为企业提供计量业务预约咨询2000余次，为大金氟化工（中国）有限公司等20余家企业提供许可证咨询及人员培训服务，为江苏聚强电子科技有限公司、常熟市汽车饰件有限公司等113家企业133项标准制定提供咨询服务。

【市场质量监管服务】 2020年，市检验检测中心完成常熟市食安委食品及其相关产品监督抽检8325批次，食用农产品快检质量考核2700批次。配合常熟市市场监管局完成汽柴油、电器、复合肥、危化品、水泥等多项专项监督检查366批；为市公安局、地方海事处、市粮食和物资储备局等监管部门完成珠宝、柴油、粮油、水质检测1641批次；为昆山市、句容市市场监管局完成消毒产品监督抽查50批次、安全玻璃监督抽查6批次；与其他国家或省级质检中心合作完成口罩防护用品、电动自行车、家用小电器、燃气灶具、服装等各类专项监督检查407批。

【计量器具检定校准】 2020年，市检验检测中心检定、校准各类计量器具26.9万台件，其中对1300多家企事业单位的12万余台件强检计量器具实施免费检定，免征检定费1610万元。完成对全市56家集贸市场的3000余台电子计价秤、54家医疗卫生机构的2612余台件计量器具、155家眼镜店的焦度计、验光机、验光镜片组等455余台件在用计量器具的免费检定；完成村级卫生服务站、计生站、福利院等在用血压计检定1710台件；协同省计量院、苏州计量所完成全市22台CT机及核磁共振、直线加速器等17台大型医疗计量设备的强制检定。

【计量惠民】 2020年，市检验检测中心开展“关注民生、计量惠民”活动，完成民用三表（水、电、气表）首次强制检定，强检率100%；“5·20”世界计量日走进润欣花园社区，为居民免费提供血压计检定、维修和眼镜检测服务。结合各类公益活动，向社会开放实验室，普及计量、质检科普知识。坚持“用户思维、客户体验”，开展窗口作风建设专题会、一线流程体验计划，落实便民措施，启用微信、支付宝小额扫码收费功能，增设计量“自助登记服务平台”和“自助打印合格标签”系统，推进窗口服务便民化，缩短办事流程。

【江苏省汽车内饰产品质检中心投运】 1月14日，全省首家省级汽车内饰产品质检中心——江苏省汽车内饰产品质量监督检验中心在常熟市揭牌投运。该中心位于梅李科技创业中心内，实验室面积850平方米，拥有整车环境舱、24立方米环境舱、气质色谱仪等检测设备80多台。承担省市各级汽车内饰产品质量监督检验任务，为政府质量监管和行政执法提供技术支撑，接受汽车及内饰产品生产企业委托开展内饰产品检验检测业务，同时承担汽车内饰产品国家标准、行业标准的制修订工作。全年35个产品、85项参数通过CMA资质认定，11个产品、83项参数通过CNAS现场评审。

（狄晓蕾）

责任编辑：汤　涵

口 岸

常熟港

【概况】 2020年，常熟港完成货物吞吐量8732万吨，其中外贸量1448万吨，集装箱23.4万标箱，比上年分别增长23.4%、20.4%和1.3%。3月1日起，免征进出口货物港口建设费，减半征收船舶油污损害赔偿基金，港口设施保安费收费标准降低20%，全年累计免征进出口货物港口建设费7038万元。市交通运输局（以下简称市交运局）推进《常熟港港口岸线整合利用五年规划》的编制，完成函审稿（修改版）。常熟口岸进出口环节监管证件精简到44种，除涉及安全保密以外，其余40多种全面实现联网核查。

（李一鸣）

【港口建设】 至年底，常熟港共建成泊位59个，其中万吨级以上泊位24个，最大靠泊等级10万吨级（减载靠泊），对外开放码头泊位26个，港口综合通过能力5156.4万吨。兴华码头和长江港务码头是常熟港泊位等级、规模最大、外贸货物吞吐量最大的码头。长江徐六泾口至白茆河口，岸线长约13.5千米，主要为常熟经济开发区的能源、原材料和产成品运输服务，有常熟电厂煤炭、理文造纸、长春化工等8个货主码头，新泰港务、国邦港务等6个公用码头，共有泊位37个，其中万吨级以上泊位16个，主要作业品种有电煤、钢材、木材、集装箱、液体化工品、油品、滚装车辆等。完成兴华港口等码头8套岸电设施，截至年底，常熟港各码头已建47个岸电设施，除化工码头外做到全泊位覆盖。（黄心珏）

【港口管理】 2020年，市交运局加强港口经营市场准入管理，全年核发“港口经营许可证”2家、注销4家、延续14家、变更9家，备案港口经营企业6家。至年底常熟港共有港口经营许可企业39家，港口经营备案企业23家。对4家港口源头重点单位进行现场执法检查24次，对全港58家港口经营企业进行信息采集、自评和考评，将考评结果进行公示，对5家评为C级的单位负责人进行行政约谈；落实动态巡查制度，年内组织港政巡查150余次、联合执法4次，现场纠违10次，发放督查意见表10份、限期整改3份，实施行政约谈10次、行政处罚4起。完成6家甲A甲B类企业的安全生产标准化一级达标考评。严管港口危险货物建设项目，停止除能源项目外的危化品新、扩建项目；严控危化品经营品种，在2019年压缩100种基础上再压缩20种；严把危化货物作业审批，全年审批2793批次；按要求完成常压储罐检测和监管信息化建设，完善视频监控系统和储罐三维动态监控系统。深化绿色港口建设，完成耀皮码头、芬欧汇川码头的水污染防治设施建设，淘汰国二车辆28台、国三车辆29台。

常熟港一隅 （市融媒体中心 提供）

【港口防疫】 市交运局抓好沿江港口码头单位疫情防控的行业监管，制订《常熟港严防水路疫情输入专项整治行动方案》，强化对往返疫区的船舶、车辆和人员的管控，严格管控外来船舶和车辆，全年累计管控船只559艘次、外轮210艘次、商品车60722辆，其他货物2116848.57吨。向海关、海事、边检、引航、长航派出所等5个单位累计发放口罩1.53万只、防护服7200多套、手套4.5万双、鞋套3100

多双、护目镜/防护面屏310个，严防境外疫情输入，确保口岸安全。12月，常熟口岸进口通关时间73.13个小时，压缩比达53.92%。

（黄心珏　李一鸣）

【常熟港首条国际化远洋散集班轮航线】 7月10日，“湘潭”号轮再次靠泊常熟港兴华码头，这标志着太古船务的南太平洋多用途集散航线正式在常熟港稳定运行，常熟港成为中国向南太平洋地区出口贸易的重要窗口。该航线每20天一班，直航至韩国、日本、巴布亚新几内亚、所罗门群岛、新喀里多尼亚、新西兰等地的主要港口，是常熟港开港以来首条国际化远洋散集班轮航线。

【兴华港股权转让】 9月16日，珠海港集团通过全资子公司珠海港香港有限公司获兴华港口不少于90%的无利害关系股份，常熟兴华港口有限公司、常熟长江港务有限公司实际控制人变更为珠海港股份有限公司。此次收购后，珠海港将利用其优越的地理位置优势，发挥西江流域和长江流域港航、物流网络体系的协同效应，加强与长江流域港口、航运、物流企业的深度合作，促进港口、航运、物流的大跨越、大发展，实现珠海港在长江经济带和粤港澳大湾区的双轮业务驱动。

【常熟港开港25周年】 10月23日，常熟市举行常熟港开放再出发暨国家一类对外开放口岸25周年大会。会上，《新时代常熟港发展蓝图》发布；签约的16个项目，包括特色产业港、物业贸易港、科技创新港、绿色生态港等4大类别；启动常熟港生鲜进口海关特殊监管区申报建设等4个港口赋能提升项目；宣布成立常熟长江绿色生态港党建联盟。常熟市四套班子主要领导和全国21家重点港口、物流企业的35名代表与会。

【最大风电整机装运】 10月29日，中国香港籍“大翠云”号货轮装载着中南院总承包建设的越南宁顺50兆瓦风电项目设备，驶离常熟港兴华码头，前往越南金兰港。这是常熟港单次出运量最大的风电整机项目，共装载8套风力发电设备，包括风叶24支、机舱8个、轮毂8个、塔筒40段以及其他配套设备，总计381件4.2万平方米，总价1900万美元，其中风叶片长达72米，单件最重达112吨。

【长江常熟段水上过驳清零】 12月19日，常熟港砂石临时过驳区最后1台浮吊驶入临时停泊点，常熟港水上过驳作业的31艘浮吊和扣押的1艘非法浮吊全部进入福山水道集中停泊水域，长江常熟段持续近24年的过驳作业区全部关停、撤销，提前完成省政府下达的工作任务。

（黄心珏）

常熟海关

【概况】 2020年，常熟市进出口总值1327亿元人民币，比上年下降14.7%。其中，出口871.2亿元，下降20.1%；进口455.8亿元，下降2.2%。常熟海关全年共办理进出口报关单13万份，比上年增长5.2%；监管进出口货物1300.4万吨，货值121.6亿美元，比上年分别增长35.6%和23.2%；监管运输工具3195辆艘，比上年增长6.2%；优化监管查验工作机制，查验报关单5108份，查获问题报关单86份；实现入库税收68.8亿元，比上年增长11.9%。通过南京海关口岸公共卫生核心能力复核检查。重点做好口岸新冠肺炎疫情防控、严打进口“洋垃圾”和非设关地走私、非洲猪瘟等动植物疫情防控、重点敏感商品安全监管、知识产权保护等工作；检出国际船舶所用猪肉非洲猪瘟阳性2次，查获海马干等违禁动植物产品3次，截获外来有害生物58种271次，退运放射性超标石料1批，发现出口危化品包装不合格12批；侦办走私钻石案2起、案值2000万元。同时，优化服务举措，持续改善营商环境，全力稳外贸、稳外资，支持市场采购贸易做大做强，保障“市采通”平台出口超10亿美元；支持常熟融入长三角区域一体化、自贸区联动创新区建设，提前介入、积极推动亨通国际海洋产业园、进口生鲜（肉类）指定口岸等重大项目建设或申报，助推常熟港外贸吞吐量逆势增长20.4%；签发各类产地证2.99万份、货值18.67亿美元，培育新增AEO高级认证企业4家；妥善处理重点企业业务违规操作问题，

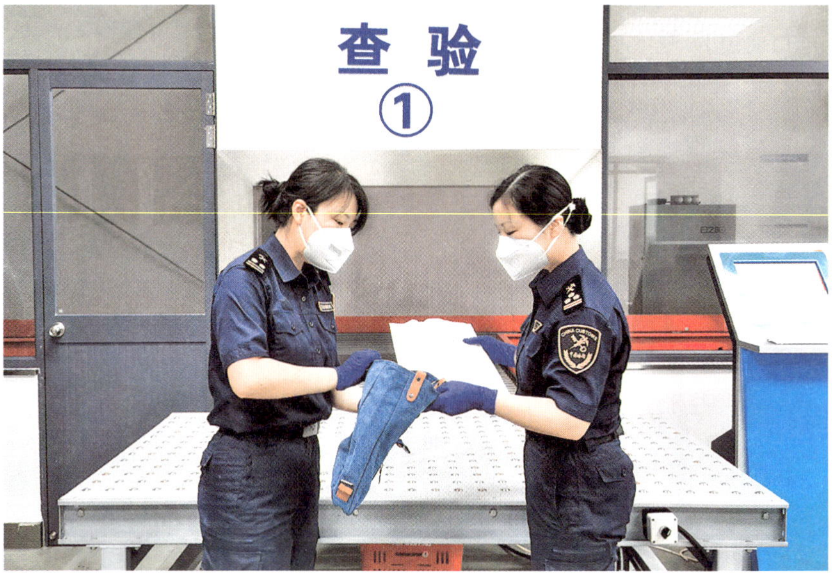

8月5日，常熟海关关员对跨境电商货物进行现场监管

（海关　提供）

完善容错机制，完成主动披露作业48个。成立疫情防控指挥部及口岸防控、口岸通关保障、内部管理保障3个小组，组织41名骨干成立疫情防控"一线、预备、应急"3支梯队，对来自重点防控国家的交通工具100%风险布控和登临检疫，累计登临检疫船舶899艘，检测体温1.49万人次。在长江沿线和省内率先制定船员进境分类管理办法，全省首家启用"船员换班申报核批系统"，完成换班船员操作2104人次。

【通关一体化改革】 2020年，常熟海关支持市场采购贸易"市采通"平台建设，搭建起"全国买、全球卖"的快捷通道，解决企业无票出口、外汇结汇等问题。在全国率先试水市场采购全国通关一体化改革，打通全国出口口岸37个。承办海关总署"全国市场采购贸易方式出口商品海关监管操作规程研讨会"，助力全国通关一体化模式下市场采购贸易监管操作规程顺利出台。推动市场采购与跨境电商B2B出口融合发展，为企业出口提供税费减免等更多便利。2020年常熟市场采购贸易出口额达10.16亿美元。

【海关业务改革】 2020年，常熟海关推进"两步申报""两段准入"改革落地常熟。在江苏省内率先试点"先期机检"和"免于到场"查验改革，平均减少集装箱货物查验吊装2次、物流中转1次。推行"提前申报"模式，加快H986大型集装箱检查设备的全面使用，持续压缩整体通关时间。12月，常熟口岸进口通关时间为3.13个小时，比2017年12月压缩53.92%。深化"以企业为单元"加工贸易监管模式改革，试点企业阿特斯阳光电力科技公司全年进出口总值4.36亿美元，比上年增长60.9%。推行"不见面审批"、原产地证书自助打印，企业注册登记备案等10多项业务实现网上办理。宣传推广自报自缴、新一代电子支付、汇总征税、关税保证保险、预裁定、税单自主打印、特许权使用费申报纳税等多项税收征管方式改革，打通海关通关全流程线上办理的"最后一公里"。指导企业用好用足减免税政策，为属地企业减免关税和增值税3653.5万元，关税保证保险受理担保784.7万元，对86家企业落实对美加征关税排除退税5200万元，指导64家企业市场化采购对美加征关税免征7444万元。开展税政研究，向海关总署上报5项税则修订调整建议。

【"企业问题清零"长效机制】 2020年，常熟海关联合商务、税务、外汇管理等部门，在常熟市经济技术开发区、高新技术开发区、常福街道举办3场"企业问题清零"现场服务活动，并通过线上"问题清零管理系统"和各类政策宣讲会、关企微信群等多渠道收集反馈90多家企业150多个问题，"问题清零管理系统"覆盖269家重点外贸企业。成立工作专班，"一企一策"解决重点企业所遇困难，为奇瑞捷豹路虎汽车有限公司延期缴纳税款1.08亿元，指导江苏隆力奇集团出口防疫物资破亿元，创新"船边直提"方式助力常熟威特隆仓储有限公司高效进口纸浆8.7万吨，协调解决江苏理文造纸有限公司保税仓库减容变更、万国常熟数据中心综保区内注册及设备进区等具体问题。 （华 莹）

边防检查

【概况】 2020年，常熟出入境边防检查站检查出入境（港）船舶2821艘次、人员4.93万人次，两项指标均比上年增长10%以上。修改完善《口岸限定区域边检公告》，开展人身行李物品检查1975人次，核查重点船舶824艘次、人员1.29万人次，提前发现并处置问题线索60次。5月23日和8月9日，分别查获1起换班入境船员携带易燃易爆违禁物品案和携带海马标本案。升级扩容站机关和各码头监控重要点位21处，购置使用红外功能警用无人机，完善"大数据+警务"分析研判体系，实现24小时全天候立体管控，妥善处置2名不准入境人员。立足"多方共管"，先后与海事、长江航运公安等单位联合开展"三无"（无船名船号、无船舶证书、无船籍港）船舶整治3次、锚地突击检查10次。组建抗疫突击队，牵头构建"四四六"管控闭环，主动向卫健委提供入境到苏人员名单302份，与常熟海关签订《合作备忘录》，推送涉疫重点船舶880艘次、人员13923人次，妥善处置7艘涉疫船舶专项勤

2020年，常熟边检站开展"边检行政许可网上窗口系统"宣传活动

（市融媒体中心 提供）

务、3名发热船员疫情排除、7名受伤船员紧急救治和2045名中国籍船员换班等事宜。

【边检便民服务】 2020年，常熟出入境边防检查站建立“一带一路”船舶专项勤务流程，优质保障3艘特种船舶装载任务。落实系列服务举措，推行预约通关、网上咨询等便民举措。推广应用单一窗口、网窗系统、江苏换班船员核批系统等线上平台，定期组织涉检企业开展线上培训，共计办理各类边检行政许可1.69万份，出入境手续申报、行政许可审批100%实现无纸化。

【“滤网”工程组网运行】 12月4日，常熟出入境边防检查站“滤网”工程正式组网运行。该项目运行后，所辖水域实现全天候、全天时、广覆盖监控，发现可疑迹象可及时告警，并自动抓取犯罪现场；通过水域监视多元联合感知，可有效固定证据，形成完整证据链，提高取证衔接效率；通过雷达光电等设备，可准确跟踪违法船只航迹，实现精确定位、快速打击。

（黄东毓）

海　　事

【概况】 2020年，常熟海事局接受船舶进出港报告76639艘次，办理国际航行船舶进出口岸查验3005艘次，比上年分别增长43.1%和10.9%。处置各类水上险情事故21起，救助遇险船舶34艘次、遇险人员261人，水上人命救助成功率99.2%。协同口岸成员单位做好水路新冠疫情防控工作，实现常熟港零输入、零感染目标。服务国际航行船舶中国籍船员换班2049人次，在武汉因疫情封城期间保障武汉港与常熟港之间27.3万吨货物安全装卸。创建常熟长江严管示范区，辖区38家主要涉水生产经营单位全部签署信用承诺；全年实施行政处罚1425起，罚金1439万元，比上年分别增长68%和268%，单件平均罚款金额在系统居首位。常熟港“三无”船舶存量在全省率先清零，常熟整治长江水上过驳浮吊经验得到江苏省专项整治领导小组办公室通报表扬。亨通港务智慧生态感知样板码头建设经验成果在江苏省船舶污染防治现场推进会现场展示。全年港口岸电用量超200万千瓦时，在江苏各港口排名第四。成立常熟港整治提升工作专班，构建岸线利用效益综合评价指标体系，全年港区企业新增入库税收19亿元，比上年增长30%。优化海事政务服务举措，服务212艘次汽车滚装船舶、11.7万台汽车安全进出常熟港。年内，常熟海事局获江苏省抗击新冠肺炎疫情先进集体、江苏省水上搜救先进集体、苏州市五一劳动奖、常熟市级机关“十佳”党建品牌等称号。

8月14日，极地探险邮轮“海洋探险号”在常熟海轮锚地附近水域完成下潜分离，安全下水
（市融媒体中心　提供）

【进出港船舶管理】 2020年，常熟海事局落实“六稳”“六保”，助推港口经济“外循环”，年内常熟港进出港国际航行船舶3005艘次、外贸货物吞吐量1448.3万吨、集装箱23.45万标箱，比上年分别增长11.8%、20.4%和1.3%。常熟海事局坚持“特事特办”“急事快办”原则，协调辖区新泰、亨通等码头单位办理对外开放相关手续，采取“一船一议”方式，为70艘次国际航行船舶开辟进江绿色通道，靠泊常熟港；精心维护极地探险邮轮“海洋探险”号安全下水。

【船舶污染防治】 2020年，常熟海事局以“三链融合”（管理链固本、治理链破题、创新链赋能）创建船舶污染防治江苏模式常熟样板。成立长江绿色生态港党建联盟，在全省发布首个“一零两全四免费”（对到港船舶污染物实行零排放、全接收，航行中排放全达标，水上免费交通、免费锚泊、免费生活垃圾接收、免费生活污水接收）工作规范，常熟港在江苏全省率先实现船舶垃圾智能接收设施、船舶生活污水固定接收管线、船舶岸电设施建设等3方面全覆盖。

【“海巡06838”艇入列】 11月4日，“海巡06838”艇正式列编常熟海事局。该艇长37.73米，宽6.8米，满载吃水1.97米，满载排水量201吨，设计最大航速16节，抗风等级8级，具有较强的综合指挥、海事监管、紧急营救和夜间搜寻能力。

【“常通汽渡10号”船投用】 12月，“常通汽渡10号”船在常熟投用，这是国内首艘借鉴校车色彩涂装的长江汽渡船。该船以柠黄色为主基调，搭配橘黄色色带，配色醒目，行驶时可增强可视性和警示性，提高过往船舶对渡船的辨识度，有助于增加安全避让距离、降低碰撞风险。

（丁浩伟　朱龙飞）

长江引航

【概况】 2020年，常熟引航站聚力"三保一防一优一促"（保安全、保畅通、保稳定、防疫情、优服务、促发展）工作任务，统筹做好疫情防控和引航安全服务工作，保障常熟港口国际国内物流供应链畅通有序。全年共引领中外籍船舶4239艘次，运量1763.22万吨，比上年分别增长6.6%和6.5%。其中，引领国际航线船舶2829艘次、运量1640.5万吨，引领受限船舶226艘次，吃水11米及以上的重载船舶38艘次，进出常熟港专用水道吃水8米及以上受限船舶137艘次。年内，常熟引航站被评为常熟市水上搜救先进单位、长江引航中心安全工作先进集体，职工获评苏州市"最美劳动者"、长江航务管理局抗疫先进个人、长江海事局优秀共产党员等称号。

【引航"绿色通道"】 2020年，常熟引航站确保防疫物资原材料、重点民生物资、复工复产物资运输"三不断"，共运输防疫物资和化工原材料231.6万吨、电煤52.3万吨、成品油34.5万吨、纸浆722.9万吨、钢材687.3万吨。围绕疫情防控和引航船舶两大安全主线，精准提供定制式引航服务，固化集装箱班轮南太平洋航线常态化靠泊模式，确保集装箱班期78航次，比上年增长32.2%；优先保障长春化工1500吨异丙苯的日耗需求，成功破解企业停工停产难题。

常熟引航站引领船舶　　（引航站　提供）

【险情处置】 2020年，常熟引航站坚持"安全引领，服务港航"，与各搜救成员单位和社会单位协力保障辖区水域水上交通安全，有效应急处置船舶主机失控、走锚险情5起，占辖区抢险救助总数的14.7%，应急抢险成功率100%，有效应对寒潮大风、雾霾等恶劣天气影响108天。

【最大吃水船舶靠泊】 9月26日，常熟引航站引航员引领抵港吃水9.26米的韩国籍"海胜"轮，刷新常熟港专用航道外轮靠泊最大吃水记录；12月1日，引航员引领满载4万吨煤炭的"华航荣誉"轮安全靠泊常熟电厂二期煤码头。该船长189.9米，最大吃水10.75米，刷新该码头自2012年10月运营以来最大吃水靠泊纪录。

（李树铎）

责任编辑：彭尚炯

开放型经济

综 述

【概况】 2020年，常熟市新增注册外资及港澳台资29.5亿美元，比上年增长172.25%；实际利用外资及港澳台资9.3亿美元，比上年增长45.6%；进出口总额191.35亿美元，比上年下降15.2%；实现境外中方协议投资额3.22亿美元，比上年增长61.42%；实现境外承包工程和劳务合作合同额2.55亿美元、营业额2.25亿美元，与上年持平。服务外包接包合同额3.95亿美元，比上年增长23.64%，离岸接包执行额2.48亿美元，比上年增长13.36%。围绕监测预警、政策支持、精准服务、市场促进，积极应对中美经贸摩擦，推动一般贸易、市场采购、跨境电商融合发展，通过市场采购贸易方式出口10.2亿美元。加强跨境电子商务综合试验区试点工作，全年9610跨境电商零售出口业务5.5万单，交易金额171.2万美元。8月，“跨境电商B2B出口”首单业务成功申报。

【服务贸易】 2020年，常熟市服务贸易累计进出口额30.13亿美元，比上年增长15.66%，总量在苏州各市（区）中位列第三。其中根据企业直报统计平台累计进出口27.66亿美元，比上年增长29.71%，累计出口额17.81亿美元，比上年增长60.99%；进口额9.85亿美元，比上年下降4.01%。个人旅游进出口及旅游外汇累计2.47亿美元。从行业构成来看，服务贸易重点行业领域主要集中在加工服务、专业管理和咨询服务、知识产权服务，进出口总额分别为9.80亿美元、8.38亿美元和5.14亿美元，3个领域的服务贸易进出口总额占全市77.39%。从企业构成来看，纳入到苏州市服务贸易统计平台的企业主要以外商投资企业为主，服务贸易进出口总额超1000万美元的有21家，超1亿美元的有4家，芬欧汇川、丰田汽车、新世电子、达涅利冶金设备（中国）有限公司进出口总额占全市38.7%，龙头企业带动效应明显。

（李一鸣）

9月21日，2020中国（常熟）服装贸易高质量发展圆桌论坛在常熟举行（服装城 提供）

招商引资

【概况】 2020年，全市新增注册外资及港澳台资31.38亿美元，比上年增长189.3%，其中新设项目91个，注册外资及港澳台资26.67亿美元，占全市84.99%；实际利用外资及港澳台资6.31亿美元。举办金秋经贸洽谈会，常熟特色产业园招商云推介会。年内，全市外资签约项目50个，投资总额59.6亿美元；在谈项目37个，投资总额15.1亿美元。新引进每日优鲜、美菜网、常熙供应链等投资总额超亿美元项目15个，合计注册外资22.6亿美元，占比达76.6%；世界500强企业在常熟新设立企业2家，累计有43家世界500强企业在常熟投资设立88家公司。举办中挪北欧常熟经济合作云推介会，设立中挪北欧节能与环保创新产业园，高新区设立北欧招商平台，分设常熟驻挪威、北欧办事处。经济技术开发区与上海摩博务联企业管理有限公司合作，打造中德（常熟）MOBO新兴产业示范园对德招商平台。外商投资服务中心实体化运行，向各板块累计推荐项目信息10多条，累计总投资40多亿元，其中已签约落户2个，总投资5亿元。发挥2个国家级开发区带头作用，建立开发区与挂牌分园之间定期会商机制，成立特色产业园“专班+专员”工作推进机制，建立展示平台，引入专业运营商，“29+1”特色产业园已开（竣）工21个、已签约项目40个、在谈项目104个。是年，全市计划投资10.01亿美元的39个外资重点工业项目，累计完成当年实际投资9.3亿美元，完成进度比上年同期提升22.8个百分点，30个项目在建，4个项目投产，开竣工率为87.2%。

【2020常熟特色产业园招商云推介会】 4月28日，2020常熟特色产业园招商云推介会在常熟会议中心举行。知名产业园运行商和服务商的代表、第三方中介机构、产业园运营服务商、投资基金公司、产业园在谈或意向的海内外客商，300多名嘉宾在线参与推介会。此次推介活动以直播视频方式向海内外客商推介全市的特色产业园。此次推介的“28+1”个特色产业园，用地总面积近266.67公顷，建筑总面积约500万平方米。推介会上，市委书记周勤第致辞。市委常委、常务副市长潘志嘉推介常熟特色产业园。

【2020中挪北欧常熟经济合作云推介会】 5月18日，以“选择常熟 共赢未来”为主题的2020中挪北欧常熟经济合作云推介会在常熟世界联合学院举行。挪威、芬兰、瑞典、丹麦的政府机构、咨询机构、企业代表以及北欧在常熟落户企业代表等150多人通过线上方式参与该次活动。市委书记周勤第作主旨演讲。会议发布中挪北欧节能与环保创新产业园，还举行常熟高新区驻挪威办事处、常熟高新区驻北欧办事处揭牌仪式和2020中挪北欧常熟经济合作集中签约仪式。总投资约136亿元的23个项目进行签约，其中现场签约项目8个、在线签约项目9个、场外签约6个，涉及汽车零部件、氢燃料电池、现代服务业、智能制造等行业。 （李一鸣）

【常熟精英创业联盟大会】 9月28日，常熟精英创业联盟大会举行。亚洲基础设施投资银行行长金立群，中国工程院院士范滇元、黄崇祺，中国科学院院士薛永祺、吕达仁、田禾、王建宇等常熟籍精英代表出席大会。活动当天，常熟“三区一园”招商载体平台发布。一批项目集中签约，其中内资项目212亿元，外资及港澳台资项目4.35亿美元，总金额242.5亿元。

【常熟金秋经贸洽谈会】 11月6日，以“常来常熟，共创未来”为主题的2020常熟金秋经贸洽谈会举行，展示常熟发展成就，推介常熟营商环境。市委书记周勤第出席会议并作主旨演讲。洽谈会发布常熟优化营商环境措施、苏州·中国声谷发展战略、中国苏州（常熟）工业互联网创新创业大赛成果。对为常熟经济社会发展做出贡献的外国友人、港澳台同胞和海外侨胞授予2020年“常熟市荣誉市民、名誉市民”称号，常熟市氢燃料电池协同创新联盟揭牌成立。会上集中签约项目92个、总投资976亿元，其中总投资575亿元的25个项目现场签约。

5月18日，以“选择常熟，共赢未来”为主题的2020中挪北欧常熟经济合作云推介会在常熟举办 （高新区 提供）

货物贸易

【概况】 2020年，全市实现进出口191.35亿美元，比上年下降15.2%，其中，出口125.56亿美元，比上年下降20.5%；进口65.79亿美元，比上年下降2.7%。从贸易方式看，一般贸易进出口116.73亿美元，比上年下降5.1%，占全市进出口61%；其中一般贸易出口77.02亿美元，比上年下降10.6%，占全市出口61.34%。依托全国首创市场采购贸易综合服务平台“市采通”，实现市场采购出口10.2亿美元，增长9.2%；全市建立“保主体、促两稳”工作专班，市商务局牵头协调落实“保主体促两稳”4类18项重点工作任务，按月编制工作简报。完善全市外贸100强企业动态跟踪制度，开展商务部外贸外资企业直报信息服务平台信息上报，与常熟海关签订合作备忘录，全年上报联合信息专报4期。扩大出口信保统保平台保障覆盖面，实现上年度出口额1000万美元以下企业全覆盖；开展海外资信调查专项服务，购买中国信保咨询中心海外买方资信调查300份。疫情期间在苏州地区首开外贸直播间，举办线上政策宣传活动4场；免费为33家企业出具70份不可抗力事实性证明，合同金额约7.73亿元；举办外贸企业“问题清零”专场活动、“稳外贸拓市场”专题培训各3场；取消优惠原产地证预先查验，贸促会签发优惠产地证3962份，比上年增长8.97%。

【常熟企业参与进博会】 11月5—10日，第三届中国国际进口博览会在国家会展中心（上海）举办。常熟多家单位组织700多人前往观展，了解国外经贸发展的新成就和特色优势产品，与国外参展商进行精准对接，介绍常熟企业发展情况，扩大进口渠道。部分常熟企业与参展商达成合作意向，总成交额约5.83亿美元，位列苏州市各区、市第一。

【常熟外贸企业参加"线上广交会"】 2020年，受疫情影响，第127届和128届广交会通过线上参展的方式开展，常熟市共有140家企业参加"线上广交会"，通过图文、视频和直播等多样化的方式宣传展品。

【"双12苏州购物节"出口转内销常熟专场活动】 市商务局于12月11—13日在常熟万达广场2号门处开展"双12苏州购物节"出口转内销常熟专场活动，支持适销对路的外贸企业出口产品转内销，拓展国内市场消费需求，共布置20个展位，涵盖家居用品、家用纺织品、男女装等5类商品。此次活动吸引新泰针织、群英织造、东方经纬编、星好月圆、瑞欧服饰、晨蕾服饰、创兰等知名外贸企业参加，活动期间累计成交额10万元。 （李一鸣）

外经合作

【概况】 2020年，常熟市新办11个境外投资项目备案，实现对外投资常熟方协议额3.22亿美元，比上年增长79.11%。投资国别包括德国、韩国、智利、缅甸、越南、柬埔寨等。实现境外承包工程和劳务合作合同额2.55亿美元，境外承包工程和劳务合作营业额2.2亿美元，均与上年同期持平，年内在外劳务人员301人。

【经济合作重点区域】 中国香港地区和东南亚国家是常熟企业"走出去"最热衷和最主要的目的地，2020年共有6个项目投资该地区，涉及常熟方协议投资额2.97亿美元，占全市92.2%。西欧地区为2020年常熟企业第二大投资热点区域，年内共有3个项目投资该地区，涉及中方协议投资额2368万美元，占全市7.4%。

【境外投资】 12月，亨通集团将其在中国香港地区设立的华海通信国际有限公司股权转让至江苏亨通海洋光网系统有限公司，涉及常熟方协议投资额2.85亿美元。苏州中来光伏新材股份有限公司在西班牙设立昆卡光伏能源有限公司，完成中方协议投资额2100万美元。 （李一鸣）

常熟经济技术开发区

【概况】 常熟经济技术开发区（以下简称"常熟经开区"）成立于1992年，为国家级经济技术开发区，拥有全国十大内河港之一——常熟港，还设有国家级常熟综合保税区和常熟国际物流园。域内有立讯智能科技产业园、亨通（常熟）国际海洋产业园、欧洲绿色产业示范园、常熟精英创新创业园、中德（常熟）新兴产业示范园等特色园区及华为云（常熟）工业互联网创新中心。至2020年，落户20多个国家和地区投资的外资企业600多家，外资总投资达432亿美元，形成以汽车及零部件、电力能源、精细化工、高档造纸、海工装备、特殊钢铁为代表的临港型产业集群。年内，全区实现地区生产总值971亿元，完成公共财政预算收入78亿元，完成工业投资153亿元，注册外资及港澳台资20.2亿美元。其中核心区（沿江板块）实现一般公共预算收入37.36亿元，比上年增长10.39%；完成工业投资70.45亿元，增长33.9%；完成注册外资及港澳台资16.27亿美元，注册内资336亿元，到账外资及港澳台资3.9亿美元，分别增长650.7%、429%、38.5%。在全省经济技术开发区科学发展综合考评中位列第五位。

【开发建设】 2020年，常熟经开区新开工项目29个，总投资164亿元，总建筑面积185万平方米。其中，外资及港澳台资项目6个，总投资49476万美元，占21.13%；内资项目23个，总投资129.24亿元，占78.87%。完成120个技改、扩建、新增项目，总投资约123亿元。立讯智能科技产业园项目157天首幢厂房封顶、5个月增资11.2亿元，年内实现开票30亿元。理文化工甲烷氯化物装置回收副产盐酸扩建项目，诺华研发基地改造升级项目等开工。建设25项工程，竣工新建标准厂房项目、立讯科技厂区生活污水临时接管、云程路（捷豹二路）绿化等项目16项；在建新城幼儿园项目、康桥学校周边市政配套一期、二期等项目9项，完成基建投资近1.28亿元。完成总面积约3.1万平方米的新建标准厂房项目建设；城市艺体中心开工建设，奥林匹克青少年文化中心冠名协议签订；新开工建设道路总长1.9千米、污水管网4.9千米、护壁桩式驳岸1046米、混凝土箱涵129米；完成新建道路总长860米，启动市政工程项目投资总额约1.5亿元，年内累计完成投资额7500万元。新建临时污水管网1.65千米，新建临时混凝土便道约4800平方米，完成场地平整26.6万平方米。

【招商引资】 2020年，常熟经开区紧扣"总量大、税源型、少消耗、适当先进性"原则，围绕新一代信息技术、互联网经济、新动能汽车及零部件、海洋经济、绿色化学、5G新材料、超高清显示七大产业开展招商引资。全年累计签约落户项目38个，总投资407.19亿元，其中超100亿项目1个。新一代信息技术及超高清产业方面完成启弘电声产品项目、高量物联网组件项目、创思特高清LED项目、立景mini-Led模组项目等签约注册。互联网经济产业方面完成每日优鲜华东总部、每日优鲜智慧菜场全国总部、云杉生态总部3个互联网总部项目及一批

新经济总部大厦　　（经开区　提供）

关联公司注册，引进华傲数据、骏德、鲸灵、中面等一批优质互联网产业项目。举办珠三角先进制造业对接会2场，上海新经济产业招商会1场。联合工场网成立中日（苏州）产业合作中心，与英国恒可富合作推动中国商务中心建设，与瑞士商会、捷克商会达成合作，与上海生产性服务业协会共建发展联盟。创新打造新经济总部大厦、中德（常熟）新兴产业示范园、欧洲绿色产业示范园、长三角生鲜产业园等特色产业载体建设，新经济总部大厦汇聚长江供应链、华安钢宝利、每日优鲜、云杉世界等总部、平台项目。举办常熟港国家一类对外开放口岸25周年大会，实现中石油昆仑燃气发电机组项目、长三角生鲜产业园项目、锦艺先进材料孵化器项目等总投资80亿元的16个项目签约落地。完成亨通智慧能源和亨通蓝德两家公司注册，亨通海洋研究院、亨通海洋上市主体方案确定；投资10亿元的锦艺5G新材料项目完成工商注册，并达成利用水洗城改造设立先进材料孵化器意向。

【科技创新】 2020年，常熟经开区引进网易（常熟）联合创新中心、海外人才网2个创新平台，落户科创项目71个；精心打造常熟精英创新创业园，发挥联盟效应，入驻项目21个；出台《关于汇聚精英人才创新创业培育发展新动能的若干意见》，升级现有人才政策；英特模检测中心项目一期竣工，苏州聚复高分子材料有限公司获批“瞪羚”入库企业，京创先进电子、奥首材料、英特维科技获得国内知名机构合计8700万元的投资，区内企业新增4000多万元科技信贷。全年获评常熟市级领军人才项目29个，苏州市级以上9个，引进国家级人才2名。区内2个人才项目团队获得国家科技进步奖二等奖，1个项目获得国家重点研发计划项目立项。已申报省级示范智能车间4家，苏州市示范智能车间14家。亨通海洋获批省重点工业互联网平台、2020年苏州市智能工厂，亨通高压获批省工业互联网标杆工厂。全年申报高新技术企业71家，获批省高新技术企业培育库入库企业27家。规模以上工业企业研发投入高达24.85亿元，占全市比重26.7%，大中型企业及规上高企研发机构建有率达89.7%。组织捷豹路虎、美桥、英特模等16家企业申报苏州市级以上“三大中心”项目，捷豹路虎获批省级企业工程技术研究中心。累计申报苏州市级以上科技计划项目30余项，亨通高压、贝泰福获得国家重点研发计划项目立项，共获国家资助经费近2000万元。新增专利申请1336件，其中发明专利申请374件；专利授权866件，其中发明专利授权57件，累计拥有发明专利742件。

【欧洲绿色产业示范园】 2020年，常熟经开区和挪威韦斯特公司（VEST ELITE）共同提议建立“欧洲绿色产业示范园”，由韦斯特公司投资运营。挪威韦斯特公司总部位于挪威奥斯陆，客户主要集中于新能源、人工智能、绿色环保科技及物联网等领域。欧洲绿色产业示范园采用科技展示区和产业集聚区相结合的建设模式。科技展示区主要侧重于欧洲高新技术的引进、展示、孵化以及市场化应用与合作。该区域规划建筑面积约1500平方米，设有商务、研发、孵化、金融、休闲等功能区域，可同时入住创新创业团队20家以上。产业集聚区建设1栋办公楼和3栋高规格工业厂房，建筑面积约4.3万平方米。

【常熟精英创新创业园】 于2019年年底开园，由常熟经开区重点打造，为在外常熟籍精英提供共叙乡情、共觅商机、返乡创业的综合性平台。创新园位于滨江新城核心区域，引进企业总部、研发机构、金融投资等项目。创业园依托区内标准厂房、20万平方米配套地块等多样化的载体资源，引进苏州真目人工智能科技有限公司等近百家高端装备制造、人工智能、数字经济等新兴产业优质项目。截至2020年年底，入园企业14家。

【中德（常熟）新兴产业示范园】 2020年，中德（常熟）新兴产业示范园启动建设。项目由常熟经开区投资，规划用地面积66万多平方米，分两期建设。园区将建设符合德国标准的高端载体，利用德国、欧洲产业资源，引入规模企业、“隐形冠军”企业、研发创新平台等。常熟经开区与上海摩博务联企业管理有限公司将共同推动常熟对德招商平台建设，在产业园的园区策划、设计、建设和建成后的管理、运营和招商方面进行深入合作。园区（一期）项目于第四季度开工建设，侧重招引新能源汽车、智能制造、新材料、海洋工程装备、生物医药等新兴产业项目，旨在打造长三角地区高标准、高定位、高服务的对欧合作标杆产业园。（李林川）

常熟高新技术产业开发区

【概况】 常熟高新技术产业开发区（以下简称常熟高新区），管理面积78平方千米，于2003年5月经江苏省人民政府批准设立，2015年9月经国务院批复升级为国家高新区，重点发展汽车及核心零部件、先进装备制造、新一代信息技术、现代服务业等主导产业，并布局氢能源汽车、人工智能、数字经济、金融科技等新兴产业。2020年，常熟高新区完成地区生产总值245.85亿元，增长16.37%；完成一般公共预算收入32.18亿元，增长5.98%；完成工业总产值834.74亿元、工业开票销售收入852.45亿元，分别增长15.53%和14.7%；完成全社会固定资产投资122.01亿元，增长43.84%，其中工业固定资产投资68.52亿元，增长48.47%；完成进出口总额41.1亿美元，其中出口20.1亿美元；完成高新技术产业产值403.49亿元、先导产业产值143.78亿元，分别增长16.1%和14.2%，占规上工业产值比重分别为50.48%和17.99%；完成服务业开票销售收入208.39亿元，增长3.82%。全年税收3000万元以上企业中，共有44家工业企业亩均税收超50万元，其中18家超100万元。在科技部火炬中心公布的全国国家高新区综合排名中位居第69位，比上年前进3位。常熟高新区获苏州市“2019年度推进高质量发展先进地区”称号。获批国家新型工业化特色产业示范基地、国家汽车零部件高新技术产业化基地两项“国字号”荣誉，入围江苏省大中小企业融通型特色载体和江苏省创业投资集聚发展示范区，常熟国家大学科技园获评苏州市十大数字经济产业园。

【开发建设】 2020年，常熟高新区围绕长三角区域一体化发展要求，从产城融合、合理开发、完善配套、职住平衡等角度，推进南部新城东部中片区、核心片区等多个区域规划编制工作，并启动高新区水土保持方案区域评估及文物资源区域评估工作。世华学校建成投用，启文学校、波司登凯悦酒店加快建设，日航国际社区、华发未来城、金茂智慧科学城相继启动；东南大道改造全新亮相，银丰路、丰树路竣工投用，金门路、银通路全线贯通，常台高速常熟互通连接工程按序推进。大陆汽车电子空气悬挂、正力新能二期、雅博尼西医疗器械等总投资99亿元的28个项目开工建设，中稀东洋永磁驱动电机、擎动新能源、匠岭半导体等总投资近48亿元的20个项目竣工。探索工业投入多元化格局，鼓励存量企业增资扩股、增添设备，加大技改投入和技术创新投入。敬鹏电子、凯毅德汽车系统、三菱电机自动化等66家企业增加设备投入资金超30亿元，45家企业新增智能化设备933台。

【招商引资】 2020年，高新区完成注册外资4.6亿美元，比上年增长10%；到账外资2.5亿美元，比上年增长25%；注册内资45亿元，比上年增长27%。全年累计新签约项目90个，总投资122.3亿元。其中，新引进世界500强企业投资项目6个，总投资超亿美元和总投资超10亿元项目各5个。区内规上工业企业亩均税收达28万元，税收超亿元企业达12家；汽车零部件产业产值比上年增16.8%，新能源汽车产值占汽车零部件产值比重达57.4%，比上年提升5.7个百分点；培育孵化数字经济企业累计达200家，年产值超60亿元。设立常熟高新区驻日本东京招商代表处、驻挪威办事处、驻北欧办事处，举办2020中挪（北欧）常熟经济合作云推介会，挂牌成立中挪（北欧）节能与环保创新产业园。

【科技创新】 2020年，区内新认定高企50家，其中净增28家；英华特成功纳入2020年度苏州市“独角兽”培育企业库，成为全市首次入选的2家企业之一；亨弗劳恩获评首家由外企设立的新型研发机构。人才驱动活力迸发，新增国家领军人才1个、省“双创人才”5个、姑苏人才10个、常熟市领军人才31个。新增国家级众创空间3家、省级1家，新入驻创新团队43个。新申请发明专利731件、授权118件，发明专利拥有量超1000件，数量均居全市第一。省级智能网联汽车先导区加快建设，引进京东物流智能发展研

9月24日，2020人工智能峰会暨机器人产业高峰论坛在常熟召开

（高新区　提供）

究院，成为全球首个智能配送城；智能液晶所、金属所等建成13个研发中心，累计引进孵化项目超50个。

【三菱电机智能装备应用体验中心开业】 1月16日，三菱电机智能装备应用体验中心在常熟高新区开业，展厅占地1000平方米，全面展示三菱电机将信息技术、智能技术与近百年的制造技术深度融合后，在放电加工机、激光加工机和数控系统等智能装备中取得的全新成果。

【氢能项目集中签约】 5月18日，常熟高新区氢能项目集中签约仪式举行，捷氢科技氢燃料电池系统、金亚隆石墨双极板、诚志空气产品加氢站区域投资及运营总部落户常熟高新区。捷氢项目总投资5000万元人民币，主要投资建设年产2000套氢燃料电池动力系统生产线；诚志项目总投资2亿元，将在高新区打造世界领先的重工作负荷加氢站，并设立区域投资及运营总部。首个加氢站项目建成后具备每天1000千克加氢能力，可满足50辆公交车（每辆20千克加氢量）12小时加氢需求；金亚隆石墨双极板项目总投资1亿元，将建设集石墨双极板、半导体和5G通信周边产品研发、测试、标准化及生产销售为一体的企业总部，引入自动化产线，投产新一代超薄0.2毫米石墨双极板。

【2020"智惠常熟 云聚昆承"海外人才项目"云路演"活动】 6月17日，2020"智惠常熟 云聚昆承"海外人才项目"云路演"活动在常熟高新区举行。此次海外人才项目路演活动采用"云端"模式，邀请美国、德国、法国等国家的6位海外人才通过视频连线进行线上路演。

【第十二届中国智能车未来挑战赛】 11月21日，由国家自然科学基金委员会信息科学部、中国人工智能产业发展联盟、中国自动化学会主办，常熟市人民政府承办，中国（常熟）智能车综合技术研发与测试中心协办的第十二届中国智能车未来挑战赛在常熟高新区举办，全国有关高校、科研机构和企业的17支车队参加。西安交通大学"先锋号"无人驾驶智能车以优异的成绩获得总分第一，并获得"无卫星导航表现"和"自主泊车表现"2个单项奖第一名。 （何　瑜）

虞山高新技术产业开发区

【概况】 江苏省常熟虞山高新技术产业开发区（以下简称虞山高新区）成立于20世纪90年代，前身为虞山工业小区。2003年3月更名为江苏省常熟经济开发区高新技术产业园，作为国家级常熟经济技术开发区的配套区独立运作。2017年8月11日，经江苏省人民政府正式批准筹建江苏省常熟虞山高新技术产业开发区，实行现行的省级高新区政策。是年11月28日，因原虞山镇行政体制改革，与新成立的常福街道采用行政区划和功能区划深度融合的"区政合一"管理模式。区域面积86.6平方千米，常住人口超20万人，区内企业近4000家。有日本富士电机、法国佛吉亚、中交集团、中国中车、中铝公司、庞源机械、路捷鲲驰、上海车创等多家世界500强和国内知名企业，常熟开关、汽车饰件、国瑞科技、通润驱动等多家常熟企业，形成装备制造、智能电气、汽车零部件等产业集群。2020年，虞山高新区完成地区生产总值144.1亿元，比上年增长4.8%；完成一般公共预算收入16.8亿元，比上年增长4.0%。完成工业总产值574.5亿元，其中规模以上工业产值268.9亿元。完成高新技术产业产值177.8亿元、"3+5"产业产值189.5亿元，分别比上年增长7.6和4.2%，占规模以上工业产值比重分别为66.1%和70.5%。在全省高新区综合排名上升6个位次。年内先后获"国家火炬计划常熟电气机械产业基地"、国家级"出口电子信息产品质量安全示范区""江苏省两化融合示范区"等称号。

【招商引资】 2020年，虞山高新区新签约项目20个，总投资超100亿元，注册外资及港澳台资2.78亿美元，比上年增长50.5%，到账外资及港澳台资超1亿美元，比上年增长95.3%。其中外资项目超6000万美元2个、超3000万美元3个，内资项目超25亿元1个、超10亿元1个、超亿元5个，丽瀑三期、优联克丝风电、奥升德、国环云信、中交增资、帝航科技等一批重大项目相继落地。全年通过认定高新技术企业60家、新增43家，均位列全市第一，总数达到114家。全年新增各类专利授权1200多件，新增省"双创人才"项目2个、姑苏人才立项4个、常熟市级"双创人才"项目12个，获评省成果转化项目和省重点研发项目各1个。围绕建强招商队伍，虞山高新区健全招商工作考核和激励机制，优化重组4个招商项目组，到深圳举办虞山高新区数字经济+智能制造产业发展推介会，完成中瑞、中德、中日以及深圳大数据四大招商平台签约。

【项目建设】 2020年，虞山高新区完成全社会固定资产投资60.9亿元，比上年增长9.1%；完成工业投资36.3亿元，比上年增长26.9%；完成服务业投资6.2亿元，比上年增长64.4%。载体建设取得新进展，先进制造园二期2万平方米载体竣工投用，老旧工业区更新改造5个点位9.13公顷启动建设，印染企业高质量发展10个组团全部完成市级联审。

【管理服务】 2020年，虞山高新区建立"虞企同行"企业服务机制，以招商、经管、安监、环保等部门为主体，将经济运行调度、企业需求服务、招商线索摸排等工作以清单方式落实到企业服务专员。推进"一件事"改革，企业开办全流程一日办结率达90%以上。积极落实"惠企12条""惠外16条"等政策，减免社会保险费2.6亿元，落实稳岗补贴、应急稳岗费、返常补贴超1500万元，协调落实企业信贷3000万元，减免租金75万元。协助企业打通供应链，8家企业进入特斯拉、华为供应链体系。引导企业加快推广精益化生产、自动化设备改造、智能生产线、智能车间和智能工厂等先进经验，常熟市汽车饰件股份有限公司获评国家级绿色工厂，常熟开关制造有限公司获评国家级技术创新示范企业，获评省级技术中心和工业设计中心3家、省星级上云企业18家、苏州级技术中心2家、省级智能车间1家、苏州级智能车间2家、市级智能工厂2家、市级工业互联网应用示范企业16家。

【苏州（常熟）智车城开工】 3月30日，“投资未来，与巨头同行”苏州（常熟）智车城开工仪式在虞山高新区举行，智能座舱总部基地项目、人工智能主动降噪华东基地项目、IGBT芯片封装基地项目、3D视觉传感器智能制造&研发基地项目、燃料电池核心零部件智造基地项目、智能驾驶软硬件整体方案总部基地项目、智慧物流AGV智造&研发基地项目、华东智能汽车研究院项目等首批入园项目完成集中签约。

【虞山高新区创新智造产业园奠基】 4月30日，虞山高新区举行创新智造产业园奠基仪式。项目地块位于压路机区域，总占地27.2公顷，将对标一流产业园区，吸引高端优质外资项目入驻，打造成全市老旧工业园区更新改造的标杆项目。 （殷梦怡）

江苏高科技氟化学工业园（江苏常熟新材料产业园）

【概况】 江苏高科技氟化学工业园（江苏常熟新材料产业园，以下简称产业园）位于常熟沿江产业带，临近常熟港，是中国石油化工协会颁布的唯一一家“中国氟化学工业园”，是江苏省首批新材料科技产业园、省内首个化工行业省级生态工业园区，建成亚洲最大的氟材料生产及进出口基地。2020年，产业园全年实现工业总产值158亿元，完成工业企业产品销售收入164亿元，实现财政总收入12.5亿元、一般公共预算收入6.3亿元；全年实际利用外资及港澳台资5600万美元，战略性新兴产业到账占比达100%，完成工业投资28.9亿元，占“十三五”期间工业总投资32%。产业园连续八年入选“中国20强化工园区”，高分通过江苏省化工园区合规认定，同时被评定为省级安全风险D类（较低风险）化工园区。

【开发建设】 2020年，产业园不断提升综合承载力，实施基础设施项目总投资达8500万元，累计完成投资达2500万元。逐步完善配套设施，金陵热电替代扩建工程按期投用，污水处理厂一期、二期提标改造完成验收，明管翻建工程顺利竣工。狠抓环境专项治理，挥发性有机物LDAR全过程管理常态化推进，污染物排放总量实现源头控制，废水、废气特征污染物名录库正式投用，修编企业环境应急预案，环境质量监测体系进一步健全。投用消防特勤站，建成苏州首个县级消防救援训练基地。持续创建“智慧园区”，迁建集成指挥中心，完善封闭化管理，推动企业应急救援信息平台建设，全面构建数字化、自动化、智能化的安全监管体系。

【招商引资】 2020年，产业园开拓招商选资路径，承办首届常熟生命健康产业发展论坛。招引新材料、新能源和生物医药产业，新签约吴羽、康羽、美莱、优科特、百赛飞等重点产业项目17个，总投资60亿元，新兴产业投资比重达50%以上；储备兴业科技、艾迪药业等在谈意向项目30多个，涉及氟材料、电子化学材料、生物医药等领域总投资超100亿元。

【管理服务】 2020年，产业园全力协调“长江干支流岸线一公里审批受限”、氟化工企业配建焚烧炉、文物勘探、“并联审批”等一批重点难点问题，推动总投资87亿元的21个市级重点产业项目落地、提速建设。推进“一园一策”“一企一策”整治提升，全力打好“蓝天、碧水、净土”保卫战。获评中石化联合会2020年“绿色化工园区（创建单位）”。严格落实企业主体责任，加大安全投入，持续推进安全隐患整治整改，扎实推动企业安全风险排查治理。开展“安全能力三年提升行动”“责任关怀在行动”等活动。做好省委危化品安全生产专项巡视、常熟安全生产第一督导组反馈意见整改工作。全年工伤事故件数比上年下降11%，园区安全管理水平逐步提高，安全风险等级不断优化。

【大金新材料一期主体工程奠基】 5月29日，大金新材料（常熟）有限公司一期项目主体工程举行奠基。该项目是大金集团化学事业部在江苏常熟投资建设的第二工厂，公司注册资本10亿元，由大金工业株式会社及大金氟化工（中国）有限公司共同出资成立，主要从事化工产品的生产加工、销售和技术研发等。公司占地面积16.47公顷，总投资达30亿元，分二期实施，主要产品为六氟丙烯、改性聚四氟乙烯等，广泛用于半导体、新能源汽车以及5G通信电子、航空航天等领域，一期项目预计于2022年投产运行。

【鸿德生物科技有限公司开工】 9月19日，常熟泓德生物科技有限公司开工。鸿德公司是苏州汉德创宏生化科技有限公司的全资子公司，是一家为专业从事抗肿瘤、抗病毒等药物方面生产企业提供生物技术、创新原料药工艺研发等服务的公司。项目总投资2.15亿元，达产后预期产值约5亿元，税收达1.35亿元。

【苏州市产业技术研究院同位素技术研究所启动】 10月29日，苏州市产业技术研究院同位素技术研究所签约暨启动仪式举行。苏州市产业技术研究院同位素技术研究所由苏州市产业技术研究院、常熟市人民政府、江苏华益科技有限公司、常熟市柏伦精细化工有限公司以及项目团队联合共建。研究所总投资5亿元，一期投资1.5亿元，基于同位素药物研发平台，开展放射性同位素标记药物技术、同位素标记应用于药物研究、碳同位素药物标记开发技术以及废弃物循环处理开发技术、含氚水处理技术等领域的开发研究，致力于打造一个集资源引进、技术研发、产业引领和人才集聚等功能于一体的融合平台。

【常熟金秋生命健康产业发展论坛】 11月7日，“生物医药 常熟论道”常熟金秋生命健康产业发展论坛在常熟国际会议中心举行。此次论坛聚焦生物技术、高端医疗器械、生物医药等科学领域，旨在打造一个健康产业生态圈。近百名苏州生物医药企业的代表以及部门代表、投资机构负责人就医药、医疗器械创新机会与挑战等话题展开深入探讨，共同展望常熟生物医药产业的发展前景，让更多前沿技术专家在常熟找到创业创新的机遇。

【江苏七洲绿色科技研究院有限公司揭牌运行】 12月2日，江苏七洲绿色科技研究院有限公司揭牌运行。该公司是由江苏七洲绿色化工股份有限公司全资设立的高标准科研中心，位于苏虞生物医药产业园内，总面积2500平方米。研究院旨在建立一个集植物保护、生物医药、新材料高端阻燃剂系列于一体的高标准研发平台，并与美国康宁公司联合建立连续流认证实验室，主要从事相关领域的技术咨询、技术开发、技术服务和技术转让等业务。研究院研发团队有近30人，其中博士7人，硕士以上学历占比在93%以上。

（钱慧一）

10月29日，苏州市产业技术研究院同位素技术研究所签约暨启动仪式举行

（海虞镇　提供）

常熟综合保税区

【概况】 2020年，常熟综合保税区A区、B区共完成进出口总额20207万美元，其中进口额为13588万美元、出口额为6619万美元。

【常熟综合保税区A区】 至2020年年末，常熟综合保税区A区有18家生产和物流企业落户，其中生产型企业12家，总投资1.8亿美元，注册资本8700万美元，已有10家企业正式投产。引进的服务外包型项目万国常熟数据中心项目，总投资7.5亿美元，注册资本2.5亿美元，占地面积14万平方米。年初，克服疫情影响，占地6.67万平方米的一期工程开始动工建设，至年底，2栋各8.2万平方米的厂房、1栋8600平方米的研发配套楼，以及1栋7800平方米的变电站完成主体封顶，进入装修阶段；该项目占地7.33万平方米的二期工程也于年底开始启动，完成土地招挂拍等前期手续后动工建设。9月，常熟综合保税区收到省税务局等联合下发的增值税一般纳税人资格试点批复文件，10月，众达机械公司向常熟税务局和常熟海关提交开展业务的申请得到批准，这标志着常熟综保区增值税一般纳税人试点业务正式启动。

（施一玉）

【常熟综合保税区B区】 至2020年年末，常熟综合保税区B区有14家企业，其中保税物流企业10家、保税贸易服务企业4家，已征用土地面积13万平方米，建有标准厂房和仓库总建筑面积8.37万平方米，其中3.6万平方米标准厂房尚未利用，2.2万平方米标准厂房即将启用。综合保税区B区以苏州自贸片区联动创新区建设为契机，通过与苏州自贸片区的无缝对接，推广自贸片区政策，提升综合保税区竞争力。发挥自身特色优势，促进贸易多元化，创新市场采购和跨境电商融合发展，针对跨境电商企业面临的无票出口、收结汇困难、货物品类繁杂等难题，充分利用市场采购贸易无票免税、简化申报等政策，助力跨境电商货物通过市场采购贸易方式申报出口，以市场采购贸易方式出口的跨境电商货物超1亿美元。

（丁　历）

责任编辑：浦君芝

区域合作

东西部扶贫协作和对口支援

【概况】 2020年，常熟市以习近平总书记扶贫开发重要战略思想为指导，牢固树立新发展理念，坚持精准扶贫、精准脱贫基本方略，提高东西部扶贫协作和对口支援工作水平。年内，常熟市负责东西部扶贫协作和对口支援的单位有贵州省铜仁市思南县、云南省曲靖市会泽县上郎和甘肃省临夏回族自治州东乡县岭村等。

【对口帮扶思南】 2020年，常熟市与贵州省铜仁市思南县开展扶贫协作高层联席会议2次，8月，两地主要领导带队实现互访。市政府常务会审议并印发《2020年度常熟市东西部扶贫协作工作要点》，年内拨付财政性帮扶资金1500万元，全市14个镇、街道落实财政性帮扶资金210万元。常熟市与思南县各镇、村结对的14个乡镇（街道）、18个行政村、22家企业和14家社会组织完成资金捐赠，并与受援单位开展多种协作交流活动。

产业合作　年内落实东西部扶贫协作资金1722万元（常熟资金930万元），用于思南发展茶叶、菌菇产业项目和茶叶收集站建设、农产品加工厂等产业设施建设。常熟思南两地政府签署共建农业产业示范园区项目，项目投产后将惠及思南县6个乡镇的10万余农民。引导6家东部企业落户思南，总投资额达3.58亿元。落户企业带动就近务工1.1万人次，其中带动贫困人口数310人。

劳务协作　全年举办21场常熟思南专场网络招聘会，提供就业岗位15万余个。帮助92名贵州籍务工人员实现返岗就业。出台《2020年常熟对口帮扶思南劳务协作专项资金管理使用实施细则》，全年专车接送12批200多名思南务工人员到常就业。累计引导铜仁籍建档立卡人员到常就业超过200人，实现年度新增建档立卡人员稳定就业184人。

人才支援　年内常熟市2名挂职干部到思南县任职，新增选派专业技术人才32人，其中医疗专家16人，教师人才10人，农技专家6人。两地卫生系统推进医教融合扶贫新模式——常熟市5家医院为思南职校提供65个护生实习岗位。

消费扶贫　年内印发《2020年常熟市消费扶贫行动工作计划》，加强政府采购，完善“专馆专区专柜”建设，全年共采购、销售结对地区已认定扶贫产品近6000万元，通过消费扶贫带动贫困户541人增收。

医教合作　年内投入500万元用于解决易地扶贫搬迁安置点教育配套幼儿园建设项目，40万元用作乡镇结对学校基础配套建设；投入100万元用作乡镇结对医院基和乡村卫生室基础配套建设。投资10万元用于思南县特殊教育学校建设职能教学一体化设备，分别购买教学多媒体设备5套和残疾儿童康复设备3套。

12月25日，“第三届中国优秀扶贫案例报告会”在北京举行。“铸强产业造血主轴，打造产业脱贫硬核”——常熟“3+3”东西部产业帮扶典型案例入选优秀案例　（陈剑　提供）

【云南曲靖帮扶】 5月，完成与云南省两个挂牌督战村的结对帮扶任务。市慈善总会向云南省曲靖市会泽县上郎村捐赠22万元，用于安装路灯、道路硬化等项目，梅李镇慈善会向云南省曲靖市会泽县磨黑村捐赠21.6万元，用于设立公益岗位和道路硬化2个项目，年内各帮扶项目全部竣工。

【甘肃临夏帮扶】 年内，市退役军人事务局定点帮扶国家挂牌督战贫困村——甘肃省临夏回族自治州东乡县岭村，先后投入50万元扶持该村发展养殖业，邀请常熟农机专家传授养殖经验。

【消费扶贫】 2020年，常熟市供销合作总社依托常客隆连锁超市网络优势，与铜仁市万山区亿创电子商务经营管理有限责任公司、思南县恒辉家禽养殖专业合作社等当地企业、合作社对接，采用订单农业的方式，通过线下专柜、线上微信社区群、直播带货等形式开展贫困地区农产品销售。在全市常客隆连锁超市设置消费扶贫专柜35个，引进贫困地区糯耳、竹荪等农产品17种，全年助销贫困地区农副产品420万元，带动贵州省铜仁市思南县750户农户增收，累计从湖北地区采购特色农产品100多万元，销售延安洛川苹果、五常大米等特色农产品，其中各渠道销售洛川苹果250万余元，相关成效得到中央电视台等媒体关注。

南北挂钩合作

【概况】 2020年，常熟市拨付500万元常熟泗洪工业园区（简称常泗园区）共建资金和500万元扶贫资金。其中共建资金主要用于支持园区载体建设，扶贫资金由省帮扶工作队统筹安排6个项目。协调市帮扶资金8万元和其他帮扶资金5万元改善涧圩居基础设施。梅李镇向泗洪县双沟镇捐赠12万元，古里镇为孙园镇落实12万元帮扶资金；市供销总社向泗洪县供销合作社提供5万元资金用于发展农业；常熟市七彩虹公益社到泗洪县开展爱心助学活动，向69个结对帮扶学生捐赠助学金和生活用品8.8万元。

【合作交流】 1月，配合泗洪县人民政府在常熟国际饭店举办生态特色农业招商推介会，签约16个项目，协议总投资4.31亿元。11月，配合泗洪县在苏州相城区举办2020苏州（泗洪）万企联万村暨农业招商推介会，有12个村企联建项目、10个招商项目与泗洪县达成合作协议，计划总投资9.47亿元。尚湖镇2家货架企业落户常泗工业园区，为当地增加税收超2000万元，解决就业500多人。古里镇动员苏州振宇材料科技有限公司在泗洪开发区投资落户，项目总投资1.5亿元，预计年可实现销售收入1亿元，税收500万元。

【常泗园区建设】 2020年，常泗园区有正常生产经营企业66家，其中规上工业企业30家（新增5家），高新技术企业14家（新增3家）。全年开票销售收入比上年增长15%；税收收入比上年增长10%。落实疫情期间的帮扶政策，帮助企业申请上级疫情防控补贴41万元，为4家租赁园区自有厂房的企业减免厂房租金超50万元。编制《常熟泗洪工业园区高质量发展总体方案》和《常熟泗洪工业园区高质量发展规划》。围绕机电装备、新材料等特色产业开展招商，新签约亿元以上项目12个，协议总投资29.7亿元；完成达开工条件项目15个，新开工项目10个，新竣工项目8个，亿元以上项目到位资金25.3亿元。新增国家高新技术企业5家，新增科技型中小企业5家，新增省级新产品8个，获批省科技副总5家，新授权专利超100件。选派常熟经济技术开发区党工委委员、管委会副主任赵东方接任常泗园区党工委书记，选派人防指挥所所长任侯挂职泗洪县魏营镇党委副书记兼涧圩村第一书记。

参与长三角一体化

【概况】 2020年，常熟市落实《〈长江三角洲区域一体化发展规划纲要〉苏州行动计划》，谋划、布局一批事关常熟未来发展的重大事项、重大工程、重大平台，推进长三角一体化工作。

【产业融合发展】 2020年，常熟市5个重大平台项目纳入苏州市"三重清单"（重大事项、重大工程、重大平台）。"UWC+创新岛"引进新经济项目28个，总投资72亿元；中德产业园一期规划方案报规完成，引进两个平台项目；氢燃料电池产业园招引落户30个氢燃料电池项目，完成2座加氢站建设。长三角时尚供应

8月20日，"长三角产业数字化创新峰会暨2020亿邦零售数字化进化者大课"在常熟举办

（市融媒体中心　提供）

链枢纽、数字科技新城、临港产业园项目等稳步推进。20家企业进入特斯拉供应链体系，16家企业进入华为供应链体系。举办“融入长三角UWC+”新经济招商对接会、中国苏州（常熟）工业互联网创新创业大赛等活动。

【交通设施互联】 年内，沪苏通铁路正式通车、常熟站建成投运，南沿江和通苏嘉甬铁路顺利推进。沿江高速公路办理用地预审等工可前置手续，锡太高速公路方案基本确定，海太过江通道通过桥隧基本确定路线方案，常台高速公路常熟东互通工程等稳步推进。望虞河拓浚工程可行性研究通过专家审查。配合推进申张线航道南改线工程、望虞河内河集装箱运输通道建设，提前谋划沿线集中作业区布局方案。编制《常熟港港口岸线整合利用五年规划》。对接上海，与上港集团就岸线合作经营开发、码头岸线资源盘活、航线开辟合作共赢等方面进行深入交流。

【公共服务共享】 年内，常熟市实现与上海、浙江、安徽三地门诊费用双向直接结算，常熟市57家定点医疗机构全部接入长三角结算平台，服务范围全面覆盖长三角。市级各医疗机构与沪宁苏等地35家医疗机构签订专科联盟、合作协议，引进专家团队。设立常熟文化旅游长三角全域营销中心。举办“乘高铁，游常熟”2020常熟夏季文化旅游推介会，以“全域旅游”为核心，全面推介常熟旅游资源。

【人才项目对接】 2020年，常熟启动人才专属高铁礼遇，吸引近2000名人才申领补贴，审核通过并发放1377人次。对接上海优质人才资源，召开2020海外高层次人才上海对接交流会，以创业周、线上线下对接会、引才工作站为工作抓手，引进项目、人才等科创资源，年内对接各类人才项目300余个，落户110个。滨江职业技术学校与上海发那科机器人有限公司、上海石化工业学校、上海企想集团等单位达成合作意向。

（张之一）

【长三角区域科协合作】 2020年，市科协举办“浦东·长三角科普教育基地共同体”交流活动，与上海市科协、上海市科普志愿者协会联合举办科普漫画大赛，组织参加科普课件大赛。组织开发区和有关企业到上海电缆所、中科院上海技物所，与常熟籍院士黄崇祺、薛永祺团队对交流；邀请范滇元院士考察常熟经济技术开发区、与常熟理工学院座谈交流。

（吴圣华）

7月14日，长三角地区科普课件大赛在常熟开幕　（市科协　提供）

责任编辑：李　妍

工 业

综 述

【概况】 2020年，常熟市规模以上工业产值完成3695.35亿元，比上年增长5.1%。其中，"354"产业企业1078家，全年完成产值2520.6亿元，比上年增长5.4%，占规模以上工业总产值比重的69%，比上年提升0.8个百分点；民营企业1187家，完成产值1932亿元，比上年增长5%，占规模以上工业总产值比重的53%。2020年，全市规模以上工业实现利润总额242.6亿元，比上年增长11.9%。全市完成工业投资300.56亿元，比上年增长43.5%。全市工业用电量153.5亿千瓦时，比上年下降1.6%。完成低端低效产能淘汰和整治企业（作坊）252家，3家企业获评国家绿色工厂，公布5批56个"零地增长"项目。

链接：

"354"产业格局。"3"指"三大支柱产业"，即汽车及零部件、纺织服装、装备制造业；"5"指"五个重点产业"，即电子信息、生命健康、物流物贸、数字经济、氢燃料电池产业；"4"指"四个特色产业"，即货架、无纺、玻璃模具、氟材料产业。

表 7　2020 年规模以上工业主要指标完成情况统计表

类别	指标	单位	2020年实绩	比上年增长（%）	占全市规上工业比重（%）	备注
规模企业情况	规模企业数	家	1554	13.8	—	—
	销售亿元以上企业数	家	538	-4.4	34.6	—
	其中：销售超10亿元	家	61	7.0	3.9	—
销售超10亿元	销售收入	亿元	1960.7	5.1	52.6	—
	利税总额	亿元	190.7	8.5	58.9	—
规模以上工业主要经济指标	产销率	%	101.9	-1.3	—	—
	资产负债率	%	51.5	-0.1	—	—
	流动资产周转率	次	1.42	-0.1	—	—
	应付职工薪酬	亿元	256.4	-1.7	—	—
	亏损企业数	家	361	31.3	—	—
	工业用电量	亿千瓦时	143.3	-2.1	—	—

【工业投资】 2020年，常熟市工业投资完成300.57亿元，比上年增长43.5%；完成技术改造投资100.27亿元，比上年下降32.1%；完成新兴产业投资214.15亿元，比上年增长76.5%。

表 8　2019—2020 年常熟市工业投资情况统计表

实绩＼年份		2019	2020
全社会固定资产投资（亿元）		522	630.95
工业投资	总量（亿元）	209.45	300.57
	占全社会投资（%）	40.12	47.64

续表8

实绩＼年份		2019	2020
技术改造	总量（亿元）	153.25	100.27
	占工业投资（%）	73.17	33.36
新兴产业投资	总量（亿元）	121.3	214.15
	占工业投资（%）	57.9	71.25

【技术创新】 2020年，常熟市新增工信部第五批制造业单项冠军1家、工信部第二批专精特新“小巨人”企业1家、省级“专精特新”“小巨人”企业5家、省级“专精特新”产品7个、常熟市“专精特新”产品30个，全年新增国家级技术创新示范企业1家（苏州唯一）、省级企业技术中心12家、苏州市级企业技术中心18家。12家企业的16个产品被列入常熟市自主创新产品目录。波司登入选第二批江苏省工业设计研究院培育名单，其登峰系列羽绒服获“2020年度中国优秀工业设计金奖”。

2020年，江苏通润装备科技股份有限公司投入资金进行智能化改造

（市融媒体中心　提供）

【智能制造】 2020年，常熟市跟踪实施智能化改造重点项目320个，完成投资69.3亿元，占当年计划投资的81%。新增工业机器人2524台（套），较上年增长35%，累计突破1.2万台（套）。获评工信部2020年智能制造系统解决方案供应商1家、江苏省智能制造标杆工厂1家、江苏省示范智能车间4家、苏州示范智能工厂4家（含1家培育）、苏州示范智能车间34家、苏州市智能制造系统解决方案供应商10家，新增常熟市智能制造示范工厂（企业）33个。依托华为云为全市100家企业提供免费综合诊断，开展“智联谷”智能制造主题沙龙20期，累计63期。

表9　至2020年年底常熟市各行业应用工业机器人数量统计表　单位：台（套）

行业	总数	焊接	码垛	搬运	喷涂	装配	激光加工	折弯	产品监测	其他
汽车及零部件	5100	1084	125	1365	176	912	193	13	391	841
装备制造	2631	637	42	315	70	516	137	353	261	300
纺织服装	461	0	32	284	6	43	2	0	42	52
新一代信息技术	797	24	6	37	80	155	38	17	168	272
新能源	809	174	45	193	3	211	25	5	132	21
新材料	391	38	6	97	33	77	18	1	44	77
生物医药及高端医疗器械	25	1	0	0	0	16	1	0	6	1
其他	1924	253	140	346	125	347	79	123	103	408
电子制造	89	7	27	22	3	1	1	0	20	8
节能环保	2	0	1	1	0	0	0	0	0	0
合　计	12229	2218	424	2660	496	2278	494	512	1167	1980

汽车及零部件产业

【概况】 汽车及零部件产业是常熟市三大千亿级支柱产业之一，形成以新能源汽车、汽车饰件、汽车关键零部件、氢燃料电池汽车、智能网联汽车为重点的发展格局。其中新能源汽车、氢燃料电池汽车、智能网联汽车具有先发优势，发展前景较为广阔。2020年，全市共有规上汽车及零部件企业143家，完成工业产值775.71亿元，占规模以上工业总产值比重21.2%，产值较上年增长12.8%。全行业实现营业收入1108.22亿元，较上年增长9%，其中规上汽车制造业实现营业收入793.82亿元，较上年增长11.87%；利润总额23.93亿元，较上年增长4%。规上汽车服务业实现营业收入314.4亿元，较上年增长2.4%，利润总额15.78亿元，较上年增长292.5%。

【项目建设】 2020年新增汽车及零部件项目75个，其中竣工投产28个，在建24个，签约待建23个，总投资额219.63亿元；截至2020年年底，全市共引进氢燃料电池项目30个，总投资额25亿元。获工信部、发改委批复"苏州5G车联网城市级应用与验证项目"，项目总投资4.3亿元，其中常熟部分总投资1亿元。

【产业布局】 至2020年年底，常熟市已初步形成以奇瑞捷豹路虎、观致汽车、丰田汽车研发中心为龙头，以丰田汽车变速器、三菱汽车电子、大陆汽车、康迪泰克、住友、美桥、李尔、本特勒等重点零部件企业为主体，以丰田仓储、丰通上组物流和普洛斯物流园等为纽带的发展格局。形成集汽车零部件研发、生产、物流、贸易等一体化的较为完整的汽车核心零部件产业上下游产业链条，具有较强自主配套能力。路虎系、丰田系、三菱系、大陆系、延锋系等汽车零部件企业体系发展日趋成熟，产品涵盖传统汽车零部件领域、新能源汽车及氢能汽车零部件相关领域，为打造常熟汽车整车全产业链奠定稳固基础。

【重点企业】 整车企业 奇瑞捷豹路虎汽车有限公司2020年生产57147辆、销售57795辆，分别增长10.4%和8.5%，累计完成产值133.5亿元，比上年增长4%。观致汽车有限公司2020年生产11348辆、销售12610辆，分别下降46.3%和50.7%，累计完成产值11.6亿元，比上年下降31.7%。

动力总成企业 丰田汽车（常熟）零部件有限公司2020年完成产值37.3亿元，比上年下降11%，日立汽车系统（常熟）有限公司2020年完成产值4.1亿元，比上年增长28.8%。

车身系统企业 延锋安道拓（常熟）座椅机械部件有限公司2020年完成产值36.7亿元，比上年增长59.1%。

新能源汽车企业 苏州正力新能源科技有限公司在蔚来ES系列带动下，2020年完成产值36.3亿元，比上年增长52.9%；新中源丰田汽车能源系统有限公司21PL生产线及镍氢线产能大幅提升，2020年完成产值40.9亿元，比上年增长38.8%。

（徐濛溦　王　洵）

观致常熟基地自动化生产线　（市融媒体中心　提供）

纺织服装产业

【概况】 纺织服装产业是常熟市三大支柱产业之一，常熟市现有纺织服装企业5000多家，以中小企业为主，其中规上534家，约占全部规上企业总数的三分之一。2020年，规模以上纺织服装企业完成工业总产值434.2亿元，比上年下降15.9%。随着产业结构的调整变迁，全市规上纺织服装业产值、利税，占全市工业的比例呈现逐年稳中下降的趋势。2020年上半年，受疫情及中美贸易摩擦的影响，常熟市纺织服装特别是外贸出口类企业订单明显减少，在疫情缓解及国家各项扶持政策的影响下，一些纺织服装企业投身防疫物资生产。下半年国外受疫情影响订单纷纷转移国内，纺织服装业逐步回暖。

【产业布局】 常熟市纺织服装产业链覆盖从化学纤维制造到原料、辅料、面料织造、印染及后整理、服装服饰生产、专业市场销售等过程，纺织服装产品用料涵盖化纤、棉纺、毛纺、麻纺、针织、家纺等行业，秋冬装、休闲男装、针织绒类产品在国内外享有较高的知名度，拥有全国最大的纺织服装专业市场，以及支塘无纺、梅李经编、古里纬编等若干个特色产业集群。

【印染行业】 常熟市成立印染企业高质量发展专业委员会及办公室，围绕三年行动计划（2019年9月—2022年8月），以满足省委省政府、省环委会高质量发展条件、创新实施路径为前提，以遵循市委市政府确定的“四减少、一提升、一平衡”为原则，以推动产业转型升级，增加企业产出，降低和消除安全、环境、消防隐患为重点。2020年完成常熟市印染行业发展专项规划和规划环评，以及全市10个工业集聚（中）区总体发展规划和环评的编制工作，成为全省首个印染行业发展专项规划环评通过省生态环境厅审查的县级市。

【创新研发】 11月25日，在中国优秀工业设计奖颁奖典礼上，波司登登峰系列羽绒服获第四届中国优秀工业设计奖金奖，成为十大金奖中唯一的服装产品，波司登成为江苏省唯一获此殊荣的企业。

【重点企业】 波司登集团　始创于1976年，聚焦羽绒服核心主业，先后获评中国名牌产品、世界名牌产品、中国纺织服装领军品牌、中国工业大奖、中国优秀工业设计奖金奖等，连续20余年唯一代表中国防寒服向世界发布流行趋势，推动羽绒服成为中国服装行业最具国际竞争力的品类之一。8月，在2020苏州民营企业100强中排第16名。2020年，波司登集团营收达人民币135.165亿元，比上年上涨10.9%；权益股东应占溢利达17.096亿元，比上年上升42.1%，连续第五年实现营收、净利的双位数增长。

江苏金辰针纺织有限公司　成立于1997年，采用集团化管理架构，下设面料织造、染整、印花、服装产业配套的生产工厂，年产各类针织面料2万吨，形成以棉类、棉涤、差别化纤维以及功能性针织面料为核心的品牌营销网络，产品远销50多个国家和地区，公司通过三体系（ISO 9001质量管理体系、ISO 14001环境管理体系、ISO 45001职业健康安全管理体系）认证，是江苏省安全生产二级标准化的企业。2020年公司年总产值突破10亿元。

装备制造业

【概况】 常熟市装备制造业是常熟市三大支柱产业之一，已形成以重点骨干企业为龙头、以关联产品协作配套为纽带的发展格局，正着力打造以整机为核心，大型基础件、关键核心配套产品共同推进的发展模式，其中海工装备、工程机械装备、智能电气机械装备为全市“十四五”工业经济重点发展方向。2020年，全市共有规上装备制造企业264家，实现工业总产值774.75亿元，较上年增长11.5%，占规模以上工业总产值比重的21%；工业销售产值756.2亿元，较上年增长8.5%；主营业务收入788亿元，较上年增长8.1%；利润总额75.8亿元，较上年增长9.3%。

【产业布局】 海工装备领域已布局亨通常熟国际海洋产业园，亨通海工与中交天和合作开发应对海洋工程的垂直竖向硬岩掘进机技术，可应用于海洋机场、海上风电桩机掘进；瑞特电气是国家海洋局、中国海事局等的船舶电气与自动化系统主要供应商；龙腾特钢在细分领域占有一定市场份额。

工程机械领域主要涉及大型盾构机、建筑工程机械、冶金机械和起重设备等。其中，中交天和大型盾构机具有国际先进水平，位居行业龙头；“三一常熟产业园”为全市工程机械业发展提供产业载体；通润驱动、长城轴承、辽鞍机械等企业在细分领域处于领先地位。

智能电气机械领域开关制造、通润驱动在同行业中主导地位稳固，具有带动产业链上下游协同发展的优势，风范电力、罗伯泰克、大福自动化等企业在细分领域具有一定优势。2020年，龙腾特种钢产值突破100亿元，以索特传动、亨通高压海缆、常熟开关厂为代表的12家龙头企业产值突破10亿元，以辽鞍机械、常熟市标准件厂、国瑞科技为代表的86家企业实现产值破1亿元。

【重点项目】 2020年，苏州六幺四信息科技有限责任公司的GOCA-67超高分辨率光矢量分析设备获得江苏省首台（套）重大装备及关键部件认定。

【重点企业】 江苏亨通海洋光网系统有限公司　成立于2015年，业务覆盖跨洋通信系统、海底观测网系统、水下特种缆系统、海上油气平台系统及海上新能源系统等系统解决方案。是国内海底光缆规模最大，交付量第一，国际前四的海底光缆供应商，累计交付量超4万千米。公司系国家高新技术企业，先后获2017年度中国光学工程学会科技进步一等奖，2018年度江苏省科学技术一等奖，工信部工业强基工程一条龙应用计划示范企业、国家专精特新“小巨人”企业，海底光缆系统获国家制造业单项冠军产品。投资3000万元建成的4000平方米研发中心和检测中心，先后获得江苏省研究生工作站、江苏省企业技术中心、江苏省海洋通信系统装备工程技术研究、江苏省水下光网络工程研究中心、江苏省海洋信息物理系统工程研究中心、江苏省博士后创新实践基地6个省级创新平台认定。2020年亨通海洋光网实现产值5.4亿元。

常熟风范电力设备股份有限公司　是专业生产1000千伏及以下各类超高压输电线路角钢塔、钢管组合塔、各类管道、变电站构支架、220千伏及以下钢管杆及各类钢结构件等产品的专业公司。公司年产量28万吨，拥有员工1600余名，拥有世界领先的各种自动化铁塔加工生产线，热镀锌生产线六条，金属切削设备，计量理化精密仪器等，是国内少数几家能生产目前最高电压等级100万伏输电线路铁塔的企业之一，也是国内唯一一家拥有自主知识产权并生产复合材料绝缘杆塔的企业，在国家电网铁塔产品招标中公司连续五年居行业前3位。公司是国家火炬计划项目承担单位、国家钢结构制造“一级”资质企业，“国家重合同守信用企业”“江苏省高新技术企业”“江苏省民营科技企业”“江苏省科技型中小企业”，在行业内率先通过ISO 9001质量保证体系认证、ISO 14001环境管理体系认证和BS-OHSAS职业健康管理体系认证。公司产品遍布国内20多个省、自治区、直辖市，并已出口到澳大利亚、伊朗、伊拉克、韩国、缅甸、塔吉克斯坦、非洲、刚果、赤道几内亚等20多个国家和地区。2020年风范电力设备股份有限公司实现产值突破20亿元大关。

【"长城号"超大直径盾构机】 9月28日，完全自主研发设计制造的中国最大直径泥水平衡盾构机"长城号"在中交天和下线。"长城号"是中交天和自主研制的第九台超大直径盾构机，开挖直径16.07米，整机总长约145米，总重量约4500吨，应用于北京东六环工程隧道项目施工。该工程隧道段总长9.2千米，其中盾构段长度7.4千米、成型隧道外径15.5米。"长城号"需穿越北京副中心城市核心区，地下空间复杂、实施难度大，相交道路12条、轨道11条、河道3条，最深处为穿越副中心火车站，覆土达45米。隧道掘进采用2台外径16米级的国产超大直径复合泥水平衡盾构机，自北向南始发，同向施工，这在中国超大直径盾构隧道工程中罕见，标志着中国超大直径盾构隧道施工依靠国外品牌时代的终结。（徐濛溦）

【亨通（常熟）国际海洋产业园】 位于经开区，由亨通集团于2009年投资建设，占地约22.67公顷，主要从事海底电缆、海底光缆、海洋工程及港口与远洋物流四大板块业务。2020年，亨通集团和常熟新泰港务洽谈托管事宜，新增用地29.33公顷。集团将做整体产业布局规划，打造亨通常熟国际海洋产业园，发展"8+1+1"产业。即在现有四大板块基础上新增电缆附件、海底（水下）观测网、智慧能源、通信及其他业务四大板块，一个国家级创新中心，并最终单独成立一个上市主体。（李林川）

电子信息产业

【概况】 常熟市电子信息产业是常熟市五大重点产业之一，主要包括智能终端组装、印制电路板生产、手机用新型金属材料等特色产业。2020年，常熟有规模以上电子信息企业69家，完成产值427.3亿元，比上年增长16.6%，产值过10亿企业12家。其中印制电路板生产企业实现产值73.9亿元，比上年增长8.2%。生益科技为华为配套印制电路板铜箔基板，相互电子为华为、小米配套PCB硬板和RFPC软硬结合板，慧驰轻合金为华为、小米等国内头部企业提供各类轻合金材料。2020年，全市重点电子信息制造业企业研发投入规模3.8亿元，研发经费占营业收入比重0.9%。

【产业布局】 常熟市重点发展上游5G基站及手机用新型金属材料、新型显示设备用氟产品、集成电路用化学产品；中游高密度互连印制电路板、柔性多层印制电路板、特种印制电路板，发展传感器、摄像头等关键组件；下游智能手机、智能可穿戴设备、智能家居终端生产企业。

【项目建设】 2020年，全市投资过1000万元的电子信息制造业在建项目共13个，计划投资总额73.7亿元，年内完成总投资24.8亿元。其中投资过亿元项目10个，过5亿元项目2个，过10亿元项目1个，新开工项目11个。常熟神州通智能科技有限公司投资46亿元年产50万台智能终端、1000万台手机储运分销；立讯智能科技产业园项目投资7亿元生产声学音箱产品。

【重点企业】 立讯智造科技（常熟）有限公司　由立讯精密工业股份有限公司控股的消费电子产品生产企业，主要从事智能音箱等智能移动终端。自2020年6月进入规上企业库至年底，完成产值32.7亿元。

常熟生益科技有限公司　为广东生益科技股份有限公司控股公司苏州生益科技有限公司全资子公司，系生益科技集团成员，总生产规模为年产覆铜板1100万平方米、商品黏结片2400万平方米。多款产品为华为配套印制电路板铜箔基板，2020年完成产值10亿元，比上年增长27.6%。（徐濛溦）

【华为云（常熟）工业互联网创新中心】 位于经开区，2019年6月由常熟经济技术开发区管理委员会、华为软件技术有限公司和深圳蜂巢互联科技有限公司签署三方合作协议，共建"华为云（常熟）工业互联网创新

9月28日，中国完全自主研发设计制造的国内最大直径泥水平衡盾构机——"长城号"在中交天和下线　（市融媒体中心　提供）

中心”。该中心结合华为在云计算、以5G为代表的通讯管道技术以及终端设备方面的核心技术和能力，完善常熟工业云平台的解决方案，构建完整的智能制造云生态体系，推动智能制造与创新技术充分结合，助力常熟制造企业数字化转型升级。2020年，华为云（常熟）工业互联网创新中心累计对接常熟企业200余家，签单服务42家企业，展厅参观等接待70余批次，累计900多人次，开展行业沙龙、技术赋能、走进华为等活动15场，持续提高常熟企业家对于企业数字化转型的认知。常熟本土软件服务商借助华为云平台将常熟的软件产品推向全国，网禾科技、魔元术、悠扬智能、红森软件、通安智慧等5家企业入驻华为云市场计划，成为华为云市场伙伴，其中网禾科技正在推动成为华为云市场严选伙伴。

【常熟立讯智能科技产业园】 2019年10月落户常熟经开区，项目总投资102亿元，总用地约51.33公顷，总建筑面积约99万平方米。项目采取分期建设、分期投产的方式，一期项目占地14.13公顷，建筑面积约15万平方米，2019年12月启动建设。二期项目占地约37.2公顷，规划建筑面积约84万平方米，2020年11月启动建设。项目公司立讯智造科技（常熟）有限公司于2019年10月注册，经两次增资，注册资本已增至13亿元。常熟立讯智能科技产业园主要从事手机、手表、耳机的马达模组、指纹模组、电子显示屏、光学产品等高精密零部件及新能源汽车核心组件的研发、生产、组装。2020年产业园实现工业开票销售32.7亿元，纳税2.6亿元。（李林川）

【人工智能科技产业园】 位于高新区，共引进人工智能企业33家，合计总注册资本9.5亿元，总投资28.5亿元，达产后预计销售超72.2亿元，分布在服务机器人、智能教育、无人机、激光雷达等人工智能细分领域。2020年因疫情影响，大部分人工智能企业从二季度开始展开业务，至2020年年底，正式运营企业已达28家，办公生产载体装修中3家，注册报批中2家，2020年人工智能产业园总计开票销售超1亿元。（何　瑜）

生命健康产业

【概况】 生命健康产业是常熟市五大重点产业之一，作为苏州生物医药产业“1+N”发展布局的重要环节，至2020年年底形成苏虞生物医药产业园、古里生物医疗大健康产业园等创新集聚载体，与苏州工业园区生物医药产业园形成转移承接良好合作态势。常熟市生命健康产业有规模以上企业33家，2020年完成产值57.9亿元，比上年增长16.3%。产业类别主要包括医药制造类和医疗器械类。医药制造类企业主要集中在化学原料药、医药中间体及制剂、现代中药等细分产品的研发、中试、生产；医疗器械类企业主要产品包括袋类、包类、管类、硅胶类、注塑件类高分子医用耗材、齿类、骨关节、医用敷料及防护用品以及医疗检测服务等。

【产业发展规划】 2020年12月《常熟市生命健康产业发展规划（2020—2030）》发布，要求以苏虞生物医药产业园、经开区生物医药产业集聚区为载体，发展具有自主可控技术的化学创新药和生物技术药，占据医药制造产业高地；以古里生物医疗和大健康产业园、常熟高新区、虞山高新区等区镇为载体，重点发展植入性医疗器械、体外诊疗及康复设备、可穿戴设备等高端医疗器械。开发一批具有自主知识产权、发明专利的实用新型产品，推动人工关节、齿类等医疗器械项目产业化以及智慧医疗、康养管理等医疗服务产业发展。到2025年年末，力争产业规模达到200亿元，存量培育和增量招引年销售额超10亿企业8家，超5亿元企业10家，新增各类研发机构10个，与高校院所共建合作平台10个。新增培育市级（苏州）以上“独角兽”企业2—3家。

【重点项目】 2020年，常熟市生命健康产业重点项目7个，总投资36.5亿元，涵盖化学原料药、中药、植介入及微创外科医疗器械、医药研发生产、配套灭菌服务等领域。药明康德新药生产和研发一体化项目，计划总投资额20亿元，总占地面积约19.13公顷，建筑规划约19万平方米，计划分两期建设，项目一期占地13.33公顷，将新建年产250吨的新药生产车间和年产50吨的新药研发车间，产品主要用于治疗老年痴呆、帕金森病、淋巴瘤、骨髓瘤、肺癌、高血压、心绞痛、艾滋病等。

【重点企业】 瑞博（苏州）制药有限公司　前身为诺华集团（Novartis）在中国建立的供应全球市场的化学制药生产基地，现为上市公司九洲药业的全资子公司，拥有多条高产能生产线及连续反应和酶催化反应的工艺设备，主要致力于创新药合同定制（CDMO）一站式服务，相关产品涉及抗心衰、乳腺癌以及白血病等多个重大疾病治疗领域。公司建立先进的质量管理体系和安全管理体系，连续三次零缺陷通过美国FDA审计，是国家安全生产标准化一级认证企业。公司2020年工业总产值7.1亿元。

江苏康诺医疗器械股份有限公司　是一次性医用耗材制造商，产品涉及泌尿类、防护类、新型卫材类、手术包类、营养喂食类、麻醉呼吸类等数千个品种，成为诸多的国际500强医药企业的指定生产商，2020年江苏康诺完成产值5.3亿元。占地面积5.3万平方米，建筑面积7万多平方米，其中十万级洁净厂房达2.6万平方米。公司下辖荣瑞灭菌、迈得检测、杭州康寿、沭阳康诺、苏州艾瑞科、苏州润帆、维京医疗7家全资子公司和苏州康特威、苏州上信2家控股公司。2020年江苏康诺和荣瑞灭菌分别成为中央财政应急物资保障体系建设的专用应急政府储备类项目和生产动员能力建设项目，并多次捐赠医疗防护用品，为疫情防控工作做出贡献。

（徐濛溦）

氢燃料电池产业

【概况】 常熟市氢燃料电池产业是常熟市五大重点产业之一。2020年，常熟市氢燃料电池产业以招商引资、示范应用推广、载体建设为主，年内共引进氢燃料电池核心零部件项目16个，总注册资本3.34亿元，总投资7.93亿元，预计项目产出超10亿元。1月17日，常熟氢燃料电池公交正式投运，首批20辆氢能源公交车投入城市公交线路运行；完成120辆氢能源物流车的上牌投运工作。6月，常熟第一座商用加氢站——常嘉氢加氢站建成并于12月获批试生产许可，全年完成5个重点项目的建设工作。

【氢燃料产业政策】 年内，常熟市编制出台《2020年常熟市氢燃料电池汽车产业发展工作要点》《常熟市关于氢燃料电池产业发展的若干政策措施》，并配套印发《关于常熟市氢燃料电池产业发展政策申报实施细则》，为氢燃料电池产业的发展提供政策依据。

常嘉氢加氢站　　（市发改委　提供）

【科技创新】 依托丰田研发中心、常熟氢能研究院、常熟理工学院和全市氢燃料电池产业领域重点企业，成立常熟市氢燃料电池协同创新联盟，整合多方资源，加大技术研发和产业孵化力度，推动传统汽车产业与氢燃料电池产业加快融合。2020年，重塑集团负责研发、调试的三一重工全球首台燃料电池搅拌车和燃料电池自卸车已下线，船用氢燃料电池动力系统的研发工作正加紧推进。

【重点企业】 丰田汽车研发中心（中国）有限公司　于2010年设立，总投资6.78亿美元，注册资本3.2亿美元，是丰田汽车在亚太地区最大的新能源汽车与节能环保领域的综合研发中心。目前，公司正在加紧开发即将发售的插电式混合动力汽车的核心部件。同时，该中心已建成太阳能充电站及试验用70兆帕（Mpa）加氢站，为下一代新能源汽车在中国的适应性研发做好准备。

江苏重塑能源科技有限公司　于2018年11月设立，是重塑科技在华东地区的燃料电池系统和核心零部件生产基地，一期产能规划可生产氢燃料电池系统2万套/年，二期规划研发和生产电堆、空压机等核心零部件。2020年，江苏重塑能源科技有限公司生产、销售燃料电池发动机510套，完成工业产值2.31亿元，上缴利税231万元；公司研发人员占比超30%，全年研发投入687万元，占销售收入的3%左右。

江苏擎动新能源科技有限公司　于2019年8月投资设立，是国内顶尖的氢燃料电池核心组件催化剂和膜电极的制造商项目。该项目总投资5000万元，注册资本2000万元，具备年产3万平方米（100万片）膜电极的规模化生产能力，可供3万辆燃料电池汽车使用。截至2020年年底，使用擎动催化剂和膜电极的9款燃料电池车辆入围工信部公告目录，共有约200辆搭载擎动催化剂膜电极的燃料电池汽车投入运营，累计运行里程合计约100万千米，国产膜电极装机量排名前三，国产催化剂装机量排名第一。

【常熟氢能源汽车产业园】 位于常熟高新区，是常熟市氢能源汽车产业发展的核心区，首期建成高标准厂房4万平方米，并规划100公顷作为承载区。核心区内包括丰田氢燃料电池汽车研发中心项目，还集聚重塑科技氢燃料电池动力系统集成项目、双晋氢燃料电池膜电极及电堆、擎动科技高性能膜电极、治臻金属双极板、奕森高速空气悬浮轴承空压机、德国NG离心式空压机等6个核心部件生产制造型项目，以及常嘉氢商用加氢站、塑云氢能源信息科技服务、丰田—重塑—金龙氢能源大巴示范运行、氢力氢为物流车推广应用等多个基础设施类、大数据服务类和示范应用类项目。

（王　洵）

责任编辑：李　妍

建筑业·房地产业

建筑业

【概况】 2020年，常熟市实现建筑业总产值245.99亿元，比上年增长15.68%；实现建筑业增加值100.28亿元，比上年增长5.7%；实现利税12.95亿元，比上年增长18.37%；全年新开工项目964个，新开工建筑面积1273.2万平方米，合同造价383.99亿元，比上年分别增长38.79%、45.09%、52.25%；全年常熟市建筑业企业在外施工备案工程项目142项，累计签订工程合同金额78.4亿元，合同金额比上年增长5.08%。疫情期间，市住建局建管处对全市641个工地进行地毯式全覆盖防控检查，督促全市建筑工地严格落实各项疫情防控措施。为解决工地复工后建筑企业用工难的问题，出台《建设工地人员返常交通费补贴》惠企政策，明确建设工地人员返常交通费补贴操作流程，鼓励施工企业采用包车形式统一接送外地务工人员，提高外地建筑工人返常务工的积极性。累计发放交通费补贴69.13万元，惠及外地建筑工人3692人。其中包车返常返岗247人，发放补贴5.84万元，自行返常返岗3445人，发放补贴63.29万元。（张　杰）

【装配式建筑】 2020年，常熟市新建商品住宅等全面推广应用“预制三板”。江苏风范绿色建筑（常熟）有限公司创建省级建筑产业现代化部品生产类示范基地通过省住建厅验收评估。年内，全市完成通过建设用地规划条件落实装配式建筑面积201.47万平方米，新开工装配式建筑面积148.54万平方米，年度竣工成品住房面积189.15万平方米。（陈　伟）

【建筑工程创优】 2020年，常熟市建筑企业承接工程获评“国家优质工程奖”2项；获评“中国装饰优质工程奖”12项；获评“省扬子杯优质工程奖”房屋建筑综合工程类8项、市政工程类5项、专业装饰类工程3项、专业钢结构类1项工程；获评苏州市“姑苏杯”优质工程奖81项。此外，全市共申报“虞山杯”优质工程奖150项，其中房屋建筑113项，装饰工程16项，幕墙1项，外地20项。经评审并公示，121个工程获奖。

表10　2020年度常熟市获评江苏省级以上优质工程一览表

奖项名称	项目名称	申报单位
国家优质工程奖	锦荷学校及幼儿园（暂名）新建工程	中建华城建设集团有限公司、常熟市金龙装饰有限责任公司、江苏常诚建筑咨询有限责任公司
	常熟市2015A-005地块（香山中路8号）新建商务用房工程	江苏永丰建设集团有限公司、江苏常诚建筑咨询有限责任公司
中国装饰优质工程奖	常熟市精英宝贝幼儿园室内装饰工程	苏州华瑞建筑装饰工程有限公司
	常熟琴湖惠民医院迁扩建室内装饰工程（标一）	苏州华瑞建筑装饰工程有限公司
	常熟市锦荷学校及幼儿园新建室内装饰工程（标一）	常熟市新苑地建筑装饰工程有限公司
	新建常熟市元和中学工程（暂名）室内装饰工程（教学楼综合楼、食堂风雨操场、图文信息中心）	常熟市金龙装饰有限责任公司
	新建常清中学及世清教育培训项目——常清中学装修工程	常熟市金龙装饰有限责任公司
	常熟市海虞幼儿园扩建工程——室内装饰工程	常熟市金龙装饰有限责任公司
	常熟市报慈幼儿园迁建室内装饰工程	江苏嘉洋华联建筑装饰股份有限公司
	服装城商业大厦室内装饰工程	江苏嘉洋华联建筑装饰股份有限公司
	常熟白马酒店室内装饰工程	苏州卓越建筑装饰工程有限公司

续表10

奖项名称	项目名称	申报单位
中国装饰优质工程奖	大义幼儿园室内装饰工程	江苏华灿建设有限公司
	常熟市凯文小学及幼儿园新建工程室内装饰工程（标二）	江苏华亭建筑装饰工程有限公司
	江苏亚朵酒店物业管理有限公司装饰改造项目	江苏永通市政园林建设有限公司
江苏省"扬子杯"优质工程奖	常熟市2015A-005地块（香山中路6号）新建商务用房工程	江苏汇丰建筑安装工程有限公司
	新建常熟市元和中学工程（暂名）——教学楼综合楼	江苏金土木建设集团有限公司
	常熟市海虞幼儿园扩建工程——幼儿园、门卫——幼儿园	江苏顺丰建设有限公司
	杨园中小学及幼儿园——幼儿园工程	中建华城建设集团有限公司
	常熟琴湖惠民医院迁扩建工程	圣峰建设有限公司
	常熟市兴隆中学改扩建工程1#、2#楼	苏州华亭建设工程有限公司
	锦荷学校及幼儿园（暂名）新建工程（标一）——小学教学楼、综合楼及11#连廊	常熟建工建设集团有限公司
	新建常清中学及世清教育培训项目工程（标一）	江苏汇丰建筑安装工程有限公司
	常熟市锦荷学校及幼儿园新建室外配套工程	常熟市华诚建设工程有限责任公司
	黄山路（白茆塘—黄浦江路）改造工程（标二）	常熟市市政建设有限责任公司
	沈青路东环河大桥工程	裕腾建设集团有限公司
	江苏省实验学科技城校新建项目市政景观工程	常熟市第二市政路桥建设工程有限公司
	苏州高新区嵩山路（金枫路—建林路）改造工程	常熟市市政建设有限责任公司
	新建3#标准厂房项目办公区室内装饰工程	江苏华灿建设有限公司
	常熟市精英宝贝幼儿园室内装饰工程	苏州华瑞建筑装饰工程有限公司
	常熟市报慈幼儿园迁建室内装饰工程	江苏嘉洋华联建筑装饰股份有限公司
	新建汽车零部件生产性智能化中转物流项目物流仓库A-1、门卫室1	江苏顺丰建设有限公司

（戴润杰）

【施工安全监管】 2020年，常熟市全面启用江苏省建筑施工安全管理系统，开展企业安全生产责任主体自查自评工作，实现日常监督检查网上开单及检查情况、问题处置情况实时上传。全年实施建筑施工安全生产监督检查2608个次，实施责令限期整改1520个、局部停工172个，移送处置59起，行政处罚110起，罚款466.7万元。组织开展建筑施工春节后复工安全生产、扬尘专项整治，深基坑、高支模安全专项整治，建筑起重机械、脚手架、预防高处坠落安全专项整治，建筑施工消防安全、扬尘专项整治4次季度专项集中整治，对6家企业予以通报批评。依托第三方机构专业技术力量，开展危大工程及施工起重机械设备第三方协同管理工作，组织开展危大工程安全检查1011项、超规模危大工程293项；开展建筑施工起重机械安全检查2批次，排查治理各类起重机械设备安全隐患346个。健全常熟市建筑施工标准化文明示范工地创建考核工作机制，全年创建常熟市级标化工地278个、苏州市级标化工地94个、江苏省级标化工地37个。广泛开展"落实企业安全生产主体责任'春风行动'""百团进百万企业"安全生产宣讲会、安全生产月等建筑施工安全生产宣教活动，累计受教育达2万人次。

【施工扬尘治理】 2020年，市建工扬尘管控办推进实施建设工地扬尘治理专项行动，组织企业广泛开展"三个一"活动（作出一份扬尘管控承诺，开展一次扬尘防治自评，组织一次扬尘全员培训），全面加强建筑工地扬尘治理宣传引导，压紧压实企业主体责任；市建管处贯彻执行"六个百分百"及视频监控、扬尘监测、喷淋抑尘、非道机械管控等各项管控措施，对全市在建工程项目实施常态化动态监管，对重点区域在建工程项目实施清单化监管；建立"8小时"外延伸监督巡查机制，启动夜查模式，出动250余人次，巡查工地1250余个次；按照"三个第一"处置机制，及时落实处理上级交办建筑工地扬尘问题51处。综合运用约谈告诫、停工整改、记录不良行为、行政处罚等惩戒措施，加大扬尘问题处置力度，全年累计开展扬尘监督检查773个次，责令限期整改353个、局部停工5个，对6家企业、3名人员记录不良行为，对19家企业实施行政处罚，处罚金额128万元。

（张　杰）

【施工质量监管】 2020年，市建设工程质量监督站共新受理监督工程856项，建筑面积1241.90万平方米。开展工程质量监督抽查3959次，发出《工程质量监督抽查整改通知书》275份。开展工程竣工验收监督579项670.03万平方米，提交《工程质量监督报告》510份，办理工程竣工验收备案352份。受理消防竣工验收和备案抽中160项，验收合格146项。结合机构改革，完成消防验收职能和在建人防工程质监承接工作，推进建设工程质监、人防工程质监和消防工程验收管理工作有机融合。加强原材料监管，推行并完善在建工程原材料登记制度，通过系统平台并结合现场监督核查材料登记信息情况，跟踪甄别不合格原材料数据，加大对不合格材料查处力度；强化监督抽测和原材料抽检工作，采用政府购买服务的方式，通过公开招标委托常熟市工程检测中心开展监督抽测；强化“违规海砂”治理，加大巡查力度及混凝土用砂抽查力度，防止“违规海砂”使用；组织开展成品住宅、装配式建筑、消防工程暨绿色建筑工程等专项整治，确保工程质量可控和稳步提升；配合开展全市预拌混凝土小搅拌站检查指导，提供技术支撑和服务，加强对发现问题的督促整改和复查闭合，推进小搅拌站纳归管理；创新试点市政工程“云压力试验”监督，质监员通过群视频直播形式确认人员到岗情况、试验过程及试验结果，完成压力试验的旁站监督抽查工作，节约抽查工作时间，推进工程进度；探索推进“工地开放日”活动，引导房地产开发企业在装修施工过程中组织开放日活动，开放装修施工现场供房产消费者参观，防范并化解工程质量矛盾，减少纠纷投诉，确保平稳交付，维护社会稳定；引导企业争创优质工程，推进工程质量创优指导。

（钱　琦）

【建设工程招投标管理】 2020年，常熟市优化工程招投标办法，统一使用苏州市建筑业企业信用综合评价结果，试点开展招标代理机构标后评估，实行评标专家“一标一评”，努力营造公平开放、合理竞争的市场环境，合理压缩招投标时间，加快重点项目落地。全年共备案发包初步方案702个，招标公告794个，招标文件653份，招投标书面报告574份，处理招投标投诉8起，12345来信来访6起。办理项目登记710个，建筑面积1519.37万平方米，投资总额1251.02亿元，分别比上年同期增长7.41%、43.67%、25.48%。备案项目交易1494个标段，建筑面积1336.97万平方米，交易额368.91亿元，分别比上年同期增长29.46%、96.55%、31.32%。其中招标发包559个标段，建筑面积405.70万平方米，中标价153.23亿元，标底价178.81亿元，节约资金25.58亿元，前三项分别比上年同期增长27.63%、167.52%、112.92%。直接发包935个标段，建筑面积931.27万平方米，承包价215.68亿元，分别比上年同期增长30.59%、76.19%、3.22%。在新冠肺炎疫情防控期间，依托电子招标模块，创新推行中小工程不见面开标200个。

（钱　伟）

【建筑产业工人培训基地】 2020年，市住建局联合建筑行业协会创新打造常熟市建筑产业工人培训基地，有办公教学场地2000平方米，两个可容纳240人同时培训的综合教室，配备多媒体教学、专业实训、建筑施工安全实景模拟（VR）等教学设施设备。基地以行业专家库为依托，充分发挥资源优势，开设二级建造师培训、三类人员考证培训、现代产业工人培训、监理人员培训等多种课程，全年累计教育培训3000多人次。该基地是苏州市范围内首个综合型建筑工人培训基地，为苏州市住建局在苏州市范围内推广“苏安码”积累经验。自9月1日实行“苏安码”监管以来，全市共有2万多名建筑工人申领“苏安码”绿码。

（张　杰）

【建筑培训及考试】 2020年，常熟市组织开办6期计579名二级建造师继续教育和考试，其中2期272名考试安排在常熟进行；ABC三类安管人员考前培训6期（1—11月），共1176人次，其中BC类常熟开班679人次；举办年度ABC三类安管人员继续教育（网络学习）5466人；见证员继续教育18人。开展住建领域专业技术人员与高技能人才职业发展贯通试点，举办4期住建领域相关培训考试工作，培训建筑施工、监理、造价以及国有企业技术人员2832人。

（戴润杰）

【施工图审查管理】 2020年，常熟市重点审查工程地质勘察、结构安全、消防安全、抗震设防，推进建筑节能减排、新技术、新材料和装配式建筑的推广应用。全年共审查完成房屋建筑工程施工图设计文件2309项、勘察文件374项、消防设计技术审查项目309项、人防项目33项。审查面积1224万平方米，共发放施工图审查合格证626份，审查出776条违反强制性条文、15510条强制性标准和8083条其他问题的情况；审查完成装饰和幕墙项目224项。审查出违反强制性条文67条、强制性标准680条、其他问题232条。探索施工图审查制度改革，合理缩小审图范围，推行企业“自审承诺制”，对项目规模小、社会影响小的建设工程由自审承诺书替代施工图审查合格证书，申报施工许可手续，全年产生507个免审项目；对简易工程和小型既有建筑改造等项目尝试专家论证，推行审图弹性工作制，完善数字化审图软件功能。创新模拟审批环节，对重点项目容缺受理、提前介入、跟踪服务，为重点项目的快速顺利推进提供保障。

（焦晓军）

【建设工程造价管理】 2020年，常熟市贯彻执行《建设工程工程量清单计价规范》及其9本工程量计算规范、江苏省各专业工程计价定额（2014版）、江苏省建设工程费用定额（2014版）。根据苏州市住建局文件，9月1日起，建设工程计价措施费中增列“苏安码管理增加费”，计取标准为0.5‰。针对政府投资的新开工工程必须使用承插型盘扣式钢管支架的规定，苏州造价管理部门配套出台《关于明确承插型盘扣式脚手架和模板支架计价问题的通知》。苏州市住建局出台《苏州市工程造价咨询行业信用评价办法》,取消常熟造价咨询企业综合考评工作,由苏州市造价处负责实施苏州市范围内造价咨询企业的信用评价工作。开展全市造价咨询企业综合考评、结算审核质量检查、工程量清单和招标控制价质量检查以及施工企业竣工结算专项检查。全年经备案在常熟承接业务的外地咨询企业有23家。测报和发布人工指导价,选择6家有代表性的施工企业负责测报,按期汇总上报上级造价管理部门。2020年,1家企业申请造价咨询资质,1家咨询企业资质由暂定级升为乙级,2家企业资质信息变更,全市有6家室内造价咨询企业,其中4家为甲级资质,2家为乙级资质。（谢晓芳）

【建设项目审批】 2020年,常熟市全年共审查工业建设项目规划方案293个,总面积565万平方米,核发施工许可证882张,建筑面积1207万平方米。深化"全链审批"模式,落实工程建设项目分段许可、分段施工等措施,重置工业建设项目审批流程,质监、安监、施工合同、监理合同备案并联审批,规划、质监、土地、防雷等事项联合竣工验收。推行规划预审、报建材料容缺受理,企业规划方案审查、施工图审查、用地办理等同步进行。重点项目从投资备案到获取施工许可,各环节累计审批时间最快压缩至17个工作日。7月1日,印发《常熟市推进工程建设项目审批制度改革方案》,出台近30项配套性文件。取消行政审批事项9项,将8项事项合并为2项,转变管理方式26项,调整审批时序62项,实施告知承诺制3项,审批环节改为4个并联审批阶段,审批材料实行一张表单统一申报,申报材料精简40%。

【建设工程项目不见面交易】 2020年,常熟市公共资源交易中心加快不见面开标进程,建设工程项目率先实现全流程不见面交易,政府采购实现全流程全覆盖全品类电子化交易,国有产权项目近八成实现全流程不见面交易,为市场主体提供更优质高效的服务。全年共计完成交易2052个,比上年增长4.7%,交易金额448.19亿元,比上年增长35.5%,节约金额34.93亿元,比上年增长66.7%。（赵瑜梦）

【建筑企业】 至2020年年底,常熟市拥有建筑业企业408家,其中施工总承包特级资质企业1家、一级资质企业14家,专业承包一级资质企业34家;工程监理企业12家,其中甲级企业8家,101家企业完成重组分立和资质合并。

江苏全土木建设集团有限公司 该公司是建设部核准的房屋建筑施工总承包特级、建筑设计建筑行业(人防工程)专业甲级、建筑行业(建筑工程)甲级,市政公用工程、水利水电总承包二级资质企业,同时具有钢结构一级,地基基础一级、建筑装饰、起重设备安装、环境保护、机电设备安装专业承包二级资质。公司下设国内及国外16个分公司(项目部),具有国外承包工程资质和对外经营签约权。拥有国家颁发的工程设计综合甲级资质的设计院;各类技术管理人员和施工设备、检验设备,能独立承担各类型工业建筑及民用建筑的施工,年施工能力达到60亿元以上。公司被国家工商总局授予"守合同重信用企业",连续6次获江苏省人民政府表彰。2020公司年总产值突破70亿元。

常熟古建园林股份有限公司 该公司成立于1983年,2017年"新三板"挂牌,2020年进入"新三板"创新层。拥有建筑工程施工总承包一级、古建筑工程专业承包一级、风景园林工程设计专项甲级、文物保护工程施工一级等资质。有4个子公司,8个分公司,业务范围涉及19个省市、8个国家。先后获评中国传统建筑文化传承与创新示范企业、中国文化遗产保护与传承十佳优秀企业、江苏省优秀企业等荣誉称号。2020年,公司获全国城市园林绿化企业50强(名列22位);苏州市建筑业优秀企业;苏州市"香山杯"技能大赛优秀组织奖;承接的常浒河北侧绿化和慢行道建设工程(一标)获中国风景园林学会科学技术奖园林工程奖铜奖;皇粮浜地块改造2#—7#、地下车库及东第园工程获江苏省"扬子杯"优质工程奖;小康村朱泾苑南侧游园景观工程获苏州市"园林杯"园林绿化优秀工程;言子旧宅维修及周边环境整治工程获香山杯古建园林优质工程。2020年公司总产值16亿元,上缴税收5600万元。

苏州华亭建设工程有限公司 该公司拥有房屋建筑工程施工总承包、建筑装修装饰工程专业承包双一级资质。作为日本清水建设、日立建设等外资建设单位在华东地区重要战略合作伙伴,承建一批标志性的世界500强企业工程以及市重点公共建筑、大型综合性配套工程。2020年,公司产值近20亿元,承建项目18个。

江苏嘉洋华联建筑装饰股份有限公司 该公司成立于1997年,为中国建筑装饰行业百强企业,国家高新技术企业,"新三板"挂牌企业。该公司是集装饰、幕墙、智能化、机电、消防、房屋建筑、钢结构等设计与施工为一体的专业集群型集团企业。先后获中国建设工程鲁班奖、詹天佑奖、国家优质工程奖、中国建筑工程装饰奖、中国建筑工程装饰设计奖等国家级优质工程近50项。截至2020年年底,公司营业收入20077.88万元,比上年上涨21.07%;股东权益为21536.99万元,比上年上涨6.22%。

江苏常诚建筑咨询监理有限责任公司 该公司成立于1996年10月,主要从事工程建设的咨询和监理工作,具有房屋建筑工程监理(甲级)、市政公用工程监理(甲级)、公路工程监理(乙级)、机电安装工程监理(乙级)、人民防空工程监理(乙级)、工程造价咨询乙级、水利水电工程监理(丙级)等资质,列入省项目管理试点企业和首批省装配式建筑监理企业名录。截至2020年年底,公司完成监理工程项目1200多项,面积近2300万平方米。2020年,获常熟市优质工程"虞山杯”21项、苏州市优质工程“姑苏杯”15项、江苏省优质工程“扬子杯”6项、国家优质工程2项。创常熟市“标准化监理项目”16项，苏州市“标准化监理项目”5项，江苏省“标准化监理项目”5项。在开展工程项目管理咨询工作中，完成项目28项，面积约80万平方米。（戴润杰）

房地产业

【房地产开发】2020年，常熟市完成房地产开发投资238.66亿元，比上年减少1.44%；商品房施工面积1035.83万平方米，比上年减少0.72%；商品房新开工面积141.96万平方米，比上年减少61.77%；商品房竣工面积180.59万平方米，比上年增长96.4%。

【房地产销售】全市批准商品房预售面积176.99万平方米（不含政策性项目），比上年减少37.67%。2020年年末累计可售面积255.88万平方米（不含政策性项目126.11万平方米），较2019年年底增加10.44万平方米，增长4.25%。全市商品住宅成交面积140.14万平方米（不含政策性项目），比上年减少22.08%。全市商品住宅（不含政策性住宅）平均成交价格16780元/平方米，比上年上涨0.38%。存量房交易面积165.85万平方米，比上年增长8.9%。全市商品住宅累计可售面积199.08万平方米，商品住宅去化周期17.13个月。（汤逸纯）

【商品房价格】2020年，常熟市加强商品房预售管理和价格管理，严格执行商品房销售明码标价规范，强化商品住房价格行为监督检查，打击虚假广告、价格欺诈、哄抬房价等违法违规行为。全市商品住宅成交均价为12023元/平方米，比上年下跌12.67%。其中市区商品住宅成交均价为19965元/平方米，比上年下跌3.94%。（乔子杉）

【房地产市场管理】2020年，常熟市成立市房地产长效机制工作领导小组，出台贯彻落实《2020年苏州市房地产市场平稳健康发展评价考核实施细则》，维护市场稳定。住建局、发改委、资规局分组对全市50多家在建在售房地产开发企业进行走访、调研，了解房企复工复业情况、复工复业过程中存在困难及对保持常熟市房地产市场平稳健康发展的建议意见，整理出台《关于我市房地产领域应对疫情优化营商环境12项工作措施的备忘录》。市住建局联合发改委、市场监督管理局、苏州市住房和公积金管理中心常熟分中心对常熟市各房地产开发企业、房地产经纪机构开展专项整治。采取“双随机、一公开”方式，抽查房产开发企业24家，经纪机构33家。

【新建商品房预售资金监管】2020年，常熟市修订《常熟市新建商品房预售资金监管办法》及《常熟市新建商品房预售资金监管实施细则》，实行新建商品房预售资金监管中使用银行保函制度。年内，新建商品房预售资金监管75个账户共进账173.21亿元，资金拨付合计197.04亿元。加强存量房交易资金托管，优化银行网点业务实际操作流程，完成存量房资金托管业务8892笔，总计合同金额为109.71亿元，领取存量房资金业务8369笔，总计金额102亿元。

【物业管理】2020年，常熟市根据市场发展不断调整规范前期物业管理招投标制度，完成备案招投标34个，其中公开招标9个，邀请招标11个，协议招标14个。疫情期间，市房管处指导属地政府、物业小区、物业管理协会开展新冠肺炎疫情防控工作，对542个（次）住宅小区和98个（次）住宅小区物业服务企业总部开展疫情防控情况进行督查。在一级防控期间给予全市住宅区物业服务企业补助164.75万元。

【物业信用体系建设】3月1日起新修订的《常熟市物业服务企业及物业服务企业项目经理信用管理办法》及《常熟市房地产开发企业信用管理办法》正式施行。对2019年度123家物业服务企业开展信用等级评定和公示，其中：A级11家、B级101家、C级8家、D级3家。对2019年度常熟市182名物业服务企业项目经理开展信用等级评定和公示，其中：A级40人、B级136人、C级4人、D级2人。对全市102家房地产开发企业进行2019年度信用等级评定和公布，最终评定为A级5家，B级73家、C级16家、D级8家。对全市7家评估机构进行2019年度信用等级评定和公布，最终评定为A级2家，B级4家，C级1家。

琴和家园外景（市融媒体中心　提供）

【物业示范项目创建】 2020年，常熟市以物业项目创建为抓手，以点带面，提升全市住宅小区物业服务水平。公望花园、聚福佳苑一期、衡丰家园、城市之光、常熟丽都花园5个项目通过省级示范项目的考评，比上年增长25%。及第阁等12个项目通过苏州市级示范物业管理项目的考评，通过数量连续三年居苏州县市级第一。

【居民小区管理整治提升行动】 2020年，常熟市成立居民小区管理整治提升工作专项行动督查指导组，共督导物管小区564个（次），累计派发整改单505个，其中派发属地板块80件，物业服务企业425件。累计下发物业服务中心窗口单位建设整改通知书5份。下发《常熟市居民小区管理整治提升工作通报》11期。

【维修资金使用】 2020年，常熟市完成维修资金交存39356.05万元，完成电梯、消防专项维修资金交存8382.85万元，涉及54个项目共计24976户；共计完成维修资金使用备案817份，涉及金额5172.94万元，完成维修资金使用支取935份，涉及金额3818.34万元。在消防设施及电梯维修资金应急使用"绿色通道"的基础上，总结经验，开通外立面、护围栏及排水设施维修资金应急使用"绿色通道"。受理消防设施、电梯、外立面、护围栏及排水设施等维修资金应急使用备案329份，比上年增长53.74%，占总备案数40.27%；涉及资金2977.5万元，比上年增长95.80%，占总资金57.56%。

【房屋使用安全管理】 2020年，市住建局制定《常熟市房屋使用安全管理实施办法》，适用于常熟市行政区域内已投入使用房屋的安全管理，自10月1日起正式施行。开展农村房屋使用安全隐患排查整治工作，成立常熟市农村房屋使用安全隐患排查整治工作领导小组，指导督促属地政府扎实推进农村房屋使用安全隐患排查整治工作，并在年底完成重点排查任务，共排查各镇、街道11827户农村房屋。

【房屋安全防范及危房解危】 2020年，市房管处指导属地政府、市相关部门开展既有房屋安全排查，累计排查房屋1394幢、311处，面积549万平方米，落实物业企业、村（居）民委员会实施房屋装修登记制度，从源头上加强管控。指导属地推进解危，至年底，在册且已形成解危方案的D级10幢危房均完成解危，惠及群众211户。

【白蚁防治】 2020年，常熟市完成白蚁灭治1205家，灭治面积3.8万平方米；实施新建预防1488万平方米，签订预防合同面积1288万平方米。

表11　　2020年常熟市房地产行业各类企业分布情况统计表

序号	名称	总数（家）	资质				备注
			一级	二级	三级	暂定三级	
1	开发企业	170	0	5	0	42	暂定二级123家
2	物业企业	121	—	—	—	—	2018年起取消物业企业资质
3	评估企业	7	2	5	—	—	
4	中介机构	470	—	—	—	—	分支机构66家

（汤逸纯）

责任编辑：李　妍

服务业

综　述

【概况】 2020年，全市第三产业增加值占地区生产总值的比重为49.8%；完成社会消费品零售总额1031.62亿元，比上年增长0.1%。服务业完成投资330.2亿元，比上年增长5.6%，占全社会固定资产投资比重52.3%，其中生产性服务业投资47.68亿元，比上年增长40.1%；服务业开票销售2220.24亿元，比上年增长8.72%。服务业税收117.42亿元，比上年增长3.0%。全年完成服务外包接包合同额39534万美元，比上年增长23.6%。其中，服务外包离岸执行额24845万美元，比上年增长13.4%。全市网络零售交易额752.6亿元，比上年增长25%，高于苏州市增速10.2个百分点，总量居苏州各区、市第一。

【生产性服务业】 2020年，常熟市围绕生产性服务业九大领域即信息技术服务、研发设计、检验检测认证服务、知识产权服务、节能环保服务、商务服务、供应链管理、金融服务、人力资源服务等领域，坚持集聚发展、创新发展、融合发展。按照《常熟市优化提升生产性服务业三年行动计划（2019—2021）》，聚焦全市生产性服务业“2+1”产业，以金融服务和现代供应链管理为优势产业，节能环保服务为重点培育产业，打造一批产业创新综合体，完善企业协作服务平台，着力培育一批规模大、水平高、带动强的生产性服务业龙头企业，促进全市生产性服务业高质量发展。在2019年度苏州市生产性服务业统计监测和综合评价中，常熟市获评苏州市生产性服务业先进地区。波司登羽绒服装有限公司获评2020年省级先进制造业和现代服务业“两业”深度融合试点优秀企业。

【现代服务业集聚区建设】 截至2020年年底，常熟市已形成科技创业、现代物流、商贸服务、创意产业园、休闲旅游度假等5大类型的现代服务业集聚区，年内完成营业收入2420亿元，年度税收总额25.16亿元，年度总投资38.21亿元，吸引入驻企业数7947家。完成2020年苏州市现代服务业集聚区综合评价材料初审和提交工作。常熟国家大学科技园、常熟虞山尚湖旅游度假区分别获评苏州市2019年度现代服务业集聚区综合评价优秀名单第二位、第十三位。

【云裳小镇】 位于莫城街道区域，规划面积3.62平方千米，于2017年创建，引进顶呱呱、鼎鼎国际、上海荣利等一批欧美国际品牌中国运营中心，引进“U.S.POLO ASSN.”“JOCKEY”等国际品牌；康博、简迪文、王力宏·龙的传人、阿仕顿、彩衣堂等自主品牌。拥有工信部第一批纺织服装创意产业园区、省级科技企业孵化器、制造业双创平台——“云”+“链”+“网”三位一体开放性智能制造服务平台；市级双创平台3个。引入唐贸羽绒、云微坊、大罐联、缝机宝、五星私人定制等互联网创新平台。2018年云裳小镇与阿里直播开始产业带合作，到2020年已经完成产业带直播30亿元；2019年与抖音开展短视频直播产业带合作，2020年已经完成产业带直播35亿元；2020年常熟时装周与上海国际时装周合作打造“中国男装商业潮流原点”。区域内莫城电商园、盛豪电商园、江南时尚设计园、金剪刀高定街区（国风服饰文化创新平台）、忆景国际、中州国际、可美大厦、摄影基地、缝机谷等一批特色园区相继建成或启动建设。至年末，完成16家特色园区打造，其中品牌园区4家、电商园区6家、设计师园区2家、文创园区1家、公共服务型园区1家、高品生产基地2家，形成1条特色设备销售街区，2个生活配套片区，打造特色园区27.9万平方米；集聚14家互联网创新平台、41家创意设计机构、67个服装类品牌、84家电子商务企业、131名服装创意设计师、12000名行业从业人员；基本形成从源头面料研发，到创意设计、小单快反，电商、播商等新渠道营销的产业闭环。　（蒋素芳）

【龙腾希尔顿酒店开工建设】 12月21日，常熟龙腾希尔顿酒店签约暨开工仪式在琴湖之畔正式举行。常熟龙腾希尔顿酒店，总投资超10亿元，位于琴湖片区富春江西路88号。该项目建成后，总建筑面积约12万平方米，包含300多个房间、空中花园、空中透底泳池、特色餐饮等配套设施，将为常熟旅游度假提供高档次的硬件设施和服务，提升城市形象，打造常熟新地标。

（全　宏　朱宇渢）

商贸流通

【概况】 2020年，常熟市实现社会消费品零售总额1031.62亿元，比上年增长0.1%。从权重商品看，全市汽车类累计完成零售额79.5亿元，比上年下降4.7%；石油及制品类累计完成零售额11.13亿元，比上年下降3%。市商务局重点监测的17家重点商贸企业完成销售额77.53亿元，比上年下降2.76%；12家重点住宿餐饮企业累计完成营业收入5.66亿元，比上年下降22.71%。零售前20强企业累计实现销售额89.6亿元，比上年增长9%，占全部限额以上零售额的比重为46.97%。出台《关于促进常熟商务高质量发展的若干政策意见》。举办“双12苏州购物节——购享常熟”活动。推动市汽车流通商会举办首届汽车消费节、秋季惠民车展，总销售额超2.7亿元。打造“虞歌畅晚”夜经济品牌第一季、第二季和第三季，常态化开展“非遗专场、乡镇集市、文创集市、文化古玩、传统美食”主题活动，每周五至周日开展“塔弄夜巷”集市。在方塔商圈塔弄街区引入美妆品牌欧菲姿概念旗舰店和有书信息科技有限公司。琴川塔弄被苏州市商务局认定为“2020年苏州市高标准特色商业街区”，常客隆完成12家社区生鲜超市网点改造，海明现代农业发展有限公司——海明有机产业链体系建设项目被列入省级金融重点合作项目推荐名单。

【苏州市老字号协会常熟分会成立】 7月17日，苏州市老字号协会常熟分会成立大会在王四酒家召开。会议通过审议、表决，选举并产生常熟分会会长、副会长、秘书长、理事。江南畜禽有限公司总经理王林保当选苏州市老字号协会常熟分会会长，王四酒家总经理邵惠清担任协会秘书长。

【“双12苏州购物节——购享常熟”活动】 12月11日，“双12苏州购物节——购享常熟”活动正式启动，活动贯穿元旦、春节、元宵等节庆假期。其间举办“1+3＋N”场具有常熟特色的消费节庆活动，即1个主体活动、3个主题活动、N个配套活动。其中第六届惠民车展暨“双12汽车嘉年华”活动，带动“双12”期间全市汽车消费，30个汽车品牌近200款车型参展2天，售出611辆，总销售额1.22亿元；启幕当天上线汇集116家商户的常熟服装城天猫旗舰店，2天实现总销售额近8亿元。全市67家商贸企业在常熟分会场主场馆布展销售，包括13家常熟老字号企业、24家地方特色企业、30家重点餐饮企业。活动现场各企业推出特色产品，展示品牌工艺，扩大品牌影响，提升品牌价值，2天实现总销售额126万元；12月11—13日在常熟万达广场开展的“双12苏州购物节”出口转内销常熟专场活动，布置20个展位，组织知名外贸企业参加转内销促销。

（李一鸣）

专营专卖

【盐业】 2020年，市盐业公司实现销售收入4254.16万元，实现利润194.03万元，销售食盐9520.2吨，销售工业盐6753.44吨。全年共处理2599.9吨副产盐，未发生工业副产盐流入食用盐市场情况。年内，公司安排盐政协管员协助市监局对大型企业食堂、农贸市场、餐饮公司开展巡查，对盐业违法案件进行打击。全年共出动执法人员598人次，查处各类盐业违法案件13起，查处各类盐产品1.35吨，没收0.9吨，罚款人民币1.54万元。经卫生部门检测，年内全市居民户碘盐覆盖率为99%、碘盐合格率为99.33%、居民户合格碘盐食用率为98.33%，三率水平平稳良好。市盐业公司配送中心位于常熟张家港边界，食盐储备量为1200吨，年内启动盐业公司长江路食盐仓库改造工程项目。（缪雯炜）

【烟草】 2020年，常熟市烟草专卖局查处各类涉烟违法案件721起，查获各类违法卷烟1131.33万支，总案值1271.89万元，罚没款133.68万元。其中假烟案件265起，查获假冒卷烟164.8万支；5万元以上案件61起，其中50万元以上案件3起。移送公安机关涉烟案件4起，拘留8人，批捕1人。

（刘陵岳　罗梦书）

粮油购销储备

【概况】 2020年，全市小麦价外补

12月11—13日，“双12苏州购物节——购享常熟”活动在常熟国际展览中心举行，观致汽车、奇瑞捷豹路虎两家常熟本土车企参展

（市融媒体中心　提供）

贴订单签约大户751户，签约面积10160公顷，夏粮开秤指导价为中等质量标准混合麦每50千克112元，小麦价外补贴为中等质量标准每50千克10元，全市共收购小麦53809吨，其中价外补贴订单收购小麦37967吨。全市水稻价外补贴签约大户902户，签约面积15266.67公顷，秋粮收购开秤指导价为中等质量晚粳稻每50千克133元，水稻价外补贴标准为中等质量晚粳稻每50千克10元，全市累计收购稻52140吨，其中价外补贴订单收购水稻51810吨。市粮油质量监测所、市粮油购销有限公司、五谷粮油配送有限公司等有关单位联合虞山街道山前社区、琴川街道虞东社区先后开展2020年粮食和物资储备科技活动周、世界粮食日和全国粮食安全宣传周活动。

【粮食储备】 根据苏州《市政府办公室关于落实地方粮食储备新增计划的通知》文件精神，经常熟市政府批复同意，按照2019年年末全市人口总数与人均口粮消费标准对市粮食储备规模进行适当调增。于6月底前新增成品储备2170吨，成品粮储备规模达到5320吨，于7月底前新增原粮储备24100吨，原粮储备规模达到91100吨。

【地方储备粮轮换】 2020年，常熟市原地方储备规模计划67000吨，其中小麦30220吨、晚粳稻36780吨，均为定储。根据市政府批复《关于明确2020年地方储备粮轮换工作方案的请示》文件精神，通过公开拍卖方式，到夏粮收购前按计划轮出小麦18710吨，粳稻10860.3吨。夏粮收购后轮入小麦43062.4吨，粳稻10607.9吨。9月，根据扩储后全市地方储备规模计划91100吨，调整年初制定的地方储备粮轮换工作方案，并报请市政府。按照市政府批复《关于调整2020年扩储后地方储备粮轮换工作方案的请示》文件精神，到秋粮收购前按计划轮出小麦13190.2吨，粳稻36527.6吨；并在秋粮收购后轮入粳稻49717.8吨，按储备品种结构稻谷55%，小麦45%的比例调整到位。

12月30日，“沙家浜”牌大米获江苏省“好吃苏米”品鉴大赛金奖

（市发改委　提供）

【市级冻猪肉储备】 8月，根据江苏省、苏州市《关于抓紧落实冻猪肉储备任务的通知》等相关通知要求，通过公开招标方式落实新一轮应急储备冻猪肉数量660吨。

【粮油品牌创优】 市金成油脂有限公司“金成”牌压榨菜籽油入选2020年度“江苏好粮油”产品。年内“沙家浜”牌大米、“金成”牌压榨菜籽油参加第十八届中国国际粮油产品及设备技术展示交易会（国际粮油博览会）获金奖。“沙家浜”牌大米获江苏省第二届“好吃苏米”品鉴大赛金奖。

（殷丽萍　汪定洋）

中介服务业

【广告业】 2020年，全市有792户广告业及其从属企业。全年广告业经营企业共发布抗击疫情公益广告户外宣传牌29495处，制作各类疫情防控宣传页面9000余张，互联网公益宣传300余次。发起“紧缺防控物资（医用防护物资）捐赠倡议”，募集资金104560元购买防疫物资捐赠至重点防护岗位。广告行业协会设置广告发布事前自主审查制度，审核广告495件，驳回33件，撤销6件。参加省、苏州市级各类大赛及先进评选活动，参加“文明健康有你有我”公益广告征集和刊播活动，报送作品14件；参加2020“紫金奖”公益传播文创设计大赛，报送作品9件。参加第六届江苏省广告行业品牌服务效能奖及年度优秀广告作品、年度广告发布诚信单位评选活动，报送作品8件，推荐2020年度广告发布诚信单位11家。

（浦曾斐）

【公证服务】 2020年，市公证处办理各类公证15864件。市司法局启动预约制和轮班制服务抗疫大局，为公证申请人提供一对一服务；通过“容缺”“加急”等服务为复工企业提供“绿色通道”，免费办理捐赠公证，保障企业规范复工和安全复产。建立企业维权快速响应机制，向知识产权证前、证后延伸服务，打造有序营商环境。组建企业法律服务团，提供无偿法治体检，增强企业法治获得感。应用并大力推广“远程视频公证”服务模式，照顾偏远地区群众，以信息化赋能“最多跑一次”改革。（陈　励）

【房屋中介】 2020年，常熟市入网房地产经纪机构共460家。其中信用等级A级2家、信用等级B级278家、信用等级C级259家。10月14日，常熟市正式推行房地产经纪服务人员实名服务制度，首批583名经纪机构服务人员领取信息卡。信息卡印有相关服务人员姓名、照片、二维码和从业编号，通过扫描二维码可以查看房地产经纪机构和服务人员的信息，包括服务人员的处罚、投诉情况，联系电话以及机构的信用等级等，实现"一人一卡一码"的动态管理。年内，累计检查房地产经纪机构229家，约谈房地产经纪机构13家，暂停网签8家，对3家违规发布房源信息和3家违规从事房屋租赁居间服务的经纪机构以及8名违规出租的房东进行行政处罚。

（汤逸纯）

物流业

【概况】 2020年，全市物流业年货物运输量2062万吨，港口年货物吞吐量8732万吨，比上年增长23.4%。其中，外贸货物吞吐量1448.3万吨，比上年增长20.4%；集装箱年吞吐量23.45万标箱，比上年增长1.3%。全市快递业务6.5亿件，比上年增长64%，出件量占苏州30.9%。物流企业提档升级，培育A级物流企业，常熟市嘉骏国际货运代理有限公司、常熟市宇阳货运有限公司、常熟市鸿开货运有限公司、常熟市茂丰货运有限公司4家企业获评为国家AAA级物流企业；继续培育省级重点物流企业，组织7家企业参加省重点物流企业绩效评价工作。至年末，常熟市共有A级物流企业57家，其中5A级1家、4A级19家、3A级36家、2A级1家。

【申通电商物流产业园项目落户】 11月2日，申通（苏州）智慧电商物流产业园项目签约落户常熟高新区。该产业园集苏州区域中心、电商结算中心、电商产业新经济和智能化配送中心为一体，立足常熟市及苏州区域，通过业务单量预测、车辆调配分析、物流路径设计等技术手段，将园区业务的物流属性走向数字化、集成化、网络化和智能化，实现各业务板块全面升级。产业园还将加快申通与电商企业的无缝衔接，发挥电商与快递紧密结合效应，降本增效，促进城市管理优化，达到企业、城市、社会三方共赢。

（蒋素芳）

【省农村物流示范县建设】 12月1日，江苏省交通运输厅印发《关于公布第二批江苏省农村物流示范县名单的通知》，常熟成为苏州大市唯一获"江苏省农村物流示范县"称号的县（市、区）。常熟创新农村物流运作模式、提升农村物流信息化水平、是培育农村物流经营主体，形成2处县际农村物流中心、2种乡镇农村物流节点、4类村级农村物流服务点，构建起以县级农村物流中心为主体，村级、乡镇农村物流服务站为支撑的农村物流体系。

（黄心珏）

电子商务

【概况】 2020年，常熟实现网络零售交易额752.6亿元，比上年增长25%，高于苏州平均增速10.2个百分点，总量位居苏州各区市第一，占苏州全市的25.21%。至年末，全市共有电商店铺3.5万家，电商从业人员17.1万人，网络零售量14.3亿件。8月，市商务部门组织认定4家2021—2022常熟市电子商务示范企业。9月举办第五届中国·常熟昆承湖互联创新创业大会。4家企业获评苏州市2019—2020年度电商示范企业，2个产业园获评苏州市2019—2020年度电子商务示范基地（园区）。阿里研究院发布2020年全国淘宝镇和淘宝村名单，常熟市上榜淘宝村数量占苏州全市42.86%。

【跨境电商】 2020年，全市实现9610跨境出口业务5.5万单，交易金额171.2万美元。8月"跨境电商B2B出口"首单业务成功申报。重新编写完善全市跨境电商扶持政策，重点支持跨境电商综合试验区建设，跨境电商业务做强做大和服务配套企业发展。引入阿里巴巴国际站本地化服务中心——苏州黑马网络科技有限公司，服务常熟市600多家公司；阿里巴巴速卖通本地化服务中心——常熟沃金智通网络科技有限公司，服务常熟市跨境电商零售企业30多家。

【常熟市电子商务示范项目认定】 2020年，市商务局组织开展2021—2022年度常熟市电子商务示范项目认定工作，经申报、评选、考核、公示等环节，苏州力英网络科技有限公司、美妙商贸（苏州）有限公司、常熟菁农园艺科技有限公司、江苏采绎来电子商务有限公司等4家企业入选2021—2022年度常熟市电子商务示范企业。常熟市自2014年起每两年认定一批市级范围内的电商示范园区、企业和领军人物。至2020年年底，累计认定常熟市级示范企业23家，示范基地7家，示范村4个，领军人物2名。

【苏州市电子商务示范项目申报】 2020年，市商务局组织一批优秀电子商务企业和园区申报苏州市电子商务示范项目的认定。在苏州市商务局公布的《2019—2020年度苏州市电子商务示范企业、示范基地（园区）名单》，波司登羽绒服装有限公司、日禾戎美股份有限公司、苏州黑马网络科技有限公司、江苏采绎来电子商务有限公司4家企业获评苏州市2019—2020年度电商示范企业，常熟海虞电子商务产业园、常熟一加二电子商务产业园被评为苏州市2019—2020年度电子商务示范基地（园区）。

【电商协会】 9月11日，常熟电商协会举行换届大会，大会选举产生新一届理事会名单，并由理事会进行无记名投票，选举出协会新一届领导班子，江苏仕德伟网络科技股份有限公司继任第三届会长单位，莫城电商园等8家单位当选为副会长单位，常熟市智邦博远电子商务有限公司13家单位当选为理事单位，聘任徐金龙为协会第三届秘书长。协会共有会员单位70家。

【第五届中国常熟昆承湖互联网创新创业大会】 9月22日，“新零售，新生活”第五届中国·常熟昆承湖互联网创新创业大会在常熟国际饭店召开。大会由常熟市人民政府主办，常熟市商务局、江苏常熟服装城管委会承办，阿里巴巴集团、苏州今日视界等单位的专家作新零售方面演讲。常熟及周边地区政府代表、互联网从业人员、院校学生等300余人参加。（李一鸣）

【媒体双节直播带货】 10月1—6日，常熟市融媒体中心携手12家常熟企业，通过“看常熟”App线上直播的方式，连续6天开展12场国庆、中秋双节大型直播带货活动，12名主播代言常熟本土12大品牌，以最大的福利和实惠推介汽车、家电、服饰精品、品质家居、绿色健康消费等200多款优质产品。累计上线观看人数超过53万人次，发放消费券100多种共60万张，优惠额达3200万元。（俞　纲）

供销合作商业

【概况】 2020年，常熟市供销合作总社实现销售总额140亿元，消费品零售总额53.6亿元，利润总额2300万元。完成农药集中配送额4529万元，水稻测土配方肥供应5300吨，回收废弃农药包装物1389万只，回收废旧农膜152吨。建设新型基层供销合作社5家，实现全市涉农板块新型基层供销合作社全覆盖。新建改造连锁经营网点33家。疫情暴发期间，全力保障生活必需品、农资产品、防疫物资，累计销售各类蔬菜400多万元，销售肉品500余万元，组织消毒液300吨、口罩10万只，向援鄂医疗队捐赠地产蔬菜等物资30余吨。助农销售地产农副产品1.2亿元，助销对口帮扶地区农产品420万元。年内，印发《常熟市供销合作总社“三会”制度建设实施方案》，召开常熟市供销合作社第七次社员代表大会，全市供销合作社“三会”制度（社员代表大会、理事会、监事会）建设全面完成。常熟市供销合作总社获江苏省供销合作总社“二十强县级社”称号。

【农资“三位一体”建设】 2020年，常熟市供销合作总社加快农药集中配送、测土配方肥供应、农业废弃物回收“三位一体”建设，全年开展农资“三位一体”专项检查督查行动5次，实现农药集中配送总额4529万元，覆盖率93%，为农民节约成本1500万元左右。全年抽检农产品1309批次，合格率达到99.8%，完成水稻测土配方肥供应5300吨，回收农药包装物1389万只，集中处理205吨，兑付回收资金272万元，回收率95%，回收农膜151.95吨，兑付回收资金30余万元，修订出台《常熟市稻麦测土配方肥应用示范补贴实施意见》。

【线上线下流通网络拓展】 2020年，常熟市供销合作总社在苏州新建连锁网点2家，新增常熟网点10家，改造连锁经营网点21家，建成农产品展示展销中心2家，形成业态多样，覆盖城乡的经营网络体系。推进微团、社区微信群、直播带货、优选小程序等销售模式发展，便利广大群众，实现电商销售1亿余元。拥有常客隆社区微信群232个，覆盖家庭7.5万户，实现所有业态社区微信群全覆盖。开展销售常熟大米、洛川苹果、苏州特色农产品等有影响力的直播销售活动44场，直播带货销售200余万元。推动优选小程序试点，日均实现小程序订单超千单。全年组织及参与地产农产品大型展销活动6次，各渠道累计销售地产农副产品1.2亿元。

【新型基层供销合作社建设】 2020年，常熟市供销合作总社推进新型基层供销合作社建设，建成沙家浜镇、尚湖镇、碧溪街道、董浜镇、梅李镇、古里镇、常福街道、辛庄镇、支塘镇、海虞镇新型基层供销合作社10家，实现全市涉农板块全覆盖。推动各基层供销合作社开展多样化、有特色的为农服务项目。尚湖镇供销合作社建成农产品展销中心，向外推介尚湖镇特色农产品，日均销售红薯1500千克，开展水稻代耕代种面积8.67公顷。沙家浜镇供销合作社探索“村社共建”模式，对接朗城农业合作社，打造朗城秋月农产品品牌，推动长洪滩养殖基地标准化建设，做好大闸蟹交易市场112户商户资产运行。董浜镇供销合作社与农户签订黄金小玉米种销协议，定向签约散户157户，玉米收购2086人次，提供适龄秧苗60万穴，销售玉米150万元。

【常熟市供销合作总社第七次社员代表大会】 8月28日，常熟市供销合作总社第七次社员代表大会在虞城大酒店召开。苏州市供销合作总社党组书记、理事会主任王向东、常熟市政府副市长张月明、常熟市供销合作总社、社员代表、外派监事和列席代表等100余人参加。会议听取并通过第六届社务管理委员会工作报告，审议通过《常熟市供销合作总社章程》和大会选举办法，选举产生常熟市供销合作总社第七届理事会、监事会成员。徐学东当选为第七届理事会主任，罗卫刚当选为第七届监事会主任。会议回顾32年来全市供销合作事业发展情况，明确今后工作方向，推进供销合作社综合改革。该会议标志着常熟市供销合作社“三会”制度（社员代表大会、理事会、监事会）正式建立。（俞　斌）

江南商贸集团

【概况】 2020年，江苏江南商贸集团有限责任公司（以下简称“江南集团”）全资及控股企业实现营业收入8.67亿元，实现利润总额2758万元，江南集团资产总规模45.67亿元，国有净资产15.37亿元，资产负债率66.33%，国有资产保值增值率102.27%。与国内生鲜电商巨头“每日优鲜”合资成立江苏每日江南科技有限公司，与华住酒店管理有限公司合资成立苏州住江南酒店管理有限公司。全系统营业收入超5000万元的企业有5家，其中保安公司、化轻公司、建材市场营收超亿元，分别实现2.35亿元、2.05亿元和1.03亿元；农副产品交易城、建材市场分别实现成交额70.5亿元和62.8亿元；国际饭店、王四酒家、阅山轩、江南世纪4家酒店共实现销售1.16亿元。

【苏州常安智能科技有限公司增资】 2020年，苏州常安智能科技有限公司以增资扩股形式引入常熟市历史文化街区保护发展有限公司、常熟市恒翔建设有限公司和常熟市信息化发展有限公司3家国资公司股东，注册资本从800万元增加至2000万元。公司业务主要为智能化工程业务，重点拓展政府工程项目，并探索市场化的薪酬绩效考核新机制和项目承包责任制。

【“江南美好荟”开工】 3月23日，江南集团投资建设的文化片区商业项目“江南美好荟”正式开工，该项目位于香山路以东、丹桂路以南，西邻行政服务中心、北邻琴川碧桂花园，占地面积约1.79公顷，建筑面积约3.87万平方米，主体结构为地上四层和地下一层，总投资约3亿元。项目工程由常熟市恒翔建设有限公司代建，主体结构于12月27日封顶。

【江南·绣衣厂文化创意园开工】 5月11日，江南·绣衣厂文化创意园开工仪式举行。江南·绣衣厂是全市第一批既有建筑更新改造试点项目，是江南集团资产管理转型发展的新探索。项目位于海虞南路77号，占地约1.01公顷，建筑面积约9500平方米。在保留原有主要建筑楼的前提下，翻新外立面，加建露天平台，通过云廊将主体建筑有机连接，在丰富园区动线的同时提高建筑使用效能，打造项目核心亮点。

【方桥生面店重新开业】 7月10日，“老字号”方桥生面店重新开张，正式对外经营。方桥生面店创立于中华人民共和国成立前，改革开放后公私合营并入饮食服务总公司，20世纪90年代末由店员承包经营，2020年3月11日歇业。歇业后由江南资产经营公司找到中面集团进行合作，在对店铺进行升级改造、丰富产品的同时，保留老机器，并最大限度地留存“老味道”。

【常熟首个特斯拉超级充电站启用】 8月初，常熟首个特斯拉超级充电站投入使用。该充电站位于江南大厦停车场，有10个特斯拉专用超充桩，提供24小时全天候充电服务，充电半小时左右即可快速补充车辆日常所需电力。

【农副产品交易城食用农产品快检中心揭牌】 12月18日，常熟市农副产品交易城食用农产品快检中心揭牌。快检中心人员从6人增加到10人，面积由120平方米扩大到500平方米，设有专门的样品室、前处理室、检测室、试剂室、档案室等；每月对所有品类进行全覆盖抽查，对农药残留、兽药残留、非法添加物、真菌毒素、食品添加剂等理化项目进行快速定性检测；全年可完成检测批次从42000批次增加到73000批次，增长73.8%，其中30%为非农残检测，检测能力大幅提升。

（郭文彬）

责任编辑：浦君芝

7月10日，方桥生面店重新开张　　（江南集团　提供）

常熟服装城

市场建设

【概况】 2020年，常熟服装城集团有限公司重点围绕打造以时尚创意为引领的现代服务业集聚区、实现从传统批发市场向特色贸易中心转变的总体目标。全年完成主营业务收入4.78亿元，上缴利税4941万元。为帮助商户减少疫情影响，集团减免租金5300万元。对NSS女装城以市场评估价2.29亿元进行公开拍卖。年内，集团7大公共服务项目共获得扶持资金634万元。完成中服焦点收购，以市场采购贸易方式试点为抓手，探索市场采购与跨境电商、一般贸易三位一体互促并进的新型对外贸易模式，创新研发"市采通"平台，助力市场采购贸易试点，全年招商注册外贸商户273家，服务企业1177家，出口10335票，共计13687个标箱，出口总额10.17万美元。

【市场招投标】 2020年，在莫城街道（服装城）公共资源交易中心招投标项目共计20项，合计中标价为1677.34万元；在苏州市公共资源交易常熟市分中心镇级交易平台招投标项目共计20项，合计中标价为1132.09万元；在苏州市公共资源交易常熟市分中心交易平台招投标项目共计13项，合计中标价为6086.03万元。

【时尚主题市场建设】 2020年，常熟服装城集团有限公司以更新既有建筑，促进更新建设时尚主题市场。先后完成老东方市场二楼、南广场平台、外立面装饰改造项目；招商场部分区域电器配电改造，老市场区域东西、南北主通道维修改造工程；展览中心屋面修补工程；小商品市场8、9、10号门门头改造工程；服饰区$2^{\#}$、$6^{\#}$、$7^{\#}$续建工程及老市场部分区域（华盛、永丰、六区）改造提升工程；聚道中心室外道路改造工程；鞋业中心交易区部分商铺改建工程；完成五金市场二楼9—30轴外立面幕墙、钢结构工程，新建常熟服装城外贸城等项目，集团市场更新改造全年总投入2.9亿元。

市场运营

【概况】 2020年，常熟服装城集团有限公司集中力量抓老市场业态转型、步行街商圈升级、国际化品牌引进、原创设计产业提升、线上业态培育、智慧化数字商城建设和人才技能培训等14项转型升级重点推进项目，其中老东方二楼启动运营招商；聚道中心入驻设计师品牌49家，入驻客户6家；外贸城意向商户累计317家；五金市场二楼走访杭州等地商户200余家，签订意向客户20家。利用智慧商城平台"尚城小二"App"开复业申报"功能，确保市场疫情后快速复工复业。在青莲路特色步行街等区域设置288个临时特卖展位，在直属市场举办购物节活动，活动期间人流量达40万人次，青莲路销售额达900多万元。至年末，集团店摊总数20729间，出租20297间；出租率97.92%，开门率84.26%，市场成交额约1200亿元，比上年下降15.15%，共进行闲置资产招租活动23次，招租各类空置商铺86间，成交价507.31万元。

7月23日，常熟聚道中心开业　　（服装城　提供）

【常熟聚道中心开业】7月23日，常熟聚道中心在服装城商城中路18号万顺商厦正式开业。由常熟服装城集团有限公司与深圳聚道独立设计师平台合作成立，定位高端女装原创设计师平台，依托常熟服装城国内服装批发流通的强大影响力，嫁接深圳聚道丰富的设计师品牌商户资源和前瞻的产业思维及市场运营模式，寻求常熟女装以销定产的产业升级，打造常熟版“聚道独立设计师中心”。该中心开设100＋设计师门店，与国内外500多名设计师实现合作，以“深圳（上海）设计＋常熟智造”，为常熟女装设计生态注入新的基因，辐射长三角时尚产业。聚道平台致力于将设计师、穿搭讲师、店员培养成为时尚主播，利用平台的私域流量开展2B、2C直播，实现高端女装“种草”新形式。同时，聚道与高端主播及平台合作，提升平台及产品知名度。

【线上原创时尚女装对接会】10月22日，常熟服装城集团有限公司携手广交会产品设计与贸易促进中心（PDC），举办线上原创时尚女装对接会，超过210个国家和地区的采购商注册观展、在线洽谈。该场对接活动采取云探店、云展示、云洽谈和云对接的形式，在展示聚道中心高品质原创女装的同时，也介绍常熟女装品牌的孵化、供应链及生产链的研发技术和优势。美国、阿根廷、中东、印度等国家和地区的采购商，与企业代表就相关问题展开热烈讨论。服装城还组织20家企业及商户亮相线上云展示空间。

【平台建设和物流干线公司化改革】4月10日，“运融通”平台上线推广，平台内注册用户达7211人，入驻物流公司78家，物流干线138条，下单流量760031单，商户和三轮车打包工下单45253单。云企在服装城区域建立驿站14个，共2.8万平方米；设张桥、杨园、沙家浜3个云企乡镇收货点，经云企驿站的货包数达100多万包。完成始发干线公司化改革，

3月16日，服装城云开市淘宝直播 （服装城 提供）

实行物流公司租赁入驻运行模式，入驻富通2个始发站33家物流公司41条干线。

特色活动

【2020常熟国际时装周暨第二十一届中国江苏（常熟）服装服饰博览会】于9月20—22日举行，以“中国男装商业潮流的源点”为主题，联动常熟会议中心、常熟时尚中心、常熟聚道中心3个区域地标，围绕品牌发布、专业论坛、特色展贸、IP赛事4个核心板块，以城市与产业的力量掀起一场时尚浪潮。开幕式上，举行“丹东市纺织服装协会驻常熟对接中心”揭牌仪式。会议期间还举办2020年度中国服装成长型品牌发布会暨中国服装品牌数字化转型升级论坛、2020“常熟杯”潮流服饰组合设计大赛决赛暨颁奖盛典、中国（常熟）服装贸易高质量发展圆桌论坛、“以服为名，文创融合”服装文化论坛、2020中国常熟昆承湖互联网创新创业大会等20多场活动。

【2020“常熟杯”潮流服饰组合设计大赛】3月2日，由常熟服装城集团有限公司与上海时尚产业发展中心联合主办的2020“常熟杯”潮流服饰组合设计大赛启动，共收到有效稿件1215份，其中20份来自海外职业设计师。此次比赛围绕“920——就爱你，以时尚之名，为爱代言”设计主题，首创性地将情感与服装设计比赛进行结合。20名入围选手的80套作品，经过3月31日入围评选、9月19日的大赛静态展复评环节和9月20日决赛及时装秀环节后，最终评选出金奖1名（黄光辰）、银奖2名（刘若安、化高峰）、铜奖2名（曹亚娟、王畅悦）、优秀奖3名。

【首届抖音购物节】4月30日，常熟服装城集团有限公司举办江苏服饰购物节暨常熟首届抖音购物节，各市场经理走进直播间，为服装城宣传代言。活动吸引500多家抖音商户参加活动，成交额6000多万元，总销售订单超过100万件。首届“抖音购物”带来热效应，接着在520常熟抖音云上时装周、618直播特卖会“常熟产地日”、9.20常熟国际时装周期间通过抖音、淘宝、特抱抱等线上平台积极组织商户开展线上直播活动。至年末，免费开通抖音小店628家，蓝V认证708家，市场上门服务593次，收费培训2079人次，免费培训3620人次，直播销售额完成80亿元。 （虞山民）

责任编辑：李 妍

信息服务业

数字经济

【概况】 数字经济是常熟市五大重点产业之一，2020年，常熟市重点软件和信息服务业企业55家，完成营业收入3亿元，软件著作权600项；人工智能产业重点企业60家，完成产值8亿元，常熟高新区人工智能产业园累计引进30家人工智能企业，总投资额8.6亿元。华为云（常熟）工业互联网创新中心、悠扬“纺织云”、腾晖“光伏电站营维云”等平台14个，其中服装城11个，总注册资本超1.8亿，累计投入超7000万。2020年，140家企业获评常熟市级及以上工业互联网应用企业，其中工信部2019年度企业上云典型案例1个，长三角G60科创走廊工业互联网标杆工厂3个，江苏省工业互联网标杆工厂4个，江苏省星级上云企业120家，江苏省两化融合贯标重点培育企业12家，“工业互联网看苏州”十大最佳实践1个，2020年省工业电子商务应用示范企业3家，苏州市工业互联网典型应用企业8家，常熟市级工业互联网应用企业77家。

【产业发展规划】 2020年，常熟市出台《常熟市人工智能产业发展行动计划（2021—2025年）》，下发《支持华为云（常熟）工业互联网创新中心建设项目申报指南》《常熟市关于支持工业互联网高质量发展的若干措施》，明确相关产业发展支持政策。

（徐濛溦）

【长三角产业数字化创新峰会】 8月20日，由亿邦动力思路（Siilu）网主办，常熟市商务局、江苏常熟服装城管委会联合主办的“长三角产业数字化创新峰会暨2020亿邦零售数字化进化者大课”在常熟举行。峰会汇聚海澜集团总裁周立宸、良品铺子集团副总裁莫俊、自嗨锅CEO石富鹏、杭州数云合伙人董亮、乐言科技创始人兼CEO沈李斌等多名零售数字化代表人物，深入探讨“长三角产业数字化新势能”“数字化布局”“国民品牌数字化核心要素”等热点话题，为数字化创新寻求智力支持。会上还举行“长三角产业数字化创新中心”签约仪式。

（虞山民）

【工业互联网创新创业大赛】 10月30日，“苏州银行杯”中国苏州（常熟）工业互联网创新创业大赛暨工业互联网峰会在常熟召开。会上，正式发布苏州银行·工业互联网金融创新联合实验室，探索工业互联网金融的更多运用场景，重塑供应链金融服务流程，实现更多的金融赋能，让数据发挥更大价值，共同探索金融赋能工业互联网的新模式。现场同时发布《常熟市关于支持工业互联网高质量发展的若干措施》，有志于携手共建工业互联网高地的企业可享受最高100万元单个项目奖金、500万元项目投入奖励、600万元人才项目资助等政策福利。此次大赛集聚100家苏州（常熟）的头部企业，提供制造业升级场景需求与直接洽谈合作机会，汇聚100家创投机构资源，提供海量行业资源对接及企业（项目）融资服务，并协同各方制定行业共性需求。共吸引全球319个项目报名，经过资格初审、专家复审、线上初赛、大赛决赛，决出一等奖3个、二等奖3个、三等奖9个。

（徐濛溦）

通信服务

【中国电信常熟分公司】 2020年，中国电信常熟分公司共有固话用户25.6万户，天翼用户数超62.6万户，宽带用户数超36.2万户，用户申告故障率0.6%。公司以宽带和天翼网络建设为基础，快速推动5G商用网络建设、光纤到户FTTH建设、天翼4G网络优化，开展“智慧城市、光网城市”建设，累计完成639个5G宏站建设；完成9.8万户千兆光宽带能力覆盖，满足29.7万用户即时千兆提速要求，其他用户提供按需快速放装千兆光宽带能力；完成全市4G和NB-IOT物联网信号专项优化，实现全境网络优良覆盖，引领常熟进入“5G时代”“光网时代”“智慧城市”行列。

（周　静）

【中国移动常熟分公司】 2020年，中国移动常熟分公司全年完成营业收入超11亿元，增幅5%。疫情暴发期提供视频彩铃、云视讯会议、在线教育带宽加速等十项免费服务，共计服务人数超100万次。年内，公司推进高质量发展，在大众市场上，从个人手机服务转型为家庭信息化专家。个人手机客户数超110万户；家庭宽带用户数25万户，互联网电视用户14万户；咪咕视频等自有及第三方会员达15.2万户，初步实现向个人娱乐用户的转型。在政企市场上，基本初步实现向国内一流的政企信息化、智能化系统集成商转型。公司为地方政企客户提供各类信息化项目、互联网、云服务、信息化和智能化，专线用户超3万户，签约项目超100个，签约金额超8000万元。（王　怡）

【中国联通常熟市分公司】2020年，中国联合网络通信有限公司常熟市分公司（以下简称中国联通常熟分公司）在网用户近31万户，其中固网用户5.3万户。无线移动网络已建成移动通信基站物理站址1146个，其中3G基站828个，4G基站1146个，5G共享基站514个，室内分布物理站点240个。针对用户信号投诉区域开展难点攻坚工作，信号投诉量比上年下降7.5%，用户满意度提升5%。配合市政府强弱电整治相关要求，在233千村美居专项工作中，对涉及的28个村域进行拆除、归并、整理等整治，累计整治线路长度80多千米。完成长三角区域波分系统部署，实现区域内网络扁平化。3月，联通苏州市分公司已完成苏州IDC直连上海相关工作，实现沪通直联辐射苏州全域，降低长三角区域间访问时延，率先完成环沪3ms时延圈节点布局，实现都市圈内2ms时延。

（冯丹妍）

【5G建设】2020年，中国移动常熟分公司完成714个新增5G基站建设，超任务完成工信局下达的699个建设目标，投资总额5000万元。实现对三环内户外大部门区域、市镇两级政府驻地（含开发区）和“三高”区域（高架、高铁、高校）5G全覆盖。中国联通常熟分公司与中国电信常熟分公司开展5G协同、充分共建共享，合力打造5G精品网，开通5G共享基站514个，5G室内分布物理站点58个，实现三环以内市区、重点乡镇、党政机关、重要商圈、重点头部企业等室内外场景的连片覆盖。（王　怡　冯丹妍）

【5G应用】2020年，中国联通常熟分公司推进技术研究驱动5G应用场景探索，与常熟市融媒体中心合作，通过联通5G+融媒体技术，现场直播沪苏铁路常熟站通车；与江苏江南商贸集团有限责任公司达成战略合作，启动5G+智慧停车项目；以5G+工业互联网为基础，树立标杆示范，服务奇瑞捷豹路虎5G+虚拟装配、EMS能源管理平台、通润驱动5G+MEC边缘云、隆力奇5G+二级标识解析等一批重点项目；参与政府5G规划和行业应用的探索与试点，打造覆盖公安、医疗、旅游、教育等10多个垂直行业的5G应用解决方案50多个，全面助推数字政府和智慧城市的建设和升级。中国移动常熟分公司年内已与波司登、隆力奇、阿特斯等行业龙头企业达成5G战略合作，为企业进行独立的5G网络覆盖；助力百联机械获得工信部颁发的工业互联网大额政府补贴。借助丰富的IDC资源及云网融合的先天优势，为超过20家大型企业提供上云服务，实现“端—管—云—用”一体化全站式服务。推动常熟智能网联先导区纳入苏州车联网“三区一走廊”战略规划，并成功申报国家发改委国补项目。年内完成先导区内5G及光纤覆盖以及数据中心的建设，开通常熟首个5G+高精度定位基站，并实现智能网联车5G边缘计算以及车联安全认证应用。通港路高架（G524北段）交通智能化项目完成验收；“公交电子站牌”项目含新建86个公交站点位的电子站牌，项目完成验收交付。中国移动常熟分公司依托中国电信千兆5G，配合华侨城推进5G在沙家浜时光小镇“吃、住、行、游、购、娱”六大业态中的广泛应用。中国电信常熟分公司以应用开发为抓手，主导或配合推动政府、企业、教育、社区、农村、交通、医疗、旅游等行业的综合信息建设，先后推出智慧交通、平安城市、智慧医疗、智慧教育、智能家居、智慧旅游等行业应用，相继实施建设常熟农商行呼叫中心系统项目、辛庄人民政府天翼云会议项目、千村美居工程配套项目、智慧燃气平台项目、智慧应急项目等一大批重点项目。

（王　怡　冯丹妍　周　静）

邮政服务

【概况】2020年，中国邮政集团有限公司江苏省常熟市分公司（以下简称常熟邮政）坚持疫情防控和生产经营两不误，全年实现邮政业务总收入61389万元，完成年计划的100.3%，比上年增长9.9%。业务规模继续保持全省县域邮政前列。常熟邮政在疫情期间保障普遍服务、机要通信、揽投服务、在线服务通道始终畅通，开通防疫物资绿色通道，寄递各类防护保暖物资6000千克，减免邮费超10万元。8月，常熟邮政联合市委宣传部、市卫健委在市新时代文明实践中心联合主办《众志成城 抗击疫情》邮折捐赠仪式。

【邮政业务】至2020年年底，全市共有邮政营业网点63处，邮件处理中心2个，日处理进出口邮件25万件。常态化组开邮运线路65条，每天运行里程约2900千米。设置揽投段道356条，日投递邮件3万到4万件。年内，常熟邮政新增寄递合作客户2318家；完成寄递业务收入28568万元，比上年增长14%。引进国际货运代理公司苏迈克斯入驻常熟，完成跨境电商9710业务试运作。实行快包业务经营端和处理端准加盟改革，全年快包量、营收分别为6461.9万件、16155.3万元，比上年增长98.4%和53.3%。优化寄递网运组织，通过整合优化城乡营投部，调整设置段道和网格，提高营投部日均包裹快递投递能力，建成有效自提点1791个。全年投递KPI综合指标排名列苏州全区第一。

【“中国邮政&拼量网超级品牌营销中心”共建】2020年，常熟邮政与江苏常熟服装城管委会、服装城集团有限公司、上海拼优电子商务有限公司签订战略合作协议，四方协同打造新零售直播类全案营销产业中心。邮政公司将位于服装城核心地段的邮政综合楼合作授权给服装城集团；服装城

10月26日，中国邮政&拼量网超级品牌营销中心签约

（服装城　提供）

集团公司与常熟邮政共同监督中心运营、成交额、税收等达成情况，提供中心装修补贴；拼量网作为中心引进的运作商，负责吸引品牌入驻，提供一站式互联网运营服务；服装城管委会根据拼量网税收承诺完成情况，提供税收返还奖励和政策扶持。整个中心将包括"网红"艺术广场、时尚发布中心、KOL梦工厂及品牌专属中心等，全面整合品牌展示+网红孵化+数字营销；预计首年纳税总额将达到2500万元，两年内引进不少于30个品牌入驻，年直播基地总产出不少于90亿元人民币。（全颖恬）

快递服务

【概况】2020年，常熟市有邮政企业1家，快递企业26家（其中百世炫鹰、星瀚、旭阳3家从属），运营品牌23个，规模企业有圆通、申通、中通、韵达、百世、德邦、顺丰、EMS等。2020年，全市邮政行业业务总量累计135.64亿元，比上年增长63.7%；行业业务收入累计35.86亿元，比上年增长26.6%。其中快递业务量（发件）累计6.5亿件，比上年增长64.1%；快递业务收入31.5亿元，比上年增长25.1%。全市投递业务量2.35亿件，比上年增长74%。

【京东"无人配送城"建设】7月16日，京东物流智能配送研究院项目落户常熟国家大学科技园。项目总投资2.5亿元，年产值5亿元，致力于打造智能仓储物流系统，自主研发包含京东全自动物流中心、京东无人机、京东无人配送车等尖端智能物流解决方案。年内，常熟高新区与京东合作启动城市级无人配送项目，投入京东无人配送车60辆，助力常熟打造全球首个"无人配送城"。

【中通项目落户】7月30日，中通商业总部及长三角电商快递产业园区域总部项目签约落户常熟服装城。项目总占地面积37.73公顷，拟开发建设60万平方米配套载体。项目将导入中通各板块总部核心管理功能，形成"一个全国总部，三个区域总部"的中通快递集团区域总部群。同时依托常熟服装、电商产业优势，打造电商快递产业园区。项目一期为长三角电商快递产业园区域总部项目，将打造成中通快递业务、快运业务分拣转运中心。项目二期为中通商业全国总部项目，将设立中通快递全国商业总部。

表12　　2020年常熟市登记备案快递企业一览表

序　号	企业名称	经营品牌
1	常熟市申通快递有限公司	申通
2	常熟市神舟实业有限公司	圆通
3	常熟韵仕达快运有限公司	韵达
4	常熟世峰货运有限公司	天天
5	常熟市鑫久鸿快递服务有限公司	速尔
6	常熟德邦物流有限公司	德邦物流
7	常熟市汇通快递有限公司	百世
8	常熟旋鹰物流有限公司	百世
9	苏州星瀚物流有限公司	百世
10	常熟旭阳物流有限公司	百世
11	常熟鸿优物流有限公司	优速
12	常熟捷思兔供应链有限公司	极兔

续表12

序　号	企业名称	经营品牌
13	苏州昆常货物运输有限公司	中通
14	中国邮政速递物流股份有限公司江苏省常熟市分公司	EMS
15	中外运—敦豪国际航空快件有限公司常熟分公司	DHL Express
16	苏州霞丰国际货运代理有限公司常熟分公司	其他
17	欧西爱司物流（上海）有限公司常熟分公司	OCS
18	优比速包裹运送（广东）有限公司常熟分公司	UPS
19	南京晟邦物流有限公司常熟分公司	晟邦
20	上海宅急送物流有限公司常熟分公司	宅急送
21	丰县八方货运代理服务有限公司常熟分公司	优速
22	苏州工业园区顺丰速运有限公司	顺丰
23	江苏京迅递供应链管理有限公司苏州第一分公司	京东
24	南京跨越速运有限公司苏州分公司	跨越
25	苏州苏宁物流有限公司	苏宁
26	苏州万国货运有限公司	菜鸟驿站

（仲铭洁）

互联网信息与广播电视传输服务

【概况】 2020年，江苏有线网络发展有限责任公司常熟分公司（以下简称江苏有线常熟分公司）融入智慧常熟、美丽乡村建设，加快推进数字电视高清化覆盖和网络光纤化进程，全力拓展“智慧广电+公共服务”，统筹推进疫情防控和经营发展，高质量满足全市广大群众收视需求。

【广播电视传输服务】 截至2020年年底，全市有线数字电视有效用户近34.8万户，高清机顶盒配置超过28万台。共开设频道132套，其中高清频道56套、4K高清频道2套，并有上海文广、江苏互动、芒果TV、爱奇艺等多个互动点播平台。完成承建的全市应急广播体系，建成含1个监管平台、1个市级制播平台和12个镇级、321个村级插播平台以及3395个广播终端的应急广播体系，并以最高分通过江苏省广播电视局组织的验收。至年末，全市有有线广播、应急广播11万只；有线宽带用户超9万端，其中光纤宽带用户2万多端。

【有线网络建设】 2020年，江苏有线常熟分公司持续增强有线基础网络承载能力，加快光缆骨干网络建设，完成市镇两级光缆干线扩容建设218千米；完成小区网络新建、区域网改网优工程89个，覆盖用户4.7万户；完成光纤薄覆盖建设区域24个，覆盖用户2.5万户。截至年末，全市广电光缆总长达13420千米，网络双向化覆盖率达98.5%，覆盖用户达57万户。完成城市盾牌、新世纪大道北延高架交通智能化一期，以及市镇多个视频会议系统、集成指挥中心电子大屏系统等重点项目建设。新增社会面监控、重点部分监控建设以及家庭技防入户点位3200个，截至年末，全市各类监控点位总数达5万个。围绕全市“千村美居”、重点交通道路建设等，服务政府做好配套网络工程建设，完成G524快速化改造、新世纪大道北延S2标海虞段、东南大道东延至常熟东高速入口搬迁、S342颜巷段拓宽、常福街道深圳路南沙路改造等线路迁建工程。

【智慧社区建设】 2020年，常熟市实现有线智慧镇（街道）建设全覆盖，辛庄镇、尚湖镇、支塘镇、董浜镇、古里镇及琴川街道、虞山街道、莫城街道、常福街道等通过苏州市有线智慧镇（街道）建设验收。其中，建成有线智慧示范镇（街道）1个，苏州市“有线智慧先进镇（街道）”4个、苏州市“有线智慧达标镇（街道）”9个。加快“有线智慧社区”平台功能拓展与延伸，利用“一云多屏”技术，成功上线手机端云平台。按照“一镇一品”“一村一特色”的建设思路，建成常熟资讯、常熟文化等10个市级门户，完成各镇（街道）门户建设全覆盖。各镇驻站宣传人员围绕当地党委政府中心工作，做好宣传服务工作，采编上传智慧社区平台内容1.2万多条。（陆　军）

责任编辑：浦君芝

综述

【概况】 2020年，受新冠疫情影响，常熟市旅游业各项指标都有不同程度下降。1—2月，A级景区接待人数637.33万人次，比上年下降44.8%，营业收入9787万元，比上年下降38.7%。停业期间，景区景点重点做好项目建设、安全维护和营销宣传等工作。“五一”假期，文旅市场开始回暖，A级景区共接待游客40.5万人次，实现旅游收入4.3亿元；端午假期，共接待游客20.1万人次，实现旅游收入2.1亿元，其中5家A级旅游景区接待4.9万人次；“十一”长假期间，共接待游客132.08万人次，旅游总收入9.62亿元。举办常熟虞山文化暨沙家浜旅游节和第二十九届江苏常熟尚湖牡丹花会。国家体育总局、文化和旅游部联合发布“2020年国庆黄金周体育旅游精品线路”，沙家浜风景区红色户外拓展线路入选。文体旅局修订《关于促进常熟市旅游民宿业发展的实施意见》，民宿经济逐渐升温。虞山文化旅游度假区争创国家级旅游度假区，投入建设资金2.947亿元，获评2020年度长三角地区精品体育旅游目的地。

【全域旅游示范区创建】 2020年，常熟市文体旅局推进《常熟市“十四五”文体旅发展规划》《常熟市文旅融合全域旅游发展规划》编制和全域旅游大数据平台建设。在疫情防控景区闭园期间，抓紧完善基础设施和公共服务，5月29日，到南京参加省级全域旅游示范区创建答辩会，通过专家评审。常熟市发展全域旅游的成效，获联合国世界旅游组织“最佳经济发达地区全域旅游案例奖”。

【国家级旅游度假区创建】 5月，虞山文化旅游度假区按照国家文旅部创建国家级旅游度假区文件精神，细化评审标准，做好认定申请书、全景图、设施产品图、红线图、汇报文稿和申报视频、申报台账等资料。6月，按照省厅调研反馈意见，对相关材料进行修改完善后向上报送，完成国家级旅游度假区申报系统填报。国创申报材料已通过国家文旅部审核，达到年度预期目标，国创工作转入常态创建状态。

旅游景区

【概况】 常熟市地处江南水乡，具有融山、水、城为一体的独特城市形态，是国家历史文化名城、中国优秀旅游城市。有AAAAA级景区1家，AAAA级景区3家，省级旅游度假区2个，国家湿地公园1个，国家城市湿地公园2个，国家森林公园1个，工农业旅游区（点）14个（其中国家级示范点3个），全国文物保护单位6处。

【虞山尚湖风景区】 2020年，虞山尚湖景区对景区游客服务中心和虞山园林、剑门、石洞等咨询点的硬件设施进行提档升级，其中尚湖游客中心升级改造为虞山文化旅游度假区一级游客中心，建立综合管理平台和数据中心，实现景区实时数据可视化呈现。配备全新售检票系统和游客一站式服务平台（含自动售票、电子导览、无线覆盖等智能化服务）。对尚湖游客中心、剑门停车场、言子小筑、辛峰茶室、圣贤广场等处厕所和宝岩、石

虞山尚湖风景区　　（钱伟　摄）

洞等处停车场进行全面改造并投入使用。虞山公园打造“飞熊先生”党群休闲驿站、尚湖姜叔好物堂等文创项目，改造映山湖音乐喷泉，配合推出沉浸式小剧场演出。举办第二十九届中国（常熟）尚湖牡丹花会、常熟国际半程马拉松赛、尚湖中秋国庆夜公园暨常熟首届大型无人机灯光秀、虞山宝岩杨梅节等大型旅游节庆活动。虞山尚湖景区全年接待游客63万人次，实现经营收入6498万元，其中门票收入985万元。

【沙家浜风景区】 2020年，沙家浜风景区对横泾老街实施三期、四期修缮工程，同时对景区智能化监控系统和智慧景区系统控制中心配置服务、人脸识别入园系统、湿地综合环境监测站、芦逸酒店客房和纪念馆安检系统工程进行升级改造。对夜游演艺和实景剧《智斗胡司令》进行改版升级，改进景区配套基础亮化工程。维修湿地科普馆、湿地学校、纪念馆屋面，完善国防园停车场和儿童乐园设施；改造纪念馆安检通道，安装8台自助售票机，采购3辆汽油车。装修老街茶馆、豆腐花店；调整电瓶车线路，新增湿地站点；整治湿地北扩河道及浅滩，改善湿地公园生态环境和水系沟通，做好景区内花卉和水生植物的种植养护。7月9日，景区红十字救护站启用，常熟市红十字救援队同时成立。年内举办经典沪剧《芦荡火种》重回故事原型诞生地——沙家浜、“弘扬抗战精神 传承先烈遗志”第七个国家烈士纪念日活动、新四军“江抗”百名英烈事迹展、纪念新“江抗”成立81周年暨沙家浜革命历史纪念馆改陈布展座谈会、常熟市革命历史题材广播剧创作研讨会暨广播剧《雨花英烈任天石》纪念盘赠送仪式等。丰富景区活动项目，推出老街氛围微演艺系列，编排挑花担、江南船拳演出，增加瞻仰广场小木屋花坊服务，开设“春日里的微研学”“一日夏令营”“国防小课堂”“儿童手工豆坊”“智慧课堂”等主题课程。景区全年完成游客接待71.65万人次，实现自营收入6114.83万元。

【方塔园】 位于常熟古城虞山街道塔后街7号，因园内有方塔而得名。全年接待境内外游客26.36万人次，其中购票1.65万人次，比上年减少55.68%；刷卡入园7.95万人次，比上年减少52%。

【蒋巷乡村旅游景区】 蒋巷村位于常熟、昆山、太仓三市交界的阳澄水网地区的沙家浜水乡，先后获评全国文明村、国家级生态村、全国农业旅游示范点、国家AAAA级旅游景区、中国最有魅力休闲乡村、国家特色景观旅游名村、现代化农业示范村、生态观光农业示范点、人居环境范例奖等。蒋巷村以社会主义新农村为定位，以蒋巷生态园为基地，不断加强硬件设施建设，发展新农村建设考察游、生态田园观光游、农家生活乐趣游、农耕文化体验游、未成年人社会实践游等。2019年，蒋巷村引进社会资本，与河南和煦旅游有限公司合作打造“嘎嘎部落”大型亲子主题公园。2020年5月1日，“嘎嘎部落”一期的“树上见”“云中蹦”“湖中游”项目对外试营业。

旅游业态

【概况】 2020年，常熟市文体旅局修订并出台《关于促进常熟市旅游民宿业发展的实施意见》等文件，加大政策倾斜力度，旅游业态整体进一步丰富，发展质量有所提升。虞山街道乡村旅游线路被评为“苏州市乡村旅游精品线路”；“虞歌畅晚”品牌建设推动特色夜经济活动；开发和整合沙家浜革命历史资源，红色游成为旅游新热点。

【民宿经济】 2020年，常熟市新备案民宿8家，总数为17家；新增客房78间、床位122个，客房总数243间、床位总数357个。精品民宿新增2家，分别为芦花别苑和初见阅，总数达4家。

【乡村旅游】 2020年，常熟市文体旅局开展专题调研，形成《关于紫藤园乡村旅游点调研情况及建设的指导意见》《关于中泾村乡村旅游建设情况的调研报告》等文件。协同虞山街道和常福街道，确定乡村旅游精品线路开发的相关方案，虞山街道乡村旅游线路获评“苏州市乡村旅游精品

2020年，常熟市对唐氏宅园及周边民居实施修缮提升工程，图为开放后的精品民宿“虞见·唐宅”
（潘宇峰 摄）

线路”。完成工农业旅游区的绩效考核和现代服务业发展专项资金申报工作。依据《工业旅游区规范与评定》《乡村旅游区等级划分与评定》和《苏州市农家乐旅游服务质量等级划分与评定》的标准，下发《2019年度工农业旅游点考核成绩表》，对所有工农业旅游区进行绩效考核，完成2019年度现代服务业引导资金项目申报。

【红色旅游】 2020年，常熟市深入挖掘红色文化资源，以沙家浜革命历史纪念馆为核心，以芦苇荡革命遗址现场教育为特点，围绕革命历史故事，推动沙家浜不仅成为干部党性教育基地，更是广大普通民众、学生团体等接受红色文化熏陶和爱国主义教育的首选之地。分步与长三角各级党校、高校、干部学校构建不同形式的推广链、合作体，形成沙家浜培训教育独特的多方联合师资储备和教研优势，开发出既能传承“鱼水情深”的革命传统教育，又能符合时代特色要求、适合推进经济共同发展的特色课程。沙家浜革命历史纪念馆全年共接待42.72万人，其中未成年人12.33万人，举办各类社会教育活动8次，参与人数850人。

【“虞歌畅晚”夜游】 2020年，常熟市文体旅局承办“虞歌畅晚”常熟方塔夜巷亮灯启幕暨“水韵江苏·又见美好”主题游苏州分会场启动仪式，随后，夜经济第二、第三、第四季系列活动依次启幕。虞城特色夜游、虞城奇妙文博夜等活动已常态化运营，各镇、板块也推出各自特色夜经济活动，形成琴川塔弄、虞景文化、古里知旅街区等夜间文旅消费聚集区。美术馆、图书馆、博物馆、言子旧宅等夜间对外开放。 （朱　霖）

旅游管理

【旅行社】 受新冠疫情影响，2020年初，全市餐饮、住宿和旅行社行业基本处于关停状态。部分旅行社或服务网点因无法维持经营运转而选择注销，年内旅行社由疫情前的46家减少到34家，旅行社服务网点由147家减少到61家。

【星级旅游饭店】 2020年，常熟市有旅游星级饭店12家，其中五星级饭店4家、四星级饭店3家。上半年，受新冠疫情影响，星级饭店客房住宿率持续低迷；下半年，餐饮接待人气逐步恢复。

【旅游年卡销售】 2020年，常熟市发行旅游年卡13.36万张，销售充值卡7.33万张，销售额为1275.76万元。为高层次人才免费办理旅游年卡73张，继续向全市计划生育家庭特别帮扶对象和特困人群赠送旅游年卡，对低保和困难企业职工按半价办理旅游年卡，全市优免办理常熟旅游年卡1万多张。

节庆活动

【概况】 受新冠疫情影响，2020年，常熟市节庆活动大幅减少，主要举办常熟虞山文化暨沙家浜旅游节和第二十九届江苏常熟尚湖牡丹花会2场大型节庆活动。此外，沙家浜风景区举办第三届湿地蓝花节暨第三届沙家浜蓝花小吃节、2020长三角地区科普工作新探索交流会暨长三角地区科普课件大赛、“华侨城·沙家浜时光小镇杯”第十二届长三角城市龙舟邀请赛、第二十一届沙家浜大闸蟹美食文化节暨千蟹宴和第二场千蟹百福长桌宴等活动。

【第二十九届江苏常熟尚湖牡丹花会】 3月29日，第二十九届江苏常熟尚湖牡丹花会在尚湖景区开幕。花会以“邂逅姜叔幸福长久”为主题，分“牡丹之韵”“牡丹之雅”“牡丹之燃”三大篇章。同时推出系列配套活动：“牡丹之韵”设有牡丹仙子（AKB中国）音乐游园巡唱、我和郎朗有个约会——青少年钢琴演奏选拔大赛等，“牡丹之雅”设有相约尚湖星期六等，“牡丹之燃”设有时尚机车炸街巡游暨机车文化展示派对、DC正义联盟角色气球巡游等。同时，景区还推出文创姜叔好物堂、姜叔家乡和姜叔宝贝乐园等姜叔文创旅游产品。牡丹花会开幕式通过现场互动+网络平台直播的形式启动，973.7万人次通过直播观赏开幕盛况。花会期间，尚湖景区入园人数约7.48万人次，实现收益222.33万元。

尚湖牡丹花　　（市文旅公司　提供）

链接：

尚湖牡丹园 占地10万平方米，拥有9大色系、300多个品种、5万多株精品牡丹，被业内称为“江南最大的牡丹园”。景区还陆续引进紫二乔、富贵满堂、鲁荷红、肉芙蓉等品种共1000多盆盆栽牡丹，分布在中华牡丹园、山水文化园、林荫大道、弦歌台等主要位置。此外，景区内还种有郁金香、洋水仙、垂丝海棠、樱花、玉兰花、迎春花等各式花卉。

【森林旅游生态观光节暨虞山宝岩杨梅节】 6月1日，第十七届江苏常熟森林旅游生态观光节暨第二十二届虞山宝岩杨梅节在虞山宝岩景区开幕。宝岩自元代起就栽植杨梅，园内有百年以上古杨梅树170多株。经过长期改良，现有“大叶细蒂”“小叶细蒂”“东魁”“螳螂子”“水晶”等16个优质品种。“看杨梅、烧萜香、轧财神”是常熟传承900多年的民俗，被列为“苏州市非物质文化遗产”保护项目。杨梅节期间，举办江南民俗文化美食节，美食节集旅游观光、休闲娱乐、购物餐饮于一体，邀请全国特色小吃、网红美食、非物质文化遗产类项目以及国外美食展销商参与。

【常熟虞山文化暨沙家浜旅游节】 9月17日，以“弘扬虞山文化，推进全域旅游”为主题的2020常熟虞山文化暨沙家浜旅游节开幕式在常熟会议中心举行。开幕式期间，举办首届长三角自驾游产业发展大会、“自驾江南，相约常熟”自驾房车嘉年华、自驾游产业发展专题论坛，推出“自驾常熟”文旅产品；举办“音画霓裳秀江南”大型国乐、华服秀。旅游节期间先后举办文脉常熟、雅韵常熟、创意常熟、活力常熟四大板块12项活动，包括2020虞山文化论坛——言子思想的当代传承和价值、苏州“吴声清婉”虞山古琴音乐会、“集古开今”虞山画派系列作品展暨学术研讨会、“创意文旅·精彩常熟”2020常熟文化旅游创新创意创业大赛、疫后旅游振兴与健康旅游发展

虞山茶文化茶艺表演 （虞山街道 提供）

高峰论坛、常来常熟抖起来官方挑战赛、2020STC第五届常熟尚湖铁人三项赛、2020第十二届长三角城市龙舟邀请赛。各镇、街道举办第二十一届沙家浜阳澄湖大闸蟹开捕节暨第四届芦荡千蟹宴、2020铁琴铜剑楼中秋吟诵会、第四届董浜·徐市灯谜大世界、“琴川如诗·音为有你”琴川街道夏季音乐汇暨“悦琴川·夜商圈”夜经济文化节、“灵动碧溪”第二届文创夜市暨第四届上鸥灯节等特色活动。

（朱　霖　钱　珏　姚梦园）

虞山文化旅游度假区

【概况】 2020年，虞山文化旅游度假区投入建设资金总计2.947亿元，积极争创国家级旅游度假区。高标准实施尚湖一级游客中心等32个国创重点建设项目，完成游客中心、旅游交通特色站台、虞山索道改造提升，以及旅游厕所、度假区标识系统、入口景观形象改造等25个项目。全方位做好“一城山水、自在生活”度假氛围形象宣传展示，完成年度创建目标。打造“十分钟体育健身圈”，新增笼式足球场1个、健身步道8条，体育场地面积新增4.86万平方米，文商体旅产业融合发展进一步加速。牵头江浙沪皖20家旅游度假区，成立长三角旅游度假区合作联盟。2020年，在江苏省度假区考核中排名第五，在苏州市省级旅游度假区考核中蝉联第一，获评2020年度长三角地区精品体育旅游目的地、苏州市体育产业园区示范基地。

【文体旅产业融合发展】 2020年，虞山文化旅游度假区（虞山街道）充分利用自然资源和文化资源优势，加速推动文体旅产业实质融合。联动全域文化旅游资源，丰富夜间旅游产品，擦亮“虞歌畅晚”夜经济品牌，虞山公园水幕音乐喷泉电影常态化运行。加快观光游向度假游转型升级，形成“3+3”（古城历史片区唐宅、马宅和山前坊，环虞山山麓山湾里文创、艾克数字和兰园文旅综合体）开发重点，打造古城历史和山麓文化两大片区；以示范为引领，旅游民宿产业初具规模，“天凝安蝉”“言舍”“悦三居”等相继备案，旧改民宿“虞见唐宅”成为老城区网红打卡地。举办第二十九届尚湖牡丹花会、第四届全民饮茶日、“虞山茶文化节”暨度假区2019—2020年度旅游休闲度假产业发展颁奖仪式、“虞山诗派·红豆情怀”常熟首届江南红豆诗会、12种虞城生活方式系列活动之“虞风雅适”文化沙龙等大型活动，组织黄杨木雕、风禧、时叶、日斜林西等4户商家在进博会期间到上海浦东机场现场互动。中秋、国庆双

节期间，度假区联合虞山尚湖景区举办无人机灯光秀、绮梦尚湖现代灯会、“湖月虞音”虞山琴社中秋雅集等节庆活动。

【虞山人家休闲片区建设】 2020年，虞山文化旅游度假区开展农家乐环境整治。制定虞山人家农家乐周边环境专项整治行动实施方案，实现提档升级。根据全国文明城市测评体系，做好区域农家乐垃圾分类工作。落实三峰片区农家乐参观线路提升改造工程，完成第一期陈家坞至张鸟园段2180米仿竹篱笆改造。调整农家乐维修改造审批办法，围绕环境品质、休闲氛围、菜肴质量和文化个性等方面不断提升品质；审核舜过井、尚福苑、满庭香、高老庄等15家农家乐安全设施整改；建立虞山人家农家乐数据月报和“双节”期间农家乐数据日报制。组织开展农家乐活动，发动农家乐参加常熟市融媒体中心举办的中秋、国庆连续6天大型直播带货活动；组织圆缘私房菜、金阳王、清风小院、望虞台等参加苏州市农家乐技能大赛，圆缘私房鸡（圆缘私房菜）、尚湖水晶鸡（望虞台）、尚湖翡翠鱼头汤（望虞台）获人气奖，清风菌汤鱼丸（清风小院）、东乡一品锅（金阳王）、尚湖翡翠鱼头汤（望虞台）获苏式农家金牌菜，尚湖明月（望虞台）获农家乐创意摆台。

（顾雪怡）

文旅公司

【概况】 2020年，常熟文旅发展有限责任公司（以下简称常熟文旅公司）实现总收入1.18亿元，比上年增加8.29%。常熟文旅公司是常熟市国资委直属国有独资公司，注册资本10.27亿元，主业发展定位为文化、旅游、教育、体育产业和医疗养老产业的投资与运营，历史文化名城、古镇古村落保护发展、资源资产的利用与经营。至2020年年底有一级子公司8家，分别为：常熟市教育投资有限公司、常熟市琴川医疗健康投资管理有限公司、常熟市历史文化街区保护发展有限公司、常熟市知识产权运营中心有限公司、常熟市虞山尚湖旅游发展有限责任公司、常熟市旅游发展有限责任公司、常熟市南湖荡开发建设有限公司、常熟市安馨母婴护理有限公司。

【中秋国庆虞山城墙夜花园】 9月28日—10月12日，虞山城墙西城楼阁景区举办传统浪漫特色节庆灯展活动，共展出具有时代性、文化性的10组大型灯组，以“灯耀虞城、浓情古韵”为主题，围绕“福星高照”“万象更新”“长征火箭”“七彩水母”“月亮背上的玉兔”等主打元素，依托西城楼阁特殊地形，布置上百条彩光灯带，勾勒出虞城水乡迷人的夜生活画卷。灯会首次将传统彩灯与现代光影艺术相结合，采用烟雾、激光投影等高科技手段，打造璀璨纷呈的视觉盛宴。

【尚湖首届大型无人机灯光秀】 10月1—8日，尚湖景区开放夜公园。每晚8点进行“夜空中最亮的星”常熟首届大型无人机灯光秀，200架无人机随着现场音乐的节奏变幻出“精致常熟”“一城山水、自在生活”“我爱中国”等字样，和灯笼、小桥流水、玉兔登月、医务人员、和平鸽、高铁、花朵等造型。同时举办“绮梦尚湖现代灯会”“乐队的秋天”音乐秀和猜灯谜等活动。

（钱　珏）

9月28日—10月12日，虞山城墙西城楼阁景区举办传统浪漫特色节庆灯展活动

（市文旅公司　提供）

责任编辑：彭尚炯

金融业

综　　述

【概况】 2020年，全市实现金融业增加值183.81亿元，比上年增长13.91%。至2020年年末，全市金融机构本外币存款余额3843.1亿元，比年初增加336.53亿元，增长9.6%；本外币贷款余额3161.9亿元，比年初增加394.96亿元，增长14.27%；保险公司全年实现保费收入67.55亿元，比上年增长9.6%；给付、赔付支出17.42亿元，比上年下降1.3%。证券公司全年实现股票交易额7013.8亿元，比上年增长31.33%；期末股票账户数67.3万户，比上年增长8.29%；期末股票市值543.5亿元，比上年增长28.82%。农村小额贷款公司期末贷款余额5.6亿元，比上年减少9.68%。融资担保公司全年累计提供担保金额0.2亿元，期末在保余额1.9亿元。融资租赁公司年末余额17.61亿元，比上年增长64.58%。商业保理公司年末保理融资款本金余额4.42亿元，比上年下降1.34%。典当行期末余额0.65亿元，比上年减少18.75%。地方交易场所全年累计成交额8.4亿元，比上年增长8.95%。全市创投基金总规模117.3亿元，项目投资总额102.6亿元。

（朱吴希）

表13　　2020年常熟市金融业发展情况统计表

行　业	主要指标	数　量	上年同期	比上年增长率（%）
银行	机构数（家）	33	34	−2.94
	本外币存款余额（亿元）	3843.1	3506.57	9.6
	本外币贷款余额（亿元）	3161.9	2766.94	14.28
	表外融资余额（亿元）	1084.7	1241.9	−12.66
保险	机构数（家）	44	44	—
	保费收入（亿元）	67.55	61.62	9.6
	给赔付支出（亿元）	17.42	17.65	−1.3
证券	机构数（家）	19	19	—
	股票账户数（万户）	67.3	62.15	8.29
	交易量（亿元）	7013.8	5340.6	31.33
	期末市值（亿元）	543.5	421.9	28.82
小贷贷款	机构数（家）	8	8	—
	注册资本（亿元）	13.7	13.7	—
	期末贷款余额（亿元）	5.6	6.2	−9.68
融资担保	机构数（家）	2	3	−33.33
	注册资本（亿元）	8	9	−11.11
	期末在保余额（亿元）	1.9	2.4	−20.83
融资租赁	机构数（家）	3	4	−25
	注册资本（亿元）	7.23	8.44	−14.34
	期末余额（亿元）	17.61	10.7	64.58

续表13

行　业	主要指标	数　量	上年同期	比上年增长率（%）
商业保理	机构数（家）	1	2	-50
	注册资本（亿元）	1	11.15	-91.03
	期末贷款余额（亿元）	4.42	4.48	-1.34
典当	机构数（家）	9	9	—
	注册资本（亿元）	0.9	1	-10
	期末余额（亿元）	0.65	0.8	-18.75
地方交易场所	机构数（家）	1	1	—
	注册资本（亿元）	0.05	0.05	—
	累计成交额（亿元）	8.4	7.71	8.95
创投	机构数（家）	81	86	-5.81
	基金规模（亿元）	117.3	111	5.65
	项目投资额	102.6	75.8	35.36
总计	金融业增加值（亿元）	183.81	161.36	13.91

金融服务与监管

【概况】 截至2020年，全市有常熟市地方金融监管局（以下简称市金融监管局）、中国人民银行常熟市支行、中国人民银行保险监督管理委员会苏州监管分局常熟监管组（以下简称常熟银保监组）、国家外汇管理局常熟市支局4家金融监管与服务机构。

【市金融监管局】 2020年，全市落实金融机构对接市级重点项目168个，新增投放资金89.55亿元。全市新增综合金融资源投放395亿元，比上年增长14.3%；新增制造业贷款52.2亿元，比上年增长7.3%，在苏州大市内保持领先；新增中小微企业贷款134.1亿元，普惠型金融领域贷款余额占比达16.19%，水平指标位列苏州大市第一位。全年登陆苏州综合金融服务平台企业数16581家，累计授信738.2亿元，实现放款420.5亿元，比上年增幅分别为28.06%、34.8%。深化金融服务顾问“百行千人进万企”行动，组织全市33支金融服务顾问团队深入企业，走访企业超万户，解决融资超69.45亿。制订《常熟市金融科技发展规划》《常熟市金融科技产业发展扶持政策（试行）》，加速集聚创新领域金融资源。探索地方金融领域“双随机、一公开”工作机制，全年开展各类监管427次。出台《2020年度常熟市地方金融机构绩效考核办法》，推荐江苏省首批政府性融资担保公司1家、苏州转贷服务合作平台5家，退出不符合年检要求的融资担保公司2家。加强对新增风险隐患的源头把控，全年累计处办投融资企业商事注册会商67件，其中新设27件、变更32件、否决8件。出台金融政策支持企业应对疫情，助力企业复工复产，为“三必需一重要”企业新增贷款及续贷26.25亿元，降低利率贷款额9.02亿元；为因疫情导致资金困难中小微企业办理续贷22.4亿元，降低利率贷款额14.4亿元；协助常熟农商行对接并落实国家开发银行苏州分行紧急融资额度8亿元；发放“薪金云贷”1.7亿元。制定非法金融活动预警核查联动机制，开展扫黑除恶非法金融放贷、省外金交所辖内专项排查，全年累计排查企业8000余家次，向相关部门移送各类线索71条，清理隐患点20个，推动立案打击涉嫌非法集资犯罪3起。　　（朱吴希）

【中国人民银行常熟市支行】 2020年，中国人民银行常熟市支行（以下简称常熟人行）加大政策传导力度，引导银行业金融机构积极支持稳企业保就业，支持中小微企业疫情防控和复工复产，运用再贷款再贴现政策工具，引导法人机构提升民营和小微企业金融服务质量，实现实体经济平稳健康发展。联合市财政、地方金融监管局等出台落实“苏惠十条”的具体实施办法等系列政策，引导辖内银行业金融机构强化金融对疫情防控工作的支持力度。疫情期间，各银行机构对全市86家“三必需一重要”（指保障公共事业运行、疫情防控、群众生活必需及其他涉及重要国计民生的企业）等重点保障企业的授信总额超过160亿元，比上年末增长14.7%。各银行机构落实相关金融政策，向中小微企业提供展期、无还本续贷、延期还本、利率调整等金融支持措施，初步统计累计支持户数超过1500户、金额超过100亿元。成立金融支持稳企业保就业重大政策落实领导小组，召开全市金融支持稳企业保就业工作推进会，开展金融支持稳企业保就业走访对接活动，梳理完成第一批91家走访对接的中小微实体企业；相关银行向68家授信企业累计发放贷款31.2亿元，20家企业获得新增授信，支持企业就业人数1.16万人。

开展金融支持稳企业保就业政策落实现场督导工作，发现并向相关银行提出4大类26个问题的书面整改意见。配合上级行指导常熟农商行发行江苏省首单地方法人金融机构金融债10亿元，用于发放小微企业贷款、支持受疫情影响的小微企业的复工复产。开展专项金融债现场核查，加强后续监督管理，截至2020年年末，常熟农商行运用债券募集资金累计向1840户小微企业发放贷款16.66亿元，加权平均利率5.68%，有效保障辖区经济复苏和社会稳定。运用再贷款再贴现等货币政策工具，引导法人机构积极应对疫情，加大对民营小微企业的信贷投入，提升对“三农”领域和民营、小微企业的金融服务水平。全年发放和配合上级行发放支农支小再贷款和再贴现合计50.2亿元，位列苏州四市一区首位，累计支持4500多户企业；发放普惠小微信用贷款支持计划2.05亿元，累计支持2934家企业；发放普惠小微贷款延期支持工具1348.35万元，累计支持小微主体997户，助力企业防控疫情和复工复产。（张朔亦）

【常熟银保监组】 2020年，常熟银保监组督促辖内银行业积极应对疫情影响，贯彻落实各项政策要求，支持企业复工复产，在提质扩面增效上下功夫，推进临时性延期还本付息等抗疫政策落地，帮助企业纾困解难，共渡难关。对106家“三必须一重要”企业增加授信40.78亿元，加权平均利率4.31%；为4546家企业及个人的457.16亿元贷款下调贷款利率，降低企业融资成本20233万元；为2259家企业及个人的45.69亿元贷款办理无还本续贷；为725家企业及个人的44.03亿元贷款调整还款与付息方式。通过下调贷款利率和减免费用，降低常熟实体企业成本7.03亿元。

年内完成对辖区银行机构7名拟任高级管理人员任职前谈话、对保险中介及经纪机构巡查事项7件、对常熟农商行新阳分理处、民生银行常熟虞山支行开业进行验收。履行常熟中银富登村镇银行主监管员职责，按期审核各类非现场监管报表，编写非现场监管报告，完成机构概览，参与机构审慎监管会谈和现场检查等。督促辖内银行业金融机构开展防范非法集资集中宣传和消费者权益保护教育宣传活动，从体制、机制、产品、硬件、服务等方面开展对地方法人机构消费者权益保护评估工作，全年受理服务类信访投诉32件，全部在规定期限办结。5月上旬起，常熟银保监组对辖内银行保险机构开展为期2个月的扫黑除恶专项斗争宣传工作，督促银行机构通过业务端进行涉黑涉恶线索常态化排查，联合地方金融管理局加强金融知识宣传。（肖 民）

【国家外汇管理局常熟市支局】 2020年，国家外汇管理局常熟市支局巩固和深化跨境贸易外汇管理改革，开展贸易收支便利化试点，在单证审核、业务报告提交、特殊退汇业务登记等方面，给予审慎合规的银行、信用优良的企业更多自主权，节约企业单证准备和银行审核时间50%以上。推广税务备案电子化，便利银行电子化审核服务贸易付汇税务备案情况，对于政策落实过程中反馈的问题进行梳理，分析落实中的难点、堵点并向上级反馈。推进跨境资金集中运营业务。对辖内2家资金池存量企业积极做好业务监测工作。对拟加入试点的企业及相关银行加强沟通协调，做好相关辅导工作，通过国家外汇管理局江苏省分局的审批。

开展“外汇服务银企行”活动，及时编制网上办理指南，指导收付汇企业通过政务网办理名录登记、变更及注销业务，支持电子邮件、邮寄方式提交材料，并延长《登记表》实际有效期限。疫情期间开展政策在线培训，及时解决银企反馈的问题。加大宣传力度，联合辖内银行推介“外汇局官方微信公众号”。

推进资本项目外汇收入支付便利化试点工作，落实“放管服”改革要求。开展资本项目外汇收入支付便利化试点事后监管，按季度对试点业务全貌进行统计监测、适时对特定业务开展专项核查。落实上调全口径跨境融资宏观审慎调节参数的政策，有效增加企业可融资额度，宣传并为有需要的企业办理外债登记。提高国际收支统计申报质量。通过非现场抽查的方式检查实现点面结合，穿透式监管。做好直接申报工作，组织辖内6家参与试点企业的业务人员进行直接申报业务培训，提前做好相关准备工作。贯彻新冠疫情常态化防控下国际收支统计申报现场核查要求，调整现场核查频度，仅对中国农业银行（中国）有限公司常熟支行开展现场核查。

完善市场采购贸易外汇管理。提升外汇管理服务实体经济能力和水平，促进常熟服装城市场采购贸易试点转型升级。召集辖内外汇银行举办1场市场采购贸易外汇管理政策宣讲会。促成中服焦点公司与合作银行对接系统签订合作协议，依托“市采通”平台优化系统，探索全国通关一体化模式，开通非报关主体网银自行收结汇通道。实时掌握平台运行动态，评估潜在风险，为市场采购贸易的规范高效运作奠定基础。

（张朔亦）

银 行

【概况】 截至2020年年末，常熟市共有银行业金融机构33家，比上年减少1家（东亚银行（中国）有限公司常熟支行），其中政策性银行分支机构1家；大型银行分支机构6家；股份制商业银行分支机构12家；城市商业银行分支机构6家；农村中小法人金融机构2家、农村中小法人金融机构分支机构2家；外资银行分支机构4家。年末，全市银行机构网点共计345家，其中2家临时歇业。年内新增网点1家（江苏常熟农村商业银行股份有限公司新阳分理处）；撤销网点4家，分别为东亚银行（中国）有限公司常熟支行、中国农业银行股份有限公司常熟万里支行、中国农业银行股份有限公司常熟安定支行、中国农业银行股份有限公司常熟珍门分理处。年末，全市离行式自助银行52家，比上年减少22家；各类ATM机（取款机）、CDS机（存取款一体机）、交易查询机等自助设备1042台，比上年减少117台。银行机构为适应支付无现金趋势，在调整离行式自助银行和自助服务机具的同时，重点推广移动端产品，加快手机银行功能开发，增加远程视频柜员机和智能柜台等半自助设备，提升柜面服务效率，提高客户体验满意度，年末，全市银行业金融机构网点各类智能柜台机拥有量为566台，比上年增加151台。全市银行机构从业人数5968人，其中在编人员5823人。年末，全市银行业金融机构本外币各项存款余额3843.05亿元，比年初增加336.48亿元，增幅9.6%；各项贷款余额为3161.94亿元，比年初增加394.99亿元，增幅14.28%。不良贷款余额17.38亿元，比年初下降5.58亿元，不良贷款率0.55%，比年初下降0.28个百分点，实现总量和占比的“双降”，处于历史最低水平。截至2020年年末，常熟市普惠金融贷款户数3.81万户，比年初增加0.54万户，贷款余额373.34亿元，比年初增加82.95亿元，增幅28.56%，高于各项贷款平均增速一倍。

表14　2020年常熟市银行业管理机构及银行机构基本情况一览表

名称	性质	成立时间	单位地址	机构网点数	机构临时歇业网点数	从业人数	在编人数	离行式自助银行数	各类自动服务机具数量	其中：智能柜员机数量
中国人民银行常熟市支行	央行派出机构	1986年7月	常熟市海虞北路21号	1	0	38	38	0	0	0
中国银行保险监督管理委员会苏州监管分局常熟监管组	银保监会派出机构	2003年12月	常熟市海虞北路21号	1	0	3	3	0	0	0
中国农业发展银行常熟市支行	政策性银行分支机构	1996年10月	常熟市李闸路167号	1	0	18	17	0	0	0
中国工商银行股份有限公司常熟支行	国有大型商业银行分支机构	1984年9月	常熟市海虞北路23号	22	0	408	408	13	153	24
中国农业银行股份有限公司常熟分行	国有大型商业银行分支机构	1980年2月	常熟市海虞北路17号	49	0	701	693	16	318	98
中国银行股份有限公司常熟分行	国有大型商业银行分支机构	1985年10月	常熟市海虞北路13号	23	0	393	393	6	142	64
中国建设银行股份有限公司常熟分行	国有大型商业银行分支机构	1979年9月	常熟市海虞北路34号	26	0	418	418	6	162	59
交通银行股份有限公司常熟分行	国有大型商业银行分支机构	1993年8月	常熟市枫林路38号	4	0	95	93	0	21	6
中国邮政储蓄银行股份有限公司常熟市支行	国有大型商业银行分支机构	2008年4月	常熟市海虞北路3号	58	0	449	402	0	152	60
江苏常熟农村商业银行股份有限公司	农村中小法人金融机构	2001年11月	常熟市新世纪大道58号	109	2	2366	2332	8	430	200
苏州常熟中银富登村镇银行有限责任公司	农村中小法人金融机构	2010年12月	常熟市海虞南路1号	5	0	68	68	0	5	0
中信银行股份有限公司常熟支行	股份制商业银行分支机构	1997年6月	常熟市海虞北路48号	3	0	58	56	0	14	4
上海浦东发展银行股份有限公司常熟支行	股份制商业银行分支机构	2002年11月	常熟市海虞北路33号	4	0	66	61	2	35	7
华夏银行股份有限公司常熟支行	股份制商业银行分支机构	2008年7月	常熟市海虞北路58-1号	1	0	40	34	0	5	2

续表14

名 称	性 质	成立时间	单位地址	机构网点数	机构临时歇业网点数	从业人数	在编人数	离行式自助银行数	各类自动服务机具数量	其中：智能柜员机数量
中国民生银行股份有限公司常熟支行	股份制商业银行分支机构	2008年9月	常熟市黄河路22号汇丰时代广场	5	0	92	88	0	27	6
中国光大银行股份有限公司常熟支行	股份制商业银行分支机构	2008年11月	常熟市海虞北路45号	3	0	49	49	0	13	4
招商银行股份有限公司常熟支行	股份制商业银行分支机构	2009年2月	常熟市珠江路176号	2	0	53	51	0	12	1
兴业银行股份有限公司常熟支行	股份制商业银行分支机构	2012年4月	常熟市海虞北路19号	1	0	33	33	0	7	2
恒丰银行股份有限公司常熟支行	股份制商业银行分支机构	2012年12月	常熟市长江路143号、145号	1	0	31	29	0	2	0
广发银行股份有限公司常熟支行	股份制商业银行分支机构	2013年11月	常熟市闽江路世贸中心世纪尚城15幢15-4	1	0	19	18	0	5	1
平安银行股份有限公司常熟支行	股份制商业银行分支机构	2017年2月	常熟市珠江东路92号世贸中心创富世纪3幢	1	0	12	12	0	8	5
浙商银行股份有限公司常熟支行	股份制商业银行分支机构	2017年7月	常熟市黄河路22号汇丰时代广场	1	0	33	33	0	8	3
渤海银行股份有限公司常熟支行	股份制商业银行分支机构	2017年12月	常熟市海虞北路40号	1	0	16	16	0	4	0
江苏银行股份有限公司常熟支行	城市商业银行分支机构	2005年6月	常熟市海虞北路56-1号	3	0	54	53	0	13	6
苏州银行股份有限公司常熟支行	城市商业银行分支机构	2011年5月	常熟市黄河路12号	6	0	124	118	1	31	7
宁波银行股份有限公司常熟支行	城市商业银行分支机构	2011年1月	常熟市海虞北路21号	3	0	89	77	0	7	1
南京银行股份有限公司常熟支行	城市商业银行分支机构	2012年7月	常熟市枫林路77号	1	0	33	32	0	10	3
浙江泰隆商业银行股份有限公司常熟支行	城市商业银行分支机构	2013年1月	常熟市红旗南路2号	4	0	75	75	0	10	0
上海银行股份有限公司常熟支行	城市商业银行分支机构	2013年6月	常熟市闽江路世贸世纪中心创富世纪101-107室	1	0	33	29	0	3	0
江苏张家港农村商业银行股份有限公司常熟支行	农村中小法人金融机构分支机构	2014年1月	常熟市黄河路22号汇丰时代广场5幢101	1	0	38	35	0	5	2
江苏江南农村商业银行股份有限公司常熟支行	农村中小法人金融机构分支机构	2019年2月	常熟市黄河路22号汇丰时代广场5幢101	1	0	11	11	0	6	1
三井住友银行（中国）有限公司常熟支行	外资银行分支机构	2010年12月	常熟市东南开发区东南大道33号科创大厦8楼	1	0	20	18	0	0	0

续表14

名　称	性　质	成立时间	单位地址	机构网点数	机构临时歇业网点数	从业人数	在编人数	离行式自助银行数	各类自动服务机具数量	其中：智能柜员机数量
汇丰银行（中国）有限公司常熟支行	外资银行分支机构	2012年11月	常熟市东南开发区东南大道33号科创大厦1楼	1	0	6	6	0	0	0
瑞穗银行（中国）有限公司苏州分行常熟支行	外资银行分支机构	2014年5月	常熟市东南开发区东南大道33号科创大厦7楼	1	0	18	16	0	0	0
三菱日联银行（中国）有限公司苏州常熟支行	外资银行分支机构	2016年8月	常熟市东南开发区东南大道33号科创大厦12楼	1	0	8	8	0	0	0
2020年年末合计				345	2	5968	5823	52	1608	566

说明：1. 全市网点数345家，不含央行和银保监会派出机构

2. 从业人数包含在编人员和代理制员工，不包括各类外包公司人员

3. 常熟农村商业银行相关数据仅反映常熟辖区网点数和人员数

4. 邮政储蓄银行网点58家，含邮政公司储蓄代理网点47家

（肖　民）

【中国农业发展银行常熟市支行】 2020年，中国农业发展银行常熟市支行（以下简称常熟农发行）有网点1家，在职员工19人。至2020年年末，各类支农贷款余额22.96亿元，累放地方储备粮油贷款27743.8万元，较2019年增加14801.12万元，支持收储小麦4138.22万千克，稻谷4971.78万千克，轮入应急储备油58.5万千克。对接省银保监局开展银行业保险业支持乡村振兴试点示范工作，作为银团牵头行获批常熟市古里镇乡村振兴项目贷款6亿元，累计投放1亿元。2020年常熟农发行新增投放2.8亿元农村土地整治中长期贷款用于支持辛庄镇境内土地复垦、高标准农田建设。全年累计投放中长期贷款8.6亿元用于支持常熟市域全体村镇范围乡镇污水收集管道工程和村庄污水治理工程，其中扩建常熟市八字桥污水厂项目获批水利建设中长期贷款9500万元，已累计投放贷款262.57万元。向常熟农商行提供支农转贷授信3亿元，首笔投放5000万元，专项用于支持常熟范围内的“三必需一重要”企业。常熟农发行支持企业复工复产和经济社会发展，严格落实减费让利政策，对中小微企业贷款实行首年优惠50–100BP的支持政策，解决企业融资贵的问题。（项依伊）

【中国工商银行股份有限公司常熟支行】 2020年，中国工商银行股份有限公司常熟支行本外币各项存款余额336.42亿元，较年初增加73.57亿元；本外币各项贷款余额354.15亿元，较年初增长51.07亿元。人民币各项存款余额294.65亿元，较年初增长52亿元；人民币各项贷款余额339.71亿元，较年初增长45.45亿元。不良贷款余额8315万元，较年初减少4856万元；不良率0.23%，较年初降低0.2%。至年末，工商银行常熟支行有物理营业网点22个、员工408名。2020年，工商银行常熟支行全面聚焦并主动融入地区经济和社会发展，全力支持企业复工复产，重点加强重大项目对接、优化金融服务模式，着力解决企业融资难的问题，持续深化金融改革创新，切实提升普惠金融业务突破发展；加强“工助消费”品牌建设，通过配套政府优惠券项目推出满减优惠等“工助消费”系列主题活动，助力民生消费，促进消费回补。（王　贤）

【中国农业银行股份有限公司常熟分行】 2020年，中国农业银行股份有限公司常熟分行（以下简称市农行）本外币存款718.23亿元，比年初增43.94亿元。信用总量517.12亿元，比年初增加60.05亿元，本外币贷款457.62亿元，比年初增加40.74亿元。实现营业收入16.99亿元，拨备前利润13.06亿元，拨备后利润10.09亿元，存贷利差2.44%。全年向地方政府缴纳税款1.05亿元。1月16日，市农行个人存款403.8亿元，成为全省系统内全省国有大型商业银行中个人存款首超400亿的支行。拓宽获客渠道，截至2020年年末，全行线下用信客户总数突破2000户，较2019年3月末实现翻番，其中：法人用信客户数911户，比年初新增240户；个人用信客户数1099户，比年初新增414户。市农行围绕市委市政府“三增三进”（即工业增投资、产业增载体、财政增收入、全市高质量发展考核“进等次”、“开发区”进位次、乡镇（街道）“比名次”）发展目标，共审批项目贷款43个、金额137.66亿元，覆盖实体、医疗、教育、民生、基础设施等，其中实体项目占比40%、金额27.41亿元。累计投放项目贷款30.68亿元，支持常熟市农村分散式生活污水治理PPP三期、每日优鲜、立讯新建智能移动终端组生产、常熟市城市配送中心等项目。至年末，央行降准口径普惠贷款余额62.64亿

元，占同期人民币贷款的15.09%，比年初增25.45亿元、提高5.27个百分点，列同业第一。实施"一项目一方案一授权"项目26个，投放贷款921户、18.17亿元，其中8个产业集群发放贷款总额超亿元。探索"互联网+供应链融资"服务模式，为波司登、中来、金土木、白雪等大型企业办理供应链融资业务，授信总额超过4.6亿元。其中，为江苏金土木建设集团有限公司成功投产"简单汇—保理e融"项目，该项目系江苏省分行与TCL简单汇平台合作的首单"链捷贷—保理e融"业务，项目合作额度5000万元。对受疫情影响的普惠客户，主动提供延期还本付息政策，助力企业渡过难关，合计办理169笔、2.03亿元。金融精准扶贫贷款余额5.05亿元，全行线上线下消费扶贫132万元。紧扣"稳外贸"要求，累计实现国际结算超130亿美元，贸易融资6.2亿美元，跨境人民币结算量68亿元，连续十一年获评执行外汇管理政策A类行。聚焦政府、医疗卫生、教育培训等重点领域，大力发展便民工程"智慧+"项目，打造第二人民医院（本部及北部医院）智慧医院、全市厂区社区智慧充电桩等一批优质项目。对接第三代社保卡，做好养老基金、失业基金代发的同时，代理疫情期间稳岗补贴、社保补贴、失业补助金等11项社会保障资金的发放。在全省农行率先上线掌银电子社保卡二维码医保支付功能，首次实现常熟医保定点药店掌银医保支付。深化"平安农行"创建工作，不良贷款余额1.99亿元，不良率0.43%，实现"双降"。全年成功堵截电信诈骗案件28起，金额104万元，堵截假票据31张、涉及金额121万元，堵截异常开卡4起，获苏州市公安局集体三等功。在2019年农总行普惠金融业务营销竞赛中，被评为"普惠金融营销竞赛优秀支行"。

（沈珠雯）

2月，中国银行常熟分行党委向第二人民医院援鄂医护人员赠送抗疫专属保险

（市融媒体中心　提供）

【中国银行股份有限公司常熟分行】2020年，中国银行股份有限公司常熟分行（以下简称常熟中行）本外币存款余额280.25亿元，其中人民币存款余额258.27亿元，外币存款余额3.37亿美元；本外币贷款余额353.63亿元，其中人民币贷款余额351亿元，外币贷款余额0.4亿美元；资产质量保持优秀，不良率0.1%。疫情期间，常熟中行加大对"三必需一重要"企业贷款支持，为因疫情导致资金暂时困难的企业叙做无还本续贷产品，落地苏州中行系统内首笔5亿元抗疫私募股权基金托管项目；全力支持实体经济、服务小微企业，全年普惠金融贷款新增8.26亿元，普惠金融户数新增423户；助力乡村振兴，在乡村振兴试点示范乡镇（古里镇）累计投放贷款余额17.25亿元，在8个重点乡镇设立农村普惠金融综合服务点。聚焦"美丽常熟"建设，创新推出"智慧系列"项目：在全国首个县级市"智慧停车"平台投产使用的基础上，推出"一元停车"优惠活动，为市民提供无感支付、快捷出场的惠民服务；在"智慧出行"项目基础上，探索以电子钱包为支付方式，落地全国首条公交线路数字货币场景并投产使用；推出"智慧养老"项目，落地苏州市首个养老福袋项目。全年成功堵截电信诈骗8起，避免客户经济损失13.84万元。年内，获评常熟市银行业金融机构A类银行、经济发展专项考核普惠金融优秀银行。

（邓静芝）

【建设银行股份有限公司常熟分行】至2020年年末，建设银行股份有限公司常熟分行共有营业网点26个，员工418人，本外币一般性存款余额290.4亿元，本外币各项贷款余额443.9亿元，不良贷款余额1.82亿元，不良率0.41%。配合市政府进行"智慧城市"布局、建设，推动智慧医疗、智慧校园、智慧政务、智慧宗教等项目全面发展。坚持金融科技引领，赋能各项业务发展；发挥普惠金融优势，助力小微企业复工复产，落地首单创新型产品"绿色设备贷"、供应链快贷；探索住房租赁新增长点，巩固房改金融传统品牌优势；对接常熟区域重点建设项目包括产业园建设、城市更新、重点学校医院建设、住房租赁项目等，给予信贷、金融科技及综合金融支持；响应国家宏观政策导向，支持实体经济与制造业高质量发展，不断提升服务乡村振兴、农村金融的能力，助力常熟"千村美居"工程。年内，获评常熟市银行业金融机构A级银行、全市银行业服务实体经济一等奖，2人获苏州市2020年防范电信诈骗见义勇为表彰，全年堵截电信诈骗8起，为客户挽回经济损失28.26万元。

（刘婉苏）

【交通银行股份有限公司常熟分行】2020年，交通银行股份有限公司常熟分行有4家网点（营业部、高新技术产业开发区支行、招商城支行、珠江东路支行），职工人数96人。至年末，本外币存款余额46.44亿元，其中，对公存款余额28.14亿元，对私存款余额18.29亿元。本外币贷款余额59.66亿元。全年参与常熟市重点项目共投放贷款9.62亿元。贯彻落实“六稳”“六保”政策，对5家政府要求的维稳企业落实2.22亿元纾困周转资金。帮助企业复工复产，实现苏州分行系统内首笔增额保业务成功落地。普惠业务有序推进，“两增”口径贷款余额3.07亿元，较年初增加1.5亿元；“降准”口径贷款余额2.96亿元，比年初增加1.36亿元，年度计划完成率113%。新增普惠客户64户。落实全面风险管理，提高风险管控能力，全年累计压降清收8158万元。在常熟市公积金业务重点项目上，贷款管理获第二名，基数调整获第二名，扩面净增获第三名。

（陆　旻）

【中国邮政储蓄银行股份有限公司常熟市支行】 至2020年年末，中国邮政储蓄银行股份有限公司常熟市支行（以下简称常熟邮储银行）合计人民币个人存款余额188.26亿元，较年初增加25.22亿元；本外币贷款余额95.24亿元，较年初减少5.97亿元；年末贷款不良余额1172.48万元，较年初增加537.23万元，不良率0.13%。下辖11家二级支行和47家邮政金融代理网点，2020年有从业人员449人。年内，常熟邮储银行持续加大“小微企业”扶持力度，普惠金融余额达到26.75亿元，占各项人民币贷款总余额的比例为33.81%。小企业贷款全年放款6.38亿元，年增0.84亿元；零售信贷年末结余74.04亿元，年增12.92亿元；国际业务取得突破，年末美元存款2.35亿美元，在全市33家银行中排名第三；为开拓互联网贷款新领域，深耕“三农”金融服务，推出“生意贷”“极速贷”产品，经营性贷款年末结余13.58亿元，年增加2.48亿元，年增全区县行排名第一。

（邵敏芳）

保　险

【概况】 截至2020年年末，常熟市保险业机构共有60家，分别为财险公司21家、寿险公司24家、保险代理公司11家、保险经纪公司2家、保险公估公司2家。年末全市保险业网点134家，其中3个网点临时歇业。全市保险机构累计保险收入61.60亿元，比上年增长9.66%；赔款和给付支出17.42亿元，比上年降低1.30%。全市保险业从业人员9486人，其中在编人员1064人、编外人员（保险代理制营销员）8422人。年内友邦保险有限公司江苏分公司苏州市常熟营销服务部更名为友邦人寿保险有限公司江苏分公司苏州市常熟营销服务部。按照银保监会统一要求，华夏人寿保险股份有限公司苏州分公司常熟营销服务部、天安财产保险股份有限公司常熟支公司、天安人寿保险股份有限公司苏州常熟支公司分别被中国人寿保险股份有限公司常熟支公司、中国太平洋财产保险股份有限公司常熟中心支公司、新华人寿保险股份有限公司苏州中心支公司常熟支公司接管，其业务不受影响，客户利益不受影响。

【农业保险】 2020年，太保财险常熟中心支公司、人保财险常熟中心支公司、紫金财险常熟支公司等3家保险机构，根据中央农业工作会议提出的“增品、扩面、提标”的要求，通过对能繁母猪、育肥猪、奶牛保险进行提标，增加单位保险金额，提高养殖险种保障力度和保费规模；通过适当调整大闸蟹、葡萄等各类指数型保险条款的赔付标准，优化条款责任，提高灾害应对能力，大闸蟹承保面积510多公顷，比2019年度翻了一番，保费增量超过100万元。全市农业保险共开设25个险种（含农机），保费收入2230万元，承保金额14.19亿元。

（肖　民）

表15　　2020年常熟市保险机构基本情况一览表

名　称	性质（财险，寿险，代理公司）	批准成立时间	负责人姓名	单位地址	机构网点数（指在常熟地区有保险许可证的网点数）	机构网点临时歇业数（指有保险许可证但因某些原因临时歇业的网点）	从业人数	其中：在编人数	其中：编外人数（代理制营销员）
中国人民财产保险股份有限公司常熟中心支公司	财险	1950年12月	钱红兵★	常熟市海虞北路11号	31	0	572	210	362
中国平安财产保险股份有限公司常熟支公司	财险	1998年12月	杨　波★	常熟市枫林路27号B座，二楼201、202，三楼301、302	2	0	155	80	75
中国太平洋财产保险股份有限公司常熟中心支公司	财险	1996年4月	许兴达	常熟市海虞北路23-1号	13	0	572	215	357
天安财产保险股份有限公司常熟支公司	财险	2002年4月	郑小东	常熟市海虞北路33号裕坤美域604、605	1	0	11	11	0

续表15

名 称	性质(财险,寿险,代理公司)	批准成立时间	负责人姓名	单位地址	机构网点数(指在常熟地区有保险许可证的网点数)	机构网点临时歇业数(指有保险许可证但因某些原因临时歇业的网点)	从业人数	其中:在编人数	其中:编外人数(代理制营销员)
中华联合财产保险股份有限公司常熟支公司	财险	2004年4月	刘 佳★	常熟市黄河路12号国际贸易中心A幢2101	3	2	39	11	28
太平财产保险有限公司常熟支公司	财险	2004年8月	金益伟	常熟市海虞北路9号	1	0	40	19	21
华安财产保险股份有限公司常熟支公司	财险	2004年11月	沈康年★	常熟市昭文路1号旭日苑11号	1	0	6	6	0
永安财产保险股份有限公司常熟支公司	财险	2005年2月	屈鸣东	常熟市黄河路22号汇丰时代广场5幢201-11、201-12、201-13、201-14	1	0	10	10	0
阳光股份保险有限公司常熟支公司	财险	2006年9月	梁兆朋★	常熟市海虞北路33号裕坤美城20楼2004	1	0	8	8	0
中国大地财产保险股份有限公司常熟支公司	财险	2006年9月	沈立雄	常熟市黄河路22号汇丰时代广场1幢2501	1	0	22	10	12
都邦财产保险股份有限公司常熟支公司	财险	2006年11月	茅晓东	常熟市海虞北路22号国际商业城2楼	1	0	38	18	20
中国人寿财产保险股份有限公司常熟市支公司	财险	2008年3月	黄 玮★	常熟市黄河路12号国际贸易中心B幢701	1	0	115	28	87
永诚财产保险股份有限公司常熟支公司	财险	2008年5月	周 斌	常熟市南沙路13号1幢110	1	0	4	4	0
中银保险有限公司常熟支公司	财险	2008年10月	熊 燕	常熟市海虞北路15号中国银行C楼3楼	1	0	5	2	3
长安责任保险股份有限公司常熟支公司	财险	2009年6月	孙 雄★	常熟市黄河路12号国际贸易中心B幢1511	1	0	18	8	10
安诚财产保险股份有限公司常熟支公司	财险	2009年12月	李 霞	常熟市香榭路10-12号和10-13号	1	0	2	2	0
紫金财产保险股份有限公司常熟支公司	财险	2010年11月	徐 红★	常熟市富春江路215-10	1	0	97	32	65
浙商财产保险股份有限公司常熟支公司	财险	2013年1月	吴建刚	常熟市黄河路22号汇丰时代广场1幢605	1	0	11	11	0
国任财产保险股份有限公司常熟支公司	财险	2013年8月	杨启承	常熟市富春江路65号	1	0	5	5	0
安盛天平财产保险股份有限公司常熟营销服务部	财险	2016年4月	钟建明	常熟市富春江路65号-4	1	0	3	3	0
大家财产保险有限责任公司苏州支公司常熟营销服务部	财险	2020年1月	吴 敏	常熟市青墩塘路188号汽车市场东门二楼	1	0	5	5	0

续表15

名　称	性质（财险，寿险，代理公司）	批准成立时间	负责人姓名	单位地址	机构网点数（指在常熟地区有保险许可证的网点数）	机构网点临时歇业数（指有保险许可证但因某些原因临时歇业的网点）	从业人数	其中：在编人数	其中：编外人数（代理制营销员）
中国人寿保险股份有限公司常熟支公司	寿险	1997年7月	刘　政	常熟海虞北路31号	16	0	1186	85	1101
中国太平洋人寿保险股份有限公司常熟中心支公司	寿险	2000年11月	何　刚★	常熟市香山北路5号	8	1	1046	50	996
新华人寿保险股份有限公司苏州中心支公司常熟支公司	寿险	2002年9月	周晓旭	常熟市黄河路18号1幢101、301、401	1	0	806	13	793
中国平安人寿保险股份有限公司常熟支公司	寿险	2002年5月	史　炜	常熟市闽江东路11号常熟世茂商务中心广场A幢三楼	5	0	324	8	316
泰康人寿保险有限责任公司江苏苏州常熟营销服务部	寿险	2003年3月	王　盼★	常熟市闽江东路11号常熟世茂商务中心广场A幢404室	1	0	272	4	268
友邦人寿保险有限公司江苏分公司苏州市常熟营销服务部	寿险	2020年6月	虞海峰	常熟市黄河路12号国际贸易中心A幢301	1	0	315	8	307
民生人寿保险股份有限公司江苏分公司常熟营销服务部	寿险	2004年8月	施　聪	常熟市海虞北路45号世界贸易中心A幢1507、1508	1	0	9	2	7
太平人寿保险有限公司常熟支公司	寿险	2005年8月	陶　瑾	常熟市闽江东路11号世茂商务中心广场A幢2301、2302、2303、2304	2	0	333	24	309
富德生命人寿保险股份有限公司苏州分公司常熟营销服务部	寿险	2007年9月	何慧霞	常熟市海虞北路33号裕坤美城大厦2201	1	0	104	16	88
华夏人寿保险股份有限公司苏州分公司常熟营销服务部	寿险	2008年4月	沈　媛	常熟市海虞北路59号101室，2-4层	1	0	1752	9	1743
华泰人寿保险股份有限公司苏州中心支公司常熟营销服务部	寿险	2008年7月	李文婷	常熟市海虞北路22号1区C2幢503	1	0	1	1	0
和谐健康保险股份有限公司苏州中心支公司常熟支公司	寿险	2009年2月	李　霞	常熟市虞山镇青墩塘路188号综合南楼三层	1	0	15	5	10
中国人民人寿保险股份有限公司常熟市支公司	寿险	2009年5月	李福达★	常熟市黄河路12号国际贸易中心B幢2007	1	0	541	6	535
阳光人寿保险有限公司苏州中心支公司常熟支公司	寿险	2009年9月	顾　婷	常熟海虞北路19号亿源世纪广场B幢807	1	0	1	1	0
长城人寿保险股份有限公司苏州常熟营业部	寿险	2009年9月	王　艳	常熟市衡山路181号信一广场26幢206	1	0	1	1	0

续表15

名 称	性质（财险，寿险，代理公司）	批准成立时间	负责人姓名	单位地址	机构网点数（指在常熟地区有保险许可证的网点数）	机构网点临时歇业数（指有保险许可证但因某些原因临时歇业的网点）	从业人数	其中：在编人数	其中：编外人数（代理制营销员）
幸福人寿保险股份有限公司常熟支公司	寿险	2010年9月	严建宏	常熟市黄河路12号国际贸易中心B幢407	1	0	33	3	30
中意人寿保险有限公司江苏省分公司常熟营销服务部	寿险	2012年3月	马 磊★	常熟市黄河路22号汇丰时代广场1幢1505	1	0	13	2	11
东吴人寿保险股份有限公司常熟支公司	寿险	2013年12月	钱 成	常熟市海虞北路33号美城大厦2101A、2102、2103、2104、1701	3	0	381	18	363
建信人寿保险股份有限公司苏州分公司常熟支公司	寿险	2014年1月	徐 健★	常熟市海虞北路58-1中凯国际大厦1302	1	0	13	8	5
农银人寿保险股份有限公司常熟支公司	寿险	2015年3月	周惟阳★	常熟市海虞北路45号世界贸易中心B523	1	0	10	10	0
利安人寿保险股份有限公司苏州分公司常熟支公司	寿险	2016年5月	徐晓强	常熟市海虞北路40号7楼	1	0	106	7	99
前海人寿保险股份有限公司苏州分公司常熟支公司	寿险	2017年4月	徐程超★	常熟市黄河路22号汇丰时代广场1幢1801-1803	1	0	100	3	97
长生人寿保险有限公司江苏分公司常熟营销服务部	寿险	2019年1月	陈 凯	常熟市海虞北路45号世界贸易中心B2319-2、B2320、B2323	1	0	104	3	101
天安人寿保险股份有限公司苏州常熟支公司	寿险	2019年5月	陈砺超★	常熟市黄河路12号国际贸易中心B幢407	1	0	133	13	120
苏州融鑫保险代理有限公司	代理公司（法人）	2006年7月	周春荣	常熟市虞山北路77号	1	0	24	3	21
顺联保险代理有限公司	代理公司（法人）	2007年10月	辛 勇	常熟市枫林路152号5层	1	0	12	8	4
江苏新润保险代理有限公司常熟分公司	代理公司	2005年2月	杨维亚	常熟市黄河路22号汇丰时代广场4幢702室	1	0	8	3	5
华成保险代理股份有限公司常熟分公司	代理公司	2017年5月	李艳芬	常熟市青墩塘路228号2幢201、202、203室	1	0	3	3	0
盛世大联在线保险代理股份有限公司常熟分公司	代理公司	2016年4月	聂国民	常熟市虞山北路79号308室	1	0	1	1	0
江苏祺顺保险代理有限公司苏州分公司	代理公司	2017年2月	沈 丹	江苏省常熟市虞山北路79号三楼307室	1	0	18	12	6
江苏祺顺保险代理有限公司常熟分公司	代理公司	2018年11月	沈 丹	常熟市李闸路90号	1	0	8	3	5

续表15

名 称	性质（财险，寿险，代理公司）	批准成立时间	负责人姓名	单位地址	机构网点数（指在常熟地区有保险许可证的网点数）	机构网点临时歇业数（指有保险许可证但因某些原因临时歇业的网点）	从业人数	其中：在编人数	其中：编外人数（代理制营销员）
江苏恒创保险代理有限公司常熟分公司	代理公司	2017年9月.14	谭 益	江苏省常熟市富阳路16号1幢106号	1	0	4	4	0
江苏一迪保险代理有限公司苏南分公司	代理公司	2018年4月	章 娜	常熟市海虞北路32号501-503号	1	0	15	3	12
泛华联兴保险销售股份公司常熟分公司	代理公司	2019年2月	孙 鋆	常熟市海虞北路58-1中凯国际大厦1302	1	0	15	1	14
徐州林安保险代理有限公司常熟分公司	代理公司	2018年8月	张明石	常熟市虞山镇珠海路2号18幢1804	1	0	6	3	3
中安联合保险经纪股份有限公司江苏分公司	经纪公司	2016年5月	丁 科★	常熟市枫林路150号101	1	0	10	5	5
上海同人保险经纪股份有限公司苏州分公司	经纪公司	2018年7月.12	何 梦	常熟市虞山街道环城南路17号	1	0	11	5	6
江苏徽商保险公估有限公司苏州分公司	公估	2018年2月	朱瑞华	常熟市珠海路2号18幢2309	1	0	7	7	0
江苏乐凡保险公估有限公司常熟分公司	公估	2019年4月	曹 浩★	常熟市枫林路152号三楼	1	0	7	5	2
常熟保险业合计					134	3	9486	1064	8422

说明：1. 负责人一栏带★号者，为2020年履新

2. 友邦人寿保险有限公司江苏分公司苏州市常熟营销服务部

（肖 民）

【中国人寿保险股份有限公司常熟支公司】 2020年，中国人寿保险股份有限公司常熟支公司实现保费收入12.55亿元，比上年增长4.79%，市场份额达到30.96%，继续保持市场和系统的双领先地位。累计赔付、给付高达2.62亿元，其中提供理赔身故、人身意外伤害及医疗保险金等理赔金额达6387万元。上半年，公司以“疫情无情，柜面有情”为主题，从2月10日至6月30日，柜面共接待12620名客户，日均接待客户量达126人，保障疫情期间常熟市民的保险服务。同时，推行无纸化投保流程，推进服务升级；推行“国寿移动体检室”，为核保客户提供更及时、便捷的体检服务。继续推进与民生福祉密切相关的保险项目，为全市82个村共计46450人次提供保额高达72.95亿元的老龄险，为全市40953人次中、小学生提供保额达64.95亿元的学生平安保险。

（胡东健）

【中国太平洋人寿保险股份有限公司常熟中心支公司】 2020年，中国太平洋人寿保险股份有限公司常熟中心支公司实现保费收入118913万元，比上年增长3.8%，占当地寿险市场份额的21%。其中，核心业务新保保费、期缴保费、健康险保费市场份额第二。全年为51210人次中、小学生提供保额达81.94亿元的学生平安保险；为79611人次支付养老金、教育金、婚嫁金、红利等人寿保险金额17060.96万元；受理医疗、身故、意外伤残保险理赔案4013件，支付理赔款3973.91万元。携手太平洋产险完成寿代产保费收入6149万元。推出远程视频连线“云柜面”服务、发起微信“慧保全”服务。

（谢宛茜）

【中国人民财产保险股份有限公司常熟中心支公司】 2020年，中国人民财产保险股份有限公司常熟中心支公司全年实现保费收入8.86亿元，为全市3364家企业、17.79万辆机动车、24.81万户家庭提供风险保障1.02万亿元，加纳税收合计8945.23万元。公司下辖7个营业部，23个营销服务部，210名从业人员。疫情期间，为常熟全市公立医疗机构的近8000多名医务人员提供每人最高保障额度32万元的保险；为常熟赴鄂抗疫一线的43名医务人员提供每人最高保障额度64.8万元的专属保险保障；向经开区抗击疫情指挥部捐赠总保额达8862万的抗疫专属保险。为响应国家对复工复产的号召，公司为137家企业、6783万名人员提供法定传染病保险（包括新冠肺炎风险）。发挥保险资金融通功能，利用信保贷为321家企业提供融

资支持5.27亿元，并对复工企业给予20%费率优惠。推出“福地惠民”大病补助村级民生保险，至2020年年末实现全市村级投保全覆盖，共计为163个村（社区），超过50万的户籍人口提供服务，累计赔付3000余笔，支付赔款逾1000万元。与常熟市慈善总会签订战略合作协议，通过“慈善+保险+服务”的方式，将保险与慈善项目结合，探索设立若干服务项目，为困难群众提供差异化的精准救助，为特定群体提供服务保障。（王一秋）

【中国太平洋财产保险股份有限公司常熟中心支公司】 2020年，中国太平洋财产保险股份有限公司常熟中心支公司实现保费收入9.72亿元，车险保费收入6.77亿元，非车险保费收入2.95亿元，占市场份额的38.6%。4月，参与“警保联动”项目，部分查勘车成为交警联动车辆参与事故处理，所有下辖网点成为交通事故处理中心，并在各乡镇设立劝导站，参与交通疏导工作。5月，在新一轮常熟市自然灾害民生综合保险招标工作中中标，保期3年。7月，参与长期护理保险服务项目，为太保产险全国范围内该项目独立承保的首创。10月，在新一轮常熟市农业保险项目招标中中标，获得该项目主承保权，保期为3年。在疫情防控期间，公司为全市11000多名奋战在抗疫一线人员提供每人40万元保额的意外伤害保险及专属新冠保险，累计保额达到46亿元。年内，公司获常熟市金融办颁发的2020年度全市保险业服务实体经济一等奖，跻身2020年度常熟市纳税十强金融企业名单前五位。（徐志成）

证 券

【概况】 2020年，全市共有19家证券公司，年内实现股票交易额7013.8亿元，比上年增长31.33%；期末股票账户数67.3万户，比上年增长8.29%；期末股票市值543.5亿元，比上年增长28.82%。

【东吴证券常熟分公司】 2020年，东吴证券常熟分公司A股基金交易量2378.05亿元，产品销售7亿元，全年经纪业务收入9600万元，A股证券开户4936户，年末有客户10万户，客户资产规模突破200亿元。成功发行滨江城投私募债；服务中法水务IPO整改优化，海德科技有序推进，储备多家后备上市企业；持续化解上市公司股票质押流动性风险；实现东吴证券首单家族财富管理创新业务。2020年，东吴证券常熟分公司党群服务站被苏州市国资系统评为“海棠花红先锋阵地”。（邹 佳）

【海通证券常熟海虞北路证券营业部】 2020年，海通证券常熟海虞北路证券营业部完成股基交易量809亿元，实现利润2189万元。新增资金账户7300户，融资融券开户227户，完成公募基金产品销售3138亿元，私募产品销售7880万元。（张 凤）

【南京证券股份有限公司常熟吉祥商城证券营业部】 2020年，南京证券股份有限公司常熟吉祥商城证券营业部完成交易量581亿元，实现利润1521万元，新增融资融券授信额度1.62亿。（张 怡）

企业上市

【概况】 截至2020年年末，全市共有境内外上市公司13家，其中境内10家，境外3家（兴华港口于11月退市）；累计股权融资251.1亿元；累计债券融资87.5亿元，其中2020年新增10亿元，为常熟银行金融债；累计发行可转债49.9亿元。“新三板”挂牌企业累计达44家，累计股权融资6.9亿元，年内新增0.2亿元。2020年，全市新增报会企业3家，分别为日禾戎美、富士莱医药和中法水务；新增省证监局辅导备案企业8家，分别为日禾戎美、众捷汽车零部件、富士莱医药、京浜光电、通润汽车零部件、克劳丽化妆品、英华特涡旋、中法水务；新增江苏省股权交易中心挂牌企业94家。

表16　2020年常熟市境内外上市公司情况一览表

序号	上市企业名称	上市板块	所属板块
1	江苏通润装备科技股份有限公司	深交所	海虞镇
2	江苏常铝铝业股份有限公司	深交所	古里镇
3	江苏中利集团股份有限公司	深交所	沙家浜镇
4	常熟风范电力设备股份有限公司	上交所	尚湖镇
5	江苏亿通高科技股份有限公司	创业板	虞山街道
6	常熟市天银机电股份有限公司	创业板	碧溪街道
7	苏州中来光伏新材股份有限公司	创业板	沙家浜镇
8	江苏常熟农村商业银行股份有限公司	上交所	琴川街道
9	常熟市汽车饰件股份有限公司	上交所	常福街道
10	常熟瑞特电气股份有限公司	创业板	常福街道

续表16

序号	上市企业名称	上市板块	所属板块
11	阿特斯太阳能有限公司	美国纳斯达克	辛庄镇
12	波司登国际控股有限公司	港交所	古里镇
13	通达宏泰控股有限公司	港交所	沙家浜镇

（钱　洁）

【企业上市储备】 2020年，常熟市发挥板块主体作用，将上市工作纳入全市综合考核体系、“亿元GDP企业股权融资额”指标纳入全市高质量发展考核指标、双创人才企业上市指标纳入全市人才工作评估监测体系；梳理上市后备企业五级梯队，认定拟上市企业3家，走访企业80余次，后备企业达53家；建立重点企业“一项目一方案”服务制度，实施拟上市企业合法合规证明开具专题会议制度，组织相关部门为日禾戎美等4家企业提供全流程服务，为克劳丽化妆品等9家企业协调股改、环评、权证、融资、税务以及疫情期间复工复产、平稳经营等事宜。

常熟农村商业银行股份有限公司

【概况】 2020年，江苏常熟农村商业银行股份有限公司（以下简称常熟农商银行）集团总资产2086.85亿元，比上年增长12.9%；总存款1587.98亿元，比上年增长17.89%；总贷款1317.22亿元，比上年增长19.81%。全年实现归母净利润18.03亿元，比上年增长1.01%，总资产收益率0.98%，比上年下降0.1个百分点。加权平均净资产收益率10.34%，比上年下降1.18个百分点。不良贷款率0.96%。全年纳税8.55亿元，其中常熟地区纳税7.63亿元。年内，常熟农商银行持续加大支农支小力度，支持实体经济发展，助力乡村振兴，年末，母行实体经济贷款820.84亿元，比上年增长15.87%。民营企业贷款、实体经济贷款和制造业贷款增量占总贷款增量比分别为74.26%、84.26%和64.53%；涉农贷款766.96亿元，比上年增长17.97%。小微企业贷款700.98亿元，比上年增长18.37%。年内，常熟农商银行位列英国《银行家》全球银行品牌价值500强第423位，全球1000强银行第427位，小微企业金融服务获省级先进。常熟农商银行10.5亿元战略入股江苏镇江农村商业银行股份有限公司，获得中国银保监会江苏监管局审批通过。

【网点建设】 2020年，常熟地区新阳分理处1家网点开业，非常熟地区海门三厂支行、相城支行、句容支行等3家网点开业，截至年末，总网点168家，其中常熟地区网点109家，非常熟地区网点59家。

【全国首家投资管理型村镇银行】 年内，常熟农商银行发起设立兴福村镇银行，该村镇银行系全国首家投资管理型村镇银行，旗下31家兴福村镇银行实行集约化管理，总资产296.97亿元，总存款223.30亿元，总贷款226.04亿元，比年初分别增长40.38%、47.05%和31.97%。（宋　杰）

11月13日，常熟农商银行与海虞镇党建共建签约暨普惠金融服务点揭牌仪式在海虞镇铜官山乡村振兴学院举行　（海虞镇　提供）

责任编辑：李　妍

农 业

综 述

【概况】 2020年，常熟市农业总产值71.38亿元，新增现代农业园区面积466.67公顷，加快推进省级现代农业产业示范园建设。新建高标准农田（池塘）面积3000公顷，全市高标准农田实现全覆盖。支持蔬菜机械等特色农机发展，特色农业机械化率达54.5%。12家畜禽规模养殖场开展美丽生态牧场创建。

【农业专业人才培养】 2020年，常熟市农业部门加强“三农”人才队伍建设，深入实施乡土人才“三带两助”行动，制定《常熟市乡土人才培养集聚行动计划实施细则》。做好职业技能培训指导和管理服务，促进农民工就业。新增定向培养涉农大学生80名，完成各类农业从业人员技术培训3596人次，全年新增新型职业农民236人。

（陆喜娟）

【苏州市中国农民丰收节及系列活动】 9月21日，“2020年苏州市中国农民丰收节”在常熟市海虞镇七峰村开幕。苏州市委副书记朱民，副市长蒋来清，市政协副主席、工商联主席李赞，常熟市委书记周勤第，市委副书记、市长焦亚飞，市人大常委会主任杨崇华，市政协主席王建国出席开幕式。丰收节以“岁岁丰收常熟田，携手奋进现代化”为主题，活动内容包括丰收节开幕式、现代农业招商推介会暨率先基本实现农业农村现代化报告会、金秋优质农产品展销会暨苏州市“绿色风进社区”展销等系列活动。开幕式现场，表彰苏州市十佳新型职业农民、苏州市十佳家庭农场、苏州市农村创业创新获奖项目，发布苏州市十大乡村旅游精品线路和十大乡村旅游民宿。常熟农民艺术家现场进行文艺表演和才艺文化展示。现代农业招商推介会上，总投资13.3亿元的23个项目成功签约。清华大学中国农村研究院副院长张红宇在率先基本实现农业农村现代化报告会上作主题报告。丰收节期间，开展“常熟·丰收季”组合活动，包括果品（时令）采摘节、第二十一届沙家浜阳澄湖大闸蟹开捕节暨第四届芦荡千蟹宴活动、太湖流域农业产业绿色高质量发展报告会、第四届徐州市百年羊汤节等相关专项活动。9月25日，在常熟国际展览中心举办金秋优质农产品展销会。

（陆喜娟　李　宵）

种植业

【概况】 2020年，常熟市完成粮食种植面积3.13万公顷、总产量23.15万吨；蔬菜播种面积1.8万公顷、总产量70.4万吨；全年茶叶产量26.3吨，茶叶产值3400万元。全市果树面积773.33公顷，果品产量1.25万吨，果品产值1.2亿元。年内，董浜筒管玉丝瓜、黄金小玉米、王庄西瓜获国家农产品地理标志认证，“常熟大米”获国家地理标志证明商标，常熟勤川大米获第三届中国·黑龙江国际大米节粳米铜奖，是江苏全省参评单位中粳米组唯一获奖大米。海虞徐桥沁园葡萄专业合作社的巨玫瑰和碧溪新区吉礼葡萄园艺场的“葡之梦”葡萄获得江苏省葡萄评比金奖。在苏州市果品评比中常熟市分别获得银奖4个、优秀奖4个。董浜黄金小玉米和碧溪香仔芋在江苏特粮特经评比中获金奖。

【粮食生产】 2020年，全市夏熟小麦面积1.2万公顷，亩产315千克，夏粮总产5.65万吨。秋熟水稻遥感面积1.8万公顷，亩产628千克，与上年持平，水稻总产量16.97万吨。全年杂粮面积1293.33公顷，总产0.64万吨。年内，常农粳13号、常香粳1813等2个水稻新品种通过省级审定，常农粳14号、常优粳8号、常优17-7、常优17-22等4个水稻新品种通过国家审定，常491A、常513A、常508A、常5-203A、常5-66A、常12-182A等6个粳稻三系不育系通过省级鉴定。

【蔬菜种植】 2020年，全市菜地面积6266.67公顷，其中，常年菜地5873.33公顷、季节性菜地393.33公顷，全年蔬菜产值超12亿元。年内，逐步建立完善蔬菜信息监测网络，全市现有部级蔬菜价格信息监测点10个、蔬菜地头价监测预警点1个，苏州市蔬菜产销信息实时监测点3个，以及国家大宗蔬菜产业技术体系试验点，有效掌握境内蔬菜生产和销售情况。

【种植业结构调整】 2020年，在确保水稻产能、增加复合收益的基础上，

无人驾驶丰疆智能收割机收割小麦　　（市融媒体中心　提供）

常熟市农业部门因地制宜推进稻田综合种养。全年实施稻田综合种养面积145.4公顷，其中稻鸭共作102.93公顷、稻渔共作42.47公顷。稻田立体综合种养技术的应用，在提高大米品质同时，减少除草剂、化肥农药的使用量，实现生态效益和经济效益的双丰收。

【水稻高质高效示范方（片）创建】 2020年，常熟市农业部门分别在古里镇、尚湖镇、海虞镇、梅李镇、支塘镇、辛庄镇、常福街道创建水稻绿色高质高效示范方（片）7个，面积共计1066.67公顷。推广应用常农粳、常优、南粳和苏香粳等优质食味水稻品种，全面应用水稻规模化集中育供秧、水稻全程机械化生产、麦秸全量还田、测土配方施肥、机插测深施肥、病虫害绿色防控、稻田综合种养等技术，优质品种覆盖率、机插率、技术到位率均达100%。辐射带动全市1.77万公顷水稻绿色高质高效生产。

【病虫绿色防控示范区创建】 2020年，常熟建成4个省级病虫绿色防控示范区，分别是海虞虞盛省级水稻病虫绿色防控示范区、古里康博省级蔬菜病虫绿色防控示范区、海虞七峰省级茶叶病虫绿色防控示范区和梅李海明省级蔬菜病虫绿色防控示范区，重点展示农业措施、理化诱控、生物控害和科学用药等综合技术和措施。其中，七峰省级茶叶病虫绿色防控示范区在苏州绿色防控示范区考核中位列第四名，评为省级A级示范方。

【耕地质量提升示范区创建】 2020年，常熟建成2个66.67公顷耕地质量提升示范区，分别位于古里镇紫芙社区、辛庄镇朱家桥村。示范区在小麦、水稻两季开展低积累品种筛选、不同土壤调理剂比较等试验，针对性进行适合大田推广应用的单项及多项措施组合，包括低积累品种、常规水稻品种与叶面肥、钙镁磷肥、有机肥、配方复合肥、土壤调理剂等材料。其间，苏州市、常熟市人大多次对项目区进行土壤污染防治法执法检查，肯定项目区建设情况。

表 17　　2020年常熟市种植业“两品”情况统计表

指标名称	计量单位	数　量
绿色食品产量	吨	32659.8
有机农产品产量	吨	960.4
小计	吨	33620.2

水产业

【概况】 2020年，常熟市水产养殖面积6413.33公顷，其中主导品种河蟹、青虾养殖面积5393.33公顷，占养殖面积的84.1%，全年水产品总产量2.46万吨，实现渔业经济总产值26.8亿元。全市引进新品种水产苗种1999.5千克，其中，“太湖2号”青虾原种625千克、“长江2号”等新品种大眼幼体1374.5千克。全市水产养殖新品种推广面积754.18公顷，新增稻渔综合种养面积143.69公顷。创建国家级水产健康养殖示范场1家，正在申报苏州高标准水产养殖示范基地1家。

【阳澄湖及周边地区水产养殖专项整治】 4月，常熟全面启动沙家浜镇区域内1260公顷养殖池塘专项整治改造，年内所有工程均已改造完成。其中，高标准改造373.33公顷，生态化改造746.67公顷，退养140公顷。全面完成50公顷阳澄湖养殖围网禁投冰鲜鱼工作，区域内涉及养殖户全部签订承诺书。

【省现代农业（河蟹）产业体系常熟推广示范基地】 2020年，常熟承担江苏省现代农业（河蟹）产业体系常熟推广示范基地项目，项目建立1个核心基地、5个示范点，以“一核两品三带四网五区”推广示范模式，开展试验研究2项，推广生态养殖技术5项，7月基地通过全省项目考核，获全省排名第一。

【渔业“567”科技服务网络】 2020

年，常熟强化渔业园区示范功能，整合5家科技超市、6家水产医院、7个渔业科技服务点，建成“567科技服务网络”，涵盖免费检测水质、病害检测、咨询服务及塘口零距离指导等服务内容，全年累计服务养殖户4286人次。

表 18　　2019—2020 年常熟市渔业产业化情况统计表

指　标	单　位	2019年	2020年
设施渔业	公顷	3945	3945
高效渔业	公顷	6457	6586
水产品批发市场	个	4	4
交易量	万吨	1.2	1.2
交易额	万元	4500	45000
渔业协会	个	2	2
合作经济组织	个	23	23
合作经济组织养殖	公顷	2000	2000
经纪人	个	432	432
休闲渔业单位	个	2	2
总投资	万元	11000	11000
其中：政府	万元	0	0
休闲渔业	公顷	40	40
垂钓餐饮等收入	万元	4623	3905

表 19　　2019—2020 年常熟市淡水养殖产量与面积情况统计表

指　标	单　位	2019年	2020年
淡水养殖产量合计	吨	21753	22550
池塘	吨	21685	22460
湖泊	吨	53	55
水库	吨	0	0
河沟	吨	0	0
其他	吨	0	0
稻田	吨	15	35
其中：围栏	吨	0	0
网箱	吨	0	0
工厂化	吨	6	0
淡水养殖面积合计	公顷	6507	6462
池塘	公顷	6457	6412
其中：新挖池塘	公顷	0	0
改造整治池塘	公顷	363	1187
湖泊	公顷	50	50
水库	公顷	0	0
河沟	公顷	0	0
其他	公顷	0	0
稻田（不计入总面积）	公顷	47	187
其中：围栏	平方米	0	0
网箱	平方米	0	0
工厂化	立方水体	6670	6670

表 20　2019—2020 年常熟市渔业生产情况统计表

指　标	单　位	2019年	2020年
水产品总产量	吨	24263	24552
海洋捕捞	吨	1978	1473
远洋渔业	吨	0	0
海水养殖	吨	0	0
淡水捕捞	吨	532	529
淡水养殖	吨	21753	22550
一、二、三产产值（渔业经济总产值）	万元	220402	267998
一产（渔业）产值	万元	122314	156153
一、二、三产增加值（渔业经济增加值）	万元	130170.2	156143
一产（渔业）增加值	万元	67841	84687
水产养殖面积	公顷	6507	6462
海水养殖面积	公顷	0	0
淡水养殖面积	公顷	6507	6462
机动渔船艘数	艘	65	64
机动渔船总吨位	总吨	2685	2604
机动渔船功率	千瓦	5150	5238

（陆喜媚）

畜禽业

【概况】 2020年，常熟生猪存栏8.27万头，其中地产生猪存栏2.27万头，域外指标签订6万头；能繁母猪存栏0.2万头，生猪出栏13.72万头，其中地产生猪出栏3.19万头，域外指标签订6.5万头，常熟与泗洪点对点快速复养出栏4.03万头。全市羊存栏1.35万只，出栏1.1万只；家禽存栏21.08万羽，出栏28.06万羽；奶牛存栏2783头。全年肉类地产总产量3096.25吨，牛奶产量18920吨，禽蛋产量1763.57吨。

【畜禽规模养殖】 2020年，常熟共有畜禽规模养殖场15家，其中，生猪规模养殖场12家，奶牛规模养殖场3家，均符合省级畜牧生态健康养殖示范场或苏州市级畜牧生态健康养殖技术推广要求，全市畜禽生态健康养殖比重100%，资源化利用率99.13%。

【动物防疫】 2020年，常熟市抓好非洲猪瘟防控工作，对养殖环节、流通环节、屠宰环节、无害化处理等环节开展非洲猪瘟专项监测，全年共监测样本6267份，排除隐患。其他重大动物疫病防疫工作中，累计免疫口蹄疫2.21万头次、禽流感42.45万羽次、猪瘟2.1万头次、羊小反刍兽疫1.85万只次、新城疫48.62万羽次，各病种应免密度均达到100%以上。实施产地检疫生猪13460头、牛919头、羊4881只、家禽23670羽，产地检疫覆盖率达100%。屠宰检疫生猪168902头、牛2267头、羊17980只，定点屠宰检疫开展面100%，屠宰检疫受检率达100%。

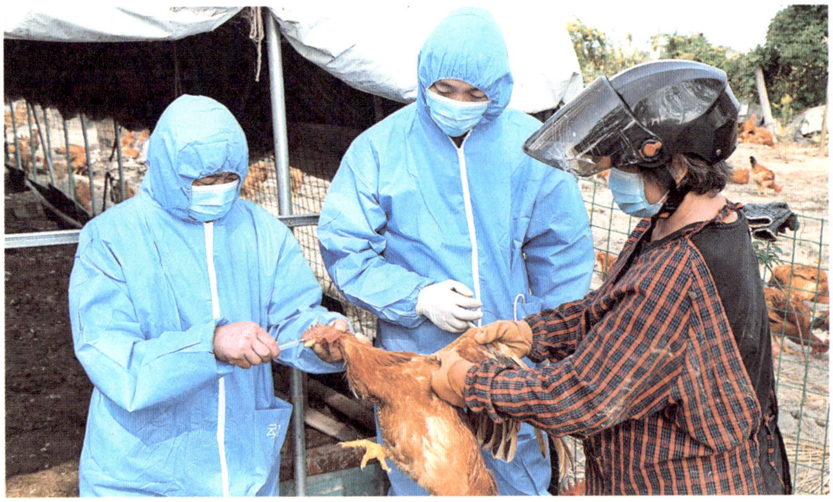

秋季动物疫病防控　（市融媒体中心　提供）

【生猪复产保供】 2020年，常熟市鼓励新改扩建生猪规模养殖场，引导空栏规模猪场积极增养补栏，探索“点对点快速复养”模式加强生猪域外指标对接，落实地产生猪生产关键措施。4月8日，常熟市人民政府与四川德康集团合作签约，启动建设15万头大型生猪养殖项目。年内制定“一场一策”增养补栏方案，空栏规模猪场陆续实现复养。

表 21　　2020 年常熟市畜牧业生产情况统计表

名　称	期末存栏数（头、只、羽）	其中		当年出栏数（头、只、羽）	产量（吨）	名　称	产量（吨）
		能繁殖母畜（头、只、羽）	当年生仔畜（头、只、羽）				
一、大牲畜	3006	—	—	0	0	肉类总产量	3096.25
1.牛	3006	1476	1200	0	0	其中：牛肉	0
（1）黄牛	223	0	0	0	0	猪肉	2308
（2）奶牛	2783	1476	1200	—	0	羊肉	270.94
其中：荷斯坦奶牛	2783	1476	1200	—	0	禽肉	517.31
（3）水牛	0	0	0	0	0	兔肉	0
其中：奶水牛	0	—	—	—	—	奶类产量	18920
（4）牦牛	0	0	0	0	0	1.牛奶产量	18920
2.马	0	0	0	0	0	其中：水牛奶产量	0
3.驴	0	0	0	0	0	牦牛奶产量	0
4.骡	0	0	0	0	0	2.羊奶产量	0
5.骆驼	0	0	0	0	0	3.其他奶产量	0
二、猪	20558	2022	—	30779	2308	山羊绒产量	0
三、羊	13458	2725	—	11050	270.94	山羊毛产量	0
1.山羊	1922	504	—	1057	21.14	绵羊毛产量	17.3
其中：绒山羊	0	—	—	—	—	其中：细羊毛产量	0
奶山羊	0	—	—	—	—	半细羊毛产量	17.3
2.绵羊	11536	2221	—	9993	249.8	兔毛产量	0
其中：细毛羊	0	—	—	—	—	蜂蜜产量	16
半细毛羊	11536	—	—	—	—	禽蛋产量	1763.57
四、家禽	210796	—	—	280625	517.31	其中：鸡蛋产量	1352
1.鸡	169431	—	—	239896	427.75	鸭蛋产量	316.57
（1）专用型蛋鸡	42564	—	—	43162	66.12	鹅蛋产量	95
（2）专用型肉鸡	34294	—	—	151266	302.53	蚕茧产量	0
其中：白羽肉鸡	—	—	—	0	0	其中：桑蚕茧产量	0
黄羽肉鸡	34294	—	—	151266	302.53	柞蚕茧产量	0
（3）兼用型鸡	92573	—	—	45468	59.1		
2.鸭	30797	—	—	24424	48.8		
3.鹅	10568	—	—	16305	40.76		
五、兔	—	—	—	0	0		
六、蜜蜂	381	—	—	—	—		

（陆喜媚）

农业机械化

【概况】 2020年，全市新增农机总投入超2000万元，累计新增各类农机具467台套，新增烘干能力321吨。其中，大中型轮式拖拉机35台，配套农具151台，高性能联合收割机13台，乘坐式插秧机58台，喷杆喷雾机39台，无人植保机8台，粮食烘干机26台（321吨），育秧配套设备22台，微孔曝气式增氧机52台，普通增氧机51台，农用挖掘机1台，其他机械11台。全年完成稻麦秸秆机械化还田2.31万公顷，其中生态型犁耕深翻1133.33公顷，完成小麦机播7800公顷。

【农技推广】 2020年，全市大力推广水稻机插秧与秸秆机械化还田集成技术、稻麦周年生产全程机械化技术、高

农机养护 （市融媒体中心 提供）

效机植保、谷物低温烘干等先进适用农机技术与装备。夏秋两忙期间，组织新型农机具现场观摩宣传培训活动4次，全市各镇农机负责人和农机大户等观摩250人次。全年举办各类培训4期190人次，包括拖拉机驾驶员培训、收割机驾驶员培训、插秧机操作手培训，全部通过考核。

【农机购置补贴】 2020年，省级下达农机购置补贴资金591万元，上年结转资金856.872万元，年内可用资金1447.872万元。全市省补范围内的117个品目机具按照农民实际需求实行敞开补贴，市级财政不再进行配套补贴。年内，全市完成结算5批农机购置补贴资金313.54万元。

【农机信息化建设】 2020年，全市完成新安装农机北斗定位终端100台。全市大中型农机具累计安装定位终端达737台，其中，大中型拖拉机227台，联合收割机263台，高性能插秧机204台，喷杆式高效植保机43台。50个规范化农机库房实现视频远程监控，新增烘干机监控8个，农机库房使用得到有效监管。

【农机安全管理】 2020年，全市完成对148家粮食烘干村组的396台烘干机和14家农机维修点的安全生产检查。市农业部门制定出台农机场库机务管理和维修服务网点建设指导意见。4月29日，全市农机机务管理推进现场会在海虞镇召开，宣讲《农业机械机务管理规范》。5月，全市开展《农业机械机务管理规范》集中培训宣讲，受训覆盖全市10个乡镇农机人员900人次。通过培训宣讲、技术指导和检查考核等形式，全市50个规范化农机场库和13个农机维修服务网点的农机机务管理水平得到明显提升。 （陆喜媚）

农产品质量建设

【概况】 2020年，常熟市新建省绿色优质农产品基地1.13万公顷，绿色食品企业27家32个产品共2000公顷，有机食品2家9个产品共1506.67公顷。全市绿色优质农产品比重100%。年内，完成蔬菜、果品、稻谷、水产品等风险监测和监督抽检940批次，部、省、苏州各类抽检369批次，合格率99.8%。全市开展蔬菜等农残快速检测26635批次，畜产品快速检测25892批次，合格率99.9%以上。完成各类非洲猪瘟病原学样品监测6867份，结果均为阴性。“王庄西瓜”“董浜筒管玉丝瓜”“董浜黄金小玉米”先后被授予中华人民共和国农产品地理标志登记证书，“常熟大米”获得国家地理标志证明商标认证。

【农产品质量监管】 2020年，全市各行政村配备农产品质量安全协管员214人。全年累积注册完成追溯企业80家，涉及溯源产品288个，打印追溯标签103.26万张。全年多次开展农资打假、“利剑”行动等专项整治行动，出动执法人员1832人次，检查农业生产经营主体638家次，检查农药、兽药等农资经营单位177家次，发出责令整改通知书61家，查扣问题农资产品3143瓶/件，立案处罚16起，罚没收入6.6万元。 （陆喜媚）

表22 2020年常熟市有效绿色食品产品情况统计表

指标名称	计量单位	数　量
绿色食品生产基地数	个	39
绿色食品生产基地面积	公顷	2455.33
绿色食品总产品	吨	32659.8
其中：粮食	吨	7053
蔬菜	吨	19636.6
水果	吨	5742
畜禽	吨	0
水产品	吨	228.2

表 23　　2020 年常熟市有效有机农产品情况一览表

指标名称	计量单位	数 量
有机食品生产基地数	个	4
有机食品生产基地面积	公顷	1505.75
有机食品总产量	吨	960.4
其中：粮食	吨	0
蔬菜	吨	960.4
水产品	吨	0

（陆喜媚）

【食用农产品电子合格证】 2020年，常熟自主研发出一套简便快捷的食用农产品合格证微信小程序“虞农优品”，率先开出苏州市首张食用农产品电子合格证，全年共打印电子合格证16.8万张，在全省率先完成合格证100%全覆盖。将农产品质量可追溯二维码与食用农产品电子合格证有机结合，实现合格证和追溯码“证码合一”年内，江苏省食用农产品合格证现场推进会在常熟召开，全省推广合格证“常熟经验”。

农业综合执法

【概况】 2020年，全市累计出动农业综合执法人员2432人次，执法车713车次，执法艇289艇次，立案229件，结案率91%，其中移交公安16件29人次，罚没款18.9万元，没收电捕工具230台（套），没收涉渔“三无”船舶10艘；办理农机、船检行政许可2156件；接办“12345”投诉举报142件，全年无农业生产事故纠纷，无行政复议、无行政诉讼。

【农药管理】 2020年，常熟市继续开展农药包装废弃物回收工作，全市依托农药集中配送体系主渠道，遴选高效、低毒、低残留、低剂量药剂，科学制定农药推荐目录，重点淘汰剂型差、低含量农药品种，在病虫草害重发情况下，农药使用持续减量，全年农药使用量1000吨，较上年降低5%以上。

【渔政管理】 2020年，常熟市渔政管理工作按照“中国渔政亮剑2020”系列专项执法行动要求，以渔政队伍建设、长江禁捕退捕、渔业打非治违和水野保护4个方面为重点，推动了全市水域生态文明建设提档升级。组建公益性长江护鱼队伍，沿江安装9处高清监控摄像头，强化长江禁渔政策宣传和执法工作，查处长江违法捕捞、垂钓案件62起，涉刑移交17起30人，高质量完成长江禁渔退捕工作，获得江苏省、苏州市通报表扬；提升渔政执法力量；加强内河打击电鱼专项行动，查处电鱼等非法捕捞案件161起（含简易案件），没收电捕工具334台（套），清除定置渔具35950米；救护胭脂鱼1尾、大鲵2尾，保育中华鲟子二代7尾，指导社会公益组织开展长江渔业增殖放流活动10次，放流鲢鳙等鱼苗1000余万尾。

【农资市场管理】 2020年是农药经营许可实施的第三年，常熟市农业农村局对全市123家发证农资经营门店（含分支机构）及仓库，开展农药经营许可回头看暨农药行业安全生产专项整治工作，出动农资经营安全检查小组6批30人次，发现存在安全生产问题的经营单位（主要为灭火器配备、摆放等）7家，经营场所中有生活空间或生活设施7家，农药进销台账未有任何记录的7家，农药管理平台未使用的10家，向61家经营单位发出整改通知书。根据农药管理条例要求，开展农药经营许可现场核查9次，通过核查单位9家。对全市农药抽检60批次，合格率100%。

（陆喜媚）

现代农业园区建设

【概况】 2020年，常熟市推进各类园区创建，鼓励各涉农乡镇积极创建省级、苏州市级和常熟市级园区，全市新增农业园区面积466.67公顷。全市新增常熟市级农业园区7个，范围涵盖梅李镇、古里镇、支塘镇、辛庄镇、尚湖镇和碧溪街道6个乡镇或街道。经过前期筹备、论证、评审和最终答辩等环节，常熟市现代农业产业示范园获批创建省级现代农业产业示范园，常熟市优质稻米产业示范园获批苏州市级园区。

【常熟现代农业产业园】 位于董浜镇，2020年，该园大力发展绿色优质农产品，提升农产品品牌。董浜筒管玉丝瓜、乌塌菜、菠菜获绿色食品认证，认证面积400公顷。申报并通过董浜筒管玉丝瓜、董浜黄金小玉米江苏省绿色优质农产品基地认证，认证面积2066.67公顷。徐市羊汤获得江苏省“百道乡土地标菜”称号，董浜农业旅游发展有限公司获得“通农绿优”杯2020江苏最美绿色食品蔬菜企业称号。年内，园区致力发展绿色优质水稻基地稻田养鸭示范，示范面积3.47公顷。园区进行“旱地旱稻”实验，亩均产量突破500千克，为蔬菜区流转地块抛荒问题提供新型经验。蔬菜区规模流转是董浜农业产业结构优化的破局之举，全年流转面积72.27公顷。

【常熟现代渔业产业园】 位于沙家浜

蜜梨丰收　（市融媒体中心　提供）

镇，2020年，该园实现亩产河蟹100千克，青虾40千克，亩均效益超万元。园区新注册农业企业2家，分别从事标准化池塘改造、水产品养殖销售等，助推园区主导产业发展。与中国水产科学研究院淡水渔业研究中心合作编制沙家浜镇养殖池塘生态化改造示范项目实施方案，与苏州市农业科学院合作开展“河蟹养殖水体智能化生态循环净化技术应用研究”项目研究，该水体循环净化技术已在园区及长洪滩示范基地推广应用。全面推广应用“长江一号”“阳澄湖一号”扣蟹和“太湖一号”青虾优良新品种，广泛应用河蟹“863”绿色健康生态养殖技术、池塘尾水净化技术、河蟹病害生态防控技术。

【现代水稻产业园区】 位于古里镇，2020年，该园坚持“田水路林村”综合治理，实施的2019年度坞坵、联泾、紫芙社区606.67公顷生态型高标准农田建设项目入选省首批生态型高标准农田建设示范项目区。康博村23.33公顷现代设施农业基地建设成功创建省级蔬菜病虫害绿色防控示范区、苏州市高标准蔬菜生产示范园。依托苏州市农业科学院，开展稻麦新品种、新技术、新模式示范展示，涉及26个稻麦品种、宽窄行机插、侧深施肥机插、缓混一次施肥、小麦机条播、病虫害绿色防控等主推新技术和常香粳1813、常优粳6号等主推品种。创建“苏州大米”区域公用品牌示范基地，坞坵米业专业合作社入选首批“常熟大米”示范单位，“坞坵大米”在2020第三届“稻味常熟”优质大米评选活动中获“特等奖”。引进常熟市尚牧生态农业有限公司进驻园区，投资2000多万元建设坞坵生猪养殖保供基地，年底已实现存栏5000头。

【碧溪现代设施农业科技示范园区】 2020年，该园依托省农科院等各级科技专家团队技术力量，以江苏农村科技服务超市、江苏现代农业（蔬菜）产业技术体系为载体，示范种植设施蔬菜新品种20个、示范新技术10项，成功联合申报省市级各类项目4个，被评为第一批常熟市绿色蔬菜高质量发展示范基地。联合农业农村部南京农业机械化研究所大力发展设施农业“机器换人”工程，举办蔬菜基质块苗快速移栽机械化技术研讨及观摩会。加大招商引资力度，积极引入工商资本，引进入园企业11家，注册资金到账额超10亿元。

【梅李镇高效设施蔬菜产业园区】 2020年，该园持续完善基础设施，珍北村完成53.43公顷高标准农田建设，新增入园企业4家。4月，常熟市欣安食品销售有限公司在园区内成立，实施净菜及深加工配送体系建设项目，入选常熟市教育局“阳光食堂”定点配送企业，与新丰村签订合作协议，将带动园区就业及产业发展。年内，“海明”有机蔬菜、吉成“缘木记酱油”认证有机食品，吉健“吉健葡萄”、向明“向明小番茄”获绿色食品认证。蔬菜产业园区为省级、苏州市级“菜篮子”基地，年内整体认证为省级绿色优质农产品生产基地。新丰村、海明农业正式挂牌“苏州市高标准蔬菜示范生产基地”。

【常熟市都市生态农业产业园】 位于常福街道，2020年，该园纳入省级农业产业园范围，成为《常熟市现代农业产业示范园建设总体规划》中的产业融合示范区，全年实现农业产值超2.3亿元。年内，新增苏州市级农业龙头企业华冠园创园艺科技有限公司，旗下品牌“天狼月季”获全国网络品类销售冠军；新注册农业企业2家，分别从事农文旅开发、肥料基质生产等，助推园区产业融合发展；继续加大基础设施投入，完成113.33公顷高标准农田建设，实现园区内高标准农田全覆盖，同时配套完成核心区域内水电、路网、绿化等基础设施。　（陆喜媚）

责任编辑：浦君芝

城市建设与管理

综　述

【概况】 2020年，常熟市住房和城乡建设局（以下简称市住建局）履行城建办职能，全年协调推进重点工程32项，其中新建项目7项、续建项目25项，年内完成投资约7.15亿元。由市住建局负责实施的衡山路、九里大街、兴隆路3个政府投资新开工项目按计划推进，莲花路贯通工程二期于10月竣工通车。将常熟市滨湖美丽宜居街区塑造、常熟市既有建筑更新改造纳入江苏省美丽宜居城市建设试点综合类、专项类项目。探索道路、桥梁、路灯、亮化等市政设施精细化管养，构建问题主动发现的“路长巡路”及“三级网格化督导”机制，完成道路大中修项目19个、零小修摊铺沥青路面16万平方米，更换路灯4千多个、维护线路40多千米。全市新增城区绿地面积16.5万平方米，建成区绿地率42.31%，人均公园绿地面积19.06平方米。高效养护城区约407万平方米绿地及5.6万株行道树。启动颜港滨河樱花景观带保护工程，打造护城河畔网红樱花美景。（张宇科）

【海绵城市建设】 2020年，常熟市完成21个海绵城市建设项目，包括房屋建筑、道路、公园绿地和水利工程。其中，房屋建筑类项目包括5个新建项目和4个老旧住宅小区综合整治项目；道路项目完成2个；公园绿地项目完成6个；水利项目完成4个。8月，出台《常熟市海绵城市规划建设管理办法》，加强海绵城市规划审批，把牢建设管控环节，逐步实现海绵城市建设由试点向全域推进的转变。至2020年年底，全市海绵城市建设面积总计19.73平方千米，占建成区总面积的20.13%。（屈慧嘉）

【既有建筑更新改造试点】 2020年，常熟市深入推动既有建筑更新改造试点工作，出台《常熟市既有建筑更新改造试点补充意见》，扩大试点范围至全市工业建筑和公共建筑，缩小施工图审查范围、解决消防改造和规划审批问题，加快改造步伐。运用试点成果，由“点”带“面”解决“331”等各类专项整治、老旧工业区更新改造、历史街区整理、特色小镇转型升级等城市旧改更新热点领域，推动全市连片改造，为彻底解决受无不动产登记权属证书、抗震设防等级达不到现行规范、消防安全设施问题、规划性质不符等制约提供路径支撑。全年试点项目新增20个，竣工10个；试点总规模累计达120个，其中竣工75个、高效推进45个，盘活提优存量土地资源39.2公顷，更新改造建筑面积达107.54万平方米。6月，省住建厅正式发文，将常熟市“既有建筑更新改造试点”纳入全省“美丽宜居城市建设专项试点项目”。（黄君平）

琴川街道街景　　（市融媒体中心　提供）

自然资源和规划管理

【规划编制】 2020年，常熟市自然资源和规划局（以下简称市资规局）强化空间要素保障，争取到增加下达的流量空间400公顷，并完成土地利用总体规划修改。推进国土空间总体规划编制，完成国土空间开发保护现状评估、城市总体规划和土地利用总体规划实施评估。对接国家战略，围绕城市定位，加强全域统筹，经多论调研访谈、专家论证，形成生态保护红线评估调整方案，开发边界初步方案。开展产业用地更新“双百”行动（即划定100万亩工业和生产性研发用地保障线，并将其纳入2035国土空间总体规划，计划通过15年左右时间、三个五年计划，逐步退出保障线外工业用地，空间腾挪至保障线内，优化产业用地布局，提高土地利用强度和产出效益），完成产业用地保障线划定，优化“产业基地—产业社区—产业区块”三级空间布局，锚定产业发展空间。树立“山水林田湖草”生命共同体理念，推进自然保护地整合优化，加快构建生态保护良性格局，形成优化成果，调整后全市自然保护地面积2497公顷。

【耕地资源保护】 2020年，常熟市强化后备资源支撑，选取优质耕地，建立储备区数据库，划定永久基本农田储备区416公顷。推进三优三保、增减挂钩、占补平衡项目实施，完成项目验收267.75公顷。至年末全市耕地保有量54778.27公顷，永久基本农田保护面积40952.93公顷，完成土地利用总体规划确定的目标任务。常态开展土地执法动态巡查1475次，总里程8115.23千米，巡查项目516个。推进违法用地综合整治三年行动，按要求完成阶段性工作任务。贯彻农村乱占耕地建房问题专项整治行动要求，开展摸底调查。

【发展用地保障】 2020年，市资规局组织上报年度计划批次5个、面积160.72公顷，增减挂钩及工矿废弃地批次10个、面积190.93公顷，“三优三保”（“三优三保”行动即以优化建设用地空间布局保障发展；以优化农业用地结构布局保护耕地；优化镇村居住用地布局保护权益，最终实现促进土地空间优化配置，促进土地资源集约利用，促进生态环境显著提升，使经济社会继续保持可持续协调发展的目标。）批次2个、面积102.29公顷，单独选址项目23个、面积227.59公顷。完成建设用地供地225宗、面积702.78公顷。推进老旧工业区更新改造，首批21个点位开工建设，开工面积79.53公顷，开工区域规划建设总建筑面积约110万平方米，完成清障建筑面积约60.3万平方米。开展优化发展空间专项考核，激励板块加大盘活力度，全年盘活存量建设用地1003.13公顷。面对疫情影响，创新模式，苏州范围内首个采用“不见面”“非接触”线上方式组织开展经营性土地推介活动。出台《关于产业项目用地全程管理的若干意见（试行）》，推行土地出让合同+监管协议“双合同”监管机制。完成《2020—2022年度土地收储计划》编制，全年完成土地收储80.25公顷。

【规划服务】 2020年，市资规局出具规划条件133项，确认用地性质及红线123项，完成工程规划审查、验线核实719件。办理规划核实79个，面积298.3万平方米。完成电子地图更新项目，实现市域范围一张底图。开展基础地理信息、地下管线管网数据采集和更新，推进现代测绘控制网建设，保证数据现势性和准确性。制定《常熟市第一批〈建设工程规划许可证〉豁免项目清单》，从制度层面解决部分类型项目办证难问题。完成工程建设项目审批制度改革相关文件制定和“一张蓝图”功能模块建设。规划用地“多审合一、多证合一”“多验合一”改革先后落地。落实《涉企轻微违法行为免罚清单》要求，办理涉企“免罚轻罚”案件6件。出台《关于工业项目规划许可相关事项的通知》，优化指标标准，提升利用水平。

【不动产登记管理】 2020年，市资规局共办理商品房转移登记14171件，存量房转移登记10298件，抵押登记37155件。发放不动产权证33185份，首次登记证明14916份，不动产登记证明23761份。优化不动产登记“一窗受理、集成服务”，提升不动产交易纳税登记“一网、一窗、一人”办理便利度。常规不动产登记业务全面实现3个工作日办结。实体经济企业抵押登记、商品房转移登记、商品房转移抵押合并登记实现2个工作日办结。与36家银行联系对接，扩大“互联网+抵押登记”范围，实现数据互联互通、线上办理。新增港澳台人员身份证明和坐落确定2项告知承诺制事项，推行“交地（房）即发证”不动产登记模式，全面启用不动产登记电子证书（证明）。完成农村不动产权籍调查，稳步推进农房“三级确认”办理宅基地使用权及房屋所有权登记，推进房地一体农村不动产登记颁证。

【林业管理】 2020年，市资规局完成31个项目使用林地报批，涉及规划林地33.86公顷。核发林木采伐许可证34份，涉及规划林地35.2公顷。综合全市林木资源数量、种类和分布情况，完成“十四五”森林采伐限额编制和上报。加强林业有害生物监测防控和源头检疫管理。设置美国白蛾监测点82个。开展杨树舟蛾、马尾松毛虫等林业有害生物调查21次，调查里程200千米、面积13.33公顷。签发植物检疫证书4341份，木材运输证1993份。开展产地检疫3次，累计检疫面积49.33公顷，苗木550万株。完成全市86棵危重古树的救治复壮工作，逐步恢复古树长势。 （徐　勉）

城市更新

【城中村自主更新改造】 2020年，常熟市开展城中村自主更新改造，围绕更新改造的“自主”要求，形成自主自治自律、共议共建共享和同向同心同力的“三自三共三同”工作法和“一个自治组织两个自治会议”的村民自治实现路径。将“两违房”、零星房产开发、直接划拨国有土地建房等房屋纳入更新政策，落实基础设施建设资金分担，完善工作流程。8月，常熟市明确城中村自主更新工作纳入市名城办管理。11月，成立常熟市城区老旧建筑更新工作领导小组。领导小组下设城区历史街区整理更新和城中村自主更新改造两个专项工作办公室，分别负责城区历史街区整理更新和城中村自主更新改造的协调指导管理工作。虞山街道元和村和琴川街道前漕泾2个重点区域压茬推进，虞山街道东横头、西横头（含闸口桥西）和琴川街道三里桥3个试点单元全面突破；累计19个单元529户启动更新改造，19个单元575户列入储备。至年底，元和村烟雨路西（一、二期）首个示范单元基本建成。（徐永丽）

【房屋征收】2020年，常熟市实施房屋征收搬迁项目共82个，民宅2405户，其中市级项目18个、569户，镇级项目64个、1836户。共计完成住宅房屋征收搬迁项目34个、签约1655户，拆除总建筑面积约46万平方米。建设"房屋征收管理信息系统"，借助大数据共享平台，将入户调查、评估签约、安置交付、资金管理、统计查询等房屋征收搬迁业务实现线上运行。

【安置房建设】2020年，常熟市在建（含回购）安置房小区27个，在建期房12641套，建筑面积约158万平方米，其中，城区新建元丰园二区二期、藕渠家园二期、花溪家园一期等3个安置房项目，共计1136套，建筑面积约14万平方米。全市竣工入库安置房小区7个，竣工入库安置房1907套，建筑面积约24万平方米，其中琴和家园、金山苑五区2个项目、526套安置房交付竣工入库。年内完成选房安置2008户，交付安置房2957套。（杨　峥）

【老住宅小区综合整治】2020年，全市完成2019年续建项目北门大街、甬江路、锁澜北路、里湖泾、花溪新村5个区域15万平方老住宅小区综合整治。全面启动2020年项目，虞山街道泰安新村区域、莫城街道山湖社区区域、琴川街道昭文公寓区域、琴川街道枫林路21号区域、琴川街道纺装新村区域5个区域，建筑面积17.37万平方米，共计房屋102幢、居民1890户。甬江西路片区纳入苏州试点项目，试点经验纳入住房和城乡建设部"九项机制"试点典型案例汇编。（汤逸纯）

市政公用设施

【供电】2020年，全市全社会用电量188.61亿千瓦时，比上年下降1.00%。其中第一产业用电量5427万千瓦时，第二产业用电量154.60亿千瓦时，第三产业用电量16.77亿千瓦时，比上年分别增长-0.70%、-1.63%、0.89%；居民生活用电量16.70亿千瓦时，比上年增长3.18%，城镇6.35亿千瓦时、农村10.35亿千瓦时，比上年分别增长0.45%、4.93%。8月25日15：30达到年度最高用电负荷341.05万千瓦，比上年增长5.46%。全年常熟电网运行稳定，未发生大面积停电等影响社会稳定的安全事故，最高调度负荷314.57万千瓦，比上年增长5.11%。常熟供电公司完成售电量158.65亿千瓦时，比上年增长-0.65%。年内新增变电容量26.3万千伏安，输电线路长度53.74千米。至年末，常熟电网共有35千伏及以上公用变电站82座，主变压器157台，总容量1238.2万千伏安。受理用电报装申请43733户，容量178.9967万千伏安；完成装接通电41985户，容量131.2316万千伏安。至年末，全市电力用户共计702713户，总装接容量1625.4001万千伏安。（徐安琦）

江苏常熟发电有限公司　位于常熟经济开发区兴港路28号，为周边企业供电供热，有发电设备6台，其中33万机组4台，100万级机组2台，装机容量332万千瓦时，机组负荷率达82%，2020年发电152.15亿千瓦时。

华润电力（常熟）有限公司　位于常熟市伟业路1088号，有65万机组3台，装机容量共195万千瓦时，机组负荷率为66%，2020年发电99.66亿千瓦时。（王晓龙）

【供气】2020年，全市销售管道天然气93575.11万立方米，比上年增长33.7%；新增居民用户26756户，新增工商用户187户；新增天然气管道209.3千米。全市液化石油气供应量共计20850.53吨，比上年减少10.4%。全市汽车加气总量2617.01万立方米，比上年减少13.29%。完成"三年扩面"行动计划中外管线覆盖111个小区1.2万户，新小区居民1.1万户，总计完成新增居民用户2.3万户。完成餐饮用户"瓶改管"69户，安装可燃气体泄漏报警器3704家。推进智慧燃气平台项目建设，对全市各类燃气场站安装物联网监控设备，采用信息化监管手段加强监管力度、提高监管效率，对瓶装液化气瓶人、瓶、车全过程监管，来源可溯、去向可追，并和数字门牌相关联，促使企业规范化运营，及时发现各类违法违规行为，保障燃气行业安全运行。（凌　莉）

【供水】2020年，江苏中法水务公司完成供水2.03亿立方米，比上年下降2.97%；全年售水量1.72亿吨，比上年下降2.65%。完成农网改造5873户，完成年度目标的117.46%；完成供水主管道7千米，完成年度目标的116.67%。加强抢维修管理，完成城乡供水抢维修43106次，抢修及时率达100%。启用三水厂化验室，加强水质检测，全年共检测各类样品9124个，比上年增长12.7%；完成检测数据110990个，比上年增加3.7%。完成第三水厂深度处理升级改造工程，并于11月投入试运行；推进滨江水厂深度处理升级改造工程及城东水质净化厂工程建设。（沈　洁）

【污水处理】2020年，江苏中法水务公司处理污水4424万吨。江南水务公司累计巡查污水主次管网6948.41千米，处理污水281.19万吨，处理污泥1717.62吨。开展农村分散式生活污水治理三期PPP及接管项目，累计

完成419个村庄、12880户农户生活污水治理。（钱烨宁）

【城区市政路网建设】 2020年，市住建局组织实施莲花路贯通工程（划船浜路—元和塘）续建项目，以及衡山路提升改造工程（黄河路—珠江路）、九里大街提升改造工程（昭文路—长江路）、尚志路道路工程（昭文路—长江路）新建项目，项目均按计划有序推进，合计新建、改建道路长度3.34千米，车行道面积7.65万平方米，人行道面积1.34万平方米。

【片区路网和水系建设】 2020年，全市推进城铁片区路网、水系建设，协调推进城铁片区南沿江铁路涉铁通道延伸工程、泰山路北延三期、静海路（泰山路—新世纪大道）、静海路（衡山路—泰山路）、静海路（衡山路—泰山路）、碧海路（衡山路—新世纪大道）、云海路（泰山路—景龙路）、泰山路北延工程（北三环—常昭路）、琴川大道一期（泰山路—龙腾路）、常昭路一期（泰山路—金达路）、汇龙路（琴川大道—黄浦路）、金达路（琴川大道—景龙路）、城铁片区水系整治一期工程。推进文化片区路网、水系建设，协调推进红梅小学北侧道路（香山路—金山路）、星光路（青少年活动中心—冬青路）、文化片区河道水系整治工程。推进渠中片区路网建设，协调推进庙港路（常沙线—常昆公路）工程。推进元和建华片区路网、水系建设，协调推进建华路（元和路—春晖路）、丹光路（翡翠路—春晖路）、秋穗路（指月路—应雷路）、应雷路（秋穗路—翡翠路）、酌波路（秋穗路—翡翠路）、元和建华片区水系调整工程。全年协调推进道路工程共25项，合计新建、续建道路18.61千米，其中琴川大道一期、常昭路一期等16项道路工程已完工。推进片区绿化建设，协调推进原泰克木业地块改造工程、城铁片区新丰家园周边配套绿化工程2项绿化工程，其中城铁片区新丰家园周边配套绿化工程项目已完工。（顾怡欢）

【市政基础设施养护】 2020年，市政公用部门对道路、桥梁、路灯、景观照明等市政设施现状进行梳理摸底，研究制定管理维护计划，结合文明城市创建工作逐步推进，完成珠江路南、北侧快车道，虞山南路，环湖北路等一些问题较为突出的道路、桥梁和照明设施改造，共计摊铺沥青路面160728平方米，拆铺各类道板砖53250平方米，维修平侧石18026米；完成环城南路与红旗北路交叉口、虞山北路（枫林路口、环城北路口）、青墩塘路（宝山路、琴湖路口）、珠江路（李闸路口、黄河路口、虞山北路口）车辙的整治，共计7460平方米；按照江苏省绿色照明规划目标与建设指引，推进LED路灯节能改造项目，完成城区黄河路、海虞南路、海虞北路、金山路等13项路灯LED改造计划项目和闽江路、金沙江路、花园浜路等3项文明城市创建路灯LED改造，共计更换各类灯具2193套，城区整体照明质量得到显著提升；备案登记新建景观照明工程32项，对林樾香庭、金域蓝湾、鲲湖天境、臻湾雅筑等20项景观照明工程进行验收；年内完成雨污水、供水、弱电等井周沉降处理158座。香山南路、元和路、宝山路—红梅路3项养护片被评为“姑苏杯”优质养护片。

【城市桥梁养护】 2020年，根据江苏省、苏州市城市桥梁的相关管理要求，市政公用部门完成青墩塘立交桥、朝阳桥、西高木桥、聚奎桥等9座C类桥梁的加固维修；完成和莫大桥、行灶桥、南兴大桥、朝阳桥、湖滨桥5座通航标识标牌安装；完成城区192座桥梁的检测、109座桥梁限载标志的设置、8座桥梁栏杆桥面等维修，在此基础上，更新完善城市桥梁管理系统中相关信息资料，加强城市桥梁的行业管理工作，指导和督促街道和开发区加强区域内城市桥梁的管理工作。（凌　莉）

【首个地下智能立体停车系统建设】 绿源公园为市政府年度重点项目惠民实事工程，提供停车位502个，其中智能立体停车位216个，普通停车位286个，非机动车停车位25个，用于缓解第二人民医院及印象城商圈周围停车难问题。在该工程建设中创新运用水动力全自动防洪闸技术，可在汛期有效保护地下车库。具有无需人工值守、全天全自动防护自动调节高度、自动开关闸门无需通电等多项先进功能。工程于10月底通过竣工验收，2021年1月启用。（杨倩雯）

城市公共交通

【公共汽车运营】 截至2020年年底，常熟市有公交经营主体2家，开设公交线路132条，其中城市46条、城乡35条、镇村51条，开通夜班线路60条，另外有毗邻公交5条。全市共有公交车1241辆，其中纯电公交车66辆、插电式混合动力公交车440辆、氢能源公交车20辆、清洁能源LNG公交车521辆、柴油车194辆，新能源及清洁能源公交车占比84.37%。全市公交从业人员1710人，年行驶总里程6851.17万千米，年客运总量5153.55万人次，单车日均运营里程151.25千米。有公交枢纽站5处，公交换乘站1处，公交首末站73个，公交候车站点3950个，公交候车亭2243座，其中474个站点设置电子站牌，市区500米半径公交站点覆盖率达93%。2020年居民公共交通出行分担率26.6%。1月，投用20辆氢能源公交，打造氢能公交示范线。更新、新增新能源公交车200辆，新能源公交车占比提升至49%。深入开展公交车安全防范集中攻坚行动，安装全封闭式驾驶区域隔离设施1066套、一键报警装置1224套、高清智能视频监控装置442套。配合沪苏通铁路开通，完善常熟站片区公交线网，新开通公交线路5条、调整3条。全年优化调整公交线路共21条。配合虞山文化旅游度假区“国创”，改造46座特色公交站。建成永旺及常昆路公交首末站。新建公交候车亭电子站牌94只、迁移33只、拆除报废48只。完成氢能源公交停车场与北站LNG加气站建设。

【出租汽车运营】 截至2020年年底，全市共有出租汽车企业3家，运营车辆总数759辆，汽油车11辆，双燃料车辆748辆，注册出租汽车从业人员共1265人，年行驶总里程6746.15万千米，年客运总量为1300万人次，单车日均运营里程243.51千米。全市累计1195辆网约车完成许可并持有效运输证。 （黄心珏）

【公共自行车运营】 2020年，常熟市推出公共自行车"扫码租车"，二维码张贴覆盖城乡2.3万个公共自行车锁柱，方便市民和游客租借公共自行车。引入共享助力自行车项目，实行企业自主投入、自负盈亏、政府监管模式，3月25日正式投用，累计投放车辆8000辆、车桩9310辆、完成站点建设512个，年内使用次数累计为230万次、日均使用次数为8723次、单日最高使用次数为1.48万次。 （王　意）

【"常熟行"App运营】 常熟交通公众服务平台"常熟行"（App及微信公众号）于2019年1月正式上线。"常熟行"App帮助市民了解最新的交通出行信息，同时涵盖公交、路况、高速、长途、驾培、旅游等一系列交通便民服务。截至2020年年底，"常熟行"App下载量达78007次、微信公众号有粉丝130166人，发布上百条交通信息，阅读量最多的达到10万左右，回复上千条留言。 （黄心珏）

城市管理

【概况】 2020年，常熟市健全完善城市管理机制，破解市容管理顽疾，加快构建生活垃圾全程分类体系，全年累计焚烧处理垃圾64.69万吨，查纠乱设摊、占道经营、乱张贴等乱象46万余起，办结行政处罚案件3.49万起。在苏州城市管理条线年度考核中，常熟市垃圾分类排名苏州县市区第一、环卫作业质量和村庄环境长效管理排名苏州下辖四县市第二、城市管理排名苏州下辖四县市第三。常熟市城市管理局（以下简称市城管局）被苏州市委市政府评为2020年度"农业农村现代化、法治苏州"先进集体，被住建部评为2020年度"强基础、转作风、树形象"专项行动表现突出单位。常熟市被住建部评为2020年度农村生活垃圾分类和资源化利用示范县。

【市容整治】 2020年，市城管局结合全国文明城市复审，开展文明城市建设"靓城"行动，推进小微市容乱象、主次干道整治提升、建筑垃圾运输处置、户外广告整治提升接续行动等专项整治，年内查纠市容乱象46万余起，拆除大型广告牌、屋顶镂空字等违规广告设施2800多块4万平方米，查处渣土违规运输行为500多起、建立监控平台接入渣土车490多辆、办理建筑垃圾处置证21份。建立城市管理轻微违法行为快速查处、城市基础设施微小破损和缺失问题"双微"快速处置机制，城市管理事件类、部件类问题动态管理水平进一步提升。

【城市管理执法】 2020年，市城管局加强执法指导，梳理简易程序案由、制定查处规范、评选样本案卷、开展执法轮训，全面推行行政执法"三项制度"，动态更新执法清单，规范执法行为，提高执法效能。针对《苏州市生活垃圾分类管理条例》施行，成立垃圾分类执法保障组，下设6个小组包干挂钩14个板块，局镇联动实行执法人员进驻机制，通过巡回检查、视频监控、线索举报等方式，加大垃圾分类执法力度。针对市容乱象反复回潮、小区乱扔垃圾包等问题，启动市容环卫"门前三包"、住宅小区垃圾分类专项执法和轻微违法行为快速查处行动，建立60支"微执法"快速队伍，年内累计办理城市管理行政处罚案件3.49万起，比上年增长2.7倍。

【城管督导评估体系】 2020年，市城管局机关全体人员下沉一线，徒步开展路面巡查，简易问题主动现场解决、复杂问题出具执法建议、必要时为板块提供执法支撑，2500多起乱象立行立改。以月为单位对城乡主次干道和重点区域进行全覆盖检查，按"好、较好、一般、差、较差"五个等次评定道路管理成效等级，检查道路4485条（次），商圈、市场、工地等重点区域1942个（次），为板块加强日常管理明确方向。城区以季度为节点、乡镇以单月为节点，引入第三方，实行全领域测评。

【智慧停车建设】 2020年，市城管局指导江南爱停车平台新接入停车场（点）49个，总接入停车场（点）201个，平台总注册用户57.6万个，日活跃用户约4万人，该平台获全国道路停车行业联盟"城市级停车管理示范单位""优秀城市级停车平台服务商"称号，常熟成为省内唯一获得2项荣誉的县级市。

【垃圾分类处理】 2020年，常熟市居民小区推行"三定一督"，实行定时定点定人督导，建立垃圾分类集中投放点设施移交、达标验收、月度评价以及退出机制，严格准入门槛，建成"三定一督"小区540个。农村区域推行"一户两桶"，全市215个行政村均实行垃圾分类，建成高标准"一户两桶"自然宅基270个、定时定点投放自然宅基251个，16万户农户纳入苏州信息管理系统；城中村首创"集中投放点固定+移动"分类模式，获得苏州肯定并推广。公共机构形成"后勤管理部门+物业服务机构"的分类管理模式，党政机关单位内部建立红灰榜、督导员制度，400多家药店和社区卫生服务站设置药品回收点、545家公共机构实行垃圾分类。按照"不同人员、不同车辆、不同要求、不同去向"要求，全市配套可回收物、有害垃圾、厨余垃圾、其他垃圾收运车辆2000多辆，并建立生活垃圾收运、中转、处置三级拒收机制，拒收拒运238批次577桶。"三定一督"小区推行2小时快速清运、1300多家规上企业厨余垃圾和城区800家餐饮单位餐厨垃圾单独收运、城区119条主次干道上门分类收集、服装纺织类一般工业固废专车专运、14个板块启动“易丢丢”可回收物线上预约平台，全市生活垃圾分类收运体系进一步健全。

2020年，第二生活垃圾焚烧发电厂扩建项目全线投运，处理能力1800吨/日，全市生活垃圾焚烧处理总能力达3300吨/日，其他垃圾实现全量焚烧且有富余。厨余垃圾形成“就地+就近+集中”处置模式，被中环协评为年度示范案例。建筑材料再生资源利用中心项目一期处理能力1000吨/日的建筑装修垃圾分拣处理生产线投料试运行，二期库容125万立方米的不可利用装修垃圾填埋库和库容55万立方米的飞灰填埋库完成主体工程施工。江河天绒地块存量建筑装修垃圾处置项目3条生产线稳定高效运行，年内处置建筑装修垃圾81.10万吨，累计处置116.15万吨。

【厕所革命】 2020年，常熟市持续推进“厕所革命”，年内新建公厕2座、改建公厕18座，完善城市公厕布局，提升群众如厕体验。对照文明城市标准要求，加装公厕导向牌188根，为市民和游客快速找公厕提供指引。依托一类公厕建成10座“百姓驿站”，累计29座，免费提供饮水、擦鞋、手机充电等便民服务，并在人流密集区、汽车北站建设城市驿站，增设“休闲科普小站”，提供科普读物、科普电子屏等，集休息、学习于一体。鼓励、引导、支持沿街单位开放内部卫生间，累计吸纳58家单位加入“厕所开放联盟”。

【“两清两治”专项行动】 2020年，市城管局结合人居环境整治、“千村美居”等工作，开展城乡环境卫生“两清两治”专项行动，重点清除脏点死角、清除各类乱象、治理镇村环境、治理道路沿线环境，全市完成重点整治项目647项、清理各类脏点5.2万多处、清运垃圾26.7万吨，主城区和27个集镇区、148条道路、4792个村庄均完成一轮环境卫生整治，村庄整治率100%。落实双月市级暗访、单月第三方测评、半年度及年度考核，加强镇村环境督查指导，督促整改问题点位近万处。

【“百姓城管”服务品牌】 2020年，常熟市建立先锋城管、百姓城管、青春城管、红领巾城管志愿服务“四体联动”体系，建立“百姓路长”服务岗，聘任26名商圈、路段“百姓路长”，建成线上“百姓城管”问题上报平台，为公众监督、建言献策、参与百姓城管提供通道。开展“三个最”即志愿者团队“服务频次最高”和志愿者个人“服务时长最长”“服务质量最优”竞赛活动，评选先进志愿服务团队13个、先进志愿者21名、个人服务时长最长超7000小时。年内“百姓城管”志愿活动累计超8万人次参与、服务时长达23万小时，常熟市百姓城管志愿服务总队获2019年度苏州市最佳志愿服务团队称号。 （王　意）

城市经营投资

【工程建设】 2020年，市城投公司共计承担政府代建、动迁安置房、片区开发等104个项目建设任务，完成建筑安装与设备投资17.7亿元。启动西浜斗地块安置小区工程、开元小学新建工程等45个项目；竣工沪苏通铁路常熟站综合交通枢纽工程等43个项目；“江南美好荟”项目、红梅小学新建工程、原泰克木业地块改造工程等40多个项目在建。

【承建竣工项目】 *沪苏通铁路常熟站综合交通枢纽工程* 项目建设范围为琴川大道、金达路、常昭路和汇龙路合围区域，规划用地面积约20.5公顷，地下建筑面积6.86万平方米。项目总投资9.88亿元，于2018年10月开工，2020年7月1日正式投用。

常熟市广播电视发射塔重建工程 项目位于原址东南约380米处，沙家浜路以北，琴湖路以东，用地面积1.03万平方米。项目于2018年10月开工，2020年10月正式投用。

绿源公园及地下车库工程 项目位于常熟青墩塘路以南，张家港河以东，毗邻印象城购物广场和常熟市第二人民医院，用地面积1.13万平方米。项目于2018年5月开工，2020年10月正式投用。

公望小学及幼儿园新建工程 项目位于沈青路以东、庙港路以南，用地面积约4.7万平方米。项目建设规模为小学6轨36班，幼儿园5轨15班。总建筑面积4.8万平方米（含地下建筑面积6147平方米），项目于2018年10月开工，2020年9月竣工。

琴湖小学迁建工程 项目位于阜湖路以北、湖苑路以南，占地面积3.46万平方米，总建筑面积约3.9万平方米（含地下车库约1万平方米）。规模为8轨48班，项目于2018年6月开工，2020年8月竣工。

新丰家园二期（碧海家园二区）动迁安置房工程 项目位于虞山镇规划黄浦路以北、规划泰山路以东，总用地面积4.77万平方米。核定新建安置房812套，总建筑面积15.1万平方米，项目概算总投资约10.23亿元，其中建安投资约4.55亿元。项目2017年9月开工，2020年7月竣工。 （沈　洁）

责任编辑：李　妍

乡村振兴

综　述

【概况】 2020年，常熟市农业农村局全面深化农村改革、不断强化“三资”管理，着力推进强村富民、规范合作组织建设、深化农村土地“三权分置”改革、健全完善政策体系，全力推进乡村振兴战略。2020年，常熟市完成脱贫攻坚、农村人居环境整治三年行动目标任务，推进“万企联万村共走振兴路”行动，实施“千村美居”工程并获得苏州市十大民心工程称号。基本完成农村集体经济组织登记赋码工作，通过江苏省、苏州市组织的农村集体产权制度改革总结评估验收。在2020年全省乡村振兴实绩考核中，常熟市位列县级综合排名第一等次，位列全省第三、苏州第一。获评省级数字乡村示范地区荣誉称号。完成被撤并镇集镇区整治提升三年行动计划，全市5个村庄被命名为“江苏省特色田园乡村”，3个村庄获评“苏州市特色精品乡村”，“常熟虞山风景片区”被列入苏州市首批特色精品示范片区培育试点名单。

【薄弱村脱贫】 2020年，全市31个薄弱村参与投资村级集体经济发展项目36个，项目总投资9.2亿元，其中薄弱村投资4.15亿万元，项目用地总面积35.7万平方米，房屋建筑总面积30.2万平方米，所有项目建成后每年总收益预计达6471万元，其中薄弱村收益超2000万元。截至2020年年底，全市31个薄弱村均实现“双达标”脱贫，薄弱村稳定性收入1.6亿元，比上年增加2133万元左右，村均增加收入69万左右。其中，村均稳定性收入518万元，最低收入292万元（辛庄镇桃园村），最高收入896.87万元（支塘镇支东村），人均收入最高达到3525元（尚湖镇南村坝村）。

海虞镇七峰村铜官山　　（市融媒体中心　提供）

【新型农业经营主体培育】 2020年，全市新增苏州市级农业龙头企业4家，创建苏州市级农业产业化联合体3家。舒汇食品（苏州）有限公司、苏州恒洋澳龙农业科技有限公司、苏州市吉成酱业酿造有限公司、常熟市佳盛农业科技发展有限公司、常熟市金唐市水产品有限公司5个农业龙头企业成功在省股权交易中心挂牌。创建苏州市共享农庄（乡村民宿）5个，包括苏州古里红豆山庄文旅发展有限公司、苏湘门第休闲娱乐有限公司、常熟市海虞茶叶有限公司、江苏耀星科技生态农业有限公司、苏州沙家浜旅游发展有限公司。完成省级主题创意农园创建2家，包括梅李江南红豆园和支塘蒋巷书院。海虞镇成功申报2020年农业农村部产业强镇建设项目，是苏州唯一入围乡镇。海虞镇七峰村获评苏州市十佳休闲农业和乡村旅游精品村。（陆喜媚）

【金融支持乡村振兴试点示范乡镇】 古里镇是江苏银保监分局确定的苏州市唯一一个乡村振兴试点示范乡镇，截至2020年年末，常熟市银行业完成对古里镇2756户小微企业的走访对接，在该镇共计投放信贷资金145.34亿元，涵盖古里镇城乡一体化建设、老旧工业区改造、企业项目、企业流动资金、个人及农户经营、宅基建设等方面。保险公司在该镇试点承保大棚、大闸蟹气温指数、鱼虾气象指数等8个农业险种，承保数量3366.67

公顷，农户372户，总保险金额4666万元；为3700多户农村家庭承保财产保险，提供风险保障约4.8亿元。

（肖　民）

【“万企联万村、共走振兴路”行动】2020年，常熟市围绕省、市委“万企联万村、共走振兴路”行动部署会精神，多次召开部署会、推进会、联席会议成员会议、业务培训会等积极部署落实工作，促进联建项目落实落地。全市达成结对意向项目195个、计划投资总额近70亿元，联建覆盖率90.57%。

（陆喜媚）

农村综合改革

【农村承包土地管理】2020年，常熟市结合蔬菜区域土地经营权流转实际，起草《常熟市蔬菜产区农村土地经营权流转实施办法（试行）》，进一步推动全市蔬菜高质量发展。制定全市农村土地经营权流转（委托、入股、出租等）三类合同示范文本，指导各地进一步规范新一轮发包租赁工作，积极引导承包农户将土地经营权通过委托、入股等方式流转给村集体。为各地农经部门、各行政村等相关人员发放《农村土地承包法释义》500册。牵头组织18件相关镇（街道）征（使）用土地补偿安置的审核、承办等工作，新增被征（使）用土地农民纳入社会保障人员694人。

【农村集体产权制度改革】2020年，全市基本完成229家农村社区股份合作社股份固化改革任务，完成全市农村集体经济组织赋码登记颁证工作，社区股份合作社成员数据库录入成员信息89.75万人次，通过江苏省、苏州市组织的农村集体产权制度改革总结评估验收。常熟市农业农村局调研起草《关于规范农村社区股份合作社管理的指导意见》《农村社区股份合作社股权管理暂行办法》《关于规范农村社区股份经济合作社收益分配的指导意见（讨论稿）》，规范合作社管理，明确成员权利、权证管理、股权管理及收益分配。结合琴川街道琴湖社区区划调整方案，开展“政社分离”改革及股权继承、转让、赠与等股权赋能工作试点，探索社区股份经济合作社规范运行及成员股权权能的有效实现形式。

【农村“三资”管理治理】2020年，常熟市制定《常熟市农村产权交易中心交易流程规范性制度》，规范流程、服务、管理等交易行为。督促指导资产交易通过“三资”监管平台登录，按要求维护资产信息，并向交易系统发起交易申请，实现两个平台的对接及互联互通试点。全市集体经济组织到期合同累计挂牌12151笔、金额7.73亿元，成交11795笔、金额7.54亿元。2020年，常熟市组织实施2018、2019年度农村集体资产清产核资工作，确保做到清理数据准确全面、清查结果公开透明、资产资源产权归属明晰、清查资料全面归档。

（陆喜媚）

村镇规划建设

【概况】2020年，常熟市不断完善村镇规划体系，持续提升村庄规划编制和管理水平。集镇区内基本实现控制性详细规划全覆盖；集镇区外坚持“因地制宜、按需编制”原则，实现村庄规划管理全覆盖。2020年，常熟市继续开展村镇建设统计调查工作，组织全市乡镇板块对村镇基本情况、市政公用设施、房屋建筑、建设投资等进行统计调查，录入住建部城乡建设统计系统。

【村镇规划编制】2020年，常熟市扎实推进镇村布局规划优化完善，从整体风貌、空间形态、用地布局等方面分类细化村庄管控要求，完成村庄分类和优化完善成果论证。开展“多规合一”实用性村庄规划编制试点工作，碧溪街道溪南村、徐虎村2个试点村庄规划成果通过专家论证。完成15个镇控规编制（修改），18个村庄规划、控规编制。

（徐　勉）

【美丽城镇建设】2020年，常熟市美丽城镇建设以示范镇、建制镇、被撤并镇三大重点任务为抓手，坚持规划引领和项目落实，统筹协调，层层分解，有序推进实施，全年实施264个项目，总投资21.13亿元。高标准完成被撤并镇集镇区整治提升三年行动计划，全面完成市人大“被撤并镇集镇区整治提升”议案办理。全市被撤并镇实施各类项目190个，投资9.94亿元，其中民生实事项目117个，投资额2.24亿元。全市城镇环境面貌持续改善，基础设施配套和公共服务设施不断完善，居民幸福指数不断提高。常熟市住建局获评苏州市美丽城镇建设（含被撤并镇整治提升）先进集体。

（艾鸣阳）

农村水利

【概况】2020年，常熟市疏浚河道276条、土方240万立方米，圩堤加高加固4.2千米，改建三闸14座、站9座，新改建排涝站2座。开展农业水价综合改革工作，完成2.64公顷改革任务，并通过江苏省级验收。完成中小河流治理重点县梅李项目区工程建设，共整治河道6条。强化小型农村水利工程运行管护工作，修订《常熟市小型农田水利工程运行管护考核办法（试行）》，开展管护考核，优化管护模式、提升管护水平。编制完成《常熟市“十四五”农村县乡生态河道建设规划》。

【黑臭水体整治】2020年，常熟市推进农村黑臭水体整治，消除6条河道黑臭现象。开展常态化水质检测工作，共计检测河道300余条次。开展黑臭水体整治回头看工作，加强全市河道日常监督管理，依托市级第三方河道巡查，推进市、镇、村三级河道长效管理工作，提前发现问题，及时消除隐患。

（钱烨宁）

农村人居环境整治

【概况】 2020年，苏州市常熟生态环境局、常熟市农业农村局、常熟市发改委联合印发《常熟市农业农村污染治理攻坚战实施方案》，该方案从优化空间布局、保护饮用水源地、整治农村人居环境、防控农村工业污染、养殖业污染和种植业污染等6个方面，排定22项重点任务，明确责任分工。常熟率先通过全省第一批农村人居环境整治验收销号，215个行政村全面实行垃圾分类，农村无害化卫生户厕普及率达99.99%。各镇（街道）党政主要领导参加村庄清洁行动共计176次，全市共计动员参与村庄清洁行动约60.26万人次，动用车辆（机械）98581辆（台），清理生活生产垃圾38.21万吨，完成整治自然村庄4445个。

【"千村美居"工程】 2020年，常熟市大力推进"千村美居"工程，累计入库村（组）925个，验收通过861个，完成投资14.5亿元。完成道路铺设452.7千米，河道清淤疏浚145.3千米，河塘驳岸建设212.7千米，拆除违章建筑80.1万平方米，新（改）建公厕787座，215个行政村全面实行垃圾分类，新增绿化造林面积33.33公顷。开展农村强弱电线路整理，常熟电信完成莫城斜桥、东南小康村、唐市中环路、谢桥明星村、徐市杨塘村等区域的"233"管道工程；常熟移动共整治1036个村组，涉及住户约3.8万户，线路整理37.2千米，线路迁移580个，整体投资总额达1040余万元。 （章 阅 陆喜媚）

2020年，尚湖镇"千村美居"工程通过市级验收 （市融媒体中心 提供）

【田园乡村建设】 2020年，常熟市新增苏州市康居特色村1个、三星级康居乡村289个，梅李镇获评"苏州市农村人居环境整治工作示范镇"。支塘镇蒋巷村蒋巷、海虞镇七峰村上山巷、海虞镇福山村寺前、董浜镇观智村天主堂、古里镇坞坵村陈家湾5个村庄被命名为"江苏省特色田园乡村"；海虞镇福山村寺前建成苏州市特色田园乡村；虞山街道三峰管理区张鸟园、山湾里、常福街道福圩村沉海圩、董浜镇智林村钟家巷4个村庄被列入苏州市第四批特色精品乡村建设试点；"常熟虞山风景片区"被列入苏州市首批特色精品示范片区培育试点名单。启动"人人参与，净美家园"专项行动，建立党员干部"宅前屋后三包"示范制度。开展"美丽庭院""美丽菜园"等评选。 （陆喜媚 艾鸣阳）

【美丽庭院建设】 2020年，市妇联制订《常熟市美丽庭院建设工作实施方案》，召开深化美丽庭院建设工作会，举办常熟市"美丽庭院"建设骨干培训班，参观美丽庭院创建现场，学习交流美丽庭院创建的具体做法和成效。以"美丽庭院进行时"（第二季）为抓手，在全市乡镇板块中选择10个组团展示乡村庭院美化绿化的建设成果。2020年，全市创建苏州市美丽庭院260户、常熟市美丽庭院130户、镇级美丽庭院3018户。 （谢 燕）

责任编辑：李 妍

交通

综述

【概况】截至2020年年底，常熟市境内有高速公路4条、设有8处互通，普通国省道11条，县道18条，公路通车总里程达2418千米。全市铁路运营里程38千米，在建里程38千米。全市有内河航道59条，通航船闸3座，内河码头154个，通航里程527千米。2020年，市交通运输局负责实施政府投资项目21项，其中新开工13项、续建8项，年内完成投资21亿元。

【两个“一小时”和四个“半小时”交通圈建设】2020年，常熟将“两个‘一小时’、四个‘半小时’”通道建设列为“促发展、补短板、解难题、精管理、抓落实”的重要任务之一。通过建设南沿江和通苏嘉甬两条高铁，实现一小时到达南京和杭州两大省会城市；通过推进沪苏通铁路、342省道快速化工程，实现半小时到达上海虹桥、无锡硕放两个国际机场；通过524国道莫城至辛庄段快速化改造工程，实现半小时到达苏州主城区；通过提升城市内部通道建设，实现各板块半小时到达常熟城区。

公路

【概况】全市公路通车总里程达2418千米，其中高速公路82千米，一级公路326千米，二级公路719千米，三级公路563千米，四级公路728千米。4条高速公路（沈海、常合、常嘉、常台高速）组成主骨架路网，设有8处互通，常熟市95%的乡镇实现15分钟上高速公路。11条国省道（G204、G346、G524、S228、S340、S342、S359、S224、S407、S441、S604）构成干线路网，实现乡镇节点全覆盖。18条县道、395条镇村公路构成城乡便捷路网。

【公路建设】2020年，常熟市干线公路建设完成投资20.2亿元。新世纪大道北延三环至常昭段建成投用，实现市区与常熟站快速对接。524国道莫城至辛庄段改扩建、新世纪大道北延常昭至海虞段、常台高速常熟东互通改扩建及新增高新区互通、东南大道东延等工程超过序时进度。青墩塘路快速化改造、常熟西站枢纽连接线抓紧相关前期工作。完成新园泾路一期工程及沙盞线建设。实施支董线、支何公路等道路改建工程。市交通运输局指导支塘镇锦绣大道、董浜镇董徐大道东延、古里镇文学街西延、尚湖镇翁庄路等镇域道路建设，市交通局、市财政局联合印发“高质量推进镇域交通道路升级改造实施方案”。推进镇村公路提档升级和农村公路大中修工程，完成投资5480万元。推进农路安全生命防护工程，实施农村公路品牌提升计划，打造具有示范引领意义的特色品牌线路，服务常熟市“千村美居”建设。

【公路运输】2020年，全市完成公路客运量2270.5万人次、客运周转量77288万人千米，公路货运量1799.7万吨，货运周转量257468.9万吨千米。有一级汽车客运站2个（汽车客运站、长途汽车客运站），四级汽车客运站3个，乡镇客运站（现为公交首末站）10个。全市共有道路客运企业6家，其中班车企业1家，包车企业5家。开设客运班线135条，其中省际班线79条、市际班线49条、县际班线7条。常熟市依托港口、服装城、交通枢纽、制造业集聚区和商贸集中区，初步形成港区物流、园区物流和商城物流三大物流集聚区，涵盖多式联运型、公路港型和商贸物流型三种货运枢纽类型。全市共有普货业户4178家，其中企业1924家（物流货运企业645家），个体户2254家，普货车辆9027辆。危货运输单位30家，危货车辆598辆（含挂车227辆）。开展污染防治专项整治，全年共计淘汰643辆国三及以下排放标准中型和重型柴油运输车辆，注销柴油货车运输证1048本。

【快速路网建设】三环高架2015年全线贯通，成为全国第一个建成环城高架的县级市。之后建成昆承快速路、通港快速路、新世纪大道北延，高架里程达到近55千米，长度在苏州县级市中位列第一，环射衔接的快速路网体系初步形成。截至2020年年底，常熟市在快速路网建设上累计投入达252亿元，在建的工程有G524莫城至辛庄段、新世纪北延常昭路至海虞镇人民路段。

【通港路快速化改造入选省亮点工程】 2020年,524国道通常汽渡至常熟三环段改扩建智慧公路示范工程被列入交通强国建设“江苏十大样板亮点工程”。524国道通常汽渡至常熟三环段改扩建工程(即通港路快速化改造),以打造“建、管、养、服”全生命周期的智慧公路为目标,将现代化信息技术与交通运输进行深度融合。该工程是江苏省唯一入选交通运输部第三批绿色公路建设典型示范工程名单的项目(全国13个)、江苏省第一批公路水运省级品质工程示范项目、江苏省交通运输厅重点依托开展智慧公路试点工作的2条国省干线之一。

铁　　路

【概况】 7月1日,沪苏通铁路开通运行,常熟站同步投用,该铁路是国家铁路网沿海通道的重要组成部分,对于常熟接入国家干线铁路网,提升常熟交通地位具有重要作用。南沿江、通苏嘉甬正在按照规划进行中。其中,南沿江铁路于2018年10月开工,2020年完成常熟段征拆清障工作,桥梁下部结构基本完成,连续梁浇筑完成超过71%,箱梁架设完成超过37%。通苏嘉甬铁完成工可鉴修报告审查,常熟段线位基本稳定,争取常熟西站同步建设,开展常熟西站综合交通枢纽规划研究。2020年,全市铁路运营里程38千米,在建里程38千米。

【铁路客运】 7月1日—12月31日,常熟站总发送旅客63.65万人,日均发送3459人。至年底,常熟站每日发车101列。其中上行方向发车51列(含临客2列、高峰线4列),下行方向发车50列(含临客2列、高峰线4列),与15省(市、自治区)142个车站实现直达,包括:上海市5个、江苏省29个、河南省11个、陕西5个、甘肃1个、宁夏1个、山西9个、山东12个、四川5个、浙江26个、福建8个、安徽13个、湖北9个、重庆5个、广东省3个。

航　　道

【概况】 截至2020年年底,全市共有内河航道59条,通航里程527千米,总里程在苏州县市中位列第一。等级航道11条,五级航道112.76千米、六级航道37.88千米、七级航道66.64千米,等外航道309.99千米。拥有望虞河(五级)、常浒线(五级)、白茆塘(七级)3条通江航道,申张线(七级)1条干线航道。

【航道建设】 2020年,市交通运输局重点推进穿越南沿江城际铁路段航道建设工程,涉及穿越南沿江铁路的金泾塘、中泾塘及沈市河3条航道。金泾塘及中泾塘,新建重力式护岸252米。8月15日正式开工,年内完成投资约210万元。推进七鲇线(白茆塘—东南大道)航道整治工程,按五级航道标准进行整治,里程约1千米。12月16日正式开工建设。苏虞线(六里塘—申张线)、申张线(东南大桥—七星桥)航道整治工程完成工可编制。推进澄虞线航标改建工程,8月2日开工,10月20日完工,投资额约200万元。11月拆除碍航桥梁申张线老七星桥。

【水路运输】 2020年,全市完成水路客运量50.1万人次,客运周转量356.4万人千米;水路货运量262.3万吨,货运周转量224732.7万吨千米。全市有水路货物运输企业3家,其中沿海运输企业2家、内河运输企业1家,均为普货运输,营运船舶4艘、载重41241吨,全年完成水路货物运输量126万吨,货运周转量255681万吨千米。内河港口154个,全年货物吞吐量2000万吨。虞山船闸开放闸次15314次,放行各类船舶5.3万艘次,征收过闸费908万元。航道扫床总里程217.31千米。　　(黄心珏)

交通运输行业管理

【运政管理】 2020年,市交通运输局全年办理运输企业道路运输许可822件(普货775件,客运2件,出租车42件,驾培3件)。办理道路运输证3409本(公交322辆,出租车352辆,货运2488辆,客运169辆,驾培78辆)。围绕假日运输高峰,开展阶段性整治工作,落实24小时值班制度,组织“安澜”行动46次,安排出租车专项整治的“深蓝”行动46次;全市运政稽查共计查处案件603起,其中:未经许可从事道路客运、货运、危货运输89起,违规运输危险品、危险货物57起,违规客运班车、客运包车86起,违规巡游出租车73起,违规驾培车31起,有许可无道路证9起,无从业资格证11起,安全执法17起,一超四罚9起,其他违规案件221起。运政监控中心全年共处理安全监管信息49111条,其中9761条异常类信息及时流转相关部门;共受理来电来人工单共2726起,其中投诉举报类749起,咨询服务

2020年,建设中的南沿江城际铁路　　(市融媒体中心　提供)

等其他类1977起。全年淘汰国三及以下排放标准中型和重型柴油运输车643辆，注销柴油货车运输证1048本。

【路政管理】 2020年，市交通运输局受理办结许可案件44件，其中受理国省道15件，农村公路29件。全年查处各类污染公路违法行为为4起，罚款金额为0.35万元。处理各类损坏公路路产案件68起，上报损坏的公路路产及公路附属设施信息1476起。受理并办结许可案件44件。开展路域环境集中整治，共清除摊点146个，非标广告牌172块，封闭非法道口5处约92米，封闭中分带22处。对国省道全部135座桥梁桥下隐蔽部位进行排查，杜绝各类安全隐患，确保桥梁安全，共清理桥下堆积物33处约985立方米。完善超限超载治理长效机制。与公安部门联合开展常态化的车辆超限整治行动，全年共出动路政执法人员2951人次、公安人员4423人次，检查车辆4602辆，查处超限车辆531辆，卸载2544.55吨，公安处罚记2694分。

【航道及内河港口管理】 2020年，市交通运输局严格执行《江苏省航道管理条例》和《江苏省航道财产赔补偿收费标准》，截至年底，对前期已批复项目建设收取赔补偿费126.17万元。办结8起航评项目，协助苏州管理部门完成常熟辖区航评项目18起。开展打击建筑泥浆违法转移及水上标志标牌专项行动，全年发现和处理涉航泥浆运输违法案件3起，罚款金额4.3万元，清理水上标志标牌3块，报送相关单位处理2块。完成巡航380车船次，1500多人次，累计里程8000多千米。推进内河码头的长效管理工作。做好扬尘管控、水污染物防治和船舶污染物接收处置工作；做好码头诚信体系建设工作，对17家评为C级的码头进行约谈；完成全市所有有扬尘管控需求的135家内河码头在线扬尘监测和视频监控系统建设，每月通报红、黑榜码头各10家，对严重超标码头实施停产整顿。全方位开展港口码头船舶污染物接收转运处置推进工作及全市内河非法码头和临时装卸清理排查工作；落实日常管理和检查，全年实施各类检查600多座次，对18家码头实施停产整顿。

【机动车维修及驾驶员培训】 2020年，全市共有一二类维修企业252家，其中4S店30家，综合修理49家（含危货维修3家、客车维修4家）；二类维修企业173家，其中4S店13家，综合修理厂160家（含客车维修2家）。全年依法许可新驾培机构2家（至2020年年底共17家）、核定新教学场地8块（至2020年年底共25块）、新增教练车55辆（至2020年年底共891辆）、调整教学模式4家（至2020年年底传统16家、智慧1家）、新增教学模拟器5台（至2020年年底共205台）。

【安全管理】 2020年，市交通运输局牵头开展交通运输、港口危险化学品，水上交通运输，铁路运输3个领域安全生产专项整治工作，形成“2+2”模式的三年专项整治方案体系。推动“平安交通”建设三年行动计划，在交通基础设施保障、交通运输重点领域安全防控、公路水运工程监管、公路科技执法与普货运输分级管控方面取得实效。2020年，全系统共出动检查人员12503人次，检查企业7087家次，发现各类隐患1470个，绝大部分已经完成整改。加大对安全生产违法行为的打击力度，停产整顿企业13家，依据《中华人民共和国安全生产法》实施行政处罚案件19件。

【智能化执法】 2020年，市交通运输局在全市高速公路出入口、出城卡口、客运南北站、常熟理工学院附近等25个人员车辆密集场所安装高清智能监控系统，24小时自动收集道路运输车辆违法违规证据。购置专业无人机并设立无人机执法中队，在路面巡查时，对监控难以覆盖或车辆难以到达区域进行远程先期侦查取证，摄录车辆违法违规证据如“黑”驾培、客运班车站外上下客等。路政方面，在S359无锡界、S342无锡界、S340无锡界、G524常通汽渡、G524周行段及G204常熟超限检测站等6处布设了超限超载动态称重检测系统，遏制货运车辆超限超载运输行为。项目总投资1027.33万元，7月上旬完成所有设备安装调试，9月25日正式启用。该系统投入运行后，所在路段超载超限率有明显的降低，超限率普遍降到0.5%以下。

【码头扬尘在线监测系统】 7月，常熟内河码头扬尘在线监测管理系统完成建设，并在全省范围内率先投入试运行。该系统由在线扬尘监测和视频监控系统、气象五参数采集和数据传输等设备构成，实现对颗粒物浓度的实时、远程、自动监控。常熟市135家内河码头企业全部纳入监管。相关监测因子浓度出现异常波动时，系统会向企业负责人发送预警短信，要求限时整改，相关数据还被纳入企业诚信体系，实现标准化管理和执法。

【“虞城净途”特色品牌】 12月14日，江苏省交通运输厅发布《关于通报表扬全省交通运输系统扫黑除恶专项斗争特色品牌的通知》，常熟市交通运输局“虞城净途”特色品牌获“三等奖”，是全省唯一获得等次的县级品牌。2018年扫黑除恶专项斗争开展以来，市交运局全力打造“虞城净途”品牌，通过“四强”（强力度、强联动、强技术、强日常）手段，常熟交通运输领域扫黑除恶专项斗争呈现出整治力度大、创新亮点多、工作成效实的局面，形成道路运输行业治理“常熟样本”。（黄心珏）

责任编辑：李　妍

水利水务

综　　述

【概况】 2020年，常熟市完成水利水务建设投入约17.8亿元。编制《常熟市“十四五”水务发展规划》《常熟市“十四五”水土保持发展规划》《常熟市“十四五”农村县乡生态河道建设规划》《常熟市“十四五”农村生活污水治理规划》《常熟市中心城区排水（雨水）防涝综合规划》等，均获市政府批复。编制《常熟市尚湖保护规划》《常熟市琴湖保护规划》《常熟市昆承湖保护规划》等。《常熟市昆承湖保护规划》提交苏州市政府报批。全面开展城乡生活污水处理提质增效精准攻坚“333”行动，成功申报江苏省城镇污水处理提质增效示范城市，成为全省唯一一个9项工作内容全部开展示范创建的城市。2019年度最严格水资源管理制度考核、2020年度水土保持目标完成情况、2020年度高质量城乡生活污水治理工作考核等多项成绩均位列苏州市第一。市水务局被省人力资源和社会保障厅、省水利厅授予“全省水利系统先进集体”称号。

【《常熟市水域占补专项规划》编制】 2020年，市水务局听取全市各乡镇板块和开发区意见建议的基础上，按照“确保安全、保护生态、分类管理、严格控制、等效替代”原则，编制《常熟市水域占补专项规划》。该规划对近十年及未来三年内水系占补情况进行梳理，在全省首创“水域银行”机制，为建设项目涉水水域占补提供规划空间布局和水域补偿指标，为优化水域占补平衡提供技术支撑。

常熟市城区防洪大包围工程——白茆塘枢纽工程外景

（市水务局　提供）

【水政执法】 2020年，市水务局在已公布19项免罚清单的基础上，将37项列入第三批免罚清单；组织清理5项中介服务事项，更新17项“互联网+”监管检查信息。全年办理行政许可448件，其中核发排水许可证312件。加强执法巡查，对重要河段和易发案河段，增加巡查密度，全年共出动人员6727人次，出动车辆2468车次、执法艇13艘次。查处涉水违法行为287起，清理违章占用423平方米、清理网簖687处，其中立案10起，罚款31.7万元。加强对各镇、街道行政处罚权集中后的指导、协调、统计、培训、检查和考核，相关执法局对涉水违法行为共立案查处24起，罚款41.83万元。开展严防水路疫情输入专项行动，围绕加强水利闸口管理，做好进出船只管控；与海事、交通、公安等部门共同配合，依法查处“三无”（无船名船号、无船舶证书、无船籍港）船只22艘。

【河湖“两违”整治】 2020年，常熟市完成苏州市级河湖“两违”（违法圈圩、违法建设）专项整治项目验收销号材料报送，销号率100%。强化镇村河湖“两违”整治并建立月报制度，各板块结合“233”专项行动和特色田园乡村建设等，按各地整治方案有序推进整治。至年底，各板块共完成镇村河湖“两违”整治1794项，累计拆除违建面积38.28万平方米，退让岸线长度4万米，复绿补绿面积

0.9万平方米，盘活土地面积5.37万平方米。

水利工程建设与管理

【概况】 2020年，常熟市各项水利工程建设持续推进。望虞河西岸控制工程——羊尖塘枢纽，作为江苏省首批复工的国家重点水利工程已全面完工。徐六泾江边枢纽工程完成开工前期相关工作，施工围堰于11月底开工建设。中小河流整治工程中的盐铁塘、耿泾塘，分别整治河道8.4千米和5.8千米，总体形象进度100%；常浒河、元和塘、张家港河护岸除险加固工程全部完成。2019年城区清淤和护城河清淤整治等完成收尾工程，2020年城区清淤整治工程实施长湲河、大坝头河等15条河道，完成总体进度的95%。城区防汛排涝改造提升工程二期中闽江东路雨水管网改造、青石皮弄泄洪沟改造、山湖大圩排涝站改造、西角基闸门改造、张家港河防洪能力提升工程完工，东洪泾闸站改扩建工程完成总体形象进度56%。

【重要河道管理】 2020年，常熟市水务局做好苏南沿江铁路防洪影响补偿实施方案审查和现场监管，确保按批复要求对跨越常熟市的100多条河道防洪影响补偿到位。开展长江河势水下地形监测，对澄通河段铁黄沙整治工程下段（监测长度3千米）、河口段徐六泾（监测长度7千米）汛前、汛后各监测一次，结果显示有冲有淤，冲淤幅度不大。在完成第一轮省骨干河湖划界的基础上，对列入国家水普名录的重要河道进行划界，全市列入新一轮划界河道共9条。

水资源管理

【概况】 2020年，常熟市实行最严格水资源管理制度，开展全市自备水源取水户和自来水重点用水户节约用水监督检查，全力推进水资源管理和节约用水年度各项工作任务，努力压降万元GDP用水量指标绝对值。在苏州市2019年度最严格水资源管理制度考核中，获优秀等次，位列各市（区）第一；芬欧汇川（中国）有限公司获“国家水效领跑者”称号。

常熟市中小河流治理重点县综合整治及水系连通梅李项目区——孙家河

（市水务局　提供）

【节水行动】 2020年，常熟市水务局从严控制用水总量，深入开展水资源消耗总量和强度双控行动。制定工业用水压控措施，制定自备水源取水户和公共供水用水户年度取用水计划；首次下达农业用水取水计划和自备水源用水户自来水用水计划，逐步扩大考核范围。持续推进节水载体建设，创建省级节水型学校1所、省级节水型企业5家、水务行业节水型机关10家、节水型工业园区1个、苏州市节水型学校3所；开展水效领跑者引领行动，芬欧汇川（中国）有限公司再次获“国家水效领跑者”称号；开展3家高耗水企业用水审计，完成江苏新凯盛企业发展有限公司中水回用工程合同节水管理项目建设。《新华日报》和江苏电视台新闻频道分别专题报道芬欧汇川、理文造纸等单位的节水经验、成效和特色。联合市教育局，开展2020年度节水型学校创建培训，并组织全市学校参加苏州市第九届“我的天堂我的水”主题征文活动。

【水资源利用监管】 2020年，常熟市水务局进一步规范取水许可审批，严格执行论证、审批、验收、发证程序，核发苏州市首张取水许可电子证照。加强取水许可审批项目动态跟踪，及时掌握实施进展，加强事中事后监管。加强计划用水户的监督管理，每月对计划用水户的取用水设施、计量设施以及节水设施等进行巡查，发现问题由取水户及时整改。规范水资源费和水利工程水费征收管理，全市两费征收8251.73万元，比上年下降9.4%；对2019年度6家自备水源超许可取水户立案处罚，并加价征收水资源费95.82万元。

【水资源生态保护】 2020年，常熟市水务局以水功能区涉及河湖为对象，实施每季度一次的水资源水质水量监测；规模以上入河排污口开展一年两次监督性监测。选定5条市级河道开展生态河湖状况评估（河湖健康评价），开展骨干河道生态流量（水位）确定工作。持续开展集中式饮用水源地保护、生态修复等项目建设，完成水源地安全保障评估、饮用水源地长效管理和保护年度评估，在水源地达标建设基础上提档升级，强化管理，建立饮用水源地、应急水源地管理和保护电子档案。

水务管理

【概况】 结合“智慧水务”要求，整合城乡供水、城镇污水、农村污水（分散式）和城区雨水排涝等资源，建成“智水琴川”一期信息化监管平台。编制完成《常熟市“十四五”农村生活污水治理规划》《常熟市中心城区排水（雨水）防涝综合规划》等。

供水管网改造 （市融媒体中心 提供）

【水务工程建设】 2020年，常熟市水务工程建设持续推进。城东水质净化厂一期工程完成单体调试，具备清水调试条件。虞山、辛庄、八字桥污水厂扩建工程完成全部建（构）筑物的土建和设备安装，具备试运行条件。洪洞水质净化厂完成项目采购和项目公司组建，已完成控规审批、项目核准批复。建设城镇污水处理厂配套管网和城镇控源截污管网，完成污水管网建设157千米。开展农村分散式生活污水治理三期PPP及接管项目，完成419个村庄、12880户农户生活污水治理。城西、周行污水厂提标改造完成土建和设备运行调试；同步实施完成城西、虞山、八字桥、辛庄等4座污水厂尾水湿地项目。

【滨江水厂升级改造工程】 2020年，常熟市水务局对滨江水厂实施深度处理升级改造工程，该工程于2月24日复工，至年底，完成土建和设备及工艺管道安装，具备试运行条件。年内完成投资12032万元，完成年度目标的102%，累计完成投资16250万元，项目完成进度81.25%。

【生活污水处理“333”行动】 2020年，常熟市全力推进城乡生活污水处理提质增效精准攻坚“333”行动（城市黑臭水体、污水直排口、污水管网空白区“三消除”，工业企业排水、“小散乱”排水、污水管网空白区“三整治”，城镇污水处理综合能力、新建污水管网质量管控水平、污水管网检测修复和养护水平“三提升”），入选江苏省城镇污水处理提质增效示范城市，是全省最终入选的五个县级市之一，也是全省唯一一个九项工作内容全部开展的示范城市。建立市级财政、街道财政、国资公司和排水户多级投入、资金共担机制，搭建多部门参与、多行业共建的治水平台，有效保障创建工作开展。到年末，全面完成苏州下达的8个达标区创建任务，完成雨污水管网检测检查1312千米、修复1287处，整治工业企业排水738家、“小散乱”排水户1121家、小区阳台和单位庭院排水43个，关停沿河污水直排口569个。

（钱烨宁）

责任编辑：彭尚炯

生态环境

综　　述

【概况】 2020年，常熟市成立由市委、市政府主要领导任双组长的生态环境保护委员会，印发打好污染防治攻坚战年度工作计划和生态环境保护年度工作意见，编制《常熟市“十四五”生态环境保护规划和生态文明建设规划（2020—2030）》。苏州市常熟生态环境综合行政执法局和环境监测站、环境监控中心正式挂牌。污染防治攻坚战30项年度重点指标、20个专项行动、35项挂牌重点任务全面完成，市级25项重大环境基础设施补短项目完成投资20.3亿元。推进突出环境问题整改，上级交办环境问题全部整改销号，完成工业窑炉分类整治319项。推进工业挥发性有机物（VOCs）排查治理、工地扬尘污染防治、机动车船移动源污染治理等重点攻坚行动，累计排查涉VOCs企业2406家、管控工地扬尘超600家、淘汰高污染排放机动车超1万辆，在全省率先建成2家集中式汽车钣喷中心。与生态环境部规划院开展大气污染防治战略合作，优化重污染天气应急预案；完成“水十条”等各类水污染治理工程超过500项，完成51项长江大保护年度项目、192个长江流域入河排污口调查溯源以及长江流域禁捕退捕年度任务。推进重点断面“一断面一方案”、污水处理提质增效精准攻坚“333”行动、城区排水达标区建设、村级河道专项整治等年度重点工作，水环境质量完成年度改善目标。建立土壤污染风险管控和修复名录销号管理机制，完成1060家重点行业企业用地调查信息采集、风险筛查和空间信息整合，开展建设用地土壤污染状况调查报告评审，严格用地准入管理。完成危废规范化管理建设126家，危废产生、经营单位规范化管理考核达标率100%。全年开展“绿网”专项行动12次，“百日会战”等集中执法行动70次，推动整改各类环境安全问题和隐患超过3500个，其中“百日攻坚”期间出动人员3174人次、检查点位1587个，发现环境问题62个、环境违法问题45个，处罚金额513万元。完成第二次全国污染源普查和排污许可证清理整顿工作，完成覆盖所有固定污染源的排污许可证核发工作。上线环保“企业通”信息平台，成立民营企业环保服务站。围绕“世界环境日”“世界低碳日”等重点时段，开展“环保新生绿色消费计划”“生态文明进社区”等形式多样的宣传活动50多次，举办“科普123巡展和巡诊活动”等菜单式、精准化培训，全年完成4家企业巡诊、56家企业巡展，约8900名企业员工观看巡展，提升公众生态文明知晓率和满意度。

12月19日，苏州市常熟生态环境综合行政执法局揭牌

（常熟生态环境局　提供）

【世界环境日活动】 5月25日至6月5日，苏州市常熟生态环境局联合市文明办、文旅、城管等部门举办“六五”环境日活动。该活动以“环保新生绿色消费计划”为主题，采取“线上+线下”形式，举办生物多样性保护、水源地保护巡查、走进政风行风热线“午间风”等系列活动，扩大环境宣传教育社会效应。线上超过20万市民以不同形式参与，线下超过5000多人参与现场互动。

6月5日，常熟生态环境局开展世界环境日“环保新生，绿色消费计划”主题活动
（常熟生态环境局　提供）

【污染防治专项帮扶行动】 6月29日，常熟市人民政府印发《常熟市重点村（社区）污染防治专项帮扶行动工作方案》，在江苏省率先实施重点村（社区）污染防治专项帮扶行动。成立市帮扶办公室，下设6个帮扶组和1个保障组分村包干帮扶，以保留有村级工业点的村（社区）为帮扶重点，兼顾部分环境管理基础薄弱、环境问题相对突出的村（社区），分3年集中查处并督促整改170个村（社区）的各类污染问题。至12月31日，共排查工业企业1330家、村级河道670条，现场检查点次3500个，发现环境问题826个，其中353个立行立改问题全部整改到位。

【环保企业通服务平台启用】 7月17日，常熟市环保企业通综合服务平台正式启用。该平台整合建设项目、排污许可证、危废经营许可等10余项服务事项，实现统一入口、一网通办，减少企业75%的办理时间；设立政企交流平台，开通“企业环保接待日”网上预约、企业咨询限期答复等功能；搭建“企业环保超市”，入驻环保专家和服务机构，为企业提供透明优质的环保服务；推动企业环保自检，规范设备检查、风险点排查等自查流程，落实企业主体责任，提升环境管理水平。

环境质量

【空气质量】 2020年，常熟市空气环境质量优良率85%，比上年提高5.8%，为近十年来最好水平；细颗粒物（$PM_{2.5}$）、可吸入颗粒物（PM_{10}）、臭氧（O_3）等6项主要指标均好于上年，其中$PM_{2.5}$年均浓度31.7微克/立方米，优于35微克/立方米的国家二级标准，比上年下降12.9%。

【水环境质量】 2020年，常熟市水环境质量总体稳中趋好，长江、尚湖两大饮用水源地水质达标率保持100%；水功能区达标率和13条入江支流优于Ⅲ类水比例均达到100%；全市84个地表水断面达标率为96.4%，优良比例为86.9%，较上年提高2.4%；10个“国省考”断面达标率和优良比例均为90%，与上年持平。

【噪声环境质量】 2020年，常熟市城区交通噪声昼间平均值为67.5dB（A），达到一级（好）标准；城市区域环境噪声昼间平均值为51.4 dB（A），达到二级（较好）标准。

【土壤环境质量】 2020年，全市耕地安全利用率97.6%，污染地块安全利用率100%，全市土壤环境总体安全。

污染防治

【概况】 2020年，常熟市全力推进污染防治攻坚战年度目标任务，完成30项年度重点指标、20个专项行动、35项挂牌重点任务和25项重大环境基础设施补短项目，同时，全面完成江苏省、苏州市下达的污染防治攻坚战、生态文明建设、太湖治理、阳澄湖生态优化等重点工作任务725项。抓好突出环境问题整改，中央和省环保督察交办问题、长江经济带警示片曝光和审计交办问题、上级和常熟市人大交办问题等已全部完成整改销号，实现全面清零。

【空气污染防治】 7月23日，常熟市开展重污染天气应急减排清单修订与绩效分级评价工作，优化重污染天气应急预案，动态调整重污染天气应急管控清单，规范豁免申报，实施重污染天气差异化管控。至12月31日，600家企业秋冬季管控清单已编制完成并通过上级审核，其中230家重点行业完成分级评级工作，85家企业成功申请豁免。5月28日，常熟市大气污染防治工作联席会议制度办公室印发《常熟市工业炉窑大气污染综合治理方案》，进一步加强工业炉窑大气污染精细化治理。对全市73台5蒸吨/小时及以上燃气锅炉进行低氮改造，改造后氮氧化物排放浓度低于50毫克/立方米；对20台1蒸吨/小时及以上生物质锅炉完成超低排放改造，改造后颗粒物、二氧化硫、氮氧化物分别低于10毫克/立方米、35毫克/立方米和50毫克/立方米。督促企业制定“一炉一策”改造方案，确保稳定达标排放，全市319项工业炉窑分类整治任务全面完成。2020年，常熟市定期开展降尘量监测，全年平均降尘量1.68吨/平方千米·月，比上年下降20%。10月27日，常熟市打好污染防治攻坚战指挥部办公室印发《常熟市2020年扬尘污染防治强化攻坚方案》，深入推进秋冬季扬尘污染防治。实施清单化管理，加强监督检查，紧盯各类建设工地、码头堆场、道路等扬尘治理，确保落实扬尘污染防治各项规定。11月5日，常熟市大气污染防治工作联席会议制度办公室印发《常熟市2020年挥发性有机物专项治理工作方案》，对全市金属加工、纺织、印刷、塑料橡胶、注塑、文教工美等行业53个综合治理项目开展专项治理。编制"一企一策"整治方案，严格按照方案落地落实，组织现场核查评估，验收闭环。组织挥发性有机物重点排放企业开展夏季自主减排、错峰生产，实现夏季臭氧差异化、精准化管控。对全市所有涉气工业企业进行现场核查和评估，建立挥发性有机物清单库，累计排查涉排放企业2460家。

【水污染防治】 4月7日，常熟市水污染防治工作联席会议办公室印发《2020年常熟市水环境质量提升专项行动方案》，正式启动年度水环境质量改善行动。围绕水污染源解析、水质监测预警、重点水体入河排口排查整治、重点断面引水保障、重点水体沿线水产养殖排查整治、城镇生活污染治理等6个方面的工作举措和要求，科学制定整治方案，推进治理工作。常熟市人民政府办公室印发《沈家市、昆承湖心、北桥大桥"一断面一方案"》，明确各重点断面工作目标、第一责任人与主要措施。对沈家市断面，开展盐铁塘（常浒河至金泾）10条支流支浜排查、加强水质监测预警、整治盐铁塘沿线入河排污口、推进董浜污水处理厂提标改造工程等7项举措；对昆承湖心断面，采取排查周边11条通湖支流支浜、加快实施昆承湖生态修复和水质提升工程等5项举措；对北桥大桥断面，全面排查元和塘29条支流支浜、整治不达标支流支浜，加强元和塘引排调度和船舶污染防控。

【土壤污染防治】 7月24日，苏州市常熟生态环境局编制出台《常熟市土壤污染重点监管单位土壤和地下水污染隐患排查工作指南（试行）》。该指南梳理企业可能存在土壤污染隐患的重点区域、重点设施，划定土壤污染重点污染物范围，提供风险防范的参考措施，明确隐患排查的方案编制和具体要求，为防止企业各类设施设备因设计、建设、运行管理等不完善导致有毒有害物质泄漏、渗漏、溢出等提供科学指导。

【江苏省VOCs治理工作现场会在常熟召开】 8月26日，省生态环境厅在常熟经开区召开全省VOCs治理工作现场会。省生态环境厅副厅长陈志鹏，13个设区市生态环境局分管领导、大气处处长、重点化工园区和典型企业代表150余人参加会议。与会人员考察常熟市经开区污染源监控监管平台和LDAR管理系统以及长春化工（苏州）有公司、奇瑞捷豹路虎汽车有限公司2家企业VOCs治理情况。省生态环境厅大气处传达VOCs治理相关要求；吴江区、常熟经济技术开发区管委会、长春化工（江苏）有限公司分别介绍了VOCs执法、管理和治理经验；南京、无锡、苏州三市生态环境局分别围绕VOCs治理作了交流发言。

链接：

VOCs指挥发性有机物，是Volatile Organic Compounds三个词第一个字母的缩写，是形成细颗粒物（$PM_{2.5}$）、臭氧（O_3）等二次污染物的重要前体物，进而引发灰霾、光化学烟雾等大气环境问题。

节能降耗

【概况】 2020年，常熟市持续推进产业结构调整，将节能目标任务分解落实到各板块，每月跟踪重点用能企业节能降耗情况。加强能效在线监测系统建设工作，全市"百千万"行动重点用能单位接入系统并成功采集数据上传。年内实施工业技改投资项目节能审查3个，完成市级节能技改项目57个，节能量超过10万吨标煤。开展绿色制造体系示范创建工作，波司登羽绒服装有限公司、芬欧汇川（中国）有限公司、江苏常熟汽饰集团股份有限公司入选工信部第五批绿色工厂名单，其中波司登入选工信部第五批绿色供应链管理企业名单，奇瑞捷豹路虎汽车有限公司和常熟市龙腾特种钢有限公司入选江苏省第一批绿色工厂名单。（徐濛溦）

【绿色建筑】 2020年，常熟市执行新建民用建筑节能强制性标准，根据江苏省建筑节能与绿色建筑统计信息管理系统数据，年内新建节能住宅415.29万平方米，其中太阳能光热居住建筑应用面积184.71万平方米。新建节能公共建筑43.18万平方米，其中太阳能光热公共建筑应用面积11.82万平方米。完成浅层地能应用面积6万平方米。既有居住建筑节能改造面积3.4万平方米，公共建筑节能改造面积6.79万平方米。新建绿色建筑达458.47万平方米，城镇绿色建筑占新建建筑比重100%。（陈　伟）

【古里镇节能案例获评全国示范案例】 12月底，国家机关事务管理局公布2019—2020年度公共机构能源资源节约示范案例，古里镇《先行一步、快人一拍，常熟市古里镇机关节能工作走前列》案例获评"2019—2020年度公共机构能源资源节约示范案例"。近年来，古里镇秉持绿色发展理念，逐步建立健全节约能源的长效管理机制，形成节能减排良好氛围；推进节能技改，实现办公室资源循环利用；强化公务车节油、办公节电、日常节水等管理措施；完善节能降耗工作目标责任制和问责制，加强对节能工作的组织领导和监督检查。

【省级公共机构节能示范单位创建】 2020年，常熟市公共机构节能工作以习近平生态文明思想为引领，以推进节约型公共机构建设为主线，强化组织领导，加大宣传力度，推进示范创建。市级机关事务管理中心推动示范单位积极发挥表率引领作用，以点带面，以创促建，进一步促进全市公共机构节能工作高质量发展。12月底，常熟市人民检察院和常熟市税务局获2020年度“江苏省公共机构节能示范单位”称号。（陆逸冰　刘　琦）

环境监管

【概况】 2020年，常熟市组织开展12次“绿网”环保行动，组织各类专项执法70多次，全市环保行政处罚370件、处罚金额2522万元，办理环境违法涉刑涉拘案件8件，立案数量和处罚金额均位居苏州市前列。启用环保企业通平台，成立民营企业环保服务站。2020年，完成新建7个、更新5个水质自动站，更新11个空气自动站，与江苏省环保集团和生态环境部环境规划院分别签订战略合作协议，全面加强环保基础设施和治理能力建设。

【环境保护领域安全生产专项整治行动】 2月27日，苏州市常熟生态环境局召开环境安全专项整治行动工作部署会议，深入推进生态环境领域环境安全专项整治攻坚战各项工作。会议对危废固废、核与辐射、建设项目环评、环保设施等领域环境安全专项整治行动工作分别进行部署，并当场对各板块环保负责人提出的工作疑点、难点问题进行解答。至年末，累计检查各类风险源单位4000多家（次），推动整改各类环境安全问题和隐患3500多个。

【“1+4+4”安全环保消防联动机制】 3月20日，苏州市常熟生态环境局和常熟市应急管理局在苏州市内率先建立“1+4+4”（即“1”个联动小组、“4”项联动机制、“4”个联动举措）安全环保联动工作机制。8月10日，制定出台《常熟市安全环保消防联动工作方案》。年内召开联动会议4次，完善联动工作机制；对全市电镀行业28家企业开展安全环保联合执法检查，构建联合执法行动模式；以全市RTO设备等环保治理设施为重点，破除原有沟通不畅、信息不通、各自为战、力量分散的壁垒，建立安全环保消防信息沟通、线索移送机制。

【危险废物规范化管理达标建设】 5月19日，苏州市常熟生态环境局召开危险废物规范化管理达标建设现场推进会。全市各板块危废管理人员、产生单位危废负责人50多人参加会议。会前，与会人员到高新区日立产机（苏州）压缩机有限公司现场参观危废贮存场所，听取企业环保负责人介绍危废规范化管理开展情况。会议分析危废规范化管理现状，解读2020年危废规范化达标建设最新要求以及新固废法相关热点。至12月31日，完成126家危险废物规范化管理达标建设并通过第三方核查。

【核与辐射安全风险隐患排查整治】 7月1日，苏州市常熟生态环境局印发《常熟市核与辐射安全风险隐患排查治理三年行动方案》，主要排查对象和内容是核技术利用单位、伴生放射性矿开发利用单位、废旧金属熔炼企业以及辐射监测与应急能力，督促指导相关企业开展隐患自查整改。至12月31日，共组织开展辐射工作单位现场检查148家次，发现的27个辐射问题均整改完成。（章　阅）

城乡绿化

【概况】 2020年，常熟市完成营造林177.67公顷，全市森林资源总量达到20086.67公顷。实施沪通铁路常熟站综合交通枢纽南广场景观绿化工程、常熟通港路外侧绿化工程、沃尔玛东侧绿地公园和人防绿化景观工程、国创度假区景区入口景观提升工程等33个绿化建设项目。完成城区绿化建设面积约16.5万平方米，建成区绿地率42.31%，建成区绿化覆盖率45.38%，人均公园绿地面积19.06平方米。有序推进农村绿化建设，完成海虞镇七峰村邹家宕吴家宕、董浜镇黄石村放鸟巷2个省级绿美村庄建设，完成梅李镇胜法村、碧溪街道浒西村、支塘镇支东村3个国家森林乡村申报。

【绿化养护管理】 2020年，常熟市新增绿地面积12.5万平方米、行道树1837株，高标准管养城区407万平方米公共绿地、5.6万棵行道树，全部达到一级养护标准。完成黄河路北侧绿化带6200平方米绿地改造、湖苑游园3500平方米退化林下空间改造，启动颜港滨河樱花景观带保护工程，打造护城河畔樱花美景。节日期间，在15个城区道路重要节点以及游园广场设置花坛，共用草花10万盆。创新绿化病虫害防治，开展法桐、意杨、柳树飞絮治理试验，化解飘絮扰民问题，对新世纪大道960株香樟进行黄化治理科技攻关，完成对虞山周边香樟树黑翅土白蚁为期三年的试点，达到预期防治效果。加大城区35株古树名木的保

碧溪街道留下村苏家坝　（市融媒体中心　提供）

护力度，建立季度巡查档案，对长势不佳的3株古树开展科学复壮。资源化利用园林绿化垃圾，昆承湖苗圃绿化垃圾综合处理场全年收处园林绿化垃圾1988.7吨，完成绿化垃圾二次处理120吨。

【江南花卉艺术展览会】 9月25日，以“花开盛世·逐梦小康”为主题的首届江南花卉艺术展览会开幕。该展览会为第二届江南文化艺术节“精致江南·园林艺术”板块的核心项目，常熟市受邀参展3类展区共4个展点。常熟展区获造景艺术奖景观效果优秀奖和最美花卉艺术奖铜奖。

（唐珑峻 徐 勉）

国家森林公园保护

【概况】 虞山林场创建于1960年，位于常熟主城区西北，至2020年年底，全场面积1500公顷，其中林地面积1133.33公顷，森林覆盖率达96%。虞山国家森林公园有鸟类113种、植物309种，森林资源丰富。2020年，虞山林场用于森林资源保护的资金共799.12万元，其中用于森林防火728万元，虫害防治71.12万元。虞山国家森林公园获“全国十佳林场”称号。

【病虫害防治】 2020年，虞山林场加强虞山森林资源保护，为近1000公顷虞山生态公益林购买江苏省中央财政公益林综合保险。开展春季林业有害生物普查，及时制定日本松干蚧等专项防治方案，通过捆扎粘虫胶带、生物防治等措施救治保护松树。继续巩固松材线虫病疫点拔除成果，通过注射营养液、免疫剂、诱捕器捕杀天牛等措施，不断提高松树抵抗力，累计保护松树2.25万株。

【绿化种植与管理】 2020年，虞山林场继续做好古树名木保护工作。协助推进常熟市古树名木救治复壮项目和市级后备古树名木资源申报工作，对三峰楸树、报慈小学红豆树、李桥银杏等进行生长环境改善与救治复壮。组织开展增绿植树工作，三峰管理区龙殿地段补植面积4800平方米，虞山中路后山段补植观赏藤本1200平方米，宝岩网红石地段补植优质乔木500多株，提升景观效果；开展虞山兴福、三峰区域杉木林抚育工作，共完成杉木林抚育83.33公顷。加强茶园管理，新增茶园围网300多米，对部分林木进行修枝，改善茶田光照条件，进一步提升茶叶质量与产量。

（顾雪怡）

湿地保护

【概况】 常熟是全球首批国际湿地城市，截至2020年年底，全市实有湿地面积2.99万公顷，其中自然湿地1.86万公顷，受保护自然湿地1.21万公顷，自然湿地保护率65.3%。2020年，常熟市着力构建特色明显、布局合理、功能完善的湿地资源保护管理体系。完善湿地实时在线监测系统，现有实时在线水质、气象监测点34个，生态湿地高清监控点14个。依托湿地生态研究专职队伍，形成4个湿地科普品牌课程，编写介绍常熟野生鸟类的科普宣传材料；召开中韩国际湿地城市环境教育线上交流会，相关科研成果获苏州市级小学组优秀学术奖。

【湿地监测与保护】 2020年，常熟市严格湿地面积总量管控，规范湿地用途管理，严守湿地红线。开展湿地疑似斑块核查，未发现违规占用湿地行为。加强2个国家级湿地公园和3个省级湿地保护小区管理，实现建设管理自查评估常态化。各湿地鸟类共317种，其中国家一级保护鸟类2种，国家二级保护鸟类26种，种类、数量均有增加。

【湿地科普宣传】 2020年，常熟市依托湿地科普馆、湿地生态监测中心、沙家浜国家湿地公园、南京大学常熟生态研究院湿地工程实验室等平台，形成“湿地飞羽精灵”“餐桌上的湿地植物”“南湖自然有故事”“水稻的一生”等湿地科普品牌课程。依托常熟市湿地保护管理站、沙家浜湿地自然学校和南京大学常熟生态研究院3支专职队伍，编写《常熟野生鸟类60种》折页等宣传材料，常态开展湿地科普知识进校园、进社区、进机关活动。

【国际湿地研究交流活动】 2020年，常熟市开展环境教育交流活动。与韩国庆尚南道昌宁郡联合发布《中国—韩国学生常熟市环境宣言》，召开中韩国际湿地城市环境教育线上交流会，展示学生湿地研究成果。《萤火虫自然学校》和《朱鹮生活的地方有什么特点》中期研究成果获苏州市“小使者、云外交”国际理解教育线上交流活动小学组优秀学术奖。 （徐 勉）

链接：

沙家浜国家湿地公园 沙家浜国家湿地公园始建于1999年，于2013年被国家林业局授予“国家湿地公园”称号。湿地公园面积416.07公顷，其中芦苇湿地面积148.14公顷，水域面积161.34公顷，湿地率达74.37%。湿地公园分为湿地保育区、湿地恢复区、科普宣教区、合理利用区和管理服务区五个功能区。沙家浜国家湿地公园以芦苇湿地为特色，集深厚历史文化与典型江南水乡风光于一体。公园内有鸟类56种，隶属12目23科，鱼类49种。其中有国家级保护鸟类中华秋沙鸭、黑鹳、白鹳、黄嘴白鹭等。湿地公园内植物种类327种，分属108科251属。

尚湖国家城市湿地公园 位于常熟城区西南，园区面积2512公顷，核心区现有水域面积804公顷，绿化覆盖率达到90%以上。1985年1月，常熟市政府启动原尚湖水域围堤筑岛、退田还湖工程，尚湖水面得到恢复。2008年7月，常熟虞山尚湖旅游度假区成立。尚湖湖中有岛、岛中有湖，形成独特的山水景观，常年保持地表二类水的标准，并成为常熟市备用水源地。一年四季有近百种禽鸟在这里栖息，有90多种鱼虾蟹贝在这里繁

沙家浜国家湿地公园　　（市融媒体中心　提供）

衍，有三四百种植物在这里汇聚。

南湖省级湿地公园　位于常熟市西南，面积481.40公顷，湿地中心区423.11公顷。2009年12月，常熟市启动实施南湖生态修复工程，营造“原生态湿地、原真性乡野”的自然景观，打造融湿地保育、生态旅游、科学研究以及农业资源合理利用为一体的湿地公园。全面实施环湖生态廊道、湖岸形态调整、退渔还湖、湖底清淤、绿化美化、湿地修复、湖堤景观营造等湿地生态修复工程，形成生态湿地、休闲体验、景观设施配套及现代农业示范于一体的自然生态湿地。

泥仓溇乡村湿地公园　建于2015年，位于常熟市董浜镇观智村，为常熟市一座最新命名的湿地公园。公园总面积131.12公顷，主要包括河流湿地、沼泽湿地和人工湿地三类四型，湿地率81.1%。区域内水道纵横交错，环境优美。湿地内有植物41科70种，鱼类10科39种，鸟类23科52种，两栖类4科7种，爬行类6科9种，哺乳类8科11种。

蒋巷村乡村湿地　面积近40.2公顷。蒋巷村将湿地自然环境、湿地农业生产与滨水乡村生活融为一体，使湿地自然环境、湿地农业生产与滨水乡村生活深度融合，成为村民和游客休闲娱乐、科普活动的场所。

常熟新材料产业园水处理生态湿地　位于望虞河畔，北依长江，南邻城区，占地592.95公顷，每天处理工业尾水4000吨，达地表水四类水标准后全部通过工业水厂给企业回用，实现水资源再生循环。采用德国生态湿地工艺，主要工艺为“调节池—垂直流湿地—生态塘—表面流湿地—饱和流湿地”，并配套建设监测中心、太阳能电站、自动监测站等设施。

昆承湖湿地　位于常熟城区南郊，面积约1534.3公顷。2006年常熟市启动昆承湖生态修复工程，将昆承湖湿地水质提升到地表四类、局部三类标准。2016年在常熟市举行的第十届国际湿地大会上，国内外专家对昆承湖湿地的生态予以肯定。

（年鉴编辑部）

生态美丽河湖建设

【概况】　2020年，常熟市水务局编制完成《常熟市“十四五”水土保持发展规划》。开展生态美丽河湖建设，提升河湖整体环境，打造一批具有江南水乡特色生态美丽河湖标杆。该建设项目主要包括河道疏浚、生活污水收治、排污口整治、岸坡绿化种植、新建木栈道、排涝站改建、沿河景观建设等。建立2020—2024年生态美丽河湖建设项目库和市级重要河湖巡河点位项目库。市水务局、市农业农村局加大“千村美居”和生态美丽河湖建设服务力度，与各板块充分对接、分片调研、召开专题推进会，印发《关于进一步加强“千村美居”工程村庄生活污水治理工作的意见》。至12月底，有73条河道初步达成生态美丽河湖建设目标。

【河（湖）长制工作】　2020年，常熟市水务局按时完成河长制“一事一办”工作任务533项，对河湖管护第三方巡查发现的1426个问题和河长制办公室工作交办单43份共112个问题都逐一落实整改措施。市河长办先后与张家港市、太仓市、昆山市、相城区、无锡江阴市河长办联合印发《联合河长制工作制度》，与周边市（区）联合河长制工作机制全面建立，联合巡河、联合治河常态化开展。

【交界河道水质保护】　2020年，常熟市水务局稳步推进长江、望虞河、七浦塘水岸同治攻坚行动，长江、望虞河、七浦塘和13个入江支流断面均值水质均达到Ⅲ类以上，达标率100%。加强交界河道上下游、左右岸水葫芦防治，确保在各自境内做好水葫芦和其他漂浮物打捞工作。全市“爱水护河”等29个志愿者队伍、社会团体共开展志愿者活动159次，238名“民间河长”积极参与日常河道巡查、河道议事会议等群众自治活动。

【水土保持“天地一体化”监管】　2020年，常熟市水务局对109个图斑点位开展水土保持“天地一体化”监管工作，排查93个水土保持违法违规项目。推进违法违规项目整改监管，发放行政许可78份，征收水土保持补偿费300余万元。高新技术产业开发区、常熟经济技术开发区主动对接，编制区域水土保持方案，高新区区域评估完成专家评审。

（钱烨宁）

长江大保护

【概况】　2020年，常熟市全面打响长

江大保护生态品牌，围绕“一岛一湾一江滩”建设目标（“一岛”即铁黄沙半岛、“一湾”即螺蛳湾生态湿地、“一江滩”即田园江滩），把修复长江生态环境摆到压倒性位置，着力打造江海交汇七彩洲，实现国家警示片、省级台账披露问题销号清零。在长江沿线开展国土空间生态修复试点项目，总规模111.33公顷；开展生物多样性监测、港口码头排放治理等工作。“省考”以上断面优Ⅲ类比例达到80%，地表水功能区达标率100%，13条入江支流断面达到Ⅲ类，集中式饮用水水源水质优良比例达到100%。坚持生态优先、绿色发展，全力打造“三带三度”生态保护圈，整体系统建设“森林带”“湿地带”“观光带”，着力提升“辨识度”“显示度”“认可度”。推进长江沿线补植复绿，构建水清地绿生态廊道，清除岸线非法占用。铁黄沙生态岛建设高点定位、高位推进。《新华日报》和苏州电视台分别采访并报道常熟市长江大保护的做法和成效。

【长江禁捕退捕】 2020年，常熟市水务部门聚力护江行动，积极助力长江10年禁渔、修复长江生态重要决策。长江流域禁渔工作启动后，水政监察与网格管理合力，做好宣传工作，通过在沿线悬挂宣传横幅、发放宣传手册、设置禁渔警示牌和长江水生生物放流点等方式，宣传长江禁渔的意义、相关政策和法律法规，营造共护长江的良好氛围。配合市农林执法大队加强日常巡查工作，打击各类偷渔和长江垂钓行为。市公安局破获非法捕捞水产品案件20起，其中公安部督办案件2起，破获团伙4个。（钱烨宁　周晓丽）

【长江退捕安置】 常熟市8艘长江退捕鱼船于2019年11月30日前完成退捕签约，2020年，经审核、公示后由财政部门将退捕资金118.02万元直接拨付至退捕渔民“一折通”。4月，渔船“内陆渔业船舶证书”全部注销。5月，7艘退捕鱼船由东风船厂拆解、1艘有偿转让中国水产科学院淡水渔业研究中心作为渔业资源监测使用。12名退捕渔民实现社保、医保全覆盖，5人已退休，剩余7人按照“一对一”开展上门帮扶，全部实现转产就业。（陆喜娟）

9月29日，常熟海事局联合长航公安开展执法行动

（常熟海事局　提供）

【长江入河排污口排查整治】 7月23日，常熟市印发《常熟市长江入河排污口排查整治专项行动核查溯源工作方案》，确保“有口必核、有口必溯”。根据“应查尽查”原则，全面调查常熟区域192个排污口。对能现场查清来源的单一性质排污口，现场进行溯源核定；对不能现场查清来源和监测数据异常的复杂排污口，使用管道机器人等设备开展重点溯源；对过路涵洞、单一道路雨水排口以及丧失排水功能的排污口申请核减。坚持执法与监测溯源相结合，依法依规严肃查处暗管偷排等严重环境违法行为。（章　阅）

【长江专项执法行动】 2020年，常熟市水务局与相关部门协同，加强长江日常执法巡查，共出动300余次，当场处理水事违章事件10余起，在执法行动中清理违章垦种约300平方米；清除违章堆放约50平方米；清除长江滩地围网约200平方米。由市海事局牵头，开展长江常熟水域“三无”船舶整治行动，共计拖离“三无”船舶17条。海事、渔政、公安、水务等部门集中开展“打击非法摆渡快艇”“长江禁渔”等行动，共处罚非法摆渡艇7艘、江堤违章停车80多辆。采取日常巡查与联合巡查、陆上巡查与水上巡查、日间巡查与夜间巡查相结合的方式，加大对长江河道非法采砂的巡查力度。开展长江苏通交界水域采砂管理县际合作，市水政监察大队与南通经济技术开发区综合执法局、南通经济技术开发区住房和城乡建设局签订长江苏通交界水域采砂管理县际合作协议，联合属地长江海事、长航公安对重点江段、敏感水域和交界水域开展联合巡查，实现执法巡查覆盖到位、非法采砂等行为有效控制的目标。（钱烨宁）

责任编辑：彭尚炯

综　　述

【概况】 2020年，常熟市加快推进国家创新型县（市）建设，深化科技综改试点，加强化全市创新管理职能，加快确立科技创新核心位置。落实省科技创新政策措施，连续三年获得省政府通报奖励；在全省县级市率先挂牌成立“科技创新办公室”，深化市创新工作例会制度，召开创新工作例会2次；整合各部门、板块创新资源要素，形成点面结合、条块互动、上下联合的大创新工作局面。全市科学技术支出占一般公共预算支出比重达9.35%；全市实现高新技术产业产值1504亿元，占规模以上工业产值比重41.1%；科技进步贡献率达66%。全年立项苏州市级以上各类科技计划项目超260项，帮助企业争取上级经费支持超1.9亿元，其中，立项国家级项目17个、省级项目106个，立项数增长57%，立项金额增长62%。修订出台《常熟市科技计划项目管理办法》，发布《2020年度常熟市科技计划项目指南》，完成市级项目受理235项，全年立项市级项目118项，下达资金985.63万元。全年共发放科技创新券248万元，认定登记技术合同351项，成交额28.86亿元，成交额比上年增幅超200%。

省科学技术厅与常熟市人民政府签订厅市工作会商协议，双方将在共同推进产创融合高质量发展示范区建设、“苏州·中国声学创新谷”建设、建强产业创新载体和平台、共同推进高质量科技创新园区建设和全生命周期创新生态优化等5方面加强合作，打造产业链与创新链深度融合的全国县域创新发展典范。

【科技人才】 2020年，常熟市共推荐申报江苏省“双创人才”计划项目37项，其中创业类25项，创新类12项。完成有效推荐申报苏州姑苏领军人才计划项目67项；完成申报苏州姑苏创业天使计划项目51项。围绕全市先导产业发展布局，申报姑苏领军人才计划区域重点产业专项。获评国家级领军人才（外国专家）1项，引进国家级领军人才3人；完成江苏省双创计划立项9项，苏州姑苏领军人才立项22项，苏州姑苏创业天使计划立项25项，获得苏州姑苏区域重点产业专项（新一代通信技术）立项。针对新冠疫情的影响，对市级“昆承英才”科技领军人才项目采取不见面审批，围绕全市重点发展的“354”产业，引进集聚一批具有引领性、带动性、原创性的产业高端人才（团队），累计受理申报项目160个，申报数增幅超30%，全年立项“昆承英才”科技领军人才83人，增幅超69%。做好外国人才来华工作许可办理，全年引进外国人才258名，其中引进外国高端人才171名，比上年增长128%，增幅列苏州大市第一。

【“高企融资服务直通车”行动】 2020年，常熟市在全省县级市中率先开展“高企融资服务直通车”行动，为高新技术企业培育提供全生命周期、全资产经营、全生态环境管理服务，助力高新技术企业提质增效，确定合作企业37家，授信总额超6亿元。

科技成果

【概况】 2020年，全市研发支出与地区生产总值比为3.61%；规上工业企业中有研发活动企业数占比65.8%，比上年增长16.94个百分点；规上工业企业研发投入强度2.42%，比上年增长0.2个百分点；研发人员占比2.26%，比上年增长8个百分点。市科技局联合市统计局到各板块举办科技统计专题培训会10场次，培训相关企业人员1560多人，全市研发投入高质量考核指标有较大幅度提升。落实常熟市政府支持中小企业共渡疫情难关“苏‘惠’十条”政策意见，出台《关于鼓励全市科技创业孵化载体在疫情期间减免租金扶持科技型中小企业发展的通知》，对常熟国家大学科技园孵化器等5家科技创业载体进行补助，补助金额38万元。常熟医学会、常熟农学会等正式设立科技进步奖项并组织评审。江苏贝泰福医疗科技有限公司的“基于无创神经调控声刺激治疗技术的耳鸣耳聋诊疗一体化设备研发与产业化”项目和江苏亨通高压海缆有限公司的“浮式风电用动态缆关键技术研发与示范应用”项目获得国家重点研发计划立项，是常熟市首次连获2项国家重点研发计划项目。

【科技成果转化】 2020年，市科技局聚焦5G通信、汽车及核心零部件制

11月30日，江苏省科技厅与常熟市政府厅市工作会商协议签约仪式在常熟举行
（市科技局　提供）

造等核心技术攻关，积极对上争取项目支持，帮助企业科技成果转化。申报省科技成果转化项目7项，获立项3项，获拨经费2800万元，分别为新华盛节能科技股份有限公司的“基于介孔二氧化硅囊泡的绝热节能产品研发及产业化”项目、苏州晶洲装备科技有限公司的“新型半导体显示AMOLED湿制程智能化柔性生产线研发及产业化”项目及江苏常铝铝业集团股份有限公司的“动力电池用稀土改性高导电/热铝箔研发与产业化”项目，立项数与获拨经费数均在苏州四市一区中排名第一。组织20多家省成果项目承担单位年度年报系统填写工作，完成6家到期项目的财务审计及验收申请工作。

【3个项目获省科学技术三等奖】2020年，海底软基加固DCM工法环保型工程船舶装备成套技术及应用、高阻隔超耐候性太阳能背板关键技术研究及应用、高刚性高精度减速器薄壁轴承关键技术与应用3个项目获省科学技术奖三等奖。其中，中交天和机械设备制造有限公司的“海底软基加固DCM工法环保型工程船舶装备成套技术及应用”属于海洋工程装备研发与应用领域，旨在实现DCM船的研发，打破国外垄断；苏州福斯特光伏材料有限公司的“高阻隔超耐候性太阳能背板关键技术研究及应用”项目系列产品已投入大批量规模化生产，近两年新增销售额19134元，新增利税4775万元；常熟理工学院和常熟长城轴承有限公司承担的“高刚性高精度减速器薄壁轴承关键技术与应用”项目实现P4级高刚度低扭矩谐波减速器轴承的批量稳定生产，带动相关配套产业的发展。

表24　2020年常熟市获江苏省科技成果专项资金项目一览表

序号	项目名称	承担单位
1	动力电池用稀土改性高导电/热铝箔研发与产业化	江苏常铝铝业集团股份有限公司
2	基于介孔二氧化硅囊泡的绝热节能产品研发及产业化	新华盛节能科技股份有限公司
3	新型半导体显示AMOLED湿制程智能化柔性生产线研发及产业化	苏州晶洲装备科技有限公司

高新技术产业

【概况】2020年，全市实现高新技术产业产值1504亿元，占规模以上工业产值比重41.1%。明确高新技术企业培育工作为“一号工程”，出台《高新技术企业高质量发展三年行动计划实施意见》，优化支持举措，全年共组织申报高新技术企业553家，比上年增长46%，净增160家，总数达到716家，比上年增长28.8%；全市新认定高新技术企业278家，比上年增长15.35%，创历史新高；备案省民营科技企业157家；培育认定“瞪羚”企业18家；培育推荐苏州“独角兽”企业6家。组织2020年度省高新技术企业培育入库，省、苏州市高企培育库入库企业288家，兑现市级奖励资金1418.5万元。开展科技型中小企业信息库入库工作，新认定科技型中小企业625家，比上年增长84.37%。落实普惠性科技财税政策，共有871家企业享受研发费用加计扣除优惠政策，比上年增长30.98%，加计扣除额达26.6亿元，比上年增长37.75%；高新技术企业所得税减免207家，减免额达11.93亿元，比上年增长6.14%。

【常熟市高新技术企业高质量发展三年行动计划】4月26日，常熟市印发《常熟市高新技术企业高质量发展三年行动计划实施意见（2020—2022年）》，通过采取加大政策支持力度、落实部门管理责任、激发板块培育意识、增强企业主体意识四项主要措施，分建库培育、辅导培育、申报服务三个阶段，实现至2022年全市高企培育入库企业累计达1300家以上，有效高企达1200家左右。意见还明确各开发区、镇、街道高新技术企业培育目标任务。4月28日，常熟市召开高新技术企业培育工作推进会，传达苏州市高企培育工作推进会精神，研究部署全市高新技术企业培育重点工作，并对实施意见进行解读。

【纳飞公司获全国科技创业大赛二等奖】2020年，苏州纳飞卫星动力科技有限公司在市科技局发动下，参加第八届江苏科技创业大赛，名列高端装备制造成长组第一名，成功晋级第九届中国创新创业大赛总决赛并获二等奖。纳飞卫星动力科技有限公司是由中国科学院微电子所孵化的公司，创立于2018年9月设立。公司研发中心位于北京市朝阳区，总部基地坐落于苏州常熟市虞山高新区，专业从事微小卫星先进推进器的研发、设计、制造和销售。

科技合作

【概况】 2020年，全市组织申报省科技副总22人，其中16人获得认定；全年立项江苏省产学研合作项目14项。常熟理工学院与罗马尼亚布加勒斯特农业与兽医药大学Florin Stanica院士共建的"外籍院士工作站"获苏州市外籍院士工作站立项，获财政资助100万元；获"江苏省外国专家工作室"1项、"苏州外专工作室"3项、江苏省引智专项1项；在2020年新增的苏州市外专工作室绩效评估中，全市共有3家外专工作室通过评估，共获得补助90万元；入选苏州海鸥计划项目10个，涉及海外人才11名。聚焦特色产业，参与"一带一路"相关国家及港澳台地区的产业研发创新合作。推进海外离岸创新中心建设，鼓励具有独立法人资格的单位在海外建设创新孵化中心、企业研发机构或产学研合作平台，开展国际科技合作。全年完成2项省国际合作项目验收，分别为江苏鑫华能环保工程股份有限公司和苏州岸谷纳米材料科技有限公司的重点国别及机构产业技术合作项目。

【产学研活动】 2020年受疫情影响，全市产学研活动以"小规模、多频次、精准化"为原则，先后到南京大学、天津大学、北京大学参观交流；举办东南大学—常熟市政产学研合作对接交流会，组织8家有明确技术需求的龙头企业与东南大学12名专家教授进行一对一深入对接。深化与上海地区高校院所的合作交流，到中科院上海高等研究院、华东理工大学生物反应器工程国家重点实验室、费林加诺贝尔奖科学家联合研究中心学习考察，对接高校科研机构创新资源，巩固合作关系。承办"技联苏州日高校——兰州大学、东北大学"两场产学研合作专场对接会，60家高新技术企业、人才企业及高成长创新型企业参加；配合苏州开展大院大所合作发展大会活动，邀请9名高校领导及2名院士参会，组织100余家常熟市企业参会；签署常熟市与东南大学校地战略合作协议，重大科技创新载体青云科技项目及重大科技创新项目——哈佛BI医学创新（苏州）中心项目签约，协办汽车及零部件产业产学研专场对接会，主办大院大所板块行常熟分会场活动。

【校地合作】 2020年，常熟市与常熟理工学院以"常熟市—常熟理工学院校地合作项目"为纽带，重点打造"一个学科群（面向常熟支柱产业的重点学科群）""两个学院（江苏省新能源智能车研究院、产业经济创新创业教育学院）""三个中心（联合技术转移中心、分析测试中心升级工程、县域科技体制综合改革与发展研究中心）"等6个校地合作平台。借助市政府的推动，学校逐步成为区域应用型人才培养和培训的重要基地，成为区域创新体系建设的重要力量，成为区域学术文化交流的中心之一，成为常熟市改革与发展的智库之一。

【常创股权投资基金】 2020年，常创基金联合浦发银行、农业银行、招商银行等开展投贷联动、双向股权投资联动等定制化金融服务，共同为全市初创型科技企业拓宽融资渠道、降低融资成本、分担发展风险，积极加强同市场化投资基金的互联互通，实现财政资金引导社会资本向科创领域精准集聚，与苏州科创投建立"1∶1"投资联动机制，有效增强资本撬动力。全年，企业库征集项目72个，涵盖数字经济、新能源、电子信息、生命健康等新兴产业，实现板块全覆盖，完成20个项目的尽职调查工作，为8个项目投资共计3000万元。

【科技镇长团】 截至2020年年底，江苏省第十三批科技镇长团常熟团共有省聘10人，市聘3人；团员派出单位涉及省内高校院所6人、省级机关1人、省外高校院所5人、央企1人，其中6人由第十二批延任。选派3名上海高校科研院所的团员，其中1名为中科院上海高等研究院首次派往县级市挂职的团员。根据常熟团团员来源构成、专业特长和地方工作实际，明确"立足新时代，紧扣高质量，围绕产业链配置创新链，围绕创新链培育产业链"的工作原则，服务地方。镇长团全年共邀请专家来访400余次，服务重点企业400余家，达成合作协议27份，签订合同43份，留地方创业1人，引进各类人才59人。

【产创融合项目路演暨创新创业环境推介会】 于11月13日在上海举办，同时举办创新创业环境推介会，全市各板块20多名招商负责人参加，18个产创融合项目进行路演，涵盖以高端装备制造为代表的智能制造业项目、以电子信息、生物医药为代表的创新型经济项目。科翔资本、华宇科创投等6家创投机构与常熟市科技人才服务中心签订合作协议，新能源车集成化控制器项目和芯片封装导电材料项目等7个项目与常熟科创园签订意向落户协议。

表25　　2020年常熟市入选江苏省科技副总项目一览表

序号	承担单位	合作高校	科技副总
1	苏州博涛机电设备有限公司	常熟理工学院	顾建飞
2	苏州环邦检测科技有限公司	常熟理工学院	赵　洋

续表 25

序号	承担单位	合作高校	科技副总
3	烨辉（中国）科技材料有限公司	常熟理工学院	许　峰
4	苏州锦艺新材料科技有限公司	南京航空航天大学	朱孔军
5	江苏华电能创科技有限公司	常熟理工学院	王　飞
6	常熟市创新陶瓷有限公司	常熟理工学院	佘　磊
7	苏州德扬数控机械有限公司	苏州大学	杨　浩
8	常熟三爱富中昊化工新材料有限公司	常熟理工学院	刘龙飞
9	常熟市福友传动设备技术有限公司	常州大学	刘　麟
10	常熟三爱富振氟新材料有限公司	常州大学	杨宝珠
11	常熟市建安玻璃钢制品有限公司	江苏理工学院	朱云峰
12	裕钦精密拉深技术（苏州）有限公司	南京工程学院	徐伟伟
13	江苏中利集团股份有限公司	哈尔滨理工大学	郭　宁
14	常熟市翼天航空技术有限公司	常熟理工学院	李方强
15	常熟市伟恒模具铸造有限公司	南京工程学院	林晓华
16	常熟东南塑料有限公司	常州大学	黄文艳

表 26　　2020 年常熟市立项江苏省产学研项目一览表

序号	项目名称	承担单位	合作单位	所在板块
1	高速长寿命新能源汽车发动机主轴承关键技术研究	常熟理工学院	常熟长城轴承有限公司	常福街道
2	基坑在线监测及管理云平台研发	常熟理工学院	苏州常宏建筑设计研究院有限公司	虞山街道
3	工程招投标模拟仿真系统支撑技术研究	常州工程职业技术学院	苏州铭达鑫软件有限公司	莫城街道
4	无线微波智能感知和气象预报设备研发及产业化	河海大学	江苏亨通海洋光网系统有限公司	经开区
5	高韧性酚醛树脂基粘合剂的开发及应用	常州大学	常熟东南塑料有限公司	常福街道
6	永磁同步无齿曳引机技术改进	常熟理工学院	常熟市佳能电梯配件有限公司	尚湖镇
7	轻量化天然纤维汽车零部件的智能制造技术开发	北京航空航天大学	常熟市汽车饰件股份有限公司	常福街道
8	国六车用后处理器热流振测试系统开发	常熟理工学院	苏州环邦检测科技有限公司	经开区
9	DP590双相钢镀锌产品化学成分和生产工艺优化	常熟理工学院	烨辉（中国）科技材料有限公司	经开区
10	变电站智能辅助监控系统开发	常熟理工学院	江苏华电能创科技有限公司	海虞镇
11	96氧化铝耐磨陶瓷开发与性能研究	常熟理工学院	常熟市创新陶瓷有限公司	海虞镇
12	ASAHI专业拉深机智能电控系统的研发	南京工程学院	裕钦精密拉深技术（苏州）有限公司	古里镇
13	耐老化单组分聚氨酯结构胶的技术开发	江苏理工学院	常熟市建安玻璃钢制品有限公司	海虞镇
14	基于机器视觉的玻璃模具高精度检测系统的研发	南京工程学院	常熟市伟恒模具铸造有限公司	古里镇

（张闻歌）

科技创新平台载体建设

【研发平台】 2020年，常熟市新增苏州市级科技研发载体平台30余家，其中，国家级众创空间3家、省级4家，省工程技术中心5家、苏州市级工程技术中心15家。新开工建设科技研发类载体平台3家，分别为马勒汽车技术（苏州）有限公司、苏州市智慧医疗创新中心及江苏七洲绿色科技研究院。

【众创空间】 2020年，常熟市首次开展省级科技企业孵化器核定，同济（常熟）科技园等5家省级科技企业孵化器通过核定。同济虞创汇、常熟昆承湾智车云、常熟小梓青年社区被认定为国家级众创空间。西大创星、蒲公英、莫比乌斯、铁马营被认定为省级众创空间。对孵化器(众创空间)的绩效评估以培育、申报高新技术企业作为绩效加分点，对推进成效显著的给予奖补，奖补资金222万元。

【大学研究院】2020年，常熟市按照教育部、财政部关于《高等学校所属企业体制改革政策解读》文件精神，推进大学研究院市场化改革。全年有2家大学研究院体制机制改革取得阶段性成效，南京大学常熟生态研究院、浙江大学常熟合作研究院完成股权转让挂牌交易及工商变更备案。江苏华益科技有限公司与苏州市产业技术研究院通过"团队+产业院+龙头企业+政府"的运作模式共建苏州市产业技术研究院同位素技术研究所。

【知识产权服务】2020年，常熟市产业知识服务平台实名注册企业375家，开展线下培训8场，线上直播培训1场，培训信息员超1500名。常熟市中小企业研发试制公共服务平台由苏南自创区常熟一站式服务中心建设运营，到年末，平台已建立110家重点企业的核心企业库，引进研发试制、设计加工服务供应单位57家，主要涉及装备制造、电子信息两大领域，完成各类服务项目347项。（张闽歌）

9月22日，市科协举办"走企业 看创新"公众科普行活动

（市科协 提供）

科学普及

【概况】2020年，市科协主办或联合其他部门举办科普服务活动累计25次，时长1199小时。5月科普宣传周期间，举办广场科技服务咨询、"科普123"助企行动、首届童"话"科普——小小科普讲解员大赛、第二届青少年科普创意剧巡演、"科学生活·共抗疫情"科普知识有奖答题、"巡馆云科普——向老师科学说"、市湿地保护与爱鸟护鸟网上知识竞赛、市湿地保护主体创意手工作品竞赛、市卫生科普志愿者基层行、市生活垃圾分类趣味大赛等活动，3000多人直接参与，10多万市民接受科普教育。6月，举办青少年科技创新大赛，有240件科技创新成果和作品参与活动。组织实施江苏省基层科普行动计划，推进"科普中国""科普苏州"等信息传播平台普及推广。"常熟市科普场馆联合会"抖音号开通运行，以科普提升公民科学素质。9月，举办常熟市新时代文明实践科普创意剧展演，举办"科技之光"进"五区"活动、垃圾分类趣味知识竞赛、科普专家讲师团基层行、青少年科学体验营等活动。举办市创新方法培训、"走企业，看创新"公众科普行、全国科普日广场咨询服务。流动科普馆"科技之光"巡展活动入选第五季新时代文明实践创新案例。市科协联合市有关部门开展企业巡诊和"331""263"科普板报巡展等科技服务活动。全年开展科普巡讲18场，参加培训企业1505家，培训人员2905人次；科普巡展企业50家，科普巡诊10家企业，发现隐患109处，提供建议49条。

【科普场馆建设】2020年，市科协支持新建基层科普场馆2个，新增科普教育基地、科普场馆7家。至年底，全市各级科普教育基地、科普场馆总计41个。推进企业增建（设）科普馆（室），鼓励行业领头企业建设科普设施，开展科普宣传活动。年内获得命名的省、苏州市级科普教育基地、科普示范社区5个，命名常熟市益生菌与人类健康科普教育基地等6家市级科普教育基地。举办"科普场馆公众开放日"活动，选择10家以上科普馆、科研院所、高校实验室、现代农业园、企业生产车间等科普基地，定期向社会公众免费开放，约有2.5万人接受科普教育。年内认定市图书馆等5家新时代文明实践科普教育示范基地。

（吴圣华）

气象科技

【概况】2020年，常熟市气象局继续做好气象防灾减灾工作，修订《常熟市气象灾害应急预案》，做好气象决策服务、汛期服务、为农服务和公共气象服务工作；做好沿江海事安全气象服务和森林火险等级预测预报；加强和环保部门的会商，做好霾天气的预测预警；做好气象科普宣传工作，提高社会面气象灾害防御能力。24小时降水预报正确率TS超过80%；各类仪器设备观测数据及时率、可用率、到报率达到99%以上。开展安全生产专项整治，开展施放气球安全生产整治，实现危化企业防雷安全检查全覆盖，非防雷重点企业安全检查15%以上。

【灾害性气象监测】 年内，完成沿江气象灾害防御系统建设和苏州“智慧气象”项目建设。全市灾害性气象天气主要有台风1次、寒潮3次、降雪1次、高温21天、大雾6天、霾6天、冰雹1次，其中冰雹出现在9月8日，受强对流影响，常熟市北部地区局地出现冰雹天气，共计造成农业损失2.9万元。（刘熠熠）

常熟国家大学科技园

【概况】 2020年，常熟国家大学科技园（以下简称大科园）全区企业开票销售超25亿元，纳税额超亿元。累计组织9批次121家各级各类人才项目申报，全年获评国家重点人才1人，省双创人才5人，姑苏人才10人，市领军人才31人。新增高新技术企业认定25家，高企入库46家。全年共申请发明专利437件，申请实用新型专利430件；授权发明专利87件，授权实用新型专利276件。获评苏州市产学研合作示范区、苏州市数字经济产业园等称号，获批3家国家级众创空间和1家省级众创空间，通过国家级科技企业孵化器评价及省级科技型创业企业孵育计划并获得A类评价。王嘉鹏获第六届“苏州杰出人才奖”，顾勇涛获苏州市“青年创业之星”，陈毅敏获苏州魅力科技人物。

【载体建设】 2020年，大科园整合区域内闲置土地、房产，建设6600平方米标准化电子厂房一栋、升级改造厂房6栋，全年完成各类载体维修工程130多项，其中，为解决载体内企业停车难问题，先后拓宽、改造道路3条、安装车牌识别停车系统12套，增加停车位近百个。引进“中华老字号”王四酒家入住大科园，以提升园区整体营商环境、满足企业需求，6月正式对外营业。

【自主创新】 2020年，江苏省产业技术研究院智能液晶技术研究所衍生苏州和萃、苏州百斯特玻、苏州萃为3家全资子公司，孵化企业苏州聚萃启动第一轮融资，公司估值超亿元。江苏省产业技术研究院先进金属材料及应用技术研究所组建专业化核心团队，已设立21个研发项目。北京大学分子工程苏南研究院全年引入科技型企业6家，其中燃料电池催化剂项目已完成百克级中试技术研发，与投资公司签署5000万元融资协议。

【招才引智】 2020年，大科园举办“数字经济，精致常熟”主题交流会、常熟“融入长三角UWC+”新经济招商对接会等8场招才引智活动。引进京东鲲鹏、径卫燕梳、合数信息等各类科技人才项目43个，总投资11.82亿元，注册资本4.44亿元。发挥常熟（北京）创新中心飞地孵化器品牌优势，举办“京常路演”“京常来”“京常会”“技术需求比武招亲”“小样开放日”等品牌活动29场，累计引进锐驰智光、挚行电子等12个项目落地。开展常熟高新区“东南英才”评审等工作，累计组织申报常熟市领军人才计划、姑苏人才计划、姑苏创业天使计划、省双创人才项目、高层次留学人才回国资助、留学创业启动支持计划等9批次121个项目，其中，获评省双创人才5个、姑苏人才10个、常熟市领军人才31个。

【管理服务】 2020年，常熟市修订《关于加快建设苏南国家自主创新示范区核心区 推动常熟高新区高质量发展的若干政策措施》及6大类相关实施细则政策，提供政策保障。大科园完成网上信息服务平台建设，加强对入孵企业的全生命周期管理；引入第三方机构共建高新区知识产权综合管理平台，协助园区企业获得有效知识产权。组织企业开展高新企业培育认定工作和发明专利清零行动，全年高新企业申报数和专利总量均占常熟高新区一半以上。组织各级各类项目申报，获得各类项目立项超20项。组织园区企业参加科技型企业政策申报宣讲会、双创人才企业金融服务会、科技创业大赛等活动75场，做好安家补贴、薪酬补贴、健康体检等服务工作。疫情期间实行房租减免政策，向领军人才、科技企业免费发放口罩、消毒液等防疫物资，助力园区企业复工复产。

【中国（常熟）智能车综合技术研发与测试中心】 该中心由常熟市人民政府、西安交通大学、中科院自动化研究所、长安大学、青岛智能产业技术研究院合作共建，以促进智能汽车产业发展为目标，聚焦车联网新技术、新应用的研发与测试能力建设，打造行业领先的智能网联测试区、有影响力的智慧交通示范区和具有特色的智能网联产业区。2020年，测试基地共部署5G基站超100个，路侧设备超350个，测试场景超50个，建成智能网联汽车检测实验室，打造综合测试管理V2X系统及应用、V2X仿真测试服务平台，一期建设项目通过专家验收并交付使用。承办第十二届“中国智能车未来挑战赛”及首届中国（江苏）智能网联汽车人才创新创业大赛常熟选拔赛等重大赛事。参与国家发改委、工信部新基建项目——“苏州5G车联网城市级验证与应用”申报和立项工作。

【亨弗劳恩（江苏）轻量化先进复合材料研究院】 该研究院是苏州市首个外资新型研发机构，由中国恒瑞有限公司和欧洲最大的应用科学研究机构——德国弗劳恩霍夫化学技术研究院合作共建，通过与上下游企业、高校、研究机构的联动，带动高性能碳纤维材料的应用发展，助推复合材料产业转型升级。研究院聚焦汽车及航空领域高性能复合材料应用及核心技术研发，独家引进的专利技术及设备填补国内的技术空白。7月，研究院新设立碳纤维航空部件项目，建设2万平方米洁净厂房，主要研发生产航空复合材料零部件，填补国内航空复合材料零部件的空白，加速常熟高新区产业结构升级。（孙梦宇）

苏州·中国声谷

【概况】 2020年，常熟市人民政府联

合南京大学，中国声学学会等单位，共同打造“苏州·中国声谷”。9月8日，在南京大学苏州校区建设工程启动仪式上，常熟市委书记周勤第与南京大学副校长陆延青共同签署“苏州·中国声谷”战略合作框架协议。“苏州·中国声谷”规划建设声学创新区、声学应用人才培育区和声学制造业集聚区。其中规划面积13平方千米的声学创新区以常浒河声学走廊为中轴，由生态带、声创园、人文城、时光湾、声都会五大功能区组成，打造天籁湾、海豚岛两大特色片区。同时，以落地国际声学产业研究院等平台机构为支撑，以立讯科技等行业龙头企业为引领，以创新链、人才链、产业链、资本链“四链融合”为内核，以争创国家技术创新中心为愿景，全力培育声学领域创新型产业集群。

【招商引资】 年内，启弘声学、奥世达等6个项目落地，总投资16.72亿元。水下高清声学成像装备、便携式微型光声光谱仪、家电类声控智能控制器等3个声学科创项目完成落户注册，基于人工智能的声音判定技术、多孔金属材料等2个项目完成签约，总计6个声学科创项目获得立项扶持。常熟市政府与常熟理工学院签订校地融合战略合作协议，落实声学产业4项合作内容。与中金资本设立中金启辰二期基金30亿元，与工银国际和中科院理化所筹备声谷绿色发展基金，与东吴创投达成设立常熟声谷科创培育基金意向。与喜马拉雅、上海音乐学院对接，谋划声乐康养联合实验室、创新创作中心等建设方案。滨江职校签约喜马拉雅大学常熟学院。苏州奥林匹克青少年文化中心、康桥国际学校等推进建设。总额60亿元的锦江东方酒店产业基金签约。

11月30日，在“苏州·中国声学创新谷”全球推介会上，常熟市人民政府与中国声学学会签署合作协议　　（经开区　提供）

【政策支持】 2020年，常熟市举行省科技厅与常熟市政府工作会商会议，举办苏州市科技局、常熟市政府建设声学技术创新中心专题会议，对接省产业技术研究院。出台关于支持“苏州·中国声谷”建设的若干人才政策和产业政策。与中国国际经济交流中心签订协议，启动中国声谷战略规划编制。设立5个基础运营部门，制定《国际声学产业技术研究院运营章程》《研发项目管理办法》等制度。美国宾州州立大学曹文武教授、加拿大工程院杨军院士、国防科技大学温激鸿教授等13个国内外顶尖声学研发团队达成落户意向。研究院项目验证中心、材料声学检测中心完成初步建设方案，华兴欧立通主动抗噪测试箱联合开发项目、英特模整车NVH检测中心等合作项目稳步推进。　　（李林川）

【“苏州·中国声学创新谷”全球推介会】 11月30日，“苏州·中国声学创新谷”全球推介会在常熟经济技术开发区声谷核心区举行。省委常委、苏州市委书记许昆林，中国科学院院士、南京大学校长吕建在会上致辞并共同为国际声学产业技术研究院揭牌。总投资154亿元的20个重点声学项目集中签约，国际声学产业技术研究院、中国声学学会（苏州）创新中心（筹）揭牌，常熟市人民政府与中国声学学会签署合作协议。会上还发布声学人才、产业扶持政策，举行南京大学苏州校区声学工程学科暨“苏州·中国声学创新谷”全球人才双招双聘发布仪式和常熟理工学院声学技术现代产业学院揭牌仪式。

（李　宵）

责任编辑：陈炯明

教　育

综　述

【概况】 2020年，常熟市有公办学校97所，其中，小学53所、初中31所、普通高中6所、完中2所、职业学校3所、九年一贯制学校1所、特殊教育学校1所；公办幼儿园64所，其中独立幼儿园62所。另有，省属高等院校1所（常熟理工学院），民办学校7所，新市民子弟学校11所，民办幼儿园42所。校外素质教育基地2家（分别是青少年活动中心、少年之家）、成人教育学校1所。全市学生总计187782人，其中公办学校、幼儿园学生共计164389人；民办学校（含新市民子弟学校）、幼儿园的学生、幼儿共计23393人。全市在编教职工11145人，备案制教师288人，其中在编专任教师10583人，备案制专任教师288人。

【教育经费】 2020年，全市财政教育支出42.28亿元；生均公用经费继续高标准实施，普通高中1200元、中等职业学校1800元、初中1150元、小学1000元、独立法人幼儿园1000元；财政扶贫帮困支出431万元；校车专业化运行财政补助767万元；非义务教育阶段学校（单位）继续参照义务教育阶段实施绩效工资。义务教育所需资金全部按时、足额到位，特殊教育继续实行全部免费，对义务教育阶段新市民子弟免除学杂费。

【师资建设】 2020年，市教育局招录教师557名，其中幼儿教师117名，小学教师199名，中学教师227名，职业学校教师14名，其中硕士研究生学历教师98名。至2020年年末，全市中小学（幼儿园）共有在编教职工11145人，专任教师10583人。全市幼儿园专任教师大专以上比率98.99%，小学专任教师本科率87.78%，初中专任教师本科率97.59%，高中段专任教师研究生率（含在读）21.55%，专任教师学历合格率100%。常熟市教学能手以上骨干教师4481名，占专任教师总数的42.34%。2020年，1人入选江苏省“苏教名家”培养对象，4人获评正高级教师，2人获评苏州市名教师，4人获评姑苏教育人才领军人才，15人获评姑苏教育人才青年拔尖人才，49人获评苏州市学科带头人。至年末，全市有省特级教师15名，教授级高级教师14名，姑苏教育领军人才12名，苏州市名教师、名校长30名，姑苏教育拔尖人才38名，苏州市学科带头人216名。年内，为均衡调配城乡师资，435名教师参与支教交流。

【学校建设】 2020年，常熟市推进2020年常熟市政府民生实事项目16个学校建设工程，红梅幼儿园等9个新建项目竣工，其中迁建琴湖小学、新建明日幼儿园等5个项目于秋季投用。按计划有序推进新建常欣小学、王淦昌高级中学等7个续建项目。启动“十四五”城乡学校建设专项规划，确保学位供需整体平衡。

【校园创建】 2020年，敬文幼儿园成功创建省优质园，凯文、爱伦宝等12所幼儿园创建苏州优质园；3所幼儿园通过省优质园和苏州优质园复审；石梅小学获评“苏州市首批智慧校园发展水平四星级学校”；江苏省常熟中学成为苏州市唯一获评“第二届全国文明校园”的学校；塔前小学、练塘中心小学等7所学校获评“江苏省体育特色学校”；石梅、徐市2所幼儿园获评“江苏

9月，迁建的琴湖小学正式投用　　（市融媒体中心　提供）

省体育（快乐体操）特色幼儿园”；实验小学获评“全国篮球特色学校”，大义中心小学获评“2019年全国青少年网球特色学校”，孝友中学、尚湖中心小学获评“全国校园足球特色学校”。

【教育科研】 上半年，受新冠肺炎疫情影响期间，市教育局指导学校利用线上平台，通过免费线上授课、网络辅导等形式，帮助学生完成学习任务。初中组录制644节精品课，覆盖全学科；小学组推出864节骨干教师精品课，7次线上升旗仪式。实现“停课不停学，停课不停教”。春季学期开学后，各学段根据实际情况分级指导，做好线上教学与学校课堂教学的衔接。承办苏州市教科院组织的高中课改展示活动，苏州各市骨干教师共开课68节，组织常熟市学科带头人以上的教学骨干向全苏州展示各学段课堂教学改革成果。为江苏省名师空中课堂拍摄151节优质课，其中小学94节、初中20节、高中37节。参加苏州市级学科教学竞赛，共有297人获奖。到年末，教研室成员作为主持人在研的省级课题（省规划办、省教育学会、省陶研会等）有8项、苏州市级课题（苏州市教育科学规划办）11项。落实《常熟市“省、市规划办课题”管理办法》，突出省、市规划课题研究，全年通过18项省“十三五”第三批课题申报，200多项省市“十三五”立项课题有序推进；完成常熟市“十三五”最后一批规划立项课题申报，52项课题成功立项。1076项第十批微型课题结题，924项第十一批微型课题申报。

【教育信息化建设】 2020年，市教育局加强学校网站集群建设，提高全市教育系统网站开通率与安全运维保障水平。50所学校申报苏州市三星级智慧校园、江苏省智慧校园，报慈小学参评江苏省智慧校园示范校。利用“互联网+教育”科技手段，开通“常熟·思南智慧云课堂”，6所公办小学与思南县11所民办学校帮扶结对，常态化开展云上教育帮扶活动。推进苏州线上教育中心常熟分中心建设，因新冠疫情延迟开学期间，实施线上教育，全市累计上传约4000件视频课程资源，日均登录约15万次。

【德育教育】 2020年，市教育局推进未成年人思想道德建设，报慈小学获评2018—2019年度苏州市未成年人思想道德建设工作先进集体、第四批苏州市中小学生品格提升工程项目；常熟市中学获评第四批江苏省中小学生品格提升工程项目。开展德育主题活动，尚湖中心小学、锦荷中学、报慈小学和职教中心分别举办成长仪式、青春仪式、入学仪式和成人仪式市级展示活动。加强德育队伍建设，制定《常熟市中小学班主任激励机制及考评方案（试行）》，开展优秀班主任评选和中小学班主任基本功竞赛。

【素质教育】 2020年，市教育局开展学生阳光体育运动和课外体育活动，确保在校学生每天体育活动1小时。举办全市中小学跳绳、踢毽决赛和第五届中小学校园武术比赛。与文体广电与旅游局联合举办篮球、排球、羽毛球、乒乓球、校园足球等比赛。开展常熟市青少年阳光体育联赛22大项比赛、“市长杯”青少年校园足球联赛和校园足球啦啦操比赛。在苏州市级以上各项体育比赛中共获得金牌100块（省级5块）、银牌72块（省级7块）、铜牌128块（省级4块）。举办2020年常熟市小学生文艺会演。参加苏州市第五届艺术节合唱比赛、中小学生书画比赛和高中学生“独唱、独奏、独舞”比赛，获得3个一等奖、22个二等奖、12个三等奖。

【校园安保】 2020年，市教育局联合疾控、市监、消防、交警、城管等多部门对开学工作进行多轮次全方位检查，推进校园人防、技防、物防建设。各校（园）视频监控、紧急报警按钮、周界报警系统使用率达100%，视频监控高清数字化率进一步提升。校车公司使用71辆国标校车为22所学校4829名学生提供服务，校车运行正常有序。开展校园安全网格化管理体系建设，部署校园安全隐患排查和整改工作，坚持校园安全月查月报，强化督促落实。将中小学、幼儿园各类应急演练纳入办学绿色评价指标体系，开展校车应急疏散演练、防暴应急演练等。协助做好防范电信诈骗和“一带一盔”宣传教育活动。

【阳光食堂】 2020年春季学期，智能溯源核磅秤在城区学校全面使用；秋季学期，全市公办学校实现“阳光食堂”综合智能服务平台全覆盖。上半年，苏州教育局在常熟市召开苏州大市“阳光食堂”建设现场观摩会，将常熟市“阳光食堂”建设经验作为苏州标准，向省教育厅作经验汇报，并于秋季学期在苏州大市内推行平台竞价采购模式。阳光食堂建设经验被全国教育新闻网和江苏教育报官方微信等报道，入选2020年度苏州市“创新社会治理典型案例”。

【教育督导】 2020年，市教育局对2018年接受督导的15所学校（园）进行回访，完成对星城幼儿园、沙家浜中心小学等10所学校（园）素质教育综合督导。聘任新一届责任督学46名，负责督导责任区23个，实现全覆盖，全年完成挂牌督导7次。通过省督导委员会对幼儿园责任督学挂牌督导工作的专项督导，通过省政府教育督导现场评估。

基础教育

【概况】 2020年，全市公办、民办学校在读小学生85136人，初中生34471人，高中生（普高）17749人。全市适龄儿童小学入学率、巩固率、普及率和毕业率均为100%，初中入学率、巩固率和毕业率均为100%，残疾儿童少年入学率、贫困家庭子女入学率为100%，高中段毛入学率100%，普职高比6∶4，高等教育毛入学率75.3%。继续实施新市民子女积分入学，全市140所公办学校（含部分设服务区的社会办幼儿园）开放130所，开放比例92.9%，共为新市民子女提供

表 27　2020 年常熟市幼儿园、小学、初中、普通高中、职业高中一览表

序号	单位名称	单位性质	在校/园生数（人）	序号	单位名称	单位性质	在校/园生数（人）
1	常熟市海虞幼儿园	公办幼儿园	931	38	常熟市兴福中心小学幼儿园	公办幼儿园	156
2	常熟市福山幼儿园	公办幼儿园	481	39	常熟市颜港中心幼儿园	公办幼儿园	448
3	常熟市周行幼儿园	公办幼儿园	472	40	常熟市昆承幼儿园	公办幼儿园	1204
4	常熟市碧溪幼儿园	公办幼儿园	649	41	常熟市新区幼儿园	公办幼儿园	307
5	常熟市浒浦幼儿园	公办幼儿园	541	42	常熟市琴湖小学幼儿园	公办幼儿园	178
6	常熟市吴市幼儿园	公办幼儿园	410	43	常熟市虞园幼儿园	公办幼儿园	323
7	常熟市东张幼儿园	公办幼儿园	416	44	常熟市花溪幼儿园	公办幼儿园	302
8	常熟市梅李幼儿园	公办幼儿园	915	45	常熟市红枫小学幼儿园	公办幼儿园	201
9	常熟市珍门幼儿园	公办幼儿园	305	46	常熟市东南幼儿园	公办幼儿园	1579
10	常熟市赵市幼儿园	公办幼儿园	397	47	常熟市实验幼儿园	公办幼儿园	852
11	常熟市董浜幼儿园	公办幼儿园	383	48	常熟市石梅幼儿园	公办幼儿园	478
12	常熟市徐市幼儿园	公办幼儿园	464	49	常熟市报慈幼儿园	公办幼儿园	787
13	常熟市张青莲幼儿园	公办幼儿园	698	50	常熟市世茂幼儿园	公办幼儿园	1078
14	常熟市何市中心小学幼儿园	公办幼儿园	184	51	常熟市绿地幼儿园	公办幼儿园	965
15	常熟市任阳幼儿园	公办幼儿园	426	52	常熟市崇文幼儿园	公办幼儿园	657
16	常熟市沙家浜幼儿园	公办幼儿园	442	53	常熟市湖苑幼儿园	公办幼儿园	203
17	常熟市唐市幼儿园	公办幼儿园	532	54	常熟敬文幼儿园	公办幼儿园	390
18	常熟市古里幼儿园	公办幼儿园	760	55	常熟市锦虹幼儿园	公办幼儿园	144
19	常熟市淼泉幼儿园	公办幼儿园	397	56	常熟市长江幼儿园	公办幼儿园	104
20	常熟市白茆幼儿园	公办幼儿园	416	57	常熟市凯文幼儿园	公办幼儿园	456
21	常熟市王庄幼儿园	公办幼儿园	367	58	常熟市香山幼儿园	公办幼儿园	381
22	常熟市尚湖幼儿园	公办幼儿园	517	59	常熟市衡丰幼儿园	公办幼儿园	166
23	常熟市练塘幼儿园	公办幼儿园	754	60	常熟金仓幼儿园	公办幼儿园	484
24	常熟市张桥幼儿园	公办幼儿园	477	61	常熟市五星幼儿园	公办幼儿园	324
25	常熟市辛庄幼儿园	公办幼儿园	885	62	常熟市明日幼儿园	公办幼儿园	87
26	常熟市杨园幼儿园	公办幼儿园	480	63	常熟市特殊学校幼儿园	公办幼儿园	6
27	常熟市大义幼儿园	公办幼儿园	644	64	常熟市东南幼儿园小康分园	公办幼儿园	450
28	常熟市谢桥幼儿园	公办幼儿园	424	65	常熟市凌阳幼儿园	民办幼儿园	243
29	常熟市虞山园区小学幼儿园	公办幼儿园	162	66	常熟市西庄街幼儿园	民办幼儿园	240
30	常熟市游文幼儿园	公办幼儿园	829	67	常熟市湘江苑果果幼儿园	民办幼儿园	119
31	常熟市莫城幼儿园	公办幼儿园	885	68	常熟市尚湖精英宝贝幼儿园	民办幼儿园	178
32	常熟市义庄幼儿园	公办幼儿园	717	69	常熟市耕心元和幼儿园	民办幼儿园	111
33	常熟市商城幼儿园	公办幼儿园	387	70	常熟市外国语小学附属幼儿园	民办幼儿园	208
34	常熟市塔前幼儿园	公办幼儿园	491	71	常熟市安琪幼儿园	民办幼儿园	224
35	常熟市星城幼儿园	公办幼儿园	784	72	常熟市格林童话森林幼儿园	民办幼儿园	91
36	常熟市五爱小学幼儿园	公办幼儿园	305	73	常熟市伊顿幼儿园	民办幼儿园	134
37	常熟市元和幼儿园	公办幼儿园	370	74	常熟市阳光学校幼儿园	民办幼儿园	180

续表27

序号	单位名称	单位性质	在校/园生数（人）	序号	单位名称	单位性质	在校/园生数（人）
75	常熟市博悦幼儿园	民办幼儿园	65	112	常熟市实验小学	公办小学	2444
76	常熟市耕心锦荷幼儿园	民办幼儿园	192	113	常熟市颜港小学	公办小学	1148
77	常熟市耕心明珠幼儿园	民办幼儿园	406	114	常熟市琴湖小学	公办小学	702
78	常熟市三乐天才宝贝幼儿园	民办幼儿园	43	115	常熟市报慈小学	公办小学	2452
79	常熟市昭文幼儿园	民办幼儿园	148	116	常熟市世茂实验小学	公办小学	2747
80	常熟市维童之友幼儿园	民办幼儿园	48	117	常熟市兴福中心小学	公办小学	470
81	常熟市馨荣藕渠幼儿园	民办幼儿园	83	118	常熟市红枫小学	公办小学	469
82	常熟市莫干路幼儿园	民办幼儿园	244	119	常熟市绿地实验小学	公办小学	1948
83	常熟市精英宝贝幼儿园	民办幼儿园	153	120	常熟市新区小学	公办小学	1029
84	常熟市常兴路幼儿园	民办幼儿园	289	121	常熟市东南实验小学	公办小学	3995
85	常熟市汇龙幼儿园	民办幼儿园	206	122	常熟市五爱小学	公办小学	534
86	常熟市皖青小学附属幼儿园	民办幼儿园	149	123	常熟市谢桥中心小学	公办小学	1221
87	常熟市商城中路幼儿园	民办幼儿园	246	124	常熟市星城小学	公办小学	1738
88	常熟市大义果果幼儿园	民办幼儿园	127	125	常熟市虞山园区小学	公办小学	452
89	常熟市耕心福圩幼儿园	民办幼儿园	105	126	常熟市大义中心小学	公办小学	1522
90	常熟市爱伦堡幼儿园	民办幼儿园	79	127	常熟市花溪小学	公办小学	880
91	常熟国际学校附属幼儿园	民办幼儿园	230	128	常熟市董浜中心小学	公办小学	953
92	常熟国际学校附属第二幼儿园	民办幼儿园	286	129	常熟市练塘中心小学	公办小学	1580
93	常熟市湖畔幼儿园	民办幼儿园	270	130	常熟市张青莲小学	公办小学	1369
94	常熟市优达思幼儿园	民办幼儿园	144	131	常熟市张桥中心小学	公办小学	1112
95	常熟市滨江幼儿园	民办幼儿园	479	132	常熟市虞园小学	公办小学	835
96	常熟市东张邻里中心幼儿园	民办幼儿园	145	133	常熟市塔前小学	公办小学	2124
97	常熟市梅李京师实验幼儿园	民办幼儿园	328	134	常熟市梅李中心小学	公办小学	2265
98	常熟市东方新阳幼儿园	民办幼儿园	327	135	常熟市任阳中心小学	公办小学	1081
99	常熟市嘉凌幼儿园	民办幼儿园	132	136	常熟市白茆中心小学	公办小学	975
100	常熟市耕心支塘幼儿园	民办幼儿园	69	137	常熟市杨园中心小学	公办小学	1093
101	常熟市沙家浜海虹幼儿园	民办幼儿园	282	138	常熟市赵市中心小学	公办小学	1072
102	常熟市新厍幼儿园	民办幼儿园	201	139	常熟市古里中心小学	公办小学	1659
103	常熟市海虞府前幼儿园	民办幼儿园	202	140	常熟市淼泉中心小学	公办小学	966
104	常熟市海虞京师幼儿园	民办幼儿园	82	141	常熟市唐市中心小学	公办小学	1334
105	常熟市西塘现代幼儿园	民办幼儿园	482	142	常熟市碧溪中心小学	公办小学	1519
106	常熟市隆恒幼儿园	民办幼儿园	217	143	常熟市何市中心小学	公办小学	586
107	常熟市崇文小学	公办小学	1722	144	常熟市沙家浜中心小学	公办小学	1070
108	常熟市游文小学	公办小学	1120	145	常熟市吴市中心小学	公办小学	922
109	常熟市莫城中心小学	公办小学	2366	146	常熟市义庄小学	公办小学	1835
110	常熟市商城小学	公办小学	1006	147	常熟市珍门中心小学	公办小学	646
111	常熟市元和小学	公办小学	1255	148	常熟市东张中心小学	公办小学	1081

续表27

序号	单位名称	单位性质	在校/园生数（人）	序号	单位名称	单位性质	在校/园生数（人）
149	常熟市王庄中心小学	公办小学	713	186	常熟市昆承中学锦荷校区	公办初中	893
150	常熟市尚湖中心小学	公办小学	1183	187	常熟市福山中学	公办初中	583
151	常熟市辛庄中心小学	公办小学	1755	188	常熟市孝友中学	公办初中	1275
152	常熟市昆承小学	公办小学	2587	189	常熟市练塘中学	公办初中	520
153	常熟市徐市中心小学	公办小学	975	190	常熟市大义中学	公办初中	774
154	常熟市石梅小学	公办小学	1315	191	常熟市元和中学	公办初中	732
155	常熟市福山中心小学	公办小学	1287	192	常熟市常清中学	公办初中	1029
156	常熟市海虞中心小学	公办小学	1724	193	常熟市海虞中学	公办完中	1000
157	常熟市周行中心小学	公办小学	1210	194	常熟市王淦昌中学	公办完中	2497
158	常熟市滨江小学	公办小学	766	195	常熟市梅李高级中学	公办普高	2474
159	常熟市凯文小学	公办小学	951	196	常熟市浒浦高级中学	公办普高	2483
160	常熟市浒浦学校	公办九年一贯制学校	1648	197	常熟外国语学校	公办普高	2167
161	常熟市特殊教育学校	公办特教	147	198	常熟市尚湖高级中学	公办普高	2764
162	常熟市周行中学	公办初中	596	199	江苏省常熟中学	公办普高	2487
163	常熟市梅李中学	公办初中	1372	200	常熟市中学	公办普高	2490
164	常熟市杨园中学	公办初中	397	201	常熟市浒浦中星小学	新市民子弟学校	452
165	常熟市尚湖中学	公办初中	488	202	常熟市阳光学校	新市民子弟学校	2178
166	常熟市王庄中学	公办初中	345	203	常熟市皖赴虞皖青小学	新市民子弟学校	1170
167	常熟市滨江实验中学	公办初中	1460	204	常熟市豫驻虞龙华学校	新市民子弟学校	1111
168	常熟市东张中学	公办初中	621	205	常熟市育才学校	新市民子弟学校	680
169	常熟市董浜中学	公办初中	803	206	常熟市皖赴虞立志小学	新市民子弟学校	363
170	常熟市任阳中学	公办初中	431	207	常熟市安琪小学	新市民子弟学校	1306
171	常熟市沙家浜中学	公办初中	475	208	常熟市东吴学校	新市民子弟学校	982
172	常熟市唐市中学	公办初中	580	209	常熟市尚湖镇行知学校	新市民子弟学校	322
173	常熟市古里中学	公办初中	908	210	常熟市湖山学校	新市民子弟学校	670
174	常熟市淼泉中学	公办初中	472	211	常熟市梅李镇琼宇学校	新市民子弟学校	833
175	常熟市白茆中学	公办初中	444	212	常熟国际学校	民办学校	1388
176	常熟市辛庄中学	公办初中	660	213	常熟市外国语小学	民办学校	732
177	常熟市张桥中学	公办初中	488	214	常熟市博文小学	民办学校	836
178	常熟市赵市中学	公办初中	477	215	常熟市凤兰小学	民办学校	732
179	常熟市莫城中学	公办初中	665	216	常熟市虞文学校	民办学校	673
180	常熟市兴隆中学	公办初中	624	217	常熟市苏常外国语学校	民办学校	39
181	常熟市谢桥中学	公办初中	820	218	常熟市昆承湖外国语学校	民办学校	27
182	常熟市外国语初级中学	公办初中	2115	219	江苏省常熟中等专业学校	公办中职	5919
183	常熟市实验中学	公办初中	4342	220	常熟高新园中等专业学校	公办中职	2233
184	常熟市第一中学	公办初中	1351	221	常熟市滨江职业技术学校	公办中职	2354
185	常熟市昆承中学	公办初中	2072				

10月19日，常熟市七岁"入学仪式"全市观摩展示活动在报慈小学举行
（市教育局 提供）

公办学位15192个，其中纯积分入学5636个，以房入学9556个。

【学前教育】 2020年，市教育局以省课程改革项目《改造我们的专业知识和能力结构》为主要抓手开展课程建设实践研究。建设常熟市学前教育管理平台，开辟"幼儿园信息、幼儿园考核、幼儿园工作标准与报表"3项内容，规范学前教育管理。加强对社会办幼儿园的业务指导和年度考核。在创建、复审中进一步提升幼儿园保教质量，学前教育优质率近85%。新认定普惠幼儿园26所，学前教育普及普惠率大幅提升。

【新市民子弟教育】 2020年，市教育局促进新市民子弟学校健康发展，利用市财政1200万元一次性奖补资金，添置设施设备，提升新市民子弟学校硬件水平。启动第五轮新市民子弟学校语数外教师全员培训，实施云上教育同城帮扶，加大优质资源共享。建立新市民子弟学校骨干教师评审体，提升教师队伍整体水平。开展办学水平百分考核、提档升级考核、常态化教学质量调研，发现不足并改进。推进新市民积分管理入学工作，出台新动能产业企业及本科以上学历等人才子女入学办法，实施公民办同步招生，确保秋季入学工作平稳有序开展。

【特色教学】 2020年，市教育局加快特色建设步伐，海虞中学（高中部）、实验小学、报慈小学、世茂实小成功申报苏州市级课程基地；大义中心小学弘义文化特色课程建设获苏州市课程基地视导示范等级；常熟市中学、昆承中学成功申报苏州市创新人才培养实验项目；省熟中"cps+创造力发展"课程基地、兴福中心小学"一山一世界"虞山文化课程基地通过省级视导验收；石梅小学"书院小院士"课程建设成功申报省中小学课程基地与学校文化建设项目。推进苏州市"新时代有效教学实践研究"项目，世茂小学承办年度苏州市级项目展示活动。举办第七届"常熟·思南教育对口协作交流周活动"，组织初高中教师分别到贵州思南、新疆阿图什支教。

【融合教育】 2020年，市教育局推进普通学校融合教育资源中心建设，新建融合教育资源中心58个，实现各乡镇板块各学段融合教育资源中心全覆盖，完成全市100所融合教育资源中心建设，实现基础教育学段融合教育覆盖率100%，是省内第一个实现融合教育资源中心全覆盖的县市。做好特殊教育两头延伸相关工作，不断扩大特教学校中重度残疾学生职业融合资源，推动各乡镇板块做好部分残疾学生职业融合教育随班就读的安置工作，职教融合资源中心建设获评江苏省特殊教育发展项目。加快融合教育内涵发展，"县域'特教班'融合教育运行模式的构建与实施"项目获评2020年江苏省基础教育前瞻性教学改革实验项目。

【昆承湖外国语学校开工】 7月28日，常熟市昆承湖外国语学校开工奠基仪式在莫城街道举行。该校位于莫城街道云裳小镇，总投资3.5亿元，占地4.27公顷，规划建筑面积5.2万平方米，可容纳学生1800人。学校整体建筑普通教室和专用教室、图书馆、多元学习中心、户外学习露台、室内游泳池、剧场式报告厅、餐厅、宿舍楼等。是一所从幼儿园、小学到初中的十二年一贯制高端民办国际化学校，计划于2021年秋季投用。

【苏州外国语学校常熟校区开工】 6月28日，苏州外国语学校常熟校区开工仪式在海虞举行。苏州外国语学校常熟校区由苏州光华教育集团投资6亿元创办，是苏州外国语学校在常熟的唯一分校。项目位于海虞镇中新海虞花园城，总占地7.5公顷，规划建筑面积11.4万平方米，满员人数2670人，将于2021年8月交付使用一期工程。

【高考本一上线率实现苏州大市"十连冠"】 2020年，全市普通高中高考本一上线比例达57.15%，高出全省34.27个百分点，超过苏州大市8个百分点，实现苏州大市"十连冠"；本二以上上线人数比例达93.23%，高出全省上线比例33.87个百分点。全市400分以上高分段共有81人，比上年增加40人。1名文科考生426分，列苏州大市第一、全省第三。进入全省前100名学生共5人。全市纯艺术类考生本科上线率达97.85%，1名考生列全省34名。485人录取C9联盟高校和双一流大学，其中2人被

表 28　　2020 年普通高校招生分类录取情况统计表　　单位：人

批次名称	合计	文科	理科	艺术类	体育类
提前本科军事院校	2	0	2	0	0
提前本科公安政法	54	18	36	0	0
提前本科航海院校	0	0	0	0	0
提前本科其他院校	35	6	29	0	0
提前本科乡村教师	43	23	20	0	0
本科一批	1665	338	1327	0	0
本科二批	1640	409	1231	0	0
艺术本科1小批	19	0	0	19	0
艺术本科2小批	271	0	0	271	0
艺术本科3小批	7	0	0	7	0
体育特殊（高水平、体育单招）	6	0	0	0	6
体育本科	14	0	0	0	14
本科合计	3756	794	2645	297	20
高职单招提前录取	321	59	232	30	0
高职专科	323	34	289	0	0
艺术专科（省统考）	14	0	0	14	0
体育专科	4	0	0	0	4
高职注册入学	41	7	34	0	0
专科合计	703	100	555	44	4
总　计	4459	894	3200	341	24

说明：报文科 894 人，报理科 3200 人，报艺术类 341 人，艺术兼报文科类 8 人，艺术兼报理科类 7 人，报考体育类 24 人，体育兼报文科类 6 人，体育兼报理科类 17 人，非统考 4 人

北京大学录取。另有3人分别被香港科技大学、香港大学和中国科学院大学录取。

高等教育

【概况】 2020年，常熟市有常熟理工学院（以下简称常理工）1所高等院校。常理工设有14个二级学院（部），49个招生本科专业，涵盖工学、理学、文学、经济学、管理学、教育学、艺术学等7大学科门类，面向全国21个省招生；普通全日制在校本科生2万人，联合培养全日制研究生131人，继续教育学院成人学历教育在籍学生6600人。2020年，省招生录取分数创新高，文理科投档线分别为336分和342分，共录取本一线上考生567人。2020届毕业生年终就业率为95.45%，学院被评为江苏省高校毕业生就业工作先进集体。

常理工现代产业学院建立全国第一家电梯工程学院、全省第一家光伏科技学院。学院获批1项省级重点产

常熟理工学院　　（常熟理工学院　提供）

业学院，获得1项国家级高等教育教学成果奖，23项省部级高等教育教学成果奖。获第十二届“挑战杯”中国大学生创业计划竞赛全国总决赛金奖、高教社杯全国大学生数学建模竞赛本科组一等奖。在第六届中国国际“互联网+”大学生创新创业大赛中获二等奖2项、三等奖4项。蝉联江苏省高教主赛道优秀组织奖并首次获得省红旅赛道优秀组织奖。学生全年参加各级学科竞赛130余项，获省级以上奖项984项，其中，国家级484项。组织申报并批准立项各级大学生创新创业实践训练项目905项，其中29项省级重点项目（推荐为国家级项目）、省级一般项目61项、省级校企合作基金项目10项等。到年末，累计有7个专业获批国家级一流本科专业建设点，7个专业获批省级一流本科专业建设点。

【师资队伍】 截至2020年年末，学院教职工共1450人，其中专任教师1100人，高级职称640人，博士530人。国务院政府特殊津贴、省有突出贡献中青年专家、省“333工程”“青蓝工程”“六大人才高峰”培养人选等200人，国家级教学名师、省级教学名师4人，省优秀教学团队（科技创新团队）11个。全年引进高层次人才98人，其中，博士81人，硕士12人；正高职称人才9人，副高职称人才37人。专任教师中博士占比超过52%，高级职称占比达到55%，45周岁以下青年教师占比达到70.8%。

【教研成果】 2020年，常理工申请各类知识产权510项，专利授权量比2019年增长82.9%。获得各级各类科研项目190项，其中，国家自然科学基金项目11项，国家社科基金项目2项，教育部项目3项，国家统计局项目1项，国防科工局分承研项目1项，教育部科技发展中心项目1项。教师获各级各类科研成果奖共25项。拥有5个省级重点建设一级学科，建有省级重点建设实验室3个、省级工程中心1个、省级联合技术转移中心1个、省高校人文社科校外研究基地1个，共建国家级大学科技园1个，省科协科技创新智库基地1个，省外国专家工作室1个。全年签订441个横向项目，完成江苏省技术合同免税认定登记合同118项，完成非免税合同登记46项等。

（王　愿）

职业教育

【概况】 2020年，常熟市全市有3所职业学校，在校学生10506名，夏季毕业学生2890名，中职学校毕业生双证持有率为95.8%，就业率为98.2%。全市普通高校单独招生考试实考人数为402人，本科上线228人，达线率为56.72%（名列苏州各县市区第二），大专达线率为100%；转段本科70人，转段专科457人，专科录取176人，中职注册入学320人，总录取人数为1023人，总录取率为92.1%。全市“双师型”教师占专任专业教师比例为69.44%。

【职业教育试点】 2020年，常熟市推进9项创新发展任务，推行现代学徒制试点，完成20个现代学徒班签约；联合企业开办“在职员工培训班”，3校完成在职员工培训1500人次。建设校企双导师队伍，聘任校企双导师120名。召开常熟市现代化实训基地建设现场推进会，奇瑞捷豹路虎、山水江南、旺达财务、金龙科技、长城轴承、古建营造等6大现代化实训基地通过终期验收；全市完成项目化课程建设20个；14个教育部第三批“1+X”证书试点项目进入建设阶段；新申办工业机器人、房地产经营与管理、工业互联网与大数据应用、现代农艺技术专业等4个专业。

【创建与技能竞赛】 2020年，常熟市中等专业学校（以下简称常熟中专）完成“计算机应用技术现代化专业群”创建；高新园中专成功创建“省级工艺美术现代化实训基地”；滨江职校成功创建“省级机电技术应用现代化实训基地”。在苏州市职业学校教学能力大赛上，三校共获一等奖4个、二等奖9个，三等奖9个，获奖总数列苏州大市第一。在省职业院校技能大赛上，共获一等奖6个，二等奖15个，三等奖18个。

（徐东明）

社会教育

【概况】 2020年，常熟市印发《关于开展“教育惠民—社区教育项目”试点工作的实施意见》，经立项申报、材料评审，集中汇报、公示等环节，共有15个项目入选常熟市2020年度社区教育项目试点，并成功结项。做好教育惠农、教育惠企工作，持续推进农村致富骨干培训、优质高产技术培训、失

高新园中专学生木刻作业　　（市教育局　提供）

地农民劳动力转移培训、职业技能培训等项目。

【成人高考】 2020年，常熟市共有5355人报名参加成人高考（其中高升专2296人，高升本253人，专升本2806人），申请免试212人，改革项目934人，成绩互认1人，退役士兵129人，实际参考4079人（其中高升本212人，高升专1641人，专升本2185人），实考率为89.32%。录取人数共4134人，其中高升本102人，高升专1863人，专升本2169人，录取率为77.20%。

【自学考试】 2020年，常熟市自学考试报考人数为6111人（含增考1488人）；全年报考课次（含增考）13435门（上半年7878门，下半年5557门）；全年毕业生229人中有本科168人，专科61人（其中：上半年114人，本科90人，专科24人；下半年115人，本科78人，专科37人）。

【资格等级考试】 2020年，常熟市共8634人参加计算机、英语证书考试，其中全国计算机等级考试（NCRE）报名6714人；全国英语等级考试（PETS）报名1920人。教师资格考试报名5196人。大学英语四六级考试全年报名18954人，其中上半年584人，下半年18370人。

【社区教育项目】 2020年，常熟市以项目实验和教育科研提升成人教育、社区教育、社区活动的内涵，《品读非遗 走进浒浦花鼓》等3个苏州市2020—2021年度社区教育实验项目申报立项；"沙家浜红绿新学堂"被确定为2020年度长三角市民终身学习体验基地；市教育局、团市委、市开放大学三方合作的"虞青+"常熟市青年社区学校项目继续开展，苏州市级青年社区学习苑项目通过创建验收。东南街道、支塘镇成功创建省标准化社区教育中心，全市社区教育中心标准化率达100%。

【家庭教育】 2020年，市妇联强化社区家长学校建设，覆盖率100%，办学率98%以上。开展"立德树人 从家出发"家庭教育公益菜单式巡讲（沙龙）活动24场，参与家长1285人次。开设家庭教育系列微课堂《"疫"路风雨，人生彩虹——亲子心理免疫力量成长课》，举办"云端相约 共庆六一"线上亲子趣味运动会。2个妇儿公益社工服务项目获省立项，3个社区被列入省"三全社区"家庭教育试点。

（谢　燕）

民办教育

【概况】 2020年，全市共有民办中小学18所（其中11所为新市民子弟学校），分别为常熟国际学校、常熟市外国语小学、常熟市苏常外国语学校、常熟市昆承湖外国语学校、常熟市博文小学、常熟市风兰小学、常熟市虞文学校、常熟市湖山学校、常熟市育才学校、常熟市行知学校、常熟市东吴学校、常熟市浒浦中星小学、常熟市琼宇学校、常熟市安琪小学、常熟市皖青小学、常熟市龙华学校、常熟市立志学校、常熟市阳光学校。民办中小学在校生共计15430人。全市共有民办幼儿园42所，幼儿共计7963人。全市共有经教育局审批的学科类校外培训机构192家。

【民办教育机构管理】 2020年，市教育局共新批56所民办教育机构，其中高中1所、小学2所、幼儿园5所、教育培训机构48所；围绕依法办学、学校建设、办学管理三大方面15个考核指标，对全市126家民办非学历教育机构进行年检，年检结果及相关情况在常熟市政府网站和教育局微信公众号公布。通过"中国常熟""诚信常熟""苏州市民办非学历教育管理平台""江苏政务服务"等网站，开展网上审批，拓展网上公示渠道，持续推进"不见面审批""政务一张网"办事。（徐东明）

常熟世界联合学院

【概况】 中国常熟世界联合学院（以下简称常熟UWC）是目前中国大陆唯一的一所世界联合学院，2020年，在校学生505人，全校教职工155人，其中外籍教师占三分之二。全校办学收入14851.07万元，支出总额14665.8万元。奖学金率为12.16%。

【课程设置】 2020年，常熟UWC提供11年级和12年级的IB文凭课程，学校设计10年级的IB预备班课程，为正式的IB文凭课程作准备。中国语言和文化是常熟UWC的特色之一，学校配备专业中文师资，开设中国文学、语言和中国文化研究课程，满足不同组别的学生需求，涵盖3大组别7种不同程度的所有课程。其中包括中文A：文学课程（高级程度和普通程度）；中文A：语言和文学课程（高级程度和普通程度）；中文B：语言课程（高级程度和普通程度）、普通话Ab initio 初学者课程。

【传播中国文化】 2020年，常熟UWC致力于传播并弘扬中国传统文化，举办一次中国文化晚会，让来自世界100多个国家的师生领略中国文化。结合常熟的非遗文化资源，开展舞龙、舞狮、划龙舟、武术、琴棋书画、扎彩灯、篆刻、剪纸特色活动。（徐东明）

责任编辑：陈炯明

文学艺术

【文艺创作】 2020年，常熟市文体旅局以文艺助力防疫。推出全市首个文艺助力抗“疫”的专题栏目《全民抗“疫”，群策群“艺”——全市吹响文艺战“疫”集结号》，发动创作原创抗疫作品248件，完成微信推送20期。推出原创抗疫主题歌曲MV《生命的逆行》及音乐快板《文体旅人说战役》。结合全面建成小康社会等重大主题，组织2020—2021全市群众文艺作品重点项目立项申报，共征集创作意向40多件。组织完成全市高质量主题剧本征集活动评审工作，共评出获奖作品16个。组织举办“百年奋斗，圆梦小康”主题文艺作品创作会演。中篇弹词《瞧这一家子》获得中国曲艺牡丹奖提名奖，复排传统经典锡剧《玉蜻蜓》、创排短篇评弹《地下救护》、指导锡剧小戏《还债》全力备战第十四届省“五星工程奖”。举办虞山画派系列作品展暨学术研讨会。常熟白茆山歌获全国民歌大赛铜奖。组织“百年奋斗 圆梦小康”常熟市原创主题文艺作品会演活动，有25个新创作品登上评比舞台，其中音乐类9个，舞蹈类4个，戏剧类10个，曲艺类2个，经过评比共评出一等奖7个，二等奖9个，三等奖9个。举办全市高质量发展主题剧本征集暨优秀剧作展演，征集全国各地的各类主题剧本68个，16个作品获奖，其中8个剧作被搬上舞台。

【文艺人才队伍建设】 2020年，常熟市锡剧团柔性引进文化人才3名，特邀江苏省剧目工作室的罗周为常熟锡剧团修改、提升锡剧大戏《@所有人》，聘请中国评剧院国家一级导演、编剧韩剑光，省戏校的刘宾等，对锡剧团创排传统大戏《玉蜻蜓》进行辅导。对开始实习的20名锡剧表演专业大专生，实施拜师学艺、名师带高徒和团内强化培训等。

【评弹团】 2020年，市评弹团围绕“抗疫”主题，创作演出开篇《众志成城抗疫情》、评话《保重，无畏的“逆行者”》、开篇《巾帼赞》等作品。由评弹艺术家陆建华创作，评弹团优秀青年演员演出的中篇弹词《瞧这一家子》，获牡丹奖文学奖提名，参加第三届苏州市“文华奖”艺术展演季（舞台艺术类）评选，获评三个单项奖，陆建华获文华荣誉奖、金怡晨获文华表演奖、张碧华获文华音乐设计奖。开展“千场评弹进百村”项目，在全市28个村（社区）安排评弹惠民演出840场，服务听众6万多人次。完成“评弹进百村”项目惠民演出200场。

【锡剧团】 2020年，市锡剧团创作锡剧《拼将热血有一腔》，以文艺形式为抗击疫情助力。原创锡剧《@所有人》修改提升，参加第三届苏州市文华奖展演和“2020中国·深圳市青年戏剧月”展演。原创锡剧小戏《还债》参加江苏省五星工程奖复赛及苏州文联志愿服务走进千灯展演。全年演出120场。其中，村村行巡演55场；安全生产月专场及巡演25场；“塔弄夜巷”文艺演出4场；红色剧场进千村美居5场；“虞歌畅晚”、环保专场等。

公共文化服务

【概况】 2020年，全市有常熟博物馆、常熟市文化馆、庞薰琹美术馆、常熟美术馆、常熟图书馆、常熟大剧院等市级文化场馆和基层文化场馆77家，全年城乡人均接受文化场馆服务次数5.04次。常熟市博物馆获评国家一级馆。市文体旅局完成2020年文化惠民券项目、公共文化服务创新项目证评及配送等一系列年度重点公共文化项目工作。完成2020年度“村村演”“情暖常熟”“评弹进百村”等公益惠民演出255场。组织第十三届常熟市阅读节和第十届常熟市少儿阅读节，期间举办各类阅读活动200多项。举办2020年“我的舞台我的梦”常熟舞王大赛等。至2020年年末，全市基层特色文化场馆共计77家，村（社区）综合性文化服务中心324个，其中，2020年新建7个，年内常熟市实现基层文化场馆全覆盖。

【常熟博物馆】 2020年，常熟博物馆获评国家一级馆，成为江苏省首批成功创建的县级单位，也是苏州大市唯一一家国家一级馆。2020年，常熟博物馆申请国家资金257万，年内预拨150万元，启动库房藏品管理系统数字化工程项目，完善常熟博物馆文物数字化保护利用项目实施方案，完成网上商城采购和正式招投标，并开始施工。推出线上博物馆宣传活动——“鼠你最宅”系列，全年共推出100期。推出一系列精品展览，自办展览12个；《心师造化——常熟博物馆藏绘画展》《钱谦益与虞山诗派文物特展》《盛世藏珍——常熟博物馆一级文物特展》等；参与输出外展3次，其中在南通博物苑举办《江南风雅——常熟博物馆藏文房珍玩展》（5—7月）、在吴江举办五馆联展《江海万里通——江南与海上丝绸之路特展》、在重庆中国三峡博物馆举办春意江南——常熟博物馆馆藏花鸟画展；引进福建省民俗博物馆的《石之天成——寿山石雕刻展》、杭州博物馆的《鸿雪铿鸣——西泠印社早期社员作品展》2个展览。

【常熟市文化馆】 2020年，常熟市文化馆围绕“抗疫”创作专题艺术作品，包括音乐快板《战“疫”，我们在一起》、舞蹈《最美的温暖》、歌曲《你鼓舞了我们》、朗诵作品《中国加油》、一批反映抗战疫情题材的美术摄影作品。完成50场文化惠民“情暖常熟”文化馆综艺专场演出，举办“我的舞台我的梦”2020年常熟舞王大赛暨“湖畔现代城杯”第六常熟星·舞蹈才艺大赛，全市100多个节目和600多名选手参与比赛。举行“共圆小康梦，舞出新未来”常熟舞王大赛总决赛，承办“虞歌畅晚”常熟方塔夜巷亮灯启幕暨“水韵江苏·又见美好”主题游苏州分会场启动仪式。

【常熟美术馆】 2020年，常熟美术馆通过以展促藏和鼓励捐赠的方式，新增收藏艺术品54件，其中：中国画作品20件；书法作品6件；油画作品2件；版画作品2件；素描、速写作品24件。年内举办各类展览共17场，其中自主策划自办展览6场、馆际交流展5场、邀请及申请展6场。开展公教活动24场，接待参观7万人次。美术馆响应“虞歌畅晚”夜经济，推出“红豆之约——美术馆文化夜沙龙”文化品牌服务活动，打造美术馆特色文化IP。11月，“红豆之约”——美术馆文化夜沙龙活动获评“2020年度常熟市爱国主义教育基地优秀主题活动”。

【庞薰琹美术馆】 2020年，庞薰琹美术馆新增收藏艺术品6件，其中：民间美术1件，中国画作品5件。完成庞薰琹家属拟捐赠文献资料整理、建档及信息核对工作。经统计，藏书、信件、手稿、剪报等藏品共计1.8万余件，均已做好分类归档工作。

9月18日，虞山画派系列作品展在常熟博物馆举行

（市融媒体中心　提供）

【常熟图书馆】 2020年，常熟图书馆到馆1088848人次，图书借还664120册次，其中成人借还187780册次，少儿借还155368册次，分馆流通点借还320972册次；借阅人次644697人次，其中成人借阅218502人次，少儿借阅70355人次。历史文献部阅览287人次，地方文献阅览室阅览139475人次，城市悦书房借阅人次34668人次，文昌阁报刊阅览室959人次，分馆借阅180451人次。历史文献部阅览册次4599册次。总馆新增图书35520册，分馆新增图书41689册。向分馆配送流转图书期刊64次，55932册次。年内，市图书馆在“书香战疫”全国百家图书馆馆员慰问武汉同仁书信大赛中获得优秀组织奖、活动纪念奖；被评为江苏省社会科学普及示范基地、苏州市三八红旗集体、常熟市“敬老文明号”等。

【常熟大剧院】 2020年，常熟大剧院克服疫情影响，举办演出活动90场，接待观众近6万人次，部分活动开通网络直播，点击量近20万次。6月21日，因疫情停摆153天的常熟大剧院举办复演首秀《艺起来 常精彩“致敬最美逆行者 共创美好新生活”公益演出》，用艺术致敬抗疫英雄。12月26日晚，常熟市文明办、市新时代文明实践中心办公室、市文体广电和旅游局联合主办，常熟大剧院自主策划承办的常熟文化志愿服务公益惠民系列活动年度收官演出《艺起来 常精彩·“礼献虞城 筑梦百年”常熟百姓大舞台2021年迎新晚会暨常熟大剧院开业八周年群众文艺专场》举行，吸引800余人到场观看，演出开通微信网络照片直播，点击观看超过2.4万人次。

（朱　霖）

【农家书屋建设】 2020年，市宣传部门对农家书屋运营情况进行调研，做好农家书屋数字化平台建设和相关培训工作。辛庄镇王晓炜、琴川街道徐佳正获评江苏省优秀书屋管理员。辛庄社区综合文化服务中心农家书屋、东南街道东渔村农家书屋成功申报

2020年度苏州市百个重点志愿服务项目，获苏州市奖励扶持。（罗文青）

文化产业

【概况】至2020年年底，全市文化产业增加值实现120亿元，GDP占比约为5.1%。全市共有规上文化类企业71家，全年营收为221.29亿元，其中超亿元企业20家，超10亿元企业4家。云裳小镇、沙家浜华侨城唐市古镇大型文旅综合体、铁琴铜剑楼历史文化旅游街区和红豆山庄康养游综合体4个项目被确定为2020年度苏州市文旅产业重点项目，至年底均完成年度建设计划。2020年，常熟市落实扶持政策，做好2019年度文化产业转型升级专项资金的申报工作，涉及文化产业类19个，落实扶持资金417万元。

【文化产业园】至2020年年底，常熟市有沙家浜江南水乡影视产业园、常熟国家大学科技园、虞山尚湖江南文化产业园3家省级文化产业园；波司登（中国）服装研发设计中心、常熟同济文化科技产业园2家苏州市级文化产业园区；常熟人大文化科技园、北影文化科技园、古里铁琴铜剑楼知旅文化街区、江南印象童心小镇、隆力奇康养小镇、江南时尚创意产业园、金剪刀服饰创意研发中心、凤禧旗袍艺术中心、九灵犀、云裳小镇10家常熟市级文化产业园（基地），近10个产业门类涵盖文化旅游、影视制作、创意设计、数字内容、健康养生等各个领域。

【长三角文创产业发展与城市更新论坛】于8月11日在常熟会议中心举行，论坛邀请区域城市政府、协会、业界、媒体人士共聚一堂，以“聚焦产业发展、打造城市‘新引力’”为主题，围绕文创产业发展与城市更新的核心方向，全面联动长三角区域城市，探索新契机、碰撞新思维、寻找新路径、共谋新发展，为中国文创产业发展和城市更新实践提供明确的价值主张和切实的解决方案。论坛中，由上海市创意产业协会、浙江省创意设计协会以及常熟市创意设计协会共同发起倡议：坚持“以人为本”的价值导向，坚持“文化自信”的思想根基，坚持“长三角一体化”的发展战略，坚持“老城市新活力”的更新目标，坚持“绿色、低碳、环保”的核心理念，重塑城市吸引力、提高全球竞争力，共同推动长三角乃至中国城市的更新发展。

文化市场管理

【文化市场监管】2020年，市文体旅局按照上级要求，落实各项防疫常态化措施，年内全市文体旅行业无疫情发生。进一步梳理文体旅系统行政权力事项（六类）清单及公共服务事项清单，推进放管服改革，做好“一张网”工作平台维护，做到审批时限比法定时限提速60%以上。

【文化市场综合执法】2020年，文化市场执法大队出动执法人员6427人次，检查经营单位2316家次，办结行政案件63件，依法没收非法出版物9850件，收缴罚没款86.83万元，查处各类举报221件。

【文化领域专项整治】2020年，市文体旅局开展安全生产、扫黑除恶专项斗争、“扫黄打非”、无证整治等工作，对娱乐场所、广播电视安全播出、版权、文物保护等行业进行全方位整治。（朱　霖）

新闻出版和电影管理

【概况】2020年，市委宣传部着力维护新闻出版市场秩序，加强新闻出版管理，稳步推进版权工作，规范商业影院管理，做好农村电影流动放映工作，新闻出版和电影管理制度不断完善。开展农村电影公益放映转型升级试点调研工作，全年公益电影放映3226场次；发放乡镇首家影院、国产片放映奖励专项资金。健全影院和印刷行业管理规范，加强安全专项督查。至2020年年底，全市有商业影院23家，全市年票房收入2787.79万元。

【新闻出版和版权工作】2020年，市委宣传部优化新闻出版、电影管理行政服务和审批流程，提高审批效率。年初，对全市印刷企业和出版物发行单位进行年度核验，在确保疫情防控安全的同时提高审验质效，做好全市363家印刷企业和209家出版物零售单位的年检与出版物零售单位换证工作。通过年检，对经营单位进行分类梳理和登记，同步落实市场准入退出机制。完成2020年度实体书店资助项目申报和对镇、街道经济社会管理赋权的协议起草、签定赋权工作。初审推荐“2020年江苏省优秀版权作品产业转化重点项目”和2020年苏州市优秀版权奖等项目单位。

【商业影院管理】2020年，市委宣传部按照江苏省委宣传部和苏州市委宣传部电影管理的相关要求，规范城区商业影院管理。做好乡镇首家影院、国产片放映奖励专项资金的发放工作。组织影院做好电影专资贴息、“苏影保”抗疫专项金融服务企业的初审申报。7月，按《江苏省电影局关于做好疫情防控常态化条件下影院恢复开放的通知》、苏州市和常熟市防控指挥部要求，拟定标准、发布通知、做好备案，会同卫生疾控部门完善应急预案，实地监督巡查，推动全市影院有序复业。

【农村电影公益放映试点】2020年，市宣传部门在对5个试点镇农村电影公益放映转型升级进行试点调研的基础上，制定并下发《关于依托乡镇影院推动农村电影公益放映转型升级试点的实施方案》。下达年度农村电影公益放映任务，年底做好考核工作。推动乡镇影院全覆盖建设，尚湖镇、海虞镇各建成幸福蓝海院线影院1家。

（罗文青）

融媒体中心

【概况】 2020年，常熟市融媒体中心（传媒集团）组建。通过优化整合，设置职权清晰的组织架构体系，确立中心（集团）东、西、南三大功能区定位，推动“策、采、编、播、发”一体化流程，逐步形成报、台、网、微、端一体化运营传媒矩阵。聚焦经济发展和社会民生，中心与有关部门和单位合作成立融媒体分中心。广播电视发射塔重建工程竣工启用；完成应急广播播控平台建设；推进融媒指挥中心、全媒体高清演播室建设、“4+2讯道移动视音频直播系统等工程项目。获评省先进广播电视单位；与国内多家单位联合采制的《四十城·四十年》，获评首届中国广播电视大奖评选电视专题类大奖，《幸存者》获江苏省广播电视政府奖纪录片奖，广播剧《王淦昌》获全省党员教育新媒体类作品三等奖。

【融媒体中心挂牌组建】 5月23日，市融媒体中心（传媒集团）揭牌成立。按照常熟市委机构编委会《关于组建常熟市融媒体中心的通知》，撤销常熟市广播电视总台和常熟日报社，组建常熟市融媒体中心。该中心为市委直属事业单位，归口市委宣传部管理，主要职能为推动媒体融合发展，引导、服务群众；制定市级新闻宣传工作计划和融媒体事业发展规划，做好重大技术项目的论证并组织实施；参与全市政务、公共服务、民生服务和数字化城市建设；融媒体平台的建设、管理与维护；新媒体宣传与运行维护等。

【主流思想舆论宣传报道】 2020年，市融媒体中心围绕常熟市委工作主线，完成市委（扩大）会议、重点产业项目开工、经贸洽谈会、农民丰收节、旅游节、服博会、苏州·中国声谷全球推介等重要会议、重大活动的报道；围绕疫情防控、优化营商环境、安全生产、污染防治、千村美居、全面建成小康社会、文明城市创建等开设20多个重点专题专栏。聚焦经济发展和社会民生，与常熟市委政法委、常熟经开区、常熟高新区、虞山高新区、古里镇、海虞镇等合作成立融媒体分中心，开播主旋律融媒专栏《“三增三进”看工业》《“千村美居”基层行》《海棠之声》《常熟UWC+》。

【特色活动及栏目】 2020年，市融媒体中心承办苏州市中国农民丰收节、“双十二”苏州购物节——购享常熟系列活动、常熟春季文化旅游节云直播、健康城市月等重点活动。组织常熟市两会、疫情防控云诊室、“三增三进”大讨论、常熟市阅读节、苏州市长江禁渔执法等近百场全媒体直播活动。《网上新闻发布厅》发布13期，《青年工作室》出刊10期，《民声汇》组织12期，《新观察》播出24期。开展新闻记者“走基层”活动，推出“‘千村美居’——美丽常熟基层行”大型融媒采访活动。发挥舆论监督作用，通过《曝光台》《午间风》和“梦乡帮忙团”、新媒体投诉爆料平台等，直面群众，解决问题。组织40期“政风行风热线”和5场“基层行”活动。举办常熟十大新闻暨城市英雄颁奖、全市垃圾分类趣味大赛、首届中老年风采大赛、百对金银婚纪念活动、“幸‘盔’有你，平安出行”等公益活动30多场。组织首届广电直播购房节和农产品展销会、观致汽车总裁特批团购会、董浜小玉米直播带货等活动近30场。

【对外宣传】 2020年，常熟连续多月在《联播苏州》苏州各区县供稿单位中名列第一；在“学习强国”苏州平台录用稿件数量达1321篇，居苏州大市第一；专题片《七峰村的变迁》在央视《中国新闻》栏目播出，纪录片《幸存者》首次登上中国国际电视台英语纪录频道；与澳门8家主流媒体开展战略合作，共享两地宣传资源；广播剧《雨花英烈任天石》在省电台、蜻蜓FM、阿基米德等多个平台播出；“千村美居”系列报道等作品，在新华社客户端单条点击量均超过100万；11月，《人民日报》、新华社、央视、凤凰新闻等媒体对“澳门、常熟加强文化交流合作”和“第四届黄公望两岸文创设计大赛”进行报道。

【“看常熟”App改版】 10月1日，市融媒体中心“看常熟”App二期工程上线，新版分为“融发布”“播看听”“云服务”“惠商城”和“我的”5个板块。二期工程优化App登录流程和并发量，实现App、微信等多系统用户登录，自主研发App发券核销系统，为大型直播活动提供技术保障。在App平台统筹下，市融媒体中心频道、频率、纸媒、微信公号、网站、屏媒、公交移动电视等实现同频共振，传统媒体与新媒体实现“新老”协同创新，形成全天候传播链。

5月23日，常熟市融媒体中心（传媒集团）揭牌仪式暨改革动员大会举行
（市融媒体中心 提供）

【新广播电视发射塔投用】 11月20日，新建的广播电视发射塔通过国家广电总局广播电视检测中心天馈及发射系统测试正式投用。广播电视发射塔紧邻沙家浜路，塔身为全钢结构，高180米，采用空间桁架结构体系，体外轮廓呈双曲线造型，集广播、电视发射、节目传送和卫星接收于一体，兼具建筑景观等功能，总投资约1.45亿元。

【疫情防控专题宣传】 2020年，常熟市融媒体中心通过中心融媒传播矩阵发布疫情防控信息、工作动态、指挥部公告及政策解读、科普知识等内容。《常熟日报》刊发“坚决打赢疫情防控阻击战”专版120个、整版公益广告26个、头版报角广告43期；《战“疫”一线党旗飘扬》专栏刊发报道16篇，《防“疫”一线暖心故事》专栏刊发报道31篇；聚焦全市复工复业情况，开设专栏《三增三进抓落实》《常熟高新区：拼出高质量发展新天地》《奋战一千天，再造一个经开区》《稳外贸，促发展》。

【常熟·澳门融媒体战略合作】 11月3日，“熟门熟路”常熟·澳门融媒体战略合作协议签署暨木雕版《湖天春色图》揭幕仪式在广东珠海举行。此次战略合作为常熟、澳门媒体展开全方位合作、促进资源共享、助力两地经济发展搭建全新平台。活动现场同时举行木雕版《湖天春色图》揭幕仪式。央视中文国际频道、新华社客户端、今日头条、凤凰新闻、中国网、网易新闻、珠海电视新闻，以及澳门媒体等对活动作报道。

【《难忘的岁月——追忆常熟革命故事》】 2020年，市融媒体中心、市委党史工办联合推出大型特别节目《难忘的岁月——追忆常熟革命故事》。节目由《春来茶馆》电视栏目组制作，常熟评弹团原团长陆建华、锡剧团原团长汪耀进用常熟方言主讲，共12集，分别讲述李建模、任天石、薛惠民、徐青萍、朱爱秾等多名常熟革命志士的英勇事迹。节目视频在张家港谢恺故居、梅李党史博物馆播放，同时作为在校学生第二课堂学习资料。该节目在全省党史优秀成果评比活动中获影音类三等奖。 （俞 纲）

常熟市哲学社会科学界联合会

【概况】 2020年，常熟市哲学社会科学界联合会（以下简称市社科联）组织苏州市社会科学基金项目申报和常熟市哲学社会科学应用研究立项课题结项工作。做好苏州新型智库调研基地、苏州市第15次哲学社会科学优秀成果、江苏省社科应用研究精品工程课题等申报工作。组织各地各部门开展社科普及周相关活动。至年底，市社科联业务主管的社团28个；社科普及基地13个，其中苏州市级4个，江苏省级2个，全国级1个。

【课题研究】 2020年，市社科联结合江苏省、苏州市重点应用课题研究工程和市委、市政府工作目标，面向全市开展社会科学应用研究课题结项工作，共有《常熟市“千村美居”建设中乡风文明的培育途径思考》《“十四五”时期常熟全面提升产业链现代化水平的对策与思考》等63个课题结项。

【项目评比】 2020年，市社科联继续推进社科普及工作常态化、社会化、品牌化建设，面向全市组织开展2020年度社科普及创新引导扶持项目申报工作，“虞燕送理”理论宣讲云平台、“万物来潮”S·FAIR国潮夜市活动和翁同龢诞辰190周年系列活动等6个项目入选苏州市2020年度社科普及创新引导扶持项目。（徐 雯 徐洁莹）

地方志工作

【概况】 2020年，市地方志编纂委员会办公室挖掘地方文化，推进志书编纂、地情文化书籍编写和方志文化宣传，不断扩大方志工作影响力。年内指导《古里镇志》申报“中国名镇志系列工程”，《碧溪新区（街道）志》《肖桥村志》《常熟市政法志》《常熟市环境保护志》4部志书出版发行；《常熟市扶贫协作和对口支援志》《中国名镇志·古里镇志》《蒋巷村志》《常熟市水利志》等10部志书在编；启动《重修常昭合志》重新点校和《（崇祯）常熟县志》点校；出版《江南福地——常熟市情读本》《常熟史志文萃》等地情书籍；出版《常熟年鉴（2020）》，启动镇级年鉴试点，《常熟市碧溪年鉴（2020）》实现年内出版。在2020年度江苏省地方志书质量评定中，《常熟市志》获评县（市、区）志优秀成果；《虞山镇志》《沙家浜镇志》获评镇村志优秀成果。完成苏州《风规千寻》中常熟蒋氏、冯氏、归氏3个家族内容的编写。

【常熟史志协同创新研究中心揭牌】 9月28日，常熟史志协同创新研究中心在常熟理工学院举行揭牌仪式，常熟理工学院副校长钱素平、常熟市人民政府副市长赵红为研究中心揭牌。该中心是市地方志办与常熟理工学院“校地合作”项目，聘请2名学术顾问和12名协同研究员。年内就《重修常昭合志》重新点校、《常熟年鉴》索引编制、史志文化讲座等3个项目达成框架协议。揭牌仪式上，市地方志办和市图书馆还向常熟理工学院捐赠方志年鉴55种360册，地方文献11种187册。

【《常熟年鉴（2020）》出版】 9月，常熟市人民政府主办、常熟市地方志编纂委员会办公室承编的《常熟年鉴（2020）》由方志出版社出版。该书为第25卷，全书89.9万字，设38个类目、246个分目，1279个条目，随文照片61张，表格54张。卷首彩页设区镇风貌、经济建设、政治建设、文化建设、社会建设、生态文明建设和对口帮扶7个部分，共91张照片，较为全面、翔实地记录2019年度常熟市各方面的发展变化情况。

【《江南福地——常熟市情读本》出版】 12月，中共常熟市委组织部、中共常熟市委宣传部、常熟市地方志编纂委员会办公室编纂的《江南福地——常熟市情读本》由广陵书社出版。该书15万字，分山水名城、经济强市、宜居福地、红色热土、星光灿烂、大事掠影、诗咏常熟等7个部分，展示常熟悠久的历史、厚重的人文、红色的经典和取得的成就。

【《常熟史志文萃》出版】 12月，常熟市地方志编纂委员会办公室主编的《常熟史志文萃》由古吴轩出版社出版。该书25万字，共收录史志文章32篇，分文化论坛、红色史印、口述历史、人物探究、文学评说、文海拾遗、往事钩沉、名人足迹、古籍介绍、古迹考证、旧志今读等11个板块，文章从不同角度展示常熟丰富的历史文化资源，彰显常熟厚重的历史文化底蕴。

【《常熟市碧溪年鉴（2020）》出版】 12月，《常熟市碧溪年鉴（2020）》由常熟市人民政府碧溪街道办事处编纂，古吴轩出版社出版，是苏州市首部街道年鉴。该卷年鉴35万字，设特别报道、碧溪大事记、碧溪概览、碧溪新区党工委、碧溪新区人大工委、工业、农业、商贸服务业、经济管理、镇村建设等20个类目，下设149个分目、653个条目，收录图片162幅、表格19张。

【史志"六进"工程】 2020年，常熟市地方志办向世界联合学院、市图书馆、扶贫办等机关、村、社区、学校、部队赠送常熟史志读物1240多套。联合市委老干局成立"传承红色基因，讲好常熟故事"红色宣讲团，组建红色宣讲志愿服务队，进入机关、学校、企业、社区等宣讲革命历史故事9场，受众人数600多人。联合常熟理工学院组织举办"常熟地方文献展"和首场史志文化讲座。 （李　妍）

档案工作

【概况】 2020年，市档案馆坚持"为党管档、为国守史、为民服务"宗旨，围绕中心服务大局，推进涉改单位档案处置，举办涉改单位进馆业务培训；深入企业授课、线上解疑，帮助企业提高档案业务水平；制订常熟市疫情防控材料归档范围和保管期限参考表，做好新冠疫情防控档案归档工作；优化智慧档案系统软硬件性能，加强信息化系统网络安全工作建设，完成日常安全运维巡检工作，新建政务网EDR安全中心系统。全年征集档案资料约4671件（张），对拟征集进馆的5008件档案资料进行集中鉴定，采访10名驰援湖北抗击新冠肺炎疫情的医护人员，制作口述档案。做好2019年国家档案事业年报统计工作。

【档案保管与利用】 2020年，市档案馆接待查阅利用档案7694人次、44836卷件次、复印18980页，查阅资料32人次，116册次，解决长三角异地查阅民生档案13例。全年共计开展查档复核20次，涉及范围包括工龄、婚姻等信息，找到有价值的相关资料6份。年初疫情期间，坚持查档服务不打烊，确保闭馆不"断档"，解答窗口咨询电话732个，查档320人次；利用全市"民生共享利用平台"，实现疫情期间档案利用714次。全年接收11家机构改革单位和市婚姻登记处、市委办（初心办）、虞山镇琴湖管理区、市档案馆征集编研科档案进馆，共41069卷、77350件、60册；接收市法院1578箱寄存档案。

【基层档案工作业务指导】 2020年，市档案馆印发《关于开展涉改单位档案接收工作的通知》，举办涉改单位进馆业务培训，明确进馆要求和标准，督促涉改单位按时完成任务。开展建档惠企工作，将全市现有市级以上18家国企全部纳入市级机关档案工作协作组，列为档案工作监管对象。制订常熟市疫情防控材料归档范围和保管期限参考表，对疫情防控指挥部工作组和各镇、街道的疫情防控档案整理归档工作开展现场业务指导，举办全市疫情防控档案工作培训会。对全市出生医学证明档案开展规范化管理，举办出生医学证明档案管理培训班，并做好跟踪管理和咨询指导。对常熟42项苏州市2020年重点项目进行逐一核对，反馈苏州市档案馆；完成常沙线（南三环—沙家浜互通）快速化改造工程档案专项验收；指导碧溪街道办事处高分通过档案工作省五星级规范测评验收。

（倪冬梅）

8月28日，市档案馆举行征集发布会暨档案捐赠仪式。图为向篆刻家归之春颁发收藏证书

（市档案馆　提供）

责任编辑：彭尚炯

历史文化名城保护

综　　述

【概况】 2020年，常熟市在名城、名镇、传统村落、历史文化街区、历史建筑等各个领域，全面开展保护工作。修编2035版历史文化名城和名镇保护规划。编制传统村落保护发展规划。开展历史街区整理更新试点工作。开展历史建筑和传统风貌建筑的保护工作。成立“名城保姆”志愿者队伍，加强宣传与巡查，保护全市历史文化资源。建立香山帮传统手工艺匠人名录库，保护和传承传统手工艺，全年累计登记入库44人。完成常熟“国家历史文化名城”调研评估工作。完成历史文化街区和历史建筑自查评估工作。完成传统村落实地调研工作。

【历史文化名城保护规划修编】 2020年，常熟市组织开展2035版历史文化名城保护规划的修编工作，将2030版规划之后，常熟市历史文化资源的变化情况及最新研究成果，纳入其中。并依照最新的《历史文化名城保护规划标准》，对常熟市已公布历史建筑提出相应保护要求和保护措施。并将南门坛上历史文化街区的保护范围纳入历史城区的保护范围中。

历史文化街区保护

【概况】 常熟的历史文化街区具有鲜明的特色，有以小桥流水、粉墙黛瓦的七弦河传统民居为特色的琴川河历史文化街区；以名人故居和传统工艺为特色的南泾堂历史文化街区；以古典园林和历史文化陈列馆为特色的西泾岸历史文化街区；以关厢文化和市井文化为特色的南门坛上历史文化街区。2020年，常熟开展历史街区整理更新试点工作，街区整理更新范围为常熟历史城区内的南泾堂、西泾岸、琴川河、南门坛上4个历史文化街区和山前街、和平街、东门大街、南门大街4个历史地段。

【历史街区整理更新试点】 3月，由市名城办、虞山街道等组成工作专班，驻点社区开展街区整理更新前期调研工作，摸排院落、确定试点、起草工作方案及配套工作机制，并经多次会商讨论、修改完善。11月22日，经市委第139次常委会和市政府第53次常务会讨论通过后，工作方案、配套机制、组织架构正式确定，并由市委办、市府办出台《关于印发〈常熟市历史街区整理更新试点工作方案〉的通知》。市十五届人大常委会于11月27日第三十次会议通过《关于批准〈我市历史街区整理更新试点工作方案〉的决议》。11月初，房屋使用权集中工作专班进驻现场，开始房屋使用权集中试点工作。

链接：

琴川河历史文化街区　由琴川古运河及两岸民居与街巷构成，是江南水乡城市的典型代表。其核心保护范围面积约13.00公顷：东至河东街，南至阁老坊，西至焦桐街、言子桥，北至环城北路，包括言子专祠、燕园和六弦河、七弦河地带。建设控制地带面积约23.40公顷：东至环城路，南阁老坊，西至县南街、北门大街，北至环城

琴川河历史文化街区　（虞山街道　提供）

北路，包括方塔园周边地区。

西泾岸历史文化街区 因古城内原有一条名为“西泾”的小河而得名，众多大户府邸形成一座座私家园林，同时中国古代藏书史上具有极高地位的江南著名藏书楼——脉望馆、天放楼也坐落于此。其核心保护范围面积约9.20公顷：东至书院街、南至翁府前——荷香馆及曾园赵园，西至白虎弄，北至中巷、西仓前下塘。建设控制地带面积约8.38公顷：核心保护范围以外，北至西门大街，南至环城西路，东至书院街、西至白虎弄。

南泾堂历史文化街区 位于古城南部，有翁家巷门、南市里、南泾堂和午桥弄共4条保存比较完整的历史街巷，也是该街区内部生活性的主要街巷，整体格局及建筑风貌基本上保存清末民初以来的特色风貌。其核心保护范围面积约8.00公顷：东至粉皮街，西至书院街，北至山塘泾岸、报本街，南至祝家河、南门大街。建设控制地带面积约7.91公顷：东至县南街，西至书院街，北至草荡，南至祝家河、南门大街区域中核心保护范围之外部分。

南门坛上历史文化街区 始于明代，兴盛于清末民初，延续至今。因与护城河紧邻对外交通方便，区位优势使其成为近代常熟主要的商业中心之一，在历史上有很高知名度。其核心保护范围总面积约23.18公顷：以四丈湾、缪家湾、上塘街、平桥街、南新街、君子弄、总马桥大街、永宁巷、横街、范家市、陈家市、塔湾、通河桥弄、迎春街、东仓街为中心向两侧延伸50—100米范围，划分为元和塘片约8.39公顷，南门坛上片约5.99公顷，通河桥片约8.80公顷。建设控制地带总面积约34.92公顷：在核心保护范围外，主要包括红旗南路两侧、元和路东侧、花园浜路两侧、迎春桥弄两侧、仓河沿南侧及电灯浜北侧区域。2020年，老三星副食品商店经修缮后，恢复经营副食品老字号名店，体现南门坛上市井文化浓厚气息。新建路10号修缮后作为“三层楼书画院”使用，日常举办文创雅集，交友品茗，人文气息浓厚。

历史建筑保护

【概况】 常熟市有101处历史建筑和大量的传统风貌建筑，2020年，常熟市按照历史建筑保护工作链流程，从普查、挂牌、测绘建档、结构安全评估、修缮、活化利用等多个方面，开展历史建筑和传统风貌建筑的保护工作。

【历史建筑及传统风貌建筑保护】 2020年，常熟开展全市域优秀建筑普查，以充实完善历史建筑后备库，登记入库50余家。在苏州市范围内，率先实施历史建筑保护承诺书机制，把对每一处历史建筑的保护落到实处。建立全面规范的历史建筑档案模板。完成30处历史建筑的测绘建档和挂牌工作以及20处历史建筑的结构安全评估工作。成立常熟市古建筑专家评审指导组，规范历史建筑、传统风貌建筑的修缮行为。编制《常熟市传统风貌建筑修缮要点（试行）》。在历史建筑修缮保护过程中形成“事前审核—事中监督—事后验收”的流程，2020年开展包括各个传统村落在内的百余处历史建筑、传统风貌建筑、直管公房修缮的监督和验收工作。

【传统建筑组群保护】 12月29日，12处建筑群入选首批江苏省传统建筑组群目录，分别为古里镇铁琴铜剑楼传统建筑组群、徽州会馆传统建筑组群、刘氏敦厚堂传统建筑组群、李市村东街68、69号传统建筑组群和沙家浜镇北新街21—24号传统建筑组群、东北街49号望贤楼传统建筑组群、繁荣街34、36、38、40号传统建筑组群、中心街108、110、126号唐市支局旧址传统建筑组群、中心街89、91、93、95号传统建筑组群、繁荣街41、45号传统建筑组群、北新街42号李雷故居传统建筑组群、繁荣街49、51号唐市繁荣街传统建筑组群。

市域遗产保护

【历史文化名镇保护】 常熟有2个中国历史文化名镇，分别为以红色文化、湖荡文化为特色的沙家浜历史文化名镇和以典型江南水乡文化为特色的古里历史文化名镇。2个苏州市历史文化名镇，分别为“东乡十八镇，梅李第一镇”的梅李镇和“邻近尚湖，生态宜居”的尚湖镇。2020年，组织开展《沙家浜历史文化名镇古镇保护规划》和《常熟市古里镇历史文化名镇保护规划》的2035版修编工作。

【传统村落保护】 3月4日，古里镇李

中国传统村落李市村　（古里镇　提供）

市村李市、梅李镇沈市村沈市、辛庄镇吕舍村吕舍和碧溪新区李袁村问村被公布为第一批江苏省传统村落，其中李市也是中国传统村落。11月25日，对李市村中国传统村落进行挂牌保护。12月28日，董浜镇观智村天主堂成为第三批江苏省传统村落。完成第一批4个省级传统村落保护发展规划的编制工作，稳步推进各类传统村落保护项目的实施，沈市村完成朱爱秾烈士故居的复建，吕舍村完成濮河桥的修缮，李市村完成3座古桥梁、2段驳岸的修复以及供销社、李市大街63号的修缮。其中李市村"李市古村整体保护改造及修缮工程"获2020年度苏州市传统村落保护利用示范项目。

（徐永丽）

文物古迹保护

【概况】 至2020年年底，常熟市共有各级文物保护单位173处，其中全国重点文物保护单位6处，分别是：綵衣堂、崇教兴福寺塔（方塔）、燕园、赵用贤宅、聚沙塔和常熟言子祠；省级文物保护单位20处、市级文物保护单位147处，控制性保护建筑87处。

【国家级文保单位保护】 2020年，常熟市文物局制定《文物安全专项整治工作实施方案》，在全市范围内建立健全的、多层次的文物安全巡查制度。积极推进国保单位"消防""安防""防雷"三防工程建设。綵衣堂消防工程方案获省文物局审批通过。完成崇教兴福寺塔、言子祠、赵用贤宅的"三防"方案编制；启动编制聚沙塔安防工程设计方案；编制完成"常熟市文物安全试验区"方案并报省文物局；制作完成第八批国保单位标志牌。

綵衣堂　　（市文体旅局　提供）

链接：

綵衣堂　位于城区翁家巷门。坐北面南，居第三进，属翁氏故居中主体建筑。硬山五脊顶，面阔3间，进深五架并轩前后廊共九架，用材硕壮。翁同龢曾在此度过少年时期。1982年被列为省级文物保护单位。后由省市拨款修缮，1991年11月与翁氏故居同辟为"翁同龢纪念馆"。为全国重点文物保护单位。

崇教兴福寺塔（方塔）　在古城区东部。塔下原有崇教兴福寺，故名为崇教兴福寺塔。因外观呈正方形，俗称"方塔"。始建于南宋建炎四年（1130），1977年，以塔为中心辟建方塔公园，1999年完成塔身大规模修复。修复后的方塔，总高度为67米，砖木楼阁式，四面九层，逐层递收，每层四面有围廊、栏杆，四壁均有火焰形门洞。塔内部呈筒状，从底层可援木梯直达顶层，系常熟古城的标志性建筑，为全国重点文物保护单位。

燕园　位于区辛峰巷。园内有虞山黄石假山一座，取名"燕谷"，园因此名"燕谷园"，亦称"燕园"。园占地3525平方米，平面呈南北长而东西窄之狭长形，为江南著名古典园林。园内建筑依次有三婵娟室、七十二石猴太湖石假山、童初仙馆、梦青莲花庵、五芝堂、燕谷黄石假山、赏诗阁、天际归舟旱舫、伫秋簃、冬荣老屋、一瓻阁、十愿楼等。"燕谷"假山为一代名匠、叠石大师戈裕良之传世杰作。除"燕谷"假山外，其在苏州环秀山庄、虎丘一榭园、扬州意园、江宁五松园均有叠山之作，今唯燕园及环秀山庄2处尚存，为全国重点文物保护单位。

赵用贤宅　位于城区南赵弄。系明代吏部左侍郎赵用贤（1535—1596）故居。存中轴线一组共三进加东西厢房，坐北面南，前进为门屋3间。第二进大厅面阔3间，进深10架椽。厅之东侧厢房为3小间，即著名赵氏藏书处"脉望馆"，所存湖石等系明代故物。系常熟现存最为完整的明代民居建筑。于2005年辟设为“虞山派古琴艺术馆”，为全国重点文物保护单位。

聚沙塔 位于在梅李镇东街梢临常浒河边。全称为“聚沙百福宝塔”。为南宋绍兴年间所建，1996年6月进行全面修复。修复后的聚沙塔为八面七级，高20多米，系砖木混合楼阁式结构，保留始建时的形制及部分木构，特别是发现的底座（须弥座）精细原砌筑件，对研究江南宋塔具有极高价值。塔前立乾隆三十二年（1767）刻石碑一通。1986年起，塔院逐步扩建为“聚沙公园”。为全国重点文物保护单位。

常熟言子祠 位于常熟市学前街25号，南宋庆元三年（1197）建，南宋端平三年（1236）迁建言子祠于文庙之后，明成化二十二年（1486）重建言子祠于文庙东，弘治十三年（1500）重修。现存为明代遗构。常熟言子祠现存三进院落，总占地面积1008平方米，第一进祠门、第二进仪门和西厢房以及第三进正殿均为明代建筑。正殿外形为方三间单檐歇山顶，面阔和进深均10米，构架为四架梁接前后乳栿四柱八架椽，圆作月梁造，柱为楠木。常熟言子祠是专门祭祀孔子学生言子的祠庙。为全国重点文物保护单位。

9月6日，外国友人到常熟开展“闻书香·听非遗”寻访文化古里采风活动

（市融媒体中心 提供）

非物质文化遗产保护

【概况】 至2020年年底，常熟市共有市级非物质文化遗产项目117项，其中国家级项目2个，省级项目18个，苏州级项目17个。市级及以上非物质文化遗产传承人101人，其中国家级传承人2名，省级传承人6名，苏州级传人17名，常熟市级传承人69名。建成白茆山歌馆、虞山派古琴艺术馆、常熟评弹艺术馆、碧溪新区非遗馆、常熟花边社等一大批集展示、演出、培训、研究、交流等功能于一体的非遗特色场馆。

【白茆山歌】 流传于常熟白茆塘一带，为常熟民歌的代表，属吴歌一脉，具有鲜明的农耕文化和江南水乡特色。曲调优美、婉转、悠扬、高亢，有大山歌、小山歌、四句头、吭吭调、打夯调、春调、邀调、划龙船调、搭凉棚等几十种。形式有独唱、对唱、和声、问答。内容有劳动歌、节令歌、时政歌、仪式歌、地名歌、物名歌、历史传说歌，尤其是情歌，占很大一部分。1995年白茆镇建成全国第一家山歌馆。2000年文化部命名白茆镇为“中国民间艺术之乡”。2006年白茆山歌被列为国家级非物质文化遗产。年内组织“闻书香·听非遗”寻访文化古里采风活动。

【古琴艺术（虞山琴派）】 明代晚期中国古琴重要流派。由嘉靖年间大学士邑人严讷次子严澂（号天池）所创建。虞山琴派崇尚“音必当正律，重音而轻辞”，其特点为清、微、淡、远，历来为琴史所推重，名扬海内。明末清初时，徐上瀛对严氏学说有进一步发展，著有《大还阁琴谱》。清顺治十一年（1654），陈翼携琴随使节出访琉球（今日本西南部岛群）。清康熙帝南巡，曾召常熟琴师孙厓至行幄献艺。虞山琴派代有传人，今有“虞山琴社”。2008年古琴艺术·虞山琴派被列为国家级非物质文化遗产。（朱 霖）

责任编辑：李 妍

卫生健康

综　　述

【概况】 2020年，常熟市统筹推进新冠肺炎疫情防控和卫生健康事业发展，健全完善疾病防控体系，纵深推进综合医改，持续开展健康促进，深入实施妇幼健康服务，获评2018—2020年全国计划生育优质服务先进县（市）、第五批国家慢性病综合防控示范区。全市医疗卫生机构539个，其中医院及护理院29个、卫生机构9个、社区卫生服务中心8个、卫生院24个、社区卫生服务站82个、卫生室130个、门诊部58个、诊所、卫生所及医务室196个、其他3个。全市医疗机构拥有床位1.01万张，每千人拥有床位6.02张。全市执业（助理）医师4677人，每千人拥有执业（助理）医师2.79人，注册护士4822人，每千人拥有注册护士2.88人。全市医疗机构诊疗1184.76万人次，门急诊1158.72万人次，出院病人23.40万人次，出院病人对医疗服务综合满意度99.42%。全市全科医生831人，每万常住人口拥有全科医生4.95人。全市疾控人员121人，每万常住人口拥有疾控人员0.72人。全市平均期望寿命83.36岁，居民健康素养总体水平37.04%。

【医疗人才与科技】 2020年，全市公立医疗卫生机构招聘224人，理顺占编劳动合同制人员人事管理关系16人。获苏州市科技局民生科技项目2项、市科技局社会发展科技项目25项、2019年度市卫生健康委医学新技术引进奖34个，确认2019年度市卫生健康委科技计划项目66项。对2018—2019年各级各类科研项目、学科建设等专项资助878.90万元，拨付“科教强卫”奖补资金1020万元。引进“临床医学专家团队”4个。入选苏州市继续医学教育项目86项、市继续医学教育项目95项。新增苏州姑苏卫生青年拔尖人才2人，获评苏州市卫生青年骨干人才“全国导师制”培训人员4人。卫生高级职称送审506人。参加全国卫生专业技术资格初中级考试1336人、卫生人才评价考试16人、护士资格考试7人、全省卫生高级专业技术资格专业实践能力考核562人。全科医师学员转岗培训6人。增加农村卫生人员53人。对基层医疗卫生机构全科医生取得合格证书以后工作满1年、3年、5年的给予一次性奖励141人、共176万元。发放市内一线医务人员临时性补贴3批次136.97万元、省内一线医务人员一次性慰问金161.40万元。评选市抗击新冠肺炎疫情高层次卫生人才8人，表彰全市新冠肺炎防控工作先进集体20个、先进个人150名、优秀志愿者100名。

9月28日，长三角常熟籍医院专家家乡行活动启动仪式在常熟会议中心举行

（市卫健委　提供）

【智慧医疗系统建设】 2020年，全市基层医疗机构（含社区卫生服务站）上线应用基层云HIS系统，支持门诊、住院、电子病历、临床路径、全科诊疗、社区功能、医疗质量管理、健康体检、互联网结算等业务，添加新冠肺炎诊断和记录模板，支撑疫情防控。在32家基层医疗机构安装80台自助机、334台窗口扫码桩，推进基层医院自助挂号结算、窗口扫码支付，自助

挂号43.20万人次，自助结算2.31万笔328.90万元，扫码结算41.87万笔2862.32万元，电子社保卡结算5188人次68.32万元。“常熟智慧健康”微信服务平台实现全市37家公立医院全覆盖，实现预约、挂号、结算（含医保）等功能，增加驾驶员体检预约、疫苗接种预约、心理咨询、义诊咨询等线上就医和公共卫生服务，微信公众号关注24.48万人、注册19.66万人，实名认证14.85万人，医保签约4.07万人，就医预约23.61万人次，挂号3.57万人次，公共卫生服务预约11万人次，线上支付6.20万笔523.39万元。开展合理用药系统建设，集成合理用药监测、前置审核、处方点评、医学知识查询等功能，实现对5家市区医院、32家基层医疗单位门急诊处方及住院医嘱实时智能审方。建设全市慢病处方流转系统，实现市级医院慢病处方向基层医疗机构下转。在全市34家基层医院上线人工智能慢病管理系统，为全市20万高血压、糖尿病、脑卒中、高脂血症等慢病患者提供个性化医、养、管、护等服务。建设慢阻肺、成人“三高”（高血压、高血脂、高血糖）等慢病管理系统，在3家市级医院和6家基层单位上线试运行。区域资源管理平台对接全市4家市属医院和33家基层医疗机构号源、床位等资源数据，建成实体服务资源库。统一全市药品、收费、疾病编码等基础目录，搭建完成区域健康大数据平台基本架构，汇集2018年至2020年公立医疗机构医疗健康数据。微信服务平台开设新型冠状病毒肺炎防治线上咨询服务，累计开展疫情防控线上义诊咨询服务1.50万人次。建成市民健康综合管理服务平台、心脑血管疾病、肿瘤、高危妊娠三大高危人群筛查系统，完成危重孕产妇、危重新生儿救治中心系统开发。

（徐建良　张晓梅　邵宇群　唐建华）

医政管理

【概况】 2020年，全市开展“医学人文关怀”主题活动，加强行业人文建设。开展品牌创建，获进一步改善医疗服务行动全国医院擂台赛华东赛区“最具价值案例”“最佳示范案例”等11个。市第一人民医院获第二届中国健康县域大会“中国县市级标杆医院奖”，市中医院获“全国现代医院管理制度示范奖”。评选市级“服务品牌”10个、“优秀案例”12项。

【医疗服务能力建设】 2020年，常熟市推进医院建立健全落实医疗质量安全管理核心制度、人力资源管理制度、科研管理制度、财务管理制度、信息安全管理制度等管理制度。梅李人民医院通过苏州市等级医院复审，古里中心卫生院、辛庄中心卫生院通过二级乙等综合医院评审。东南医院参加苏州市二级综合医院评审。市第一人民医院急诊医学科获评江苏省临床重点专科，市第二人民医院神经内科获评江苏省临床重点专科建设单位。市第一人民医院泌尿外科、市第二人民医院医学影像科通过苏州市临床重点专科复评，市中医院增加苏州市级中医临床重点专科2个。增加市临床重点专科15个，建设单位5个，中医重点专科5个，中医重点专科建设单位2个。试行合理用药在线审方系统。开发上线“警医通”驾驶员在线体检业务，驾驶员换证体检6.61万人次。设立医疗质量控制中心管理办公室及院前急救、血液透析、输血管理、精神医学4个专业医疗质量控制中心，全年质控活动36次，发布质控报告34份，调研报告2份。建成美国心脏协会（AHA）认证的常熟急救培训基地。引导社会资本投向举办康复、护理、精神、妇产、儿童等紧缺医疗，建成4家规模型护理院，招商力宝妇科医院（暂名）开工建设。

【护理管理服务】 2020年，常熟市开展护理核心制度、药品耗材管理、护理临床工作能力、静脉输液、优质护理、管道护理等督查3次，护士临床工作能力情景模拟观摩8次，专科护士岗位增加老年护理、伤口护理内容培训176人。举办护理学术交流33次、参与4745人。开展“心有锦缎 白衣逆行”演讲比赛、优秀护理质量改善项目评比、“致敬护士队伍，携手战胜疫情”护士节表彰活动。基层护理人员三基理论、操作考核349人。急危重症护理技能竞赛获得苏州市团体优秀奖。开展“护教融合服务社区、科普康养普惠居民”健康科普系列活动，惠及群众4178人。11月底上线常熟市护理学会微信公众号，推文17篇。获得江苏省护理学会骨科个案比赛二等奖1项，1名会员获中共湖北省委员会、湖北省人民政府颁发的“最美逆行者”称号，获得苏州市级荣誉团体和个人22个（名），获得市级荣誉团体和个人78个（名）。

中医中药

【概况】 2020年，全市公立医疗机构中医床位1206张，每千人拥有中医床位0.79张，基层医疗机构执业中医师255人，每千人拥有执业中医师0.48人，适宜技术推广率100%。开展中医诊所专项检查，检查中医（综合）诊所11家、中医（备案）诊所9家。

【中医重点专科建设】 2020年，常熟市传承发展虞山医派，出版《虞山医派溯源》，成立吴门医派虞山医学流派中医肾病研究室，开设中医儿科经典病房，启动建设中医肾病经典病房。开展80项中医非药物治疗技术。二级以上公立医院建成市中医重点专科5个、中医重点专科建设单位2个，市中医院心病科、肺病科确认为苏州市中医重点专科。

【中医防治新冠肺炎】 1月初，常熟市发放《常熟市新型冠状病毒感染的肺炎中医药预防指导》科普资料2000份、预防处方2个。对长期住院老年病人给予预防方和食疗方，对儿童推荐使用防感香袋，对住院病人家属提供中药茶饮，对尚湖隔离点留

5月11日—6月8日，市卫健委、医保局、纪委监委派驻市卫健委纪检监察组领导带队，驻点市级医院，开展“驻院一月”活动　　（市卫健委　提供）

观人员给予个性化中医辨证治疗，免费提供中药汤剂，中药预防方使用率82%。

【中医药宣传】 2020年，全市医疗机构举办《江苏省中医药条例》学习宣传活动46场次、座谈会32场次，参与活动1.11万人次，发放宣传资料3725份，通过“常熟视点”微信公众号介绍市中医院系列制剂和省名中医周本善、陶君仁经验方。市第一人民医院登虞山识草药活动被省中医药局“江苏中医药”微信公众号采用。组织开展第十届“中医药就在你身边”健康文化科普、“我们身边的名中医”等宣传活动。

（徐建良　丁　艳　张　瑛）

社区卫生服务

【概况】 2020年，全市家庭医生签约39.58万人，高血压、糖尿病两类重点人群签约率均达70%。启动“首诊点单式”服务试点，签约健康管理综合服务包223人次。

【社区卫生机构建设】 2020年，常熟市推进基层医疗机构“提档升级”，建成投用12家社区卫生服务站，完成9家基层医疗机构向市民健康管理综合服务平台转型，推进江苏省、苏州市级特色科室创建工作，建成江苏省基层医疗卫生机构特色科室2个、苏州市基层医疗机构特色科室6个。辛庄中心卫生院成功创建社区医院。谢桥社区卫生服务中心转型为专科医共体第二类医疗机构。

【社区卫生服务能力】 2020年，常熟市开展“优质服务基层行”活动，支塘人民医院通过省级推荐标准，莫城社区卫生服务中心等15家基层医疗机构通过优质服务基层行基本标准苏州评审。依托古里中心卫生院实训基地，完成实训44期，培训1304人次。安排基层卫生人员务实进修7人，乡村医生实用技能进修25人。

【东南街道社区卫生服务中心揭牌】 12月26日，东南街道社区卫生服务中心举行医疗服务能力提升项目启动暨“共建病房”揭牌仪式。“共建病房”以常熟市中医院老年康复科为班底，建立提供24小时服务的住院和夜门诊服务病区，提供非急危重症医疗服务，包括内科系统常见病、多发病以及颈肩腰腿痛、神经康复、老年病康复、骨关节病康复等多项康复医学治疗。

（薛雨星）

卫生监督

【概况】 2020年，全市办结卫生健康行政许可2216件，出动卫生监督执法人员6978人次，检查各类生产经营单位5528户次，实施行政处罚47起，罚没款148.05万元。在江苏中法水务股份有限公司开展生活饮用水宣传周，借助“看苏州”App平台对饮用水卫生执法及饮用水在线监测系统进行现场直播，网上点击量14.4万。印发《〈中华人民共和国基本医疗卫生与健康促进法〉宣传贯彻活动方案》。《实施“24小时”在线监管全力保障民生安全》入选2019年度法治常熟建设十件大事。《实施预防接种安全提升工程》获苏州市2020年度“关爱民生法治行”优秀项目。《魏某某开展非医学需要的胎儿性别鉴定案》获2018—2019年度苏州市卫生健康系统十大优秀案例。全市健康卫士“531”行动计划通过苏州验收。率先在苏州市实现“不见面”“无纸化”医疗机构校验。在苏州市首推医疗机构审批中介服务事项“资产评估报告”入驻“中介超市”，3家资产评估机构通过审核入驻“中介超市”，32家医疗机构完成网上签约和成交。

表29　　2020年度常熟市卫生健康行政处罚情况统计表

处罚类别	案件数（件）		处罚金额（万元）
	总数	重大行政处罚数	
传染病与消毒产品	6	0	1.6
医疗服务	13	1	8.95
职业病与放射卫生	24	15	131.8
学校卫生	3	1	5.7
其他（食品安全）	1	0	0

【镇域卫生监督执法】 2020年，市卫健委印发《关于组织镇域综合执法人员开展卫生监督执法跟班学习轮训的通知》，首批进行为期3—4个月脱产挂职学习5人。修订《卫生健康领域镇域综合执法考核细则》，每月召开卫生健康镇域综合执法人员工作例会，开展卫生健康监督执法实务专题培训5次、乡镇现场执法监督检查21次。全市各镇、街道综合执法局开展卫生健康监督检查4930户次，出动执法人员9900人次，办理投诉举报108件，实施行政处罚135件。组织开展全市镇域卫生健康行政执法案卷评查，支塘镇、虞山街道、梅李镇、古里镇镇域综合执法局办案质量排名全市前列。

表 30 2020年度常熟市镇域综合执法卫生健康行政处罚情况统计表

处罚类别	案件数（件）			金额（万元）
	总数	重大行政处罚数	移送数	
公共场所	35	0	0	16.24
非法行医	28	4	1	37.17
职业卫生	70	57	0	423.9
学校卫生	2	0	0	—

【疫情防控监督】 2020年，市卫健委出动卫生监督员4137人次，监督检查单位1844户次，其中医疗机构714户次、疾控机构3户次、医学观察点27户次、交通卡口等运输环节24户次、复工企业297户次、学校509户次、重点公共场所131户次、消毒产品生产经营单位26户次、养老机构、看守所等18户次、社区4户次、供水单位5户次、建筑工地75户次、农贸市场11家，当场填写专项检查表1014份，发出卫生监督意见书425份，对2家医疗机构因未实行传染病预检分诊制度，被处警告行政处罚，全年发出疫情防控督查通报8份，疫情防控点对点整改措施全部落实。

【公共卫生监管】 2020年，市卫健委检查消毒产品经营单位28户次。对23家消毒产品经营单位、2家生产单位进行监督检查，对5家消毒产品生产企业提供相关法律法规标准及办证咨询服务。节前卫生用品专项检查抽检样品6件。餐具饮具集中消毒服务单位专项监督检查抽检样品4份。每季度开展集中式供水单位卫生监督检查。供水单位枯水期、丰水期水质监督抽检采集样品76份。居民小区二次供水监督检查10家。涉水产品生产、销售单位涉水产品专项检查16家。组织各镇、街道对公共场所经营单位监督检查1551家，书写现场笔录192份，制作监督意见书378份。对全市涉水产品生产企业、餐具饮具集中消毒服务单位、消毒产品生产企业、住宿业单位、沐浴业单位、美容美发业单位、游泳场所、学校卫生开展卫生监督信用等级评价。对全市114所学校传染病防控、饮用水、教学环境卫生等开展春秋季卫生专项督查，抽取43所学校86份学生饮水样品进行检测，样品合格83份，其中41所学校样品全部合格，样品合格率96.5%，学校合格率95.3%。

表 31 2019—2020年度常熟市公共卫生监管信用评价规模统计表

类别＼年份	2019年（家）	2020年（家）
涉水产品	13	13
餐具饮具集中消毒服务单位	2	2
消毒产品生产企业	0	4
住宿业单位	360	368
沐浴业单位	324	308
美容美发业单位	776	920
游泳场所	19	19
学校卫生	92	114

表 32 2020年度常熟市公共卫生监管信用等级评价结果统计表

类别＼等级	A（家）	B（家）	C（家）	不予评定（家）
涉水产品	2	11	—	—
餐具饮具集中消毒服务单位	—	1	1	—
住宿业单位	8	55	298	7
沐浴业单位	2	23	281	2
美容美发业单位	—	8	908	4
游泳场所	4	7	7	1

【医疗服务监管】 2020年，全市组建医疗机构依法执业网格化管理队伍，配备依法执业管理员683人。对医疗机构实施行政处罚14件、罚款9.9万元，记分处理10家医疗机构，行政处罚4名医务人员，记分处理55名医务人员，约谈24家医疗机构负责人。开展社会办健康体检机构依法执业、医疗机构青少年近视矫正专项检查，下发卫生监督意见书16份。结合医疗机构校验开展妇科专业医疗机构、中医药单位、口腔诊疗服务机构等专项监督检查73家，实施行政处罚3家，风险警示告知和约谈2家，下发监督意见书37份。医疗机构传染病防治分类监督综合评价444家，覆盖率达100%。开展疫苗管理及预防接种专项监督检查，检查疾控机构1家、预防接种单位38家。开展医疗机构医疗废物、医疗污水规范处置专项检查，检查二级以上公立医院11家、一级公立医疗机构31家、民营医院20家。对全市35家持有母婴保健（计划生育）执业资质医疗机构开展母婴保健、采供血专项检查，对3家产前超声筛查医疗机构开展监督检查，立案查处3起违法行为进行。对市血站、白茆单采血浆有限责任公司进行血液安全监督检查，开展全市二级以上医疗机构临床用血监督检查。

（周志英）

预防保健

【概况】 2020年，全市报告法定传染病3222例，报告心脑血管疾病、糖尿病等慢性病2.9万例，报告肿瘤6301例。登记活动性肺结核患者390例。全市6个艾滋病初筛实验室艾滋病抗体检测16.65万人次。65岁以上老年人健康体检15.1万人，高血压患者健康管理16.31万人，糖尿病患者健康管理4.59万人。心脑血管疾病高危人群初筛评估11.57万人，筛出脑血管病高危人群2.87万人，心血管病高危人群2.04万人。启用免疫规划综合管理云平台，实现疫苗接种全程追溯、预防接种门诊远程视频监控、冷链数据异常电话报警和预防接种大数据分析等功能，全市免疫规划疫苗接种28.84万剂次，接种率99.24%，非免疫规划疫苗接种18.28万剂次。开展健康城市“531”行动计划扩大免疫规划疫苗接种工作，65岁以上户籍老年人免费接种肺炎球菌疫苗2.85万剂次、适龄儿童免费接种水痘疫苗2.83万剂次、初三学生免费接种麻腮风疫苗7372剂次。指定30家成人预防接种门诊，开展对重点人群新冠病毒疫苗接种工作。对全市216家托幼机构和3.3万名小学生进行预防接种证查验，托幼机构和小学查验率均100%。每月开展不同样品类别食品安全风险监测，监测食品625份，20家食源性疾病哨点医院监测腹泻病例430份，采样893份，检出致病菌90份。学生健康体检14万人。对24所改扩建学校采光、照明、黑板、课桌椅、噪声等进行监测。开展学生常见病和健康影响因素监测工作，监测学生2380人、教室30间。在全市三年级学生中开展窝沟封闭防龋项目，完成23所学校4826名学生1.22万颗牙齿窝沟封闭。生活饮用水卫生监测水样检测合格率100%。

（周文军）

【“血寄地”防治】 2020年，常熟市在历史有螺村、钉螺可疑孳生环境、长江滩、通江河道、湿地公园和望虞河流域等地段开展春季查螺150万平方米，超过任务数20万平方米；在望虞河沿线5个镇（街道）进行夏秋季稻草帘诱螺351块、0.35万平方米，均未发现钉螺，已连续第22年未发现钉螺。血检监测常住人口8020人、流动人口200人，连续第33年未发现感染血吸虫病病人。签约管理晚期血吸虫病人（简称晚血病人）813人，晚血病人救治36人，发放救助金13.55万元。开展“三热”病人血检1001人，全年未发现疟疾病例。开展零售层次和居民户碘盐监测、学龄儿童和孕妇尿碘监测，碘盐覆盖率97.67%、合格率为97.95%、合格碘盐食用率95.67%，均达到国家消除碘缺乏病标准。开展“血寄地”（血吸虫病、寄生虫病、地方病）防治人员培训和健康教育，录制培训视频，对全市各医疗卫生机构91名“血寄地”防工作人员进行在线培训。组织开展“全国疟疾宣传日”“全国碘缺乏病防治日”主题宣传活动，累计2.1万名中小学生参加“血寄地”防治健康教育活动。

（沈　洪）

【妇幼保健】 2020年，全市分娩产妇8433人，活产8507人，住院分娩率100%，孕产妇零死亡，婴儿死亡率2.59‰。加强高危孕产妇管理，高危妊娠率73.03%，高危妊娠分类管理率100%。孕产妇健康管理率90.82%，新生儿访视率98.13%，产后访视率98.45%。全市婚前医学检查率97.15%，婚前卫生指导率100%。开展妇女增补叶酸预防神经管畸形项目，全年发放叶酸4141瓶，服用叶酸增加2600人，妇女增补叶酸知晓率98.31%。婴幼儿29种先天性代谢性疾病筛查8507人、听力筛查8431人、先天性心脏病筛查8428人。4月1日起全面落实新生儿疾病筛查全覆盖民生实事工作，惠及新生儿6238人，免费192.6万元。出生缺陷发生率7.33‰。全市发放避孕药具10.25万盒，避孕药具不良反应监测304例。开展农村妇女“两癌”筛查，宫颈癌筛查5.09万人，发现21例宫颈癌，乳腺癌筛查4.91万人，发现42例乳腺癌，“两癌”治疗率100%。预防艾滋病、梅毒和乙肝母婴传播，为1.11万名孕妇及8384名产妇检测梅毒、艾滋病和乙肝表面抗原，14例梅毒感染产妇除1例拒绝本地治疗外，均按规范接受驱梅治疗。全市注册托幼机构123家，卫生保健合格率100%，萌芽保健室建成率100%。练塘卫生院、东南社区卫生服务中心、兴隆社区卫生服务中心、森泉卫生院建成为苏州市级妇幼保健规范化门诊，全市妇幼保健规范化门诊达标率71%。

（张剑鸿）

出生人口管理

【概况】2020年，全市户籍人口出生4225人，流动人口出生4282人，二孩率48.6%，办理生育登记5167例。财政投入131万多元为4099名特扶人员购买住院护工险，全年赔付782人次、114.33万元。

【计生帮扶奖励】2020年，常熟市慈善资金购买计划生育特殊家庭扶助保险，全年赔付17.17万元。计划生育特扶对象门诊1489人次、住院50人次均享受到就医绿色通道优先服务。计划生育特扶对象纳入家庭医生签约率100%。当年发生独生子女死亡家庭上门慰问率100%。“常熟市失独家庭‘连心关怀’志愿者援助项目”签约服务504户，服务对象满意率95.6%。琴川街道“连心家园”被评为2020年省级优秀示范点。兑现计划生育奖励扶助政策，发放计划生育奖励扶助金12761.4万元，其中计划生育特别扶助金4262人次、3450.1万元，持证企业退休人员一次性奖励金13743人、4328.6万元，农村部分计生家庭奖励金发放36294人次、4947.4万元，计划生育公益金140人、35.3万元。

【托育机构管理】2020年，全市3岁以下婴幼儿照护服务工作得到大力推进，并受到苏州市卫健委通报表扬。在苏州市率先开展托育机构备案管理工作，全年完成3家机构通过国家备案系统备案，5家新建机构注册登记，全市增加335个托位，另3家机构正在建设中，建成后可增加500个托位。“苏州东吴儿童发展中心”被省卫健委确定为“江苏省示范性托育机构”。

（张剑鸿）

健康促进

【概况】2020年，常熟市卫生城市通过苏州市级复审，207个省级卫生村通过省级复审，新建成省级卫生村2个，全市省级卫生村100%。在全市机关企事业单位、社区（村）、集贸市场、“六小”行业及其他场所开展环境卫生整治和消毒消杀行动，清除卫生死角8023处。组织开展第32个全国爱国卫生月活动，开展主题宣传活动417次，发放健康教育手册、折页12.6万份，参加线上知识竞赛25.23万人次，整治重点场所2799处、清洁水体1254处、绿化环境1130处，集中开展环境卫生整治活动1081次，卫生督查675次，清除“四害”孳生地5302处，完善防制设施2639处，组织药物消杀4011次，除害督查235次、811个单位。联合开展室内公共场所禁控烟执法检查2875家，发放整改意见书89份，处罚27人和39家单位，罚款金额2.85万元。年内增加“无烟单位”71家，全市“无烟单位”达459家。

【健康城市创建】2020年，常熟市发挥全国首批健康城市建设示范市示范带动作用，建成省级健康镇1个、累计5个，省级健康社区（村）14个、累计54个，省级健康促进医院1个、累计4个，苏州市健康社区（村）15个、累计43个，苏州市健康单位12个、累计41个，常熟市健康社区（村、单位）29个、累计79个。推进健康支持性环境建设，建成健康主题公园5个、累计41个，健康步道36个、累计121条，健康小游园31个、累计131个，健康一条街1条、累计5条，健康自助检测点（健康小屋）61个、累计267个，学校健康场景5个、累计25个，健康驿站3个、累计7个。10月，全市以“健康常熟·有你有我”为主题组织开展国际健康城市月活动，开展青少年健康素养书法大赛、“名医进社区”健康讲座和义诊咨询、健康家庭评比等活动。

【全民健康教育】2020年，常熟市推进全民健康素养提升工程，普及中国公民健康素养66条、“三减三健”（减盐、减油、减糖，健康口腔、健康体重、健康骨骼）、烟草危害等相关知识。开展公众健康咨询服务477次、咨询6.9万人次，开展健康知识讲座1402次、听众5.52万人次，举办其他健康教育活动419次、受众5.55万人次，播放健康素养影像资料1279次、受众25.29万人次，组织网上健康素养学习7.43万人次，发放各种健康知识读本、健康教育处方、折页等247.42万份。启用“健康常熟”视频联播平台，覆盖全市乡镇卫生院和市老年大学，播放点62个，累计播放5.64万小时。

【老年健康促进】2020年，常熟市实施老年人健康体检民生实事项目，65岁及以上老年人健康管理率70%。8月，完成首批试点社区老年人心理关爱项目。10月，启动第二批社区老年人心理关爱项目，为975名老年人进行心理健康状况调查评估，分类开展心理干预。完成“老年人心理健康社区干预效果评价”应用课题研究。举办《健康来哉》常熟方言电视健康栏目，全年播出27期、累计播出43期。出刊《常熟老年》健康版，每月1期，每期印发量3000份。组织老年大学开设线上健康教育课堂。开展敬老月活动，举办第十六届百对金银婚夫妻代表大会，开展“敬老文明号”创建，授予“敬老文明号”21家，走访慰问高龄老人，组织老年健康讲座100场次、专家义诊80场次。琴湖惠民医院获批为二级老年病医院，成为常熟市首家二级老年病医院。

【职业健康管理】2020年，常熟市运用专项监管和重点监管方式对职业病危害重点企业开展执法检查，检查企业523家次，实施行政处罚94家，结案81家，罚款金额555.90万元，列全省（县）市第一。全市职业病危害项目申报企业5860家，接害总人数8.22万人。开展职业病危害因素检测和体检，作业场所检测企业2951家，总检测点3.50万个，总合格点3.21万个，合格率91.80%。职业健康体检企业3999家，体检9.36万人，其中岗前体检2.68万人，在岗体检6.42万人，离岗体检2584人。推进职业病危害风险分类监督管理，对全市7468家工业企业开展分级分类调查，确定低风险企业3122家，中风险企业3829家，高风险企业517家。

（徐建良　李广华　屈永新）

医疗机构

【公立医院改革】2020年，常熟市加快公立医院改革，出台《关于成立常熟市公立医院区域医共体财务管理中心的实施意见》《常熟市区域医共体财务管理中心实施细则》，完善医共体内部管理制度25件。3家核心医院建立医共体管理办公室，制定章程，落实专家下沉等业务协作机制，开展临床带教549次、会诊指导937次、教学查房476次、继续教育141次、手术457次、远程医疗4.75万次。全市各公立医疗机构均设立双向转诊门诊，制定转诊流程，双向转诊8.6万人次。市第二人民医院与古里中心卫生院康复科，市中医院与海虞卫生院儿科、消化科、支塘人民医院骨科、唐市中心卫生院肛肠科建立联合病房，与唐市中心卫生院开设慢病联合门诊，在医共体内推动优质医疗资源集约共享、高效运行，联合病房开展业务1.01万次。建成以市中医院为龙头的智慧中医专科联盟。冶塘卫生院、海虞卫生院周行分院、谢桥社区卫生服务中心试点开展首诊点单式家庭医生签约服务。市第二人民医院“医共体模式下新型冠状病毒感染早期筛查、诊断流程的研究和应用”获苏州市新冠病毒应急防治科技专项立项。

【常熟市第一人民医院】2020年，市第一人民医院开放床位1460张，设置临床、医技科室37个、病区39个。全年诊疗总量127.48万人次，手术1.99万例，出院病人5.12万人次。临床路径符合病例2.56万例，入径2.46万例，入组率48.05%，完成率79.98%，日间手术覆盖7个科室、17个病种，开展手术1002例，比上年增长3.3%。职工1973人，其中高级职称406人，博士15人、硕士269人，受聘于大学教授60人、硕士生导师7人，江苏省“333”人才1人、江苏省青年医学人才2人。有省级重点专科1个、苏州市级重点学科1个、苏州市级临床重点专科8个。医院设有苏州市创伤救治中心、卒中中心、高危孕产妇救治中心。人工气道气囊压力监测安全阀等7项护理技术获得国家实用新型专利。启动GCP认证。引进泌尿外科临床专家团队1个，获苏州市新技术项目4项，苏州科技资助项目6项。公开发表论文154篇，其中统计源及以上42篇，SCI15篇。助推基层医院服务能力提升等2个项目和脑卒中等2个项目分获2020年改善医疗服务行动全国医院擂台赛最佳人气案例和优秀案例奖。优化急救流程，通过国家卫健委脑防委防治卒中中心、苏州市危重新生儿救治中心评审。医院为全省唯一一家综合医院入选省中医药局宣传册、建成“省级平安医院”、获苏州市抗击新冠肺炎疫情先进集体。医院在香港艾力彼医院管理研究中心发布的中国医院竞争力·县级医院排名中位列第13位，14个专科进入全国县级医院前20强。

（徐丽宏）

【常熟市第二人民医院】2020年，市第二人民医院设置52个病区、67个诊疗科目，有江苏省临床重点专科1个、江苏省临床重点专科建设单位1个、苏州市医学重点学科2个、苏州市临床重点专科9个、市临床重点专科13个、市中医重点专科1个。建有国家级胸痛中心、国家级综合卒中中心、苏州市创伤救治中心、苏州市“明善”眼角膜库、市眼科医院、市临床脑科医学中心、市临床骨科医学中心。核定床位1800张，有职工2144人，其中高级专业技术人员377人，博士硕士237人，江苏省“333”人才1人，“姑苏人才”2人，市高层次卫生人才4人，市卫健委系统学科带头人7名，硕士生导师14人。全年门急诊量120.89万人次，出院病人4.76万人次，手术2.02万例次，三四级手术71.37%。选派1名医务人员加入中国（江苏）第16期援圭亚那医疗队开展援外医疗工作，选派6名医务人员前往西藏林周、贵州思南、陕西靖边开展对口支援工作。

（康小明）

【常熟市中医院】2020年，市中医院开放床位995张，设置临床、医技科室33个、病区27个。诊疗总量104.43万人次，出院病人3.82万人次，手术1.39万例次。职工1334人，其中高级职称265人，硕士生导师3人，兼职教授84人，硕士博士164人，省级以上各类学会专业委员会委员91人、全国基层名老中医专家传承工作室指导老师1人、江苏省名中医3人、江苏省老中医药专家学术经验传承工作指导老师1人、江苏省“333”高层次人才培养对象1

11月20日，常熟市民营企业家健康工程暨市第一人民医院医共体健康促进中心成立

（市一院　提供）

人、“姑苏卫生重点人才”1人、“全国导师制”培训人员3人。医院有国家中医药管理局中医重点专科1个、国家级救治中心2个、全国基层名老中医专家传承工作室、省级名中医工作室4个、省中医重点专科3个、省防治中心1个、苏州市中医重点专科4个、苏州市救治中心5个、市重点学科2个。医院设有虞山国医馆和中医特色诊疗区，设立儿科、肛肠科全国名中医传承工作室，成立县级首家胃食管反流专病中心。通过中国心衰中心、江苏省防治卒中中心认证，江苏省癌痛规范化治疗病房验收。2020年，引进戴尅戎院士、赵杰教授骨科团队，翁建平教授糖尿病精准医学团队，邓学东教授产前超声医学团队。引进上海胸科医院刘旭教授团队名医工作室，合作成立国家级房颤诊疗中心—常熟市中医院分中心。共有引进专家团队6个、名（中）医工作室9个。眼科加入华夏眼科集团和平眼科医院医联体，产科加入江苏省高危孕产妇救治联盟，脾胃病科、肿瘤科通过苏州市中医重点专科复评。启动GCP认证。有批准文号自制制剂54种，其中中药制剂50个品种。妇幼医疗保健服务特色明显，孕妇分娩率占全市分娩总数60%。科研立项44项，其中省卫生健康委员会1项。发表论文168篇，其中SCI 21篇，核心期刊25篇，获得专利19项，编著1本。健全19类800项工作制度和预案流程，获现代医院管理制度示范奖。（吴怡萍）

【常熟市医学检验所】 2020年，市医学检验所设置1个本部、3个分部，实行资源共享集约化管理。本部设临床检验实验室、化学和免疫实验室、分子和微生物实验室、科研实验室等。3个分部为派驻在市第一人民医院、第二人民医院、中医院检验科。有市级医学重点学科1个。职工190人，其中检验专业技术人员171人，正高职称6人、副高职称37人，硕士8人，市高层次卫生人才1人。全年检验标本总量419.57万份，其中市第一人民医院、第二人民医院、中医院三家医院检验标本量361.29万份；乡镇医院及其他医疗单位检验标本量58.29万份，比上年增长8.99%。该所是苏州市第二批定点新型冠状病毒核酸初筛检测机构，全年累计新冠病毒核酸检测26.20万人次、抗体检测9123人次。（盛建华）

【常熟市医疗急救中心】 2020年，市医疗急救中心设办公室、财务科、急救科、车管科、调度科、培训科6个科室，有职工57人，其中副高职称7人、中级职称8人。设1个中心站、3个城区分站、9个镇区急救站，配备急救车33辆。各站点接受统一指挥调度，开展以现场抢救、转运途中紧急救治以及监护下紧急转运等医疗急救工作。全年接听急救电话9.45万次，派车2.78万次，救治病人2.56万例，其中危急重病人2928例。2020年，医疗优先分级调度系统（MPDS）进入率99.08%，对1.24万例呼救者进行电话指导，对166名呼救者进行特殊电话指导，其中指导心肺复苏CPR142例、成功4例，指导分娩5例、成功1例，指导哽咽救治成功1例。建成美国心脏协会（AHA）认证常熟急救培训基地，全年培训医务人员1073人、社会人员46人。（王红英）

【常熟市第二人民医院北区启用】 12月31日，常熟市第二人民医院北区启用。该项目是苏州市重点项目和常熟市民生实事项目，于2015年1月立项，于2018年1月开工建设，院区占地8公顷，建筑面积17万平方米，设计门急诊量5000人次/日，病床1000张。北区以疑难、急危重症、手术类为主，配有直线加速器、3.0T磁共振、256层能谱CT、数字减影血管造影机等大型设备。设有综合的医疗单元，开放内科、外科、儿科、妇科、眼科等急诊。ICU总面积2000多平方米，设34个监护单元，25间手术室，其中百级净化手术室4间，千级净化手术室3间。住院楼病房总面积为47466平方米，共设27个标准化病区。（年鉴编辑部）

责任编辑：李　妍

体 育

竞技体育

【概况】 2020年,常熟市完成苏州市第十五届运动会小学生运动员注册811人,省注册250人。组队参加苏州市第十五届运动会中小学田径比赛、中小学生游泳比赛等18项苏州市青少年体育赛事,组队参加江苏省县组田径比赛、江苏省青少年游泳锦标赛6项比赛,在疫情导致参赛项目、参赛人数大幅度减少的情况下,获得苏州市第十五届运动会学生部赛事94.5枚金牌、68枚银牌、70枚铜牌;获得省级青少年比赛14枚金牌、9枚银牌、9枚铜牌。向苏州市级输送后备人才39名,向省级输送后备人才5名。市文广体旅局与苏州市体育局、江苏省体育局训练中心,签订省市共建省优秀运动队田径项目常熟跳远组协议书,在全省率先开启省队县(市)办模式。年内率先在苏州大市举办全市中小学生阳光体育联赛。举办尚湖国际马拉松赛、尚湖铁人三项赛、2020苏州市《国家体育锻炼标准》达标赛常熟分会场等赛事。

【省队县(市)办共建】 2020年,江苏省体育局训练中心、苏州市体育局、常熟市文体广电和旅游局三方经协商,正式以“省市共建、以市(县)为主”形式,共建江苏省优秀运动队田径项目常熟跳远组。根据共建协议,由常熟市文体旅局组建“省田径常熟跳远组”,所属运动员代表江苏省参加中华人民共和国第十四届运动会;省田管中心负责对“省田径常熟跳远组”进行业务指导和管理监督,负责该组运动员的注册和全国性比赛工作,常熟市体育运动学校田径队主教练张震为“省田径常熟跳远组”主教练。

【全市中小学生阳光体育联赛】 2020年,在做好新冠疫情防护工作的前提下,在苏州大市范围内率先举办青少年阳光体育联赛22个大项的比赛,在2019年基础上新增幼儿体适能暨快乐体操比赛、小学初中跆拳道比赛、小学武术套路比赛,参与联赛的小学生运动员超过3000人次。

【尚湖铁人三项比赛】 10月18日,2020第五届STC常熟尚湖铁人三项赛在尚湖风景区举行。因疫情原因,比赛仅对国内选手开放,国内22个省、市的634名运动爱好者以及在长三角地区工作的100多名外籍选手参加比赛。美国选手Dzierzbicki John和Lauren Tininenko分别以2小时04分和2小时25分的成绩获得全场男、女冠军。比赛前一天,在尚湖举行2020常熟“铁人看常熟”营商体验会,通过“体育+产业”展示常熟营商环境,搭建全新交流平台。

【常熟国际半程马拉松赛】 10月25日,常熟银行2020常熟尚湖半程马拉松在尚湖风景区举行,比赛设置半程马拉松(21.0975千米)和短程马拉松(10千米)两个项目,是在疫情得到有效控制之后常熟市内举办的首场大型群众赛事,共吸引国内4000余名马拉松运动爱好者参加。男、女半程马拉松冠军分别为柯峰(1小时13分03秒)、朱晓琳(1小时18分24秒);男、女短程马拉松冠军分别为赵英奎(43

10月25日,2020常熟尚湖半程马拉松在尚湖风景区举行

(市文旅公司 提供)

分26秒）、魏秀华（46分47秒）。

【参加苏州市第十五届运动会】 10月30日，常熟市组队参加苏州市第十五届运动会，成年部278人参加36项比赛，共获金牌44枚、银牌20枚、铜牌29枚；学生部811人参加18项比赛共获94.5枚金牌、68枚银牌、70枚铜牌。常熟市获"突出贡献奖"，常熟代表团获"体育道德风尚奖"，市文广体旅局获"优秀组织奖"。成年部职工组获市区组团体总分第一名，老年组获市区组团体总分第三名。老年体协获苏州市十五届运动会群众体育工作优秀集体。常熟市体校获苏州市十五届运动会优秀群体，男篮教练员许月芳获苏州市十五届运动会先进个人。

群众体育

【概况】 2020年，常熟市举办群众性体育活动850次，参加人数达71万人次。组织举办第二十五次全民健身月和第十二届体育节活动启动仪式暨常熟市第三届时尚荧光跑活动、城乡广场舞大赛、外企登山比赛、机关乒乓球比赛等。指导体育社团和体育俱乐部开展全民健身活动，有足球、篮球、排球和羽毛球俱乐部联赛，掼蛋俱乐部联赛、乒乓球团体和个人赛、百城千村健身气功展示、武术比赛、棋类比赛、体育舞蹈比赛、游泳比赛等30多个项目。承办2020第十二届长三角城市龙舟邀请赛、江苏省第八届全民健身运动会钓鱼比赛、"水韵江苏"赛艇嘉年华常熟站、第八届将军与农民乒乓球赛等赛事。开展体质监测和运动健身指导服务，全年免费监测9000多人次，开具运动处方近万份。

【体育社会组织】 2020年，常熟市加强体育社会组织建设，2020年新增一家市级协会——常熟市跆拳道协会。截至年底，全市有市级体育协会35家、市级民办非企业单位70家，全年新增社会体育指导员300多名，现有社会体育指导员5358名，其中国家级24名，一级160名，二级1878名，每万人拥有量达33人。

【常熟市第二十五次全民健身月启动】 7月25日，"全民健身，健康虞城"常熟市第二十五次全民健身月启动仪式暨2020常熟市第三届时尚·荧光跑举行。本届荧光跑起点位于浔江街美食广场，全程约6.8公里，近300名跑步爱好者参加活动。近年来，常熟市坚持以体育惠民、推动全民健身为宗旨，加快规划建设"10分钟体育休闲生活圈"，优化产品服务供给，健全公共体育服务体系，逐步实现城乡群众体育设施均衡发展的目标。

10月10日，"华侨城·沙家浜时光小镇杯"第十二届长三角城市龙舟邀请赛在沙家浜景区举行　　（沙家浜旅游度假区　提供）

【第十二届长三角城市龙舟赛】 10月10日，"华侨城·沙家浜时光小镇杯"第十二届长三角城市龙舟邀请赛在沙家浜景区举行。该活动由江苏省体育局、上海市体育局、浙江省体育局、安徽省体育局、常熟市人民政府主办，江苏省龙舟协会、上海市龙舟协会、浙江省龙舟协会、安徽省龙舟运动协会、常熟市文体广电和旅游局、常熟市沙家浜镇人民政府承办。比赛项目为公开组22人龙舟200米、500米直道赛，比赛设四条赛道，采用预赛和决赛的方式进行，最终成绩由200米和500米直道赛积分相加。长三角各市的12支代表队参与此次赛事，最终温州市华侨龙舟俱乐部龙舟队、宁波东钱湖龙舟队、浙江省绍兴市龙舟队分别获得前三名。

【"水韵江苏"赛艇嘉年华】 11月7日，由江苏省水上运动管理中心、常熟市人民政府主办，常熟市高新技术产业开发区、常熟市文体广电和旅游局、常熟市东南街道办事处承办的2020"水韵江苏"赛艇嘉年华在昆承湖举行。比赛为期两天，设置专业组、大师组、环湖组3个项目，每个项目又分为男子双人双桨赛艇比赛、男子四人双桨赛艇比赛、男子八人双桨赛艇比赛、女子双人双桨赛艇比赛、女子四人双桨赛艇比赛、女子八人双桨赛艇比赛等25个小项目。此次活动吸引江苏各市县以及周边省市的赛艇选手和爱好者共300多人参加。

体育产业

【概况】 2020年全市体育产业平稳有序发展，拥有江苏省、苏州市级体育产业示范基地2家，产业覆盖体育场地出租、体育纪念品销售、体育用品销售和体育培训等。

【体彩销售】 2020年，常熟体彩销售额3.84亿元，超额完成全年目标任务，筹集公益金2749.03万元。8月7—9日，举办"虞歌畅晚 欢乐虞城夜"运动嘉年华，通过线下“体育+”元素以及线上“云夜跑”活动，吸引3万多人次参与，实现销售50多万元。

【社会健身房】 2020年，全市共有社会健身房383家。8月，市文体旅局向社会发布公告，督促社会健身场所依法备案，加强事中事后监管，规范行业日常经营行为。

体育设施

【概况】 2020年，常熟市人均体育场地面积为3.9平方米，万人体育健身设施拥有数为102.96件。全市拥有各类体育场馆250家，各级健身路径15638件，晨（晚）练健身站点1075个，健身步道1307条，总计830.305千米。1月17日，“2019年度苏州十大体育新闻”发布暨全民健身大评选颁奖仪式上，支塘文体公园、常熟南部新城滨河体育公园获苏州市全民健身大评选之“最具人气体育公园”；常熟虞山生态步道获评“最美跑步线路”；常熟虞山街道虞山森林防火通道健身步道获评“最美健身步道”；常熟市绿地社区拳功操站点获评“最具活力晨晚练健身地点”。

链接：

支塘文体公园　位于支塘镇东胜路3号，占地面积27647平方米，其中，场馆建筑面积1400多平方米，内设乒乓球、羽毛球、气排球等项目，约占地5%；铺装路面、休闲亭、音乐喷泉及跑道约占30%；体育休闲场地约占30%；绿化面积约占35%。室外体育锻炼主要有灯光篮球场、健身广场、健身步道、健身路径等设施。

常熟南部新城滨河体育公园　位于张家港河畔，东临永旺梦乐城，南靠东南大桥。项目建设总面积约3.5万平方米，并建设有绿化苗木、健身步道、景观广场、运动场地等内容。其中，健身步道总长约2千米以及2片笼式篮球场、2片笼式网球场、1片7人制笼式足球场、1片健身活动片区。

常熟虞山生态步道　为虞山环线，全长约22千米，宽约2.5米，以打造生态、文化、旅游、休闲、健身、智慧于一体的多功能步道，分为虞城怀古、桃源春霁、禅意尘溪、龙殿潭影、虞山印象、湖甸翠影、吾谷枫林7个段落。

常熟虞山街道虞山森林防火通道健身步道　为虞山山中线段，南起兴福寺停车场，北至龙殿寺下停车场。途经兴福寺、联珠洞、姜家湾、念亩山、五丈涧、三峰寺、龙殿池等景点。全长约3.3千米，是一条以木栈道为架构的景观步道。全线有景观桥6座、休息亭5座、景观休息平台7个。沿线结合防火通道配置消防水池及消防栓等安全设施以及智慧路灯等智能化设施。

虞山生态步道　　（市融媒体中心　提供）

【市体育中心】 2020年，市体育中心探索城市体育发展之路，与第三方运营公司联系，开展体育中心综合体改造，提升体育赛事运营能力。受疫情影响，市体育中心部分时段暂停对外开放，中心积极调整运营策略，拓宽营收渠道，2020年下半年的营业收入情况与2019年下半年基本持平，全年营业收入860万元。

【苏州奥林匹克青少年文化中心开工】 11月9日，苏州奥林匹克青少年文化中心（城市艺体中心）开工奠基仪式在常熟经开区举行，是华东地区首个开建的“奥林匹克青少年文化中心”，集合公共服务、艺术演出、城市展示、图书阅览、体育健身、会议培训等各种功能为一体。该项目规划用地面积约2.9万平方米，总建筑面积约5.7万平方米，总投资约5.7亿元。中心内部设置游泳馆、图书馆、奥林匹克展示中心等配套设施。　（朱　霖）

责任编辑：陈炯明

人力资源

劳动就业

【概况】 2020年，全市城镇新增就业2.99万人，援助就业困难人员实现就业4281人，高校毕业生就业率98.46%，城镇登记失业率1.77%。举办各类招聘专场124场，其中线上43场、线下81场，4996家次企业提供10万多个招聘岗位。建成常熟市级创业孵化基地1家，苏州市创业孵化示范基地2家。至年底，全市拥有省级创业培训基地1家、省级创业孵化基地4家、苏州市级创业孵化基地14家，常熟市级创业孵化基地12家，基地总面积达到70万平方米，入驻企业3939家，带动就业23517人。出台《关于明确“建设劳动者就业创业首选城市”相关创业政策口径的通知》，将在常累计缴纳社会保险满3年，或在常创业吸纳5人以上就业的外地户籍创业人员，视同本地户籍人员，同等享受创业扶持政策。对符合条件的创业者开办实体给予开业扶持的标准提高至1万元。

【高校毕业生就业】 2020年，全市共有应届高校毕业生6416名。人社部门对6416名应届高校毕业生进行就业实名制动态跟踪管理，实现实名登记率、就业服务率2个100%。3—5月，通过云招聘视频面试系统，举办“智荟常熟·云聚人才”2020年春季大型网络视频招聘会，开展常熟理工学院专场、江苏省高校专场、汽车及装备制造业专场、纺织服装业专场、化工冶金材料专场、技工专场等系列活动。7—8月，在市人力资源市场开展“2020年常熟籍高校毕业生系列招聘活动”，招聘求职双方通过“先线上对接，后现场面试”的模式展开对接。全年提供高校毕业生就业岗位1.44万个、见习岗位1206个、基层公共服务公益性岗位54个，全市事业单位公开招录面向毕业生的岗位达70%，高校毕业生就业率98.46%。

【“稳岗返还”政策落实】 2020年，常熟市对一般企业、四类服务业企业、困难企业等各类企业分别出台“稳岗返还”政策措施。全年向2.5万家企业发放稳岗返还1.8亿元；其中符合条件的1.49万家一般企业享受稳岗返还资金6047.63万元，3922家符合条件的四类服务业企业发放应急稳岗返还超1亿元。稳岗返还无需企业申请，市人社部门通过大数据比对，筛选出符合条件的参保企业，通过部门联审名单确认公示后，将稳岗返还资金直接拨付到企业账户。

【企业用工服务“八个一”专项行动】 2020年，根据苏州市强化企业用工服务“八个一”专项行动要求，常熟市自11月起至2021年3月底，在全市范围内开展强化企业用工服务“八个一”专项行动。至年末，市人社部门对200多家企业进行人力资源需求摸底调查，对150多家企业开展实地走访调研。遴选26家2019年度诚信人力资源服务机构组建“常熟市人力资源服务机构服务重点企业用工联盟”，为用工企业和人力资源机构搭建对接机制。市人社部门带领部分重点规模缺工企业以及相关人力资源服务机构到郑州、洛阳、鹤壁3地开展劳务对接活动，并多方签订《劳务合作协议》，储备人力资源。

链接：

“八个一”专项行动：即开展一次专项调查、完善一项练习制度、增开一次周末招聘专场、拓展一批新的劳务合作基地、打造一键直达就业平台、支持一批企业拓展技能培训、集中开展一次市场秩序整治、开展一系列人社宣传服务等8项内容。

【职业技能培训】 2020年，市人社部门陆续出台《关于规范就业困难人员等群体培训生活费补贴的通知》《关于印发〈常熟市城乡劳动者就业技能培训实施细则〉的通知》《关于印发〈常熟市企业职工参加岗前、在岗和转业转岗培训实施细则〉的通知》《关于印发〈常熟市企业职工岗位技能提升培训补贴实施细则〉的通知》《关于推进“金蓝领”培育工程的实施细则》等文件，对重点群体开展就业再就业职业技能培训，实现城乡全体劳动者职业技能培训全覆盖，同时推动企业内职业技能培训工作，保持企业职工稳定就业。全年开展各类培训20842人。疫情期间，结合全市企业复工面临的实际情况，组织全市“三必需一重要”企业、疫情防控期间重点保障企业等开展“疫情防控”项目制培训，全市共有466家企业10.6万人参与培训并取得合格证书。

【第六届常熟市青年创业大赛】 10月30日，第六届常熟市青年创业大赛决赛暨颁奖典礼举行。大赛由市人社局、常熟理工学院、团市委、市妇联主办，以“追梦新征程、再创新辉煌”为主题，自5月启动至10月结束，共有28个项目报名，10个项目进入决赛，“低速无人清扫车的研发与产业化”项目获大赛一等奖，“高精度机器人小型钢轨打磨车”项目、“新型防针刺伤静脉留置针”项目获大赛二等奖。颁奖典礼现场，常熟市大学生优秀创业项目、江苏省大学生优秀创业项目、常熟市自主创业青年典型等受到表彰。

（陈晓英）

人才开发引进

【概况】 2020年，常熟市出台多个人才新政，编制发布2020年度重点产业紧缺人才需求目录。全年新增国家博士后工作站1个，江苏省博士后创新实践基地3个。新增高技能人才8225人，新增大师工作室6个，公共实训基地4个。举办2020年（第十二届）苏州（常熟）国际精英创业周，落户项目115个。招录事业单位工作人员154人。开展企业职业技能等级认定，全年累计认定4313人，取证4175人。组织建筑、机械、化工行业的助理工程师、工程师、高级工程师，参加相对应职业（工种）的高级工（三级）职业技能鉴定，全年有2707名工程领域专技人才取得高级工证书。

【事业单位公开招聘】 年内全市事业单位计划招聘工作人员163名，其中事业编制159名，备案制4名，面向毕业生的岗位占70%。因未达到开考比例核销岗位8个，核减1个。经过笔试、面试、体检和政审等，实际录用事业单位工作人员154人（其中备案制人员4人），新录用人员于10月初全部到岗。

【引才聚才】 2020年，市委组织部升级打造“常来常熟”“智惠常熟”人才工作品牌，全年组织举办引才系列活动13场，邀请海内外嘉宾到常熟考察、对接超过500人次，人才项目落户储备超过130个。开展常熟国际精英周活动，106个项目完成落户。举办中国苏州（常熟）工业互联网创新创业大赛暨工业互联网峰会，吸引全球319个项目报名参赛，并有慧工云、欧软等多个获奖项目明确落地意向。承办兰州大学、东北大学等高校“校园苏州日”专场招聘活动，通过“线上+线下”模式，新增本科及以上人才超27000人。以“昆承英才”科技领军人才计划为牵引，着力引进一批产业高端人才，全年新增省“双创计划”9人、“姑苏计划”23人、市级双创领军人才83人。抓好人才队伍建设，全年新增省乡土人才20人、高技能人才7500人以上。

12月18日，常熟市人力资源机构服务重点企业用工联盟成立大会举行

（市人社局 提供）

【《2020年重点产业紧缺人才需求目录》发布】 4月28日，《2020年重点产业紧缺人才需求目录》发布。收录高端装备制造、新能源、汽车及零部件、大数据、生物医药等十大重点产业140个岗位，其中急缺岗位77个。80%以上超3级岗位月薪超1万元，岗位月薪最高达4.5万元。

【博士后工作站建设】 年内，苏州腾晖光伏技术有限公司获批设立国家博士后科研工作站，江苏亨通高压海缆有限公司、江苏亨通海洋光网系统有限公司、苏州晶洲装备科技有限公司被批准设立江苏省博士后创新实践基地。截至2020年年底，常熟拥有国家博士后科研工作站、省博士后创新实践基地和各级分站总量达到64家。

【企业新型学徒制人才培养】 7月16日，常熟启动首个“企业新型学徒制”技能人才培养项目，该项目由常熟高新园中等专业学校与江苏金龙科技股份有限公司合作开设“企业新型学徒制”培训班，采取“企校双制、工学一体”的培养模式，首批学徒24人。2020年，全市新型学徒制培养学徒399人。

（陈晓英 张阆歌）

表 33　　2020 年常熟市新增江苏省级以上高层次人才一览表

类　别	姓　名	引才（或创办）企业
国家级领军人才	VINOGRADOV ALEXANDER	江苏集萃先进金属材料研究所有限公司
江苏省高层次创新创业领军人才	杨冬野	苏州芯慧联半导体科技有限公司
	管　欣	苏州壹心汽车科技有限公司
	胡　虎	苏州挚远电气科技有限公司
	高　强	常熟国强和茂管材有限公司
	尹治平	苏州深蓝空间遥感技术有限公司
	施　磊	苏州德凌迅动力科技有限公司
	韩　刚	江苏集萃先进金属材料研究所有限公司
	刘建红	加通汽车内饰（常熟）有限公司
	陈　超	苏州聚萃材料科技有限公司

（张闻歌）

劳动权益保护

【概况】 2020年，全市企业签订有效劳动合同45.06万份，各建工会的劳动用工企业集体合同签订率在99%以上，全年审查有效集体合同1577份。评定2019年度常熟市劳动关系和谐企业731家，符合劳动关系和谐企业标准企业数占已建工会企业数的51.55%；全市32家单位获2019年度苏州市劳动关系和谐企业称号。沙家浜镇成功创建省级和谐劳动关系创建示范园区（镇），江苏中利集团股份有限公司成功入选人社部“和谐同行”千户企业培育对象。组织评定并授予常熟市无缝钢管有限公司等599家用人单位“2019年度常熟市劳动保障A级诚信单位”称号。11月11日，常熟市2019年度保障农民工工资支付工作考核获评苏州A级（最高等级）。

【劳动保障监察执法】 2020年，全市开展规范化工产业劳动用工和社会保险行动、高温劳动保护、社保扩面专项行动、规范人力资源市场秩序等专项检查，全年日常巡查2309家，专项检查1949家，立案232家，清欠职工工资1032.1万元，清退童工72名。移送劳动保障监察涉刑案件10起，受理10起，涉案金额558.6万元。

【劳动争议仲裁】 2020年，全市处理各类劳动争议4190件，涉及劳动者6067人。其中：案前调解成功1458件，案前调解率34.79%；仲裁不予受理359件；省级网上调解平台调解654件。立案处理劳动争议案件2954件，涉及劳动者3063人。其中集体争议案件36件，涉及1262人；含50人以上重大集体争议案件6件，涉及人数707人。仲裁结案率98.44%。仲裁调解结案2072件，仲裁调解率69.95%。仲裁裁决结案890件，终局裁决率37.83%。仲裁管理信息系统按期运行率100%。全年劳动争议总调解率71.88%。

（陈晓英）

责任编辑：汤　涵

社会保障

社会保险

【养老保险】 2020年年末，常熟市户籍劳动力养老保险覆盖人数为50.19万人，参保覆盖率99.6%，养老保障率99.6%。全年累计新增稳定就业的外来务工人员参保3.83万人，全市外来人员正常参保缴费20.68万人，城镇养老保险参保人数55.55万人，机关事业养老保险参保人数2.88万人。对全市低保对象、特困人员等困难群体，确保100%登记参保、100%为其代缴城乡居民养老保险费、100%享受城乡居民基本养老保险待遇。全年为困难群体702人代缴保费52.44万元，实际享受城乡居民养老保险待遇的困难群体人数1032人，将符合规定的困难群体全部纳入城乡居民基本养老保险覆盖范围。2020年，市人社局优化丧葬费发放手续，无近亲属的参保人员丧葬费经审批可由其非近亲属的丧事办理人领取。 （陈晓英）

【医疗保障】 2020年，常熟市职工医疗保险、居民医疗保险参保人数分别达91.66万人、32.10万人；职工和居民医保基金总收入分别为24.07亿元和4.64亿元；居民医保人均实际财政补助533.5元，筹资标准每人每年969.5元；职工和居民医保政策范围内住院医疗费用基金支付比例分别稳定在91.92%和75.42%。全市按照综合柜员制业务经办模式，优化业务办理流程，推行一站式受理、一站式办结，实现医保公共服务事项“即时受理、限时办结”。同时拓展乡镇基层服务网点，推进医保经办市镇村三级联动，在17个乡镇（街道）行政服务大厅和村（社区）设置医保服务窗口450个，实现医保报销、异地就医和居民医保参保缴费等高频服务事项下沉延伸。依托国家医保App、微信、支付宝等平台，推进医保电子凭证应用工作。全市548家定点医药机构已开通医保电子凭证扫码功能，医保电子凭证激活人数25.37万人，1.07万人完成在定点药店使用医保电子凭证扫码购药，享受脱卡支付的便捷服务。启动长期护理保险第二阶段试点工作。1—12月受理失能等级评估6087人次，完成失能等级评估5527人次，享受长护险待遇人员6331人，支付长护险基金2868.64万元。

2020年，常熟市继续推进基本医疗保险和生育保险市级统筹，职工医保参保范围、缴费基数、缴费比例、住院起付标准、支付比例和最高支付限额，职工医保在职人员和新退休人员个人账户记入办法和标准，医保退休待遇享受要求等基本政策实现与苏州市级统一。执行全省统一的基本医疗保险药品、诊疗项目、医疗服务设施范围等3个目录，执行全省统一的生育保险待遇项目。实现医保基金统收统支，医疗保险基金上划苏州财政专户统一管理，基金抗风险能力和增值收益能力得到提升。

11月23日，市医保部门开展市级统筹集中宣传活动

（市医保局　提供）

2020年，常熟市开展医疗保障基金监管源头治理，主动退回违规款项227万元。对全市946家定点医药机构全覆盖检查，发现问题521起，暂停医保服务协议3家，发送整改通知书280份，约谈医药机构负责人15人，追回违规费用328.3万元。在苏州市率先建立线上线下一体化的"医保人脸识别"智能监控管理系统，实现对购药、诊疗、住院等多种医疗场景的监控。在全市946家定点医药机构全面部署医疗费用智能审核系统，累计审核疑似违规单据13.2万张，收回违规费用41.99万元。

2020年，常熟市大病保险筹资标准提高到110元/人，大病保险最低报销比例从50%提高到60%，对困难人群在起付标准和报销比例上倾斜。调整城乡居民医保高血压、糖尿病门诊用药报销政策，提高两病患者的门诊报销比例和待遇额度。职工医保新增血友病、再生障碍性贫血和老年性白内障在门诊行白内障超声乳化加人工晶体植入术三项门特项目，门特项目总数由4个增加至7个，其中"恶性肿瘤放（化）疗"的年度支付限额由4万元提高到8万元。

2020年，常熟市将协议管理的394家医疗机构（含社区卫生服务站）纳入苏州大市和省内异地平台管理，有床位的57家医疗机构，全部纳入跨省平台联网结算。在实现异地住院费用直接结算的基础上，常熟市进一步完善异地就医政策体系，实现与上海、浙江、安徽三地门诊费用双向直接结算，提升长三角区域异地就医人员费用结算便利性。

2020年，常熟市贯彻落实药品带量采购政策，全面执行国家药品集中采购结果。4月27日，第二批32个中选药品落地实施；11月1日，第三批52个中选药品落地实施，平均降价53%，有10多个品种降价幅度超过90%。112种药品价格平均降幅50%以上，节约资金5000万元左右。推进全市三级医疗机构参加国家首次高值医用耗材冠脉支架集中带量采购和省三轮高值医用耗材联盟带量采购，按要求做好采购结果在常熟的落地，节约资金3204万元。（顾　莹）

【工伤保险】 2020年年末，常熟市工伤保险参保人数55.82万人。5月1日—12月31日，全市工伤保险基准费率下调20%，为企业减负2400万元。8月1日起，常熟市非全日制从业人员可以参加工伤保险，非全日制从业人员在参保期间发生工伤的，按规定享受工伤保险待遇。落实省人社厅《关于做好新型冠状病毒肺炎疫情防控期间工伤认定和劳动能力鉴定服务工作的通知》，出台《层转〈因履行工作职责感染新型冠状病毒肺炎的医护及相关工作人员有关保障问题的通知〉》，为医护等相关工作人员一线抗疫提供保障，并开辟认定工伤绿色通道。

【失业保险】 2020年年末，常熟市失业保险参保48.07万人。3月1日后新增领取失业保险金期满仍未就业的失业人员、不符合领取失业保险金条件的参保失业人员，经全国社会保险比对查询系统比对通过的，可申领失业补助金。对领取失业保险金期满仍未就业的失业人员按照每人每月不超过990元标准、不符合领取失业保险金条件的参保失业人员按照每人每月不超过300元标准发放6个月失业补助金。领取失业补助金期限不核减参保缴费年限。领取期间不同时享受失业保险金、代缴基本医疗保险费、丧葬补助金和抚恤金。全年发放失业保险金17943.05万元，惠及2.03万名失业职工；发放临时物价补贴5439.07万元，惠及4.54万人；发放失业补助金534.38万元，惠及7777人次。

【生育保险】 2020年，常熟市合并实施生育保险和职工基本医疗保险，生育保险参保人数达49.10万人。7月1日，生育保险一次性营养费补助标准上调至2112元。生育津贴（含计生津贴）支出为6062.86万元，其中：男职工护理假津贴499.63万元，一次性营养补助530.71万元，未就业配偶一次性医疗费用补助7.98万元；生育医疗费用支出为1286.59万元。

【保险政策调整】 7月1日起，参加常熟市企业职工社会保险的单位和职工缴纳社会保险费（养老、工伤、失业、医疗、生育）的月缴费基数下限为3368元/月，月缴费基数上限为19335元/月。常熟市灵活就业人员参加基本养老保险、基本医疗保险月缴费基数分为5个档次；7月1日起，企业职工跨省养老保险关系转移接续可通过"掌上12333"App或登录国家社会保险公共服务平台办理；10月1日起，全市参保人员退休年龄相关政策调整，以灵活就业人员身份参加企业职工基本养老保险，累计缴费年限满15年的，退休年龄为男年满60周岁，女年满55周岁；保留养老保险关系的女失业人员，退休年龄为55周岁；与企业建立劳动关系，由用人单位按规定缴纳企业职工基本养老保险的女工人，退休年龄仍为50周岁。

【企业社会保险费阶段性减免】 2—12月，全市对中小微企业、按单位参保的个体工商户实施职工基本养老保险、工伤保险、失业保险单位缴费部分全额减免；对各类大型企业、民办非企业单位、社会团体等各类社会组织和其他参保单位实施三项社会保险单位缴费部分减半征收。针对受疫情影响生产经营严重困难的单位（不含机关事业单位），可按照相关规定提出缓缴申请。符合减免条件的参保单位，免填单、免申请，由人社部门核定缴费环节，自动享受。年内该项政策共惠及全市2.93万户参保单位，总减免金额为27.99亿元。

【退休人员养老待遇调整】 2020年度企业退休人员基本养老金调整涉及企业退休人员23.24万人，调整后人均月增资额为124元，调整后人均月养老金水平为2156元。2020年度城乡居民基础养老金共涉及80267人，人均增加养老金每月32.82元，调整后人均养老金水平为468.03元。对于年满65

周岁以上城乡居民基本养老保险人员在上述增加待遇的基础上分别再增发5—20元。

【第三代社会保障卡建设】 2020年，市人社局全面完成本地数据资源的清洗，并对数据资源进行集中处理；开发完成省公共基础数据的迁移程序，并对相关协同接口进行对接和改造，做好数据迁移准备工作。成立第三代社会保障卡筹备工作小组，开始搭建第三代社会保障卡应用拓展平台，开展第三代社会保障卡建设情况调查，做好原市民卡园林、公共自行车、图书馆等应用搭载准备工作。

【"社银通"项目启动】 6月18日，"社银通"项目正式启动，首批开通4家试点银行网点。11月，在常熟农村商业银行沙家浜中心支行、董浜中心支行举办网点授牌仪式。至年底，全市104家"社银通"网点可办理10大类32项社保业务，全市各网点办理业务20701笔。

链接：

"社银通"项目以政务服务体系为研发基础，集成业务知识库、统一经办、电子档案、消息通知等众多信息化平台，实现申请、受理、审核、办理、出件、评价的标准化流程。该项目首批次开通参保协同办理、退休联合办理和身后快速办理3项联合事项，包含企业社保登记、变更、用工、退工以及个人灵活就业参保、变更、退保、社保关系转移等10个事项，实现银行网点自助一体机个人参保查询、证明打印功能。

（陈晓英）

住房保障

【概况】 2020年，常熟市按照《常熟市住房保障实施办法》，启动2020年度2批次住房保障申请工作，354户住房困难家庭通过审核，其中购房补贴家庭66户、租房补贴家庭288户。保障家庭租赁补贴发放498户，补贴金额328.89万元；发放购房补贴23户，补贴金额964.34万元。至年末，保障常熟市户籍中等偏低及以下收入住房困难家庭4252户，其中购买经济适用住房2345户；公共租赁住房实物配租536户；发放租赁补贴1236户补贴金额1821.98万元；发放购房补贴135户补贴金额4728.25万元。全市优租房安置入住363户，累计安置954户。完善优化优租房轮候制度，做好优租房小区外地租户的管控和配套服务。上线优租房疫情防控排查系统App，对在常、返常租户进行行程信息登记。2020年度省政府下达常熟市新开工保障性安居工程700套、基本建成1000套、发放租赁补贴120户的目标任务，结合实际情况，分解落实，完成新开工728套，完成率104%；基本建成1994套，完成率199.4%。城镇棚户区（危旧房）改造覆盖率绝对值110.6%。建立既有多层住宅增设电梯施工管理、现场勘查和联合审查工作机制、财政补贴等配套政策，首个既有多层住宅增设电梯试点项目华丰园小区2幢一单元、二单元增设2台电梯于12月2日交付使用。（汤逸纯）

古里镇棚户改造项目铁琴花园二期（市融媒体中心 提供）

【住房公积金管理】 2020年，常熟市新增公积金缴存单位4467家，新增缴存职工70093人。年末应缴单位23480家，应缴职工348985人，分别比年初增加4172家、22067人；归集公积金46.60亿元，比上年增加2.36亿元；年末月应缴额3.98亿元，职均月缴存额1142元，分别比年初增加0.51亿元、80元；办理公积金提取98.05万笔，其中线上提取95.74万笔，公积金提取金额33.49亿元，较上年增加2.25亿元；发放公积金贷款3698户19.31亿元，分别比上年增加742户、4.05亿元，其中首次贷款3360户17.86亿元，分别占比90.86%、92.49%；年末，公积金余额118.80亿元，贷款余额2.89万户92.17亿元，资金利用率77.58%，贷款逾期率为零；从增值收益中为市政府补充廉租房建设资金2372.60万元；公积金基数调整1.59万家27万余人，职工账户调整率82.62%。苏州市住房公积金管理中心常熟分中心全面推行与社保"同步开户、同步建缴"工作机制。集中对100余家缴存单位开展行政催缴；开展承办银行扩面工作"百日攻坚"竞赛活动，对380家缴存单位进行集中突破。开展宣传服务月活动，落实纾困帮扶政策，宣传公积金制度。贯彻"租购并举"政策，推行租房提取公积金政策。"苏州公积金"App先后新增10项业务，年末已有20项，租房委提、还贷委提、外地户籍离职提取等面广量大的普通提取业务已基本实现线上办理。年末，全市设有1个公积金服务大厅、7个承办银行提取服务网点和14个镇区（街道）公积金业务专柜。（马达达）

社会救助

【概况】 2020年，全市救助各类困难群众12.74万人次，发放资金2.53亿元。在春节前组织对4个大类2815户困难群众开展走访慰问，发放资金636.78万元。向2208户低保、低保边缘等困难对象发放党员关爱基金366.36万元。疫情期间，向7689名困难群众增发临时生活补贴每人125元，共计96.11万元；组织调配口罩3.6万只，购买生活物资套装（消毒液、洗手液、方便面）2278份，联系爱心企业捐助羽绒服3350件，免费向困难群众发放。开展申请救助家庭经济状况核对，核查低保、特困、住房保障等各类救助申请对象6593户12140人，预警1660户，预警率25.18%。继续推进社会救助综合改革试点，将城乡居民最低生活保障、特困人员供养、临时生活救助、低保边缘重病困难对象救助、困难残疾人生活补贴和重度残疾人护理补贴等5项社会救助和社会福利审批权限下放至全市各镇（街道），全年各镇（街道）共办理社会救助和社会福利申请539件。推行“一表一书”救助申请方式，建立社会救助申请承诺机制，简化流程，精减材料，减轻群众取证负担。

链接：

“一表一书”救助申请方式：指申请人提供“社会救助申请审批表”（表名因救助方式而异）和《常熟市居民家庭经济状况核对授权书》即可申请社会救助的申请方式。

【城乡低保救助】 城乡低保标准由每月995元调整为1045元。年底，全市1529户2250人纳入城乡低保、519人纳入低保边缘重病困难对象救助、613人纳入特困人员救助供养。

【临时困难救助】 改进临时救助制度，区分急难型和支出型困难对象，分别给予最高12个月低保标准和5万元的救助金，全年向1573名困难人员发放临时救助金148.78万元。

【流浪乞讨人员救助】 开展“生活无着的流浪乞讨人员救助管理服务质量大提升”专项行动和“夏季送清凉”“寒冬送温暖”专项救助行动，救助生活无着流浪乞讨人员309人次，其中未成年人26人次，护送返乡59人次，累计56名长期滞留流浪乞讨人员得到妥善安置。

【社会救助审批制度改革】 2020年，常熟市采取一系列改革措施推进社会救助审批制度改革，在乡镇所有村（社区）建立便民服务工作站，推行全科社工服务模式，将社会救助服务作为基础职责予以明确。同时，全面梳理救助审批事项，整理规范形成模板，纳入“常熟市智慧政务平台”。申请人可在江苏省政务服务网站，通过实名认证注册登录，进行社会救助申请；也可以到村（社区）便民工作站，由全科社工代为网上提交社会救助申请。救助申请通过“常熟市智慧政务平台”后台流转，完成审批全流程，实现“足不出户、足不出村，一网办理”，推动实现社会救助不见面审批。

【《支出型贫困家庭精准帮扶实施办法》出台】 2020年，《常熟市支出型贫困家庭精准帮扶实施办法》出台并实施。在原《常熟市支出型贫困家庭精准帮扶暂行办法》的基础上，实施办法进一步完善对支出型贫困家庭的认定流程，放宽部分对申请家庭财产的认定标准，扩大帮扶范围。根据实施办法，支出型贫困家庭帮扶对象须拥有常熟户籍，具体分低保及低保边缘家庭，月人均收入低于两倍低保标准的低收入家庭，其他因病、因残、因灾或因突发事故等原因导致无力自救的急难型困难家庭三类。三类家庭因医疗、教育等刚性支出费用过大，超出家庭承受能力，经各类社会保障和社会救助后，家庭基本生活仍有较大困难的，均被纳入帮扶范围。

（顾君才　徐之佼）

慈善事业

【概况】 2020年，全市共募集慈善款物6673.53万元，市镇两级共实施助学、助医、助残、助老、助困等慈善项目19个，发放各类慈善救助金7671.87万元，惠及各类困难对象13985人次。实施“情暖寒门学子——慈善助学”项目，向4043名不同教育学段的困难学生发放助学金1189.52万元；实施“阳光助医”项目，向427名家庭经济困难患者发放救助金346.72万元；中华慈善总会药品援助项目常熟发药点发放价值1413.53万元的药物，惠及1278人次。投入840万元，建设职业教育实训基地，年内建成验收六家。推进慈善文化建设，办好《慈善常熟》电视专栏、《常熟日报》“慈善专版”和《慈善常熟》杂志，与“i常熟”等网络平台合作，借助公交车、闹市区、主干道等户外宣传阵地开展慈善宣传。开展“慈善文化进校园计划”，辛庄中心小学被省慈善总会命名为“中小学校园慈善文化建设示范教育基地”；开展以“行善真好”为主题的全市中小学生征文活动，出版获奖征文集《向上向善》。将慈善文化元素融入“千村美居”建设，尚湖镇81个“千村美居”建设工程中，接受爱心企业和爱心人士捐赠款物600多万元。全市各地通过《慈善之歌》、“万册慈善年画送下乡”活动、白茆山歌、慈善灯谜、“海虞妈妈”、举办大型慈善文艺演出等形式宣传慈善文化，进一步营造全社会慈善氛围。召开常熟市慈善事业发展大会。开展第四届“常熟慈善奖”评选表彰活动，评选出“最具影响力公益慈善组织”等5个奖项共57个获奖对象。常熟市13个个人（企业或社会组织）获评第四届“苏州慈善奖”荣誉称号。

【慈善组织】 2020年，常熟市推出“常熟公益汇”公益项目23个，投入资金81.6万元，用于购买公益组织服

9月2日，全市慈善事业发展大会及"常熟慈善奖"表彰大会举行

（市民政局　提供）

务，覆盖党建工作、人群服务、文化教育、环境保护等多个类别。鼓励公益组织参与东西部合作、助力对口帮扶地区攻坚脱贫，全市近10家公益组织参与帮扶活动（以捐资捐物和助教为主），累计开展帮扶项目20个，投入资金203.89万元，受益人数2894人。常熟市壹悦公益团负责人戴旭辉获聘思南县儿童福利院"荣誉院长"。扶持发展村级公益组织5家。支持市慈善总会（基金会）工作，全年设立冠名基金5个，各类支出2322.04万元。市慈善总会（基金会）首次开展"99公益日"线上募捐活动，18家公益组织参加，募集善款8.84万元。

【疫情防控慈善募捐】 2020年，全市共收到用于疫情防控的社会捐赠6012.48万元。其中，市慈善总会（基金会）累计收到社会捐赠4363.16万元，包括资金3753.91万元、物资609.25万元；市红十字会累计收到社会捐赠921.47万元，包括资金385.95万元、物资535.52万元；其他社会力量募集727.85万元，包括资金109.97万元、物资617.88万元。

【《关于加快推进慈善事业健康发展的实施意见》出台】 8月28日，市委办公室、市政府办公室联合印发《关于加快推进慈善事业健康发展的实施意见》。该文件提出：到2022年，全市基本形成慈善政策健全完善，监管制度全面落实，慈善行为诚信规范，慈善信息公开透明，慈善理念深入人心，社会捐赠积极踊跃，志愿服务广泛开展，帮扶能力明显增强，组织化、专业化、多元化的现代慈善事业发展格局。建立市慈善工作联席会议制度，明确工作机制和34家成员单位的职责分工，进一步细化夯实慈善工作内容。

【慈善项目线上募捐】 9月，市慈善总会（基金会）发布的"99公益日"慈善项目线上募捐启动。该项目由市慈善总会（基金会）在腾讯公益平台上线，分为"助老服务行动计划""弘扬常熟传统家风""失独家庭关爱项目"等18个慈善子项目，分别针对空巢老人、残疾人、自闭症儿童、特殊儿童、捐献遗体志愿者等社会特殊人群开展专业精准服务。组织18家公益组织参加并募集善款8.84万元。

（顾君才　徐之佼）

责任编辑：汤　涵

应急管理

综　　述

【概况】 2020年，常熟市树立安全发展理念，建立健全应急管理机制，落实安全生产责任。调整市减灾委成员单位及职责，完善市减灾委综合协调、协商协作、应急联动、信息报送、信息共享等工作机制。坚持源头治理，提升法治水平，夯实基层基础，深化专项整治，全力防范事故发生。先后接受国务院、省、苏州市多轮次安全生产巡视（督导）工作，省级安全发展示范城市创建通过苏州市初审。

【省级安全发展示范城市创建】 2020年，常熟市成立由市政府主要领导任组长的创建领导小组，制订《常熟市推进安全发展示范城市创建及城市安全风险评估实施方案》，围绕源头治理、风险防控、监督管理、保障能力、应急救援、城市安全状况6个方面和14个重点行业领域，明确创建工作任务。依托应急管理部研究中心的专业力量，制定城市安全风险评估“一指南、一清单、二办法、三规范”7个基础性文件，形成常熟市城市安全风险评估报告、常熟市较大以上安全风险清单、常熟市危险化学品重大危险源清单、常熟市脆弱性目标清单和常熟市自然灾害风险清单，并开发城市安全风险空间分布图。完成各板块和重点部门风险评估集中培训12批次，培训2500人，各行业领域的较大安全风险“三单”初稿基本形成，相关材料通过苏州市初审。

【应急预案编制及演练】 2020年，常熟市各部门完成应急预案修编“1+37”个（市突发事件总体应急预案和市级专项应急预案）。市级层面完成1次综合性演练，各板块各部门针对不同类型灾害事故开展专项应急演练87次。

【应急救援队伍建设】 2020年，常熟市加强应急救援队伍建设，形成多元化、层次分明的救援队伍体系。除消防救援大队外，全市有防汛抗旱、危化救援、环境监测、医疗救护等行业（领域）专业应急救援队伍23支，970人；乡镇地方政府专职消防队14支，341人；社会救援队伍3支（蓝天、青年蓝天、星光青年），162人；森林专业扑火队1支，30人。　（徐小祥）

安全生产

【概况】 2020年，市应急管理局紧扣事故起数和死亡人数大幅度双下降工作目标，开展“1+27+1”安全专项整治、违法违规“小化工”百日专项行动、危化品使用安全专项治理等重点工作。先后接受国务院、省、苏州市多轮次安全生产巡视（督导）工作。全市共发生各类生产安全事故21起，死亡14人，事故数和死亡人数实现“双下降”，分别比上年下降80.73%和75.86%。其中工矿商贸领域发生生产安全事故11起，死亡11人，事故数和死亡人数比上年分别下降68.57%和72.5%；道路交通生产安全事故10起，死亡3人，事故数和死亡人数比上年分别下降86.49%和83.33%。加大“两法衔接”工作力度，40名责任人员被移送司法机关追究刑事责任。加大对违法企业的惩戒力度，应急、交通、市监、住建、消防等部门依据《中华人民共和国安全生产法》等法律，事前执法立案1172起，行政处罚3777.64万元。市应急管理局被评为“全省执法工作先进集体”“全省危险化学品安全监管先进集体”和“全省应急管理普法宣传工作先进单位”。

【安全监管】 2020年，市委、市政府出台《关于进一步加强全市安全生产和生态环境保护的工作意见》，市政府与各板块、各有关部门签订安全生产目标责任书和重大隐患挂牌整改责任书，首次实行事故“双归口”管理，推动板块和部门合力消除监管盲区。并将安全生产在高质量发展考核中的占比从2%提高到6%。出台《关于加强小型工程和零星作业安全生产管理的暂行意见》，堵塞监管漏洞。出台《关于推动企业落实安全生产主体责任的工作意见》，督促企业法定代表人和实际控制人履职尽责。督促企业自查自报重大隐患风险，监管部门和属地板块进行核查，企业自主排查整改安全隐患7.12万条，全市8723家生产型企业告知承诺完成全覆盖，企业自主排查整改安全隐患7.12万条。制定《常熟市安全环保消防联动工作方案》，建立“1+4+4”安全环保消防联动工作机制，推动企业落实安全生产、消防安全、环境保护主体责任。出台《常熟市安全生产领域信用管理办法（试行）》，将9类企业安全生产不良信用信息纳入联合惩戒范围。“常熟诚信网”实时上传行政处罚、行政许可信息192条。常熟市确定“三级”政府挂牌项目124个，投入整改资金4.3亿元，全部完成整改。安委办创新挂牌督办机制，结合27个领域专项整治工作和各领域典型生产安全事故情况，做到重大隐患逐一建档、应挂尽挂，下半年新增挂牌项目28个，都完成整改。

【安全生产专项整治】 2020年，市应急管理局开展“1+27”重点行业领域安全生产专项整治行动，抽调骨干成立工作专班，实行实体化运作。市、镇、村三级累计检查督查1.88万批次，参加检查督查6.34万人次，检查单位6.55万家次，完成整改重大隐患52项，关闭取缔1014家，停产整顿2027家，罚没金额6811万元，追究刑事责任883人（均为醉驾）。深化镇村工业集中区整治，制定21条安全环保消防整治标准，按照“一张清单”排查问题、“一个闭环”整改隐患、“一套班子”推进整治的工作思路，排查各类工业区521个，企业（作坊）9294家，整改隐患3.2万个，对不符合安全环保消防条件的企业（作坊）停产274家、关闭452家。

【安全生产宣传教育】 2020年，市应急管理局举办第十九场“安全生产月”文艺专场晚会，开展安全咨询日、安全生产（消防安全）“五进”、安康杯竞赛、科普“123”巡讲、安全生产走进政风行风直播间和安全生产执法直播等活动。作品《高处不“绳”寒》《安全进行时》获“第一届全国应急管理普法作品三等奖”，并被选送至中央政法委参加全国优秀普法作品评选。“春风行动”期间邀请省应急管理厅厅长陈忠伟到常宣讲安全生产，全市组成51个宣讲团进镇（村）入企宣讲667场次，受众7万余人次。5月份，市安全生产培训中心全面恢复培训、复审工作，对企业各类人员培训342期，培训3.2万人次。

【安全生产专项督导巡视意见整改】 2020年，常熟市接受省危化品专项巡视，完善安全生产体制机制，细化相关领域安全监管职责，消除责任“空档”和监管“盲区”，对重大隐患整改不到位的，采取强制措施。对巡视组反馈的28个问题制定整改方案、明确整改时限和责任人，推进整改。针对国务院督导组在苏州督导时指出的问题清单（第一批）所涉及的6个方面、17个问题，完成整改并形成长效管理机制。苏州市安全生产巡查组反馈的32项“安全生产责任不落实清单”、7项“重大安全生产风险隐患清单”已全部完成整改。按照上级督导巡查要求，同步成立7个安全生产督导（巡查）小组，由具有工作经验的正科级领导担任组长，抽调各行业安全生产业务骨干充实队伍，对14个镇、街道，3个开发区和10个重点行业领域主管部门派驻督导人员，完成“回头看”督查和督导考核工作。 （徐小祥）

消防救援

【概况】 2020年，市消防救援大队参加各类灭火救援、社会救助1934起，抢救被困人员162人，疏散被困人员500人，挽回经济损失9000余万元，完成太湖流域防汛抗洪等急难险重任务。“智慧消火栓系统”“火眼系统”“电气火灾监控系统”3个智慧消防平台全面运行。落实“双随机、一公开”消防监督管理机制，部署消防安全专项整治三年行动、百日攻坚行动、危化品综合治理以及“331”场所、高层建筑和养老机构等专项整治。全市火灾事故数和伤亡人数分别比上年下降65.33%和100%。投入7022.7万余元建成常熟市消防救援训练基地。在苏州市各类比武竞赛中连续4次获得团体第一名，政府专职队代表苏州市参加全省比武竞赛，取得2项团体第一和1项个人第一。

【消防责任落实】 2020年，市消防救援大队编写《2019年全市消防救援警情报告》，制定并印发《2020年常熟市消防安全工作要点》，明确20条重点措施任务。同各板块签订《常熟市2020年度消防工作目标责任书》，督促基层板块按照“党政同责、一岗双责”要求，落实属地责任、监管责任。发动1220家社会单位开展“三自主两公开一承诺”活动，督促单位对照《十三类场所消防安全自查检查要点》逐项自查自纠，提升单位消防安全主体责任。促成消委会各成员单位建立联动机制，建立高效的“1+4+4”安全环保消防联动工作机制，推动企业落实安全、环保、消防主

5月15日，市消防救援大队组织防火监督员对小餐饮行业场所开展消防安全检查 （市消防救援大队　提供）

体责任。与公安局建立派出所消防工作定期会商机制、民警消防业务实战培训制度和专业市场“1+1+3”联合检查机制。联合市民政局针对养老机构消防安全改造和审验问题，对8家养老机构进行联合指导服务，联合市教育局对26家教育培训机构开展达标评定。由市应急局牵头组成联合工作组，针对灾害事故原因和责任问题建立调查联动机制。在燃气安全、消防产品质量、印染企业发展、民宿改造等多领域，联合市住建局、市市场监督管理局、市文体广电和旅游局、市发改委等部门形成良性可持续化联动机制。同各板块部门间建立隐患抄报制度和火灾隐患定期曝光机制，通过市级媒体集中曝光，督促被曝光单位落实消防安全主体责任。

【消防隐患排查】 2020年，市消防救援大队排查单位场所4079家，发现违法行为及火灾隐患8075处，下发责令改正通知书2756份，责令“三停”5家，临时查封338处，罚款266.45万元。按照“四不放过”原则，调查火灾事故61起。对10家单位实施行政处罚，拘留4人。对24家重大火灾隐患单位实施分级挂牌督办，召开约谈会20次，现场帮扶34次。通过现场督查、媒体曝光等，完成省级挂牌督办单位支塘镇华东食品城等一批重大火灾隐患单位的整改工作。针对服装城地区商场市场“夜间直播带货”新业态带来的火灾风险，组织32家专业市场召开7次专题会议，落实专业市场“1+1+3”联合检查机制，开展6次夜间检查。深入开展“百日攻坚行动”、危化品综合治理、“331”场所、电镀行业、高层建筑和养老机构等场所的隐患治理，以“白+黑”“5+2”的模式和“双随机”等专项检查相结合的方式，从严从实从细排查整治隐患。

【打通“生命通道”专项整治】 2020年，市消防救援大队对全市147个小区开展夜间排查，规范物业企业对消防车道进行集中划线和设置警示标志，联合公安局开展消防车通道违停联合执法，张贴通告51500份，设置标识10131个，开展打通“生命通道”宣传1002次。依托组织部“海棠有约，共商共办”制度，联合虞山街道及各消防部门在明日星城小区试点开展消防车通道综合治理，结合政法委开展的尚湖中央花园小区社会治安综合治理契机，将小区消防环境整治纳入整体治理中。

【消防基础设施建设】 2020年，市消防救援大队下发《常熟市消防队站及车辆装备建设方案（2020—2022年）》，预计三年累计投资8021.65万元，推进消防基础设施信息化，市政消火栓全面接入智能化平台统一管理。271家单位接入城市建筑消防设施联网监测系统，安装电气火灾监控系统1467套。应用“微消防”和“火眼”系统，推动4.1万家九小场所对113万处消防点位开展扫码检查。市消防救援训练基地和支塘任阳卫星消防站建成投用，古里战勤保障中心两室一站及二期物资储备库、碧溪吴市卫星消防站完成建设，完成东胜街卫星消防站选址并进入装修设计阶段。

【消防救援培训】 2020年，市消防救援大队将化工集中区专职消防队由原一级消防站建设标准提升至特勤消防站建设标准执行。扩充两个化工园区中队人员编制，组建常熟市重型化工编队，加强与危化企业微型消防站联防联训。常熟重型化工编队完成跨区域远程拉动演练，完成全市大面积停电应急演练、加气站泄漏事故远程应急救援演练、应急（环保）综合演练等全市性联合演练。建立城市消防与森林消防联动联训机制，为27名森林消防队员开展为期1个月的专项培训，开展联动训练8次。145名消防指战员参加第三期水域救援培训班，24名队员取得救生员证。300名消防指战员分批次完成应急救护培训，初步具备事故现场简易救护能力。

【消防安全宣传】 2020年，市消防救援大队开展“消防安全亮满虞城”活动，组织649名消防指战员分片包干全市337个村（社区）推进消防安全进小区“卫城”行动，通过10大类27项任务，对230个居民小区及物业服务企业开展宣传教育、疏散演练、制定移车程序等活动。结合“千村美居”工程建设2处消防主题小游园，利用“海棠之声”平台在“119”宣传日开展微信朋友圈消防宣传。组织开展常熟市安全生产监督执法直播活动、复产复工消防安全直播培训会、消防公开课等活动，超过10万人在线学习消防安全知识。联合市总工会开展“培训送企业”宣传教育行动，组织开展“请进来走出去”“消防指挥长宣讲消防安全”培训和“百个小区千家企业”逃生疏散演练340场，完成1200家重点单位6308名安全责任人、管理人、消防控制室操作人员和单位员工的培训教育。开放全市14支消防队伍，接待362批12000余名群众参观和培训。落实民生实事工程投资380万元新建常熟市青少年教育馆，布置万名学生做消防作业，利用消防宣传车、宣传大屏、发放宣传册的形式动员全社会参与消防，通过市融媒体中心、各板块部门和社会单位累计发放消防宣传手册30万余份，播放消防公益广告2万余次，悬挂消防安全警示条幅3000余条，设置宣传专栏和展板100处。

（王轶超）

【常熟市消防救援训练基地投用】 11月9日，江苏高科技氟化学工业园（江苏常熟新材料产业园）消防特勤站、常熟市消防救援训练基地投用暨119消防宣传月启动仪式举行。常熟市消防救援训练基地依托产业园消防特勤站，按照化工园区专用的消防特勤站标准建设，占地面积约1.3公顷。基地投用后主要承担新入职指战员适应性训练、骨干指战员技能提升、跨部门跨地区安全生产集成演练等任务。在担负消防救援队伍各项训练任务的同时，担负产业园灭火抢险救援任务，成为辖区安全救援保障的中坚力量。

（钱慧一）

森林防火

【森林防火规划编制】 2020年，《常熟市森林防火规划（2020—2025年）》（简称《规划》）完成编制，并通过江苏省、苏州市专家评审，获常熟市政府批复同意，常熟市成为苏州市范围内第一个完成《规划》编制的县级市。该《规划》委托南京森林警察学院编制，包括森林防火工程体系建设、森林火灾防护标准体系建设及森林防火管理体系建设三大体系，涵盖全市有森林防火任务的行政单位、风景名胜区、自然保护地、林场和其他林业单位，提出常熟市森林防火发展的总体思路、规划目标、建设重点和长效机制。

（徐　勉）

【虞山防火能力建设】 2020年，虞山林场加快推进虞山森林防火指挥中心建设，完善森林防火基础设施建设，通过“以水灭火”工程、物资保障工程等森林防火项目建设，稳步提升森林防火综合防范能力。年内，虞山森林消防专业队在“苏州市第八届森林消防业务技能比武竞赛”中获三等奖。

【虞山34年无重大火灾】 2020年，虞山实现连续34年无重大森林火灾。虞山林场强化森林防火责任制，与下属各管理区、驻场单位签订责任状。坚持森林防火24小时值班，加强“清明节”“三月三”等重要节点值守。加大可燃物清理力度，投入165万元，完成林区可燃物清理606公顷。强化巡山护林和入山森林防火宣传，通过在虞山重点位置设置横幅、宣传牌、公告、语音播报器等，提高全民森林防火意识。进入防火期，虞山林场第一时间与下属各单位签订森林防火责任状，层层落实责任。通过加大森林防火宣传力度，完善森林防火基础设施建设，严格落实森林防火值班备勤制度，加强森林消防队伍建设，强化林区可燃物清理等措施，提升森林火灾综合防控能力。

（顾雪怡）

2020年，虞山森林消防队开展森林防火演练　（市融媒体中心　提供）

防震减灾

【概况】 2020年，市住建局履行地震监测职能，制定印发《常熟市开发区地震安全性区域评估工作实施细则》《常熟市2020年度震情监视跟踪工作方案》《常熟市住房和城乡建设局地震应急预案》，抓好地震监测台站运行巡查维护，做好地震趋势会商和群测群防工作，提高地震监测能力。全市设有1个地震前兆监测站、17个地震宏观观测点、5个强震台站（测震台站）。定期巡检支塘窑镇地震观测仪器，更换发生故障的雨量桶，保证设备稳定运行。抓好地震宏观观测，签订观测协议，明确工作职责，确保观测点报送资料有效、准确，全年未发现观测对象有异常情况。参加苏州市地震局季度、年度地震趋势会商，加强与常熟地震台的信息交流。年内全市行政区域内未发生有感以上地震。

【避难场所建设管理】 2020年，市住建局落实避难场所管理，对全市18个避难场所开展2次现场巡检，指导管养单位对发现的问题进行整改。修复破损标识牌60块，导视图30块，对部分立杆存在的油漆脱落及生锈现象进行维护，在体育中心避难场所增设2块标识牌，更换应急水井内水泵1台、修复部分故障的监控设备。制作全市应急避难场所分布图，通过中国常熟网向社会公开，并在市体育中心现场公布。探索避难场所与公园同步建设的路径，完成大浜河公园避难场所设计及工程经费估算等前期工作。

【防震减灾宣传】 2020年，市住建局充分利用各类活动时机进行防震减灾科普宣传。1月4日，参加市委宣传部在沙家浜景区开展的文化卫生科技“三下乡”活动，印制《防震减灾知识读本》8000份，现场及各镇（街道）宣传发放。5月12日，参加“提升基层应急能力，筑牢防灾减灾救灾的人民防线”主题咨询宣传活动，现场展示充气帐篷、切割机、液压钳、抬高气垫等应急救援装备，并演示正确使用方法。在全市主要街道悬挂防震减灾宣传横幅26条，电子屏幕滚动播放宣传标语，指导莫城街道在服装城时尚广场举办应急避难场所防灾演练。琴川街道枫泾社区民防地震科普馆全年接待参观1200人次。

（蒋志刚）

7月6日早晨，常熟市普降暴雨，市民冒雨出行　（市融媒体中心　提供）

防汛防旱防台风

【概况】2020年，汛期为5—9月，小东门观测站实测总降雨量996.3毫米。6月9日入梅，7月21日出梅，梅雨期长、雨量大、降雨强，常熟基本站梅雨量693.7毫米，是常年平均梅雨量的2.76倍，列1951年以来历史第二位。梅雨期间，小东门7月6日测得最大日降雨量124毫米，同日三环路外白茆塘最高水位4.17米。市防汛指挥部在6月15日、6月29日、7月5日三次启动防汛四级应急响应，7月6日升级为三级应急响应，7月15日提升防汛应急响应至二级。6月9日全市入梅，梅雨期经历8轮强降雨，暴雨日达4天，太湖流域发生超保洪水，阳澄区大量客水来袭，外河水位居高不下。7月6日出现汛期最大降雨，全市普降暴雨，局部大暴雨，11时，汛前排摸出的城区76个易涝点中，因受短时强降雨影响，虞山街道邮电新村、南泾堂区域，莫城街道湖泾新村、甸头新村，琴川街道湖苑一区、明日星洲等出现小区路面积水，至15时积水点基本消除，未发生居民家中进水情况。虞山破龙涧大量山水下泄形成山洪。全市各地道路受淹较多，各镇有不同程度受淹情况，主要有：沙家浜镇银河路桥洞、唐市老街，古里镇白茆工业区、淼泉老街，支塘镇工业园、常盛工业园，尚湖镇1家服装厂，辛庄镇洞泾新村临河民房，梅李镇外塘桥3户民宅。受淹主要原因是外河水位高，半高田地块排水受阻。随着外河水位下降，险情得到排除。

【防汛防旱】2020年，常熟市进一步健全防汛防台的组织领导，强化市、镇（区、街道）两级防汛指挥领导和协调功能，修编防汛防旱应急预案。推进工程建设，提升防洪保障能力，城区防洪大包围工程全面投运。对城区防汛薄弱点进行全面摸排，共梳理出76个易涝点，按“蓝、橙、红”三色划分，编制分级防御方案，重点盯防，汛期响应迅速、及时抢排，减灾效果明显。在梅雨期大汛中，各地各部门在市防汛指挥部的统一调度下，全力防御，及时完成抢险作业。发挥沿江水利工程的引排功能，汛期沿江各闸（不含望虞河枢纽）累计引水184潮次、引水量2.54亿立方米；排水942潮次、排水量11.1亿立方米。做好望虞河沿线水闸的调度，开启福山船闸、王市船闸、新泾闸等辅助太湖泄洪，时间长达1个月，协助太湖泄洪达1.3亿立方米，加快太湖泄洪速度。在应对梅雨期8轮强降雨中，城区防洪大包围汛期共计排水1亿立方米，城区水位雨前预降、雨中随排、运行有序，全市汛情总体平稳。

（钱烨宁）

责任编辑：陈炯明

人民生活

收入与消费

【居民收入】2020年，常熟市全体居民人均可支配收入60439元，比上年增长4.5%。其中，城镇居民人均可支配收入71445元，农村居民38031元，城乡居民收入比1.88∶1。在全体居民收入中，工资性收入37932元、经营性收入6856元、财产性收入7333元、转移性收入8318元，分别占居民收入的62.8%、11.3%、12.1%、13.8%。

【居民消费】2020年，常熟市全体居民人均生活消费支出33489元，其中城镇居民人均生活消费37763元、农村居民24787元。在居民生活消费中，食品烟酒、居住、生活用品及服务、交通通信消费支出比上年增加，衣着、教育文化娱乐、其他用品及服务消费减少。全市居民人均食品烟酒消费占生活消费支出的比重（恩格尔系数）为27.8，比上年微增0.5。其中，城镇居民恩格尔系数为27.4、农村居民为28.9，比上年提高0.7和1.7。

（杨胜娟）

市民在超市选购年货　　（市融媒体中心　提供）

【市场物价】2020年，常熟市价格总水平保持平稳，居民消费品价格总指数（CPI）为102.5，比上年上涨2.5%。低于3.5%的预期调控目标。其中，服务项目价格指数下跌0.1%；消费品价格指数上涨3.9%，包括：食品烟酒类上涨9.1%、衣着类下跌0.1%、居住类下跌1.6%、生活用品及服务类下跌0.5%、交通和通信下跌3.2%、教育文化和娱乐上涨2.8%、医疗保健下跌0.2%、其他用品和服务上涨7.2%。与群众基本生活关系密切的粮食、食用油、猪肉、蔬菜、民用自来水、民用电、民用管道燃气、公房租赁、城市公交、医疗服务、中小学教育、幼儿园保育等12种重要商品和服务价格水平控制在预期目标内。

（浦曾斐）

民政事务

【社会福利】2020年，全市向5740名困难残疾对象发放保障金4340.79万元。办理儿童收养登记63例。常熟市儿童福利院收养孤儿（含成年孤儿）45名，养育标准由每月2510元调整为2640元。全市有社会散居孤儿11名，养育标准由每月2070元调整为2280元。拓展困境儿童保障范围，将事实无人抚养儿童基本生活费标准从社会散居孤儿生活费标准的60%—80%提高至100%，重病重残儿童生活费标准按照社会散居孤儿的50%发放，全市有442名儿童被纳入困境儿童基本生活保障。符合条件的困境儿童全部免费参加城乡居民医疗保险，并纳入医疗实时救助和年度救助范围。将事实无人抚养儿童纳入教育资助，实施“家庭经济困难学生助学”和“孤儿助学工程”等项目。继续实施“孤儿医疗康复明天计划”，以每人800元的标准为全市困境儿童进行一次健康体检。12月，向全市困境儿童捐赠包括书包、文具等物资在内的爱心包裹490个。建成运行东南街道、常福街道2家“儿童关爱之家”，建立“12349”儿童救助保护热线，指导市未成年人保护救助中心开展儿童帮扶个案项目，投入16万元开展10

例儿童个案帮扶。

【社区建设和村民自治】 2020年，全市有村委会214个、有社区居委会126个，新增2个社区（竞文社区、静海社区），撤销1个社区（琴湖社区）。落实“1+9”社区治理政策，组织全市村（社区）负责人和“全科社工”开展社区治理现代化专题培训。市民政局联合市纪委、市委组织部印发《关于建立健全城市社区监督体系的实施意见》，明确在城市社区建立居务监督委员会。推进社区“减负增效”，减少社区证明事项20项。3月，“智慧社区”综合信息服务管理平台（一期）投入使用，整合城乡社区现有条线业务系统15个，基本实现“以人找房、以房管人”的基础信息管理功能。启动“智慧社区”综合信息服务管理平台二期项目建设。指导13个村（社区）开展社区综合服务设施改造，新增、改造社区服务用房面积17436平方米。开展全市村（社区）“两委”换届选举调研和业务培训，为2021年开展常熟市第十二届村委会、第七届居委会换届奠定基础。提高村（社区）一线工作人员抗疫防护能力，3月2日，市民政部门联合市委组织部、市商务局向全市村（社区）发放慰问物资，共发放防疫隔离服6660套、口罩66600个，提高村（社区）一线工作人员抗疫防护能力。

链接：

“1+9”社区治理政策：指常熟市制定的《关于加快推进城乡社区治理现代化的实施方案》以及围绕全科社工服务机制、和谐社区建设、基层协商民主等方面制订的9个政策性配套文件，明确全面推进城乡社区治理现代化的指导思想、基本原则、主要目标和实施措施。

【社会组织管理】 2020年，全市新增社会组织40家，其中社会团体11家、民办非企业单位29家；注销社会组织700家，其中社会团体26家、民办非企业单位674家。至年末，全市登记注册社会组织1002家，其中社会团体388家（行业性社团108家、学术性社团47家、联合性社团137家、专业性社团96家）、民办非企业单位614家（教育类131家、卫生类29家、文化类61家、科技类3家、体育类62家、人社类16家、社区服务类70家、其他类242家）、基金会1个、异地商会19个。有备案社区社会组织2446家，每万人（户籍人口）拥有登记社会组织9.42家。有等级社会组织73家，均为AAA级以上；有已认定的慈善组织16家。市社会组织党委下设社会组织党支部14个，有正式党员53名、入党积极分子23名，另有45人提交入党申请书。实施“深化红色行动，构建‘两社’党建新机制”项目，推动社区党建与社会组织党建融合发展。联合市纪委试点开展社会组织党的纪律监督工作，确定三种类型的10家社会组织为试点单位。持续打造“益沙龙”公益交流平台和“社工联盟”专业社工机构交流平台，开展学习交流活动7次。组织社会组织规范化建设、项目建设、业务能力提升等方面的培训共25期，受益851人次。组织开展第六届“常熟公益汇”，推出专门面向初创型组织的扶持项目18个、专门服务于红色党建的项目5个，涉及救助、卫生、救援、历史等多个领域。建立“社会组织重大事项报告制度”，明确包括理事会换届、理事会变更、举办大型论坛、开展涉外活动等重大事项的事前申报、事后备案制度。清理618家“僵尸型”社会组织，撤销8家社会组织的登记证书；抽查社会组织50家，委托有资质的审计机构开展财务抽查并形成审计报告45份，完成整改19家。制定出台《关于加快推进全市社会组织高质量发展的实施意见》，为社会组织健康有序发展提供政策支撑。疫情期间，市社会组织党委向13个所属支部及部分公益志愿组织发放抗疫物资泡腾片45袋、护目镜70副、手套1000副、慰问物资72份，引导公益志愿组织参与疫情防控。

【社工队伍建设】 2020年，全市共有登记注册社工机构33家、持证社工2020名，每万名常住人口拥有持证社工人数13.29人。全面建立城市社区工作者“四岗二十级”薪酬体系，城市社区工作人员薪酬平均年增幅超10%，其中一线社工平均增幅达20.3%。全面推行“全科社工”工作机制，105个村（社区）完成硬件改造并设立“全科社工”接待处，全市城乡社区基本实现AB岗“全科社工”服务模式。“睦邻空间”服务项目城乡社区覆盖率达100%。开展以“虞城社工 防疫先锋”为主题的系列“不见面 不聚集”线上“社工月”活动。联合苏州清流社工实施“领跑梦想——常熟市睦邻空间一线社工训练营”项目，分三期培训专职一线社工102名，提升专职社工项目执行能力。开展高层次社会工作专业人才评选工作，评定重点人才2人、拔尖人才3人。积极鼓励社工机构参与疫情联防联控，11家社工机构、2159人次社工和志愿者参与城乡社区疫情防控工作，志愿服务时长69480小时。委托常熟市心育社会事务所实施“关爱社工 抗疫减压”心理援助项目，开展专业讲座16场次，服务全市社区工作者和社会工作者1500人次，为10名社工提供深层次个案咨询。

链接：

“四岗二十级”薪酬体系：指社区工作者基本工资按照岗位与等级分为四岗二十级。岗位分为社区正职、社区副职、委员和一般社工，各岗位按照社区工作者在社区的工作年限、受教育程度等因素设置相应等级，其中社区正职为9至20级、社区副职为6至17级，委员为3至14级，一般社工为1至12级。

“睦邻空间”服务项目：指以党建为引领，以专业社会工作为切入点，以提升村（居）自治能力为目的，通过党建、自治、公益等服务项目的开展，充分调动村（居）民参与社区治理的意识和行动，从而营造睦邻友好的和谐社区。

表 34　　2020 年常熟市核准登记社会团体一览表

序号	社会团体名称	法定代表人	业务主管部门	登记日期
1	常熟市宿迁商会	周　健	市工商联	1月3日
2	常熟市停车服务业协会	马晓阳	直接登记	5月9日
3	常熟市职业经理人协会	姚建华	市工信局	5月20日
4	常熟市代表之光公益会	杨怡芳	市人大办	5月27日
5	常熟市跆拳道协会	万秋强	市文体旅局	6月8日
6	常熟市融合教育协会	曹　深	市教育局	7月1日
7	常熟市数字文创产业联合会	林锦新	市文体旅局	7月3日
8	常熟市电动车行业协会	范敏刚	直接登记	11月11日
9	常熟市无人机协会	王　洲	市公安局	11月24日
10	常熟市常福街道新一代企业家商会	殷晓平	市工商联	12月4日
11	常熟市剧毒和易制爆化学品行业协会	吴增龙	直接登记	12月23日

表 35　　2020 年常熟市核准登记民办非企业单位一览表

序号	民办非企业单位名称	法定代表人	业务主管部门	登记日期
1	常熟市思亲社会服务中心	顾燕琴	市民政局	1月3日
2	常熟市辛庄镇辛中村心连辛公益社	秦力成	辛庄镇人民政府	1月3日
3	常熟市辛庄镇桃园村善行桃园公益社	吴炳根	辛庄镇人民政府	1月3日
4	常熟市耕心尚善助学社	包艳红	直接登记	1月15日
5	常熟市壹件美术馆	程　宏	市文体旅局	2月17日
6	常熟市海虞府前幼儿园	祝　敏	市教育局	3月3日
7	常熟市稻米志愿服务站	陈震寰	直接登记	3月3日
8	常熟市航天海鹰卫星应用协同创新中心	袁鸿翼	市工信局	4月1日
9	常熟市新厍幼儿园	黄建芳	市教育局	4月14日
10	常熟市西塘现代幼儿园	褚卫丽	市教育局	4月22日
11	常熟市常青公益社	齐云霞	直接登记	5月20日
12	常熟市海虞镇京师幼儿园	李筱箫	市教育局	6月8日
13	常熟市金色阳光公益社	金　涛	直接登记	6月10日
14	常熟市大未来公益社	刘　刚	直接登记	6月10日
15	常熟市辛庄镇辛月公益服务社	王月芳	直接登记	6月10日
16	常熟市明心公益社	朱晓燕	直接登记	7月3日
17	常熟市苏常外国语学校	许　雯	市教育局	7月21日
18	常熟市同泽健康服务社	陶俊华	市卫健委	8月25日
19	常熟市五星幼儿园	陈　敏	市教育局	9月12日
20	常熟市明日幼儿园	陈　敏	市教育局	9月12日
21	常熟市梅林艺术团	胥庆贺	市文体旅局	9月29日
22	常熟市昆承湖外国语学校	庄明子	市教育局	9月30日
23	常熟市乐目青少年近视防控所	戴璐娜	市卫健委	10月23日
24	常熟市隆恒幼儿园	李洪超	市教育局	10月26日
25	常熟市家仁健康养老服务驿站	夏　舜	市民政局	11月27日
26	常熟金诚护理院	钱国平	市卫健委	12月4日
27	常熟市尚联公益服务社	顾　超	直接登记	12月4日
28	常熟市虞尚松韵艺术团	姚志刚	直接登记	12月11日
29	常熟市尚益公益社	邓　霞	直接登记	12月23日

【地名和界线管理】 2020年，全市命名各类地名174个，其中社区成立2个、调整4个、销名1个，道路命名88个、调整13个、销名5个、更名1个，住宅区命名25个、调整2个，建筑物（群）命名7个、销名1个、更名1个，桥梁命名24个。出具《行政指导提示书》33份，整改不规范地名8条。落实地名普查成果转化要求，编制《常熟市标准地名录（初稿）》。编纂修订国家地名词典、省地名志和地名词典常熟部分。其中，国家地名词典共收录常熟市词条59条，总字数约1.4万字；省地名志共收录常熟市各类词条13条，总字数约1万字；省地名词典共收录常熟市各类词条102条，总字数约2.6万字。更新完善国家地名信息库（常熟部分）的信息，新增地名词条194个。拍摄常熟地名文化宣传视频，从《山水之名》《历史之名》《人文之名》《市井之名》和《今日之名》5个部分对常熟地名进行讲解。推进镇级地名规划编制工作，启动率100%，论证率93%。完成"常太线"和"常昆线"2条县级行政区域界线的联合检查工作。开展界线界桩巡查，界桩完好率100%。开展省级平安边界创建，6条市（县）界、28颗市（县）界桩的日常管护完好；更新完成2020年界桩管护员及界线界桩信息库。

【殡葬管理】 2020年，全市火化遗体10028具，其中外地户籍死者遗体691具，免除基本殡葬服务费1200万元。办理遗体异地外运36例、遗体内运6例。开展违建墓地专项整治成果巩固提升行动，规范殡葬服务市场秩序。全市共有骨灰堂19家。推进殡葬基础设施建设，在虞山思亲苑内建成常熟市绿色殡葬纪念园（遗体捐献纪念园）；海虞镇周行思亲苑二期工程完成主体建设，新增穴位1.3万穴；碧溪街道完成镇级殡仪服务中心建设，可容纳4户居民同时治丧。摸排虞山公墓内翻新、增穴等情况，杜绝私自翻修、随意增穴现象。完成市殡仪馆内9套火化设备和5套尾气排放设备的升级改造，改造后尾气排放各项指标均符合国家标准。根据疫情防控形势，清明期间（3月26日至4月12日），全市7个公墓、10个骨灰堂的室外墓区开放现场祭扫，共接待现场祭扫群众约6.98万人次，设立网上纪念馆4933个，网上祭扫群众10306人次，开展代客祭扫1831人次，虞山思亲苑和12个镇（街道）均由工作人员免费代为开展1次集体祭扫活动。

（顾君才　徐之伎）

退役军人事务

【概况】 2020年，常熟市退役军人服务保障体系"一中心两站"在14个镇（街道）、338个村（社区）实现规范化实体化运行。组织上年度常熟籍立功军人父母短期疗养，驻常熟部队官兵免费健康体检。举办退役士兵自主就业专场招聘会、开设免费职业教育和技能培训项目班，助力退役军人就业创业。市退役军人事务局与市慈善总会（基金会）联合开展为常熟籍现役军人及家属送保险的"慈善拥军"保障服务项目活动，连续三年出资为常熟籍现役军人、驻常熟部队、83集团军官兵及常熟籍现役军人父母提供风险保障。建立康复医疗点，为驻常部队、残疾军人提供康复理疗服务。退役军人施俊被评选为常熟市8月"最美人物"，举办先进事迹座谈会和媒体集中采访宣传活动，联合融媒体中心拍摄"兵支书"专题片。完成年度军转干部安置工作，退役军人服务保障水平高质量发展考核列苏州大市第一。10月20日，常熟市连续第五次获评"全国双拥模范城"。

【服务保障体系规范化建设】 2020年，常熟市落实退役军人服务保障体系建设"五有"（有机构、有编制、有人员、有经费、有保障）要求，召开全市推进会议，出台《常熟市推进新时代"枫桥经验"服务中心（站）规范化建设实施方案》，实现全市14个镇（街道）、338个村（社区）退役军人服务站"五有"标准实体化运行全到位。11月，虞山街道退役军人服务站，通过退役军人事务部专题视频会议视频直播连线点检，率先在全市实现服务体系建设从"规范化"向"示范性"转变。

【优抚工作】 2020年，常熟市完善抚恤补助标准调节机制，及时调整优抚对象的抚恤补助标准，对优抚对象，按政策发放各类抚恤、补助资金。加强各类优抚对象认定和档案管理规范化建设，完成伤残人员档案整理工作，实现伤残人员一人一号、一人一档。梳理审核伤残人员档案，开展参战参试退役人员身份认定清查。推进银行、电信、保险等领域为退役军人和其他优抚对象提供优先优惠服务。对全市重点优抚对象发放专项慰问金；贯彻上级指示精神，走访慰问25名健在的参加过抗日战争的老战士、10名老战士遗属、3名抗战烈士遗属。

【烈士褒扬】 2020年，常熟市加强烈士纪念设施保护，完成市烈士陵园围墙重建，对全市烈士纪念设施信息进行全面普查，市烈士陵园13座烈士墓、5个烈士纪念设施以及分布在各镇（街道）的20处烈士纪念设施、170座烈士墓资料全部录入全国褒扬纪念管理信息系统数据库。完成761名烈士档案整理、修复和完善，形成数字化档案。开展域外（福建、江苏、辽宁）常熟籍烈士寻访工作。弘扬英烈精神、传承红色文化，结合清明、烈士纪念日等开展形式多样的纪念活动。

【退役军人安置】 2020年，常熟市落实中央、省退役军人安置政策，健全公开、公平、公正的"阳光安置"工作机制，按时间节点提前高质量完成年度安置任务，转业干部全部安置行政岗位，随调家属根据其原工作单位及性质按规定安置；转业士官安置到事业岗位或国企岗位。开创退役士兵"一件事""最多跑一次"政务服务，首次启动退役士兵一站式接收工作，实现2020年秋季退役士兵相关事项"一次申请、一窗受理、联动办理、限时办结"。成立苏州市首个待安置转业军人临时党支部，解决转业军人待安置期间组织关系和组织生活的"空档"问题，组织开展主题教育和党风廉政警示教育，参加地方适应性志愿活动。做好符合安排工作条件退役士兵待分配期间待遇保障工作，完成自主择业军转干部退役金调整发放，为符合条件的企退军转干部发放医疗费用专项补助，为企业退休军转干部发放生活补助，完成2019年秋季、冬季和2020年秋季退役士兵复核工作。

【退役军人教育培训】 2020年，常熟市加大大学生士兵复学优惠支持力度，落实退役军人接受免费教育培训政策。完成2019年转业军官岗前培训，1人被选送到苏州大学学习，同时积极应对新冠肺炎疫情影响，开展"空中课堂"。完成2019年度自主就业退役士兵技能培训和2020年秋季退役士兵适应性培训。组织退役军人报名参加高职、成人教育等学历教育，多名退役军人被江南大学、苏州大学、江苏警官学校、无锡职业技术学院等12家省内高校录取。为退役军人搭建就业创业平台采取线上线下方式，举办退役军人（军属）专场招聘会3场（其中一场网络招聘）。

【退役士兵权益维护】 常熟市完成部分退役士兵社保接续，实现"应纳尽纳、应接尽接"工作目标。健全困难退役军人走访慰问等帮扶援助机制，建立困难退役军人基础台账，退役军人事务局年内专项慰问困难退役军人。

【抗美援朝70周年纪念章发放】 2020年，常熟市排查登记"抗美援朝出国作战70周年纪念章"发放对象271人，负责发放264枚（另有7人由条线部门发放）。在官方公众号开设"致敬抗美援朝老兵"系列活动专栏，宣传老兵先进事迹，弘扬正能量；配合市融媒体拍摄抗美援朝老兵专辑的影像片。

【全国双拥模范城"五连冠"】 10月20日，在全国双拥模范城（县）命名暨双拥模范单位和个人表彰大会上，常熟市再次被授予全国双拥模范城荣誉称号，实现创建全国双拥模范城"五连冠"。近年来，常熟市在双拥工作创建实践中，探索形成以"五个首创"为重点的实事拥军"常熟样本"。坚持打造常熟双拥特色品牌，从2011年起，持续推进"十大品牌服务进军营"活动，组织社会各界开展人文关怀、文化艺术、党建成果、社区共建、科普知识、法律服务、卫生健康、就业培训、援助基金、低碳环保等活动，推动双拥工作向科学化、规模化方向发展。在全面落实国家、省市各项双拥政策法规的基础上，结合新常态下双拥工作实际，不断完善各类优抚政策体系，先后制定《关于完善拥军政策增强军人荣誉感的实施办法》《常熟市优抚对象抚恤优待实施意见》等34项政策文件，优抚安置工作在全国率先做到"10个100%"。常熟市不断赋予双拥文化新的时代内涵，放大沙家浜红色品牌效应。市委、市政府主要领导多次前往沙家浜部队、海军常熟舰部队等驻军走访慰问，市财政先后出资，用于支持沙家浜部队和常熟舰建设；百名常熟妈妈与百名驻常士兵结对认亲。驻常部队爱民助民行动不断创新，2016年以来，驻常部队组织和发动官兵支持全国文明城市创建、平安常熟建设，支援地方应对自然灾害、重大突发事件，以实际行动保护人民生命财产安全，维护社会和谐稳定。

链接：

五个首创：即首创"士兵部队立功、父母家乡疗养"拥军模式、首创驻军官兵免费体检制度、首创养老服务拥军模式、首创城乡一体化优抚模式和首创退役士兵暖心工程。

（时淑玮）

人口管理

【户政管理】 2020年，全市总户数32.04万户，总人口106.41万人，其中男性为51.55人，占48.44%；女性为54.86万人，占51.56%。12月，常熟市人民政府发布《关于落实〈苏州市户籍准入管理办法〉设置过渡期有关规定的通告》，该规定与《苏州市户籍准入管理办法》同步实施，原《常熟市户籍准入登记办法（修订）》同时废止。

【流动人口管理】 2020年，常熟市外来人口实有数86.57万人，市公安局共办理发放居住证12596张，全市有出租房屋14.7万户、37.6万间，全市寄住人口登记数34.27万人，信息登记率、准确率分别达97%和97.32%。市公安局共完成59559张异地居民身份证的换发，其中审核签发省内异地证43445张，审核签发省外异地证16114张。全年，市公安局共排查出租房屋20多万户，其中群租房12775户（包括工地、企业集宿）。整改治安隐患2126处，推送流转其他部门安全隐患28680处，其中对应群租房的隐患推送6664条，处罚房东1279人，临时清租27093家。签订修订版《房屋出租治安责任保证书》145146份，张贴《关于加强群租房管理消除安全隐患的通告》12775份。持续开展电子居住证宣传推广，电子居住证申领共计1012632人。引导全市出租房房东、用工企业及新市民通过扫数字门牌开展自主申报登记，全年登记在册外来人口85.6万人，自主申报75.7万人，申报占比88.4%，有效提升流动人口社会化采集率。

【出入境管理】 2020年，全市办理临时到常熟境外人员9923人次，比上年减少76.2%，其中外国人6958人次，中国台湾居民2338人次、中国港澳居民566人次、华侨61人次。常熟市常住外国人1557人次，比上年减少20%，办理境外人员各类签证（注）

1577件次，比上年下降30.2%；办理涉外行政案件209起。常熟港境外港员入港5514人次，出港5883人次，入境9242人次、出境8916人次；外轮入港430艘，出港579艘，入境867艘，出境718艘。市公安局签发船员过境签证26件次。受理出国（境）申请7543人次，比上年下降89.6%，其中出国4231人次，往来中国港澳地区3147人次，往来中国台湾地区165人；报备不准出境人员2462人，撤销报备75人；新增报备国家工作人员679人，撤销622人。优化出入境窗口服务，为申请人提供预约、延时服务，开通绿色通道。全市32个派出所分理点受理出国境申请918人次，占全市出国境总受理量的12.2%。加强涉外培训，组织境外人员临时住宿登记培训4场，开展境外人员居住线索采集培训2场。核改境外人员临时住宿登记数据9923条，准确率99.9%以上。

（范炟奇）

【新市民事务】 2020年，全市登记新市民109.03万人，即时实有86.52万人；采集出租房屋房东14.83万户、承租户37.49万户。通过扫描数字门牌二维码，新市民自主申报117.43万人次，房东申报11.12万人次，单位申报3.26万人次。立体化推进"安居超市"工程，重点关注群租房隐患信息采集，在"安居超市"系统平台增加居住人数统计模块，对居住3人以上的出租房屋根据隐患类别分级推送，全年核查3人以上（含3人）红色隐患房屋6608户，3人以上（含3人）黄色隐患房屋18625户，居住3人（不含3人）以下隐患房屋10369户。举办第七届"常熟是我家杯"社区辅警职业技能大赛，1名选手获"常熟市五一劳动奖章"称号，1名选手获"常熟市技术能手"称号，5名选手获"常熟市青年岗位能手"称号。举行"虞城新楷模"常熟市首届"百佳新市民"颁奖典礼，47106名网友通过"江苏公共文化云"微信公众号收看颁奖直播。2020年，根据疫情防控需要，新市民积分申请受理起始时间从3月10日推迟至4月1日，积分入学申请截止日期从4月30日推迟至5月15日，入医、入市民卡申请截止日期分别是9月30日、11月30日。全年受理入学申请16174人、入医申请21628人、入市民卡申请15340人，分别准入15192人、15000人、14388人。8月起，新市民事务中心通过书面征求意见、座谈会和调查问卷三种形式，向全市各板块、各部门和新市民征求积分管理办法修改意见。12月18日，市政府第56次常务会议讨论通过2021年度《新市民积分管理办法》，新增积分落户项目，删除计分标准中"一票否决"项目，原内容调整至"扣减分"项目。

（汤若冰）

老龄事业

【概况】 2020年，常熟市民政局在做好全市养老服务领域疫情防控工作的基础上，推进以居家为基础、社区为依托、机构为补充、医养相结合的养老服务体系建设。至年末，全市共有60周岁及以上老年人33.78万人，占全市户籍总人口的31.75%。

【养老服务体系建设】 2020年，全市建成民办养老机构2家，1家基本完成主体建设。全市有养老机构23家，其中公办1家、民办11家、公建民营11家，拥有养老床位数7135张，护理型床位数占比100%；有社会力量举办或经营的养老床位6265张，各类养老床位1.36万张，每千名老年人拥有各类养老床位数40.12张。为19家符合条件的养老机构完成备案登记。建成1家区域性养老服务中心，开工建设5家，2家完成立项，累计建有13家（含在建）。建成村（社区）老年人日间照料中心64家，累计建有366家，全市社会化运营的日间照料中心有334家，占比91.26%；新增老年人助餐点64个、助浴点3个，累计建有助餐点358个、助浴点14个，社区养老服务设施覆盖率100%。开展养老机构消防改造和解决消防审验问题专项行动，完成6家镇级敬老院和1家民办养老机构的消防审验，共关停6家、完成整改1家。开展养老院服务质量建设专项行动和养老服务机构的安全专项整治行动，全年无安全生产事故发生。投入资金200多万元，帮助683户经济困难的老年人家庭完成适老化改造。印发《常熟市扶持养老服务发展的实施意见》，通过放宽市场准入、优化市场环境、加大补贴力度等措施，在细化区域性养老服务中心收费、保障养老供地、落实税费优惠等方面给予扶持。

12月2日，"虞城新楷模"常熟市首届"百佳新市民"颁奖典礼举行

（汤若冰　摄）

【养老服务社会化】 2020年，全市启动乐龄助餐、慈善助力家庭养老夜间照护服务和银行积分兑换居家养老服务时长项目。实施城区“乐龄助餐”项目，采用集中配送餐的方式，引进具有餐饮服务和配送资质、热心老年事业的集用餐配送单位，在虞山街道、琴川街道建立集中配餐企业——中心助餐点——周边助餐点——居家老人四级助餐配送网络。联合市慈善总会、各镇（街道）慈善会实施“情暖弱势长者 共护夜间安康”慈善助力家庭养老夜间照护服务项目，打造全天候居家养老服务模式，实现家庭照护“类机构”功能，332位居家老人接受家庭夜间照护服务，服务次数16078次。联合中国银行常熟分行实施银行积分兑换居家养老服务时长项目，首批70多户老年人家庭享受兑换服务。提升居家养老服务覆盖面，年末，常熟市户籍80周岁以上接受政府购买居家养老服务的对象近4万人，占比72.22%，较年初新增服务对象近1万人。

【老年人家庭适老化改造】 2020年，常熟市全面启动老年人家庭适老化改造工作，共为683户低保、低保边缘、重残等困难老年人家庭免费进行适老化改造，改造内容包括家庭设施改造和辅助配备，提升老年人的生活自理能力和居家生活品质。（顾君才　徐之佼）

关心下一代工作

【概况】 2020年，常熟市关心下一代工作委员会深化党建带关工委建设，实现市、镇、村关工委联动发展新格局。全市校外教育辅导站建设以“千村美居”工程和新时代文明实践站（所）建设为契机，整合资源，配套建设，优化功能，以党员先锋站、新时代文明实践站、校外教育辅导站“三站合一”的共建模式推进镇、村（社区）347个校外教育辅导站提档升级。全市各级关工委组织开展“爱党爱国 立德立行 励志成才”主题教育，老少同行讲好“抗疫故事”，歌颂“抗疫英雄”，弘扬“抗疫精神”。校外教育辅导站总辅导员曹映虹和市报慈小学学生共同创作表演的演讲节目《向最可爱的人致敬》、常福街道关工委组织报送的爷孙同台演讲《家庭抗疫集结号》在苏州市老少同台演讲比赛中分获一等奖、三等奖。7月16日，省关工委到常熟调研农业关工委“三扶两创”工作情况。年内，市关工委获“苏州市未成年人思想道德建设先进集体”称号。

5月19日，“爱党爱国 立德立行 励志成才”主题教育活动在报慈小学举行

（市关工委　提供）

【校外教育辅导站工作推进会】 5月22日，全市校外教育辅导站工作推进会召开。会议就学习和贯彻上级关于“全面推进校外教育辅导站强内涵、提质量、上水平，为服务青少年发挥更大作用”的批示精神作部署。为强化校外教育师资队伍，市关工委聘请曹映虹、陆仁华等23名“五老”为市校外教育辅导站总站辅导员，聘请5名媒体记者为特约通讯员。会上，曹映虹、陆仁华、陆振华分享校外教育工作经验和对关心下一代工作的体会。

【小记者寻访优秀共产党员先锋事迹活动】 6月19日，“童心向党听党话 励志成才跟党走”小记者寻访优秀共产党员先锋事迹活动在中共常熟党史馆举行，活动由常熟市关工委、文明办、教育局和市委党史工办联合主办。活动上向塔前小学小记者介绍无产阶级革命家、科学家、经济专家李强的生平事迹。活动承办单位江苏广电总台教育频道“未来之星”小记者常熟站计划在一年时间里组织100名小记者，采访100名优秀共产党员，撰写100篇采访稿，向中国共产党建党100周年献礼。（吴静君）

责任编辑：汤　涵

街道·镇

虞山街道

【概况】 虞山街道位于常熟主城区西部，区域面积48.32平方千米，下辖35个社区、6个村、3个林场管理区。2020年年末，常住人口20.7万人，其中户籍人口13.4万人。完成地区生产总值66.32亿元，比上年增长1.08%；实现一般公共预算收入13.8亿元，比上年增长5.87%；服务业固定资产投资（不含房地产）2.43亿元，比上年增长7.05%；服务业开票销售（不含房地产）148.42亿元，比上年下降2.89%；限额以上批发业销售额56.76亿元，比上年增加9.22%；限额以上零售业销售额12.11亿元，比上年下降4.65%。年内，街道政协工委获评苏州市先进基层政协工委，街道人武部获评江苏省苏州军分区军事训练先进单位，街道侨联获评“最美侨胞之家”，大湖甸村获评苏州市首批新时代文明实践示范站，南大生态研究院院长安树青获2019年度国家技术进步二等奖。湖中社区党支部书记、居委会主任徐建明获评全省抗击新冠肺炎疫情先进个人，大湖甸村党总支书记、村委会主任缪钧获评苏州市优秀基层党组织带头人。

【经济发展】 2020年，虞山街道各类公共资源交易项目885个，总投资3.47亿元。村级集体总收入8708万元，村级可用财力6786万元，村级财力比上年增长6.05%。聚焦存量资源挖潜，以老旧更新扩增产业载体，盘活提优各类存量资源超12万平方米，带动社会资本投入超2亿元，建设“山前坊”文化创意产业街区、“山湾里”文化创意产业园，启动美城休闲广场升级改造，文保单位唐氏宅园保护改建为精品民宿。新引进顺联保险总部、屯和直播基地、文远能源等总部经济、数字经济、平台经济项目，尚湖五洲电建国际数字文旅基地项目签署框架性协议。持续推动方塔商圈转型升级，有书空间、欧菲姿彩妆旗舰店落户琴川塔弄。新增高层次人才28名，申报姑苏重点产业紧缺人才10名、江苏省“科技副总”1名。2020年，虞山街道聚焦存量资源挖潜，盘活提优存量资源15处，建筑面积超12万平方米，引进项目22个，带动各类社会投入超2亿元。其中存量商业资产9.3万平方米，老旧工业厂房2.7万平方米，方塔商圈盘活商业资产面积超1万平方米，累计带动街道新增税收超7500万元。“山前坊”文创街区、“山湾里”文创园、“艾克”数字文化产业园三个老旧厂房改造项目也在按计划推进。

【镇村建设】 2020年，虞山街道有序推进城中村自主更新，启动东横头、闸口桥西等7处城中村区域更新，惠及居民157户；全年审批923户农房翻建更新，其中633户已实施翻建更新，基本实现辖区内农房翻建全覆盖。实施既有建筑更新改造项目20个，完成改造面积1.62万平方米。完成8幢危险公寓房拆除解危，惠及住户188户，同时进行场地景观改造增加公共空间，新建小游园2处。全市首批试点在既有多层住宅增设电梯2台，提升

11月21日，2020第八届虞山茶文化节在虞山茶文化中心举行

（虞山街道　提供）

居住品质。编制（调整）完成并实施《虞山街道镇村布局规划》《元和建华片区控制性详细规划》。扎实推进“千村美居”工程，优化提升谢家浜等14个自然村组，张乌园、山湾里入选苏州市特色田园乡村建设试点。探索房屋使用权集中的创新模式，在西泾岸社区庙弄区域启动历史街区整理更新试点。建立冲刺文明城市“两连冠”的“六化机制”，设立新时代文明实践志愿服务岗300多个、服务项目1500多项，开展“绿色美居”“移风易俗”“文明餐桌”等各类文明实践主题活动620场次，服务群众14万人次。打好农村人居环境整治收官战，出动5000人次、2000多车次，清理宅前屋后杂物垃圾6000余吨、乱拉挂标志1000多处、乱搭建棚架乱种植2000多处，全域126个自然宅基村容村貌显著提升。在124个住宅小区实行生活垃圾“三定一督”四分类，对辖区内105家农家乐建立餐厨垃圾收运体系，持续提升垃圾分类运行质态。扎实推进“河长制”工作，镇村两级河长累计巡河1683次，封堵整治河道直排口200余处，对城区9条河道实施清淤整治，完成2条美丽河湖创建、2条黑臭河道整治。

【人民生活】 2020年，虞山街道全力应对新冠肺炎疫情，核查重点管控人员11754名，实施居家观察5172人，完成核酸检测2604人，实施消杀3.66万次，对289个小区实施阶段性封闭管控，减免各类租金517.56万元，辖区内3名确诊病例全部康复。做好常态化疫情防控稳就业工作，举办“春风行动”网络招聘会，开发招聘岗位共计743个，为辖区内2489家企业发放企业稳岗补贴共计1716万元、以工代训补贴812万元。继续做好困难职工帮扶工作，共计对困难职工、困难学生帮扶20.3万元。持续完善医疗卫生服务体系，完成君子弄、宝岩、元和社区卫生服务站改扩建工程，开展健康义诊活动21场，签约家庭医生服务6万余人次，完成9个村（社区）的省级卫生村复审。全面落实“常熟市妇女健康优质服务项目”，对1.34万名育龄妇女进行妇女病普查和“两癌”筛查。组织开展无偿献血活动，共628人成功献血18.72万毫升。持续深化“放管服”改革，街道行政审批和公共服务事项累计办件量超过16万件（次）。加强社区服务阵地建设，完成南沙、望湖、星海等社区日间照料中心建设。推进“智慧社区”平台建设运用，福泰、山前等9个社区完成“全科社工”改造。

【社会管理】 2020年，虞山街道完成100家“小散乱”企业整治任务，对辖区78家工业企业全覆盖排查，完成整治3家，整治率100%，污水接纳率100%。启动琴枫苑小区阳台污水排水整治示范点项目。开展尚湖周边烧烤、野泳、偷钓、在建工地等专项整治，查处违法违规行为，常态化开展尚湖湖面清洁、湖岸污染源排查工作，定期投放鱼苗，确保尚湖水生态系统正常运转，重要河湖断面水质指标基本达标。推进大气污染物回收治理自行监测联网系统建设，完成两处加油站油气回收项目建设。借鉴新时代“枫桥经验”，创新社会治理方式，组建综合执法“骑行执勤服务队”，推行柔性“微管理”工作法，全年办理城市管理各类行政处罚案件6156起，罚款金额50.44万元。依托“城警联动”工作机制，推进“扫黑除恶”专项斗争长效机制建设，建成投运虞山街道综治中心，44个村、社区、管理区综治中心标准化建设全部完成，新增社会面监控点128处，常态化贯彻落实风险防控“四项机制”。营造法治文化氛围，打造“虞歌法韵”法治文化特色小镇。完成市镇两级重大隐患挂牌项目的整改，开展危化领域、涉爆粉尘领域和违法违规“小化工”专项整治行动。推进企业安全生产标准化、双重预防机制建设，完成二级标准化1家、三级2家、小微企业标准化38家企业创建任务，统筹推进“一年小灶”与“三年大灶”安全生产专项整治。全面推进“331”“9+1”场所专项整治和“安居超市”隐患回头看、“打通生命通道”等专项行动，开展联合执法35次，停电299家，依法拆除违建309处1.48万平方米、隔离5502平方米、铁栅栏715平方米，推动36个小区施划消防禁停标线，安装电动自行车充电桩3695个、小餐饮场所自动切阀装置526套，推广“瓶改气”87处、“气改电”444处，完成率100%，市镇两级挂牌火灾隐患均已整改摘牌。开展古城区木质楼板出租房专项整治，清退木质楼板二楼租户386户，在古城区引进灭弧式电气火灾监控系统3372套，安装烟感报警器4614个，处理电气隐患1000余起，设置消防应急箱500个，有效压降安全风险隐患，安全形势持续稳定向好。

【虞山派篆刻艺术馆开馆】 12月2日，虞山派篆刻艺术馆在西城楼阁开馆。艺术馆主厅多媒体拼接屏展示虞山派篆刻的总体概述、起源传承、代表人物等内容。馆内依次展示虞山印社、近现代名家、镌刻工具、文字演变等主题内容，并配有篆刻技法视频，通过一方印章的设计、上石、刀刻等步骤的动态视频介绍，激发参观者的兴趣，让更多人走近中华篆刻艺术这一世界非物质文化遗产。

表36　　2020年虞山街道各村（社区）基本情况一览表

村（社区）	面积（平方千米）	户数（户）	户籍人口（人）	集体经济总收入（万元）	总资产（万元）	党组织书记	村（社区）主任
花园浜社区	0.40	941	2201	—	—	张　竹	张　竹
四丈湾社区	0.50	1227	2774	—	—	顾玉萍	顾玉萍
学前社区	0.42	1398	3184	—	—	金寅珏	金寅珏

续表36

村（社区）	面积（平方千米）	户数（户）	户籍人口（人）	集体经济总收入（万元）	总资产（万元）	党组织书记	村（社区）主任
报本社区	0.50	1691	4275	—	—	袁　静	袁　静
清河坊社区	0.46	1750	4339	—	—	张　益	张　益
北门大街社区	0.47	2119	5404	—	—	苏咏梅	苏咏梅
西泾岸社区	0.50	1665	4282	—	—	林妹萍	林妹萍
西庄街社区	0.46	1413	3739	—	—	金　洁	金　洁
烟雨社区	0.50	1172	2845	—	—	邹　艳	邹　艳
南门社区	0.41	1400	3141	—	—	温祎炜	温祎炜
湖中社区	0.51	349	906	—	—	徐建明	徐建明
尚湖社区	8.70	197	532	364.00	1220.49	张明华	夏　铭
山前社区	0.72	1065	3105	—	—	沈　婵	沈　婵
菱塘社区	0.48	1531	4205	—	—	潘　炜	潘　炜
常福社区	1.00	1846	4883	—	—	秦建环	秦建环
甬江社区	0.41	1198	3292	—	—	包新羽	包新羽
泰安社区	0.40	1805	4878	—	—	陈　韫	陈　韫
五星社区	0.80	2800	7842	—	—	胡　怡	胡　怡
琴枫社区	0.60	1266	3621	—	—	陈　轲	陈　轲
闽江社区	1.00	2103	6135	—	—	钱美珠	钱美珠
张坝社区	1.00	568	1970	606.00	9570.26	冯国强	冯国强
星海社区	0.50	1871	4878	—	—	蒋艳兰	蒋艳兰
李桥社区	1.50	1016	3368	848.00	5783.05	张志文	张志文
兴福社区	0.36	408	1367	538.00	2749.69	钱　勇	周　清
明晖社区	0.50	1364	3509	—	—	陈晓雯	陈晓雯
报南社区	0.38	1112	2978	—	—	陈幼兰	陈幼兰
报北社区	0.80	1794	5078	—	—	徐　郢	徐　郢
华山社区	0.30	1118	2804	—	—	叶　澄	叶　澄
南沙社区	0.41	1269	3202	—	—	陆振良	陆振良
枫林社区	0.65	967	2657	—	—	冯爽英	冯爽英
虞北社区	0.45	257	693	—	—	王　怡	王　怡
望湖社区	1.02	118	269	—	—	王　薇	王　薇
梅园社区	0.37	376	1054	—	—	钱　雯	钱　雯
福泰社区	0.30	1576	2028	—	—	陆　琪	陆　琪
嵩山社区	0.30	2480	3952	—	—	周文澜	周文澜
宝岩村	2.50	747	2678	847.00	4436.94	严　黎	陈雪中
甸桥村	3.50	1582	5169	2033.00	16726.48	潘国良	潘国良
元和村	2.00	1404	4537	1268.00	9342.38	钱卫春	钱卫春
洩水村	1.80	539	1819	661.00	9271.12	蒋雪峰	蒋雪峰
大湖甸村	1.80	718	2263	507.00	4193.33	缪　钧	缪　钧
建华村	1.50	424	1748	1036.00	11835.61	赵建国	赵建国
兴福管理区	5.50	533	1876	650.00	2520.70	邹冠宇	邹冠宇
三峰管理区	4.00	508	1760	892.00	1411.00	吴瑞石	吴瑞石
宝岩管理区	3.34	432	1421	650.17	2024.38	戴卫东	戴卫东

（顾雪怡）

常福街道

【概况】 常福街道位于城市北部，与江苏省常熟虞山高新技术产业开发区（筹）采用行政区划和功能区划深度融合的“区政合一”管理模式。区域面积86.6平方千米，下辖21个村、11个社区（含1个撤村建居单位和1个筹建社区）。2020年年末，常住人口24.3万人，其中户籍人口8.6万人。沪苏通铁路、沈海高速、204国道、苏虞张公路以及望虞河、张家港河道等重要水陆交通线均穿越境内。完成地区生产总值144.1亿元，比上年增长4.8%；完成一般公共预算收入16.8亿元，比上年增长4.0%；完成工业开票销售收入385.9亿元，服务业开票销售收入（不含房地产）132.3亿元。年内，获评苏州市现代农业园区、省级“味稻小镇”。

【经济发展】 2020年，常福街道推进“万企联万村、共走振兴路”行动，村均稳定性收入达到1080万元。推动现代农业发展，200公顷高标准农田通过省级验收，新增苏州市农业龙头企业和十佳农业科技企业各1家，中泾金家宕片区田园综合体项目开工建设。加速构建交通路网，深圳路、南沙路、联丰路、新华路等重点路段改造工程序时推进，南海路、台山路、新华路、柳州路北延、桂林路顺利通车。加快推进征收搬迁，苏州路等重点民生实事工程和欧立通等重点产业项目地块完成清障，全年搬迁民宅65户、收储企业14家，为项目建设提供有力保障。全力开展三优三保、增减挂钩、工矿用地整优，淘汰低端低效企业超130家，拆除面积超6万平方米，盘活存量土地35.33公顷。老旧工业区更新改造加速实施，启动建设点位5个9.13公顷，按照容积率不低于2.0的要求，建设高端载体15.8万平方米。印染企业高质量发展逐步落地，10个组团全部完成市级联审，琴达印染、华宇针织开工建设。

【镇村建设】 2020年，常福街道推进“千村美居”工程，全年开工132个村（组），验收通过90个村（组），新增省级特色田园乡村1个、苏州市人居环境示范村1个、苏州市三星级康居村庄12个，打造一批“更新盘活存量示范村”“全域优化提升先锋村”“城乡融合风貌特色村”等常福样板。启动城中村自主更新和农民集中居住区优化提升四年计划，丁坝葛家浜组团完成开工前期准备工作，16个集中居住区完成优化提升。提升社区服务功能，街道社会组织服务中心和新义社区、谢桥社区、珠海社区综合服务用房改造投用。优化公共服务资源配置，游文中学新建工程序时推进，钱底巷幼儿园开工建设，谢桥中学完成综合改造，大义卫生院改扩建工程启动前期工作。全面推行垃圾分类，35个住宅小区完成“三定一督”，22个行政村、20家机关事业单位、2个集镇区实现全覆盖，区域四分类收运体系基本建成。深入开展“村庄清洁”和“两清两治”行动，加快实施城乡生活污水治理“333”专项行动，整治非雨出流及直排口90个，新建城乡生活污水管网9.26千米，完成人员密集场所生活污水治理118家、农村生活污水治理1290户，创建生态美丽河湖5条，“省考”以上断面水质优Ⅲ类比例100%。

【人民生活】 2020年，常福街道落实各项惠民政策，全年发放各类救助金、补助金、尊老金等6500万元。做好用工服务和就业援助，新增就业岗位超6000个，实现困难人员和失业人员就业近1.2万人。实施全民参保计划，养老保险参保率达92.7%，养老保障覆盖率超99%，医保参保率达97.8%，住房公积金扩面3958人次。深化新时代文明实践内涵，获评常熟市新时代文明实践示范站2个，“常福益家人”“学在常福”大课堂等品牌项目持续发力，开展公益文化惠民服务活动近300场。

6月19日，万达商圈党建先锋团成立　　（市融媒体中心　提供）

【社会管理】 2020年，常福街道开展“1+24”重点领域、违法违规“小化工”等专项整治，全年检查关闭取缔企业109家、停产整顿企业10家。建立安全环保消防市监联动工作机制，构建企业综合评价体系，启动“厂中厂”三年专项整治，事前处罚立案73起、处罚金额222.3万元。加速推动企业标准化建设扩面和双重预防机制建设，15个三级重大隐患挂牌项目完成“摘牌”，安全事故起数、死亡人数比上年减少50%。持续深化“331”专项行动，完成小餐饮场所合规化改造930家。严格落实上级环保督察等交办突出环境问题整改，中铝稀土完成信访销号，东南塑料关停搬迁，区域$PM_{2.5}$

年均浓度、空气质量优良率持续改善。持续开展扫黑除恶专项斗争，刑事案件发案率比上年减少27.7%。建立风险防控“四项机制”，切实加强社会矛盾风险研判和预警防控。

【退休“一件事”改革试点】 4月26日，常福街道率先在全市推行退休“一件事”业务联办。退休“一件事”改革从退休人员需求出发，围绕养老金核发、医保缴纳、公积金提取、老年公交IC卡、老人优待证等14余项退休需要办理的事项，实现跨部门信息共享互认、并联审批办理，通过“一窗受理、一表申请、一站服务”实现一次性办结。

【“1+N”齐心律动社区治理工作机制】 6月10日，常福街道举行创新社区治理模式发布会，通过建立“1+N”齐心律动社区治理工作机制，以社区党组织为“引擎”，凝聚综合执法、联动中心、社区警务、物业公司、安全监管五大核心力量，形成六位一体、六员联动的共建共治共享格局。同时，通过“金乡邻老茶坊”和“名家公益课堂”两大载体的建设，搭建群众和政府之间的桥梁，成为群众实现自我教育、自我提升的创新载体，全面提升社区治理水平。

表37　2020年常福街道各村（社区）基本情况一览表

村（社区）	面积（平方千米）	户数（户）	户籍人口（人）	集体经济总收入（万元）	总资产（万元）	党组织书记	村（社区）主任
合丰村	2.2	566	2101	1240	10334	薛建国	薛建国
联盟村	1.25	440	1875	1585	13277	李保全	李保全
项山村	1.36	396	1528	954	6406	赵丽亚	赵丽亚
毛桥村	6.02	1528	5176	1978	22722	陈　俭	陈　俭
明晶村	4.16	1087	4012	1066.1	5275.7	吕　飞	吕　飞
勤丰村	6.15	1768	6769	3328	43500	张建昌	张建昌
翻身村	3.14	650	2376	1175	794	丁　科	丁　科
永红村	4.78	790	3245	1100	2929	徐　威	徐　威
常福村	2.6	570	2496	697	1648	归燕青	倪建东
新红村	2.63	654	2420	1030	4613	徐建锋	金　辉
福圩村	2.63	626	2537	1236	8005	何正祥	何正祥
方浜村	6.04	1810	6761	1786	20488	鱼利锋	鱼利锋
小山村	2.66	933	2917	1595	12748.2	宗顺林	宗顺林
五新村	3.5	540	1757	777	6717	吴　刚	吴　刚
压路机村	5.8	1043	3820	1200	11000	王志荣	王志荣
蜂蚁村	5.5	1181	4245	1621	8351	范　斌	王晓东
东联村	6.1	1213	4171	1257	12828	张　益	朱卫东
光明村	4.74	971	3288	1237.1	10987.1	范永平	范永平
小义村	6.18	1326	4949	1408	11007	殷文元	王　锋
中泾村	5.54	1023	3713	1462	14120	范益民	范益民
常隆村	4.97	906	3050	1018	10100	陆静忠	陆静忠
丁坝社区	0.45	431	1613	1288	13266.3	—	—
谢桥社区	1.2	790	1776	—	—	陈明珠	陈明珠
绿地社区	0.5	3851	2330	—	—	钱红燕	钱红燕
景泰社区	0.56	5800	522	—	—	章彩萍	章彩萍
碧海社区	0.53	4262	2617	—	—	钱莉娜	钱莉娜
大义社区	1.95	1258	2478	—	—	陆卫中	陆卫中
珠海社区	0.4	4539	297	—	—	钱　瑜	钱　瑜
游文社区	0.55	5853	488	—	—	钱洲洋	钱洲洋
怡馨社区	0.3	3876	153	—	—	庞晓晔	—

续表37

村(社区)	面积(平方千米)	户数(户)	户籍人口(人)	集体经济总收入(万元)	总资产(万元)	党组织书记	村(社区)主任
新义社区	0.5	2526	250	—	—	黄礼花	—
景华社区	0.26	2637	489	—	—	—	—

说明：2020年，丁坝社区由副书记顾志敏主持工作；景华社区是筹建社区

（殷梦怡）

莫城街道

【概况】 莫城街道位于常熟市南部，东濒昆承湖，南接辛庄镇，西隔元和塘与辛庄镇杨园接壤，西北和尚湖镇相邻，北部与虞山街道、琴川街道相接，区域面积40.8平方千米，下辖14个村和4个社区。2020年年末，常住人口15万人，其中户籍人口4万人。完成地区生产总值138.28亿元，比上年增长4%；实现一般预算收入3.94亿元，增长8.11%；服务业开票销售收入(不含房地产)116亿元；外贸出口总额超10亿美元，到账外资4182万美元，比上年增长超8倍；服装城市场交易额超1600亿元。

【经济发展】 2020年，莫城街道按照“城市更新+产业创新”双轮驱动的发展战略，推进“一城一镇五片区”(原服装城区域、云裳小镇和安定片区、莫城集镇片区、物流仓配片区、昆承湖西岸规划控制区和农村片区)功能分区和服装城转型升级(行政体制改革、国资国企改革、既有建筑更新试点、优化城市空间布局)工作。区域内新增企业2000家，新增个体工商户8000户，占比超过全市18%。DK、小耳等一批“小而美”数字化品牌快速发展，亿邦动力、衫数科技等一批数字化赋能公司相继落户，冰洁等一批全国知名品牌顺利引进，品信科技、联领智造等一批生产性服务企业集聚，祖艾妈、优构思、精典集团等品牌总部相继投入运营，长三角时尚供应链枢纽、城市配送中心、中通商业总部等一批物流项目相继开工；大福(中国)成为区域首家由省商务厅认定的跨国企业地区总部，“市采通”成为全国首个市场采购贸易综合服务平台，打通全国出口口岸37个，出口额超10亿美元，以长三角产业数字化创新中心、数字品牌供应链中心、国家物流枢纽、数字贸易港为核心载体的数字产业生态体系初具雏形。紧抓“后疫情时代”消费新机遇，实施直播电商“万千百十”工程，全年开通抖音小店超700家，实施直播培训6700人次，产业带直播销售额超70亿元。打造创新服务平台11个，升级优化平台27个，运融通、头等仓、梦想小店等一批平台企业快速发展。落实“惠企12条”“惠外16条”等政策，制定《租金和物业费减免政策》，实施“一免一减半、一免两减半”，累计为各类工商主体减免租金7300万元。年内，新开工计划内重点产业项目3个，总投资超33亿元，提前实现开工率100%；新开工计划外重点产业项目1个，总投资超4亿元；新竣工重点产业项目1个，全年完成服务业投资(不含房地产)14.5亿元，比上年增长90%；实施“万企联万村，共走振兴路”，启动老旧工业区更新改造项目3个、村企合作建设项目14个，联建率达100%，总投资达15亿元。通过“云上”+“线下”方式，组织辖区企业参加广交会、义博会、迈阿密展等国内外知名展会17场，举办各类论坛、沙龙、培训等活动超500场，服务企业受众超4000家。粮食产量14376.8吨，农业总产值5900万元。

【镇村建设】 2020年，莫城街道完成82户民宅搬迁签约工作，全年新启动民宅搬迁项目2个、收储企业10家。域内片区、村庄规划实现全覆盖，湖西片区民宅整理方案通过。招商南路、招商北路大修工程以及商城西路改造工程等重点路段改造序时推进，莲花路二期修建、招商东路改造等工程完工。土地资源有效整合，全力开展三优三保、增减挂钩、工矿用地整优等工作，淘汰低端低效企业19家，拆除面积10万平方米，盘活存量土地13.33公顷，处置批而未供土地0.55公顷。市场片区完成老旧市场改造项目29个，云裳小镇完成25万平方米、24个老旧厂房艺术化改造，新增特色园区10万平方米，改

5月27日，莫城街道新时代文明实践所揭牌　（莫城街道　提供）

建青年公寓近600间。“千村美居”工程新开工建设46个村（组），验收通过39个村（组），村庄人居环境整治累计完成苏州考评146个自然村（组）。辖区内31个小区实现垃圾分类工作，“三定一督”模式全覆盖，湖泾村在全市率先启用“投放点固定＋移动”分类新模式。实施农宅施工安全生产动态监管，采取积分制等措施，着力规范农房建设管理，全年完成农宅建设方案审批521户、完成验收292户。

【人民生活】2020年，莫城街道启动燕巷村医养一体化养老院建设，建成社区党群服务中心2个、日间照料中心5个、健康主题公园（小游园）5个、健康步道8条，睦邻空间项目实现全覆盖。启动言里幼儿园、昆承湖外国语学校建设。深化农村“三资”监管，出台村集体资产管理办法，集体资产“一强化两分开”工作全面完成。全面落实社会保障政策，完成社保扩面735家，区域内本科及以上人才社保新增743人，技能人才高级工新增400人，在全市范围内首开电商直播培训班，承办电商直播、美容美发2个市级技能大赛项目。年内，新增就业岗位超1000个，区域内高校毕业生就业率达97.3%。完善民生兜底保障机制，全年发放补贴、保障金近500万元，惠及群众2.5万人次。

【社会管理】2020年，莫城街道深化“331”专项行动，排查“9+1”场所近6000家，排查出租房近1.2万户，出租房合格备案率达96.3%。开展镇村工业集中区综合整治，累计排查企业近400家，整改隐患2000处；事前处罚企业23家，处罚金额73万元，比上年上升64%和5%。企业标准化建设和双重预防机制建设扩面，完成三级标准化创建6家，三级重大隐患“摘牌”9个，区域安全事故数、死亡人数比上年下降50%。开展“散乱污”整治，全年完成点位整治80个，淘汰低效产能企业（作坊）10家，成功创建无散乱污村（社区）6个。推进城乡生活污水治理“333”专项行动，新建污水管网2千米，完成人员密集场所生活污水治理超过100家、农村生活污水治理400户，整治河湖“两违”点位61处，拆除违章建筑超1.5万平方米，退让河岸2500米。持续开展扫黑除恶专项斗争，刑事案件发案率比上年下降超过20%；建立风险防控“四项机制”，成功化解重点信访积案19件。

【长三角时尚供应链枢纽项目开工】4月29日，长三角时尚供应链枢纽项目开工暨熙邻“头等仓”落户常熟仪式在莫城街道举行。该项目总投资6亿美元，占地32.27公顷，由全球第二大产业投资基金、美国财富500强企业——世邦魏理仕全球投资和熙麦中国共同投资，开发建设60多万平方米的智能物流设施，为国内最大单体时尚产业供应链项目。仪式上，熙邻“头等仓”项目同时落户常熟。

【湖鹤村老旧工业区一期封顶】9月11日，湖鹤村智能制造产业园一期项目封顶。该园为常熟国家高新技术产业开发区第十八产业园，是全市首批老旧工业区（点）更新改造的重要项目之一。园区总规划面积6.38公顷，总规划建筑面积10.9万平方米，分三期实施。一期集宿楼项目由湖鹤村筹资建设，占地面积1公顷，建筑面积1.6万平方米。（虞山民）

表38　2020年莫城街道各村（社区）基本情况一览表

村（社区）	面积（平方千米）	户数（户）	户籍人口（人）	集体经济总收入（万元）	总资产（万元）	党组织书记	村（社区）主任
青莲村	1.78	591	2652	1085	6946	夏志良	夏志良
湖泾村	1.00	426	492	1035	6218	周建新	周建新
新建村	1.10	412	1609	1084	7250.18	石心刚	石心刚
安定村	1.73	736	2380	751	6199	吴丽军	周雪强
言里村	3.20	918	3518	1435	10630.4	张永刚	张永刚
三塘村	4.00	1038	3939	1118	4624	祝　庆	—
燕巷村	2.30	555	2261	2329	15404	陈艳婷	陈艳婷
和甸村	1.59	286	1189	801	5830	戴福根	—
湖鹤村	2.30	694	2548	1117	7168	濮伟来	管志明
东青村	3.88	666	2600	618	6497.67	顾丽新	顾丽新
东始村	3.20	736	2735	1269	3410	唐　军	唐　军
长瑞村	3.10	562	2057	1238	9710	时小兵	时小兵
三和村	4.00	712	2598	1084	6168	戈金龙	俞建明
三星村	6.75	1142	4267	1273	9925.02	钱志方	—
琴南社区	0.90	2611	1150	—	—	陶雪琴	陶雪琴
山湖社区	1.20	593	1326	—	—	王　欢	王　欢
莫城社区	1.16	1213	1321	—	—	朱　敏	邹雪明
聆湖社区	2.00	1684	145	—	—	陈静君	—

（刘　珏）

琴川街道

【概况】 琴川街道位于常熟主城区东部，北倚常福街道、海虞镇，西接环城东路、海虞路，与莫城街道、虞山街道相邻，东连古里镇，南至东南开发区，区域面积48.7平方千米。2020年年末，常住人口21.5万人，户籍人口16.76万人，管理39个社区（其中8个为撤村建居社区，琴湖社区于12月22日撤并为股份经济合作社）、15个村委会。实现一般预算收入26.63亿元，增长11.24%。实现限额以上批发业销售额68.79亿元，零售业销售额74.33亿元。完成服务业投资12.02亿元，实现开票销售收入417.28亿元。该街道获评全省基层党员冬训工作示范乡（镇、街道）、2020年度苏州市“激励干事创业、奉献火红年代”先进集体。

【经济发展】 2020年，琴川街道应对疫情影响，助力351家四上企业全面复工复产，累计减免34家中小企业租金超190万元。琴湖小镇、江南集团商业体、汽配城商务中心、龙腾琴湖希尔顿酒店4个市级重点产业项目开工建设，累计完成投资超10亿元，世茂世纪中心、凤凰城2个续建项目完成投资超6亿元。全程服务夏季、国庆汽车展会，实现销售额近4亿元。新增高企入库9家，认定4家，科技型中小企业6家，获评省民营科技企业5家。规上工业企业研发费用超1900万元，研发活动占有率达85%。新增副高及以上人员84人，引进国外专技人员16人。签订产学研合作协议5项，技术合同成交4500万元。实现村均总收入1032万元、稳定性收入904万元，分别增长3.8%和6.0%。完成苏州农村产权交易平台交易1205宗，总计交易额超9000万元。开工建设七村联投海虞绿色制造产业园标准厂房项目，完成首期投入3000万元。

【镇村建设】 2020年，琴川街道完成昆承工业园综合改造工程（二期）、泰引线工程、昆承片区综合改造工程（一期）房屋征收搬迁扫尾工作清零目标。全年分四期启动藕渠片区六至九期共计314户民宅搬迁，全部实现“当月启动，当月完成”，基本完成花溪片区东片区（藕渠片区）民宅搬迁任务。历时两年的花溪片区西片区63宗企业土地收储工作进入收官阶段，累计腾出城市空间超40公顷。前漕泾一单元26户更新户房屋封顶、前漕泾二单元和三里桥东更新方案通过会审，花溪新村二至四区改造完成，昭文公寓、枫林路21号、纺装新村区域启动实施改造。清除违建350余处，面积超1.2万平方米。前库家园西、上田段、叶家巷新村、新库苑两区通过市级“千村美居”工程验收。投入近600万元完成69个村组农村人居环境整治。累计完成村庄生活污水收水改造287户，新建污水主次管网15千米，疏浚村级河道12条。推进街道社会工作发展中心与村（社区）的共建共驻和互联互动，打造琴怀邻里等10个特色自治项目，创新试行“三项议事”工作机制。调整社区区划范围，新设竞文、静海社区，实施琴湖社区撤并融合计划。

琴川街道夜景　　（市融媒体中心　提供）

【人民生活】 2020年，琴川街道疫情防控资金累计投入537万元，“琴川蓝”“志愿红”24小时值守，共排查住户9.4万户，涉及24万余人，管控一级人员10546人。加强对集贸市场、专业市场及各类企业的联防联控，全面排查企业5500余家，助企复工1200余家，确保返常人员应检尽检。安排社会保障和就业支出5190万元，卫生健康支出1739万元。新增就业岗位超7000个，开发公益性岗位超200个，帮助失业人员再就业超7500人。养老、医疗等保险参保率均稳定在99%以上，累计公积金扩面超4800人。各类就业创业培训、扶持引领项目惠及2000余人，发放慈善救助金超40万元，通过打出“组合拳”稳就业、兜民生。提档升级泰山、渠中等3个社区卫生服务站，新建3个健康小游园，新增6个健康自助检测点，加快完善15分钟健康服务圈。开工建设虞东、兴隆等3个社区日间照料中心，投用4个，完成社会化运作9个，累计为老年人服务超1.2万人次。珠江、虞枫、凯文等一批社区办公、服务用房建成投用。全力推进垃圾分类，举办各类宣传活动500余场，131个住宅稳定运行“三定一督”分类模式。

【社会管理】 2020年，琴川街道加快推进“放管服”“不见面审批”改革，承接市级下放的行政许可和公共服务事项60项。全年办理各类便民事项超14万件，按时率100%。推进“互联网+政务服务”，推出“一件事”集成服务，累计办理业务超2000件。规范运行公共法律服务中心，全年接待群众150多批，开展各类法律服务27次。优化网格化管理服务机制，调整优化二、三级网格217个。充实网格员队伍，实现"一格一员"。浜泾、渠中村级综治中心建成投用，有效提升镇村两级联动处置能力。深入开展扫黑除恶专项斗争，积极推进"无黑城市""升级版技防城"建设，启动6个智慧社区建设项目，新增社会面监控124处。完成"天地一体"大气防治交办单30件，$PM_{2.5}$平均浓度比上年下降18%，完成人员密集场所生活污水治理108家，31条城区劣五类水体全部销号，完成84家汽修单位危废管理达标化建设。整治小餐饮小散乱排水764家，取缔小作坊3处。完成肖泾、枫泾等9条河道美丽河湖建设，累计清除河道沿线"两违"建筑195处，恢复管理面积超7000平方米，推进"333"专项整治行动，完成龙腾片区、文化片区2个污水处理达标区建设。开展打通"生命通道"、小化工等专项整治，共清除隐患问题超1200处。8个安全生产三级挂牌项目、2个重大火灾隐患项目全部销号。深入推进"331"专项行动，提档升级11个消防微站，新增150套消防应急箱。整改"9+1"场所753家，新增电动车集中充电设施超3700个。整治群租房隐患380处，"安居超市"实现动态清零。以严格执法倒逼企业履行安全消防主体责任，全年立案13起，处罚金50余万元。深入开展城市"微治理"行动，累计做出执法720件，纠查各类城市乱象超1.8万起。

【琴川大道城市管理服务站启动】 12月15日，琴川大道城市管理服务站通过苏州市城市管理示范点验收正式揭牌并投入使用。管理服务站位于沪苏通铁路常熟站南广场，由琴川街道综合执法局城铁中队负责日常使用管理，是常熟市唯一已建成的苏州市示范类城市管理服务站。

【琴湖社区撤并】 12月，琴湖社区撤并方案获市政府批复，具体区域划分：漕湖浜小区34户129人并入漕湖社区；八仙桥东34户128人和湖圩西34户208人，并入胜湖社区，上述辖区内居民的社会管理职能一并纳入所在社区管理。同时撤销琴湖社区党委、琴湖社区第一党支部、琴湖社区第二党支部，党员组织关系转入所在社区党组织。成立琴湖社区股份经济合作社党支部，隶属街道党工委。保留琴湖集团党总支，隶属街道党工委管理。按照股份经济合作社章程规定，琴湖社区股份经济合作社在琴湖社区股份经济合作社党支部的领导下开展工作，并接受街道农村工作科的监督、指导，履行相关职责。

（金　宏　朱宇沨）

表39　　2020年琴川街道各村（社区）基本情况一览表

村（社区）	面积（平方千米）	户数（户）	户籍人口（人）	集体经济总收入（万元）	总资产（万元）	党组织书记	村（社区）主任
渠中村	4	834	3736	2056	25318	冯振中	冯振中
戈庄村	1.1	370	1510	570	16708	颜永刚	颜永刚
湖圩村	2.5	591	2676	1188	12212	陈瑞明	陈瑞明
新库村	1.7	310	1500	2137	18440	朱元生	朱元生
梦兰村	0.96	201	980	794	40186	陈　平	陈　平
琴湖社区	0.49	102	465	735	15039	杨生生	费增荣
荷花社区	1.14	330	1505	776	8379	陆永元	陆永元
环湖社区	0.33	241	1075	1626	11693	钱伟平	钱伟平
花溪社区	1.18	466	1861	760	15460	何卫东	何卫东
虎浜社区	1	337	1722	678	4674	陈保生	陈保生
青龙社区	1	315	1403	1205	10441	张东明	张真荣
浜泾村	1.9	812	3085	1301	16376	卢文东	卢文东
泰慈村	1.2	565	2442	1028	12304	汪建新	汪建新
九里村（星茂社区）	2.5	3246	3502	708	7307	徐忠祥	徐忠祥
泰安村	1	448	1912	725	10445	范建康	范建康
石墩村	2	561	2386	1307	16965	高根祥	高根祥
浦浜村（金桂社区）	1.2	2853	2080	1184	13684	顾耀东	顾耀东（村） 陆惠芬（社区）

续表39

村(社区)	面积(平方千米)	户数(户)	户籍人口(人)	集体经济总收入(万元)	总资产(万元)	党组织书记	村(社区)主任
东环村	1.5	540	2286	1287	11625	陈　良	陈　良
大虹桥村	1.63	549	2098	825	6625	张　军	张　军
景龙村	2.86	824	3307	794	5154	顾　忠	顾　忠
新造村	1.69	486	1889	833	12284	周春华	周春华
杨荡社区	1.25	549	2155	741	8706	陶　义	陶　义
漕泾社区	0.8	567	2105	677	5982	程　莉	程　莉
绿源社区	0.9	2035	3012	—	—	唐妹心	唐妹心
洪泾里社区	0.8	2277	3379	—	—	张燕芳	张燕芳
漕湖社区	0.4	1253	1900	—	—	曹卫娟	曹卫娟
湖苑社区	0.5	1721	2462	—	—	周　瑜	周　瑜
迎春社区	0.4	4465	4755	—	—	崔红平	崔红平
花溪苑社区	0.78	3085	3085	—	—	马丽亚	马丽亚
藕渠社区	0.4	3984	1240	—	—	叶文娟	叶文娟
锦荷社区	0.9	4940	4063	—	—	季　琼	季　琼
金山社区	0.89	2607	2672	—	—	顾浩军	沈　琴
富阳社区	0.8	5448	1508	—	—	赵　娜	赵　娜
胜湖社区	0.4	2742	3589	—	—	吴　燕	吴　燕
百盛社区	0.36	2070	1645	—	—	孙浩英	孙浩英
枫泾社区	0.47	1309	3110	—	—	周虞军	周虞军
颜北社区	0.2	1566	3852	—	—	邵秋萍	邵秋萍
阜湖社区	0.3	2278	3123	—	—	张　青	张　青
昭文社区	0.66	2145	3640	—	—	唐丽芳	唐丽芳
衡山社区	1.2	2038	3363	—	—	陈薇薇	陈薇薇
虞东社区	0.6	2685	4023	—	—	缪玉兰	缪玉兰
虞园社区	0.6	3230	4112	—	—	刘　义	刘　义
兴隆社区	1.4	2500	1041	—	—	李凤竹	李凤竹
泰山社区	1	2351	2689	—	—	朱文婷	朱文婷
世茂社区	0.4	2969	2634	—	—	徐文洁	徐文洁
润欣社区	0.5	3725	2688	—	—	徐　娟	徐　娟
珠江社区	0.8	2205	3650	—	—	邹　洁	邹　洁
虞枫社区	0.54	3714	922	—	—	陈　英	陈　英
衡泰社区	0.3	2504	2944	—	—	邵志红	邵志红
中南南苑社区	1	4849	3015	—	—	汪　伶	汪　伶
锦丰社区	0.9	2979	10720	—	—	薛　萍	薛　萍
凯文社区	1.3	6502	670	—	—	潘琴芬	潘琴芬

（夏建红）

碧溪街道

【概况】 碧溪街道地处常熟市东北边缘，北濒长江，东邻太仓横泾镇，与南通隔江相望，区域总面积113.79平方千米，下辖22个行政村、7个社区居委会。2020年年末，总人口10.41万人，外来暂住人口6.32万人。实现地区生产总值45.51亿元；全社会固定资产投资5.02亿元，其中工业固定资产投资额2.73亿元，服务业投资额2.2亿元。完成规模以上工业总产值81.6亿元，利税5.64亿元，实现规模企业营业利润2.46亿元。

【经济发展】 2020年，新合化纤年产3万吨高模低缩涤纶工业丝项目、台太兴业迁建项目、上建汉东年产13万立方米混凝土预制构件项目等重点项目有序推进。常力紧固件轻量化汽车紧固件项目年底竣工。发放2019年度街道工业经济转型升级奖励316万元。新增高新技术企业6家，认定高企培育入库11家，新增工业机器人76台，完成省高新产业产值7.26亿元。推进印染高质量发展工作，出台《碧溪街道印染企业高质量发展实施方案》，区域14家印染企业优化组合为5家，完成新企业的布点选址、工商登记、方案申报，通过市级联审。占地面积4.07公顷、规划总建筑面积6万平方米、总投资额1.8亿元的李袁创智小微产业园于8月底正式开工建设。“散乱污”地块（集聚区）整治腾出土地面积9.6万平方米，完成土地复耕复垦36.67公顷。村财政总收入超1.5亿元，比上年增长11%。开展“万企联万村 共走振兴路”行动，18个企业与街道各村落实总投资3.4亿元的22个联建项目，提升农村三产融合发展水平。加强“院校对接”，以农业园区为平台，引进蔬菜新品种17个、新技术9项。733.33公顷高标准农田建成投用。新增绿色食品4个，举办浒西果园樱桃、枇杷采摘节等活动，吸引游客1.5万人次。吉礼葡萄家庭农场获评苏州市十佳家庭农场，并成为苏州首个全国家庭农场典型案例。

【镇村建设】 2020年，碧溪街道完成镇村布局规划修编，吴市片区控制性详细规划通过市政府审批，作为全市试点的溪南村、徐虎村的多规合一村庄规划完成专家论证。推进浒浦、东张、吴市3个撤并镇整治提升工作，完成投资2.24亿元。推进扬子江大道改扩建工程和娄石路、李袁中心路、李白路改扩建工程。完成绿化造林面积9.33公顷。推进生活垃圾分类工作，建成“三定一督”住宅小区24个，垃圾收运体系不断完善，促使垃圾分类成为农村“新时尚”。投资24亿元的安置房三期工程，总体进度完成约90%，完成安置商品房461套。完成康桥学校常熟校区周边地块、电厂路以东地块、扬子江大道“转盘”等项目动迁清零任务，完成解危解急预置换搬迁254户。加快通港路出入口综合整治搬迁项目收尾，完成66户民宅和3家企业搬迁工作。启动涉及330户民宅和15家企业的滨江新城南扩西进搬迁项目，完成民宅评估312户、签约294户，腾房293户，拆除企业8家。推进校安工程，碧溪幼儿园新建工程进入主体施工阶段。开展农村人居环境整治，“千村美居”工程继续领跑全市。全年验收通过156个自然村组，惠及农户4190户，66个自然村组通过苏州市三星级康居村验收。长江沿线1千米实现“千村美居”全覆盖，留下村创建苏州市康居特色村，留下村、浒西村获评苏州市农村人居环境示范村，争取苏州、常熟两级奖补资金约1.6亿元。街道累计完成创建美丽乡村、“千村美居”村组320个，占可创建自然村组总数的78.2%。浒东村梅园美景作为首幅照片刊登在《人民日报》视觉中国版“美丽乡村，宜业宜居”专栏。

【人民生活】 2020年，碧溪街道加大普惠力度，为329名困难家庭对象发放大病补充医疗救助金172.34万元。继续开展家庭医生签约工作，特扶家庭签约率100%，民政优抚对象签约率100%。组织开展“慈善一日捐”活动，筹集善款23万元。发放疫情期间困难群众临时生活补贴10.7万元。实现村（社区）慈善工作站、社区服务社会化全覆盖。完成7家日间照料中心验收工作，实现村（社区）日间照料中心建设全覆盖。街道获“苏州市农业农村现代化”先进集体。扎实开展全国文明城市创建，推行“路长制”“河长制”“住宅小区督导制”，长效常态抓好集镇管理、补强短板、提升居民文明修养。创新开展新时代文明实践建设，并对1所4分所28个站24个点进一步完善，28个村（社区）全面启动新时代星级文明户评选，以“一约两会三组”“法治、德治、自治”相结合的社会治理新模式，初步形成“碧溪之路大家走”品牌。建成李袁历史名人馆、东张书苑和李袁问书房，李袁问书房成为全市首家村级24小时图书馆，碧溪成为常熟市文联创作实践基地，碧溪之路展览馆成为苏州市华侨文化交流基地。举行中国楹联文化镇、文化村、教育基地授牌仪式。全年举办文化惠民活动424场，人均接受文化场馆服务9.83人次。举办第九届“灵动碧溪”精彩阅读节、“灵动碧溪”第二届文创夜市暨第四届上鹞灯节、文明实践站站长擂台赛等活动。承办常熟市2019年—2020年度党员冬训部署动员会、2020年常熟市新时代文明实践中心联席会暨现场推进会。浒浦高级中学在年度高考中本一上线率66.2%，本二以上上线率98.11%。在全市率先开展特殊学生职业融合教育安置工作，东张幼儿园、东张中心小学、滨江实验小学、吴市中心小学融合教育资源中心相继挂牌运行。碧溪卫生院、吴市卫生院、东张卫生院中医馆相继开馆。聚和佳苑殡葬服务中心竣工投用。落实新市民积分管理，受理新市民入学、入医、入市民卡申请7646人次。街道档案工作晋升江苏省五星级规范。开展碧溪街道第七次人口普查，李袁村列入全市唯一人口普查摸底试点；横塘村接受国家统计队复核，完成国家级比对复查任务。成立新冠肺炎疫情防控领导小组、8个工作组和5个"疫"线先锋行动支部，将东张养老中心改造为东张集中观察点，累计隔离观察614人。街道累计接收现金捐款134.7万元，接收物资捐赠折合102.7万元，向区域内发放防疫口罩14万只、消毒液5万余瓶。有序快速推进复工复产，镇村两级减免集体资产租金1718.82万元，惠及2461家经营户。组织企业定制苏州复工专列，为企业员工返常返岗发放补贴28.5万元，惠及103家企业1392人。完善就业服务体系，新增就业岗位3896个，提供高校毕业生就业岗位722个，设立公益性岗位60个。

【社会管理】 2020年，碧溪街道深入开展安全生产专项整治，共检查企业4006家次，发现隐患10245条。开展违法违规"小化工"专项整治，共排查非化工企业900余家、民宅31496户，未发现违法违规"小化工"企业。持续推进企业安全生产标准化创建，年度新增标准化创建三级企业30家、小微企业363家，对已完成标准化创建的155家企业开展质量运行审计。完成重大事故隐患挂牌整改项目12个，其中常熟市级8个、街道级4个。开展集体资产安全生产大排查大整治行动，完成整改隐患240处。成立街道消防救援站，年底正式投用。1—11月，街道环境空气质量优良天数比率达94%，$PM_{2.5}$平均浓度23微克/立方米，居全市第一；11个"国省考"水质断面达标率100%，通江支流水质稳定达到Ⅲ类。完成河道整治102条。完成创建"无散乱污村(社区)"10个，实现全覆盖。推进"散乱污"地块(集聚区)整治7个，关停淘汰37家。推进重点村(社区)污染防治帮扶工作，整改完成第一轮帮扶涉及溪南等4个村47个问题，整改完成第二轮帮扶涉及周泾等4个村59个问题。投资600万元对农村老旧污水设施进行更新，持续推进农村生活污水处理设施建设，涉及25个村庄1000多户农户。查办环境案件17起，处罚金额141.8万元。5蒸吨以上天然气锅炉低氮改造4台，工业窑炉淘汰整治44台，治理挥发性有机物企业80家，其中省"一企一策"2家，深度治理2家。完成生态环境部夏季臭氧帮扶监督组交办问题3家。完成李袁村、溪南村、中南村创建"无黑村"试点验收。开展"虞城无诈"专项行动，深入村(社区)企业举办讲座30余次，发放宣传资料20余万份。有序推进商业街综合整治，完成整改691家，其中小餐饮企业完成整治262家。年内，浒浦农贸市场、吴市农贸市场获评"常熟市示范集贸市场"。完成对碧溪兴庆路停车场、吴市金高路等超长车违停整治工作。推进户外广告设施专项整治，拆除高炮25只，整治各类不规范、无审批大型户外广告、楼顶广告、电子屏和破损(陈旧)门头广告323处5558.4平方米。开展渣土车专项整治行动，严查运输车辆带泥行驶、抛洒滴漏、偷倒乱倒垃圾185起、责令清理垃圾约320吨。完善基层非诉纠纷化解体系，源头压降社会面矛盾纠纷，全年调处各类矛盾440起，未发生1例民转刑案件。坚持防范关口前移，初步形成以社会面、24家重点单位和11条重点街区为架构的技防体系。规范化建成街道综治中心，建成村(社区)心理咨询室17个。创新引入社会力量，加强重点人员教育管控，全年各类人员无一人脱管、漏管。注重初信初访，深入开展社会矛盾大排查大化解专项行动，有序推进重复信访、历史积案的化解，化解重复信访7人14件，其中国家级5件、省级7件、苏州级2件。

【碧溪街道楹联文化镇揭牌】 4月26日，第九届"灵动碧溪"精彩阅读节之中国楹联文化镇授牌仪式暨"灵动碧溪"楹联大会在江南印象童心小镇举行。活动中，碧溪街道用视频等形式展示街道全方位发展楹联文化的历程；东张中心小学、滨江实验小学、吴市中心小学的师生走上舞台，表演以楹联为主题的各类原创文艺作品；全国楹联大赛部分获奖作者通过视频介绍自己与楹联结缘的故事、发表获奖感言，大赛评委会对获奖作品进行点评。活动中举办授牌仪式，授予碧溪新区(碧溪街道)"中国楹联文化镇"称号，授予李袁村"中国楹联文化村"称号，授予滨江实验小学、吴市中心小学、东张中心小学"中国楹联教育基地"称号。

【全市首家限额以下电子交易平台正式启用】 8月28日，碧溪街道限额以下电子交易平台首个项目"常熟市碧溪小学原主席台、升旗台、非机动车棚、附属场地等拆除工程"完成开标，在全市镇街板块中首家实现"全程不见面"招标。2020年，碧溪街道加快限额以下电子交易平台建设，一方面

4月26日，碧溪街道"中国楹联文化镇"授牌仪式　（碧溪街道　提供）

完善公共资源交易中心不见面开标大厅前端及后端设备的配置，另一方面积极部署网上办事、电子文件制作、网上开标评标（评审）、资金服务以及CA证书发放服务等系统，拓展“不见面”开标，实现从招标公告的发布到中标通知书的系统自动生成、发出等多个环节的全流程电子化、全过程不见面。

表 40　　2020 年碧溪街道各村（社区）基本情况一览表

村（社区）	面积（平方千米）	户数（户）	户籍人口（人）	集体经济总收入（万元）	总资产（万元）	党组织书记	村（社区）主任
碧溪社区	2.5	390	867	—	—	陈建军	陈建军
溪东村	4.18	1788	6584	827	5711.95	陈　健	陈　健
溪南村	4.33	950	3356	516	2742.93	施仲辉	施仲辉
聚福苑社区（溪西村）	6.9	2373	8244	826	4821.73	曹继军	曹继军
港南村	4.3	1635	5817	949	5972.63	殷政军	殷政军
周泾村	3.4	1000	3539	676	2563.10	戴伟华	戴伟华
徐虎村	4	709	2657	600	2564.74	王雪明	王雪明
李村村	2.6	574	2091	617	3133.50	钱志光	钱志光
聚和佳苑社区（小市村）	1.99	1306	4738	881	6123.04	陈　健	陈　健
浒浦集镇社区	2.9	2009	5511	—	—	陈　燕	陈　燕
浒浦渔业社区	0.9	377	1064	—	—	倪建新	倪建新
滨江社区	4.3	407	1027	—	—	陈　怡	陈　怡
浒西村	4.13	1401	4844	826	5442.81	王　俊	王　俊
留下村	2.4	604	2200	769	3654.30	季利峰	季利峰
李袁村	4.08	1239	4370	2232	10000.82	袁新春	袁新春
浒东村	2.8	1572	4972	689	4076.33	薛　锋	薛　锋
吴市市镇社区	0.5	275	489	—	—	阮利强	阮利强
泗湖村	1.4	1261	4332	589	4242.97	夏文虎	夏文虎
三湾村	4	1491	4923	661	5779.36	黄国明	黄国明
周家桥村	4	810	2907	698	3614.73	杨卫江	杨卫江
太平桥村	2.1	279	955	536	6457.16	陈建明	陈建明
万福村	0.8	1041	3543	549	1338.54	张卫星	张卫星
东张社区	1.2	288	527	—	—	陆建华	陆建华
龙桥村	4.32	845	3160	753	2416.09	龚爱东	龚爱东
中南村	4.36	2755	10309	1277	5569.71	秦建飞	秦建飞
白莲村	2.65	1452	5651	854	3941.00	王建新	王建新
新苑村	3.21	538	2102	672	3378.59	徐向阳	徐向阳
横塘村	4.43	864	3282	828	4247.51	顾志杰	顾志杰

（韩靓如）

东南街道

【概况】 东南街道位于常熟城区东南部的常熟高新技术产业开发区内，北倚琴川街道，东连古里镇，西傍昆承湖与莫城街道相望，南接沙家浜镇和沙家浜旅游景区。区域面积27.98平方千米，实际管理区域78.03平方千米。2020年年末，街道有户籍人口20104人，外来人口90137人，下辖4个行政村和3个社区。

【村镇建设】 2020年，东南街道年内完成小康村服装小区拆迁及蒸汽管道改造工作，累计拆除厂房61585平方米。推进常昆路南侧沿线扫尾清零工作。完成金仓菜场提档改造工程，获评常熟市示范集贸市场。完成小三家村天然气和污水管网铺设，渔乐新村污水管网铺设，苏锋新村和小康村商业街天然气、污水、自来水管网铺设及弱电管线入地工作，累计建设完成污水管网31千米。完成湖畔现代城小区内的景观湖整治，拆除住户侵占河道区域。拆除"河湖两违"65处，违章面积11955平方米，恢复河岸线2630米。开展"人人参与、净美家园"专项活动，发挥党员示范带头作用，改善宅前屋后环境。街道率先通过苏州垃圾分类全覆盖片区验收，辖区内17个住宅小区"三定一督"及监控设备实现全覆盖。建立行政村9个流动式"三定一督"垃圾分类运行模式，18条商业街完成撤桶并实施垃圾分类上门收运，同济广场、紫晶城等140余家企业单位完成"三定一督"。完善工业企业分类设施、分类收运，逐步将垃圾分类工作向纵深推进。累计投入500万元，完成敬鹏电子河、毛北河、卫东河等河道治理。开展小尤泾、丰田环河、金门河生态美丽河湖建设，整治河道长度6.6千米，新建生态护岸6.45千米，沿线植绿7000平方米，呈现河湖两岸亮丽风景。

【人民生活】 2020年，东南街道完成东南街道便民服务中心升级改造，形成市场准入、社会保障、民生综合、权证税费等四大综合窗口，融合新市民、公共资源交易两个中心，年内累计办件量147814件，其中服务类事项131473件、行政许可事项7572件、行政确认事项8769件。加强与社会公益机构合作，打造"微爱大义、闪耀光芒"东南志愿服务品牌，常态化开展志愿服务活动。开展各类新市民共建融合工作，推动新市民快速融入南部新城生活建设。加大教育投入力度，提升办学质量，确保教育经费"两个只增不减"。东南实验小学获评省青少年科技教育工作"四星级先进集体"、省智慧校园，东南幼儿园总部通过江苏省优质园验收，金仓幼儿园、东南幼儿园小康部通过苏州市优质园验收。公共文化场馆实现全免费开放，全年线上线下服务达80余万人次。村（社区）综合性文化服务中心实现全覆盖，完成苏锋村综合性文化服务中心大规模改建和湖畔社区综合性文化服务中心标准化建设。新增全民健身路径32套、健身步道10千米。开展妇女健康优质服务项目，服务告知率达98%。为辖区内550名65周岁以上常住老年人进行免费体检。开展职业卫生培训、应急救护等各类培训17次。累计发放各类惠农补贴约180万元。关爱弱势群体，加大帮扶力度，全年发放各类补助救济金120余万元。完善各类养老服务设施，80周岁以上老人享受居家养老服务率超过80%。

【社会管理】 2020年，东南街道结合安全监管助力城市提档。开展安全生产专项整治行动，全年共检查企业410余家次，发现隐患2230余条，开具280余份现场检查记录单，整改一般隐患1870余条，打造出以东渔村工业坊为典型的全市老旧工业坊提档转型新样板。对辖区内4个村3600余栋住房进行农房安全隐患排查。实施物流园综合整治，对金狮、华坤物流园共195家企业开展排查摸底工作。全年累计开展"331"整治早查夜查行动336次，消除各类隐患814处；开展集中联合整治行动18次，消除"三合一"隐患53个，清理淘宝户21家，收缴液化气钢瓶853只，对249处隐患采取停电措施。常态化开展"安居超市"隐患清零行动，共消除红色隐患157处、黄色隐患2757处。完成辖区内17个物管小区消防通道标示线及标识牌的设置。完成456家小餐饮企业合规化改造，并全面推行第三方监管。全面完成安达洲物流园小餐饮企业"气改电"、金田集宿楼改造重点挂牌隐患整改。苏锋工业坊率先在全市推行小微企业消防安全第三方监管服务。建设电动车智能充电点位3642个。在高层住人商业楼宇建设"云梯"智能防护系统64套，全面筑牢消防安全"防火墙"。综合整治优化生态环境。抓好重污染天气应急管控、施工扬尘管控等工作，加强油

东南街道夜景　　（东南街道　提供）

烟污染、户外烧烤整治，秸秆禁烧等工作。东南街道加强市容综合整治，组织各类大型整治行动108次，查处违章停车、游摊散贩、擅自捕鱼等各类违章36151起。全年立案301起，罚款金额487.9万元，城市管理工作实现全市考核三连冠。在联动网格化管理"1+3+N"模式基础上，把城市管理、违法建设等监管职能融入网格，探索建立"警网+网格+综合执法"三网融合的社会治理新模式。联动平台年内累计办理各类工单57567件，答复市长信箱13件，满意率100%。深入开展矛盾纠纷大排查大化解工作，全年共调解各类矛盾纠纷727起，化解信访积案5起。织密技防网络，新建车辆违停抓拍18套，新建村级技防监控点位422个，在全市率先开展社区心理咨询服务。常清中学、世联学院等5家重要单位技防系统接入安防平台。开展"无黑街道"创建工作。完成4村封闭式管理改造，完成东湖社区及启文社区升级改造。（祝嘉宇）

【东南派出所迁建项目开工】 5月21日，东南派出所迁建项目开工仪式在常熟高新区举行。迁建的东南派出所位于常昆公路及金辉路交会处，占地面积5783平方米，总建筑面积4989.65平方米，工程总投资4200万元，容积率0.86，建筑密度29.78%，绿地率15.94%，红线内机动车位数为44个，非机动车位数为146个。（何　瑜）

表41　　2020年东南街道各村（社区）基本情况一览表

村（社区）	面积（平方千米）	户数（户）	户籍人口（人）	集体经济总收入（万元）	总资产（万元）	党组织书记	村（社区）主任
小康村	19.45	2614	11444	2233	17170	—	谭国民
昆承村	1.39	461	2157	2214	16454	—	—
东渔村	1.51	267	1208	1762	9467	顾永明	顾永明
苏锋村	2.33	38	1769	1806	13369	—	—
东湖社区	2.5	129000	1936	—	—	周文燕	周文燕
湖畔社区	0.507	规划户数约5200（已交付约4200户）	638	—	—	邵建明	邵建明
启文社区	0.9	7291	1346	—	—	钱林亚	钱林亚

（祝嘉宇）

海虞镇

【概况】 海虞镇地处常熟北部，北依长江，东临国家一类口岸常熟港，镇域面积109.97平方千米，2020年下辖周行、福山2个街道办事处和1个管理区、1个棉花原种场、5个社区居委会以及17个行政村。全镇总户数（常住户数）37416户，户籍户数25762户，户籍人口8.99万人，暂住人口5.52万人。实现地区生产总值107.76亿元，工业总产值266.2亿元，一般公共预算收入11.66亿元；完成全社会固定资产投资49.26亿元，增长39.4%；完成到账外资5600万美元。全年新开工市级重点产业项目24个，开工率218%，位列全市第一。入围全国2020年农业产业强镇建设名单。位列2019中国百强镇第79名。

【经济发展】 2020年，海虞镇签约吴羽锂电池黏着剂、凯虞CDMO等22个项目，总投资超60亿元；储备阿科玛聚酰胺等在谈重点项目40个。江苏高科技氟化学工业园（江苏常熟新材料产业园）获评"省级化工园区"，连续8年入选"中国30强化工园区"，位列16。汪桥、徐桥、棉花原种场被列入第一批市级老旧工业区更新改造试点，全年开工建筑面积15.15万平方米。苏州同位素研究所揭牌成立，丽源医药、七洲科技等科创平台落户苏虞生物医药产业园。出台《海虞镇（产业园）关于支持激励企业"抗疫情、稳增长、促发展"若干政策实施意见（试行）》，新增市场主体1346户。创设"魔方商学院"，电商园全年新增商户38家。净增高新技术企业12家，新增产学研项目16个，新增省级科技副总项目6个、硕士（副高）及以上高层次人才35人。柴荣霞博士团队获评常熟市级双创领军人才，瀚海新材料、世名化工获评苏州市技术转移体系建设项目。三爱富中昊获评苏州市自主品牌大企业和领军企业先进技术研究院，华大新材料获省级企业技术中心认定。28家企业获"机器换人"智能化项目补贴400多万元，江南玻纤等8家公司入选市级工业互联网企业，大金氟化工入选市级智能制造示范企业，华益科技同位素一体化开发车间获评苏州市示范智能车间。3家企业入选市级"零地增长"试点企业。

【镇村建设】 2020年，海虞镇实现农村房屋搬迁签约234户，交房238户；企业搬迁签约4家，拆除8家，江苏南沿江城际铁路等8个搬迁项目扫尾清零。完成土地复耕复垦37.87公顷，海虞新天地商业广场竣工开业，中新路全线贯通，海盛家园、海新家园交付安置。落实被撤并镇整治提升实施项目25个，三年行动实现收官，聚福二期、海洲二期完成建设。扎实开展

“三清一改”行动，清理河塘沟渠2284处、生产生活垃圾10万吨。聚力“千村美居”普惠工程，全年开工130个自然村，完成94个自然村建设工作。推进特色田园乡村项目建设，七峰村上山巷、福山村寺前等2个项目通过省级验收，海虞镇获评“苏州市特色田园乡村建设先进集体”。垃圾分类工作扩面提质，行政村生活垃圾分类设施全覆盖，15个住宅小区完成“三定一督”生活垃圾分类改造。推进城乡生活污水收治高质量建设，新建污水管网8千米，完成153家工业企业和64个村庄的生活污水收治工作，惠及农户2688家。新建高标准农田213.33公顷，建成省级绿色优质农产品基地780公顷，完成省现代生态循环农业试点项目。村级资产收入稳步提升，签订租赁合同8660万元，比上年增长4.66%。德康农牧、福砳生物、家景美肉牛等3个项目落户。“丰收铜官山、共享常熟田”景观提升、“研学游”网红打卡基地和乡村振兴学院等项目建成投用，承办2020年苏州市中国农民丰收节开幕式。

【人民生活】 2020年，海虞初中迁建、高中改扩建工程进入收尾阶段，福山中学二期建成投用；苏常外国语学校幼儿园项目主体建筑封顶，过渡校区正式开学。全镇16个社区卫生服务站标准化建设达标率达100%，新建健康小屋8个，实现村（社区）健康小屋全覆盖；完成汪桥社区卫生服务站改造。周行思亲苑二期、安抚中心建设完工。构建审批“联网联办”模式，行政审批办件效率提升70%。公积金扩面新增开户142家单位1696人，外来人员参保人数达外来职工数的80%。精准实施社会救助和社会福利政策，审批各类救助事项121例，发放生活救助金953万元。镇医养中心项目开工建设，村（社区）日间照料中心实现全覆盖，完成家庭适老化改造80户，80周岁以上老年人居家养老服务率达81%。强化食品安全和职业健康监管工作，举办4次食品安全宣传活动、6次食品安全知识讲座，完成521家企业职业病危害风险等级分类。结合文明城市“两连冠”，壮大“益起来”志愿服务联盟，开展新时代文明实践活动500多次。海虞镇新时代文明实践所被评为苏州市首批新时代文明实践示范所。“海乐万家”百姓公益课堂开设课程150课时，举办“市民馆长”阅读活动16场次，九君艺术馆正式开馆。举办“无忧海虞·活力乐跑”企业户外运动嘉年华、“匠心苏韵”海虞苏作红木家具文化50年成果展和“时代新人 筑梦前行”苏州时代新人说等活动。

【社会管理】 2020年，海虞镇针对“331”等消防隐患场所开展联合执法行动62次，实施停电、查封178家，拆除消防隐患建筑3.06万平方米，整改“9+1”场所3964家。坚守安全生产红线，落实28个重点行业领域企业检查4181家（次），发出检查意见书4000多份，整改率95%；8个市镇两级“挂牌督办”隐患完成验收，全力落实省委危化品安全生产专项巡视、常熟安全生产第一督导组反馈意见整改。开展第三方安全监管服务，完成重点企业隐患诊断服务64家、标准化质量运行审计79家。新材料产业园通过全省首批化工园区合规性认定，完成“一园一策”“一企一策”提升整治，消防特勤站、“智慧园区”项目建成投用，区内化工企业“五位一体”信息化平台建设全部完成。完成20家大气污染企业帮扶整改，全年$PM_{2.5}$浓度控制在每立方米31微克以下，空气质量优良天数达86%；完成3条生态美丽河湖建设，铁黄沙80公顷绿化种植工作全面完成，王市污水处理厂完成提标改造；2座不规范垃圾填埋场整治工程全部完工，73家危险废物专项整治单位完成达标建设。新材料产业园“一企一管、明管排放”工程有序收尾，大气环境监控预警系统建成投用。提升综合执法治理水平，全年立案874件、结案842件，处罚金额219万元。完成全镇治安面社会技防监控点位57个、沪通铁路护路联防监控点位19个的安装。践行社区治理创新改革，实现村（社区）“一门受理、区域通办”，22个村（社区）实现“智慧社区”平台全覆盖，推进村（社区）“6+X”和“8+X”议事制度，民主决策程度不断提高。

【海虞镇入围2019中国百强镇榜单】 9月8日，《中国乡镇综合竞争力报告2019》（以下简称《报告》）发布。海虞镇在2019中国百强镇名单中，位列第79名。《报告》由竞争力智库、中国经济导报社、中国信息协会信息化发展研究院和北京中新城市规划设计研究院等机构联合发布，以全国乡镇（不含街道、农场、团）为研究对象，从经济规模、经济活力、人均水平等方面对全国乡镇综合竞争力进行评价。

【海虞镇入围2020年全国农业产业强镇】 5月26日，农业农村部、财政

海虞镇景观　　（海虞镇　提供）

部公布2020年农业产业强镇建设名单，全国共有259个镇（乡）入围，海虞镇成为苏州市辖区内唯一入围乡镇。按照国家农业产业强镇的建设要求，海虞镇将以乡村产业振兴为目标，围绕"做大做强主导产业、做精做优特色产业、招引培育龙头企业、融合发展一二三产业"的总体思路，计划到2021年，将实现农业主导产业产值3亿元，农产品加工业产值与农业产值的比值达到4.5∶1。

【海虞镇七峰村获评"国家森林乡村"】3月17日，江苏省林业局办公室公布2019年江苏国家森林乡村名单，七峰村榜上有名。七峰村东接福山集镇，西邻张家港塘桥，村域内有铜官山、西山、塌山3座山丘，全村总面积7.941平方千米，耕地359.07公顷。辖区内共有居民1420户，户籍人口5713人，常住人口6202人。先后被评为"常熟市农业先进示范村""苏州市新农村建设示范村""苏州市文明村""江苏省卫生村""江苏省文明村""国家森林乡村"等。7月2日通过江苏省第三批特色田园乡村建设试点验收。12月19日，中央电视台中文国际频道《中国新闻》栏目，专题报道海虞镇七峰村是如何从开山采石的"穷村"发展成为美丽田园乡村。

表42　2020年海虞镇各村（社区）基本情况一览表

村（社区）	面积（平方千米）	户数（户）	户籍人口（人）	集体经济总收入（万元）	总资产（万元）	党组织书记	村（社区）主任
王市社区	4.50	1953	4207	—	—	周伟刚	—
福山社区	3.21	1301	2640	—	—	王志忠	—
周行社区	1.00	662	1902	—	—	金利峰	金利峰
海福新城	0.37	147	394	—	—	徐月红	徐月红
南塘社区	0.31	46	94	—	—	黄　逸	—
府东村	4.98	1489	5554	880	7962	陆志君	陆志君
河口村	7.12	1487	5303	957	6212	张东青	—
望虞村	4.48	1076	3704	993	4315	肖学峰	肖学峰
龙墩村	4.65	1149	4087	911	7043	钱　胜	钱　胜
东泾村	3.59	1034	4001	782	5100	彭利峰	彭利峰
邓市村	5.75	1307	4940	1003	8302	李　进	李　进
聚福村	4.86	1241	4355	821	7155	王学新	—
福山村	8.53	2043	7057	1370	8605	时朝阳	时朝阳
七峰村	7.94	1421	5709	1501	14686	程　刚	程　刚
徐桥村	5.69	1063	4278	1749	11068	朱　健	朱　健
郑家桥村	4.82	856	3374	692	5095	傅　桥	—
肖桥村	7.97	1670	6457	1251	10367	袁保中	—
新州村	5.46	1512	5495	849	16370	朱志洋	—
虞南村	4.03	992	3727	1063	6497	钱　江	—
汪桥村	1.65	523	2069	1527	9372	钱晓东	—
里泾村	3.90	1232	4741	877	7912	冯惠国	季丽明
香桥村	5.03	1558	5798	1379	8989	叶　彪	胡育成

（陈梦晓）

梅李镇

【概况】梅李镇位于常熟东北部，西、南、东分别与海虞镇、古里镇、董浜镇和碧溪街道接壤，北依长江，总面积80.84平方千米，2020年辖15个行政村，3个社区居委会，户籍人口8.03万人，外来人口4.11万人。实现地区生产总值82.06亿元，完成一般公共预算收入9.91亿元，比上年增长7.0%；规模以上工业总值331.84亿元，比上年增长3.2%；工业开票销售收入405.86亿元。全社会固定资产投资26.21亿元，其中工业投资22.51亿元，比上年增长161.1%。到账外资1440万美元，比上年增长152.6%。全面实施41个市级机器换人项目，总投资2.09亿元。获评2020年度苏州市人居环境整治示范镇。

【经济发展】2020年，梅李镇全面实施14个省市两级节能项目，投入节能技改资金4846万元。宝沣特纤成功申报2020年苏州市级示范智能车间。昌盛经编等11家企业成功申报“零地增长”项目。龙腾特钢季丙元获评苏州市杰出人才奖，德凌迅施磊入选江苏省双创人才计划，宝昱来智能装备获评2020年常熟市科技创新创业领军人才计划、苏州姑苏天使计划。梅李科创中心获评2019年度江苏省优秀（A类）科技企业孵化器，被推荐为2020年度苏州市“激励干事创业、奉献火红年代”科技创新类先进集体。全年服务业投资3.53亿元。建成高标准农田2133.33公顷，占耕地总面积的80%。完成1000公顷省“菜篮子”工程生产基地建设，新增苏州市高标准蔬菜示范生产基地2家。2740公顷省级绿色优质农产品基地通过验收。实现生猪复养，完成1个美丽牧场建设。江南红豆文化园创建苏州市级共享农庄，入选2020年江苏省主题创意农园名单。

【镇村建设】2020年，梅李镇实施两轮“隐患”建筑拆除整治会战，推进腾挪约6.5万平方米土地。建成80个“千村美居”点位。在30个小区和15个自然宅基推行垃圾分类“三定一督”模式，动员参与村庄清洁行动8.66万人次、清理各类垃圾5.8万吨，完成自然宅基整治441个，获评2020年度苏州市人居环境整治示范镇。完成华联路、将军路提升改造项目和梅轧路B段道路工程，完成杨菱路、珍大路、聚沙路大中修工程。完成4家企业工业废水深度治理、65个村庄2000户农户和80处人员密集场所生活污水治理，新建污水管网10.24千米。对24条农村河道、2条农村黑臭水体实施整治，完成青洋塘、长泾、横六泾、季洞泾4条美丽河湖建设。编制盐铁塘沈家市断面水环境综合整治方案，7个常熟市级以上考核断面及入江支流考核断面均值达标率100%。完成34台工业炉窑深度治理、8台燃气锅炉低氮燃烧改造和2台生物质锅炉超低排放改造。开展通惠织造挥发性有机物深度治理工作，实施龙腾特钢钢铁行业全流程超低排放评估。落实54家企业夏季臭氧管控和四季度重污染天气应急管控。开展重点敏感区域精细化治理，对镇空气质量监测分站1千米范围内涉气点源进行排查整治。实施固体废物大排查大整治，对115家危废产生企业、13家一般固废产生企业开展专项排查整治，实现98家危废产生单位规范化管理达标建设。完成通港工业园污泥填埋场风险管控工程和原瀛环地块厂房及污水处理设施清理拆除工作。

【人民生活】2020年，梅李镇民生支出占一般公共预算支出比重84%。劳动年龄人口参保全覆盖，养老保险覆盖率、参保率及缴费率分别是99.5%、90%、96%，外来职工社会保险参保率81.6%，居民医保参保率96.78%。梅李镇新增就业岗位3078个，有高技能人才169人，城乡失业人员实现就业5042人。做好退役军人各项事务。发放各类民政经费1082万元、慈善救助经费108.46万元。梅李高级中学2020年高考本二以上上线率94%，梅李中学2020年中考普高录取率59.14%。疫情期间，总计获捐497.8万元，其中定向用于全镇防疫抗疫156.5万元，实际支出173.34万元。将28万元专项党费全部划拨至防疫前线。实施初级救护员培训、无偿献血、“两癌”筛查和职业危害重点行业整治工作。为全镇266户特扶家庭中符合条件的人员提供公交爱心卡、园林年卡办理、家庭医生免费签约等服务。新建孝爱书房、文联创作工作室。龙腾特钢生态采摘园、佳合包装等被列入苏州市文化产业重点投资项目。开展广场文艺、送戏下乡、评弹书会、慈善文化进校园等各类群众性文体活动95场次。锡剧小戏《还债》入围省“五星工程奖”初选，小品《空调坏了》入选常熟市“百年奋斗，圆梦小康”主题文艺作品创作会演。全镇18个村（社区）服务点全部完成大厅改建工程。

梅李镇景观　　（梅李镇　提供）

【社会管理】2020年，梅李镇深化平安建设，全年共新增58个重点部位技防监控。开展江苏省“提升乡镇政府服务能力建设”试点工作，形成政府服务能力提升“1+4+3”梅李模式。梅李社区天和工作站投用，村（社区）日间照料中心、睦邻空间和红白理事会等实现全覆盖。全镇18个村（社区）服务点全部完成大厅改建工程。全年办理“出生一件事”193件、“退休一件事”229件。落实常态化矛盾纠纷排查预警机制，完成龙腾发电技改等8个项目的社会稳定风险评估工作。推进赵市村、瞿巷村和梅李社区“无黑村（社区）”创建工作。自主开发镇级综合性大数据分析展示平台，制定《梅李镇“大联动”工作机制（试行）》，完善“发现端、判定端、处置端”闭环工作机制。开展不规范户外广告、违法建设、再生资源回收点整治等工作。推进垃圾分类专项检查和执法检查，垃圾分类执法办案率居全市乡镇首位。完成9个市镇两级重大事故隐患挂牌整改项目。对55家规上重点企业和100家小微企业开展第三方检查，创建二级标准化企业1家。开展“1+23”行业领域以及违法违规小化工、群租厂房专项整治工作。加大安全生产执法力度，以“处罚+监管”倒逼企业落实安全生产主体责任，确保“一年小灶”顺利收官。推进“331”专项整治行动，扎实开展出租房火灾隐患清理整治、电动自行车智能充电桩安装和小餐饮场所排查整治工作，完成6家三级挂牌督办项目隐患整治，按时拆除5处重大隐患挂牌项目所含建筑，清退清租企业4家。紧盯“安居超市”隐患动态清零，隐患整改率达99.9%。

【梅李镇率先推行“出生一件事”多证联办】 4月14日，梅李镇行政审批局会同梅李派出所、赵市派出所率先推行“出生一件事”多证联办。梅李镇成为常熟市“出生一件事”办理改革首个试点，实现新生儿落户、医保参保、医保缴费、社会保障卡、市民卡等多证联办。群众原先需要提供3张申请表、6份申请资料，跑5个部门，多个环节跑多次才能办结的事项，精简为仅需在派出所出生一件事联办窗口一次提交户口本、父母身份证2样证件，即可办结所有事项。

【第一工园·梅李智能制造产业园开工奠基】 5月18日，第一工园·梅李智能制造产业园（常熟经济技术开发区第九产业园）在梅李镇开工奠基。第一工园是吴中集团旗下核心产业园区品牌，聚焦智能制造、生物医药、新一代信息技术等国家技术导向型重点行业领域。项目位于梅李镇赵市塘坊桥（原江南毛纺厂）地块，总面积约8公顷。一期开发面积3公顷，建设总面积4.9万平方米，将推出高标准工业厂房12栋、高端人才公寓1栋。

【江南红豆文化园入选省主题创意农园】 11月13日，江苏省农业农村厅公布2020年江苏省主题创意农园名单，常熟市梅李镇江南红豆文化园上榜。江南红豆文化园成立于2015年7月，位于梅李镇赵市北侧，占地50000多平方米。园内有西北、西南、中原、江南四大系列牡丹400余个品种9000余株，以及红豆大树3000余株，红豆小苗60000余株。

表43　　2020年度梅李镇各村（社区）基本情况一览表

村（社区）	面积（平方千米）	户数（户）	户籍人口（人）	集体经济总收入（万元）	总资产（万元）	党组织书记	村（社区）主任
梅李社区	5.5	2363	5810	—	—	袁玉芳	袁玉芳
珍门社区	1.8	285	639	—	—	张俊峰	张俊峰
赵市社区	2.5	315	635	—	—	唐爱花	唐爱花
胜法村	5.5	1621	6573	974	11123	温利芬	温利芬
聚沙村	4.23	1247	5202	1155	8911	朱品石	朱品石
天字村	5.53	1820	6422	2206	13271	戴志健	戴志健
寨角村	5.98	1236	5212	1300	9763	高建锋	高建锋
梅南村	3.3	889	3658	779	5547	陈立新	陈立新
塘桥村	3.13	896	3336	544	5303	闻　娟	闻　娟
沈市村	7.29	1379	5314	934	6428	赵　俊	赵　俊
珍南村	4.883	954	3654	688	4375	李志欢	龚利丰
珍北村	6.58	1407	5153	809	8393	计建刚	计建刚
新丰村	4.8	1002	3774	532	4447	董志军	董志军
圩港村	4.43	1436	4852	740	6254	龚　旭	陆建红
海城村	6.2	1206	4610	921	6653	鞠庆华	胡　烈
赵市村	6.8	1832	6841	1500	10105	戈学峰	温志国
瞿巷村	0.78	408	1590	474	6670	邵国平	邵国平
师桥村	7.35	1873	7103	939	5908	张建军	张建军

（顾文娟）

辛庄镇

【概况】 辛庄是常熟的南大门，东连沙家浜，南接苏州，西邻无锡，是新规划的苏州市“两大一类”小城镇之一，苏虞张一级公路和锡太一级公路在境内交会，辛庄大道、G524复线贯穿全境。总面积104.26平方千米，2020年年底户籍人口76127人，常住人口超过10万人，下辖2个办事处、20个村、3个社区和1个农场。实现地区生产总值79.26亿元，完成一般公共预算收入7.13亿元；实现工业开票销售收入319.33亿元，增长10.3%；工业投资26.3亿元，增长94.6%；高技术制造业投资9.44亿元，增长20倍；到账外资2000万美元，增长150%；新兴产业投资15.37亿元，增长131.9%；完成服务业开票销售收入41.64亿元，增长9%。

【经济发展】 2020年，辛庄镇漕河泾绿洲“芯”城、“星润智谷”项目取得重要进展。苏州资产、宁夏小牛等30个项目签约落地，总投资超过55亿元。阿法德、苏州匠心人等22个项目全面开工，新奥能源、三易精密等11个项目竣工投产，实现工业投资25亿元。完成超千万技改项目15个、“机器换人”项目21个，新增机器人130台（套），培育入库省高新技术企业26家，获得认证24家，全镇高企有效拥有数62家。合泰村、平墅村12.15公顷载体更新启动，完成“三优三保”等复垦11.87公顷，永新电子等9家企业获批“零地增长”试点。全年新增省工程技术研究中心1家、省科技型中小企业46家，晶洲装备获工信部两化融合管理体系认定，福斯特获评省科学技术三等奖，克劳丽获评省级工业互联网标杆工厂；新增有效发明专利量102件。财政资金对高层次人才补贴力度加大，出台《常熟市辛庄镇科技创新和高层次人才奖励实施办法》，新认定江苏省科技副总2名、省“三带”人才2名、姑苏天使2名、常熟领军人才2名。国家级科技企业孵化器提质扩容，5个人才项目成功入驻。菁农玫瑰园、花兮花园艺科技、佳盛农业网上销售总额突破2500万元。深化存量资产委托管理和增量资产抱团发展，12个集体经济相对薄弱村如期实现脱贫转化，村级联合体累计投资3.38亿元，完成村级资产租金收缴4052万元，实现村级稳定性收入1.1亿元，增长19%。新建高标准农田（池塘）785.13公顷，完成辛庄现代渔业产业园三期工程建设，现代农业综合示范区通过苏州市级验收。持续提升农产品质量，申报绿色优质水稻生产基地383.07公顷、绿色农产品2个，绿色农产品比重达92.3%。推进农业机械化发展，新购各类农机具122台（套），水稻机插秧率80%以上，申报新型职业农民28人，78人通过年度复核。

【镇村建设】 2020年，辛庄镇工业园区、东片区控制性详细规划（修改）及镇村布局规划成功获批，圣马丁地块挂牌出让。金潭新路延伸段、光华大厦东侧道路等5条道路建成通车，启动渔民新村二期安置房建设。新增城镇生活污水主次、控源截污管网41千米，惠及81个村庄、2485户，完成人员密集场所生活污水治理115处。加快生态林网建设，新增绿地15.78公顷，实施富丽路等景观绿化改造工程。完成第四批房屋搬迁“扫尾清零”攻坚。开展文明创建，围绕农贸市场、主要街道、居民小区等重点区域开展集中整治近200次，清除乱停放、乱张贴等各类乱象5000余起，新增停车位1200个。完成被撤并镇整治提升项目25个，累计投资6650万元。“千村美居”工程172个村（组）顺利开工，100个村（组）通过市级验收，洞港泾村小桥头等5个点位获得90分以上高分，“千村美居”长效管理考评成绩名列全市第一。制定出台《辛庄镇农村人居环境长效管理考核办法》，建立部门督查和第三方机构测评每月双考核机制，桃园村、平墅村获评苏州市人居环境整治工作示范村。持续推进“厕所革命”，升级改造公厕97座。开展各类垃圾分类宣传教育活动280场次，完善分类收集、分类运输、分类处理体系，集镇建成25个“三定一督”四分类小区，行政村推进“一户两桶”，实现镇村生活垃圾分类设施全覆盖。

【人民生活】 2020年，辛庄镇养老保险、医疗保险覆盖率分别达99.1%和96%，提供就业岗位2637个，实现城乡失业人员再就业4625人，城乡就业困难人员就业341人；完成退役军人服务站标准化建设。桐辛园颐

辛庄镇洞港泾潘家塘“千村美居”风貌　　　　（辛庄镇　提供）

养中心实现结构封顶，辛庄镇中心敬老院消防改造完成，新增日间照料中心3家，实现各村（社区）日间照料中心全覆盖，启动“睦邻空间”项目，实施适老化改造。建立文明城市创建常态化机制，文明指数测评位列全市乡镇板块首位，16个村、2个社区、14个单位获评市级文明村（社区、单位）。新建24小时“辛阅书房”2家，举办第八届“德善辛庄”阅读节，完成卫氏义庄、王之麟墓修缮工程。新增三类体育公园1座，全镇健身路径持有量达1123件，万人拥有量达102件。开展志愿服务“伙伴计划”，“小厨大爱”德善坊等志愿服务获评2020年度苏州市重点志愿服务项目，文艺创作锡剧小戏《夙愿》获戏剧类金奖。辛庄中学改建工程主体施工，辛庄中心小学获省教育厅智慧校园审核认定，张桥中学获评江苏省青少年科技教育工作“三星级先进集体”。张桥卫生院配套用房工程主体结构顺利封顶，辛庄中心卫生院成功升级二级医院。

【社会管理】 2020年，辛庄镇建立“1+23+N”行政审批服务新模式，打造“线上线下、一网通办、全程代办”服务体系，累计受理各类办件11万件。推进23个行业领域专项整治，检查单位（场所）20831家次，完成隐患整改12519条。完成“三级”政府挂牌整改项目10个，完成事前立案87起、罚款278万元。实施违法违规“小化工”专项整治百日行动全覆盖，创新实施特种设备目录外相关设备安全评估并在全市推广。扎实开展厂房租赁企业专项整治百日行动，在全市率先启动出租厂区规范化建设。创新推动出租房“五色”牌动态管理，发放绿色“安全出租户”标识牌5563张，打造新阳福邸连片小餐饮“气改电”整治样板。多形式开展安全生产宣传教育，组织疏散逃生演练106次，全覆盖推进“百团进百万企业”安全生产宣讲。完成年度天然气锅炉低氮改造和重点工业企业挥发性有机物综合治理、工业炉窑整治任务，开展秋冬季重污染天气应急减排，区域$PM_{2.5}$年平均浓度30微克/立方米。完成河湖“两违”点位整治61个，拆除面积1.8万平方米，退让岸线4919米，疏浚河道23条，陆申泾河、招军河“畅流活水”工程完成；推进张桥污水厂提标改造，扩建辛庄污水厂，关停环虹化工厂，完成望虞河支流支浜污染源排查，区域内各断面水质稳定达标，望虞河省控断面约束性指标年均值达Ⅱ类水质。开展污染防治专项帮扶问题整改行动，吕舍村等9个村（社区）成功创建“无散乱污村（社区）”，合泰村获评江苏省生态文明建设示范村。长效推进扫黑除恶专项斗争，实施“虞城无诈”专项行动。完成工业园区双浜区域、潭荡路技防街区建设，阳光丽苑北区技防改造工程建成投用，实施合泰村陆巷自然宅基“智慧安全社区”试点工作，新增各类治安监控点位580个。全年依法办理行政处罚案件265件，处罚金额522万元，辛庄镇综合行政执法局获评常熟市镇域综合执法工作先进集体。开展“宪法宣传周”系列活动，在全市率先启动综合执法与司法行政深度融合试点。建成特色乡村法治阵地11个。镇村两级调解委员会共化解各类矛盾纠纷1185起，“悦阿姨”家事调解工作室成为常熟市唯一一家省级家事调解工作室。

【全市首个综合执法与司法行政深度融合工作试点】 5月29日，辛庄镇启动实施综合执法与司法行政深度融合试点工作，通过建立“工作联通、资源联合、智能联动”共建共融共享新模式，实现工作、资源、监督三方面深度融合。司法所设立法制审核专岗，由综合执法局派驻法律专员负责所有综合执法案件法制审核工作；综合执法局对送审材料的真实性、准确性、完整性，以及行政执法的事实、证据、程序的合法性负责；司法所对重大执法决定的法律适用、法制审核意见负责，对重大疑难案件定期牵头组织集体讨论，监督案件执法检查、调查取证等前期工作，从法律角度为疑难案件的处理提供参考意见。6月4日，辛庄镇综合执法局与司法所“共融共享”工作探索获得省司法厅领导批示。

【“悦阿姨”家事调解工作室】 12月9日，在全省婚姻家庭纠纷预防化解工作现场推进会上，辛庄镇“悦阿姨”家事调解工作室被省司法厅、省妇联命名为首批“江苏省标准化家事调解社区工作室”。“悦阿姨”家事调解室是常熟市首家以女性党员干部为主体的调解工作室，聘请具有多年基层群众经验的退休老干部担任负责人，并吸收一批妇女干部、巾帼志愿者、心理咨询师等担任兼职调解员。成立以来，先后调处多起婚姻、赡养、婆媳等方面的家事纠纷，累计接待各类矛盾纠纷20余起，化解一系列可能引发的问题，实现调解一案、和睦一家、教育一片的社会效果。“悦阿姨”家事调解室内备有各类常用法律书籍，特别是婚姻家庭方面的法律手册，为群众提供学习机会。

表44　　2020年辛庄镇各村（社区）基本情况一览表

村（社区）	面积（平方千米）	户数（户）	户籍人口（人）	集体经济总收入（万元）	总资产（万元）	党组织书记	村（社区）主任
金荡村	3.85	615	2116	726	5386	王志涵	—
潭荡村	5.47	879	3298	843	4053	朱　芳	—
辛中村	2.89	684	2300	763	3177	朱冬春	朱冬春
张港泾村	4.2	886	2970	946	5760	沈伟中	朱　慧

续表44

村（社区）	面积（平方千米）	户数（户）	户籍人口（人）	集体经济总收入（万元）	总资产（万元）	党组织书记	村（社区）主任
常南村	4.47	891	2915	953	5542	潘　琪	—
吕舍村	5.52	1086	3985	992	7270	胡生明	沈建强
华欣村	6.22	847	3203	1268	6442	钱卫良	—
合泰村	4.82	689	2393	1374	5320	周文明	—
双浜村	4.18	1074	3640	934	3377	陆建华	陆建华
洞港泾村	8.5	1876	6627	1179	6888	巫优通	—
桃园村	1.62	585	1825	876	6120	张文兵	张文兵
杨中村	6.8	1478	4817	1133	6489	毛国明	严叶军
朱家桥村	5.6	922	3380	1050	5626	唐志军	姚　增
沈浜村	4.2	835	2602	667	3502	顾卫新	—
旺倪桥村	5.76	1061	3876	866	7868	顾洪英	—
平墅村	4.97	859	3657	694	6847	陈　荣	—
东旺村	4.2	654	2507	579	4821	王建东	—
张家桥村	5.2	1019	4475	887	9099	彭谏明	平新峰
嘉菱村	6.14	1195	4280	1214	11022	李　刚	—
卫家塘村	8.13	1625	5985	1369	13794	杨建忠	—
辛庄居委会	1.61	977	2325	—	61	谢　芳	—
杨园居委会	0.83	829	2256	—	49	周冠毓	宁培庆
张桥居委会	2.68	1165	2675	—	63	张立新	范永刚

（金敏超）

古里镇

【概况】 古里镇位于常熟市东郊，距市区5千米，现行政区由原古里镇、淼泉镇、白茆镇经两次行政区划调整合并而成，镇域面积96.4平方千米，2020年户籍人口6.7万人，常住人口10.8万人，下辖18个村（社区）。实现地区生产总值115.71亿元；一般公共预算收入10.06亿元，比上年增长5.33%；完成全社会固定资产投资36.84亿元，比上年增长45.64%，其中工业投资25.74亿元；完成规上工业产值229.35亿元，工业开票销售收入339.25亿元；服务业投资（不含房地产）2.06亿元；服务业开票销售收入109.19亿元，比上年增长7.06%。到账外资2000万美元。

【经济发展】 2020年，荣瑞灭菌、联东U谷产业园等25个市级重点产业项目加速推进，康诺医疗、沿浦汽车等11个项目竣工投产，一能科技、久杰汽车等24个项目签约落地，总投资近60亿元。推进企业智能化改造，启动“智能制造”项目40个，引导企业创新发展，完成校企合作项目16项，新增省高新技术企业9家。常铝铝业成功申报省科技成果转化项目，波司登登峰系列羽绒服获第四届中国优秀工业设计奖金奖。成立苏州虞东城镇建设有限公司，整合盘活低效资产。引导梦馨家饰等7家企业实施“零地增长”，新建优质产业载体近20万平方米。21家印染企业整合为10家。开展老旧工业点更新改造，启动康博、淼泉、吉盛3个点位。现代服务业蓬勃发展，红豆山庄文旅综合体、波司登商学院、虞东时代广场建设扎实推进，知旅街区获评省“书旅融合先行区”、长三角“百佳公共文化空间奖”等，成功打造苏州市首个夜间经济发展乡镇样板。聚焦“三高一美”建设，新建高标准农田606.67公顷、省级绿色优质水稻基地866.67公顷，启动李市村66.67公顷高标准池塘改造工程，建成投用坞坵尚牧农业美丽生态牧场。红豆山庄“共享农庄”完成创建，坞坵大米获“稻味常熟”特等奖。

【镇村建设】 2020年，古里镇规划布局日趋优化，统筹产业发展和城乡布局，调整集镇北片区和庐山路以东工业区控规，完成历史文化名镇保护规划，优化青墩塘路沿线、文学街西段综合整治方案。大力推进实事工程建设，铁琴雅苑竣工交付，李市古村落修缮等工程进展顺利，李市村挂牌“中国传统村落”，并入选首批江苏省传统村落名录。高白路、元通路东延、新园泾路建成通车，文学街西延、新市南路改造加快推进。新建污水管网11千米，完成130家企业、45个餐饮店铺、1450户农户生活污水收集。年内完成“微实事”149项。镇村面貌日渐提升，出台农村建房管理指导意见和“千村美居”农宅翻建政策指引实用手册，完成农宅确权300户。投入6400多万元，优化提升白茆、淼泉区域基础设施，完成淼泉镇南路、陈北路两侧绿化工程和白茆市场二期改造等项目。抓好镇容镇貌综合管理，累计拆除各类违章建筑15万平方米，集镇区域楼顶广告实现清零。人居环境日趋改善，推进生活垃圾分类片区建设，建成“三定一督”小区20个、自然村19个，大力推进“两清两治”综合整治行动，14个村顺利通过省级卫生村复审。做好“千村美居”工程，完成自然村庄97个，惠及农户3100多户，其中苏州市特色康居乡村17个。因地制宜推广康博村“五星级文明户”评选、陈塘村“12345”工作法等长效管理模式。强村富民进一步提质，推进农村集体产权制度改革，完成17家农村股份经济合作社登记赋码。村级联合抱团发展稳步推进，新一轮1666.67公顷土地发包流转顺利实施，全年实现村均稳定性收入955万元，农民人均纯收入4.3万元，增幅达8.8%。

【人民生活】2020年，古里镇及时足额发放各类社会补助救助资金800多万元，申报苏州市民生保障先进集体。城镇养老保险基本实现全覆盖，新增住房公积金缴存职工2600多人次。做好稳就业工作，向1000多家企业返还失业稳岗补贴354万元，成功推荐就业5000多人次，发放失业救济金740多万元。年度完成新市民积分入学、入医、入市民卡申请1300多人次。持续推进退役军人和其他优抚对象基础信息采集，发放优抚金、安置费485万元，接续社保204人。强化医疗卫生事业建设，古里中心卫生院顺利通过苏州二级综合医院评审；投入3500万元抗疫特别国债加快白茆卫生院迁建，坞坵村获评省级健康单位。古里中心小学启动新校区建设并与常熟国际学校签约合作办学；白茆中心小学校安工程、京师和紫霞民办幼儿园等建设项目序时推进。实现村（社区）日间照料中心全覆盖，发放尊老金240万元，为3000多名80周岁以上高龄老人提供居家养老服务。全面完成新时代文明实践站（所）建设，常态化开展群众性文明实践活动。深化与常熟理工学院的校地合作，打造“仁风古里，多元共治”社区治理品牌。古里图书馆、古里书场等惠民文化设施建成开放。举办第二届知识丰收节、“知遇春天、悦读古里”阅读节等惠民文化活动。

古里铁琴铜剑楼知旅文化街区夜景（古里镇 提供）

【社会管理】2020年，古里镇深入开展安全生产专项整治行动，持续推进55个镇村工业集中区安全消防综合治理，完成隐患整改1.5万余条，13个市镇两级重大事故隐患挂牌项目按时摘牌，“一年小灶”各项任务完成。开展企业标准化质量运行审计，累计审计三级标准化企业58家、小微标准化企业79家。深化“331”专项整治，开展打通“生命通道”集中治理，全镇火情数量比上年下降38.3%。持续优化生态环境，创建“无散乱污”村（社区）6个，实现“无散乱污”村（社区）全覆盖。全面达成污染防治攻坚战年度目标，17项任务和13个挂牌项目顺利完成。落实重污染天气管控，开展“天地一体”精准分析，空气优良率达100%。深入推进“河长制”工作，完成黑臭河道治理1条、河道疏浚21条、“两违”点位拆除132处，岸线退让2150米，白茆塘等7个断面水质稳定向好。对环境违法保持高压态势，全年完成立案105起，处罚金额330多万元。加强社会治理，打好扫黑除恶收官战，对4条黑恶线索进行调查处置，刑事发案率比上年下降2.1%，破案率实现“八连增”；创建苏州市禁毒示范点。做好社会矛盾纠纷化解和管控，接待受理来信来访507批（件）1200多人（次），化解重大信访积案4起；推出“法治护航千村美居”调解机制，处置复杂房屋翻建纠纷25起。获评省优秀人民调解委员会、苏州法治先进集体。

【“万物来潮”S·FAIR国潮夜市系列活动】4月27日，“万物来潮”S·FAIR国潮夜市系列活动在古里镇铁琴铜剑楼知旅文化街区启幕。在4月27日—5月5日期间，推出万物来潮、绝对分享、头号玩家、国潮快闪等四大活动，融入文博、文学、非遗等要素，创新文化消费新模式，点亮城市体验新生活。古里镇以主题文化业态和文化消费新模式，率先实行乡村夜经济，打造苏州市首个夜间经济发展乡镇样板。

【古里镇第二届知识丰收节开幕】11月6日，常熟古里镇第二届知识丰收节开幕暨古里图书馆、古里书场落成典礼在铁琴铜剑楼知旅文化街区举行。古里镇探索铁琴铜剑楼纪念馆与公共图书馆一体化运行，打造浓厚藏书文化的古里图书馆，至2020年年底，该馆拥有中华再造古籍善本8716册、新采购书籍1.6万册，是常熟唯一拥有古籍图书的乡镇图书馆。

表45　2020年古里镇各村（社区）基本情况一览表

村（社区）	面积（平方千米）	户数（户）	户籍人口（人）	集体经济总收入（万元）	总资产（万元）	党组织书记	村（社区）主任
新桥村	6.89	1251	5396	1997	9264	张进峰	—
湖东村	5.71	548	2434	1304	7722	周　俊	—
双港村	5.5	708	2280	1220	5012	密春华	—
琴东村	7.16	687	2888	1453	4768	孙益军	孙益军
苏家尖村	6.01	1055	4240	1086	7665	马　健	—
高长村	5.99	1006	4237	1488	6063	姚志高	姚志高
下甲村	3	1381	5165	1468	7022	邱　峰	—
吴庄村	7.1	1561	6134	2095	11289	姚建东	周雪龙
陈塘村	7.28	1621	6051	1818	9587	张雪燕	—
淼泉社区	7.06	674	3121	1111	3485	周　锋	王瑞新
紫芙社区	2.24	1453	4696	986	5536	丁亚军	王桂良
康博村	2.5	432	1708	1054	13082	高德康	—
紫霞村	6.8	1048	4324	2099	7350	陈　进	陈　进
芙蓉村	7.31	816	3463	1438	4315	王　健	邢利君
坞坵村	7.06	948	3846	1227	12526	严雪军	—
联泾村	3.63	595	2442	707	4248	徐　健	徐　健
李市村	5	667	2528	778	4825	张利刚	张利刚

（陆逸冰）

支塘镇

【概况】 支塘镇是常熟市的东大门，镇域面积128.96平方千米，2020年常住人口83201人，外来人员23392人，下辖3个社区居委会和16个行政村。2020年，支塘镇实现地区生产总值76.55亿元，比上年增长2.03%；完成一般公共预算收入5.52亿元，比上年增长15.73%；完成工业总产值165.02亿元，比上年增长4.6%，其中规模以上完成产值109.35亿元，比上年增长11.6%；完成工业投资16.95亿元，比上年增长56.9%；完成工业开票销售收入168.26亿元，比上年增长9.5%；到账外资完成1600.5万美元，比上年增长98.8%。

【经济发展】 2020年，支塘镇成功签约迹遥科技、华顶精密组件、仕科泰新材料等6个重大项目，总投资23.3亿元。启动总投资8000万元的“集贤商贸中心”项目建设，携手江苏远见集团打造“江南风物小镇”。全年累计新开工乐歌智能制造产业园、康博供应链、艾尔法节能科技、台联盛精密等市级重点项目16个，新增计划外开工项目3个，项目总投资达到34.46亿元，迎阳无纺、九一高科等4个项目竣工投产。淘汰落后产能企业25家，退出低效工业用地点位66个，完成土地复耕复垦面积73.33公顷。老旧工业小区更新进展顺利，阳桥集团地块、丰联村南窑地块清障工作全面完成。总建筑面积16.9万平方米的常熟高新技术产业开发区第十产业园、第十一产业园全面开工建设。高新技术企业新培育入库24家，申报高新技术企业35家，净增13家，申请发明专利99项，净增87项。认定省民营科技型企业13家、省星级上云企业4家、苏州市级示范智能车间1家、常熟市智能制造示范企业2家、常熟市工业互联网应用企业7家，新增应用工业机器人85台。现代农业提质增效，完善农业基础设施配套建设，八字桥等5个村700公顷高标准农田建设项目建成投用。持续开展无序蔬菜种植清退和农膜回收处置工作，压降无序种植面积近113.33

公顷。回收处置农膜4吨，完成市级下达任务指标。积极推广水稻机插，全镇机插秧育秧面积达到23.33公顷，良种覆盖率98%以上。

【镇村建设】 2020年，支塘镇设施配套提优加速，东胜路延伸段动迁遗留问题全面解决，多年的断头路和支塘医院的急诊入口成功打通；何舍路集镇段和芝溪阁两侧道路改造工程全面完工通车；锦绣大道改建工程如期推进，支董路、支何路先导段建设全面启动，原任蒋公路、丰联三港巷路和丰收路、任南蔡泾路等7.1千米的镇村道路白改黑改造提升工程完工投用。镇区公共设施、主干道路、公交村道日常及时修缮机制及标线标识更新机制进一步完善，全年累计投入资金达500多万元。生活污水收治持续规范，集镇区40处餐饮场所生活污水接管整治到位，完成农村121个村组2975户农户生活污水治理。天然气扩面工作进一步深化。推进农村人居环境整治工作，落实领导干部定点包干制度，共计清理陈年垃圾3.2万余吨，动用车辆（含机械）1.2万余辆（台），动员镇村两级党员干部及志愿者、群众参与村庄清洁行动4.6万余人次，累计投入资金1700余万元。加快推进城乡生活垃圾分类工作，全镇50家机关企事业单位完成垃圾分类设施全覆盖；东馨佳苑等15个物业小区“三定一督”运行通过验收；农村“三定一督”自然村组已运行16个。“千村美居”提速创建。累计开工村组128个，通过市级验收104个，完成道路新建、拓宽45267米，河道清淤疏浚27626米，拆除违章建筑66022平方米，新建公厕86个，新建停车场17918平方米，村庄新增绿化89933平方米，投入资金1.2亿元，惠及农户2569户。将何北村面店角、支东村北朱家角、盛泾村马家宅、东庙等5个组团打造为重点建设村组，均已高分通过验收。“河长制”工作常态化推进，完成市级重要河道“一事一办”任务35项，完成镇村两级“两违”整治任务626件，退让岸线4200多米。完成河道网簖、地笼清理整治2393处。农村河道轮浚工作持续开展，完成河道疏浚26条，土方30万立方米。完成罗直塘畅流活水及濂泾项目绿化收尾工作。

【人民生活】 2020年，支塘镇在稳定疫情防控大局的基本前提下，多方面、多角度推进民生保障事业、民生工程建设、文化体育创新等。全年民生支出占一般公共预算收入比重超74%。举办线上线下招聘会，累计提供岗位4500多个。有序开展基本公共卫生服务项目，完成“两癌”及妇女病普查3628人次、老年人肺炎疫苗免费接种2269人次。为民服务中心正式投用，智慧政务平台开发完成，综合窗口改革深入推进。全年共受理行政审批业务88855件，办结率为100%。完成集中居住小区农房三级确认发证填报工作528户。完成全镇社保参保25824人，全年目标完成率达98%；完成医保参保25272人，参入率97.5%；公积金扩面累计增员2169人，全年目标完成率达173.5%。全年新增就业岗位4651个。发放各类特扶资金、慰问物资891.4万元。全面落实各项惠老政策，共发放尊老金226.5万元；完善居家养老服务体系建设，新建、改建村级老年人日间照料中心11座，基本实现各村全覆盖。完成镇级退役军人服务站规范化建设，做好优抚对象抚恤保障，全年发放优抚金和慰问金近600万元。完善教育基础设施建设，何市小学食堂完成改造，王淦昌高中新校区项目、何市幼儿园新建工程顺利推进，王淦昌初中食堂和风雨操场改造等工程启动。拥有260张床位的蒋巷护理院投入运行。推进镇村文化阵地建设，完成蒋巷图书馆提档升级、何建明书房布置建设，何市综合性文化服务中心、任阳综合性文化服务中心已投入使用，何东村综合性文化服务中心建设工作基本完成；新增体育场地面积29027平方米，镇文体公园获评江苏省“最美乡村体育公园”。

【社会管理】 2020年，支塘镇严格落实安全生产监管责任，强化镇安委会例会制度，督查工作开展情况。制定出台安全生产专职网格员考核管理办法，落实考核、奖惩机制。组织开展镇村工业集中区安全综合整治“回头看”，深入推进重点行业领域安全生产专项整治，累计检查单位3524家次，发现问题12194条，整改12188条。创新开展“一顶安全帽”专项整

8月2日，常熟高新技术产业开发区第十产业园（阳桥）开工

（市资规局　提供）

治。实施“媒体曝光+警示约谈”，在支塘镇微信公众平台开设安全生产曝光台。打好“331”专项整治持久战，推进“三合一”、出租房、电动自行车、“9+1”场所四类隐患长效长治。完成出租房屋备案5174户，督促整改的隐患户2211处；开展联合执法175次，断电541家，拆除隐患违建13.19万平方米。全面实施华东食品城区域综合整治，对445家九小场所，601户出租房，35家餐饮场所进行集中整治，发现隐患回潮问题及时进行执法整改。检查火灾重点防控场所1220家，发现并督改违法行为及火灾隐患846处，查封12起，火灾事故数量得到有效压降。深入开展“污染防治攻坚战”“突出环境问题”专项整治，完成污染防治重点项目15项、突出环境问题整治9项。对34家散乱污企业进行分类整治，并启动关停点位“回头看”。新创建无散乱污村（社区）5个，实现村（社区）全覆盖，开展大气质量管控，完善重污染天气应急减排清单。实施挥发性有机物、扬尘等大气污染整治行动，年度空气质量指标排名位列全市第三。完成91家危险废物规范化管理专项治理，关停化工企业1家。对150多家镇级重点监管企业开展高频次、常态化日常检查。探索文明城市长效管理机制，镇村秩序与面貌大幅提升。深化“扫黑除恶”专项斗争，办结涉黑涉恶线索21条，办理涉黑涉恶九类案件14个。基层整合审批服务执法力量改革顺利通过验收，打出一套政务服务改革组合拳，初步形成具有支塘特色的改革模式。加大综合治理执法力度，累计纠违29385起，办结各类行政处罚案件1112件，罚没款总计618万余元。强化社会矛盾综合调处，集中治理重复信访、化解信访积案7件。被苏州市委、市政府表彰为“乡村社会治理先进集体”。

【无纺产业】 到2020年年底，支塘镇有在生产的非织造企业415家，规模以上企业29家，其中非织造机械企业69家，非织造布生产企业326家，上游化纤企业20家。年产非织造机械设备2000多台套，非织造布33万吨，产值59.3亿元，销售收入58.4亿元，利润5.93亿元，税收2.54亿元。其中非织造针刺设备、非织造布产量和生产能力分别占全国的60%以上和10%左右。产品覆盖全国大部分地区，其中非织造机械设备出口美国、日本、俄罗斯、印度等50多个国家。

表46　　2020年支塘镇各村（社区）基本情况一览表

村（社区）	面积（平方千米）	户数（户）	户籍人口（人）	集体经济总收入（万元）	总资产（万元）	党组织书记	村（社区）主任
阳桥村	3.2	372	1513	1059	4422.68	密建青	密建青
八字桥村	6.39	1180	4711	1716	5531.45	陆庆丰	陆喜明
窑镇村	6.29	838	3303	1746	6154.28	刘军良	刘军良
枫塘村	9.16	1216	4865	2810	6385.35	高拥军	吴叶锋
长桥村	4.99	968	3692	1077	5737.98	顾卫东	苏正华
支东村	5.2	1202	4521	1315	4630.72	董　杰	张正国
蒋巷村	1.63	230	877	2697	35801.31	蒋玉英	蒋玉英
凤泾村	2.77	642	2478	1359	3635.56	王利娟	—
盛泾村	6.06	634	2515	920	4256	周宇衡	—
徐政村	4.39	729	2870	1215	3303.12	王文清	王文清
丰联村	7.62	917	3719	3207	8264.28	王建刚	王建刚
任南村	7.19	920	3569	1241	4932.33	葛春庭	杨　飞
何东村	9.24	1225	4619	1102	4487.97	姚利军	姚利军
项桥村	6.72	1126	4100	1536	5338.12	周　慧	周　慧
何南村	6.59	1175	4398	1005	4859.07	马庆峰	周燕飞
何北村	7.72	1625	5858	1256	5351.97	李　平	李　平
市镇社区	3.6	2161	5869	—	—	密建青	黄军英
任阳社区	2.29	1262	4064	—	—	任建平	丁建荣
何市社区	2	928	2457	—	—	刘志平	刘志平

（陈珺南）

沙家浜镇

【概况】 沙家浜镇位于常熟东南隅，行政区域面积65平方千米，2020年总人口约8万人，其中户籍人口4.1万人，下设13个村、2个社区、1个办事处。实现一般预算收入6.2亿元，财政总收入17亿元，规上工业总产值180亿元，工业开票销售收入212亿元。

【经济发展】 2020年，沙家浜镇坚持把项目攻坚作为经济增长的重要抓手，加明利、精工模具等12个项目序时开工，第一工园·沙家浜智能制造产业园、南新电机等8个项目竣工，新增锐志博机械、常熟市青鸟同文学校等6个计划外开工项目，引进元准科技、恒科机电等31个新签约项目，全年完成工业投资17亿元，增幅65%。加大存量资源盘活力度，启动神州智造园、正发工业园老旧工业区更新改造，完成土地复垦超13.33公顷。企业转型动力增强，净增有效发明专利89件，新增工业机器人50台（套）。人才集聚效应进一步发挥，“浜你创”智汇中心入选市级领军人才项目2项，中利电子获评省级企业技术中心，腾晖光伏建成国家级博士后科研工作站。现代农业方面，围绕农业绿色发展，扎实开展水产养殖专项整治，完成1260公顷养殖池塘专项治理年度目标，辖区内2066.67公顷养殖池塘全部纳入“阳澄湖大闸蟹”地理标志保护范围。打造高效生态养殖示范亮点，长洪滩标准化养殖基地通过苏州市级“三高一美”示范基地验收，获评农业农村部健康养殖示范场。培育新型农业经营主体，新增家庭农场5家，湖旺家庭农场申报市级示范农场，“沙四龙”渔乐园建成苏州市共享农庄，认定新型职业农民103名。年内，举办上海沪剧院结对共建、长三角城市龙舟邀请赛等活动，获得“2020年国庆黄金周体育旅游精品线路”“红色旅游发展典型案例”等国家级荣誉。沙家浜风景区品牌影响力不断扩大，加强景区基础配套，完成横泾老街修缮三期、四期、智慧景区控制中心等工程，纪念馆改陈布展推进有序。拓展垂钓区、采摘区全新功能，打造“暗战沙家浜”“铁花丹心”等夜间演艺秀。加快推进华侨城综合农文旅项目，唐市古镇文化创意展示中心对外开放，“时光小镇”品牌正式发布。提升沙家浜培训中心教学品质，拓展与周边区域教学点合作，推出“一日夏令营”“国防小课堂”等主题课程，年培训超2.7万人次。启动“万企联万村、共走振兴路”行动，村企联建覆盖率达到100%，名列省级骏马榜前茅，村均稳定性收入达615万元。

【镇村建设】 2020年，沙家浜镇推进“千村美居”工程，超额完成年初制定的目标任务，建成宜居村庄44个，完成村庄强弱电线路整理49个。建立健全长效管理机制，形成“党员示范、群众参与”局面，完成区域自然村庄整治全覆盖，清运各类垃圾3.8万吨，沙南村、朗城村分获省级、苏州市级健康村称号，乌址角生活垃圾填埋场完成封场，切实优化提升人居环境。通过全国文明城市、全国文明镇复查。完善镇公共资源交易和“三资”管理信息化平台，完成2019年度村级集体清产核资工作，核实资产总额6.32亿元，农村集体土地总面积3066.67公顷。完成华侨城时光小镇中心街地块、恒大地块等征迁扫尾工作。着力提升镇村基础设施，万丰家园二区加快建设，缪浜桥、陈许桥等顺利启动，南雅路东延、苏欣桥等道路桥梁实现提档升级，镇区路网结构持续优化。

【人民生活】 2020年，沙家浜镇完成沙家浜卫生院医疗用房修缮、芦荡社区卫生服务站新建搬迁，启动唐市中心卫生院康复楼综合工程，常昆村家庭医生工作室获省星级评定。完成沙家浜中心小学改扩建一期，沙家浜中学获评江苏省健康促进学校，唐市中心小学获评省教育科学优秀成果一等奖。年内，新建村级日间照料中心6家，实现社会化运作18家。社会救助事业稳步发展，全年发放各类帮扶款项618万元。落实稳就业系列政策，获评江苏省和谐劳动关系示范园区（乡镇）。严格落实疫情防控长效措施，切实加强应急物资储备，累计完成一类管控排查核实4987人，重点人员核酸检测1291人次。助推慈善事业发展，助力疫情防控，接收善款物资合计420万元。“365”全民健身室内活动中心对外开放，举办“文化

5月20日，常熟沙家浜·华侨城大型文旅综合项目开工

（沙家浜镇 提供）

科技卫生三下乡”等活动，打造歌曲《打卡沙家浜》、舞蹈《暖暖的米糕》等原创精品。

【社会管理】 2020年，沙家浜镇巩固“331”专项整治成果，排查出租房4705家、“9+1场所”2600处，实现隐患动态清零。全面落实风险防控“四项机制”，打造社会治理“一张网”，纠纷调解率、信访办结率均达100%。深入推进平安建设，通过“七五”普法收官考核，完成沙家浜法治馆提标改造。筑牢反诈防线，集中开展“虞城无诈”宣讲35场，惠及群众2.5万人次。完成基干民兵编组任务，完成第七次全国人口普查，获评江苏省第四次全国经济普查优秀集体。全面落实安全生产属地责任、监管责任和企业主体责任，统筹推进违法违规“小化工”、工业集中区、起重机械与叉车、高空作业、工伤事故等各类专项整治，落实政府重大隐患挂牌整改项目11个。坚决打好污染防治攻坚战，完成市级挂牌督办突出环境问题5个，落实重点行业企业土壤自查检测9家。补足设施短板，常昆污水处理有限公司提标改造年度任务顺利完成，新增污水管网10千米、养护53.8千米。紧盯各类约束性指标，$PM_{2.5}$平均浓度32微克/立方米，空气优良率88%，昆南村、昆承湖村、芦荡社区、常昆村等4个村获评“无散乱污村（社区）”。

【玻璃模具产业】 玻璃模具是沙家浜最具特色的传统产业，产品远销美国、法国、德国、意大利等20多个国家的高端市场。至2020年年末，以沙家浜镇为产业集中区，涵盖商会企业共151家，其中规上企业9家，实现产值20亿元，实现利税总额3.1亿元，全行业年产玻璃模具160万套，拥有建华模具、精工模具、兄弟模具、东方模具、伟恒模具等龙头骨干企业，从业人员3500余人，人均年收入超过7万元。规模和创新能力在全球名列第二，占国内玻璃模具市场份额的72%，占江苏省内市场份额达到90%。拥有设计、加工、结构、材料等各方面的专利达330多项，其中发明专利有83项，有效期内发明专利68项。

【沙家浜华侨城大型文旅综合项目开工】 5月20日，沙家浜镇举行常熟沙家浜华侨城大型文旅综合项目开工典礼。该项目由华侨城、沙家浜旅游度假区和常熟文旅联合打造，以“一镇一浜，二田三市”为规划重点，围绕沙家浜旅游度假区及唐市镇板块联片开发，构建区域商业综合体和发展文化旅游产业，以“文化+旅游+城镇化”和“旅游+互联网+金融”的创新发展模式，重点打造集红色主题教育、绿色生态旅游、体验式观光农业、时光主题街区、特色餐饮民宿、沉浸式商业于一体的全域旅游项目。

表47　2020年沙家浜镇各村（社区）基本情况一览表

村（社区）	面积（平方千米）	户数（户）	户籍人口（人）	集体经济总收入（万元）	总资产（万元）	党组织书记	村（社区）主任
横泾村	4.94	790	2978	765	5127	金建新	金建新
常昆村	5.1	878	2828	790	5115	平敏佳	—
红石村	5	689	2834	590	3565	赵志明	赵志明
昆南村	4	741	2709	570	4872	袁文中	宋春青
芦荡村	4.6	573	2158	847	6660	张耀明	—
唐北村	9.1	833	3313	777	5681	胡雪强	胡雪强
沙南村	5.2	602	2258	711	6250	吴卫良	吴卫良
华阳村	5.4	921	3300	421	2818	周纪忠	杨建文
昆承湖村	4.6	494	1920	600	5167	苏国明	—
苏南村	3.4	246	840	471	3365	王春雷	王春雷
唐市社区	1.29	2472	7538	154	306	王春雷	—
唐东村	5.4	740	2583	461	3533	张忆妍	—
朗城村	3.99	630	2159	347	3928	姚志江	姚志江
新湖村	5.2	714	2559	647	3276	张红杰	—
芦荡社区	2.81	1266	3482	202	378	奚　杰	赵惠中

（范兆宇）

董浜镇

【概况】 董浜镇位于常熟市东部，全镇总面积62.5平方千米，2020年户籍人口约5.2万人，常住人口约6.6万人，下辖14个行政村，2个社区居委会。全镇交通便捷，沪武高速、沈海高速、常台高速、苏通长江大桥“三路一桥”在此交汇，沪苏通铁路穿境而过。一般公共预算收入完成3.02亿元，比上年增长7.5%；规上工业产值73.95亿元，比上年增长4.7%；全社会固定资产投资16.58亿元，比上年增长20.8%；其中工业投资15.38亿元，比上年增长78.4%；服务业投资1.2亿元，增长532%；完成工业设备投资6亿元，增长70.9%；到账外资676万美元。

【经济发展】 2020年，董浜镇全年新签约落户欣晟发、中博电子、必优食品等项目12个，总投资29.5亿元，项目用地33.24公顷。新开工市级重点项目12个，计划外新开工项目6个，总投资30.54亿元。群卿汽车零部件、通优新材料、古汉汽车零部件等3个项目顺利投产，万象涂料完成联合验收，佳宜减速器完成主体施工，中皓智能、恒鑫橡塑、皓悦包装等8个项目正在主体施工，旭虹精密、天越（常熟）产业园、“新加坡邻里中心”等3个项目正在基础施工。开展低效闲置资产盘活“百日行动”，排查梳理点位12个，盘活低效闲置土地21.13公顷。启动零星工业用地整合优化，评估完成率98.6%。优化发展空间，拆旧复垦土地13.6公顷，收回建设用地使用权再供地6.43公顷。认定高新技术企业11家、省科技型中小企业20家。巩固知识产权核心地位，有效申请PCT专利12件，净增发明专利50件。新增常熟“昆承英才”科技创业领军人才1名。4家企业获评常熟市智能制造示范企业，3家企业获评苏州市智能示范车间。实施智能改造项目16个，投资2.9亿元，新增工业机器人150台（套）。经济开发区第十产业园一期厂房即将封顶，新增优质工业厂房5.6万平方米，华鑫机械厂地块引入苏州恒泰集团合资共建智能科技产业园。农业总产值6.62亿元，粮食产量6045.2吨，蔬菜产量218723吨，水产品1500吨。深耕绿色发展，完成绿色优质农产品生产基地认证2133.33公顷，认定绿色食品4只。“童颜”黄金小玉米通过国家农产品地理标志认定并获评省鲜食玉米金奖，董浜成为苏州市唯一具有双地标产品的乡镇，地方传统菜肴“徐市羊汤”获评省级乡土地标菜，农旅公司获评省“最美绿色食品蔬菜企业”。

【镇村建设】 2020年，董浜镇开展“千村美居”工程，通过验收86个，完成自然村庄强弱电线路整理115个。观智村天主堂获评省特色田园乡村，智林村钟家巷与天域生态环境股份有限公司签约共建，携手常熟理工学院探索建立产学研协同发展长效机制。完成人居环境面上整治自然村庄395个，完成率100%，清运各类垃圾3.8万吨，新民村、红沙村获评苏州市农村人居环境整治工作示范村，智林村获得苏州市级考评嘉奖。推动机关人员“周六下沉日”制、党员干部“宅前屋后三包”示范制。扩大垃圾分类覆盖面，成为苏州市首个完成“三定一督”四分类小区全覆盖乡镇。有序开展生活污水收治，新增污水管网7千米，农村污水收水率达92%，完成董浜污水厂提标改造工程。完成危废规范化管理建设企业86家，达标率100%。新增绿化13.53公顷，完成泥仓溇湿地绿化改造工程。全面推进农宅不动产登记工作，完成“三级确认”2个批次。做好农房翻建常态化管理，审批447户，验收530户。

【人民生活】 2020年，董浜镇2000多名党员干部、5万多人次志愿者参与疫情防控，累计流调排查1.73万人次，落实核酸检测379人，“零疑似”“零确诊”。开展家庭医生签约服务16269人次。完成妇女优质服务3895人次、老年体检9428人次、退休职工体检7431人次、老年肺炎接种1463人次。异地新建智林村卫生室，建设红十字“博爱家园”。组织无偿献血及造血干细胞捐献活动，656人参加，累计献血19万毫升，其中一次性献血300毫升以上的占76.1%，造血干细胞志愿者登记人数15人。登记生育审批161对，其中二胎68对；发放计生三项经费共765万元。深化现代学徒制，组建滨江职教数控试点班、东南职教先进制造大专班。精准实施社会救助，发放救助金658万元。助力全国文明城市“两连冠”，出动志愿者10万人次，完成点位整改6800处，开展文明宣讲100场。完善文体设施，新建星安体育公园，学校体育设施开放率达100%。提质教育事业发展，董浜中学获评省优秀课程基地，徐市中心小学获评省体育特色学校，新增市级学科带头人5名、学

泥仓溇湿地公园　　（董浜镇　提供）

科教育能手17名。发布招聘信息355次，新增各类岗位1348个，实现再就业3301人。健全养老体系，服务居家老人2143人，服务占比65%，董浜镇区域性护理院启动建设程序。守住民生底线，社会保险参保人数20878人，参保率95.06%，老年保障人数24841人，覆盖率99.2%。提供新市民子女积分入学学位298个，吸纳率100%。

【社会管理】 2020年，董浜镇办理人大代表建议28件、政协委员提案20件。依法公开重点领域政府信息1079条，受理"12345热线""寒山闻钟""市长热线"等各类工单3588件，按时办结率99.9%。累计办件4.2万件，群众自助办件1.8万件，办结率、满意率均达100%。全面推进基层整合审批服务执法力量改革，承接市级下放经济社会管理权限35项，开设长三角地区政务服务"一网通办"综合服务专窗。完善审批环节和业务流程，推出套餐式"一件事"服务22项，实现企业开办一日办结率100%。开展"周六下沉日"活动25次，出动机关工作人员7500人次，回应群众诉求3500起。纵深推进企业生产隐患清零"百日行动"，镇村两级累计检查企业4567家次，完成隐患整改9899条，立案43起，落实市级重大隐患挂牌整改5只，镇级4只，完成各级安全生产巡查问题整改25项。严格开展危化品安全生产专项整治，重点做好"小化工"专项整治，累计排查2657家次，未发现违法违规"小化工"生产经营单位。巩固"331"整治成果，排查隐患出租房343家，"九小场所"1049处，完成整改1562处。妥善化解矛盾纠纷，调处各类纠纷255件。集中开展"虞城无诈"宣讲15次，惠及群众2.2万人次。完成VOCs深度治理2家，工业窑炉整治55台。市考核河流断面均值全部达标，各级河长巡河700次，完成"一事一办"整改18项，清理疏浚河道25条。

【常熟经济技术开发区第十产业园开工】 5月10日，总投资3.4亿元的常熟经济技术开发区第十产业园开工仪式在董浜镇举行，这标志着董浜镇老旧工业载体改造正式拉开序幕。第十产业园位于董浜镇智林村原徐市机械厂地块，项目占地5.4公顷、规划面积9.3万平方米，总投资3.4亿元。其中，一期项目占地3.21公顷、规划面积5.66万平方米，投资2.2亿元；二期项目占地2.19公顷、规划面积3.64万平方米，投资1.2亿元。项目建成后，将重点引进装备制造、精密机械、电子设备、医疗器械、汽车零部件等中高端制造业。

【宇培集团生鲜加工及供应链平台华东区总部项目签约】 8月5日，董浜镇举行宇培集团生鲜加工及供应链平台华东区总部项目签约仪式。项目总投资1.5亿美元，将实现董浜镇农业蔬果、进口生鲜食品的加工制造和自动化冷链配送，进一步完善农产品的销售体系。项目集合宇培供应链在江苏区域的分拨结算、冷链物流、生鲜电商、供应链管理运营、供应链金融等业务，还将引入相应的商业及产业的合作企业。

表48　2020年董浜镇各村（社区）基本情况一览表

村（社区）	面积（平方千米）	户数（户）	户籍人口（人）	集体经济总收入（万元）	总资产（万元）	党组织书记	村（社区）主任
董浜社区	2.7	545	1147	104	60	赵丽红	王向东
徐市社区	2.7	1732	4879	112	65	沈晓波	凌月娟
观智村	4.6	850	3509	1093	5869	何　军	张　烨
红沙村	3.1	623	2586	973	5521	王　进	王　进
天星村	4.68	1244	4662	1614	4210	唐拥军	—
新民村	4.88	746	2815	1442	6685	王　飞	王　飞
永安村	3.45	819	3076	1092	5456	沈志强	—
杜桥村	5.36	822	3495	982	5209	朱振荣	—
陆市村	4.26	1082	3651	1416	5624	钱晓斌	钱晓斌
智林村	4.62	1112	3866	2511	7774	姚贤军	—
旗杆村	4.16	603	2088	1716	5259	姚雪军	—
东盾村	4.09	1006	3582	1209	7633	谢　磊	谢　磊
北港村	3.4	910	3328	963	4884	马　悦	马　悦
黄石村	3.1	666	2354	889	4035	徐恩庭	—
里睦村	3.35	777	2854	744	3941	顾　雁	屠晓波
杨塘村	3.75	1081	3735	1626	5979	庾卫平	庾卫平

（谈　洁）

尚湖镇

【概况】 尚湖镇东靠虞山街道、莫城街道，北邻常福街道，南接辛庄镇，毗邻无锡、江阴、张家港，是常熟市的西大门。全镇总面积112.50平方千米，下辖2个办事处、1个水产养殖场、22个行政村、3个社区，户籍人口8.03万人，外来人口4.42万人。2020年，实现地区生产总值80.2亿元；一般公共预算收入超5.36亿元，增长13.2%；工业开票销售收入180亿元；规上工业总产值118亿元，增长2.1%；先导产业产值4.1亿元，增长29.8%。全社会固定资产投资28.1亿元，增长100.8%，其中工业投资16亿元，增长125.1%，服务业投资2.6亿元，增长855.9%，三项投资增速均位列全市第一；到账外资720万美元，比上年增长44%。尚湖镇获评第三批江苏省生态文明建设示范乡镇、2020年度江苏省健康镇。

【经济发展】 2020年，尚湖镇风范股份年度净入库税金达1.75亿元。众捷汽车二期竣工投产，增产近20%，苏格尔电器、博格曼纺织科技、拓克锻压机床、雷得吸尘器配套件项目竣工，创源科技园完成整体建筑封顶，22个重点产业项目全年累计完成投资16亿元。立盟智能出行装备、瑞赛科智能物流包装等8个总投资25亿元的优质项目成功落户。推进老旧工业区更新改造，星尚智造谷一期完成整体建筑封顶，尚创产业园一期完成清租清障，智能货架产业园二期7.2万平方米厂房完成土建。新增省三星级上云示范企业2家、苏州市级示范智能车间2家、常熟市级示范智能工厂4家。新增工业应用机器人181台套，设备技改投入超5.2亿元。新增省高新技术企业12家，完成研发投入2.3亿元。新增高层次人才25人、产学研合作项目6个，创星智谷智能制造加速器投入运营。申请高新技术企业培育入库15家，成功入库13家。申报高新技术企业22家，其中包括重新申报3家。累计兑付各类高企认定及培育奖励170万元。此外，众捷汽车、万宝桥梁、宏远新材料、扬大研究院等企业获得政府创新券等各类科技奖补资金155万元，扬大研究院、江华新型材料等企业立项各类科技计划6项。新增示范型家庭农场6家、示范型专业合作社5个，示范率分别达25%和12%，均位列全市第一。村级财力稳步提升，村均稳定性收入达831万元，比上年增长9.1%。5个集体经济相对薄弱村全部完成脱贫转化工作。制定探索率先基本实现农业农村现代化实施方案，开展“万企联万村，共走振兴路”行动。建成高标准农田93.33公顷，绿谷数字生态农场、金胜米业、江禾农业3家农业企业落户，王庄西瓜获评国家级农产品地理标志并取得苏州市首张食用农产品合格证。

【镇村建设】 2020年，尚湖镇完成修编镇村布局规划，实施4大类、51项政府重点投资项目，尚湖园区配套规划二路、规划四路和永鑫路等道路建成通车，S342省道颜巷段两侧辅道改建如期完工，翁庄路改造工程开工，华强南路、张村路、坑巷路大、中修工程完工。完成练塘和王庄集镇基础设施提升工程。全力推进征收搬迁工作，完成王庄南新路北侧、尚湖园区大坝桥地块征收搬迁农户78户，中兴路、陈塘坝遗留项目实现清零。完成整合土地资源72.27公顷。年内，“千村美居”工程开工建设自然村庄97个，完成87个，惠及农户2583户，建成三星级康居乡村34个，乡贤捐资捐物616万元。先后开展两轮农村人居环境整治，探索建立分级式长效管理模式。全面落实生活垃圾分类，建成“三定一督”模式居民小区44个、自然宅基27个。依法依规实施农村住宅管理，通过农宅会审1362户。

【人民生活】 2020年，面对突发的新冠疫情，尚湖镇第一时间成立镇疫情防控指挥部和14个专项工作组，建立完善联防联控机制，累计排查、核实人员信息5300余条，实施重点人员健康管理2200余人，完成国内重点地区、境外来（返）镇人员检测1190人，企（事）业单位、学校顺利复工复产复学。社会各界爱心人士、企业累计捐款超1100万元。完成王庄中心小学教学楼改造，实施练塘中心小学操场翻建、王庄幼儿园户外活动场地改造等项目，融合教育资源中心创建实现全覆盖。新增公共体育设施面积超3万平方米。深化公办养老机构社会化改革，完成尚湖迎阳护理院一期既有建筑更新。江苏省健康镇建设通过省级验收。推进万安禅院建设，禅寺主体结构封顶。新增各类就业岗位4300余个，城乡失业人员、就业困难人员、应届毕业生实

8月7日，尚湖镇8个职能机构（即“一办七局”）揭牌成立（尚湖镇　提供）

5月13日，2020年苏州（常熟）食用农产品合格证启动仪式暨尚湖镇王庄西瓜上市信息发布会举行　（尚湖镇　提供）

现就业6000余人，开展各类职业技能培训超4000人次。养老保险覆盖率达99%，居民医保参保率达96.6%，新增住房公积金缴存职工约2300人次。发放各类生活补助金、慰问金等近2300万元。家鑫、大河、张村三个村安息堂基础工程完工。练塘社区、将巷镇村等三家日间照料中心建设有序推进。发挥新时代文明实践所、站、点作用，全年开展文明实践活动1000多场，组织"'尚'书房"百姓课堂等特色活动。注册志愿者比例达31.5%，志愿服务时长超75万小时。开展送戏下乡惠民演出40余场次，公共文化场馆服务群众质量不断提高。建成苏州市"有线智慧镇"。

【社会管理】 2020年，尚湖镇针对危险化学品、冶金工贸等24个重点行业领域，深入开展安全生产专项整治行动，共开展各类检查6233家次，闭环整改隐患14161条。完成99家重点监管企业以及15家涉危企业专家检查。深入开展违法违规"小化工"专项整治，全覆盖排查各类企业、场所2772家次，拓展排查"小字头""停产停业"企业518家。喷塑涂装行业三年专项整治收官，全镇328家喷塑涂装企业完成整改验收205家、关停或取消工艺段123家。启动企业钢结构平台整治，完成20个企业钢结构平台整治试点工作。推进纸箱、木器行业整治，70家纸箱企业关停18家，68家木器企业关停搬离6家，剩余全部完成整改纳入常态化监管。印发《尚湖镇全面落实企业安全生产主体责任的工作意见》，开展落实企业主体责任专项执法检查，立案26家次，评选落实主体责任示范企业8家。广泛开展"百团进百万企业"等各类安全生产专题宣讲75场次。深化"331"专项行动，实施隐患场所停电执法185家，完成"小餐饮"场所合规化改造296家。扎实开展打通"生命通道"集中治理行动、消防安全进小区"卫城"行动。全年安全生产事故数和死亡人数分别下降40%和38%，实现大幅双下降。全面完成"水、气、土"污防攻坚各项年度任务。完成2家重点企业VOCs深度治理、1家燃气锅炉低氮改造、69台工业窑炉整治、23个码头（堆场）扬尘治理，12个镇级微型空气质量检测点位投入运行。完成黑臭河道整治18条、美丽生态河湖建设6条，全面取缔工业生产性废水托运，完成规范化接管企业109家。全力推进城乡生活污水处理提质增效精准攻坚"333"行动，完成"雨污分流"企业125家、生活污水收集农户4219户，新增污水管网约15千米，完成望虞河等11条河流的入河排污口排查、溯源、整治。全镇7个水质断面达标率100%，"省考"断面优Ⅲ率100%。关停、退出望虞河生态红线限制类企业2家，关停、取缔堆场5家。完成危险废物规范化管理核查企业111家。新增升级版"技防入户"600处、社会面监控16只，扎实开展"虞城无诈"专项行动，全镇刑事案件发案数比上年减少10%，破案率比上年增加8%。开展各类执法检查5500余次，重大行政处罚案件结办800余起。文明城市建设常抓不懈，深化"3440"（常态长效管理3项制度、4项机制、40个项目）工程。加强集镇管理，实行"定人、定岗、定责"管理模式，规范店招店牌审批监管流程，拆除违规招牌1250平方米，新增路面公共停车位500个。

【尚湖镇首家"公建民营"区域性养老服务中心项目签约】 3月31日，尚湖镇区域性养老服务中心——常熟尚湖迎阳护理院签约仪式举行。此次签约标志着尚湖镇首家"公建民营""医养融合"养老机构项目正式落定。该项目位于王庄张泾路的原王庄办事处，本着"一次规划、分期实施、逐步完善"的原则，定位中高端，依托紧靠的王庄医院优势，实现资源优化配置，促进医养融合、功能互补，为尚湖镇及周边人群提供集养老、康复保健、医疗护理于一体的综合性服务。

【农业"数字展厅"建设】 8月28日，罗墩村同常熟绿谷数字生态农场有限责任公司举行签约仪式，共同建设尚湖镇农业"数字展厅"。此次合作以打造现代化"数字展厅"为目标，引进VR科技，通过投影、MR互动体验，集合尚湖镇应季鲜果、彩叶苗木、优质茶叶、种草养畜、观光农业五大特色产业，展示了尚湖新型经营体系下的农业欣欣向荣健康发展的面貌。"数字展厅"是罗墩村继嘻嘻谷高效生态科普农业基地外的第二个展示平台，为丰富罗墩村的农业产业，挖掘罗墩农业发展潜力，打造自然、休闲、康乐于一体的共享农庄夯实基础。

表 49　　2020 年尚湖镇各村（社区）基本情况一览表

村（社区）	面积（平方千米）	户数（户）	户籍人口（人）	集体经济收入（万元）	总资产（万元）	党组织书记	村（社区）主任
王庄社区	27.98	480	1145	95	89	贡卫东	贡卫东
冶塘社区	32.99	580	1188	220	283	屠雪华	—
练塘社区	34.17	1031	2212	149	649	张建平	张建平
河金村	2.34	592	2247	1071	3864	王卫明	钱　云
车路坝村	4.05	835	3065	735	3900	夏士江	*钱建华
福寿村	6.01	934	3598	1341	6631	宋建东	宋建东
东桥村	4.02	737	2518	990	3842	张　斌	张　斌
张村村	1.90	453	1643	780	4540	陆伟新	王振刚
家鑫村	5.10	834	2963	1189	4644	丁　锋	丁　锋
南村坝村	1.52	321	1150	750	2612	钱建国	王　勇
山鑫村	3.04	636	2411	711	4022	顾新伟	顾新伟
大河村	4.80	1109	3869	1027	6654	王学忠	王学忠
湖庄村	5.30	1545	5386	980	8141	沈国英	*戴文飞
新和村	3.50	979	3446	720	3816	查志明	龚丽艳
新鑫村	5.60	781	2865	1216	4140	邵满保	*须国清
新巷村	4.01	767	2627	706	4797	周小江	宗海峰
蒋巷镇村	3.58	920	3458	761	4176	陈　江	—
新裕村	6.20	1307	4391	1244	5007	徐敬国	张夏亚
常兴村	4.03	1056	4078	1062	6546	高立锋	李国峰
鸳鸯桥村	3.62	819	3252	1012	6858	殷建忠	张国华
吉桥村	5.46	1702	5941	1795	8544	孙　仁	孙　仁
罗墩村	6.70	1554	5498	1246	6459	陆　军	陆　军
练南村	4.20	838	2973	1358	6636	浦明华	浦明华
颜巷村	2.84	850	3168	799	2189	金卫良	金卫良
翁家庄村	7.32	1548	5249	2326	9913	蒋斌雄	*丁　晓

说明：“村（社区）主任”一栏，姓名前带*号的为村（社区）党组织副书记（主持行政工作）

（范烨星）

责任编辑：浦君芝

人物·荣誉

新闻人物

王珍妮 女，1991年10月生，常熟市第一人民医院重症监护室护士，中共党员，中级职称。2011年6月入党，2012年8月参加工作，被评为2018年度“常熟市百名优秀护士”。2020年1月，作为江苏省第二批援鄂医疗队成员驰援湖北抵达武汉后，她作为一名公共营养师和心理咨询师立即开展工作，治疗患者，照顾他们的生活起居和卫生处置的同时，还为患者进行心理疏导。在医疗队中，她还担任江苏省援湖北医疗队临时党支部宣传委员和苏州市援湖北医疗队“医路先锋”行动党支部宣传委员，负责记录医疗队的工作情况和医护人员的工作动态。2020年3月，被国家卫生健康委、人力资源社会保障部、国家中医药管理局评为“全国卫生健康系统新冠肺炎疫情防控工作先进个人”。

刘卫军 1966年3月生，江苏常熟人，江苏红杉树服饰有限公司设计总监。其带领的设计团队连续6年在中国国际时装周上代表中国公务休闲装发布流行趋势。参与设计制作北京奥运会25万件套的志愿者服饰。为庆祝中华人民共和国成立60周年、70周年庆典活动设计和生产“国旗方阵”“与时俱进”“区域协调”等多个方阵的服装，获得阅兵指挥部的嘉奖和好评。同时他和他的设计团队把红杉树品牌延伸到中美友谊和“友谊让生活更和谐”的发展理念，使红杉树品牌得到快速提升和发展。其先后获江苏省“青春创业风云人物”、国庆70周年阅兵商务服务保障工作先进个人和全国纺织工业劳动模范等荣誉。2020年11月，获“全国劳动模范”荣誉表彰。

陆振华 1952年生，常熟市特殊教育指导中心顾问、常熟市智力残疾人及亲友协会主席，中共党员。1973年，陆振华开始从事特殊教育工作，并始终坚守在一线，孩子们亲切地叫他“哑父”。他坚持亲自为重残儿童送教上门20多年，足迹遍及常熟10多个乡镇，并带领近百名教师志愿者，为全市60多名重残儿童开展送教服务。2004年，他创办全国第一家特殊教育指导中心，推广残疾儿童进入普通幼儿园、学校接受融合教育，首创“全日制”“半日制”“走班制”三种特教班办班模式、“医教结合”“复式教学”“生涯规划”三种特色教学，满足特殊孩子个性化发展，全市84所普通中小学加入到融合教育行列。他出版8部特殊教育专著。2012年退休后，仍在特教领域发挥余热，用爱守护“折翼天使”。其先后获全国优秀特殊教育工作者、国家教学成果奖（基础教育类）一等奖（主持人）、江苏省首届特殊教育学科带头人等荣誉。2020年8月入选“中国好人榜”。

逝世人物

王殊 1924年10月生，常熟王庄（现尚湖镇）人，中共党员。1946年4月到苏北解放区，任苏皖边区教育厅编审、华东野战军政治教员。1948年10月起任新华社华东前线分社记者。1951年10月，到朝鲜任新华社志愿军分社记者。1954年回国任新华社国际部编辑。1956年起，历任新华社驻巴基斯坦、加纳、马里、几内亚、扎伊尔、古巴等国首席记者。1965年任新华社国际部发稿助理。1959年至1972年任新华社驻联邦德国记者，为促进中德建交发挥重要作用。1972年10月起任中国驻联邦德国大使馆参赞、大使。1977年1月，任《红旗》杂志总编辑。1978年5月，任外交部副部长。1980年任驻奥地利大使兼任驻维也纳联合国组织大使。1986年起历任外交部国际问题研究所所长、中德友协会会长等。当选为第七届全国政协委员、第八届全国人大代表。著有《王殊国际通信选集》《十五年驻外记者生涯》《从记者到大使》《中德建交亲历记》。2020年9月25日，因病医治无效在北京逝世。

浦 均 曾用名浦锡章、苏影，1920年11月生，江苏常熟人，中共党员。1938年6月参加革命工作，同年8月加入中国共产党。1939年7月起先后任十八集团军野战医院政治处干事，晋冀鲁豫军区后勤政治部巡视员、秘书等。1946年7月起先后任晋冀鲁豫地区冀南银行总行巡视员，天津人民银行人事室主任，天津中国银行副经理等。1954年7月起先后任第二机械工业部设计局、基建局副处长，第一机械工业部基建局设备处处长，第三机械工业部基建局副局长等。1963

年10月起先后任第六机械工业部三局局长，华南办事组副组长，广州军区国防工办副主任。1973年5月任第六机械工业部基建局局长、部党组成员。1979年任第六机械工业部副部长、党组成员。1984年12月离休。2020年11月28日因病医治无效在北京逝世。

袁毅平 1926年生，江苏常熟鹿苑镇人（现属张家港市），著名摄影家、摄影理论家、摄影活动家，中共党员。1939年在上海开始摄影生涯，1949年参加革命工作，历任《新华日报》摄影记者，《人民日报》摄影记者，《大众摄影》杂志编辑组长，《中国摄影》杂志编辑组长、主编，曾任中国摄影家协会副秘书长、副主席等职。代表作有《东方红》《振我国威》《拔地擎天》《70年代村干部》《马路"天使"》等，曾获中国摄影金像奖终身成就奖、中国文联造型表演艺术成就奖、国际摄影艺术联合会"杰出摄影活动家"等称号，在中国文联第十次全国代表大会上当选为中国文联第十届荣誉委员。2020年9月16日在北京逝世。

翁万戈 又名翁兴庆，1918年生，常熟城区人，翁同龢玄孙，著名收藏家和书画鉴赏家。一生从事绘画、摄影及电影工作，参与拍摄和独立制作《中国历代绘画》《中国美术简史》《中国佛教》等数十部教育片和纪录片，向西方介绍中国的历史和文化。20世纪80年代，发起并举办中国古代善本书展、宜兴紫砂壶展、中国古建筑展、中国竹雕展、翁氏收藏书画展等。他收藏的古籍、书画、碑帖数量甚众，大多为高祖翁同龢的旧藏。其中部分翁氏古籍珍品于2000年通过中国嘉德拍卖公司转让给上海图书馆，共20种542册。1990年5月，翁万戈从美国回到常熟，把翁氏故居"綵衣堂"捐赠给常熟市政府，并题写"翁氏故居"门额。翁万戈有多种中英文著作，如《中国园林》《中国书画》《故宫博物院》《陈洪绶》等；先后编印《美国顾洛阜藏中国历代书画名迹精选》《翁同龢文献丛编》《翁同龢日记》等。其于美国东部时间2020年12月9日，在美国家中离世。

曹楚南 1930年8月生，江苏常熟城区人，中共党员、九三学社原中央委员、腐蚀科学与电化学专家、浙江大学教授。1991年当选为中国科学院院士（学部委员）。1952年毕业于同济大学化学系。在国内领导和开拓腐蚀电化学领域，专著《腐蚀电化学原理》从平衡势力学、不可逆过程热力学、多电极系统和多反应耦合系统的电极过程动力学等方面论述腐蚀电化学的特殊规律，形成比较完整的理论体系。将数理统计和随机过程理论应用于腐蚀科学中，研究最深腐蚀孔深度统计分布和腐蚀活性点平均密度统计推断等问题，从理论上导出概念公式和电化学噪声的谱功率密度方程式。提出利用载波钝化改进不锈钢钝化膜稳定性的思想并为国内外实验所证实，将定态过程稳定性理论引入电化学阻抗谱（EIS）研究，使EIS理论有重要发展。著有《腐蚀电化学原理》《悄悄进行的破坏——金属腐蚀》《腐蚀试验数据的统计分析》《电化学阻抗谱导论》等著作以及180多篇论文。2020年8月27日，因病医治无效，在杭州逝世。

表50　　2020年常熟市享受副县（处）级以上政治待遇的离休干部逝世人物简表

姓名	性别	出生年月	籍贯	原工作单位与曾任职务	逝世时间
章魁吾	女	1921年2月4日	三门	市一院副书记	2020年1月5日
王金曾	男	1926年11月12日	无锡	常熟市中学教导主任	2020年1月28日
张　硕	男	1928年7月31日	扬州	市琴南粮管所调研员	2020年1月30日
陆曜源	男	1931年8月30日	常熟	市政府外事办公室主任	2020年2月7日
缪忠仁	男	1931年12月8日	如东	市无线电厂调研员	2020年2月10日
姚周吉	男	1924年10月31日	常熟	市公安局局长	2020年2月17日
宋以夭	男	1925年2月2日	宜兴	常熟日报社总编辑	2020年2月26日
杜　珍	女	1922年7月17日	上海	石油支公司副经理	2020年3月5日
李鸿彩	男	1929年3月31日	吴江	市人民检察院检察员	2020年3月5日
包河森	男	1926年10月31日	常熟	市中医院干部	2020年3月25日
许颜芬	女	1928年12月15日	日照	市中医院总护士长	2020年7月11日
董　斌	男	1931年6月30日	建湖	市人民检察院调研员	2020年10月21日
李绍才	男	1930年9月21日	保定	市统战部副部长	2020年12月2日

先进集体

表 51　　2020 年常熟市获国家条线表彰的先进集体一览表

受表彰单位	荣誉名称	表彰单位
常熟市	全国农村创新创业典型县	农业农村部
常熟市	2019年信访工作“三无”县（市、区）	国家信访局办公室
常熟市	第五批国家慢性病综合防控示范区	国家卫健委办公厅
常熟市	2020年农村生活垃圾分类和资源化利用示范县	住建部办公厅
常熟市	2020年农村生活垃圾分类和资源化利用示范县	住建部办公厅
常熟市	国际化营商环境建设示范县（市、区）	《环球时报》社
常熟市	全国双拥模范城	全国双拥工作领导小组、退役军人事务部、中央军委政治工作部
常熟市	全国文明城市，并获中央文明办通报表扬	中央文明办
常熟市	2018—2020年全国计划生育优质服务先进县（市）	国家卫健委
常熟高新区	第九批国家新型工业化产业示范基地	工信部
常熟高新区	国家汽车零部件高新技术产业化基地	科技部
常熟高新区	2019年度火炬统计工作先进单位	科技部火炬中心
江苏高科技氟化学工业园（江苏常熟新材料产业园）	2020化工园区30强	中国石油和化学工业联合会、化工园区工作委员会
沙家浜镇	全国文明村镇	中央文明委
虞山林场	全国十佳林场	中国林场协会
瞿巷村	全国文明村	中央文明委
李市村	中国传统村落	住建部
常熟市司法局行政执法协调监督科	全国法治政府建设工作先进单位	司法部
苏州市常熟生态环境局	第二次全国污染源普查表现突出集体	国务院第二次全国污染源普查领导小组办公室
常熟市公安局	全国农民工工作先进集体	国务院
国家税务总局常熟市税务局	第二批全国税收普法教育示范基地	国家税务总局
国家税务总局常熟市税务局	全国文明单位	中央文明委
常熟市应急管理局	第一届全国应急管理普法作品展播三等奖	应急管理部、司法部
常熟市综合行政执法局	2020年度“强基础、转作风、树形象”专项行动表现突出单位	住建部
农工党常熟市文化支部	纪念中国农工民主党成立90周年宣传思想工作先进集体	农工党中央
中国民主同盟常熟市委员会	民盟思想政治建设和宣传工作先进集体	民盟中央委员会
常熟市红十字会	2020年度中国红十字会总会报刊宣传先进集体二等奖	中国红十字会总会

续表51

受表彰单位	荣誉名称	表彰单位
常熟市公证处	全国公共法律服务先进集体	司法部
翁同龢纪念馆	中国华侨国际文化交流基地	中国侨联
常熟博物馆	国家一级博物馆	中国博物馆协会
常熟观测点	最佳经济发达地区全域旅游案例奖	联合国世界旅游组织旅游可持续发展观测点管理与监测中心
常熟市沙家浜革命历史纪念馆	中国民主同盟传统教育基地	民盟中央
尚湖镇农技推广服务中心	农产品地理标志	农业农村部
常熟市医学检验所	2018—2020年改善医疗服务先进典型	国家卫健委办公厅
国网江苏省电力有限公司常熟市供电分公司	第七届国家电网有限公司文明单位	国家电网有限公司
常熟市实验中学	全国青少年校园足球特色学校	教育部
江苏省常熟中学	2020年第二届全国文明校园	中央文明委
常熟小样科技服务有限公司	国家备案众创空间	科技部
五方智能车科技有限公司	国家备案众创空间	科技部
常熟同济科技园有限公司	国家备案众创空间	科技部
常熟开关制造有限公司	国家技术创新示范企业	工信部
江苏亨通海洋光网系统有限公司	专精特新“小巨人”企业	工信部
波司登羽绒服装有限公司	第五批绿色制造—绿色工厂	工信部
波司登羽绒服装有限公司	中国优秀工业设计奖金奖	工信部办公厅
波司登羽绒服装有限公司	重点跟踪培育纺织服装品牌企业	工信部办公厅
芬欧汇川（中国）有限公司	2020年重点用水企业“水效领跑者”入选企业	工信部
芬欧汇川（中国）有限公司	第五批绿色制造—绿色工厂	工信部
芬欧汇川（中国）有限公司	第五批绿色工厂	工信部
常熟市汽车饰件股份有限公司	第五批绿色制造—绿色工厂	工信部
苏州通润驱动设备股份有限公司	绿色制造系统解决方案供应商	工信部
常熟市百联自动机械有限公司	智能制造系统解决方案供应商	工信部
常熟威怡科技有限公司	2020年度石油和化工“专精特新”中小企业	中国石油和化学工业联合会中小企业工作委员会
中国农业银行股份有限公司常熟分行	2019年度中国农业银行普惠金融营销竞赛—优秀支行	中国农业银行
中国农业银行股份有限公司常熟分行青年英才脱贫攻坚突击队	中国农业银行县域青年英才金融服务“三农”突击队	中国农业银行

表 52　　2020 年常熟市获省级和省条线表彰的先进集体一览表

受表彰单位	荣誉名称	表彰单位
常熟市	2019年度江苏省中小学校责任督学挂牌督导创新县（市、区）	省政府教育督导委员会办公室
常熟市	促进外贸优进优出、组织中国国际进口博览会等工作突出，以及积极利用外资且提质增效成效明显的地方	省政府办公厅
常熟市	交通建设年度目标任务完成好、投资计划完成率高、地方投资落实到位、促进社会资本进入交通建设领域措施有力、交通债务风险防控等工作落实有力的地方	省政府办公厅
常熟市	第二批省级全域旅游示范区	省文化和旅游厅
常熟市	水利建设投资落实好、省水利基本建设投资计划完成率高、年度工作成效明显的地方	省政府办公厅
常熟市	落实加快推进产业科技创新中心和创新型省份建设若干政策措施（科技创新40条）、深化科技体制机制改革推动高质量发展若干政策（科技改革30条）成效明显的地方	省政府办公厅
常熟市	实施知识产权战略成效明显的地方	省政府办公厅
常熟市	江苏省城镇污水处理提质增效示范城市	省住建厅
常熟市	江苏省农村物流示范县	省交通运输厅
常熟市人民政府	省级“平安渔业”示范县	省农业农村厅
常熟市	2020年全省住房城乡建设系统行政执法监督检查县区市排名第一	省住建厅
常熟市	2020年度财政重点工作绩效考核先进市县二等奖	省财政厅
常熟经开区	2020年江苏省留学回国人员创新创业示范基地	省人社厅
常熟经开区	全省经济开发区科学发展综合考核评价排名第五	省商务厅
常熟经开区	2020年度江苏省知识产权示范园区	省知识产权局
常熟经开区	江苏省工业互联网示范工程第二批“互联网+先进制造业”基地	省工信厅
常熟经开区	2020年度江苏省开发区统计工作先进单位	省商务厅
常熟高新区	江苏省大中小企业融通型特色载体	省工信厅、省财政厅
常熟高新区	江苏省创业投资集聚发展示范区	省发改委
常熟高新区	江苏省科技金融创新试点基地	省生产力促进中心
江苏高科技氟化学工业园（江苏常熟新材料产业园）	全省定位化工园区	省政府
江苏高科技氟化学工业园（江苏常熟新材料产业园）	全省各化工园区和化工集中区安全风险等级D级	省应急管理厅
常熟市碧溪新区管理委员会	2019年江苏省绿色优质农产品基地	省农业农村厅
常熟市虞山街道（度假区）	2019年度江苏省基层侨务工作优秀单位	省委统战部
常福街道	江苏“味稻小镇”（培育）	省农业技术推广协会、省作物学会
海虞镇	味稻小镇	省农业技术推广协会、省作物学会
梅李镇	江苏省生态文明建设示范乡镇	省生态环境厅
辛庄镇	2019年全省基层党员冬训工作示范镇	省委组织部、省委宣传部
辛庄镇	第一批江苏省传统村落	省住建厅

续表52

受表彰单位	荣誉名称	表彰单位
古里镇	江苏省优秀人民调解委员会	省司法厅、省人民调解协会
董浜镇	江苏省文明乡镇	省文明委
尚湖镇	江苏省生态文明建设示范乡镇	省生态环境厅
尚湖镇	劳动人事争议优秀基层调解组织	省人社厅
尚湖镇	江苏省健康镇	省爱卫办
尚湖镇总工会	2019年度江苏省“安康杯”竞赛组织工作优秀单位	省总工会、省应急管理厅
古里镇人民调解委员会	江苏省优秀人民调解委员会	省司法厅
琴川街道团工委	2020年度全省团属报刊宣传工作“先进单位”	团省委
碧溪街道团委	2020年度全省团属报刊宣传工作“先进单位”	团省委
常福街道绿地社区	2020年省健康社区	省爱卫办
福山村寺前	江苏省第五批特色田园乡村（面上创建村庄）	省特色田园乡村建设工作联席会议
湖苑社区	江苏省健康社区	省爱卫办
凯文社区	基层民主法治建设省级示范社区	省司法厅、省民政厅、省委全面依法治省委员会办公室
衡山社区	基层民主法治建设省级示范社区	省司法厅、省民政厅、省委全面依法治省委员会办公室
湖畔社区	江苏省健康社区	省爱卫办
蒋巷村	江苏省特色田园乡村	省特色田园乡村建设工作联席会议、省住建厅
蒋巷村	江苏省生态文明建设示范乡村	省生态环境厅
董浜镇智林村	江苏省级民主法治示范村	省司法厅、民政厅
智林村	2020年江苏省绿色优质农产品（丝瓜）基地	省农业农村厅
观智村天主堂	江苏省特色田园乡村	省特色田园乡村建设工作联席会议、省住建厅
观智村天主堂	第三批江苏省传统村落	省住建厅
董浜镇陆市村	2020年江苏省绿色优质农产品（丝瓜）基地	省农业农村厅
杨塘村	2020年江苏省绿色优质农产品（丝瓜）基地	省农业农村厅
董浜镇北港村	2020年江苏省绿色优质农产品（黄金小玉米）基地	省农业农村厅
东盾村	2020年江苏省绿色优质农产品（黄金小玉米）基地	省农业农村厅
黄石村	2020年江苏省绿色优质农产品（黄金小玉米）基地	省农业农村厅
里睦村	2020年江苏省绿色优质农产品（黄金小玉米）基地	省农业农村厅
旗杆村	2020年江苏省绿色优质农产品（黄金小玉米）基地	省农业农村厅
天星村	2020年江苏省绿色优质农产品（黄金小玉米）基地	省农业农村厅
新民村	2020年江苏省绿色优质农产品（黄金小玉米）基地	省农业农村厅
永安村	2020年江苏省绿色优质农产品（黄金小玉米）基地	省农业农村厅
留下村	江苏省生态文明建设示范村	省生态环境局
碧溪街道留下村（高家坝）	2019年度省级村庄绿化资金补助村庄	省林业局

续表52

受表彰单位	荣誉名称	表彰单位
浒西村	江苏省健康村	省爱卫办
合泰村	江苏省生态文明建设示范村	省生态环境厅
潭荡村	江苏省文明村	省文明委
聚和佳苑社区	江苏省五四红旗团支部	团省委
聚和佳苑社区	江苏省健康社区	省爱卫办
聚和佳苑社区团支部	2020年度江苏省五四红旗团支部（团总支）	团省委
白莲村	江苏省健康村	省爱卫办
七峰村上山巷	江苏省特色田园乡村	省特色田园乡村建设工作联席会议、省住建厅
高长村	江苏省健康村	省爱卫办
李市村	江苏省生态文明建设示范村	省生态文明厅
坞坵村	江苏省特色田园乡村	省特色田园乡村建设工作联席会议
坞坵村	江苏省健康村	省爱国卫生运动委员会办公室
常熟沙家浜国家湿地公园	省级野生动物集中分布区	省林业局
常熟虞山国家森林公园	省级野生动物集中分布区	省林业局
王淦昌故居	江苏省华侨文化交流基地	省归国华侨联合会
琴川书房	书旅融合先行区	省图书馆学会阅读推广委员会
常熟市碧溪新区吉礼葡萄家庭农场	江苏省园艺作物标准园	省农业农村厅办公室
常熟市纪委监委	2017—2019年全省纪检监察信访举报工作先进单位县（市、区）纪委监委组别三等奖	省纪委、省监委
常熟市人民检察院	全省先进基层检察院	省人民检察院
常熟市人民检察院	2019年度全省检察机关信息工作先进单位	省人民检察院办公室
常熟市人民检察院	“国家司法救助智慧平台”被评为2019年度全省法治惠民实事优秀项目	省全面依法治省委员会办公室
常熟市人民检察院	常熟市非公企业法律风险防范教育基地被评为江苏省第七批“省级法治文化建设示范点”	省委宣传部、省全面依法治省委员会办公室、省法治宣传教育工作领导小组办公室、省司法厅、省文化和旅游厅、省广播电视局
常熟市人民检察院	2020年度江苏省公共机构节能示范单位	省机关事务管理局、省工信厅、省财政厅
常熟市人民法院清算与破产审判庭（执行裁判庭）	全省法院破产审判工作先进集体	省高级人民法院
常熟市司法局	全省优秀行政复议决定书三等奖	省司法厅
常熟市司法局	全省合法性审查先进集体	省司法厅
常熟市司法局	2019年度政务信息工作先进集体	省司法厅
常熟市财政局	全省法治财政标准化管理连续三年以上先进单位	省财政厅
常熟市财政局	预算绩效管理工作考核先进单位	省财政厅
常熟市财政局	全省财政系统先进集体	省人社厅、财政厅

续表52

受表彰单位	荣誉名称	表彰单位
常熟市财政局	2020年预算单位采购贫困地区农副产品先进单位	省财政厅
常熟市财政局	江苏省2019年度公共基础设施等行政事业性国有资产报告工作表扬单位	省财政厅
常熟市人力资源和社会保障局	2019年度全省“法治人社”建设亮点工作	省人社厅
常熟市交通运输局“虞城净途”品牌	全省交通运输系统扫黑除恶专项斗争特色品牌三等奖	省交通运输厅扫黑除恶专项斗争领导小组
常熟市水务局	全省水利系统先进集体	省人社厅、省水利厅
市卫健委	全省抗击新冠肺炎疫情先进集体	省委、省政府
苏州市常熟生态环境局	2019年生态环境保护执法大练兵省级先进集体	省生态环境厅
苏州市常熟生态环境局	市县生态环境系统基层党组织标准化规范化示范单位	省生态环境厅
常熟市妇联	2020年度全省妇联优秀融媒体工作案例奖	省妇联
常熟市科协	全省科协系统先进集体	省人社厅、省科协
常熟市水产技术推广站	2019年度渔业技术推广系统先进集体	省渔业技术推广中心
常熟市植保植检站	2019年全省植物检疫工作先进单位	省植物保护植物检疫站
常熟文庙管理办公室	江苏省巾帼文明岗	省妇联、省城镇妇女“巾帼建功”活动领导小组、省妇女“双学双比”竞赛活动领导小组
常熟市发展和改革委员会	2020年江苏省发改系统“综合先进单位”	省发改委
国家税务总局常熟市税务局	江苏省公共机构节能示范单位	省机关事务管理局、省工信厅、省财政厅
国家税务总局常熟市税务局	2020年度全省档案开发利用成果奖三等奖《利用档案建成常熟市税收普法教育基地》	省档案局、省档案馆
国家税务总局常熟市税务局	全省“七五”普法中期先进集体	省委宣传部、省法治宣传教育工作领导小组办公室、省司法厅
常熟海事局	全省抗击新冠肺炎疫情先进集体	省委、省政府
常熟市市政设施养护所	2020年度江苏省住房和城乡建设系统“安康杯”竞赛优胜单位	省住房和城乡建设系统安康杯竞赛领导小组
常熟市市政设施养护所城北养护分所	2020年度江苏省住房和城乡建设系统“安康杯”竞赛优胜班组	省住房和城乡建设系统安康杯竞赛领导小组
常熟市科学技术协会	全省科协系统先进集体	省人社厅、省科协
常熟市农林行政综合执法大队	2020年“三查一禁”农机安全执法处罚典型案例卷宗	省农机机械安全监理所
常熟市农林行政综合执法大队	2020年全省渔业港航安全行政执法优秀案卷	江苏渔港监督局
常熟市应急管理局	2020年度全省应急管理普法宣传工作先进单位	省应急管理厅
苏州市常熟市大队海虞专职消防队	全省消防救援队伍2019年度十佳政府专职消防队	省消防救援总队
中国民主同盟常熟市委员会	2019—2020年度宣传工作先进集体二等奖	民盟江苏省委

续表52

受表彰单位	荣誉名称	表彰单位
中国民主同盟常熟市委员会	江苏文化发展研讨会优秀奖(循序整治老旧街区改造,深度推进古城文旅融合——以常熟市老旧街区历史风貌保护实践为例,王忠良、陈红娟)	民盟江苏省委
中国民主建国会常熟市委员会	抗击新冠肺炎疫情先进集体	民建江苏省委
中国民主建国会常熟市委员会水农支部	民建江苏省委先进集体	民建江苏省委
中国民主建国会常熟市委员会东南综合支部	民建江苏省委特色基层组织	民建江苏省委
中国共产主义青年团常熟市委员会	2019年度江苏省青年志愿服务行动组织奖	共青团省委、江苏省志愿者协会
中国共产主义青年团常熟市委员会	江苏希望工程“圆梦行动”15周年优秀组织奖	共青团省委、江苏省青少年发展基金会
中国共产主义青年团常熟市委员会	江苏省省级“青年学习社”(2020—2021年度)	团省委
中国共产主义青年团常熟市委员会	江苏省省级“青年学习社”线路(2020—2021年度)	团省委
长江引航中心常熟引航站	安全工作先进集体	长江引航中心
苏州市住房公积金管理中心常熟分中心	2020年度江苏省住房和城乡建设系统模范职工小家	江苏省建设工会工作委员会
常熟市城市经营投资有限公司团委	江苏省五四红旗团委	团省委
常熟市供销合作总社	二十强县级供销合作社	省供销合作总社
江苏新合作常客隆连锁超市有限公司	江苏省工人先锋号	省总工会
常熟市浒浦高级中学	江苏省健康单位	省爱卫办
常熟市滨江实验小学	江苏省智慧校园	省教育厅、省工信厅
常熟市东张中学	2020年度“江苏省节水型学校”	省水利厅
常熟市石梅小学	第二批江苏省中小学校“一校一品”党建文化品牌项目建设成果	省委教育工委
常熟市徐市中心小学	江苏省第十九批“绿色学校”	省生态环境厅、省教育厅
常熟市徐市幼儿园	2017—2019年度江苏省体育(快乐体操)特色幼儿园	省教育厅
石梅幼儿园	2017—2019年度江苏省体育(快乐体操)特色幼儿园	省教育厅
常熟市报慈小学	2019年江苏省健康促进金牌学校	省教育厅
常熟市辛庄中心小学	中小学校园慈善文化建设示范教育基地	省教育厅、省慈善总会
常熟市梅李人民医院	2020年度省级诚信计量示范单位	省市场监督管理局
梅李镇招创中心	2019年度江苏省科技企业孵化器绩效评价结果:A级	省科技厅
常熟市滨江农业科技有限公司	2020年度全省鲜食特色产品品鉴推介会鲜食产品·金奖	省农业技术推广协会、省特粮特经产业技术体系、省农业技术推广总站
芬欧汇川(中国)有限公司	江苏省第二批水效领跑者	省水利厅、省发改委、省工信厅、省财政厅等
江苏理文造纸有限公司	江苏省水效领跑者入围单位	省水利厅、省发改委、省工信厅、省财政厅等

续表52

受表彰单位	荣誉名称	表彰单位
苏州铁马营孵化器管理有限公司	江苏省级备案众创空间	省科技厅
常熟安达洲综合物流园	江苏省省级示范物流园区	省发改委
徐桥村建丰家庭农场	省级示范家庭农场	省农业农村厅
阿科玛（常熟）氟化工有限公司	江苏省工人先锋号	省总工会
苏州华亭建设工程有限公司	江苏省建筑施工标准化星级工地	省住建厅
苏州汇科机电设备有限公司	江苏省科学进步三等奖	省人民政府
常熟阿特斯阳光电力科技有限公司	2019年江苏省示范企业科协	省科学技术协会
波司登股份有限公司	2020—2022年度江苏省重点培育和发展的国际知名品牌	省商务厅
波司登羽绒服装有限公司	江苏省民营企业文化建设示范单位	省委统战部、省工商联
波司登羽绒服装有限公司	2020年江苏省进出口公平贸易工作站	省商务厅
波司登羽绒服装有限公司	2020江苏民营企业制造业100强	省工商联
波司登羽绒服装有限公司	2020江苏民营企业200强	省工商联
波司登集团	全省非公有制企业党建带工建“三创争两提升”活动示范单位	省委组织部办公室、省总工会办公室
江苏常铝铝业集团股份有限公司	江苏省重点培育和发展的国际知名品牌	省商务厅
苏州蒋巷书苑酒店	省级巾帼示范精品民宿	省妇女“双学双比”竞赛活动领导小组
奇瑞捷豹路虎汽车有限公司	2020年度江苏省级工程技术研究中心建设项目	省科技厅
奇瑞捷豹路虎汽车有限公司	江苏省绿色工厂（第一批）	省工信厅
奇瑞捷豹路虎汽车有限公司	2020年省级企业技术中心	省工信厅
奇瑞捷豹路虎汽车有限公司	省四星级上云企业	省工信厅
江苏亨通海洋光网系统有限公司	2020年江苏省工程研究中心	省发改委
江苏亨通海洋光网系统有限公司	省重点工业互联网平台	省工信厅
江苏亨通海洋光网系统有限公司	江苏省工业电子商务应用示范企业	省工信厅
江苏亨通海洋光网系统有限公司	省五星级上云企业	省工信厅
江苏亨通高压海缆有限公司	2020年江苏省自然资源发展专项资金（海洋科技创新）	省财政厅、省自然资源厅
江苏亨通高压海缆有限公司	省工业互联网标杆工厂	省工信厅

续表52

受表彰单位	荣誉名称	表彰单位
江苏常熟留学人员创业园	2020年江苏省留学回国人员创新创业示范基地	省人社厅
常熟聚和化学有限公司	江苏省两化融合管理体系贯标试点企业	省工信厅
长兴特殊材料(苏州)有限公司	2020年省级企业技术中心	省工信厅
江苏理文造纸有限公司	2020年省级企业技术中心	省工信厅
常熟德邦物流有限公司	省四星级上云企业	省工信厅
苏州新中能源科技有限公司	省四星级上云企业	省工信厅
常熟骏杰钢板剪切有限公司	省四星级上云企业	省工信厅
松晖精密电子(常熟)有限公司	省四星级上云企业	省工信厅
观致汽车有限公司	省四星级上云企业	省工信厅
常熟国际物流产业园	省级重点物流基地	省发改委
苏州晶洲装备科技有限公司	科技型中心企业	省科技厅
苏州晶洲装备科技有限公司	江苏省科技成果转化项目	省科技厅
苏州晶洲装备科技有限公司	江苏省硅温湿制程智能制造装备工程技术研究中心	省科技厅

表53　　2020年常熟市获苏州市委、市政府表彰的先进集体一览表

受表彰单位	荣誉名称	表彰单位
常熟经开区	中国(江苏)自由贸易试验区苏州片区常熟联动创新区	苏州市政府
常熟高新区	2019年度推进高质量发展先进地区	苏州市委、市政府
常熟国家大学科技园	苏州市产学研合作示范区	苏州市委
虞山文化旅游度假区	2019年度推进高质量发展进步地区	苏州市委、市政府
常福街道	2020年度全市“农业农村现代化、法治苏州”先进集体(法治苏州)	苏州市委、市政府
辛庄镇党委	苏州市先锋基层党组织(先锋镇)	苏州市委
辛庄镇人民政府	2015—2018年苏州市社会治安综合治理先进集体	苏州市委、市政府
常熟市海虞镇肖桥村党委	苏州市先锋基层党组织(先锋村)	苏州市委
常熟市沙家浜镇横泾村党委	苏州市先锋基层党组织(先锋村)	苏州市委
常熟市尚湖镇车路坝村党委	苏州市先锋基层党组织(先锋村)	苏州市委
常熟市莫城街道言里村党委	苏州市先锋基层党组织(先锋村)	苏州市委
常熟市琴川街道新库村党总支	苏州市先锋基层党组织(先锋村)	苏州市委

续表53

受表彰单位	荣誉名称	表彰单位
常福街道小义村党委	苏州市先锋村	苏州市委、市政府
聚和佳苑社区	苏州市先锋基层党组织	苏州市委
肖桥村	苏州市先锋基层党组织	苏州市委
东岳庙会（福山庙会）	第七批苏州市非遗项目	苏州市政府
海虞镇文化站	苏州市非遗项目保护单位	苏州市政府
常熟市工业和信息化局	2018—2019年度苏州市促进民营经济发展先进集体	苏州市委、市政府
常熟市龙腾特种钢有限公司	第四届“苏州慈善奖”最具爱心捐赠企业（单位）	苏州市政府
长春化工（江苏）有限公司	苏州市2019年度贡献突出外商投资企业	苏州市政府
观致汽车有限公司	苏州市2019年度贡献突出外商投资企业	苏州市政府
苏州汇科技术中心	苏州市级企业技术中心	苏州市政府
苏州市常熟生态环境局	2020年度苏州市“激励干事创业、奉献火红年代”先进集体	苏州市委、市政府
常熟市发展和改革委员会	2020年度苏州市“激励干事创业、奉献火红年代”先进集体	苏州市委、市政府
中共常熟市委政法委员会	2020年度全市法治苏州先进集体	苏州市委、市政府
支塘镇人民政府	2020年度推进高质量发展进步地区	苏州市委、市政府
沙家浜镇人民政府	疫情防控先进集体	苏州市委、市政府
沙家浜镇人民政府	农业农村现代化先进集体	苏州市委、市政府
常熟市人民政府碧溪街道办事处	苏州市抗击新冠肺炎疫情先进集体	苏州市委、市政府
常熟市文化市场综合执法大队	苏州市抗击新冠肺炎疫情先进集体	苏州市委、市政府
常熟市城市管理局	2020年度“农业农村现代化、法治苏州”先进集体	苏州市委
常熟市工业和信息化局	2020年度苏州市“激励干事创业、奉献火红年代”先进集体	苏州市委、市政府
常熟市文体广电和旅游局	2020年度苏州市“激励干事创业、奉献火红年代”先进集体	苏州市委、市政府
常熟市林业站	2020年度苏州市“激励干事创业、奉献火红年代”先进集体	苏州市委、市政府

先 进 个 人

表 54　　2020 年常熟市获国家条线表彰的先进个人一览表

姓名	荣誉名称	表彰单位
安树青	2019年度国家技术进步奖二等奖	国务院
王珍妮	全国卫生健康系统新冠肺炎疫情防控工作先进个人	国家卫健委
陆铭科	个人嘉奖	最高人民检察院
闵　艳	2019年度全国检察宣传先进个人	检察日报社
刘　新	2019年度全国检察宣传先进个人	检察日报社
陈　雅	2019年度全国检察宣传先进个人	检察日报社
钱向前	中国农工民主党成立90周年先进个人	农工党中央
俞惠良	全国关心下一代工作先进工作者	中国关工委、中央文明办
陆振华	中国好人	中央文明办
谢朝晖	2019年度查处重大侵权盗版案件有功个人（第三批）	国家版权局
邵建春	2019年度查处重大侵权盗版案件有功个人（第三批）	国家版权局
张承欢	2020年度中国红十字会总会报刊宣传先进个人三等奖	中国红十字会总会
刘卫军	全国劳动模范	党中央、国务院
陈新环	第二届“最美农技员”称号	农业农村部
陈　雅	2020年度全国检察宣传先进个人	检察日报社
胡慧萍	2020年度全国检察宣传先进个人	检察日报社
孙晓芳	2020年度全国检察宣传先进个人	检察日报社
肖　军	全国优秀农民工	国务院农民工工作领导小组
钱桂华	全国敬老爱老助老模范人物	国家卫健委全国老龄办
高耀兴家庭	第十二届全国五好家庭	全国妇联
吴忠庆	全国优秀会员	中国民主建国会中央委员会
刘　璇	农工党抗击新冠肺炎疫情先进个人	农工党中央
由振华	农工党抗击新冠肺炎疫情先进个人	农工党中央

表 55　　2020 年常熟市获省级和省条线表彰的先进个人一览表

姓名	荣誉名称	表彰单位
石　星	全省“七五”普法中期先进个人	省委宣传部、省法宣办、省司法厅
程　军	全省税务系统业务大比武纳入“115”工程——专业骨干	省税务局
孙文韬	全省“七五”普法中期先进个人	省委宣传部、省法宣办、省司法厅
何　奇	2019年度江苏省渔业技术推广系统先进个人	省渔业技术推广中心
陈　励	2020年度政务信息工作先进个人	省司法厅
朱文林	个人三等功、“树干式民警”	省公安厅
王晓炜	江苏省2018—2019年度优秀管理员	省新闻出版局
王珍妮	新冠肺炎疫情防控记大功奖励	省人社厅
许春阳	新冠肺炎疫情防控记功	省人社厅、省卫健委

续表55

姓名	荣誉名称	表彰单位
邹君俊	新冠肺炎疫情防控记功	省人社厅、省卫健委
成翠娥	新冠肺炎疫情防控记功	省人社厅、省卫健委
陈建新	新冠肺炎疫情防控记功	省人社厅、省卫健委
由振华	新冠肺炎疫情防控记功	省人社厅、省卫健委
邵金祥	江苏好人	省文明办
张岳宇	江苏好人	省文明办
赵丽娟	江苏好人	省文明办
杨　健	省交通运输2019年度扫黑除恶专项斗争工作先进个人	省交通运输厅
王珍妮	江苏省三八红旗手	省妇联
李健峰	江苏省文明职工	省委宣传部、省文明办、省总工会
葛玲莉	江苏省五一劳动奖章	省总工会
徐鹰健	全省抗旱抗台抗洪工作先进个人	省人社厅、省水利厅、省应急管理厅
金国强	江苏省退役军人工作模范个人	省委退役军人事务工作领导小组办公室、省委组织部、省人社厅、省退役军人事务厅、省军区政治工作局
吴向阳	全省法院刑事审判工作先进个人	省高级人民法院
林雄家庭	第四届江苏省“书香家庭”	省妇联、省全民阅读办
徐晓佳家庭	江苏省抗疫最美家庭	省妇联
钱　悦	江苏省优秀共青团干部	团省委
高耀兴家庭	江苏省“五好家庭”	省妇联
施嘉伟	江苏省优秀共青团员	团省委
唐　宇	个人二等功	省公安厅
马丽亚	“双胜利”平安卫士	省委政法委
黄梦吉	在新冠肺炎疫情防控工作中表现突出	省委政法委
马丽亚	在新冠肺炎疫情防控工作中表现突出	省委政法委
李鑫蕊	江苏好少年	省少工委
钱品臣	江苏好少年	省少工委
陆沈栋	新冠肺炎疫情防控记功	省人社厅、省卫健委
李　勤	新冠肺炎疫情防控记功	省人社厅、省卫健委
邵　冰	新冠肺炎疫情防控记功	省人社厅、省卫健委
张明燕	新冠肺炎疫情防控嘉奖	省人社厅、省卫健委
徐晓佳	新冠肺炎疫情防控嘉奖	省人社厅、省卫健委
龚　健	新冠肺炎疫情防控嘉奖	省人社厅、省卫健委
刘　璇	新冠肺炎疫情防控嘉奖	省人社厅、省卫健委
蒋梦佳	新冠肺炎疫情防控嘉奖	省人社厅、省卫健委
朱跃红	新冠肺炎疫情防控嘉奖	省人社厅、省卫健委
高锡坤	新冠肺炎疫情防控嘉奖	省人社厅、省卫健委
顾丽丹	新冠肺炎疫情防控嘉奖	省人社厅、省卫健委
叶风华	新冠肺炎疫情防控嘉奖	省人社厅、省卫健委
张国怡	新冠肺炎疫情防控嘉奖	省人社厅、省卫健委
曹梦漪	新冠肺炎疫情防控嘉奖	省人社厅、省卫健委

续表55

姓名	荣誉名称	表彰单位
曹男兰	新冠肺炎疫情防控嘉奖	省人社厅、省卫健委
吴　娇	新冠肺炎疫情防控嘉奖	省人社厅、省卫健委
缪　洁	新冠肺炎疫情防控嘉奖	省人社厅、省卫健委
陶艺凡	新冠肺炎疫情防控嘉奖	省人社厅、省卫健委
王　瑶	新冠肺炎疫情防控嘉奖	省人社厅、省卫健委
张译丹	新冠肺炎疫情防控嘉奖	省人社厅、省卫健委
戴静洁	新冠肺炎疫情防控嘉奖	省人社厅、省卫健委
钱楚君	新冠肺炎疫情防控嘉奖	省人社厅、省卫健委
唐丽雯	新冠肺炎疫情防控嘉奖	省人社厅、省卫健委
侯慕蓉	新冠肺炎疫情防控嘉奖	省人社厅、省卫健委
钱　愉	新冠肺炎疫情防控嘉奖	省人社厅、省卫健委
张秋平	新冠肺炎疫情防控嘉奖	省人社厅、省卫健委
王金菊	新冠肺炎疫情防控嘉奖	省人社厅、省卫健委
周　漪	新冠肺炎疫情防控嘉奖	省人社厅、省卫健委
钟静艳	新冠肺炎疫情防控嘉奖	省人社厅、省卫健委
邓莹歌	新冠肺炎疫情防控嘉奖	省人社厅、省卫健委
金晓洁	新冠肺炎疫情防控嘉奖	省人社厅、省卫健委
陈　丹	新冠肺炎疫情防控嘉奖	省人社厅、省卫健委
吉佳慧	新冠肺炎疫情防控嘉奖	省人社厅、省卫健委
殷　超	新冠肺炎疫情防控嘉奖	省人社厅、省卫健委
李　漪	新冠肺炎疫情防控嘉奖	省人社厅、省卫健委
赵诗怡	新冠肺炎疫情防控嘉奖	省人社厅、省卫健委
高　嘉	新冠肺炎疫情防控嘉奖	省人社厅、省卫健委
张　韬	全省生态环境系统优秀青年	省生态环境厅
于　斌	全省交通运输行业优秀共产党员	中共省交通运输行业委员会
应　斌	江苏省助残先进个人	省政府残疾人工作委员会
盛志华	中国农工民主党成立九十周年先进党员	农工党江苏省委
钱雨晴	2020年江苏省乡村优秀青年教师培养奖励计划人选	省教育厅、省教育科技工委
陆振华	江苏好人	省文明办
王美卿	江苏好人	省文明办
钱雨晴	2020年江苏省乡村优秀青年教师培养奖励计划人选	省教育厅、省教育科技工会
冯志强	2015—2019年全省政法系统先进工作者	省委政法委、省人社厅
张林宝	巾帼公益之星	省妇联、省城镇妇女“巾帼建功”活动领导小组、省妇女“双学双比”竞赛活动领导小组
梅　冬	巾帼公益之星	省妇联、省城镇妇女“巾帼建功”活动领导小组、省妇女“双学双比”竞赛活动领导小组
叶静芳	江苏省优秀人民调解员	省司法厅、省人民调解协会
朱　骋	江苏省优秀人民调解员	省司法厅
李　薇	第二届中国国际进口博览会江苏交易团先进个人	省人社厅、省商务厅
邓士锋	江苏省企业“创新达人”	省科协

续表55

姓名	荣誉名称	表彰单位
张正明	江苏省模范退役军人	省委退役军人事务工作领导小组办公室、省委组织部、省人社厅、省退役军人事务厅、省军区政治工作局
冯　磊	抗击新冠肺炎疫情先进个人	长江航务管理局
俞　斌	江苏省供销合作总社“优秀信息员”	省供销合作总社办公室
徐建明	全省抗击新冠肺炎疫情先进个人	省抗击新冠肺炎疫情评选表彰工作领导小组办公室
苏　洁	江苏省三八红旗手	省妇联
芮军良	江苏好青年	团省委、省文明办、省通信管理局、省青联
邵俊峰	2020年“苏教名家”培养对象	省教育厅
徐　鹏	全省抗击新冠肺炎疫情先进个人	省委、省人民政府
陆孙磊	全省抗击新冠肺炎疫情先进个人	省委、省人民政府
周正元	全省抗击新冠肺炎疫情先进个人	省委、省人民政府
陈　波	全省抗击新冠肺炎疫情先进个人	省委、省人民政府
成翠娥	全省抗击新冠肺炎疫情先进个人	省委、省人民政府
沈秋农	全省校外教育辅导站优秀辅导员	省文明办、省关工委
顾志强	江苏好青年	团省委、省文明办、省通信管理局、省青联
姚　远	江苏省第十七届社会科学普及宣传周先进个人	省社科联
何　奇	第九届江苏省农业技术推广奖二等奖	省农业农村厅
胡慧萍	优秀办案检察官	省人民检察院
陈　鹂	个人所得税改革专项工作嘉奖	省税务局
宋雨黛	减税降费专项工作嘉奖	省税务局
九三学社常熟市支社	思想宣传先进集体	九三学社江苏省委
徐静霞	抗击新冠肺炎疫情先进个人	民建江苏省委
朱　剑	民建江苏省委优秀会员	民建江苏省委
孙　健	民建江苏省委优秀会员	民建江苏省委
陆　晖	民建江苏省委优秀会员	民建江苏省委
周建忠	江苏省乡土人才“三带”行动计划三带能手	省委组织部
谈歆加	减税降费专项工作嘉奖	省税务局
包　蕾	全省广电系统“七五”普法先进个人	省广电局
钱　珂	江苏省博物馆学会“第二届江苏省博物馆十佳保管员和金牌库房”评选中被评为十佳保管员	省博物馆学会
王凌锋	2019—2020基层农技推广体系改革与建设绩效延伸管理结果靠前个人	省农业农村厅
李依晨	2019—2020基层农技推广体系改革与建设绩效延伸管理结果靠前个人	省农业农村厅
徐志娅	全省城建档案管理工作先进个人	省住建厅
卢建新	全省城建档案先进工作者	省住建厅

表 56　　2020 年常熟市获苏州市委、市政府表彰的先进个人一览表

姓名	荣誉称号	表彰单位
巫优通	苏州市脱贫攻坚先进个人	苏州市委
李世雄	2019 年度苏州市打好污染防治攻坚战贡献突出个人	苏州市委、市政府
顾　俊	2019 年度苏州市打好污染防治攻坚战贡献突出个人	苏州市委、市政府
王栋宇	2019 年度苏州市打好污染防治攻坚战贡献突出个人	苏州市委、市政府
金建新	农村人居环境整治先进个人	苏州市委、市政府
王向东	2019 年度苏州市打好污染防治攻坚战贡献突出个人	苏州市委
巫优通	苏州市乡村振兴带头人	苏州市委
高德康	苏州市优秀基层党组织带头人	苏州市委
马　勇	苏州市优秀共产党员	苏州市委
邓国华	苏州市优秀基层党组织带头人	苏州市委
钱红燕	苏州市优秀基层党组织带头人（社区治理带头人）	苏州市委
周虞军	苏州市社区治理带头人	苏州市委
缪　钧	苏州市优秀基层党组织带头人（乡村振兴带头人）	苏州市委
袁　静	苏州市优秀共产党员	苏州市委
王嘉鹏	第六届“苏州杰出人才奖”	苏州市委、市政府
季丙元	第六届“苏州杰出人才奖”	苏州市委、市政府
赵梦娜	第四届“苏州慈善奖”优秀慈善工作者	苏州市政府
朱　剑	2020 年度全市“农业农村现代化、法治苏州”先进集体	苏州市委、市政府
邓文军	苏州市现代农业建设先进个人	苏州市委市政府
孟逸萍	抗击新冠肺炎疫情先进个人	苏州市委、市政府
范雪花	抗击新冠肺炎疫情先进个人	苏州市委、市政府
盛越锋	抗击新冠肺炎疫情先进个人	苏州市委、市政府
翁　献	抗击新冠肺炎疫情先进个人	苏州市委、市政府
汪东兴	抗击新冠肺炎疫情先进个人	苏州市委、市政府
施利东	抗击新冠肺炎疫情先进个人	苏州市委、市政府
邹　佳	抗击新冠肺炎疫情先进个人	苏州市委、市政府
时亚军	抗击新冠肺炎疫情先进个人	苏州市委、市政府
王冬月	抗击新冠肺炎疫情先进个人	苏州市委、市政府
高　科	抗击新冠肺炎疫情先进个人	苏州市委、市政府
周　滔	抗击新冠肺炎疫情先进个人	苏州市委、市政府
徐科峰	抗击新冠肺炎疫情先进个人	苏州市委、市政府
沈建峰	抗击新冠肺炎疫情先进个人	苏州市委、市政府
薛　胜	抗击新冠肺炎疫情先进个人	苏州市委、市政府
黄栋梁	抗击新冠肺炎疫情先进个人	苏州市委、市政府
丁佳艺	抗击新冠肺炎疫情先进个人	苏州市委、市政府
沈振江	抗击新冠肺炎疫情先进个人	苏州市委、市政府
易　磊	抗击新冠肺炎疫情先进个人	苏州市委、市政府
仲晓伟	抗击新冠肺炎疫情先进个人	苏州市委、市政府

续表56

姓名	荣誉称号	表彰单位
孟逸萍	抗击新冠肺炎疫情先进个人	苏州市委、市政府
范雪花	抗击新冠肺炎疫情先进个人	苏州市委、市政府
盛越锋	抗击新冠肺炎疫情先进个人	苏州市委、市政府
翁　献	抗击新冠肺炎疫情先进个人	苏州市委、市政府
汪东兴	抗击新冠肺炎疫情先进个人	苏州市委、市政府
施利东	抗击新冠肺炎疫情先进个人	苏州市委、市政府
邹　佳	抗击新冠肺炎疫情先进个人	苏州市委、市政府
时亚军	抗击新冠肺炎疫情先进个人	苏州市委、市政府
王冬月	抗击新冠肺炎疫情先进个人	苏州市委、市政府
高　科	抗击新冠肺炎疫情先进个人	苏州市委、市政府
周　滔	抗击新冠肺炎疫情先进个人	苏州市委、市政府
徐科峰	抗击新冠肺炎疫情先进个人	苏州市委、市政府
沈建峰	抗击新冠肺炎疫情先进个人	苏州市委、市政府
薛　胜	抗击新冠肺炎疫情先进个人	苏州市委、市政府
黄栋梁	抗击新冠肺炎疫情先进个人	苏州市委、市政府
丁佳艺	抗击新冠肺炎疫情先进个人	苏州市委、市政府
沈振江	抗击新冠肺炎疫情先进个人	苏州市委、市政府
易　磊	抗击新冠肺炎疫情先进个人	苏州市委、市政府
仲晓伟	抗击新冠肺炎疫情先进个人	苏州市委、市政府
何　萍	苏州市抗击新冠肺炎疫情先进个人	苏州市委、市政府
张雪燕	苏州市抗疫先进个人	苏州市委、市政府
薛　胜	苏州市抗疫先进个人	苏州市委、市政府
管　平	苏州市抗击新冠肺炎疫情先进个人	苏州市委、市政府
唐　坚	苏州市抗击新冠肺炎疫情先进个人	苏州市委、市政府
李保全	2020年度全市“农业农村现代化、法治苏州”先进个人	苏州市委、市政府
王伟飞	2020年度苏州市民兵工作先进个人	苏州市政府、苏州军分区
周晓丽	2020年度苏州市“激励干事创业、奉献火红年代”先进个人	苏州市委、市政府
陆路虹	苏州市2020年度“激励干事创业、奉献火红年代”先进个人	苏州市委
朱云帆	全市2020年度“激励干事创业、奉献火红年代”先进个人	苏州市委、市政府
仲建军	全市2020年度“激励干事创业、奉献火红年代”先进个人	苏州市委
吴菡斐	全市2020年度“激励干事创业、奉献火红年代”先进个人	苏州市委
郭　杰	全市2020年度“激励干事创业、奉献火红年代”先进个人	苏州市委
秦　健	2020年度苏州市“激励干事创业、奉献火红年代”先进个人	苏州市委、市政府
陈　梅	苏州市“激励干事创业，奉献火红年代”先进个人	苏州市委、市政府
吴卫良	法治苏州先进个人	苏州市委、市政府
沈育军	担当作为好干部	苏州市委、市政府

重要文献

奋进“十四五” 扬帆再出发 全力实现美丽常熟建设精彩开局

——在市委十三届十二次全体(扩大)会议上的报告

中共常熟市委书记 周勤第

(2020年12月30日)

同志们:

这次会议的主要任务是,以习近平新时代中国特色社会主义思想为指导,全面贯彻党的十九大,十九届二中、三中、四中、五中全会和中央经济工作会议精神,认真落实省委、苏州市委决策部署,回顾总结今年工作,研究部署“十四五”开局任务,动员全市上下勠力同心、锐意进取,以更大的格局、更宽的视野、更强的担当,全力实现美丽常熟建设精彩开局。

下面,我根据市委常委会讨论的意见,讲四个方面:

统筹疫情防控和经济社会发展取得重大成果

2020年,是极不平凡的一年。这一年,大事要事多,困难挑战多,取得硕果多。回望这一年,最艰苦卓绝的是,疫情防控取得了来之不易的成果。全市上下众志成城、同心抗疫,43名医护人员驰援武汉,4.5万余名党员干部奋战抗疫一线,50多万人次参与防疫志愿活动,社会各界踊跃捐款捐物,20天建成常熟版“小汤山”,在周边县市最早形成核酸检测能力,“重点人员管理系统”获评中国预防医学会疫情防控优秀案例,实现全治愈、零重症、零院感。同时,常态化防控有序有力,疫情防控成果得到巩固拓展。回望这一年,最振奋人心的是,经济建设取得了逆势勇进的亮眼成绩。企业复工复产高效推进,生产生活秩序加快恢复,全年预计可实现地区生产总值2360亿元、增长4.5%;一般公共预算收入214亿元、增长5.4%,其中经开区、琴川街道、支塘镇、尚湖镇增长超10%;全社会固定资产投资630亿元、增长20.6%;工业投资超300亿元、增长超45%,总量及增速均居苏州第一,其中经开区、高新区超60亿元,常福街道、海虞镇超30亿元。全市上下众志成城、同心协力,“三增三进”首战告捷。回望这一年,最难能可贵的是,广大党员干部展现出了苦干实干的使命担当。泰引线、碧溪转盘、梅李依云等结存十多年的征收项目攻坚清零,藕渠片区、莲花路等动迁项目一个月内速战速决;项目建设势头强劲,开工率创十年新高;首创包机形式,组织80名日籍高管入境来常;对口帮扶思南案例,被国家扶贫办列为典型;“千村美居”工程推动农村人居环境全面跃升;安全生产“双下降”降幅位列苏州第一;全年获评国家新型工业化示范基地、国家创新人才培养示范基地、全国双拥模范城等46个国字号荣誉,全国文明城市通过复检、排名全国第五。

回顾一年来的工作,凝聚着全市广大干部群众的心血和汗水,我们深感成绩来之不易、成果令人振奋,需要我们认真总结、深刻剖析,不断汲取前进的力量。

1. 聚焦六稳六保，经济运行稳步向好。出台抓“六保”促“六稳”20项举措，全年预计实现规上工业产值3630亿元、增长3.5%；实际利用外资9.3亿美元、比上年增长45.3%；进出口总额192亿美元；社会消费品零售总额与去年基本持平；网络零售交易额569亿元、增长40%，总量及增速均为苏州第一，经济运行企稳向好。推动市领导挂钩联系企业，“服务民企360”直报制度解决98条建议诉求，兑现各类税收优惠169.8亿元，减免社保费31.2亿元，减免租金1.6亿元，房地产市场保持稳定。组织企业参加广交会、华交会、苏州产业链大会等线上对接活动，签约项目订单548.5亿元。帮助企业链接高端市场，20家企业进入特斯拉供应链体系，16家企业进入华为供应链体系。“市采通”作为全国首个市场采购贸易综合服务平台，打通出口口岸37个，出口额超10亿美元。深化“放管服”改革，推进工程建设项目审批制度改革，推出70个“一件事”套餐服务，获评国际化营商环境建设示范县（市、区）。

2. 聚焦项目建设，产业结构持续调优。有力推进重点产业项目建设，累计完成投资350.6亿元，超额完成年度计划；新开工项目246个，计划内外累计开工率135.9%。高技术制造业投资增长200%、占比20%，新兴产业投资增长85%、占比70.5%，投资结构持续改善。举办北欧招商推介会、常熟精英创业联盟大会、金秋经贸洽谈会、特色产业园招商云推介，设立30亿元新动能基金和产业发展专项资金，云杉总部、立景信息科技、正创区域总部、中通商业总部等重大项目签约落地，超亿美元外资项目15个，超10亿元内资项目11个，战略性新兴产业项目占比56.5%，五大重点产业项目占比58.7%。9家企业入围国家级氢能示范城市群，数量全省最多。抢抓直播电商发展风口，联合集淘科技、牛品云等专业机构，发力短视频、直播服务、智能云仓等价值链条，引进培育近80家直播MCN机构和供应链平台，淘宝电商村数量位居苏州第一，获评苏州唯一“江苏省农村物流示范县”。全年盘活存量建设用地超15000亩，争取流量空间指标6000亩，土地要素保障有力。

3. 聚焦创新驱动，转型升级持续加快。持续推动传统产业升级，全年实施智能化改造项目320个，新增工业机器人应用2500台，完成年度计划139%，工业机器人保有量超1.3万台。积极推进企业技术改造，开工5000万以上工业技改项目114个，竣工19个，当年完成投资90.5亿元。深入推进印染行业高质量发展，成为全省首家专项规划环评通过审查的县级市。举办苏州工业互联网创新创业大赛，5家企业获评省工业互联网发展示范企业，数量位居全省前列。深入实施创新驱动，规上工业企业研发投入占营业收入比重2.2%，居苏州领先位次。加大高企培育力度，新认定高新技术企业280家、增长17%。与南京大学、中国声学学会建立战略合作，规划建设“苏州·中国声谷”，总投资154亿元的20个声学项目集中签约，打造声学技术创新基地和声学产业集聚区。积极打造创新服务平台，高新区获批苏州唯一的省大中小企业融通型特色载体。出台“1+N”人才新政，新增市级以上领军人才计划115个，其中国家级人才计划1个、省“双创计划”9个，产业发展的人才优势不断增强。

4. 聚焦建新更新，城市能级持续提升。以片区开发为重点，日航国际、凯悦、希尔顿等高端酒店加快建设，世华学校正式投用，康桥国际、北大青鸟同文等优质学校提速建设，苏州奥林匹克青少年文化中心、现代工人文化宫等功能中心顺利推进，招商力宝医院、哈佛BI医疗等高端医疗资源相继落户，城市功能持续完善。加快新基建设施建设，已建成5G基站近1500个，基本实现城区信号全覆盖。加大老旧更新力度，累计实施120个既有建筑更新改造项目、完成75个，开工建设21个老旧工业区改造项目，“千村美居”工程开工1143个村（组）、验收通过861个，铜官山成为网红打卡地，启动历史街区更新改造试点，城乡形态和承载力进一步提升。持续推进“两个一小时、四个半小时”通道建设，沪苏通铁路正式通车、常熟站建成投运，南沿江和通苏嘉甬铁路顺利推进，新世纪大道北延项目投用通车，珠江路等城区道路改造顺利完成。实施“常熟港振兴”战略，港区企业入库税收增长30%以上。

5. 聚焦民生保障，社会大局和谐稳定。深入排查解决民生领域突出问题，预计全年民生支出176亿元、增长13.8%，居民人均可支配收入60150元，增长4%。推动各学段教育优质均衡发展，琴湖小学、石梅幼儿园等9个项目竣工投用，新认定普惠幼儿园26所，职教省示范校、特色校实现全覆盖，普通高考主要指标实现苏州大市“十连冠”。推动医疗卫生水平提档升级，纵深推进综合医改，深化智慧医疗项目建设，二院北部院区即将投用，全市医疗机构与沪宁苏等地9家医疗机构建立合作关系。加大社会保障力度，新增就业2.65万人，支出困难群众保障资金2.4亿元，医保大病保险报销比例提高10个百分点。住房保障实现应保尽保，农民工工资支付保障平稳有力。15万头生猪养殖项目开工建设，获批省级现代农业产业示范园建设，现代农业凸显成效。中华慈善总会药品援助项目发放药品1350万元，累计发放近4000万元。垃圾分类工作在苏州市专项考核中位列第一，被住建部评为农村生活垃圾分类和资源化利用示范县。扎实开展“1+27”、违法违规“小化工”等安全生产专项整治，生产安全事故起数和死亡人数分别下降81%和78%。贯彻落实总体国家安全观，全面深化扫黑除恶专项斗争，深入推进平安常熟建设，刑事发案数实现十三连降。全力打好污染防治攻坚战，率先推行“4+4”安全环保消防联动，首创实施重点村（社区）污染防治专项帮扶行动，获省政府批示表扬。预计全年空气优良率达85%，比上年提升5.8个百分点；全市84个水质断面达标率94%、优Ⅲ率88.1%，2个饮用水源地和13条通江支流水质优Ⅲ率继续保持100%，顺利完成年度各项环保约束性指标。

6. 聚焦大抓落实，党的建设全面加强。制定“抓落实”保障机制，建立营商环境通报制、转变作风曝光台，对重大项目建设等开展专项监督。完善“大舆情”立体监测体系，有效落实意识形态工作责任，改革成立市融媒体中心，打造“常学·常熟”学习品牌，全面建成小康社会的常熟实践得到中宣部专题报道。出台激励干部担当“1+N”系列文件，开展“海棠讲坛”专题培训，实施“海棠蓓蕾”培育工程，集中选派128名年轻干部“上下内外”联动挂职，高标准推动村（社区）“两委”换届，党员干部队伍迸发新活力。建立党建惠企长效机制，搭建“海棠铺子”惠农惠企惠民平台，为营商服务凝聚红色力量。保持惩治腐败高压态势，立案查处违纪违法案件413件，深入开展省市县“三级联动”危化品安全生产专项巡察，常规巡察实现市级机关部门全覆盖。

在肯定成绩的同时，我们也要清醒地认识到存在的问题：对照经济高质量发展的要求来看，高等级载体建设不快，对高层次人才吸引力不强，科技创新基础薄弱，传统产业转型动能不足、意愿不强，新兴产业占比仍然不高，文旅产业等现代服务业对经济发展的贡献还偏少。对照群众对美好生活的向往来看，城市管理、生态环境等方面仍需不断提升品质，教育、医疗、养老等公共服务供给和保障水平有待进一步提升，安全生产本质仍然脆弱，人居环境长效治理需要进一步加强。对照高素质干部队伍的需要来看，“机械式”落实、“选择性”落实的现象依旧存在，部分干部站位不高、视野不宽，对新产业、新经济、新技术以及上级新政策研究认识不够，引领发展、推动发展的水平亟待提升。对此，我们要高度重视，努力去解决、努力去改变。

扛起美丽常熟建设的时代担当

在前进道路上，我们面临的风险考验只会越来越复杂，甚至会遇到难以想象的惊涛骇浪。站在“十四五”的历史起点，百年未有之大变局正加速演进，新一轮科技革命和产业变革深入发展，经济全球化遭遇逆流，世界进入动荡变革期。但事在人为，关键在于我们如何看待和对待它们。党的十九届五中全会再次强调，要“善于在危机中育先机、于变局中开新局”。在国内国际两个大局面前，只有占得先机，才能赢得未来；只有开创新局，才能赢得主动。

问题是时代的声音，历史总是在不断解决问题中前进的。对于常熟来说，必须全面、辩证、长远地审视发展所面临的内外部环境，遵循历史前进规律、顺应时代发展潮流，从已有优势出发，形成更多方面优势，追求更高质量更加全面的发展。为此，市委明确以美丽常熟建设作为贯穿“十四五”发展的主轴主线，围绕空间美图、时尚美城、创新美业、清新美景、精品美游、文明美德，绘就“六美集大美，幸福新常熟”的发展蓝图。立足新的历史方位，全市上下在攻坚“三增三进”三年目标的同时，要以更强的机遇意识和忧患意识，把“六美”作为“十四五”期间危机中的先机、变局中的新局，紧紧抓住、奋力推动，切实扛起美丽常熟建设的时代担当。

——*要以发展的眼光认识美丽常熟建设*。从十九届五中全会精神来看，粗放型、外延式的增长模式已经走到尽头，必须转向创新驱动的内涵型增长。从自身发展实际来看，“十四五”期间，我们将面临在稳增长中实现经济转型和城市能级提升的双重压力，还面临做强传统产业和做大战略性新兴产业的双重挑战。这些问题，不是一朝一夕就能解决，也不是依靠单一手段就可以解决，而是一项长期的系统工程。横向来看，单一的投资驱动已经无法满足经济发展的需要，城市功能不全、配套服务不优、生活体验不佳，都会导致资源引不进、企业办不好、人才留不住。美丽常熟建设作为一项全局性、根本性的发展战略，就是系统地通过空间美图解决用地结构不合理的问题，来腾挪发展资源；通过时尚美城解决城市功能不完备的问题，来提升城市能级水平；通过创新美业解决产业先进性不够的问题，来储备持续增长能力；通过清新美景解决安全环保保障能力不强的问题，来提升城市安环本质水平；通过精品美游解决文体旅贡献度不高的问题，来增强城市吸引力；通过文明美德解决社会治理体系不健全的问题，来提升城市整体文明程度。各地各部门要强化统筹意识、全局思维，系统把握和认识“六美”，着力构建优势互补、短板互促的工作格局，以每一个局部战争的胜利，夺取高质量发展的全面胜利。纵向来看，美丽常熟建设对未来发展进行了科学预判，作出了一系列前瞻性、创新性的决策部署。各地各部门在落实推进过程中，要紧盯问题，但也不能只盯问题，不能等土地不够用了再去调空间、酒店没人住了再去建新的、经济不增长了再去招项目，要把未来可能出现的困难、可能遇到的风险、可能爆发的矛盾提前思考到位、谋划到位，永远保持忧患意识，永远走在时代前列。

——*要以全局的视角理解美丽常熟建设*。优势决定一个地方发展的空间与潜力，是地方持续发展的重要条件。十九届五中全会提出的新发展格局，是立足全球视野，基于我国比较优势变化、充分释放发展潜能的战略安排。省委常委、苏州市委许昆林书记在调研常熟时，将长三角与粤港澳、京津冀进行了横向研判，将苏州、常熟与特大城市进行了优劣对比，希望我们发挥比较优势，更好地融入一体化发展的价值链分工体系。美丽常熟建设正是立足全局视角，基于比较优势理念，进一步明确打造什么样的比较优势、如何打造最强比较优势。在推进美丽常熟建设过程中，一方面，我们要把资源挖足挖透，聚焦现有的地理优势、文化优势、教育优势、生态优势、产业优势，加大优势资源的扶持培育力度，认真做好自己的事；另一方面，我们更要把资源用足用好，要以更加全局的眼光，在一体化的发展视野中寻找工作的切入口和突破口，营商环境、城市宜居、旅游开发等长板方面，要注重塑造品牌、提升黏合度，老旧建筑、低效用地、传统产业等短板方面要转换思想，认识到广阔的发展空间和增长潜力。此外，比较优势是动态变化的，要充分认识到，创新能力比任何自然资源都重要。全市上下要始终把创新作为牵动全局的牛鼻子，树立互联网思维和平台经济思维，多一点“异想天开”的想象力，多一点“点石成金”的创造力，多一点“无中生有”的爆发力，在创新中谋开放，在开放中促创新，切实把自身的比较优势转化为更大视野、更大格局中的竞争优势、发展优势。

——要以人民的立场把握美丽常熟建设。十九届五中全会提出，“十四五”时期经济社会发展要以满足人民日益增长的美好生活需要为根本目的，这与美丽常熟建设的内在逻辑是高度契合的。“六美集大美，幸福新常熟”，着眼在发展，落脚在幸福，是顺应群众的需要，并且是要依靠群众的力量来实现的。广大党员干部要辩证地把握发展和民生的关系，深刻理解“六美”与民生福祉的密切关联性，决不能把发展和民生人为地割裂开来。落实到具体工作中，各地各部门要始终站稳人民立场，把美丽常熟建设自觉下沉到群众中去，不仅要把身子沉下去，更要把思想沉下去，通过大家的沟通和阐释，让群众在“六美”中找到自己的利益诉求，把群众实践的智慧和力量融入人居环境建设、老旧更新改造、社会治理提升过程中，真正把市委的正确主张转化为群众的自觉行动。

——要以奋进的姿态推进美丽常熟建设。奋斗创造历史，实干成就未来。美丽常熟建设是一项系统工程，也是一项综合性课题，难度很大、挑战很多。既难在面广量大、任务艰巨，不仅有经济转型、片区开发、城市更新、环境优化、安全环保等各个领域发展的紧要事、关键事，还有工业投资三年超千亿，智能化改造、数字化转型三年全覆盖，文化产业三年翻一番等发展的硬指标、硬任务；更难在从无到有、无中生有，全域空间资源整合的难度前所未有，老旧更新涉及的问题错综复杂，新兴产业加快发展面临诸多挑战，传统产业转型升级依然任重道远。再加上标兵渐远、追兵踩到脚跟的竞争形势，如果仅维持现有的工作力度、推进强度，不仅不能实现美丽常熟的预期目标，更会错过发展的重要机遇。所以，美丽常熟的开局，注定是一个艰难的开局、一个极具挑战的开局，也必定是常熟转型发展、跨越赶超的关键开局。形势越困难、挑战越艰巨，越考验我们的能力水平、更需要我们的责任担当。希望全市各级党员干部，始终保持昂扬向上的奋斗姿态，真抓实干的担当精神，用火红的“奋斗指数”换取过硬的“发展指数”，用我们的“辛苦指数”赢得群众的“幸福指数”，在美丽常熟的崭新征程上创造新奇迹、展现新气象、干出新作为。

全力以赴抓好“十四五”开局各项重点工作落实

明年是“十四五”的开局之年，也是美丽常熟建设的起步之年。在这样一个重要的时间节点上，我们以什么样的姿态，交出什么样的答卷，事关常熟的长远发展。全市上下必须以更清醒的认识、更自觉的行动，翻篇归零再出发、干在实处谋新篇，为高水平推进美丽常熟建设做出更大贡献。

明年工作的总体思路是：坚持以习近平新时代中国特色社会主义思想为指导，学习贯彻党的十九大和十九届二中、三中、四中、五中全会精神以及中央经济工作会议精神，深入落实省委和苏州市委最新部署，坚持稳中求进总基调，统筹推进常态化疫情防控和经济社会发展工作，抢抓长三角一体化、沪苏同城化战略机遇，围绕美丽常熟建设主轴主线，坚定“三增三进”三年目标，构建集约高效的空间美图，建设功能完备的时尚美城，壮大绿色发展的创新美业，打造安全环保的清新美景，推出非凡体验的精品美游，彰显小城大爱的文明美德，在现代化建设新征程上，争当表率、争做示范，书写走在前列的“常熟答卷”。

明年主要预期目标是：地区生产总值增长6%以上；一般公共预算收入增长5.5%以上；全社会固定资产投资725亿元，增长15%，其中工业投资340亿元，增长12%；到账外资8.8亿美元，进出口总额205亿美元；规模以上工业产值增长5%左右，规上工业核心增加值率19.4%；社会消费品零售总额增长7%左右；企业研发投入增长8%以上；战略性新兴产业产值占比大幅提高，新经济拉动作用更加明显；居民人均可支配收入增长与经济增长同步；完成安全节能环保等约束性指标。

重点抓好七个方面：

1. 坚持精准施策，交出常态防控新答卷。坚持人物同防、多病共防原则，严把境外输入、风险地区输入、冷链输入三个关口，严而又严、细之又细抓好疫情常态化防控工作。落实“四早”要求，加强疫情监测预警，健全快速响应机制，发挥发热门诊哨点作用，规范应急隔离点、采样点、应急物资和人员准备工作，时刻做好突发疫情处置准备。持续推进核酸检测基地建设，严格重点人群核酸检测，确保“应检尽检”。加强进口货物、进口冷链食品的检测和预防性消毒，严格管理进口冷链食品集中监管仓，强化对冷链食品和从业人员的采样检测，落实食品安全风险排查、追溯和管理，确保冷链食品全过程闭环管理。严格按照上级要求开展重点人群新冠疫苗接种工作。

2. 突出集约高效，构建空间利用新格局。严控增量、盘活存量，优化结构、提升效率，逐步构建生产空间集约高效、生活空间宜居适度、生态空间共生共融的高品质国土空间格局。一是科学布局三大空间。结合2035国土空间规划编制，加快推进生态保护红线、永久基本农田、城镇开发边界三条控制线的划定，优化控制线范围，制定科学合理的国土空间规划。按照“一图一表一方案”工作思路，全面梳理土地资源、用地结构、开发强度、人口规模、亩均贡献、人均占地等家底情况，准确掌握制约瓶颈、潜力优势和调整方向，根据板块资源利用和项目产出情况，合理划定开发边界，科学配置居住、产业、配套用地，优化生产生活生态空间布局。二是加快推动空间优化。根据规划定位，加快制定各板块个性化资源利用方案，综合运用产业用地更新“双百”行动、老旧工业区更新改造、拆旧复垦、“水域银行”、农宅归并移位等政策工具，结合资源集约利用评价结果，正向激励和反向倒逼“双向发力”，腾退低效和原地盘活“双管齐下”，逐步实现空间调优。全年力争腾退低效工业用地4000亩、原地盘活工业用地2000亩，盘活存量土地总量超过1万亩。三是高标建设产业载体。强化“亩均论英雄”导向，从功能定位、建筑密度、产业集聚、服务高效等环节入手，探索“工业上楼”等形式，不断提升空间利用效率。加速实施老旧工业区更新改造，协同推进特色产业园载体建设和运营招商工作，加快新兴产业导入和创新空间嵌入，有效引进专业机构、社会资本，推动园区功能、产业、效率、环境、配套“五提升”，让“工业锈带”变为“产业秀带”。建设高等级现代产业园，重点推动中挪（北欧）创新产业园、中德产业园、欧洲绿色产业园、人工智能科技产业园、5G新材料产业园、生命健康科创园、UWC+创新岛、中国声谷等载体建设，打造产业特色鲜明、配套服务优质、资源集约利用的现代化产业集聚区。

3. *加快转型升级，积蓄产业发展新动能。*坚定不移推动新旧动能转换，育新提旧并举、补链延链强链，着力提升产业链供应链现代化水平。一是做强优势传统产业。大力推动传统企业智能化改造、数字化转型，分行业明确目标企业，积极利用好菱创、华为云、悠扬云等本地工业互联网企业，帮助企业对接导入优质服务供应商，完成1000家企业智能化改造和数字化转型，新增企业技术中心、工业设计中心15家，各级“专精特新”30个，“小微进规”企业100家。三大支柱产业要稳中求进，汽车及零部件产业主攻汽车整车制造和改装、新能源汽车三电系统、智能网联车等领域；装备制造产业着重海洋工程装备、智能电气机械、智能装备等领域；纺织服装产业以秋冬装产业集群、高端面料为重点，加快向时尚设计、个性定制、品牌培育方面转型。四大特色优势产业要全力转型，智能货架产业加快拓展智能立体仓库、智慧物流配送等高端市场；现代氟材料产业重点发展新一代HFOs产品、前沿新材料、氢燃料电池膜材料；高端无纺产业向医疗卫生、安全防护、美容母婴等高附加值领域延伸；玻璃模具产业瞄准国产化替代技术攻关，做大做强骨干企业。二是做大战略性新兴产业。牢牢把握现代产业发展方向，坚持引进培育“两手抓”，加大对战略性新兴产业的招引力度，确保五大重点产业项目占招商引资项目比重超70%，加快创新突破，全力攻坚关键核心技术，着力培育一批高成长性、高附加值、高回报率的优势企业，推动战略性新兴产业成为高质量发展的引领力量。新一代信息技术产业重点布局5G通信、智能终端、电子信息材料、新型电子元器件、软件服务等领域，加快培育声学产业，借势立讯项目逐步形成全生态产业链布局。生命健康产业重点打造苏虞生物医药产业园、古里生物医疗产业园、华复医疗器械产业园，强化与上海、苏州园区的联动转化机制，集聚一批生物医药和高品质康养项目。物流物贸产业抢抓“双循环”机遇，加快释放云杉总部、每日优鲜、中通商业总部、申通物流园等项目的集聚效应，持续引进优质高效的枢纽型企业平台，争创国家级商贸服务型物流枢纽。数字经济在产业数字化的基础上，打通生产、流通、销售全流程数据信息，深化与凌迪科技、亿邦动力、衫数科技等数字经济头部企业合作，着力形成数字产业生态的强大虹吸效应。氢燃料电池产业聚焦重塑科技、捷氢科技等重点企业，引进落地一批掌握电堆、储罐领域核心技术的企业，加快布局加氢站，着力打造氢能创新发展中心区、氢能装备制造核心区，建成全国重要的氢能产业发展示范基地。三是做活新经济模式。紧抓需求侧管理机遇，力促新型消费扩容提质，深入实施直播电商“万千百十”工程，加强与字节跳动、京东等头部平台合作，加快拼量优品&KOL创新中心投用，引导特色园区创建数字品牌孵化基地，全年引进品牌互联网营销总部5个以上，引进培育数字品牌10个以上，新增市场主体5000户，缔造全国知名的产业直播电商城市。培育贸易新业态新模式，做强“市采通”平台，推动跨境电商成为外贸新动能，聚焦研发设计、现代物流等方面，推动服务贸易创新发展。支持运融通、头等仓、梦想小店等平台企业孵化成长，打造细分领域的平台经济“领头羊”，释放新经济模式强大潜能，为本土企业市场提档、产品升级注入催化剂。

4. *抓住关键变量，迈上开放创新新高度。*全面扩大高水平开放，构建创新创业生态圈层，推动开放创新更大力度赋能经济社会发展。一是深度接轨沪杭，融入一体化发展。更大力度对接上海，在产业、文旅、医养、港口、双创等方面开展服务借力行动，加快推进长三角生鲜产业园、长三角时尚供应链枢纽、长三角轨道交通产业园、上海临港常熟科技产业园、智车城等载体建设；重点挖潜特斯拉国产化、氢能、生物医药等产业链条，推动本地企业融入上海制造供应体系；做强“常熟港开放再出发”赋能提升项目，全面提升与上海港联动发展能力。持续对接杭州都市圈，借力杭州在数字经济、平台经济等方面资源，探索产业共兴、人才共育、技术共用、市场共享等“多栖”合作模式。同时，全力配合实施医保、社保等互通互认，深入推进教育、旅游、交通等资源共享，高频政务服务事项跨区域通办，助推长三角公共服务一体化进程。二是科技创新引领，激活新发展引擎。以国家创新型县（市）建设为抓手，充分利用南京大学、西北工业大学、常熟理工学院等高校合作资源，增强创新策源、创新应用和创新协同能力。全力推动“苏州·中国声谷”壮大成势，搭建研究院研发平台，对接喜马拉雅、敏芯、瑞声等头部企业招商引资，设立声学产业股权基金，启动声谷大厦、声创楼等产业载体规划建设。落实高企三年行动计划，力争全年组织申报企业500家以上，净增高新技术企业200家以上。理顺科技招商模式，力争科技招商项目落户不少于50个、技术合同成交额超30亿元，推动更多科技成果在常转化落地。坚持产才融合、互促共进，细化人才专项工作机制，突出项目科技属性与成长属性，强化市场导向、用好举荐手段，力争新增市级以上领军人才项目130个。三是整合优势资源，加快文体旅赋能。充分发挥本地资源优势，推动文体旅深度融合、相互促进，启动文化产业三年倍增计划，打造“四色游”旅游品牌。重点围绕“群众体育健身”打造“蓝色游”超级IP，依托丰富的户外体育健身资源，吸引各类主体来常举办党建、团建等拓展活动，形成主客共享、室内外有机联动的群众体育格局，争创省级群众体育健身基地。以沙家浜景区为重点，丰富“红色游”内容供给；以国家级旅游度假区创建为突破口，全面升级生态“绿色游”；策划建设铁黄沙生态岛，着力打造沿江“彩色游”，全域旅游大格局加快成型。

5. 提升城市能级，打造区域比较新优势。加快城市建新和更新进程，补齐基础设施和品质公共服务短板，打造区域最强比较优势。一是聚焦内畅外达，构建交通区位比较优势。推动对外大交通大通道建设，加快南沿江铁路、通苏嘉甬铁路常熟段建设进度，稳定如苏湖城际、苏虞张市域铁路线站位，争取轨道交通10号线纳入第四期建设计划，常台高速东互通、高新区互通、G524国道尽快通车；推动市域内交通道路升级，开工建设青墩塘路快速化改造、常熟西站枢纽连接线、广济路北延等项目，新世纪大道北延二期、东南大道东延建成通车，完成13条城区道路修缮，有序推动16条镇域道路改造升级。二是聚焦功能完备，构建城市配套比较优势。日航国际社区、金茂智慧科学城、苏州奥林匹克青少年文化中心等高端功能配套加快建设，康桥国际学校、招商力宝医院等品质服务载体抓紧施工。加大与央企在基础设施建设、城市片区开发等领域的合作力度，持续丰富金融、科技、商务、休闲、现代社区居住等功能，建设适合高端人才生活居住、创业就业、商务交流的活力都市。三是聚焦痛点堵点，构建营商环境比较优势。围绕企业发展过程中的具体需求和现实瓶颈，针对性地拿出改进方案和解决路径，坚决破解痛点堵点，全力优化营商环境。同时，发挥UWC+、丰田研发中心、“苏州·中国声谷”、常熟理工、常熟籍精英、新材料产业园等资源优势，主动拉长优势长板，在项目招引、科技研发、制造生产、人才引进等方面增强错位竞争力。四是聚焦修复利用，构建特色名城比较优势。推动房屋使用权集中，坚持“修与改”相结合，加快历史街区更新改造，在升级利用中强化历史文化传承保护。既有建筑更新改造紧扣省美丽宜居城市试点要求，创新担当、加快实施，确保新纳入试点项目20个、竣工项目15个。常态化推进房屋征收搬迁扫尾清零攻坚，加快重大项目房屋征迁工作。推进农村房屋安全隐患排查治理，实施城区绿地提升行动，适时启动被撤并镇更新改造，探索虞山尚湖林木植被整理更新，凸显宜居宜业的名城新优势。

6. 坚持民生为本，顺应人民群众新期盼。牢固树立执政为民、倾心民生的高度自觉和强烈责任，顺应人民群众过上更好生活的新期待，打造幸福新常熟。一要强化民生保障这个“基石”。持续做好“六稳”“六保”工作，落实稳就业保民生各项政策，健全就业失业监测机制，全年实现新增就业2.1万人，登记失业率控制在2.5%以内。突出对高校毕业生等重点群体的就业创业援助，高校毕业生就业率达95%以上。全面实施企业职工基本养老保险省级统筹，推进全民参保计划，新增参保3万人。实施城区防汛能力提升三期工程、徐六泾江边枢纽工程，持续提升防洪能力。提升粮食综合生产能力，加快恢复生猪生产，推动蔬菜产业转型升级，稳住民生“菜篮子”。二要聚焦公共服务这个“核心”。加快补齐新市民子弟学校、学前教育等短板，推动义务教育优质均衡发展，加快静海幼儿园、常欣小学、游文中学、王淦昌中学等项目建设进度，实现学位供需平衡。深化公立医疗机构综合改革，聚焦分级诊疗体系，构建“急病要急、慢病要准、无病要防”的整合型医疗卫生服务体系。大力开展三甲医院和重点专科创建，为群众创造更好、更优的就医条件。围绕构建养老服务体系，持续优化养老设施、养老机构、养老服务布局，不断提升养老服务效率。三要突出人居环境这个“重点”。继续推动“千村美居”工程，统筹建设特色田园乡村精品村、康居村、宜居村，力争完成800个自然村村庄优化提升任务，2022年基本完成全域美丽宜居村庄建设任务。稳妥推进城中村自主更新，确保实施11个单元、完工7个单元，启动新一轮老旧小区改造。开展七浦塘、昆承湖、海洋泾苏州市级生态美丽河湖建设。深化运用党员干部“宅前屋后三包”示范制度、“人人参与，净美家园”专项行动等举措，巩固人居环境长效治理。通过市容环境卫生治理、居民小区综合治理、违建治理、户外广告整治、村庄环境“四提升”、垃圾分类等抓手，深化城市精细化管理，绘出洁美城乡新图景。

7. 突出安全环保，体现社会治理新担当。全面推进市域社会治理现代化建设，树牢安全发展理念，切实抓好生态文明建设，确保百姓安居乐业、社会安定有序。一要坚守安全红线。以危化品专项巡视问题整改为契机，聚焦安全生产基础较差的工业企业，深入开展大排查大整治，推动“三年大灶”集中攻坚，落实好属地责任、监管责任和企业主体责任。加快推进安全发展示范城市创建，提高城市运行安全管理精细化水平。二要强化环保底线。持续加大长江生态环境修复力度，加快“一岛一湾一江滩”等生态项目建设进度。持续加大水气土等污染防治力度，做好第二轮中央生态环境保护督查迎检工作，深入打好污染防治攻坚战。大力推进洪洞净水厂、中电环保污泥处置扩建等环境基础设施建设，力争明年实现各类垃圾全量化、无害化处理。持续开展重点村（社区）污染防治专项帮扶，全力推进印染行业高质量发展，高标准完成上级下达的各类环保约束性指标，努力争创国家级生态文明建设示范县（市）。三要筑牢稳定防线。落实社会稳定风险防控“四项机制”，有序推进集中治理重复信访、化解信访积案、保障农民工工资支付、农村乱占耕地建房问题整治等专项行动，强化扫黑除恶专项斗争机制，确保社会大局安全稳定。

党建引领激发“两争一前列”的强大动力

事业发展，关键在人，关键在干部。要深入贯彻党的十九届五中全会精神，认真落实新时代党的建设总要求，以更高的标准、更实的举措，系统推动党的建设向美丽常熟建设聚焦、向“两争一前列”目标聚力。

1. 坚持思想铸魂，增强政治引领之力。紧扣“六美集大美，幸福新常熟”工作目标，为“十四五”发展开好局、起好步提供坚强思想保证和精神动力。一是紧紧围绕重大主题，强化理论武装。坚持把学习贯彻习近平新时代中国特色社会主义思想作为首要政治任务，围绕建党100周年营造“四史”学习教育浓厚氛围，依托爱国主义教育基地加强理想信念教育。二是牢牢把握意识形态，巩固主要阵地。进一步健全意识形态工作责任制，常态开展意识形态工作专项巡察，综合提升新时代文明实践中心、融媒体中心作用，有效整合阵地、活动、人才等各类资源，围绕中心、服务群众，让党的声音成为时代最强音。三是全面提升文明程度，擦亮城市名片。加强制度引领、文化引育、实践引导，通过党员带头、群众发力、数字赋能，深化公民道德建设工程，打造“文明城市”系列品牌，塑造“小城大爱”城市形象，创新外宣推广模式，扩大城市影响力。

2. 坚持实干锤炼，提升组织保障之能。坚持向中心聚焦、朝大局聚力，着力健全制度体系、夯实基层基础、建强干部队伍，为美丽常熟建设提供坚强组织保证。一是选优配强过硬队伍。精心组织市镇两级领导班子换届，进一步优化班子结构，增强班子整体功能。大力培养选拔优秀年轻干部，丰富完善“三池六制”成长成才机制，深化挂职锻炼“一线工程”，递进式培养提升“七种能力”。二是提气增能干事创业。深化落实“三项机制”和激励干部担当“1+N”制度体系，强化领导班子、领导干部政绩考核与综合考核的衔接融合，科学完善考核评价体系，以奖惩分明、奖优罚劣激励干部真抓实干。三是建强筑牢基层堡垒。高质量做好村（社区）“两委”换届工作，推动带头人队伍和班子整体结构“三升一降”。组建“六美”行动支部，创新“毗邻党建”工作模式，推深做实“海棠”系列品牌，不断深化新时代基层党建工作的制度探索、实践摸索、价值求索。

3. 坚持正风肃纪，筑牢党风廉政之坝。坚定不移全面从严治党，发挥监督保障执行和促进完善发展作用，为高质量发展提供纪律保障。一是强化政治监督。加强对公权力运行的制约和监督，精准有效开展项目化监督，锲而不舍落实中央八项规定精神，持续纠治形式主义、官僚主义，拓展“五位一体”干部激励保护机制适用领域，确保党委决策部署落实到位。二是深化标本兼治。坚持无禁区、全覆盖、零容忍，一体推进不敢腐、不能腐、不想腐。发挥纪检监察建议治本功效，形成监督闭环。深耕“碧水琴川”品牌，分层分类开展政德教育和警示教育。持续开展“小切口”专项治理行动，建立健全村（社区）纪检组织，构建作风监督新格局。三是擦亮巡察利剑。更高标准、更实作风推动本届市委巡察全覆盖，积极谋划新一届市委巡察工作规划。深化运用“村情民意”调查方法，提升基层巡察工作质效。强化协作联动开展巡察“回头看”，巩固拓展巡察成果转化运用。

4. 坚持凝聚合力，夯实党委执政之基。充分发挥党总揽全局、协调各方的领导核心作用，形成同频共振、同心勠力的良好局面。加大改革创新力度，建立改革创新事项市领导领办制度，加大对上争取，切实解决一批事关发展的瓶颈问题。以全国人大、全国政协领导批示肯定为动力，完善人大讨论决定重大事项制度，提升人大依法履职能力，探索开展联动民主监督，持续提高协商民主制度化、规范化、程序化水平。深化“两代表一委员”密切联系群众机制，进一步发挥好党代表看党建、人大代表评营商、政协委员有事好商量的作用。加强党管武装、统一战线、工青妇群团和老干部工作，巩固和发展党政军民团结共建、人大政协齐上一线、统战群团同舟共济的生动局面。

同志们，使命催人奋进，拼搏正当其时。让我们更加紧密地团结在以习近平同志为核心的党中央周围，在省委和苏州市委的坚强领导下，以“起步就是冲刺、开局就是决战”的昂扬姿态，奋力拼搏“十四五”，全力建设新常熟，在社会主义现代化建设新征程中“争当表率、争做示范、走在前列”！

政府工作报告

（常熟市十五届人民代表大会第五次会议）

常熟市人民政府市长　焦亚飞
（2021年1月7日）

各位代表：

现在，我代表常熟市人民政府，向大会报告工作，请予审议，并请市政协委员和其他列席人员提出意见。

2020年工作及“十三五”发展回顾

2020年，面对突如其来的新冠肺炎疫情和深刻复杂变化的发展环境，全市上下以习近平新时代中国特色社会主义思想为指导，在中共常熟市委的坚强领导下，在市人大和市政协的监督支持下，坚持稳中求进工作总基调，紧盯“三增三进”工作目标，聚焦“促发展、补短板、解难题、精管理、抓落实”工作主线，扎实做好“六稳”工作，全面落实“六保”任务，统筹疫情防控和经济社会发展，较好地完成了市十五届人大四次会议确定的主要目标任务。

一、过去一年，殊为不易的是全市上下齐心战“疫”，常态防控扎实有效。新冠肺炎疫情发生后，我们把保护人民群众的生命安全和身体健康作为头等大事，坚决贯彻中央和上级决策部署，迅速建立依法防控、群防群控、精密智控工作机制，在全省率先实现重点人员闭环管理，“疾控中心重点人员管理系统”获评中华预防医学会疫情防控优秀应用案例，在苏州大市率先实现规上工业企业全部复产，交出了一份彰显“常熟力量”、体现“常熟效率”、展现“常熟担当”的抗疫答卷。疫情面前，全市人民勠力同心、众志成城；广大医护人员舍身忘我、奋战一线，43名“白衣天使”逆行出征、驰援湖北；1800余名机关干部下沉一线、冲锋在前，公安干警、社区工作者和众多志愿者不畏风寒、不舍昼夜，用铁脚板、热心肠守城门、护家门；海关、海事、边检等部门与地方联防联控，筑牢口岸防线；快递员、外卖小哥、环卫工人冒疫奔忙，各行各业劳动者坚守本职，共同维护城市正常运转；热心群众自发值守，主动为一线人员送温暖、鼓士气，人大代表、政协委员积极参与，社会各界踊跃捐款捐物，海外侨胞、国际友城纷纷伸出援手，汇成了多方协同、全民动员的强大合力，凝聚了风雨同舟、不怕艰险的磅礴力量，彰显了守望相助、共护虞城的小城大爱。国内疫情形势稳定后，我们毫不动摇抓好常态化特别是秋冬季疫情防控，坚持“外防输入、内防反弹”，加强重点场所、重点人群管理，开展进口冷链食品管控，有效巩固防控成果。市卫健委、常熟海事局及6名同志获评全省抗击新冠肺炎疫情先进集体和先进个人。与此同时，我们加快恢复生产生活秩序，集中精力抓“六保”促“六稳”，出台常惠12条、惠外16条等政策，推行“点对点”包车、国际包机等举措，有力推动经济企稳回升，上半年地区生产总值实现正增长。

二、过去一年，鼓舞人心的是主要指标逆势上扬，经济运行稳中向好。预计实现地区生产总值2360亿元、增长4.5%；一般公共预算收入213.7亿元、增长5.2%；全社会固定资产投资630亿元、增长20.6%；实际利用外资9.3亿美元、增长45.3%；银行不良贷款率降至0.55%，创历史最低。存量转型深入推进。成功举办中国苏州（常熟）工业互联网创新创业大赛，新增工业互联网应用企业140家，智能化改造项目320个，苏州市级及以上智能车间38个，工业机器人超2500台（套）、累计超1.3万台（套）。培育“专精特新”产品（企业）31个（家），新增“小微进规”企业超200家。波司登登峰系列羽绒服荣获第四届“中国优秀工业设计奖”金奖。2家企业IPO实现报会。首批21个老旧工业区改造项目启动建设。发展后劲不断积蓄。246个市级重点产业项目开工建设，工业投资总量突破300亿元大关、居苏州首位。高技术产业投资增长130%。新兴产业产值突破2000亿元。获评苏州市生产性服务业发展综合评价优秀地区。成功举办中挪北欧云推介会、常熟精英创业联盟大会、金秋经贸洽谈会等活动，引进投资达百亿元的防务科技产业园，15个超亿美元外资项目顺利落地。新增省级跨国公司地区总部2家。完成进出口总额192亿美元，一般贸易占比61%、提高6.4个百分点，“市采通”平台在全国37个口岸实现常态化通关。累计建设5G基站近1500个，基本实现中心城区、重点乡镇和重要产业载体连片覆盖。获批建设省级现代农业产业示范园。“常熟大米”获国家地理标志证明商标，“董浜筒管玉丝瓜”“王庄西瓜”获国家农产品地理标志认证。创新动能加速集聚。全社会研发经费支出占地区生产总值比重达3.6%，企业研发经费投入占主营业务收入比重达2.2%、居苏州领先位次。“苏州·中国声学创新谷”启动建设。苏州市产业技术研究院同位素技术研究所顺利落户。常熟高新区获批国家高新技术产业化基地、新型工业化产业示范基地。新认定高新技术企业280家、科技型中小企业625家、“瞪羚”企业27家、苏州市“独角兽”培育企业2家。立项国家级人才计划1项、省“双创计划”9项、姑苏领军人才计划22项，新增苏州杰出人才奖2个。

三、过去一年，催人奋进的是正式进入高铁时代，城乡面貌日新月异。沪苏通铁路常熟站开通运营，百万市民圆梦高铁。交通体系提档升级。南沿江城际铁路建设快速推进，通苏嘉甬铁路常熟段线位、站位基本确定。新世纪大道北延三环至常昭段建成通车，完成珠江路等19条城区既有道路改造，升级农村公路39千米，道路综合健康指数位居苏州第一。获评省农村物流示范县。首座商用加氢站试运营，20辆氢燃料电池公交车、120辆氢能源物流车投入使用。实施“常熟港振兴”战略，吞吐量增长23%。城乡建设深入推进。日航国际社区和希尔顿、凯悦酒店等高端配套设施开工建设；城铁片区主要道路竣工投用。泰引线、碧溪转盘等34个征收搬迁项目实现攻坚清零。既有建筑更新改造入选全省“美丽宜居城市建设专项试点项目”。19个单元城中村自主更新稳步推进。报本、西泾岸区域试点启动历史街区整理。北门大街等5个区域17万平方米老旧住宅小区改造完成。既有多层住宅试点增设电梯成功。群策群力推进“千村美居”工程，投入14.5亿元，优化提升861个村（组），新增省特色田园乡村5个，铜官山等“网红打卡地”火遍“朋友圈”。城市管理提质增效。以优异成绩通过全国文明城市复查，获中央文明办通报表扬。生活垃圾“四分类”扩面提质，建成“定时定点定人督导”小区579个，获评全国农村生活垃圾分类和资源化利用示范县。新增造林绿化面积近3000亩。城区防洪大包围及畅流活水工程全面建成，成功抵御1951年以来第二强梅雨季。

四、过去一年，备受关注的是污防攻坚成效显著，生态环境持续优化。超额完成国省考断面水质达标率、优Ⅲ率和空气优良率、PM2.5平均浓度等约束性指标，高分通过省级生态文明建设示范市创建现场核查。污染防治扎实推进。中央环保督察等反馈的各类突出环境问题整改，以及486项大气和74项水环境年度重点项目全部完成。智能化管控建筑工地扬尘。淘汰高污染排放机动车超1万辆。做好长江流域禁捕退捕工作，深化长江沿线环境整治，消除沿河污水直排口569个，长江干流、入江支流稳定达到Ⅲ类水质。建设生态美丽河湖73条。创新开展重点村（社区）污染防治专项帮扶，获省政府主要领导批示肯定。新材料产业园、经开区化工园分别被省政府认定为化工园区和化工集中区。印染行业高质量发展规划环评通过省级批准。环保设施加快建设。第二生活垃圾焚烧发电厂扩建项目、金陵海虞热电替代扩建项目建成投用。城东净水厂具备调试条件，3家城镇污水厂扩建完工，5家工业污水厂提标改造完成，新增生活污水日处理能力10.5万吨、污水管网超150千米，完成419个村庄、1.2万余农户生活污水收治，获评省城镇污水处理提质增效示范城市。

五、过去一年，令人欣喜的是公共事业稳步提升，民生福祉不断增进。15项民生实事全部完成。民生支出占一般公共预算支出比重超80%。教育供给持续加大。琴湖小学等13所学校竣工，苏外常熟校区等15所学校开工，学位供需基本平衡。11所新市民子弟学校“补短板工程”实现全覆盖。普通高考主要指标实现苏州“十连冠”。职业教育6个市级现代化实训基地建成投用，创建省现代化专业群1个、实训基地2个。卫健事业稳步发展。市第一人民医院与南京医科大学康达学院共建常熟临床医学院。市第二人民医院北部院区建成投用，与苏州大学附属第一医院开展“院院合作”。家庭医生服务重点人群签约率超80%。“常熟智慧健康”微信服务平台实现公立医疗机构全覆盖。建成智慧中医专科联盟。获评国家慢性病综合防控示范区。保障体系不断健全。全面落实稳就业系列政策，新增就业3万人，城镇登记失业率1.77%，高校毕业生就业率达98.5%。农民工工资支付保障工作获评苏州考核A级。新增高技能人才8200余人。新增社会保险参保人员3.8万人。长三角异地就医直接结算率超90%，大病保险报销比例提高10个百分点，长期护理保险待遇享受人数超过6000人。累计建成日间照料中心359家，实现社区养老服务全覆盖。住房保障实现应保尽保。支出困难群众保障资金2.4亿元。中华慈善总会药品援助项目累计发药近4000万元。评选表彰首届“百佳新市民”。退役军人三级服务保障体系全面建成，实现全国双拥模范城“五连冠”。31个集体经济相对薄弱村全部完成脱贫转化任务。助力贵州省思南县顺利脱贫摘帽，对口帮扶思南案例被国家扶贫办列为典型。15万头生猪养殖项目开工建设。文体旅协同并进。组建市融媒体中心。常熟博物馆晋升为国家一级博物馆。苏州奥林匹克青少年文化中心开工建设。村级综合性文化服务中心标准化建设实现全覆盖。打造“虞歌畅晚”特色夜经济品牌，举办虞山文化暨沙家浜旅游节，获评长三角自驾游示范目的地城市、省级全域旅游示范区。

六、过去一年，值得肯定的是“一年小灶”顺利收官，社会大局和谐稳定。全市安全生产事故起数、亡人数分别下降81%和76%，火灾事故实现“三连降”。专项整治扎实推进。全面接受省委危化品安全生产专项巡视。建立“1+4+4”安全环保消防联动工作机制，深化镇村工业集中区综合整治，扎实推进“1+27”重点领域、违法违规“小化工”、危化品使用安全等专项整治，滚动挂牌整改重大隐患152个。“百团进百万企业”安全生产宣讲实现“两个全覆盖”。全面启动省级安全发展示范城市创建工作。防控体系不断升级。深化雪亮技防工程建设，初步建成新一代智能泛在感知“天网”。全面深化扫黑除恶专项斗争，刑事发案数实现“十三连降”，电信网络诈骗案件破获数增长83%。治理机制更加完善。市安委办和经开区、高新区、新材料产业园安委办实体化运行。建立风险防控“四项机制”，获评全国信访工作“三无”县。“睦邻空间”项目实现城乡社区全覆盖。“智慧社区”平台一期建成投用，全科社工服务、“8+X”村（居）民议事会模式全面推开。

在全力推进经济社会高质量发展的同时，我们坚定不移加强政府自身建设。始终把政治建设摆在首位，不断增强“四个意识”、坚定“四个自信”、做到“两个维护”。厉行勤俭节约，“三公”经费下降20%。自觉接受市人大、市政协监督，办复人大议案建议139件、政协提案168件。出台优化营商环境补充意见，创新“否决事项”领导负责、企业信用修复等机制，深化“全链审批”、“一件事一次办”、工程建设项目审批等改革，企业开办、外商投资备案实现1个工作日办结，兑现各类税收优惠202亿元，减免社保费31.2亿元、租金1.9亿元，获评国际化营商环境建设示范县。推进基层整合审批服务执法力量改革，取消证明事项107项，下放经济社会管理权限139项。争创全国唯一普法先进“七连冠”县级城市，顺利通过国家级验收。完成第七次全国人口普查登记工作。高质量编制“十四五”发展规划。

此外，民族宗教、侨台事务、人民防空、气象、外事、档案、地方志、工会、共青团、妇女儿童、残疾人事业等工作都取得新的进步。

各位代表，2020年是“十三五”规划收官之年。过去五年，我们坚持以习近平新时代中国特色社会主义思想为指导，认真落实“四个全面”战略布局，主动践行新发展理念，保持了经济社会平稳健康发展，为“十四五”期间实现更高质量发展奠定了扎实基础。

五年来，我们坚持抓改革、促转型，经济越来越强。地区生产总值预计年均增长6.2%。供给侧结构性改革深入推进，“三去一降一补”工作取得阶段性成效。新兴产业产值占规上工业产值比重提高10.8个百分点。服务业增加值占地区生产总值比重提高2.7个百分点。金融机构本外币存贷款余额较2015年年末分别增长51%和54%。新增境内外上市公司5家。农机化水平、智慧三农和农业电商发展走在全省乃至全国前列。创新实施“零地增长”、老旧工业区更新改造等举措，淘汰关停低端低效企业（作坊）940家，盘活存量建设用地超6万亩。引进超亿美元项目49个，实际利用外资36.9亿美元。入围国家首批创新型县市建设名单，北大分子工程苏南研究院等高水平研究机构相继落户，全社会研发投入占地区生产总值比重提升1.3个百分点，净增高企427家、人才10.6万名、万人发明专利拥有量23件。

五年来，我们坚持保民生、增福祉，百姓越来越富。民生支出占一般公共预算支出比重保持在75%以上。人均可支配收入从41500元增加到60100元。新建改建学校47所，新增学位2.4万个，学前至高中段毛入学（园）率达100%，高等教育毛入学率达74%，职业教育实现省级示范校、特色校全覆盖。深入推进综合医改，入选全国紧密型县域医共体建设试点县，每万人全科医生数5.4人，居苏州各县（市）首位。本地户籍养老保险参保覆盖率始终保持在99%以上。企业退休人员月均养老金突破2100元，城乡居民最低生活保障标准达1045元。职工和居民医保政策范围内住院医疗费用基金支付比例分别达90%和75%。全市人均期望寿命预计提高0.71岁，达83.13岁。

五年来，我们坚持重统筹、优生态，环境越来越美。城市框架进一步拉开，重点片区开发有序推进，城市功能布局更加优化，常住人口城镇化率达到70%。“环射衔接”的快速路网体系初步成型，建成高架55公里，新建改建城区道路117条，打通断头路11条，实施农村公路改造289公里。“被撤并镇集镇区整治提升”三年行动圆满收官，城中村自主更新、既有建筑更新等“六大更新”扎实推进，拆除改造各类违章建筑超千万平方米，建成各类美丽乡村近2000个。深化污染防治攻坚和绿色发展，断面水质达标率较2015年年末提高48个百分点、优III率提高46个百分点，空气质量优良率提高20个百分点，$PM_{2.5}$平均浓度下降48%。环保基础设施建设累计投入123亿元，自来水深度处理率达100%，生活垃圾日焚烧处理能力达3300吨，生活污水日处理能力达33万吨，获评全国农村生活污水治理示范县。自然湿地保护率提高15个百分点，荣膺全球首批国际湿地城市。

五年来，我们坚持树新风、强治理，社会文明程度越来越高。持续开展文明城市创建，基本形成高效的城市管理机制，城市秩序更加优良，市容市貌更加整洁，向善向上的城市风尚更加彰显，注册志愿者总人数从12万增至近40万，全国文明城市创建实现“两连冠”，省级以上文明镇实现全覆盖，市级以上文明村占比达80%。人均接受文化场馆服务达9.7次，万人体育健身设施拥有数达103件，居民综合阅读率超95%。扎实推进“331”等专项行动，创新实施“安居超市”“数字门牌”等举措，建立城区烟花爆竹禁放长效机制，城市本质安全水平明显提升。不断健全社会治安防控体系，持续开展“扫黑除恶”专项斗争，刑事发案数持续下降，公众安全感显著增强。

各位代表！这些成绩的取得，得益于市委的坚强领导，离不开市人大、市政协的有效监督和大力支持，凝聚着历届市级领导班子、全市广大干部群众的辛勤汗水。在此，我代表市人民政府，向全市人民，向人大代表、政协委员，向离退休老同志，向各民主党派、工商联和无党派人士、人民团体，向驻常部队、武警官兵，向所有关心支持常熟经济社会发展的海内外朋友，表示衷心的感谢和崇高的敬意！

同时，我们也清醒地认识到，全市经济社会发展中还存在不少短板和困难：一是发展环境变化更为深刻复杂，新冠肺炎疫情影响仍在持续，经济发展不确定性明显增加；二是融入长三角区域一体化发展的路径、抓手还不多，借势借力发展的成效有待进一步彰显；三是传统产业转型升级速度不快，新产业、新经济尚未成势，空间、土地、能耗等要素制约愈发明显；四是公共服务还有短板，教育、医疗、养老等还不能完全满足群众多元化需求；五是社会治理体系和治理能力仍需强化，部分领域风险隐患依然突出；六是少数干部在解放思想、担当作为、狠抓落实等方面与新形势、新要求还不相适应。对此，我们一定高度重视，采取务实有效举措，认真加以解决。

“十四五”发展目标及2021年工作安排

今后五年，我市既面临着外部环境深刻变化的严峻挑战，更迎来了我国引领推动经济全球化、长三角区域一体化国家战略深入实施的历史性发展机遇。全市上下必须深刻认识危与机并存，危中有机、危可转机，保持战略定力，把握发展规律，努力在危机中育先机、于变局中开新局，坚决夺取“十四五”发展新胜利。

“十四五”时期全市国民经济和社会发展的指导思想是：以习近平新时代中国特色社会主义思想为指导，贯彻党的十九大和十九届二中、三中、四中、五中全会精神，落实省、苏州各项部署要求，以“创新、协调、绿色、开放、共享”新发展理念为引导，坚持稳中求进工作总基调，以高质量发展为主题，以供给侧结构性改革为主线，注重需求侧管理，以改革创新为根本动力，以开放为路径，以人民为中心，以美丽常熟建设为抓手，聚焦经济转型升级和城市能级提升，深度融入长三角区域一体化发展，积极融入以国内大循环为主体、国内国际双循环相互促进的新发展格局，全面开启社会主义现代化建设新征程。

“十四五”时期全市国民经济和社会发展的主要预期目标是：地区生产总值年均增长6%，一般公共预算收入年均增长6%，全员劳动生产率年均增长5%，制造业增加值占地区生产总值比重提高到45%，生产性服务业占服务业增加值比重提高到54.9%，文化产业增加值占地区生产总值比重提高到10.8%，研发经费支出占地区生产总值比重提高到4%，每万人拥有高价值发明专利数提高到20件，居民人均可支配收入增长与经济增长保持同步，城镇登记失业率控制在2%以内，人均期望寿命提高到84岁，完成安全节能环保等约束性指标。“十四五”期间，我们将牢牢把握以下工作原则。

一、以“减量化”思维谋发展。当前，土地、能源等要素制约不断加剧，粗放发展难以为继，必须以资源要素的“减”促经济结构的“转”、经济增量的“优”、经济质效的“升”。要着力减少非产业用地、产业低效用地，坚持走绿色发展、集约发展道路，腾出空间落地优质项目，提升土地产出率；要着力减少低端低效企业，坚持推动创新链、产业链深度融合，支持企业通过智能化改造、数字化转型等途径提质增效，提高劳动生产率；要着力减少各类要素资源和制度性交易成本，持续优化营商环境，完善城市功能配套，提高市场主体满意率。

二、以“一体化”思维促融入。在长三角区域一体化、沪苏同城化等战略主导区域发展的全新时代，唯有主动融入，才能真正在群雄逐鹿中不被边缘化；唯有靠大联强，才能真正搭上发展快车；唯有共建共治，才能真正分享发展红利。要坚持精准定位、全面融入，加强交通、产业、科技等方面的协同合作，发挥文化、旅游、生态、营商环境等方面的比较优势，推进教育、医疗等方面的资源共享，借势借力实现高质量发展。

三、以“多元化”思维惠民生。人民对美好生活的向往是我们的奋斗目标。面对日益多元的民生需求，必须完善制度设计、创新供给方式，以多元服务满足多元需求。既要保民生、兜底线，按照“当前可承受、未来可持续”的原则，逐年安排民生实事项目满足群众最关心、最迫切的普惠型需求，织密民生保障网；又要建机制、强引导，支持社会资本提供多层次、多样化的民生服务，让群众有更多的获得感。

四、以“现代化”思维强治理。新时代社会治理对象、内涵和要求都发生了深刻变化，传统的治理方式已不适应当前的形势任务，迫切需要我们加快推进治理体系和治理能力现代化。更加注重系统化，强化德治法治自治相融合，构建共建共治共享新格局；更加注重科学化，坚持问题导向，着力从源头上、制度上研究治本之策；更加注重智能化，推动大数据、人工智能等现代科技与社会治理深度融合，提升精准化、高效化治理水平。

2021年是“十四五”规划开局之年，也是美丽常熟建设起步之年。新一年政府工作的总体要求是：坚持以习近平新时代中国特色社会主义思想为指导，认真落实省、苏州和市委最新部署，统筹推进常态化疫情防控和经济社会发展工作，抢抓长三角区域一体化、沪苏同城化战略机遇，围绕“六美集大美、幸福新常熟”主轴主线，坚定“三增三进”工作目标，构建集约高效的空间美图，建设功能完备的时尚美城，壮大绿色发展的创新美业，打造安全环保的清新美景，推出非凡体验的精品美游，彰显小城大爱的文明美德，在现代化建设新征程上，争当表率、争做示范，书写走在前列的“常熟答卷”。

全市国民经济和社会发展的主要预期目标是：地区生产总值增长6%以上；一般公共预算收入增长5.5%以上；全社会固定资产投资725亿元、增长15%，其中工业投资340亿元、增长12%；到账外资8.8亿美元，进出口总额205亿美元；规模以上工业产值增长5%左右，规上工业核心增加值率19.4%；社会消费品零售总额增长7%左右；企业研发投入增长8%以上；战略性新兴产业产值占比大幅提高，新经济拉动作用更加明显；居民人均可支配收入增长与经济增长保持同步；完成安全节能环保等约束性指标。按照上述总体要求和工作目标，重点抓好七个方面工作：

一、紧扣创新转型，以产业层次提高促经济质效攀高

坚持创新引领发展，聚焦“354”产业布局，紧盯质量效益，推动存量与增量、供给侧与需求侧共同发力，在企业稳增快转中实现产业调优做强。

1.持续强化创新驱动。加快创建产创融合高质量发展示范区，国家创新型县市建设取得突破性进展。推进科技型中小企业、高新技术企业、瞪羚企业、独角兽企业矩阵式

培育，新认定高新技术企业350家。加快"苏州·中国声学创新谷"建设，组建运营国际声学产业技术研究院，启动建设声学国际创新大厦等核心载体，强化创新资源和产业需求对接，推动声学产业项目集聚，争创省级技术创新中心、产业创新中心。积极参与材料科学姑苏实验室等重大平台载体建设。围绕声学、氢能源汽车、服装电商等产业需求，深化与常熟理工学院校地融合发展。深入推进"昆承英才"科技创新创业领军人才计划，继续发挥科技镇长团桥梁纽带作用，精准开展"双招双引"，[JP3]新增市级以上领军人才项目130个。

2.持续推动产业升级。启动企业智能化改造和数字化转型三年行动计划，建立财政奖补、金融支撑、专项基金联动扶持机制，加强专业服务商和技能人才引育，完成智能化改造和数字化转型项目1000个，新增工业机器人2000台（套）。探索"5G+工业互联网"应用创新，新增工业互联网应用企业100家以上。深入实施"百企引航"计划，新增上市过会企业1—2家、"专精特新"产品（企业）30个（家）、"小微进规"企业100家，企业技术中心、工业设计中心15家。支持整车企业加快推出新能源车型。推进"数字科技新城"建设，完善新型基础设施布局，实现5G信号全市域基本覆盖，大力发展5G通信、人工智能、平台经济等产业。完善苏虞生物医药产业园等载体功能，壮大医药制造和高端医疗器械产业。加快省级车联网先导区建设，推动多场景智能网联车辆应用落地。积极参与国家燃料电池汽车示范应用城市群创建，加快形成集创新研发、核心零部件制造、储氢制氢、检验检测、示范应用为一体的完整产业链。[JP3]建立市领导挂钩联系重点产业链制度，力争新能源汽车、生命健康等重点产业链产值增长10%。

3.持续扩大有效需求。全力做好审批服务和要素保障，确保358个重点产业项目如期开工、尽早竣工。打好提振消费政策"组合拳"，放大"虞歌畅晚""购享常熟"品牌效应，引导商业综合体差异化竞争，打造一批特色街区，提升一批"老字号"，扶持一批重点商贸企业，培育一批人气消费热点，全力促进消费回流。加快传统商业数字化转型，完善社区商业服务布局，深入实施直播电商进企业和"万千百十"工程。促进房地产市场健康发展。整合优化全市招商资源，立足"大循环""双循环"，瞄准世界500强、央企等重点目标，用好常熟籍精英联盟、境内外优质招商机构等平台，精心策划组织专业化、小型化招商活动，集聚一批头部企业和龙头型、基地型项目。

二、紧扣开放融合，以优质要素集聚促发展动能汇聚

积极抢抓多重战略叠加机遇，以开放促发展，以融合谋共赢，集聚吸引更多优质生产资源要素，打造最强比较优势，确保常熟在新一轮区域竞争中持续领先。

1.加大开放融入力度。建立与上海、杭州等重点城市常态化联络机制，加强项目沟通、资源共享、渠道共建。积极争取调整优化沪苏通铁路常熟站经停车次。复制推广自贸区成功经验，加快联动创新区、"UWC+创新岛"、上海临港常熟科技产业园等建设步伐，打造一批承接沪杭优质溢出资源的一流载体。拓展常熟港功能定位，整合港口资源，提升服务长三角发展的能力和水平。发展智能化多式联运，构建跨境物流高效服务体系，积极争创国家级物流枢纽。抓住区域全面经济伙伴关系协定签署契机，研究用好有关制度和便利化举措，创新贸易发展业态，推动多模式跨境电商发展，完善"市采通"平台功能，力争完成市场采购贸易出口15亿美元。

2.加快文体旅融合发展。主动融入苏州"江南文化"品牌塑造，启动文化产业三年倍增计划，把独特的文体旅资源优势转化为强劲的区域竞争优势。出台文体旅产业高质量发展扶持政策，加快推进华侨城综合体等重点项目建设，培育壮大影视演艺、创意设计等数字文化产业，支持发展精品民宿等文旅新业态。加快全域旅游发展，提高产业融合水平，打响"四色"旅游品牌，开发更多红色主题、健康养生、城市体育、田园乡村等文体旅产品，争创国家全域旅游示范区。推进古城历史片区"3+3"开发和环虞山文化走廊建设，加强文化遗迹和历史建筑保护利用，着力打造虞山文旅综合业态，争创国家级虞山文化旅游度假区。发挥喜马拉雅大学等平台作用，加强城市推介，打造长三角重要旅游目的地。

3.加速营商环境优化。深化"一件事"改革、营商环境"通报制"，推进"四端融合"，打造24小时智慧政务连锁店，常态化开展"服务民企360"等活动，优化工程建设项目竣工验收流程，不断提高政务服务精细化水平。拓展电子证照共享应用，完善"全链审批"模式，用好"水域银行"机制，争取实现项目"拿地即开工"。扎实推进产业用地更新"双百"行动，力争盘活存量建设用地1万亩。试行建设用地使用权二级市场交易平台预登记制度。推进集体经营性建设用地入市试点。启动第二批老旧工业区改造，打造一批特色产业园。全面推行"供地合同"和"监管协议"，确保工业用地亩均税收收入增长5%以上。建立财税惠企联络机制，开发建设一站式金融服务平台，加强线上普惠金融产品推广。探索出台小面积公寓短租优租等普惠性人才政策。持续推进"八个一"专项行动，强化企业用工服务。

三、紧扣城乡统筹，以功能品质提升促城市能级跃升

坚持更新与建新并重，拓展城市功能，加强城市管理，推进乡村振兴，不断提高城乡环境品质和人文品质，打造功能完备的时尚美城。

1.优化城市功能。推进国土空间总体规划（2020—2035）编制，启动地下空间开发利用规划修编，系统研究国土空间功能分区，科学划定生态保护红线、永久基本农田和

城镇开发边界三条控制线，构建“生产、生活、生态”融合、协调、有序的国土空间格局。启动城铁片区站南区域功能性配套载体建设和站北区域产业及空间规划编制，完成西站片区城市设计，开工建设琴湖文化中心，建成文化片区邻里中心。优化两大开发区用地布局，促进产城融合发展。深入对接苏州“四网融合”规划，完成常台高速东互通移位和524国道改扩建主线通车，推进南沿江铁路、通苏嘉甬铁路常熟段和新世纪大道北延常昭路至海虞镇段、常台高速高新区互通建设，启动青墩塘路快速化改造、常熟西站枢纽连接线工程，实施13条城区道路、40条农村公路修缮。优化三级公交网络，推进城乡客运一体化发展。探索公交首末站综合利用。完成蛇泾河、辛安塘除险加固和城区防汛能力提升三期工程。加快实施房屋征收搬迁，推进结转项目扫尾清零。有序实施城中村自主更新和历史街区整理更新试点，新增既有建筑更新试点项目20个。启动老旧小区改造17万平方米，扩面推进既有多层住宅增设电梯。提升改造城区绿地18.9万平方米，打造一批社区“口袋”公园。

2.深化精细管理。开启新一轮文明城市建设三年行动，完善常态长效工作机制，持续提升城乡文明程度和市民文明素养。强化城市智慧管理，100条重点道路接入苏州市容环卫责任监管系统，1000台重点场所电梯加装监测设备。建成智慧停车系统，推广建设立体停车库。强化垃圾分类片区建设，完善大中型转运站等设施布点规划；建立垃圾分类全过程信息化监管系统，完成全部垃圾处置终端和30%以上“定时定点定人督导”小区运行数据接入。持续开展背街小巷、小微市容和违法建设整治，规范犬只管理，修缮312个公交候车亭及电子站牌，建成10家示范集贸市场。

3.聚力乡村振兴。加快智慧三农项目建设和农业机械化进程，加速数字技术在农业生产各环节中的应用。提升农业园区发展能级，推动绿色蔬菜等产业高质量发展。实现全年出栏生猪14万头。有序推进农村乱占耕地建房问题专项整治。扎实开展农村房屋安全隐患排查治理。稳步推进“千村美居”工程，健全长效管理机制，开工建设800个、完成600个村（组）优化提升。深化“万企联万村、共走振兴路”行动，巩固提升村级集体经济。

四、紧扣绿色发展，以污染防治深化促生态环境优化

牢固树立生态优先、绿色发展理念，坚持系统治理、源头治理，稳定提升生态环境质量，让绿水青山焕发新魅力。

1.深化污染防治攻坚。配合做好第二轮中央生态环保督察工作。落实“点位长”制度，开展新一轮挥发性有机物治理、燃气锅炉改造、城区大气环境精细化管理示范区建设等专项行动，优化重污染天气应急管控措施，全年空气质量优良率超81%，$PM_{2.5}$均值低于35微克/立方米。深化河（湖）长制改革，推进昆承湖心、沈家市等国省考断面达标工作，加大入江支流综合整治、太湖流域入河排污口排查整治等工作力度，完成城区15条河道清淤整治，国省考断面水质达标率和优Ⅲ率超90%。推进小微企业危废收集平台建设，加强一般工业固废规范化管理，争创省级“无废城市”。

2.提高环境治理能力。优化垃圾处理设施布局，启用建筑材料再生资源利用中心，建成中电国际常熟燃气热电厂等项目，实现全市各类垃圾全量化、无害化处理。开工建设洪洞净水厂，完成5000户农户生活污水收治。深化与生态环境部环境规划院、省环保集团合作，加快推进环境监测等项目建设，强化区域联防联控和精细化治理。深入开展村（社区）污染防治专项帮扶，加强生活污水管网等基础设施长效管理，持续提升基层生态保护和污染治理水平。积极开展企业环境管理标准化建设，加强第三方环保服务机构监管。深化环保司法联动，推动环境公益诉讼、生态环境损害赔偿等工作。

3.推进绿色低碳发展。争创国家级生态文明建设示范县（市）。做好生态保护红线、生态空间管控区域落地上图和监督管理，确保生态空间安全。制定长江“十年禁渔”长效管理机制，持续加大长江生态环境修复力度，加快“一岛一湾一江滩”等生态项目建设。开展七浦塘、昆承湖、海洋泾苏州市级生态美丽河湖建设。倡导绿色生产生活方式，推进重点行业清洁生产，推动“近零碳排放示范企业”创建，优化能源结构和交通运输结构，新能源公交车占比提高16个百分点。

五、紧扣民生福祉，以公共服务完善促生活品质改善

坚持聚焦民生关切，完善制度设计，加强服务供给，强化社会保障，切实让发展更有温度，让幸福更有质感，让服务更暖民心。

1.做好疫情防控。慎终如始抓好常态化疫情防控，因时因势、科学精准调整防控重点和应对举措。坚持“人物同防”，加强各类重点人群管理，强化冷链运输等重点环节监测，建成投用进口冷链食品集中监管仓。做好应急物资储备和新冠肺炎疫苗有序接种工作，提升核酸检测和医疗救治能力。完善重大疫情防控体制机制，健全公共卫生应急管理体系，做好重点场所、重大活动保障，确保防控不松懈、疫情不反弹、发展不停步。

2.优化公共服务。竣工学校20所、开工6所，持续推动新市民子弟学校提档升级，加快实现教育资源优质均衡。升级改造学前儿童看护点7家，实现普惠性幼儿园覆盖率超90%。深入推进校企合作，新增现代学徒制班20个，建设企业学院4个。实施青少年“绿色成长计划”。完成市医学中心实验室改扩建，加快哈佛医学创新中心等高端医疗机构建设，推动三甲医院创建取得实质性进展。启动工人文化宫建设。完成市图书馆、评弹馆提升改造，打造精品城

市小剧场。精心办好市第八届体育运动会。

3.完善社会保障。新增就业2.1万人，城镇登记失业率控制在2%以内，常熟市籍高校毕业生就业率95%以上。开展就业技能培训1.4万人。围绕实现苏州大市就医“一卡通”，全力做好基本医疗保险苏州市级统筹工作。畅通沪虞就医绿色通道和医疗就诊渠道，实现与上海门诊医疗费用双向直接结算。全面完成企业职工基本养老保险省级统筹。城乡居民最低生活保障标准提高5%左右。推动住房保障扩面增效，新增住房公积金缴存职工3万人。建成“养老顾问”信息平台，启动建设2家区域性养老服务中心，试点社区嵌入式养老服务，开展城区“乐龄助餐”工程，建设“15分钟养老服务圈”。做好退役军人安置和就业服务工作。建成民政综合服务中心。镇（街道）儿童关爱之家实现全覆盖。

六、紧扣和谐稳定，以制度建设加强促治理效能增强

全面推进市域社会治理现代化，紧盯重点难点问题，从体制机制着眼，以系统化制度化举措防风险、补短板、精治理，把制度优势转化为治理效能，确保社会大局和谐稳定。

1.健全安全生产监管机制。系统排查和防控城市安全风险，构建城市安全发展长效机制，争创省级安全发展示范城市。坚决抓好省委危化品安全生产专项巡视反馈意见整改，扎实推进“三年大灶”专项整治行动，全口径生产安全事故起数和亡人数实现双下降。推动企业安全风险报告制度向中小企业拓展，强化联动执法，进一步压实企业主体责任。深化“智慧应急”系统建设，推动互联网、政务外网、指挥信息网“三网合一”，实现全市应急平台互通互联、资源共享，提升快速应对突发事件能力。设立“专家超市”，分级分类系统化管理安全专家。

2.完善风险排查化解机制。坚决贯彻总体国家安全观，打好防范化解重大风险攻坚战，进一步落实社会风险防控“四项机制”，构建覆盖面广、敏锐度高、时效性强的社会风险排查网络，提高发现解决问题、防范化解风险的能力。有序推进集中治理重复信访、化解信访积案、保障农民工工资支付等专项行动，全面落实逐级分层负责、矛盾纠纷集约分类调处和信息研判预警等措施，及时有效化解初信初访问题和各类矛盾纠纷，坚决杜绝重大群体性和个人极端事件。全力防范化解政府债务风险和金融风险。

3.优化社会治安防控机制。以市域社会治理现代化评价指标体系为导向，实施“八心工程”，推动社会治理创新发展。加快智慧小区建设，构建上下贯通、协调有力的市镇村三级平安建设工作体系。推进综治中心、联动指挥中心规范化建设，提升基层网格化治理水平。深化“虞城无诈”专项行动，遏制通讯网络诈骗犯罪高发态势。

七、紧扣作风效能，以自身建设提效促政府履职高效

坚持以政治建设为统领，把不忘初心、牢记使命作为永恒课题，抓好“四史”学习教育，强化争先进位意识，全力打造为民、务实、清廉的人民满意政府。

1.强化法治思维。深入建设法治政府，完善依法行政体系，健全落实政府法律顾问制度。严格执行政府重大决策程序规定和规范性文件合法性审查，善用法治思维和法治方式制定政策、解决问题。认真落实市人大及其常委会的决议决定，自觉接受人大依法监督、政协民主监督，主动听取民主党派、人民团体和各界人士的意见建议，高质量办好议案建议和提案。严格执行重大决策出台前向人大报告制度。深入推进综合执法改革，严格规范公正文明执法。启动“八五”普法工作，争创全国首批法治建设示范城市。

2.提升治理能力。进一步解放思想，弘扬真抓实干、事不避难、知责担当的工作作风，不为困难找借口、只为落实想办法。持续推进职能转变、流程再造、效能提升，切实破除求稳心态、路径依赖和部门藩篱。加快数字政府与智慧城市在信息整合、建设运营、辅助决策等领域的共融共享，推动“一网通用”“一网通办”“一网通管”建设，让政府治理更主动、更高效、更精准。

3.加强廉政建设。提升政府系统全面从严治党水平，严格贯彻落实中央八项规定及实施细则精神，坚决防止“四风”问题反弹回潮。落实意识形态工作责任制，加强意识形态领域引导和管理。树牢政府过“紧日子”意识，强化财政预算管理，加强审计监督，继续压缩一般性支出。持续加强纪律建设，严明政治纪律和政治规矩，优化作风效能，努力营造风清气正的政务环境。

各位代表，征程万里风正劲，重任千钧再扬鞭。让我们紧紧团结在以习近平同志为核心的党中央周围，在中共常熟市委的正确领导下，在市人大、市政协的监督支持下，以久久为功、锲而不舍的韧劲，砥砺奋进，顽强拼搏，全力实现美丽常熟建设精彩开局，以优异成绩迎接中国共产党建党100周年！

组织机构及领导人名录

（截至2020年12月31日）

常熟市四套班子领导机构及市纪委监委领导机构

中共常熟市第十三届委员会

书　　记　周勤第
副 书 记　焦亚飞　秦　猛（挂职）
　　　　　沈晓东
常　　委　潘志嘉　张建强
　　　　　薛　啸　王建国
　　　　　宋　刚　潘　浩（1月任）
　　　　　吴晓红（4月任）

常熟市第十五届人民代表大会常务委员会

党组书记　杨崇华
主　　任　杨崇华
副 书 记　陈惠良
副 主 任　吴　军（1月任）　陶　理
　　　　　朱兴元（1月任）　周荣葆

常熟市人民政府

党组书记　焦亚飞
市　　长　焦亚飞
党组副书记　潘志嘉（1月任）
副 市 长　秦　猛（挂职）
　　　　　潘志嘉（1月任）　张月明
　　　　　吴建伟　吴庚昌（挂职）
　　　　　陈国栋（5月任）
　　　　　万晓军（12月任）
　　　　　杨晓峰（12月任）
　　　　　史　纲（12月任）

中国人民政治协商会议常熟市第十四届委员会

党组书记　王建国
主　　席　王建国（1月任）
党组副书记　张建强（9月任）
　　　　　姚丽英（1月任）
副 主 席　吴国华　殷丽萍
　　　　　姚丽英（1月任）

中共常熟市纪律检查委员会

书　　记　薛　啸
副 书 记　沈剑峰
　　　　　李　燕（8月任）
常　　委　周志新
　　　　　李彦久（8月任）
　　　　　张　戟（5月任）

常熟市监察委员会

主　　任　薛　啸（1月任）
副 主 任　沈剑峰　李　燕（9月任）
委　　员　李彦久（1月任）
　　　　　戴　丹（9月任）

常熟市人民武装、审判、检察机构

市人民武装部

政治委员　宋　刚
部　　长　杨海生
副 部 长　郑海平

市人民法院

党组书记、院长　顾海斌
党组副书记　庾　晨
副 院 长　庾　晨　张志强
　　　　　周　薇
　　　　　高小刚（4月任，挂职）
政治处主任　俞惠中

市人民检察院

党组书记、检察长　夏　军
党组副书记　胡　烨（5月任）
副检察长　胡　烨　邢桂霞
政治部主任　姜兆军

中共常熟市委工作机构及部门管理机构

市委办公室

（挂市委研究室、市委机要局、市国家保密局、市国家密码管理局、市档案局牌子）

主　　任　徐惠东（5月任）
副 主 任　衡成军　朱　钰
　　　　　葛昊旻（5月任）
　　　　　王越飞（12月任）

市委研究室

主　　任　葛昊旻（兼，5月任）
副 主 任　王越飞（兼，12月任）
　　　　　刘　祎（兼，3月任）

市委机要局

副 局 长　俞进锋

市国家保密局

局　　长　衡成军
副 局 长　马志强

市档案局

副 局 长　刘　祎（3月任）

市委组织部

（挂市委非公有制企业和社会组织工作委员会、市委市级机关工作委员会、市委党建工作领导小组办公室、市公务员局牌子）

部　　长　潘　浩（1月任）
副 部 长　潘　伟（5月任）　邹燕兰
　　　　　周春阳　邓　玨（兼）
部务委员　余盛州（12月任）
　　　　　吴夏阳（12月任）

市委非公有制企业和社会组织工委

书　　记　潘　伟（5月任）
副 书 记　吴夏阳

市委市级机关工作委员会

书　　记　周春阳

市委党建工作领导小组办公室

主　　任　周春阳
副 主 任　周　赟

市公务员局

局　　长　丁建刚（12月任）
副 局 长　余盛州

市委宣传部

〔挂市政府新闻办公室、市精神文明建设指导委员会办公室、市新闻出版局（市版权局）、市互联网信息办公室牌子，市哲学社会科学界联合会挂靠〕

部　　长　吴晓红（4月任）
副 部 长　奚　坚　王　燕
　　　　　方　宇（12月任）
　　　　　程　立（12月任）

市精神文明建设指导委员会办公室

主　　任　王　燕
副 主 任　朱宇骋（12月任）

市互联网信息办公室

主　　任　奚　坚
副 主 任　王启罡

市哲学社会科学界联合会

副 主 席　徐　雯　凌解良（兼）
　　　　　王　任（兼）

市委统一战线工作部

（挂市委台湾工作办公室、市政府台湾事务办公室、市民族宗教事务局、市政府侨务办公室牌子）

部　　长　张建强
副 部 长　吴文进　苏建东
　　　　　王小民

市委台湾工作办公室

主　　任　朱国清
副 主 任　刘益举

市民族宗教事务局

局　　长　苏建东
副 局 长　顾叙明

市政府侨务办公室

主　　任　王小民

市委政法委员会

书　　记　沈晓东（2月任）
副 书 记　吴建伟（兼）　许晓东
　　　　　王建良　柯志刚
政治处主任　钱闻波（5月任）

市委机构编制委员会办公室

（挂市事业单位登记管理局牌子）

主　　任　潘　健
副 主 任　葛　刚　陆　珩

市委巡察办

主　　任　周志新（12月任）
副 主 任　高延君　王　臻（3月任）

市委巡察组

组　　长　王　曦（12月任）　董卫兵
　　　　　李　艳　徐文胜
副 组 长　毛建锋　薛　政
　　　　　钱敏霞（12月任）　马可玮
　　　　　赵庆锋（12月任）　陈　燕
　　　　　汤　涌（3月任）　陈韦勤

市纪委监委派驻纪检监察组

派驻市委办公室纪检监察组组长
　　　褚卫东
派驻市委组织部纪检监察组组长
　　　张金华
派驻市委宣传部纪检监察组组长
　　　陆　坚
派驻市公安局纪检监察组组长
　　　尹春华
派驻市发展和改革委员会纪检监察组组长　韩世林
派驻市教育局纪检监察组组长
　　　王志明（12月任）
派驻市财政局纪检监察组组长
　　　张培新
派驻市住房和城乡建设局纪检监察组组长　李伟国
派驻市交通运输局纪检监察组组长
　　　朱洁琼
派驻市农业农村局纪检监察组组长
　　　唐文俊
派驻市卫生健康委员会纪检监察组组长
　　　陈建良（12月任）
派驻市行政审批局纪检监察组组长
　　　邵　燕
派驻市市场监督管理局纪检监察组组长
　　　胥保石
派驻市人民法院纪检监察组组长
　　　朱云涛（12月任）
派驻市人民检察院纪检监察组组长
　　　陆　斌
派驻市城投公司纪检监察组组长
　　　王雪军

市委老干部局

局　　长　邓　玨
副 局 长　马建新（8月任）　卜蕾蕾

市委离退休干部工作委员会

书　　记　邓　玨
副 书 记　卜蕾蕾（1月任）

常熟市人大及常委会工作机构

市人大常委会办公室

（挂市人大常委会研究室牌子）

党组书记、主任　支立新
副 主 任　浦明霞　顾群益
　　　　　陈　玲（5月任）

市人大常委会研究室

主　　任　浦明霞

市人大社会建设委员会

副主任委员　杨　林（1月任）

市人大常委会人事代表联络工作委员会

主　　任　须建国
副 主 任　宗　霞

市人大常委会监察和司法工作委员会

主　　任　戴玉华
副 主 任　黄立新

市人大常委会财政经济工作委员会

主　　任　陈　飞
副 主 任　邓美英

市人大常委会农业农村工作委员会

主　　任　范国华
副 主 任　曹　华

市人大常委会城建环保工作委员会

主　　任　杨坚红
副 主 任　霍惠明（9月任）

市人大常委会教科文卫工作委员会

（挂市人大常委会外事民宗侨台工作委员会牌子）

主　　任　周一凡
副 主 任　华　胜

常熟市人民政府工作部门及派出机构

市政府办公室

（挂市政府研究室、市政府外事办公室、市大数据管理局牌子）

党组书记、主任　马维刚
副 主 任　戴亚芳　王　刚
　　　　　洪　卫（1月任）　桑国成
　　　　　许　杰（8月任）
　　　　　刘恩原（兼，8月任）

市政府研究室

主　　任　杨俊达（兼）

市政府外事办公室

主　　任　王　刚

市大数据管理局

局　　长　马维刚
副 局 长　张井明

市发展和改革委员会

（挂市粮食和物资储备局牌子）

党委书记　阚国良（3月任）
主　　任　阚国良（4月任）
副 主 任　陈　岚（1月任）
　　　　　戴庆仁（12月任）
　　　　　殷　伟　王　陶
　　　　　姚　胜（12月任）
　　　　　秦剑霞（12月任，挂职）

中共常熟市委教育工作委员会

书　　记　陈邵东
副 书 记　赵明华

市教育局

局　　长　陈邵东
副 局 长　赵明华　顾　泳
　　　　　邹科惠

市政府教育督导室

主　　任　陈邵东
副 主 任　潘一兵

市科学技术局

党组书记　顾晓丹（5月任）
局　　长　顾晓丹（5月任）
副 局 长　彭伟国　王　天（5月任）
　　　　　田雪峰（12月任）

市工业和信息化局

局长、党委书记　马建峰（5月任）
副 局 长　周　伟（1月任）
　　　　　吴　鹏（1月任）
　　　　　邵志达（5月任）

市公安局

党委书记、局长、督察长　吴建伟
政治委员、党委副书记　吴　宏
副 局 长　夏建刚　管卫东
　　　　　吴　勇
　　　　　张　达（3月任）
　　　　　曹　煜（8月任，挂职）
政治处主任　许　琦

市外来人员服务和管理办公室

（挂市新市民事务中心牌子）

主　　任　夏建刚
副 主 任　殷志江　钱建春
　　　　　钱学军　沈　午（5月任）

市民政局

党委书记、局长　王　钢（5月任）
党委副书记　徐　健
副 局 长　王金良　袁　丰（8月任）

市司法局

党组书记　唐剑锋
局　　长　金健峰
党组副书记　周卫良
副 局 长　周卫良　施珉珏
　　　　　高　虎　孙　玮（12月任）
政治处主任　汤　妍（8月任）

市财政局

（挂市政府国有资产监督管理办公室牌子）

党组书记　范立军（8月任）
局　　长　范立军（9月任）
副 局 长　黄　卫　殷新勇
　　　　　钱　瑛　周宇峰（8月任）
　　　　　胡国平（12月任）

市政府国有资产监督管理办公室

主　　任　范立军
副 主 任　王　蓝（1月任）

市人力资源和社会保障局

党委书记、局长　沈　军（5月任）
党委副书记　沈建新
副　局　长　沈建新　钱雪平
　　　　　　刘颂东　姚　亮（12月任）
　　　　　　杨　晨（12月任）

市自然资源和规划局
（挂市林业局牌子）

党组书记　徐　力
局　　长　俞　翔
副 局 长　徐雪峰　吴志平
　　　　　邹云英　严丽萍（4月任）
总规划师　陈　雷（3月任）

市林业局

局　　长　钱新锋

市绿化委员会办公室

局　　长　钱新峰

市土地储备中心

主　　任　陈建刚

市住房和城乡建设局
（挂市人民防空办公室牌子）

党委书记、局长　钱建平
党委副书记　陈　立（12月任）
副 局 长　陈　立（12月任）
　　　　　薛志恒　陆志明
　　　　　王海晖（3月任）
　　　　　王建国（10月任）
总工程师　姚文龙（3月任）

市人民防空办公室

主　　任　钱建平
副 主 任　平永良　季建宏

市房产管理处

主　　任　薛志恒
副 主 任　刘顺根　江　夏（3月任）

市城市建设基金管理中心

主　　任　姚文龙（3月任）
副 主 任　徐婷婷

市房屋征收管理办公室

主　任　顾利东

市历史文化名城保护管理办公室

主　任　王　奕（8月任）

市城市管理局
（挂市综合行政执法局牌子）

党委书记、局长　薛建伟（12月任）
副 局 长　尹　柯　徐建东
　　　　　陆卫民　周　政

市环境卫生指导中心

主　　任　徐建东（5月任）
副 主 任　朱明华　浦晓峰（8月任）
　　　　　姚　慧

市交通运输局

党委书记、局长　钱敏磊（6月任）
党委副书记　黄若葵
副 局 长　周宜军　赵国良
　　　　　杨　燕　仲春剑
　　　　　张国庆

市港口管理处

主　　任　钱敏磊
副 主 任　顾炜标（1月任）

市水务局

党委书记、局长　乔小力
副 局 长　瞿文明（1月任）　闻振东
党委副书记　瞿文明（8月任）
　　　　　　范文俊
总工程师　周　锷

市农业农村局
（挂市政府扶贫工作办公室牌子）

党委书记、局长　邓国华
党委副书记　沈建环（8月任）
副 局 长　钱振新　邹拥军
　　　　　陆　益　顾维嘉（8月任）
市政府扶贫工作办公室副主任
　　　　　吴　俊（8月任）
总畜牧师　王　中（8月任）
市委农村工作领导小组办公室副主任
　　　　　高　飞（3月任）
总农艺师　钱　彪（8月任）

市商务局
（挂市口岸办公室牌子）

党委书记、局长　陶俊明
党委副书记　张一鸣
副 局 长　张　毅　戚晓维
　　　　　张　雷（12月任）

市口岸办公室

主　　任　陶俊明
副 主 任　金　红

市文体广电和旅游局
（挂市文物局牌子）

党委书记、局长　顾玉芬
副 局 长　章伟东（1月任）　王洪良
　　　　　余　阳
　　　　　王纪渊（12月任）

市文物局

局　　长　顾玉芬
副 局 长　陆　晗（8月任）

市卫生健康委员会

党委书记、主任　黄晓东（12月任）
党委副书记　魏　奇
副 主 任　魏　奇
　　　　　唐佩军（12月任）
　　　　　徐晓萍　马汉青
　　　　　叶文华（挂职）

市退役军人事务局

党组书记、局长　沈靖波
副 局 长　秦建明　陆培新

市应急管理局

党组书记、局长　姚卫东
副 局 长　蒋永卫　应正球
　　　　　王　诚（8月任）　顾宇飞
总工程师　李　铭（12月任）
市安委办专职副主任
　　　　　罗来一（2月任）

市审计局

党组书记、局长　王海燕（12月任）
副 局 长　张军波　查银华（1月任）
　　　　　潘建国
总审计师　袁建军（6月任）

市行政审批局
（挂市政务服务管理办公室牌子）

党委书记、局长（主任） 费卫东
党委副书记 柴 畅
副 局 长（副主任） 苗卫东 吕 松
王 强
总工程师 浦方勇（8月任）

市市场监督管理局
（挂市知识产权局牌子）

党委书记、局长 钱 强（5月任）
副 局 长 朱建中
沈 琴（12月任）
张旦红 吴 东（11月任）
党委副书记 钱 强
食品安全总监 王 文（11月任）

市知识产权局

局 长 钱 强（5月任）
副 局 长 吴 东（11月任）
陆建峰（11月任）

市统计局

党组书记、局长 李志刚
副 局 长 章 虹 张 惠（8月任）
总统计师 周建峰（10月任）

市医疗保障局

党组书记 范建峰（5月任）
局 长 钱向前
副 局 长 范建峰（5月任）
李 军（5月任）

市信访局

党组书记 刘恩原（9月任）
局 长 刘恩原（8月任）
副 局 长 徐家农 张 英
信访督查专员 阮 超（5月任）

市地方金融监督管理局
（挂市政府金融工作办公室牌子）

党组书记、局长 顾 麟（12月任）
副 局 长 顾 晨 黄 伟（8月任）

市政府金融工作办公室

主 任 顾 麟（12月任）
副 主 任 顾 晨

常熟市政协工作机构

市政协秘书处

秘 书 长 施 晨
副秘书长 何晓东 李 忠
项 颖 徐澍中（兼）

市政协办公室
（挂市政协研究室牌子）

主 任 施 晨
副 主 任 何晓东 李 忠
项 颖

市政协研究室

主 任 李 忠

政协委员服务联络工作办公室

主 任 何晓东

市政协提案委员会

主 任 钱晓东
副 主 任 朱素倩 朱 钰（兼）
杨俊达（兼）

市政协经济科技和农业农村委员会

主 任 王剑江
副 主 任 陆敏学 顾利东（兼）

市政协城乡建设委员会

主 任 陈向忠
副 主 任 秦卫东 查银华（兼）
章伟东（兼）

市政协社会事业委员会

主 任 庞学海
副 主 任 徐澍中 赵文伟（兼）
唐建雪（兼）

市政协港澳台侨（民族宗教）委员会

主 任 唐建军
副 主 任 徐 岗 朱国清（兼）
王小民（兼）

市政协文史委员会

主 任 唐 奕
副 主 任 何君良 缪晓东（兼）

常熟市市委、市政府直属事业单位

市合作交流中心

主 任 朱一鸣（1月任）
副 主 任 姚志强 庄明明（1月任）

市档案馆

党组书记、馆长 丁 雷
副 馆 长 殷 红 朱凤伟
钱棣华

市委党校
（挂市行政学校牌子）

校 长 沈晓东
常务副校长 时映光（12月任）
副 校 长 王永前 陈云水
邵 镭

市行政学校

校 长 时映光（12月任）
副 校 长 钱雪平（兼）

市委党史工作办公室
（市地方志编纂委员会办公室）

党组书记、主任 潘志英
副 主 任 金国锋（12月任）
归岳嵚（5月任） 张 军

市级机关事务管理中心

党组书记、主任 贾宇烨（1月任）
党组副书记 王剑江
副 主 任 王剑江 韩丽亚
石建东 谈晓枫（1月任）

市供销合作总社

党委书记、理事会主任
徐学东（8月任）

理事会副主任　许　柳（8月任）
徐国兴（12月任）
监事会主任　罗卫刚（8月任）

市融媒体中心
（5月组建）

党委书记、主任　陆　清
党委副书记、总编辑
夏玲慧
副主任（副总编辑）
戚晓峰　巴泽民
陶　胜　杨　绮
纪委书记　王振荣

市检验检测中心

党组书记、主　任　李建农
党组副书记　诸雪梅
副主任　龚　阶　孔　巍（3月任）

市便民服务中心
（市社会治理现代化综合指挥中心）

主　　任　沈卫东
副 主 任　张　健

垂直条线管理机构

国网江苏省电力有限公司
常熟市供电分公司

党委书记　陆　斌
总 经 理　胡　军
党委副书记　胡　军
副总经理　陆　斌　钱建兵（6月任）
严伟佳　黄建刚（6月任）
吴　晔

常熟邮政管理局

局　　长　郝　磊

中国邮政集团公司
江苏省常熟市分公司

党委书记、总经理　高陆军（3月任）
副总经理　姚峰明　陆　磊（4月任）
纪委书记　陆　磊（4月任）

中国电信股份有限公司常熟分公司

党委书记、总经理　郑　军（11月任）
副总经理　曹唯一（12月任）
孔　俊　李　强（12月任）
王春明（12月任）
纪委书记　曹唯一

中国移动通信集团
江苏有限公司常熟分公司

总 经 理　袁新龙
副总经理　夏国良　孔　凯

中国联合网络通信有限公司
常熟市分公司

总 经 理　陈　军
副总经理　周　锋　张志伟
片区专职纪检员　高　波

江苏有线网络发展有限责任公司
常熟分公司

党委书记　杨　伟（6月任）
总 经 理　杨　伟
纪委书记　艾俊兴（6月任）
副总经理　刘　强　陶希峰
孙炎冰

国家税务总局常熟市国家税务局

局长、党委书记　陶　枫
副 局 长　汤　洪　汤振华
吴才丰　俞　羚
邵力洲　黄　峰
包军英
纪检组长　杨照生

国家税务总局
苏州常熟经济技术开发区税务局

党委书记、局长　叶卫康

苏州市常熟生态环境局

党组书记　王晓东（6月任）
局　　长　王晓东
党组副书记　鞠庆丰（6月任）
副 局 长　刘家鹏　刘　玮
时晓波（6月任，挂职）

江苏省统计局常熟调查局

局　　长　章锦页

苏州市住房公积金管理中心常熟分中心

主　　任　冯　超
副 主 任　沈利亚

市消防救援大队

党委书记、政治教导员　钟移峰
副大队长　赵　帅　孙朗彤

中国人民银行常熟市支行
（国家外汇管理局常熟支局）

党组书记、行（局）长　陈　平
副 行 长　金耀良　蔡　铭
纪检组长　金耀良

中国银行保险监督管理委员会
苏州监管分局常熟监管组

组　　长　魏　军

中国工商银行股份有限公司常熟市支行

党委书记、行长　江运昌
纪委书记　曾　涛
副 行 长　邢　华（12月任）
李周雁　张学忠
汪晓峰

中国农业银行股份有限公司常熟分行

党委书记、行长　徐于蓝（3月任）
党委副书记、纪委书记
季玉珍（5月任）
副 行 长　朱春笋　高　燕
陈　悦　张学冬
行长助理　李治龙

中国农业发展银行常熟市支行

行　　长　袁达明

中国银行股份有限公司常熟支行

党委书记、行长　祈德元
苏州分行纪委派驻纪检第五组组长
孙晓明（机构更名，3月任）

副 行 长　王　艳
高级经理　顾素霞
行长助理　汪建刚（11月任）
　　　　　吴耀亮（12月任）

中国建设银行股份有限公司常熟支行

党委书记、行长　黄继军
副 行 长　芦育文　章　莉
　　　　　王叶红
驻行纪检组长　陆奇峰（6月任）

交通银行股份有限公司常熟分行

副 行 长　王建丰（主持工作，11月任）
　　　　　路忠强　杨敏芳
　　　　　陈小茹（11月任）
行长助理　孙　洁

江苏常熟农村商业银行股份有限公司

党委书记、董事长　庄广强
党委副书记、行长　薛　文
党委副书记、监事长　黄勇斌
副 行 长　付　劲　陈　稔
　　　　　尹宪柱　吴铁军
　　　　　包　剑
纪委书记　张康德

中国邮政储蓄银行股份有限公司常熟市支行

行　　长　陆月明

中国人民财产保险股份有限公司常熟中心支公司

公司负责人　钱红兵（12月任）
副总经理　吴怀民（1月任）
　　　　　钱力飞（1月任）
　　　　　陈莉娟（1月任）
总经理助理　霍　佳（12月任）

中国人寿保险股份有限公司常熟支公司

总 经 理　刘　政
副总经理　张　晨　陈　洁
总经理助理　蔡　玮
　　　　　高　超（4月任）

中国太平洋财产保险股份有限公司常熟中心支公司

党委书记、总经理　许兴达
副总经理　秦卫刚　时东鹰
　　　　　张正元

中国太平洋寿险股份有限公司常熟中心支公司

总经理　何　刚（11月任）

中国平安财产保险股份有限公司常熟支公司

总 经 理　杨　波
副总经理　徐秋雄

常熟市烟草专卖局（苏州市烟草公司常熟分公司）

局长、经理　徐黎明
副 局 长　刘　杰　王　彤（5月任）
副 经 理　高　琪

常熟市盐业有限公司

副 经 理　姚俊杰（主持）　孙　鼎

常熟市气象局

局　　长　孟祥飞（12月任）
副 局 长　刘海英　郭　倩（3月任）

常熟市民主党派、社会团体

中国民主同盟常熟市委员会

主　　委　俞　翔（12月任）
副 主 委　唐佩军（兼）　徐丽娟（兼）

中国民主建国会常熟市委员会

主　　委　张月明
副 主 委　徐澍中（兼）　吴忠庆
　　　　　屈建龙

中国民主促进会常熟市委员会

主　　委　金健峰（12月任）
副 主 委　朱　晞　邹科惠（兼）
　　　　　缪晓东

中国农工民主党常熟市委员会

主　　委　陶　理
副 主 委　钱向前（兼）
　　　　　赵文健　韩　冷

中国国民党革命委员会常熟市基层委员会

主　　委　查银华（11月任）
副 主 委　杨怡芳（11月任）
　　　　　杨　刚（11月任）
　　　　　章　虹（11月任）

九三学社常熟市支社委员会

主　　委　施　杨（12月任）
副 主 委　杨秀云（12月任）

市工商业联合会（市总商会）

党组书记　赵　军
主　　席　朱克明
副 主 席　赵　军　戴富保
　　　　　袁卫忠　王　燕

市总工会

党组书记　姚建祥（12月任）
主　　席　姚建祥
副 主 席　顾志强　毛书齐
　　　　　王　燕　朱文勇（12月任）
　　　　　黄　维（挂职）

共青团常熟市委员会

党组书记、书记　刘　飞（8月任）
副 书 记　常晓晨（3月任）
　　　　　陶丽阳（8月任）

市妇女联合会

党组书记、主席　周　燕
副 主 席　毛　华（8月任）　高　怡

市科学技术协会

党组书记、主席　朱立新
副 主 席　吕廷钧（12月任）

祝　丹（8月任）

市文学艺术界联合会

党组书记、主席　梁　盾
副　主　席　苏映红　李向东

市归国华侨联合会

党组书记、主　席　王小民
副主席　杜建刚　孟学军（兼）
陈伟娟（兼）　宋　波（兼）

市残疾人联合会

党组书记、理事长　童建清（1月任）
副理事长　陈芳勇　桑建刚
姚连保　吴　洁（8月任）

市红十字会

会　长　张月明（兼）
常务副会长　董　萍
副会长　顾明月（挂职）

市关心下一代工作委员会

主　任　俞惠良
副主任　沈秋农　邓　玒
陆凤妹　顾漪玲
王国琳

常熟市无党派知识分子联谊会

会　长　戚晓维
副会长　章伟东　邢桂霞
龚　政　吴颖锋

开发区、口岸管理机构

常熟经济技术开发区党工委

书　记　周勤第
副书记　焦亚飞　史红亮
委　员　顾伟明（5月任）
陆利兵　贺勇胜
徐国强　唐志军（5月任）
周　晓（8月任）
徐　峰（12月任）

常熟经济技术开发区管理委员会

主　任　焦亚飞（12月任）
副主任　史红亮　顾伟明（5月任）
贺勇胜　徐国强
唐志军（5月任）
周　晓（8月任）
徐　峰（12月任）

常熟经济技术开发区纪工委

书　记　陆利兵
副书记　袁建军

经济技术开发区党政办公室

主　任　唐　坚
副主任　王　宏（1月任）　王　科
陈维佳（1月任）

经济技术开发区财政局

局　长　黄熙枚
副局长　冯　静　王　佳（8月任）

经济技术开发区组织人事劳动局（党群工作办）

局　长（主任）　陈正东（5月任）
副局长（副主任）　吴燕婷

经济技术开发区经济发展局

局　长　蔡恒宇（8月任）
副局长　黄一鼎（3月任）
王亚南（3月任）

经济技术开发区招商局

局　长　郑　健（11月任）
副局长　周军丽（11月任）
吴　健　仲建军
倪佳慧（11月任）
钱以临

经济技术开发区规划建设局

局　长　马　新（1月任）
副局长　盛振琪　孙　磊（3月任）

经济技术开发区安全生产监督管理和环境保护局（社会综合治理办公室）

局　长（主任）　陈　宏（1月）
副局长（副主任）　沈建康
副局长　陈　璇　严　涛（3月任）

经济技术开发区行政审批局

局　长　王井刚（11月任）

经济技术开发区科技创新局

局　长　钱　韧（11月任）
副局长　蒋　伟（11月任）
唐建峰（11月任）

化工集中区管理办公室

主　任　陈　宏（1月任）
副主任　陈　璇（1月任）

常熟科创园管理服务中心

主　任　丁建刚
副主任　葛　龙
应春雷（11月任）

江苏省常熟高新技术产业开发区党工委

书　记　王建国（5月任）
副书记　芮卫国（5月任）
委　员　张宁江　沈建平
顾志强（5月任）　蒋向阳

江苏省常熟高新技术产业开发区管委会

副主任　芮卫国（5月任）　张宁江
顾志强（5月任）　蒋向阳
玛依拉·吾斯曼（挂职）

江苏省常熟高新技术产业开发区纪工委

书　记　沈建平
副书记　高向军

高新技术产业开发区党政办公室

主　任　毛雨东
副主任　李　斌

高新技术产业开发区组织人事劳动局

局　长　俞　敬

副 局 长　袁学文
　　　　　陆秀芳（12月任）

高新技术产业开发区规划建设局

局　　长　陈　义（1月任）
副 局 长　顾军明　沈建刚

高新技术产业开发区招商局

局　　长　陶传龙
副 局 长　姚　成　李索一

高新技术产业开发区经济发展局

局　　长　沈　阳
副 局 长　王　娴

高新技术产业开发区安全生产监督管理和环境保护局

局　　长　钱晓东
副 局 长　曹仁明　李　俊

高新技术产业开发区科技与知识产权局

局　　长　张　健
副 局 长　杨　晋
　　　　　钱芝英（12月任）

高新技术产业开发区财政局

局　　长　李军良
副 局 长　刘耀东
　　　　　王　琳（12月任）

高新技术产业开发区社会事业局

局　　长　王　维（8月任）
副 局 长　李　梅（8月任）

常熟国家大学科技园党工委

委　　员　王奇峰

常熟国家大学科技园管委会

副 主 任　王奇峰　吴庚昌（挂职）

大学科技园科技招商部

部　　长　王　翼
副 部 长　罗　丽（5月任）

大学科技园企业服务部

部　　长　梁红梅
副 部 长　徐志良（5月任）

大学科技园综合事务部

部　　长　沈晓明（5月任）
副 部 长　章　晖

大学科技园投融资管理部

副 部 长　吴志鹤
　　　　　刘立庄（8月任，挂职）

江苏高科技氟化学工业园（江苏常熟新材料产业园）党工委

书　　记　朱惠明
副 书 记　金永青　凌建东
委　　员　马卫江　陈　荣
　　　　　俞建军（3月任）
　　　　　王　成（12月任）

江苏高科技氟化学工业园（江苏常熟新材料产业园）管委会

主　　任　金永青
副 主 任　凌建东　马卫江
　　　　　陈　荣　俞建军（3月任）
　　　　　王　成（12月任）

常熟国家农业科技园区管委会

主　　任　张建华（8月任）
副 主 任　王志年（12月任）
　　　　　王文青

中华人民共和国常熟出入境边防检查站

党委书记、政治委员　吴　勇
党委副书记、站长　张　莉
副 站 长　李正林　周　标
　　　　　张文勇
纪委书记　李正林

中华人民共和国常熟海关

党委书记、关长　吴　敏（11月任）
副 关 长　顾巧元　陈玉福
　　　　　蔡东良　李信军
　　　　　陈　葵
派驻纪检监察组副组长　许　敏

中华人民共和国江苏常熟海事局

党委书记、局长　林　翔（2月任）
政委、党委副书记、纪委书记　周卫东
副 局 长　周　勇
　　　　　方志成（8月任）
　　　　　曹志章（挂职）

长江引航中心常熟引航站

书　　记　朱学文（9月任）
副 站 长　赵留旗（11月任）

市属企业

市城市经营投资有限公司

党委书记、董事长　钱瑞龙
总 经 理　田维兴（12月任）
党委副书记　田维兴（12月任）
　　　　　沈架飞　陈建刚（挂职）
副总经理　黄延飞　金　科
　　　　　陶立雄（12月任）

市保障房开发建设有限公司

董事长　钱瑞龙
总经理　田维兴（12月任）

市发展投资有限公司

党委书记、董事长　徐学峰
党委副书记　陶少锋
副 总 经 理　陶少锋
党委副书记、纪委书记
　　　　　曹　俊（12月任）

江苏江南商贸集团有限责任公司

党委书记、董事长　游立志
总 经 理　钱晓锋（12月任）
党委副书记　钱晓锋（12月任）
　　　　　陈剑江
副总经理　杨世怡（12月任）
　　　　　赵洲洋（12月任）
纪委书记　王建平（1月任）

总经理助理　周宏雷

市水务投资有限公司

党委书记、董事长　石伟江
党委副书记、总经理　顾洪良
副总经理　鲁　成
总经理助理　汪叶枫

常熟文旅发展有限责任公司

党委书记、董事长、总经理　陈　勇
党委副书记　支建新（12月任）
副总经理　支建新（12月任）
　　　　　顾晓强　叶永盛
　　　　　吴　颖（12月任）
纪委书记　许卫明

市城市经济发展有限公司

党委书记、董事长、总经理　陆小强
副总经理　史晓滨（12月任）
　　　　　徐　键（12月任）
　　　　　牛运丰（挂职）
总经理助理　程　璐

驻常部属企业

江苏常熟发电有限公司

党委书记　李东卫
总经理　奚林根
纪委书记、工会主席　王　爽
副总经理　杭桂男　陈嘉昕
　　　　　戴　冰
总会计师　卢　平

高等学校、中专、省重点中学及市直属医院

常熟理工学院

党委书记　朱士中
院　　长　江作军
党委副书记　江作军　沈宗根
　　　　　周　宏
副院长　沈宗根　钱素平
　　　　张根华　李俊峰
常　　委　钱素平　张根华
　　　　　张德高　李俊峰
　　　　　王爱华　王　任
纪委书记　张德高

江苏省常熟职业教育中心校

校长、党委副书记　苏建青

江苏省常熟中学

党委书记、校长　龚胜强

常熟市中学

党委书记、校长　马　宁

市第一人民医院

党委书记　黄　伟
院　　长　陈　波

市第二人民医院

党委书记　吕卫华
院　　长　王志强

市中医院（新区医院）

党委书记　邓正泊
院　　长　唐　键

各镇、街道（场）领导机构

虞山街道

党工委书记　褚宏伟
党工委副书记　石　君
　　　　　高　平（12月任）
　　　　　沈　成
党工委委员　高桂兴
　　　　　陈晓华（12月任）
　　　　　李媛媛（8月任）
　　　　　朱　微
　　　　　蒋　丰（10月任）
纪工委书记　陈晓华（12月任）
人大工委主任　朱卫东
人大工委副主任　钱丽萍
办事处主任　石　君
副主任　高桂兴　金雪庆
　　　　支晓东（8月任）
　　　　邵雪明　吴　伟
政协工委主任　沈　成

常熟虞山文化旅游度假区管理办公室

副主任　高　平（12月任）

虞山林场

场　　长　石　君
副场长　邹红斌　邹　瑛（1月任）
　　　　秦剑霞（12月任）

常福街道

党工委书记　程　锋
党工委副书记　韩晓诚　李惠华
　　　　　姚　君（12月任）
党工委委员　邹　捷　徐建良
　　　　　徐　耘　蔡　胜
　　　　　邹建安（8月任）
　　　　　陈莉莉（8月任）
　　　　　孔丹枫（12月任）
纪工委书记　徐　耘
人大工委主任　庞凤琴
办事处主任　韩晓诚
副　主　任　袁卫东　何根元
　　　　　贝宝芬（8月任）
　　　　　陈　杰（8月任）
　　　　　孔建寿（挂职）
政协工委主任　李惠华

常熟虞山高新技术产业开发区（筹）

党工委书记　程　锋
党工委副书记　韩晓诚　李惠华
　　　　　姚　君（12月任）
党工委委员　邹　捷　徐建良
　　　　　徐　耘　蔡　胜
管委会主任　韩晓诚
副　主　任　袁卫东　何根元

莫城街道

党工委书记　许晓挺（12月任）
党工委副书记　凌志勇（8月任）
　　　　　常　旭（8月任）
党工委委员　李　艳
　　　　　周　青（8月任）
　　　　　陈美华
　　　　　顾亿春（12月任）
　　　　　吴明杰（挂职）
　　　　　吕　军（11月任，挂职）

纪工委书记　李　艳
人大工委主任　张建明
办事处主任　凌志勇（8月任）
副 主 任　须文胜
张志军（8月任）
费春明（8月任）
政协工委主任　常　旭（8月任）

常熟服装城

党工委书记　许晓挺（12月任）
副 书 记　章一帆（8月任）
党工委委员　唐国林　李　艳
陈美华　吴明杰（挂职）
纪工委书记　李　艳
管委会主任　章一帆（11月任）
副 主 任　唐国林　顾辛辛（8月任）

琴川街道

党工委书记　顾　锋（12月任）
党工委副书记　王　峰　查玉英
蔡晓军
党工委委员　洪云伟　尹　伟
颜　容　罗文中
王浩强
胡敏钰（12月任）
王庭相（10月任，挂职）
纪工委书记　洪云伟
人大工委主任　汪　群
办事处主任　王　峰
副 主 任　徐　强　张蔼琦
吴宇昇　薛文磊（12月任）
政协工委主任　查玉英

常熟国家大学科技园琴川分园综合管理办公室

副 主 任　王　峰　徐　强
张蔼琦　吴宇昇

海虞镇

党委书记　朱惠明
副 书 记　须亚军　倪烨敏（5月任）
李春洪（5月任）
崔文龙（8月任，挂职）
党委委员　钱志国　王卫东
吴　江　周雯霞
沈　彬（12月任）
李　丰（10月任，挂职）
纪委书记　王卫东
人大工委副主任　窦卫东
镇　长　须亚军
副 镇 长　钱志国　唐　亿
苏剑峰　吕　宏
政协工委主任　倪烨敏（5月任）

梅李镇

党委书记　许晓波（5月任）
副 书 记　陆益斌　吴　晓（8月任）
党委委员　冯利明　周琴花
陈伟娟　石　梅
朱志春（12月任）
秦　珺（12月任）
曾维忠（10月任，挂职）
纪委书记　朱志春（12月任）
人大主席　徐　力
副 主 席　仲建东
镇　长　陆益斌
副 镇 长　冯利明　陈伟娟
薛建国（3月任）
陆建东　陆超群
刘兴刚（8月任，挂职）
政协工委主任　顾君明

辛庄镇

党委书记　周　晓（5月任）
副 书 记　周振洪（5月任）
龚　强　王正国
党委委员　吴利锋　秦雅红
陆建青　王　吉（8月任）
章晓熠（12月任）
季子牛（10月任，挂职）
纪委书记　陆建青
人大主席　范建新
副 主 席　周振洪（6月任）
副 镇 长　吴利锋　吴文龙
陈伟忠　陈琰新（6月任）
仇　雷（10月任）
副镇长候选人　王　熙（12月任）
政协工委主任　龚　强

古里镇

党委书记　谈晓华（5月任）
副 书 记　俞　铁（5月任）　顾小燕
许　俊（12月任）
刘　飞（8月任）
闫国栋（8月任，挂职）
党委委员　顾雪峰　刘　呈
何静芬　查仁芳（12月任）
顾　玮　陈晓宇（12月任）
黄建良（10月任）
纪委书记　查仁芳（12月任）
人大主席　陈建青
镇　长　谈晓华
副 镇 长　顾雪峰　万拥东
管国军　陈新华（6月任）
陈　琦（12月任）
政协工委主任　顾小燕

支塘镇

党委书记　董国新
副 书 记　周志坚　张志强
付春秀（8月任）
党委委员　黄　剑（12月任）　屠文英
李晓明　陈虎刚
陈　军（3月任）
石　星（12月任）
夏　强（10月任，挂职）
纪委书记　陈虎刚
人大主席　沈振新
副 主 席　屠文英（兼）　陈建中
镇　长　周志坚
副 镇 长　王静宇　汤　炜
张丽芳　顾　俊（9月任）
吴启帆（9月任）
副镇长候选人　黄　剑（12月任）
政协工委主任　周大利

沙家浜镇

党委书记　沈育军（12月任）
副 书 记　徐　玉（9月任）
夏　冬　朱　炬
孙迎辉（8月任，挂职）
党委委员　于　宙（8月任）　田菊芳
钱英杰（12月任）
时利峰　冯文澜（8月任）
李文平（12月任）
纪委书记　钱英杰（12月任）
人大主席　夏　冬
镇　长　张康德
镇长候选人　徐　玉（12月任）

副　镇　长　于　宙（9月任）　朱惠江
马伟宇　顾文杰
高　宇（1月任）
副镇长候选人　姚玉婷（12月任）
政协工委主任　朱　炬（9月任）

沙家浜旅游度假区

党工委书记　沈育军（12月任）
副　书　记　瞿晓峰　顾永忠
管委会主任　瞿晓峰
副　主　任　顾永忠　吴　旭
金天文（12月任）

董浜镇

党委书记　朱晓峰（5月任）
副　书　记　苏利刚　叶　斌
袁　瑜（8月任）
党委委员　陆耀光（12月任）　俞拥军
龚春霞（12月任）　章伟平
聂加敏（8月任）
王建国（10月任，挂职）
纪委书记　章伟平
人大主席　顾建东
镇　　长　苏利刚（6月任）
副　镇　长　王静良
副镇长候选人　陆耀光（12月任）
杨　萌（12月任）
政协工委主任　李美新

尚湖镇

党委书记　倪嘉臻（5月任）
副　书　记　金　晓（5月任）
吕　刚　顾丽娟（8月任）
杨尚磊（8月任，挂职）
党委委员　金雪良　周冬青
浦利明　陈　瑜
沈　锋　朱方明
王丽红（8月任）
朱奕骏（11月任，挂职）
纪委书记　周冬青
人大主席　沈志明
镇　　长　金　晓（5月任）
副　镇　长　金雪良　陆任协（6月任）
金国清　陶文军
王晓楠（6月任）
王平平（12月任）
政协工委主任　王卫刚

碧溪街道

党工委书记　赵　斌（8月任）
党工委副书记　王伟东（1月任）
陆志强　窦明春
党工委委员　王学东　黄晓红
周丽芳　毛国昌
范惠清
支国光（11月任，挂职）
纪工委书记　毛国昌
人大工委主任　王向东
办事处主任　王伟东（1月任）
副　主　任　季黎明　夏　健
陶培雄　朱　慧
张　波（12月任）
政协工委主任　陆志强

东南街道

党工委书记　王　维（8月任）
党工委副书记　李　梅（8月任）
郭晓峰
党工委委员　姚彩莲（8月任）
陈燕薇　俞晓燕（3月任）
胡　耀（11月任）
纪工委书记　陈燕薇
人大工委副主任　陈志军（12月任）
办事处主任　李　梅（8月任）
副　主　任　陈建良
政协工委主任　郭晓峰（5月任）

注：名录由市委组织部、各单位等提供并审核，如有误，一律以正式文件为准。

统计资料

2020年常熟市国民经济和社会发展统计公报

2020年，面对新冠疫情带来的不利影响以及日益复杂严峻的国内外经济形势，全市上下坚持以习近平新时代中国特色社会主义思想为指导，认真贯彻落实市委市政府各项决策部署，牢牢把握稳中求进工作总基调，以“六稳”“六保”为工作主线，聚焦“三增三进”工作目标，全市经济保持平稳运行，产业结构不断优化，新旧动能持续转换，城乡建设有序推进，民生福祉日益提高，高质量发展获得新突破。

一、综 合

经济运行稳中有进。全年实现地区生产总值2365.43亿元，按可比价计算比上年增长3.6%。其中：第一产业增加值40.34亿元，比上年增长1.9%；第二产业增加值1146.07亿元，增长4.1%；第三产业增加值1179.03亿元，增长3.1%。三次产业比例调整为1.71 : 48.45 : 49.84。按常住人口计算，人均地区生产总值141309元。

财政收入稳步向好。全年实现一般公共预算收入213.66亿元，比上年增长5.2%。其中，税收收入完成184.18亿元，比上年增长7.1%，税收收入占一般公共预算收入的比重为86.2%，比上年提升1.5个百分点。全年实现一般公共预算支出229.77亿元，比上年增长4.7%。

物价水平逐步回稳。全年居民消费价格比上年上涨2.5%。八大类消费品和服务项目价格“三升五降”，其中食品烟酒类价格上涨9.1%，其他用品和服务类价格上涨7.2%，教育文化和娱乐类价格上涨2.8%，交通和通信类价格下降3.2%，居住类价格下降1.6%，生活用品及服务类价格下降0.5%，医疗保健类价格下降0.2%，衣着类价格下降0.1%。

就业形势保持稳定。全年新增就业岗位5.56万个，提供高校毕业生就业岗位1.44万个，开发公益性岗位1064个，新增就业人员2.99万人。年末城镇登记失业率1.77%。本市籍高校毕业生就业率达98.46%。

二、农林牧渔业

农业结构持续优化。全年粮食总产量23.15万吨，比上年下降0.7%。其中，夏粮产量5.77万吨，比上年下降8.1%；秋粮产量17.38万吨，增长2.0%。全年肉类总产量3210吨，比上年下降38.2%；禽蛋产量1290吨，增长6.1%。水产品产量24552吨，比上年增长1.1%。

2020年主要农产品产量及其增长速度

产品名称	计量单位	产 量	比上年增长%
粮食	吨	231467	−0.7
#夏粮	吨	57653	−8.1
#小麦	吨	56511	−8.2
秋粮	吨	173814	2.0
#水稻	吨	168532	2.2
蔬菜	吨	703968	0.0
茶叶	吨	33.1	−0.3
生猪出栏	万头	3.19	−46.5
家禽出栏	万只	28.05	15.5
牛奶	吨	19280	−33.3
水产品	吨	24552	1.1

农业现代化有序推进。农业招商引资签约23个项目，计划投资额13.3亿元。全市农业园区面积占耕地面积比达63%，新建高标准农田（池塘）面积4.5万亩，“三高一美”指数达80%，新建省级绿色优质农产品基地16.95万亩，畜禽生态健康养殖比重达100%。创建苏州市级农业龙头企业4家，6家农业龙头企业成功在省股权交易中心挂牌。

三、工业和建筑业

工业经济企稳回升。全年实现规模以上工业总产值3695.35亿元，比上年增长5.1%。按企业规模分，大型企业产值1087.66亿元，占规上工业总产值的比重为29.4%；中型企业产值1081.23亿元，占比29.3%；小微企业产值1526.46亿元，占比41.3%。按注册类型分，内资企业产值1997.82亿元，占规上工业总产值的比重为54.1%；外资及港澳台企业产值1697.53亿元，占比45.9%。

全市规模以上工业33个大类行业中，有21个行业产值保持增长，占行业总数的63.6%，其中14个行业增速超过10%，占行业总数的42.4%。规上工业前十大行业合计实现产值2957.40亿元，占规上产值的80.0%。

2020年规模以上工业前十大行业产值
及其占规上工业总产值的比重

指　标	产值（亿元）	占比%
电气机械及器材制造业	615.14	16.6
汽车制造业	511.97	13.9
化学原料及化学制品制造业	376.54	10.2
黑色金属冶炼及压延加工业	322.35	8.7
计算机、通信和其他电子设备制造业	262.15	7.1
纺织业	261.00	7.1
通用机械制造业	224.80	6.1
金属制品业	136.21	3.7
专用设备制造业	130.62	3.5
橡胶和塑料制品业	116.62	3.2

支柱产业保持平稳。全市三大支柱产业实现产值1978.83亿元，比上年增长4.2%。其中，装备制造产业产值774.75亿元，增长11.5%；汽车零部件产业产值769.93亿元，增长12.0%；纺织服装产业产值434.16亿元，下降16.0%。

建筑行业增势明显。全年资质以上总承包和专业承包建筑业企业实现建筑业总产值199.22亿元，比上年增长10.8%；竣工产值154.95亿元，增长18.2%。资质以上总承包和专业承包建筑业企业房屋施工面积1736.41万平方米，比上年增长10.9%，其中新开工面积670.08万平方米，增长38.0%；竣工面积500.83万平方米，增长30.1%。

四、固定资产投资

投资需求快速增长。全年完成全社会固定资产投资630.95亿元，比上年增长20.8%。分行业看，工业投资完成300.57亿元，比上年增长43.5%；服务业投资完成330.20亿元，增长5.6%。分投资主体看，国有投资完成129.03亿元，比上年增长30.7%；港澳台及外商投资完成87.41亿元，增长9.7%；民间投资完成414.50亿元，增长20.5%，民间投资占全社会投资的比重为65.7%。

投资结构调整完善。全年完成制造业投资286.18亿元，比上年增长48.1%，占工业投资的比重为95.2%；高技术制造业投资72.19亿元，比上年增长150.4%，占工业投资的比重为24.0%；新兴产业完成投资214.15亿元，比上年增长76.5%，占全社会投资的比重为33.9%。

房产市场有所降温。全年完成房地产开发投资238.66亿元，比上年下降1.4%；房屋施工面积1035.83万平方米，下降0.7%。全年实现商品房销售面积232.03万平方米，比上年下降4.7%；销售额289.38亿元，下降12.7%。

2020年房地产开发和销售主要指标完成情况
及其增长速度

指　标	计量单位	绝对数	比上年增长%
投资额	亿元	238.66	-1.4
#住宅	亿元	212.39	0.9
房屋施工面积	万平方米	1035.83	-0.7
#住宅	万平方米	767.97	-2.6
房屋新开工面积	万平方米	141.96	-61.8
#住宅	万平方米	96.56	-67.2
房屋竣工面积	万平方米	180.59	96.4
#住宅	万平方米	143.81	108.0
商品房销售面积	万平方米	232.03	-4.7
#住宅	万平方米	216.98	-5.5
商品房销售额	亿元	289.38	-12.7
#住宅	亿元	279.50	-12.8

五、国内贸易

消费市场保持增长。全年实现社会消费品零售总额1031.62亿元，比上年增长0.1%。按行业分，批发和零售业零售额980.21亿元，比上年增长1.1%；住宿和餐饮业零售额51.41亿元，比上年下降17.0%。

限额以上批发零售贸易企业零售额中，化妆品类增长80.8%，粮油、食品类增长74.0%，通讯器材类增长27.7%，日用品类增长26.7%，服装、鞋帽、针纺织类增长6.7%，家用电器和音像器材类下降11.5%，汽车类下降4.7%，石油及制品类下降3.4%，建筑及装潢材料类下降2.2%。

六、开放型经济

利用外资质量齐升。全年新增注册外资31.38亿美元，比上年增长189.3%，其中新设项目91个，注册外资26.67亿美元；实际使用外资6.31亿美元。

对外贸易低位运行。全年实现进出口总额191.35亿美元，比上年下降15.2%。其中，进口65.79亿美元，比上年下降2.7%；出口125.56亿美元，同比下降20.5%。进出口差额（出口减进口）59.77亿美元，比上年减少30.68亿美元。分出口方式看，加工贸易出口37.66亿美元，比上年下降39.2%；一般贸易出口77.02亿美元，下降10.6%。

外经外包有效拓展。全年新增境外企业12家，新批中方境外投资额3.22亿美元，比上年增长61.4%。全年新签境外劳务及承包工程合同额2.55亿美元，完成营业额2.25亿美元。全年服务外包接包合同额3.95亿美元，比上年增长23.6%；离岸接包执行额2.48亿美元，增长13.4%。

七、交通、邮电和旅游

交通运输涨跌互现。全年旅客运输量2321万人次，比上年下降29.7%；旅客周转量7.76亿人公里，下降42.2%。全年货物运输量2062万吨，比上年增长5.1%；货物周转量48.22亿吨公里，增长6.9%。全年常熟港货物吞吐量达8732万吨，比上年增长23.4%。其中，外贸货物吞吐量1448万吨，比上年增长20.4%；集装箱吞吐量23.45万标箱，增长1.3%。年末民用汽车保有量达51.35万辆，比上年增长4.7%，其中私家车保有量45.13万辆，增长4.2%。

交通体系提档升级。沪苏通铁路常熟站开通运营，南沿江城际铁路、通苏嘉甬铁路建设有序推进。开工建设扬子江大道改扩建工程，持续推进524国道常熟莫城至辛庄段改扩建工程，新世纪大道北延三环至常昭段建成通车，珠江路等19条城区既有道路完成改造。常昆路公交首末站开工建设，完成永旺公交首末站及沪通铁路常熟站综合交通枢纽配套公交首末站建设工程。

邮电业务平稳发展。全年实现邮电业务总收入59.43亿元，比上年增长15.7%。其中，邮政业务收入35.86亿元，比上年增长26.6%；电信业务收入23.57亿元，比上年增长23%。

旅游市场亟待复苏。全年接待境内游客1403.30万人次，比上年下降41.0%；实现旅游收入289.87亿元，下降28.8%。全力打造"虞歌畅晚"特色夜经济品牌，获评长三角自驾游示范目的地城市、省级全域旅游示范区。

八、金融、证券和保险业

金融信贷运行良好。年末全部金融机构本外币各项存款余额3843.05亿元，比年初增加336.48亿元，其中人民币存款余额3660.45亿元，增加357.15亿元。年末全部金融机构本外币各项贷款余额3161.94亿元，比年初增加394.99亿元，其中人民币贷款余额3107.69亿元，增加395.78亿元。

2020年全部金融机构本外币存贷款余额及其比年初增长速度

项 目	年末数（亿元）	比年初增长%
各项存款	3843.05	9.6
#住户存款	1779.71	14.6
#人民币住户存款	1766.59	14.8
非金融企业存款	1428.03	9.7
广义政府存款	541.84	−10.2
各项贷款	3161.94	14.3
境内贷款	3161.48	14.3
#住户贷款	970.46	12.9
短期贷款	217.53	16.4
消费贷款	59.30	12.2
经营贷款	158.22	18.0
中长期贷款	752.93	11.9
消费贷款	690.46	9.5
经营贷款	62.48	48.3
非金融企业及机关团体贷款	2191.02	14.9
#短期贷款	973.00	6.1
中长期贷款	1086.69	22.1
境外贷款	0.46	15.6

证券交易运行稳定。年末证券交易股票开户总数51.81万户，比上年下降12.1%；全年各证券营业点股票交易额6398.56亿元，比上年增长39.1%。年末证券机构托管股票市值498.25亿元，比上年增长24.3%。

保险行业增长较快。全年保险机构保费收入67.55亿元，比上年增长9.6%。其中，寿险业务保费收入35.15亿元，比上年增长11.6%；财产险业务保费收入23.54亿元，比上年增长17.2%。全年支付各类赔款及给付17.42亿元，比上年下降1.3%。

九、科学技术和教育

创新动能加速培育。全社会研发经费支出占地区生产总值比重达3.66%，企业研发经费投入占主营业务收入比重达2.2%，居苏州领先位次。"苏州·中国声谷"启动建设。苏州市产业技术研究院同位素技术研究所顺利落户。新认定高新技术企业280家、科技型中小企业625家、瞪羚企业27家、苏州市"独角兽"培育企业2家。

科技创新成绩斐然。全市专利申请量和授权量分别达13594件和8978件，其中发明专利申请量和授权量分别为3425件和641件。年末拥有有效发明专利6715件，按常住人口计算的万人发明专利拥有量达44.21件，比上年增加12.95件。

人才资源日益集聚。2020年年末，全市人才总量为37.43万人，其中高层次人才3.04万人，高技能人才9.03万人，比上年分别增长3.0%、8.0%和10.0%。

教育供给持续加大。全年竣工学校13所、开工15所，学位供需基本平衡。11所新市民子弟学校"补短板工程"实现全覆盖。普通高考主要指标实现苏州"十连冠"，高等教育毛入学率达74.0%。年末拥有各类学校116所，在校学生数16.70万人，毕业生数3.57万人，专任教师1.16万人；

拥有幼儿园110所，在园幼儿数4万人。

2020年各类学校在校生及专任教师情况

指　标	所数（所）	在校生数（人）	毕业生数（人）	专任教师（人）
合　计	116	167047	35668	11553
普通高等学校	1	20315	5341	1162
普通中等专业学校	3	8511	2596	968
高中	9	17729	4463	1538
初中	37	32492	11254	2796
小学	65	87314	11988	5055
特殊教育	1	686	213	–
特殊教育学校本校	1	147	26	34
小学随班就读	–	228	59	–
小学送教上门	–	38	3	–
初中随班就读	–	250	115	–
初中送教上门	–	23	10	–
附：幼儿园（含民办）	110	40018	12866	2502

十、文化、卫生和体育

文化事业繁荣发展。建成村（社区）综合性文化服务中心324个，实现全覆盖。举办2020虞山文化暨沙家浜旅游节、第二届苏州江南文化艺术节“吴声清婉”虞山古琴音乐会、《音画霓裳秀江南》大型国乐·华服秀等重大活动。年末全市共有博物馆1个，艺术表演场馆2家，美术馆2个；公共图书馆1个、其中图书分馆93个，总流通64.14万人次；文化馆1个，文化站（文社中心）14个，社区文化活动室114个，村文化活动室210个。

卫健事业稳步发展。市卫健委获评江苏省抗击新冠肺炎疫情先进集体。启动3家卫生院改扩建，14家社区卫生服务站建成投用。“常熟智慧健康”微信服务平台实现全市37家公立医疗机构全覆盖。建成国家慢性病综合防控示范区。市一院与南京医科大学康达学院共建常熟临床医学院。市二院北部院区建成投用，与苏州大学附属第一医院开展“院院合作”。年末拥有各类医疗卫生机构539个，拥有床位10102张。年末拥有卫生技术人员11466人,其中执业医师（助理）4677人，注册护士4822人；乡村医生和卫生员195人。

2020年医疗卫生机构基本情况

续表

指　标	个数（个）	床位数（张）	卫生技术人员（人）
合　计	539	10102	11466
医院（含民营医院、护理院）	29	7883	6552
乡镇卫生院	24	1725	2355
社区卫生服务中心	8	217	530
村卫生室	130	—	19
社区卫生服务站	82	—	252
门诊部	58	—	516
诊所（卫生所、卫生室、校医室）	196	—	618
专业卫生机构	9	277	586
其他卫生机构	3	—	38

体育事业蓬勃发展。成功举办2020第五届常熟尚湖铁人三项赛、2020常熟尚湖半程马拉松、第十二届长三角城市龙舟邀请赛、江苏省第八届全民健身运动会钓鱼比赛、“水韵江苏”赛艇嘉年华常熟站、第八届将军与农民乒乓球赛、第五届全国商学院EMBA乒乓球联赛(常熟)。大力推广全民健身活动，举办群众性体育活动850次，参加人数达71万人次。全市步道总长403.0公里，全市免费向社会开放的公办中小学校达72所，人均体育场地面积3.9平方米，万人拥有体育健身设施数102.96件。省级以上比赛获金牌7枚、银牌5枚、铜牌9枚；苏州市级竞赛获金牌94.5枚、银牌68枚、铜牌70枚。

十一、环境保护、节能降耗和安全生产

环境质量显著改善。全年空气质量优良率85.0%，$PM_{2.5}$平均浓度31.7微克/立方米。各省考重点断面优于Ⅲ类水的比例达到90%，长江干流常熟段水质达到Ⅲ类水标准。林木覆盖率达17.68%，新增成片林面积2665亩，城区新增绿地面积4.9公顷。部署实施“千村美居”工程，年内建成861个“常熟市美丽宜居村庄”，新增苏州市康居特色村1个、三星级康居乡村322个，完成投资14.96亿元。全市行政村全面实行垃圾分类，自然湿地保护率达65.4%。

资源利用效率提升。扎实开展化工产业安全环保整治提升，关闭退出化工生产企业11家，异地迁建3家。完成黑臭河道治理6条。完成城东净水厂等4座污水处理厂新扩建，新增污水处理能力10.5万吨/日；完成20.5公里互联互通管网、157公里污水主支管网，完成12880户农户和1255家人员密集场所生活污水治理，城镇生活污水集中处理率达97.9%、农村生活污水治理率达93.6%。加大盘活力度，全年盘活存量建设用地15047亩。

安全生产事故有效压降。全年发生各类安全生产安

全事故21起，死亡14人，比上年分别下降80.7%和75.9%。其中，道路交通运输事故10起，死亡3人，事故起数和死亡人数分别比上年下降86.5%和83.3%。亿元GDP生产安全事故死亡人数为0.0059人。

十二、人口、人民生活和社会保障

人口总量保持稳定。年末全市户籍人口106.41万人，比上年末减少0.28万人。全年出生6266人，人口出生率5.88‰；死亡10169人，人口死亡率9.54‰；人口自然增长率为-3.66‰。年末常住人口167.72万人，比上年末增加0.65万人，城镇化率为73.37%，比上年末提高0.27个百分点。

城乡收入差距缩小。全年城乡居民人均可支配收入60439元，比上年增长4.5%。其中，城镇常住居民人均可支配收入71445元，比上年增长3.6%；农村常住居民人均可支配收入38031元，增长6.9%；城乡居民收入比为1.88∶1。全年城乡居民人均生活消费支出33489元，比上年下降1.5%。其中，城镇常住居民人均生活消费支出37763元，比上年下降1.1%；农村常住居民人均生活消费支出24787元，下降3.5%。

社保体系更加完善。民生支出占一般公共预算支出比重达80.6%。年末城镇职工基本养老保险参保人数（含参保离退休人员）89.40万人，城镇职工基本医疗保险参保人数（含参保离退休人员）92.94万人，失业保险、工伤保险、生育保险参保人数分别达48.07万人、49.44万人、49.38万人。年末城乡居民基本养老保险参保人数（含参保退休人员）8.27万人，城乡居民基本医疗保险参保人数32.14万人。主要险种保险覆盖率均超99%，居民基本医疗保险（含大病补充医疗保险）人均筹资标准达到1055元。高质量发展指标异地就医门诊费用结算率达93.65%，大病保险报销比例达60%。城乡低保标准提高至1045元/月，发放各类救助帮扶资金2.5亿元，优租房累计安置648套954人。新增实际缴存住房公积金职工5.15万人。

养老事业不断发展。完成2家公办养老机构社会化改革，开工建设5家区域性养老服务中心，完成项目立项2家；全市新增日间照料中心64家，累计建有老年人日间照料中心366家，其中社会化运营日间照料中心334家，社会化运率达91.3%；全市拥有各类养老床位数达1.36万张，每千名老年人拥有养老床位数超40张。推进家庭适老化改造项目，完成683户经济困难老年人家庭改造。居家养老签约服务范围不断扩大，全市政府购买居家养老服务人数近4万人。

注释：

[1]本公报中部分数据因四舍五入的原因，存在着与分项合计不等的情况。

[2]地区生产总值、各产业增加值和人均地区生产总值绝对数按现价计算，增长速度按不变价格计算。

[3]新兴产业包括新能源产业，新材料产业，生物技术和新医药产业，节能环保产业，集成电路产业，智能电网和物联网产业，平板显示产业，高端装备制造产业。

[4]高技术制造业包括医药制造业，航空、航天器及设备制造业，电子及通信设备制造业，计算机及办公设备制造业，医疗仪器设备及仪器仪表制造业，信息化学品制造业。

[5]邮政业务收入统计口径包含邮政(不含邮政储蓄银行直接营业收入)、EMS和规模以上社会快递公司。

[6]各类学校统计口径包含新市民子弟学校，幼儿园统计口径包含社会办幼儿园。普通中等专业学校在校学生数只包括普通中专一至三年级。

[7]总流通人次是指本年度内到图书馆场馆接受图书馆服务的总人次，包括借阅书刊、咨询问题以及参加各类读者活动等。

[8]常住人口是指实际经常居住在某地区一定时间(半年以上,含半年)的人口。常住人口城镇化率是指一个地区常住于城镇的人口占该地区常住总人口的比重。

[9]养老床位数统计口径包含机构和社区养老床位数。

资料来源：

本公报中财政数据来自财政局；人员就业、人才、专业技术人员数据来自人社局；社会保险数据来自人社局和医保局；现代农业、“三高一美”、“千村美居”数据来自农业农村局；绿地、林地面积数据来自自然资源和规划局；开放型经济数据来自商务局；公路运输、水路运输、交通基础设施、港口货物吞吐量数据来自交通局；民用汽车、户籍人口数据来自公安局；邮政业务数据来自邮管局；文化、体育、旅游数据来自文体广电和旅游局；金融、证券数据来自人民银行；科技创新数据来自科技局；专利数据来自市场监督局；教育数据来自教育局和理工学院；卫生数据来自卫健委；环保、减排数据来自生态环境局；节能数据来自工信局；安全生产数据来自应急管理局；社会救助、社会养老数据来自民政局；保障性住房数据来自住建局；住房公积金数据来自公积金中心；居民收支和居民消费价格总指数数据来自国家统计局常熟调查队。

媒体聚焦

江苏常熟：迈向更为开放融合的江海时代

虞 琦 石 磊

长江常熟水域，主航道横贯东西、苏通大桥纵跨南北，东北向白茆沙北水道、东南向常熟港专用航道、西北向营船港专用航道、西南向永钢专用航道共同构成了天然的“米”字型水域，是长江下游交通、能源运输的交汇区。

常熟港发轫于此，背依常熟国家级经济技术开发区，实现黄金水域、黄金岸线和黄金陆域“三位一体”统筹发展。从一片荒凉的滩涂虾池，到建成拥有生产性泊位59个、综合通过能力超5000万吨的港口，再到打造特色产业港、物流物贸港、科技创新港、绿色生态港——25年，常熟港写就了开放图强的壮丽篇章。

10月23日，常熟市举行常熟港开放再出发暨国家一类对外开放口岸25周年大会，并发布了《新时代常熟港发展蓝图》，以打造“大港口、大贸易、大物流”为目标，推动常熟从精致内敛的山水时代迈向更为开放融合的江海时代。

“常熟港作为对外开放的一类口岸，具有独特的区位优势和优质的资源禀赋，在苏州港口中位于正中‘C位’，是长江经济带江海联运的重要枢纽。”苏州市副市长杨知评说，自建港以来，常熟港便承担着赋能产业升级、激发创新活力、带动绿色发展的重要使命，为常熟经开区退出城区、进驻港区的战略调整，以及常熟临港产业格局的加速形成提供了关键支撑，作出了重要贡献，是常熟发挥岸线优势、打造枢纽经济的重要一环。

常熟港自1996年11月16日开港以来，依托32.1千米的长江岸线优势，形成了钢材、纸浆、木材及化工品等特色货种，是长三角区域进出口钢材、木材等货物重要的中转港和华东地区最大的纸浆集散港口。去年，常熟港累计完成货物吞吐量7075.5万吨，其中外贸量1202.5万吨，集装箱23.2万标箱。

今年9月，作为常熟港重要港口的常熟兴华港口有限公司与常熟长江港务有限公司被珠海港股份有限公司收购。“珠海港与常熟港将整合和发挥各自资源优势，在港航配套服务、全程物流及供应链综合服务领域开展深度合作，实现优势互补、互利共赢。”珠海港股份有限公司总裁黄志华说，通过加大对港口基础设施投入、探索开拓新增货源、智慧港口建设等方式，深度融入常熟港的发展进程，不断做大做强兴华港，助推常熟地方经济社会发展。

依托港口便捷、高效、运量大、成本低的物流功能，常熟经开区已引进20多个国家和地区投资的外企600余家，外资总投资300多亿美元，初步形成了汽车整车及零部件、电力能源、高档造纸、钢材建材、精细化工五大主导产业。

常熟不仅仅满足于此。会上发布的《新时代常熟港发展蓝图》提出，常熟港将提供更具竞争力的基础设施保障，实施进港航道疏浚工程，实现苏通大桥以上专用航道无缝对接12.5米深水航道标准，推动码头升级改造，提升水水转运能力，强化水陆转运和快速通勤系统建设；提供更完善的港城服务配套，组建常熟港务集团，整体提升港口运营水平，不断提升滨江新城的城市功能内涵，提升配套服务水平，打造汇聚人才和高端客流的区域会客厅；提供更舒心的营商环境支撑，主动对接复制上海等自贸区成熟的改革创新经验，扩大开放力度，积极争取海港待遇和保税待遇，加大“放管服”改革力度，积极争取省级行政许可权改革试点，形成系列政策措施集成工具包，做好项目落地全流程服务。

常熟市委书记周勤第说，常熟将以提升港口基础能力为抓手，以整合开放码头岸线为导向，以改革开放再出发为契机，不断加快港口转型发展、持续提高资源集约利用，努力将其打造成长三角区域物流贸易的重要集聚区、江苏海洋经济发展的先行先导区、常熟撬动产业升级的核心功能区。

其实，常熟港“再出发”早已迈出脚步。“目前我们海事正全力配合经开区进行‘振兴常熟港的整治提升行动’，计划确定低效清退、限期整改和赋能提升的红名单、黄名单和蓝名单，并通过限期提升、兼并重组、协商退出、收储开发等方式分类处置，盘活一批闲置码头，提升一批低产出码头，赋能一批有潜力码头。”常熟海事局局长林翔表示。

“放管服”改革、营商环境优化也加快进程。目前，常熟口岸进出口环节监管证件精简至44种，其余40种全面实现联网核查；报关单无纸化率保持在99%以上；今年7月，率先在江苏省试点应用“船员换班申报核批”系统；规范进出口环节收费行为，前三季度收费累计减免超过5200万元，有效降低了相关企业负担。

“我们将全力支持常熟市委市政府把常熟港建设好、管理好、运营好，以一流的设施、一流的技术、一流的管理、一流的服务，服务好常熟经济高质量发展。”作为长江干线的航运行政主管部门，长江航务管理局副局长邱建华在会上表示。

（摘自“人民网”2020年10月23日）

文件选编

关于实施“千村美居”工程的工作意见（2020—2022年）

为深入贯彻落实国家《农村人居环境整治三年行动方案》精神和省、苏州相关工作部署，全面推进农村人居环境整治工作，完善乡村治理体系，提升乡风文明水平。以江苏率先基本实现农业农村现代化为总要求，用更大力度、更准路径、更实举措，实施全域美丽宜居村庄优化提升工程（简称“千村美居”工程），持续推进环境优美、充满活力、和谐有序的新时代乡村建设，使全市农村成为提升常熟城市能级的生态“后花园”。现提出如下工作意见。

一、主要目标

2020年年底前完成农村人居环境整治三年行动目标任务，实现农村人居环境“干净整洁有序”；以村庄人居环境“233”专项行动为抓手，到2022年，基本完成全域美丽宜居村庄建设任务；同时，建成一批特色田园乡村、特色康居乡村、特色生态乡村和传统古村落，打造一批“千村美居”示范带、示范区。

二、重点任务

1.全面抓好人居环境整治。以“三清一改”工作为重点，深入推进村庄清洁行动，对影响村容村貌的小棚架、小堆垛、小坑塘、小沟渠、小荒地等开展整治，有效解决农村乱搭乱建、乱堆乱放、乱贴乱画、乱圈乱养、乱排乱倒等现象，引导群众自觉形成良好生活习惯，防止村庄环境返脏、返乱、返差。全面落实农村人居环境整治“六大专项行动”，确保2020年年底前完成农村人居环境整治三年行动目标任务，实现农村人居环境“干净整洁有序”。

2. 着力推进“233”专项行动。加快推进“233”项目入库和工程建设，各板块制定年度实施计划，按照节点要求，倒排任务时序，确保每月有进度、每季有验收。坚持限额规划设计，做细做优设计方案，统筹生活污水设施建设、河道治理、村道建设等工程，实现同步规划、同步建设、同步运行，全面运用信息管理平台，实现项目建设全流程管理。完善招投标机制，总结国有企业委托总承包经验做法，积极培育乡村建设力量。2020—2022年每年有600个左右村（组）入库“233”项目库，按照2020年完成450个、2021年完成600个、2022年完成700个的目标梯度推进，至2022年年底基本完成全域美丽宜居村庄建设任务。

3. 统筹建设农村基础设施。因地制宜编制“多规合一”实用性村庄规划，统筹农村地区各项设施建设。扎实推进被撤并镇集镇区基础设施更新完善，优化农村道路交通条件，高质量推进“四好农村路”建设。大力开展农村河道疏浚整治，每年整治200条左右，落实河长制，加强河道长效管护。推进农村生活污水治理，因地制宜建设农村公厕，完善村庄公共照明，适度配置停车场（位），推进“多杆合一”，有条件的区域开展管线入地，加快天然气入户扩面工程。2020年年底基本消除村庄内黑臭水体和劣V类水体，2022年农村生活污水治理率达到90%。

4. 精心打造生态绿美村庄。提高村庄生态宜居环境质量，优先安排当年实施“千村美居”工程的村组，利用春季开展村庄补绿增绿，实现同步谋划、同步推进。深化“美丽庭院”创建，引导农民开展庭院绿化种植，营造绿色生态农家小院，杜绝新增违法建筑和大规模硬化，到2022年全市村庄绿化覆盖率达到30%以上。统筹特色田园乡村、特色康居乡村等建设，连点成线、连线成片，建设重要节点、主要交通干道沿线的美丽宜居乡村示范带，不断推动美丽村庄提档升级。

5. 注重塑造村庄风貌特色。对具备条件的零星农宅，进行归并、移位，提升土地节约集约利用水平，2020年完成农房规划定位方案编制。加强村庄风貌管控，在彰显江南水乡特色的前提下，鼓励个性化户型设计，防止“贪大求洋”，提升“乡村味道”，注重村庄的外廓立面设计，与环境相协调，对有条件的村庄进行小区化改造。严格落实“带方案审批”“双签约管理”等措施，强化施工企业和建筑工匠管理，更新农村设计、建设理念，就地取材，避免过度城市化，打造自然、通透、富有创意的农房和庭院，增强人文魅力，留住乡俗、乡味、乡愁。

6. 聚力实现乡村共建共治。以党建为引领，推动自治、法治、德治融合，完善网格化社会治理联动机制，深化“四议两公开”和村务监督制度。开展农户“包干认领牌”等活动，建立“村内划区、农户包干、民主考核、分红挂钩”制度，探索村民“自我保洁”机制，鼓励村民采用轮值方式管理村庄管理。完善村规民约，制订村庄自律约定，发动村民参与“千村美居”工程，营造共建家园氛围，激发乡村治理新活力，2020年村庄自律约定制订率达90%。妇联、共青团、工会、工商联等群团组织发挥积极作用，按照上级部署建立各类激励机制，推进乡村善治，丰富“千村美居”工程内涵。

7. 深度厚植文明乡风沃土。推进新时代文明实践站

（点）建设，壮大农村志愿服务队伍，丰富志愿活动内容，把文明实践内容同“千村美居”工程充分结合。加强乡村文化服务供给，形成文化设施齐备、文化活动丰富、民风民俗淳朴的常熟农村“升级版”。发挥农村老党员、“乡土人才”等群体作用，增强文明实践的感召力、覆盖面。鼓励村民自我管理，争当“星级文明户”，2020年年底前覆盖至50%的村（社区），2021年年底基本实现全覆盖。

8. 凝聚发挥乡贤助力作用。进一步团结凝聚广大乡贤，鼓励乡贤参与“千村美居”工程和乡村治理工作，改善农村旧面貌，引领村民新风尚，增强乡村凝聚力。建立乡贤人才服务制度，探索建立“村两委+乡贤”乡村治理议事制度，通过村民理事会、专题议事会、座谈交流会等形式，鼓励乡贤建言献策、化解问题、调处纠纷；引导乡贤捐款捐物，共创社会多方参与氛围。以冠名、留名等方式，提升其投身乡村建设的获得感、荣誉感。

9. 精准落实长效管护机制。完善村庄人居环境长效管理制度和考核办法，建立健全有制度、有标准、有队伍、有经费、有督查的“五有”长效管护机制。探索建立政府主导、村民参与、社会支持的投入机制，鼓励镇村因地制宜，建立切实管用的长效管理模式。明确各镇（街道）及有关部门、运行管理单位责任，组织开展“双随机”抽查，督促指导村容环境日常维护。设立长效管护奖补专项资金，严格落实长效管护奖罚制度，形成“层层受考核，级级有责任，干好有奖励，落后有压力”的工作局面。

10. 健全完善要素机制保障。全面落实市领导挂钩联系“千村美居”工程工作制度，建立市人大、政协、群团组织等分片联系指导督查制度。市纪委监委创新优化乡村建设监管机制，市财政每年确保不低于5亿元的专项资金支持“千村美居”工程建设。进一步加强市镇（街道）工作专班力量，建立挂牌督办推进机制，实行销号制度。加强工作督查、绩效考核力度，以督查促整治，以考核促提升，持续优化全市农村人居环境。建立市、镇、村三级宣传机制，创新宣传模式，以群众喜闻乐见的方式，宣传推广好典型、好做法、好人物，每年建成100个“三特一古”美丽宜居村庄。

摘自《市委、市政府印发〈关于实施“千村美居”工程的工作意见（2020—2022年）〉的通知》（常发〔2020〕2号）

常熟市人民政府重大行政决策程序规定

第一条　为规范政府重大行政决策行为，促进依法决策科学决策和民主决策，提高决策质量和效率，明确决策责任，根据《重大行政决策程序暂行条例》《江苏省重大行政决策程序实施办法》《苏州市重大行政决策程序规定》和有关法律、法规，结合常熟市实际，制定本规定。

第二条　本规定所称重大行政决策是指由市人民政府对涉及社会公共利益的重大事项依法定职权作出决定的活动。重大行政决策事项（以下简称决策事项）包括：

（一）制定有关公共服务、市场监管、社会管理、环境保护等方面的重大公共政策和措施；

（二）制定经济和社会发展等方面的重要规划；

（三）制定开发利用、保护重要自然资源和文化资源的重大公共政策和措施；

（四）决定在本行政区域实施的重大公共建设项目；

（五）决定对经济社会发展有重大影响、涉及重大公共利益或者社会公众切身利益的其他重大事项。

下列事项不得作为行政决策事项：

（一）市场竞争机制能够有效调节的；

（二）公民、法人或者其他组织能够自主决定的；

（三）行业组织或者中介机构能够自律管理的；

（四）基层群众组织能够自治管理的。

镇人民政府（街道办事处）、市政府工作部门能够依职权决策或者决策更有效的，应当自行决策或者依市政府授权作出决策。

第三条　市政府重大行政决策的作出和调整程序适用本规定。法律、法规、规章另有规定的，从其规定。

制定规范性文件，突发事件应急处置决策，按照有关法律、法规、规章执行，不适用本规定。

第四条　市政府重大行政决策遵循依法、科学、民主、公开、高效的原则，建立公众参与、专家论证、风险评估、合法性审查、廉洁性评估和集体讨论决定的重大行政决策机制。

第五条　市政府办公室负责重大行政决策的组织、协调、指导和监督管理。

市纪委监委负责廉洁性评估的制度建设指导和对重大行政决策制定、执行的监督检查工作。

市司法局负责重大行政决策合法性审查的指导协调和监督管理工作。

市风险评估管理部门负责重大行政决策风险评估的指导、协调和备案管理工作。

第六条　重大行政决策必须坚持和加强党的全面领导，全面贯彻党的路线方针政策和决策部署，发挥党的领导核心作用，把党的领导贯彻到重大行政决策全过程。

市政府重大行政决策事项目录出台前，应当按照规定向市委请示报告，经市委同意后向社会公布，并根据实际情况调整。

第七条　市政府重大行政决策依法接受市人民代表大会及其常务委员会的监督，根据法律、法规规定属于市人民代表大会及其常务委员会讨论决定的重大事项范围或者应当在出台前向市人民代表大会常务委员会报告的，按照有关规定办理。

市政府重大行政决策依法接受上级行政机关和审计机关的监督。重大行政决策需要报上一级政府批准的，按照有关规定办理。

第八条 重大行政决策实行目录管理。由市政府办公室牵头市纪委监委、市风险评估管理部门以及市发改委、财政局、司法局等部门每年制定年度重大行政决策事项目录。目录包括项目名称、承办单位、完成时间等内容。

第九条 向市政府提出重大行政决策事项建议应当提交书面建议。

建议的主要内容包括：重大事项决策建议事项以及论证拟解决的主要问题、建议理由、法律法规和政策依据、解决问题的初步方案、可行性分析以及其他相关内容。

第十条 对各方面提出的决策事项建议，依照《重大行政决策程序暂行条例》第十条规定进行研究论证后报请市政府，由市长确定是否启动决策程序。

第十一条 市政府决定启动决策程序后，应当明确决策事项的承办单位，由决策承办单位负责重大行政决策草案的拟订等工作。决策事项需要两个以上单位承办的，应当明确牵头的决策承办单位。

承办单位可以自行组织起草决策草案，也可以委托有关专家或者专业研究机构起草决策草案。决策草案应当包含决策目标、工作任务、措施方法、时间步骤、制定依据、决策执行部门和配合部门、经费预算等内容，并应当附有决策起草说明、与决策相关的法律、法规、规章和政策文件。

第十二条 重大行政决策实行听取意见制度。承办单位应当采取便于公民、法人或者其他组织以及特定群体参与的方式充分听取意见，依法不予公开的决策事项除外。

听取各方面意见的方式包括：书面征求意见、向社会公开征求意见、座谈会、听证会、实地调研和走访、问卷调查、民意调查、网络平台互动、与特定群体进行沟通协商和其他方式。

第十三条 承办单位通过政府门户网站、政务新媒体以及报刊、广播、电视等便于社会公众知晓的途径公开征求意见的期限一般不少于30日；因情况紧急等原因需要缩短期限的，公开征求意见时应当予以说明。

承办单位应当根据需要召开座谈会、论证会、听证会或者以其他方式听取相关各方意见。对社会公众普遍关心或者专业性、技术性较强的问题，承办单位可以通过专家访谈等方式进行解释说明。

承办单位组织征求和听取意见时，应当提供决策草案初稿和起草说明等材料。

承办单位采取网络平台互动方式听取意见的，应当制定工作方案，明确决策事项应当听取的主要问题、意见提交期限和方式等内容，提前7日向社会发布相关信息，做好相关政策在线解释、说明工作，将公众意见记录存档。

第十四条 决策事项直接涉及公民、法人或者其他组织切身利益或者存在较大分歧的，可以召开听证会。法律、法规、规章对召开听证会另有规定的，依照其规定。重大行政决策听证应当公开举行，允许旁听和新闻报道，但依法不予公开的除外。

听证由承办单位组织，必要时可以由市政府指定的机构组织。

第十五条 承办单位应当对社会各方面提出的意见进行归纳整理、研究论证，充分采纳合理意见，完善决策草案。承办单位可以探索建立意见反馈机制。

第十六条 重大行政决策实行专家论证制度，市政府按照不同专业领域建立决策咨询专家库。

决策事项涉及的问题专业性、技术性较强的，承办单位应当组织至少5名以上专家（含专业机构）对决策事项的必要性、可行性、科学性进行论证，并形成论证报告。

第十七条 重大行政决策实行风险评估制度。未经风险评估的，不得作出决策。

承办单位应当对决策事项开展社会稳定、公共安全等方面的风险评估。

承办单位应当制定评估工作方案，明确评估目的、评估对象与内容、评估标准、评估步骤与方法等，可以通过舆情跟踪、重点走访、会商分析、座谈咨询、问卷调查、数据分析等方式，全面查找风险源、风险点，运用定性分析与定量分析等方法，对决策风险进行科学预测、综合研判，确定风险可控程度。

开展风险评估，应当形成风险评估报告。风险评估报告包括评估事项和评估过程、各方意见及其采纳情况、决策可能引发的风险、风险等级、评估结论和对策建议、风险防范措施和处置预案等内容。

决策机关认为风险可控的，可以作出决策并采取有效措施防范、化解风险；认为风险不可控的，在采取调整决策草案等措施确保风险可控后，可以作出决策。

承办单位可以委托有关专业机构、社会组织等有评估资格且无利害关系的第三方开展风险评估，评估费用由承办单位纳入财政预算。

第十八条 重大行政决策实行合法性审查制度。重大行政决策合法性审查由承办单位法制机构负责。不得以征求意见、会签、参加审议等方式代替合法性审查。决策草案未经合法性审查或者经审查不合法的，不得提交决策机关讨论。对国家尚无明确规定的探索性改革决策事项，可以明示法律风险，提交决策机关讨论。

承办单位法制机构应当从以下方面进行合法性审查，并形成合法性审查报告：

（一）决策事项是否符合法定权限；

（二）草案拟制过程是否符合规定程序；

（三）决策内容是否合法；

（四）主要制度和措施是否合理、可行。

第十九条 重大行政决策实行廉洁性评估制度。承办单位纪检监察组织应当从是否符合廉政制度、是否存在谋取不正当利益等方面进行廉洁性评估，并形成评估报告。

第二十条 根据公众参与、专家论证、风险评估等意见对决策草案初稿作重大修改的，承办单位应当根据需要对修改内容再次听取相关各方意见。对决策草案初稿分歧意见较大的，承办单位应当进行协调；经协调，不能达成一致意见的，承办单位应当将协调的有关情况和处理意见，提请市政府进行协调。

第二十一条　承办单位应当经本单位负责人集体讨论形成决策草案。

决策事项需要进行多方案比较研究的，承办单位应当拟订两个以上可供选择的决策备选方案，并提出倾向性意见和理由。

第二十二条　提交市政府讨论决定的决策草案，承办单位应当向市政府办公室报送决策草案和起草说明，并同时抄送市纪委监委、市风险评估管理部门、市司法局备案。

起草说明应当包括决策的必要性、起草依据、起草过程、主要内容等，并附公众、专家意见及其采纳情况、风险评估报告、合法性审查报告、廉洁性评估报告等材料。决策草案涉及市场主体经济活动的，应当包含公平竞争审查的有关情况。

承办单位在起草过程中未按照本规定履行决策程序的，应当予以特别说明。

承办单位应当对提供的重大行政决策有关材料的真实性负责。

市纪委监委、市风险评估管理部门、市司法局对承办单位备案的决策草案有意见的，应当及时报市政府办公室，并抄送承办单位。

第二十三条　市政府办公室应当对决策草案及相关材料进行审查。材料不齐全的，告知承办单位补充材料；决策草案起草过程不符合本规定的，退回承办单位完善相关程序。

市政府可以根据需要，自行或者交由有关部门再次履行相关决策程序。

第二十四条　重大行政决策实行集体讨论决定制度。

重大行政决策由市长提交政府全体会议或常务会议讨论决定。

市长应当根据会议讨论情况，作出通过、不予通过、修改、再次讨论或者搁置的决定。

第二十五条　市风险评估管理部门、市司法局和决策事项起草、实施相关地区政府和部门主要负责人应当列席该会议议程，必要时也可以邀请市纪委监委列席会议。

市政府召开全体会议或者常务会议讨论决定重大行政决策事项时，根据需要可以邀请市人大常委会、市政协派员列席会议，也可以根据需要邀请与决策事项相关的基层群众组织、行业组织、专业人士等列席会议。

第二十六条　市政府应当根据职责明确负责重大行政决策执行工作的单位。

决策执行单位应当向市政府报告执行情况。

第二十七条　重大行政决策作出后，市政府办公室应当通过政府门户网站或新闻媒体等向社会公布，依法不予公开的除外。

第二十八条　重大行政决策实行实施情况后评价制度。

开展决策后评估，可以委托专业机构、社会组织等第三方进行，决策作出前承担主要论证评估工作的单位除外。评估费用纳入财政预算。

开展决策后评估，应当注重听取社会公众的意见，吸收人大代表、政协委员、人民团体、基层组织、社会组织参与评估。

第二十九条　决策执行单位发现重大行政决策存在问题、客观情况发生重大变化，或者决策执行中发生不可抗力等严重影响决策目标实现的，应当及时向市政府报告。

市政府根据评估报告和实际情况，可以对决策事项作出继续实施、调整或者停止实施的决定。

第三十条　重大行政决策的执行情况应当主动接受市人大及其常委会、市政协、民主党派、人民团体和公众的监督。

公民、法人或者其他社会组织以及新闻媒体有权监督重大行政决策过程和决策事项实施，可以向市政府、承办单位、决策执行单位提出意见或者建议。

第三十一条　重大行政决策实行责任追究制度。

有下列情形之一，导致决策失误并造成严重后果的，由所在单位或上级主管机关依法对直接负责的主管人员和其他直接责任人员追究责任；构成犯罪的，依法追究刑事责任：

（一）未按规定履行决策程序的；

（二）提供虚假材料的；

（三）提供的决策草案违法违规的；

（四）其他导致决策失误并造成严重后果的情形。

第三十二条　镇人民政府（街道办事处）、市政府工作部门应当根据本规定，制定重大行政决策程序规定。

镇人民政府（街道办事处）、市政府工作部门应当每年拟定本地区、本部门重大行政决策事项目录，报市政府办公室备案，并抄送市纪委监委、市风险评估管理部门、市司法局。调整目录的，应当自调整之日起10日内报送备案，并抄送市相关部门。

第三十三条　本规定自发布之日起施行。市政府关于印发《常熟市人民政府重大行政决策程序规定》的通知（常政发〔2015〕29号）同时废止。

摘自《市政府印发〈常熟市人民政府重大行政决策程序规定〉的通知》（常政发〔2020〕33号）

常熟市关于支持工业互联网高质量发展的若干措施

为推进新一代信息技术和制造业融合发展，加快工业互联网高质量发展，大力发展数字经济，提升常熟市制造业数字化、网络化、智能化发展水平，制定以下措施。

一、工作目标

营造良好的工业互联网发展环境，构建完整的工业互联网生态体系。力争到2022年，建成低时延、高可靠、广覆盖的工业互联网网络基础设施；搭建形成多层次、系统化的工业互联网平台体系，2000家企业接入工业互联网云平台；培育3—5家具有行业影响力的专业服务商；大力推进"5G+工业互联网"创新应用，遴选一批试点示范场景，累计建成60家以上无人工厂、无人车间、无人生产线。

二、工作措施

（一）健全工业互联网服务体系

1.加快重点项目招引。对国内外知名软件及互联网企业、国家级科研院所、重点高等院校、国家重点实验室、国家制造业创新中心等在常熟设立从事工业互联网相关独立研发或应用推广机构（独立法人）的，经评定，按不超过其总投入的30%给予奖励，最高支持500万元。对新设立、并经认定的汽车及零部件、装备制造、纺织服装等支柱产业相关的工业互联网平台企业、专业服务商，可按照已实缴注册资本的2%给予补贴（分3年兑付），最高100万元。引进项目符合常熟领军人才计划条件的，最高给予600万元项目资助。对于特别重大的项目，"一事一议"予以重点支持。（责任单位：工信局、科技局、人才办）

2.实行平台、服务商动态管理机制。建立工业互联网平台企业库、专业服务商库，推动传统产业转型升级，助力常熟打造"354"产业体系。根据进入和退出机制，对库内企业进行维护。库内平台及服务商企业给予以下扶持：对年度营收实现稳定比上年增长的，其中平台企业需接入企业家数超过100家、工业生产设备数1000台以上，服务商需年度新增服务企业数超10家，根据其对地方的经济贡献，给予增量部分50%的奖励，年度最高100万元；对入选国家、省、苏州市工业互联网平台企业，分别给予最高100万元、50万元、20万元奖励；对入选国家、省、苏州市工业互联网专业服务商企业，分别给予最高50万元、20万元、10万元奖励。（责任单位：工信局、财政局、税务局）

3.推进工业互联网标识解析工作。对完成与国家顶级节点对接的二级节点建设单位，给予最高300万元的奖励；对实现年度新增标识注册量超3000万、日均解析量超1000万次的二级节点运营单位，给予最高50万元的奖励。对在标识解析领域共性标准、关键技术等取得突破的项目，按照不超过研发投资额10%的比例给予研发奖励，单个项目奖励金额最高100万元。（责任单位：工信局、科技局）

4.支持企业服务化转型。骨干企业要发挥好引领作用，围绕具体应用需求项目，打造工业互联网应用标杆，形成可复制可推广的融合应用经验。对制造业企业将工业互联网服务业务剥离、新设企业，对外提供工业互联网领域技术、咨询和系统集成服务，参照第一条新设立企业，按照已实缴注册资本的2%给予补贴（分3年兑付），最高100万元。（责任单位：工信局）

（二）深化工业互联网应用

5.提高工业互联网融合应用水平。紧扣纺织服装、装备制造、汽车及零部件三大支柱产业，推动设备互联、数据互通，规模化推动中小企业设备上云上平台，提升产业协同创新能力。对企业获评国家、省、苏州、常熟工业互联网领域示范企业的，给予最高50万元、20万元、10万元、2万元奖励；对企业获评省五星、四星、三星级上云企业的，给予最高20万元、10万元、5万元的奖励。（责任单位：工信局）

6.加快工业互联网App发展。推进工业互联网软件和工业App的开发，培育一批面向特定行业、特定场景的工业App，覆盖研发设计、生产制造、运营维护和经营管理等制造业关键业务环节的需求，推动工业App向平台汇聚。对获评国家、省、苏州工业互联网App优秀解决方案的项目，给予最高50万元、20万元、10万元的奖励。（责任单位：工信局）

7.推进"5G+工业互联网"创新应用。支持制造业企业与基础电信企业形成深度对接合作，利用5G改造工业互联网内网，开展"5G+工业互联网"创新应用，对经认定的试点示范场景项目给予贴息支持，最高100万元。（责任单位：工信局）

8.做好咨询与诊断服务。通过政府购买服务的形式，连续3年在全市开展企业咨询与诊断服务活动，每年遴选100家企业，针对企业工业互联网应用中的主要困难和问题，由专业机构和专家给出对策、意见和建议。（责任单位：工信局）

（三）完善工业互联网服务保障

9.加强人才引育力度。落实《围绕"三增三进"强化人才引领高质量发展实施办法》，围绕数字经济等重点产业，加大工业互联网领域人才项目扶持力度。对参加中国苏州（常熟）工业互联网创新创业大赛，获奖并落户常熟的项目给予优先扶持。（责任单位：人才办、科技局、工信局、发改委）

10.强化金融资本支持。借助常创基金、新动能产业发展投资基金，支持工业互联网重大项目引进和培育。支持数字经济类子基金落户，常熟市新动能母基金优先出资于在常熟市注册的数字经济类子基金，着力推进数字经济领域企业境内外上市。（责任单位：地方金融监管局、发改委、科技局、财政局、工信局）

11.积极营造氛围。整合专业服务商资源，搭建服务商集市，提升工业互联网服务能力。依托产业联盟等平台资源，编写常熟市工业互联网优秀解决方案及典型应用案例，常态化举办工业互联网主题沙龙，提升企业家应用工业互联网意识。（责任单位：工信局）

三、工作保障

各有关单位按照工作任务分工，积极主动担当，细化推动工业互联网高质量发展的政策措施，确保政策红利落到实处。

本政策所需资金由常熟市财政承担。对已获得其他市级部门奖励的投入类项目，不再重复支持。同一项目已获得上级财政资金奖励，按照就高补差不重复的原则予以支持。本政策由常熟市工业和信息化局负责解释，自发布之日起施行，有效期三年，以往相关政策与本政策不一致的，按本政策执行。

摘自《市政府关于印发〈常熟市关于支持工业互联网高质量发展的若干措施〉的通知》（常政发〔2020〕36号）

2020年中共常熟市委员会部分文件目录

日期	文号	标题
2月27日	常发〔2020〕1号	印发《关于集中精力抓经济发展的工作意见》的通知
3月3日	常发〔2020〕2号	印发《关于实施“千村美居”工程的工作意见（2020—2022年）》的通知
3月2日	常发〔2020〕3号	关于印发《关于进一步加强全市安全生产和生态环境保护的工作意见》的通知
3月4日	常发〔2020〕4号	关于2019年度综合考核情况的通报
6月1日	常发〔2020〕5号	关于印发《常熟市探索率先基本实现农业农村现代化三年行动计划（2020—2022年）》的通知
2月2日	常发〔2020〕7号	转发《中共苏州市委关于切实加强党的领导确保打赢疫情防控阻击战的通知》的通知
2月14日	常发〔2020〕8号	关于上报2019年度隐性债务化解情况的报告
2月20日	常发〔2020〕10号	关于转发《政协常熟市委员会2020年工作要点》的通知
2月26日	常发〔2020〕11号	关于人民数据（长三角）产业园暨中国电信长三角国际数据中心项目情况汇报
3月2日	常发〔2020〕13号	关于授予龚菊等三名同志“常熟市新冠肺炎疫情防控工作先进个人”称号的决定
3月9日	常发〔2020〕14号	关于授予常伟冰等三名同志“常熟市新冠肺炎疫情防控工作先进个人”称号的决定
3月11日	常发〔2020〕15号	关于印发激励干部担当“1+N”系列文件的通知
3月24日	常发〔2020〕16号	关于印发《中共常熟市委常委会2020年工作要点》的通知
3月26日	常发〔2020〕17号	关于2019年度常熟市乡村振兴工作先进集体和先进个人的通报
4月3日	常发〔2020〕18号	关于印发《市委常委会“三重一大”事项决策议事规则》的通知
4月3日	常发〔2020〕19号	关于印发《2020年全市党委（党组）理论学习中心组专题学习计划》的通知
4月9日	常发〔2020〕20号	关于转发《常熟市人大常委会2020年工作要点和工作安排》的通知
4月13日	常发〔2020〕21号	关于转发《苏州市优化营商环境创新行动2020》的通知
4月14日	常发〔2020〕22号	关于印发《常熟市乡村振兴战略实施规划（2018—2022年）》的通知
4月15日	常发〔2020〕23号	市委关于给予李彦久等186名同志记个人三等功的决定
4月17日	常发〔2020〕24号	关于选派常熟市第十三批科技镇长团的请示
4月7日	常发〔2020〕26号	关于印发《新时代常熟产业工人队伍建设改革实施方案》的通知
5月16日	常发〔2020〕27号	关于市委常委工作分工的通知

续表

日 期	文 号	标 题
5月25日	常发〔2020〕28号	关于报送“常熟泗洪工业园区高质量发展总体方案和发展规划”的请示
5月26日	常发〔2020〕29号	关于同意《常熟市融媒体中心（传媒集团）改革实施方案》的批复
6月22日	常发〔2020〕30号	关于组织开展纪念建党99周年系列活动的通知
6月22日	常发〔2020〕31号	关于命名常熟市劳动模范的决定
6月24日	常发〔2020〕32号	关于表彰常熟市先进基层党组织、优秀共产党员的决定
6月30日	常发〔2020〕33号	批转《常熟市人大常委会关于组织代表评议部门工作的实施意见》的通知
7月3日	常发〔2020〕34号	关于申请承办2020年苏州市中国农民丰收节开幕式的请示
7月6日	常发〔2020〕35号	关于授予2020年第一批常熟市科技创新创业领军人才称号的决定
7月9日	常发〔2020〕36号	关于印发《围绕“三增三进”强化人才引领高质量发展实施办法》的通知
7月9日	常发〔2020〕37号	关于苏州市第二安全生产巡查组巡查反馈意见整改落实情况的报告
7月10日	常发〔2020〕38号	批转《常熟市人大常委会关于开展“代表评营商助力最舒心”专项工作的实施意见》的通知
7月13日	常发〔2020〕39号	关于成立常熟市生态环境保护委员会的通知
7月13日	常发〔2020〕40号	关于调整常熟市“十四五”规划编制工作领导小组的通知
8月11日	常发〔2020〕41号	关于常熟市重点发展新一代通讯技术产业的情况说明
9月15日	常发〔2020〕43号	关于邀请领导出席首届长三角自驾游产业发展大会2020常熟虞山文化暨沙家浜旅游节开幕式活动的请示
10月24日	常发〔2020〕45号	关于印发《村党组织书记“四优四化”专职化管理“1+5+2”系列文件》的通知
11月4日	常发〔2020〕47号	关于支持举办“苏州·中国声学创新谷”全球推介会的请示
11月4日	常发〔2020〕49号	转发《中共苏州市委印发关于贯彻中国共产党政法工作条例的实施办法的通知》的通知
11月5日	常发〔2020〕50号	关于请求将丰田汽车研发中心（中国）有限公司列入江苏省燃料电池汽车示范应用城市群核心企业的报告
11月16日	常发〔2020〕52号	关于成立市委平安建设领导小组的通知
12月4日	常发〔2020〕53号	关于授予2020年第二批常熟市“昆承英才”科技创新创业领军人才称号的决定
12月9日	常发〔2020〕54号	同意市人大常委会党组《关于召开市十五届人大五次会议的请示》的批复
12月14日	常发〔2020〕55号	印发《关于开展党史、新中国史、改革开放史、社会主义发展史学习教育的实施方案》的通知
12月14日	常发〔2020〕56号	关于深入学习宣传党的十九届五中全会精神的通知
12月22日	常发〔2020〕57号	印发《关于深化改革加强食品安全工作的实施方案》的通知
12月25日	常发〔2020〕58号	印发《关于支持“苏州·中国声学创新谷”建设的若干人才政策（试行）》和《关于支持“苏州·中国声学创新谷”建设的若干产业政策（试行）》的通知
12月30日	常发〔2020〕60号	关于制定常熟市国民经济和社会发展第十四个五年规划的建议
12月31日	常发〔2020〕61号	常熟市2020年乡村振兴战略实施进展情况的报告

2020年常熟市人民政府部分文件目录

日 期	文 号	标 题
1月20日	常政发〔2020〕1号	关于表彰2019年度征兵工作先进单位和先进个人的通报
1月22日	常政发〔2020〕3号	市政府关于2019年度纳税百强企业和亩均税收50强工业企业的通报
2月5日	常政发〔2020〕4号	关于印发《关于落实应对疫情支持中小企业共渡难关“苏‘惠’十条”政策意见的实施办法》的通知
2月14日	常政发〔2020〕5号	市政府关于转发《苏州市人民政府关于应对新型冠状病毒感染的肺炎疫情支持外贸企业稳定发展的政策意见》的通知

续表

日期	文号	标题
2月8日	常政发〔2020〕6号	市政府转发《苏州市人民政府关于应对新型冠状病毒感染的肺炎疫情支持新型农业经营主体共渡难关的十条政策意见》的通知
2月15日	常政发〔2020〕7号	市政府关于落实应对新冠病毒肺炎疫情影响推动经济健康平稳发展政策的实施意见
2月19日	常政发〔2020〕8号	市政府关于落实《政府工作报告》2020年主要目标任务分工方案的通知
2月26日	常政发〔2020〕9号	市政府关于做好常熟市第七次全国人口普查工作的通知
3月16日	常政发〔2020〕10号	市政府关于印发《2020年常熟市政府民生实事项目建设计划书》的通知
3月17日	常政发〔2020〕11号	市政府关于对2020年安全生产（消防）重大隐患进行挂牌整改的通知
4月1日	常政发〔2020〕12号	市政府关于印发《常熟市人民政府常务会议议事规则》《常熟市人民政府市长办公会议议事规则》的通知
4月21日	常政发〔2020〕15号	市政府关于建立经济运行协调保障机制的通知
4月26日	常政发〔2020〕17号	市政府关于印发《常熟市级财政应急保障预案》的通知
4月22日	常政发〔2020〕18号	关于印发《中国（江苏）自贸区苏州片区常熟联动创新区建设实施方案》的通知
5月25日	常政发〔2020〕19号	市政府关于印发《常熟市“优化营商环境”系列活动方案》的通知
6月4日	常政发〔2020〕21号	市政府关于印发《常熟市自然资源统一确权登记总体工作方案》的通知
6月5日	常政发〔2020〕22号	市政府关于公布第十一批常熟市文物保护单位保护范围及建设控制地带的通知
6月10日	常政发〔2020〕23号	市政府关于明确江苏常熟国家农业科技园区管理委员会负责省级现代农业产业示范园创建的通知
6月12日	常政发〔2020〕24号	市政府关于转发《市政府印发关于开展长期护理保险试点第二阶段工作的实施意见的通知》的通知
7月2日	常政发〔2020〕25号	市政府关于印发《常熟市推进工程建设项目审批制度改革方案》的通知
7月13日	常政发〔2020〕26号	市政府关于印发《常熟市城乡生活污水处理提质增效精准攻坚“333”行动实施方案》的通知
7月17日	常政发〔2020〕27号	市政府关于印发《常熟火车站区域综合管理办法（试行）》的通知
7月18日	常政发〔2020〕28号	市政府关于印发《常熟市赋予镇（街道）经济社会管理权限清单》的通知
7月18日	常政发〔2020〕29号	市政府关于印发《常熟市经济发达镇增补权限清单》的通知
7月21日	常政发〔2020〕30号	市政府关于印发《常熟市房地一体农村不动产登记颁证实施方案》的通知
7月29日	常政发〔2020〕31号	市政府关于实施第四轮生态补偿政策的意见
7月31日	常政发〔2020〕32号	市政府关于印发《2020年度常熟市高标准农田（池塘）建设项目（任务）》的通知
8月27日	常政发〔2020〕33号	市政府印发《常熟市人民政府重大行政决策程序规定》的通知
8月28日	常政发〔2020〕34号	市政府印发《关于落实就业优先政策进一步做好稳就业工作的实施意见》的通知
9月9日	常政发〔2020〕35号	市政府关于对2020年第二批安全生产（消防）重大隐患进行挂牌整改的通知
10月29日	常政发〔2020〕36号	市政府关于印发《常熟市关于支持工业互联网高质量发展的若干措施》的通知
11月4日	常政发〔2020〕37号	市政府关于授予马一诺等8名外国公民“常熟市荣誉市民”称号的决定
11月4日	常政发〔2020〕38号	市政府关于授予王耀雄等4名港澳台人士和华侨为“常熟市名誉市民”称号的决定
11月9日	常政发〔2020〕39号	市政府关于印发《常熟市赋予常熟经济技术开发区首批市级权限事项清单》的通知
11月20日	常政发〔2020〕40号	市政府关于公布2018—2019年度常熟市自然科学优秀学术论文和常熟市新冠肺炎疫情论文（科技成果文章）获奖名单的通知
11月23日	常政发〔2020〕41号	市政府关于公布常熟市第二届文学艺术奖评选结果的通知
12月3日	常政发〔2020〕42号	市政府关于印发《常熟市印染行业发展专项规划（2020—2030）》的通知
12月8日	常政发〔2020〕43号	市政府印发《关于促进现代农业高质量发展扶持政策的实施意见（2021—2022年）》的通知
12月17日	常政发〔2020〕44号	市政府关于印发《常熟市扶持养老服务发展的实施意见》的通知

索　引

说明：

（1）本索引采用主题分析索引方法，按主题词汉字拼音字母顺序排列，同音字按声调排列，音调相同按下一字的音序排列。

（2）索引主题后的阿拉伯数字是主题内容所在的页码，数字后面的a、b、c分别表示从左至右第一、二、三栏。

（3）重复出现的主题，索引中只排列一次，页码中间以“，”分隔，按顺序排列。

（4）索引标引词一般采用中心词和简称，一级类目以大号字为索引款目，以便检索。

D

F

G

H

R

S

T